Bürgerliches Gesetzbuch

nebst

Einführungsgesetz

erläutert

von

Dr. G. Planck,

Wirklicher Geheimer Rath und ordentlicher Honorarprofessor an der Universität Göttingen,

in Verbindung mit

Dr. A. Achilles,
Reichsgerichtsrath a. D. †,

Dr. F. André,
o. Professor,

M. Greiff,
Geheimer Justizrath,

F. Ritgen,
Amtsrichter,

Dr. K. Unzner,
I. Staatsanwalt.

Erster Band.

Einleitung und Allgemeiner Theil.

Zweite Auflage.

Berlin SW 48.
Wilhelmstraße 119/120.
J. Guttentag, Verlagsbuchhandlung.
1898.

Vorwort zur ersten Auflage.

Am 1. Januar 1900 tritt das Bürgerliche Gesetzbuch in Kraft. Deutschland erhält dadurch ein einheitliches bürgerliches Recht. Je größer die nationale und rechtliche Bedeutung dieser Errungenschaft ist, um so mehr kommt es darauf an, daß das Gesetzbuch kein todter Buchstabe bleibt, sondern in das lebendige Rechtsbewußtsein des Volkes übergeht. Erst dadurch wird es wirklich deutsches Recht. Aufgabe der Wissenschaft und Praxis ist es, die Einführung des Gesetzes in das Leben des Volkes zu vermitteln. Die deutschen Juristen haben niemals eine größere und wichtigere, niemals aber auch eine schwierigere Aufgabe gehabt. Alle müssen dazu mitwirken, das große Ziel zu erreichen. Einen Beitrag dazu soll das vorliegende Werk liefern, zu welchem die Verfasser dadurch berufen zu sein glauben, daß zwei von ihnen an den Arbeiten beider Kommissionen, die übrigen vier an den Arbeiten der zweiten Kommission zur Ausarbeitung des Entwurfs des Bürgerlichen Gesetzbuchs theilgenommen haben.

Es handelt sich nicht um eine wissenschaftliche Bearbeitung des neuen Rechtes. Hierzu dürfte der Zeitpunkt noch nicht gekommen sein. Das vorliegende Werk hat sich eine bescheidenere Aufgabe gestellt. Es will in der Form des Kommentars die Einführung des Gesetzbuchs in die Praxis erleichtern. Dabei handelt es sich nicht allein darum, den Sinn der einzelnen Vorschriften zu erläutern, vielmehr sollen die leitenden Gedanken hervorgehoben und der innere Zusammenhang der einzelnen Vorschriften und ihr Verhältniß zu einander klargelegt werden. Für das richtige Verständniß eines Gesetzes sind zwei Momente von entscheidender Bedeutung. Es sind dies einerseits der wirthschaftliche und soziale Zweck, den das Gesetz verfolgt, und andererseits die technisch-juristischen Mittel, welche zur Erreichung des Zweckes angewandt werden. Diese beiden Momente möglichst klar zu legen, wird daher zu den wesentlichsten Aufgaben des vorliegenden Werkes gehören. Auf die geschichtliche Entwickelung des bisherigen Rechtes, als deren Abschluß das B.G.B. erscheint, näher einzugehen, verbietet der Zweck und die Form des Kommentars; doch ist, soweit thunlich, auf das Verhältniß des Bürgerlichen Gesetzbuchs zu dem bisherigen Rechte, insbesondere zu der gemeinrechtlichen Theorie, hingewiesen worden. Um die selbständige Prüfung und die wissenschaftliche Bearbeitung der einzelnen Fragen zu erleichtern, werden bei jedem Paragraphen die betreffenden Paragraphen der verschiedenen Entwürfe, die Seiten der Protokolle erster und zweiter Lesung, der Motive des ersten Entwurfs, der Denkschrift zu dem dem Reichstage vorgelegten Entwurfe, des Berichts der Reichstagskommission und des stenographischen Berichts über die Verhandlungen des Reichstags angegeben.

Das Werk zerfällt in sechs Theile, von denen die ersten fünf den fünf Büchern des Gesetzbuchs entsprechen, während der sechste Theil das Einführungsgesetz behandelt. Eine kurze Einleitung ist vorausgeschickt. Mit der letzten Lieferung jedes Theiles wird ein Inhaltsverzeichniß desselben, mit der letzten Lieferung des ganzen Werkes ein alphabetisches Sachregister ausgegeben werden.

Die spezielle Bearbeitung des Stoffes ist in folgender Weise unter die Verfasser vertheilt: Der Herausgeber hat die Einleitung, das erste Buch und die sechs ersten Abschnitte des zweiten Buches sowie die damit im Zusammenhange stehenden Artikel des Einführungsgesetzes übernommen, Herr Amtsrichter Greiff bearbeitet die ersten drei Titel, Herr Professor Dr. André die übrigen zwei und zwanzig Titel des siebenten Abschnitts des zweiten Buches; Herr Reichsgerichtsrath Dr. Achilles und Herr Amtsrichter Greiff haben das dritte Buch, Herr Staatsanwalt Dr. Unzner hat das vierte Buch, Herr Gerichtsassessor Ritgen das fünfte Buch übernommen. Jeder der Herren wird zugleich die seinen Theil betreffenden Artikel des Einführungsgesetzes bearbeiten; im Uebrigen hat Herr Professor André das Einführungsgesetz übernommen.

In Folge dieser Theilung der Arbeit wird eine Verschiedenheit des Styles und der Art der Darstellung nicht ganz zu vermeiden sein. Die sachliche Einheitlichkeit des ganzen Werkes wird aber durch die unter den Verfassern getroffene Vereinbarung und die dem Herausgeber obliegende Leitung des Unternehmens gesichert.

Göttingen, im Februar 1897.

Der Herausgeber.

Vorwort zur zweiten Auflage.

Rascher, als vorauszusehen war, ist eine neue Auflage der bisher erschienenen 4 Lieferungen des Kommentars nothwendig geworden. In der neuen Auflage sind die inzwischen verkündeten neuen Gesetze berücksichtigt. Dabei ist die Fassung zu Grunde gelegt, welche diese Gesetze nach der Bekanntmachung v. 20. Mai 1898 erhalten haben. Nach dieser Fassung sind insbesondere auch die Civilprozeßordnung und die Konkursordnung zitirt. In dem jedem Pharagraphen vorausgeschickten Quellenverzeichniß ist neben den bisher angeführten Entwürfen auch der dem Bundesrathe von der zweiten Kommission vorgelegte revidirte Entwurf berücksichtigt. Die Seiten der gedruckten Protokolle der zweiten Kommission sind, soweit diese bis jetzt erschienen sind, hinter den Seiten der metallographirten Protokolle in Klammern angeführt. Abgesehen von diesen Aenderungen und von der Berichtigung einiger Versehen und Druckfehler ist die zweite Auflage ein unveränderter Abdruck der ersten Auflage. Eine erneute sachliche Erwägung und eine Berücksichtigung der inzwischen erschienenen Literatur war durch die Kürze der zu Gebote stehenden Zeit ausgeschlossen. Nur die sich auf das B.G.B. im Ganzen beziehenden wichtigeren Werke sind in dem Literaturverzeichniß am Schlusse nachgetragen.

Die rückständigen Lieferungen werden in rascher Folge zugleich in erster und zweiter Auflage erscheinen.

Göttingen, im Juni 1898.

Der Herausgeber.

Inhaltsverzeichniß.

Einleitung.

Erstes Buch.
Allgemeiner Theil.

Erster Abschnitt.
Personen.

Erster Titel.
Natürliche Personen.

Zweiter Titel.
Juristische Personen.

I. Vereine.
1. Allgemeine Vorschriften.

Erster Titel.
Geschäftsfähigkeit.

Zweiter Titel.
Willenserklärung.

Dritter Titel.
Vertrag.

Vierter Titel.
Bedingung. Zeitbestimmung.

Fünfter Titel.
Vertretung. Vollmacht.

Sechster Titel.
Einwilligung. Genehmigung.

Vierter Abschnitt.
Fristen. Termine.

Fünfter Abschnitt.

Verjährung.

Sechster Abschnitt.

Ausübung der Rechte. Selbstvertheidigung. Selbsthülfe.

Siebenter Abschnitt.

Sicherheitsleistung.

Einleitung.

I. Der bisherige Rechtszustand.

Deutschland hat niemals ein einheitliches bürgerliches Recht gehabt. Eine gewisse Gemeinsamkeit der Rechtsanschauungen, der Rechtsinstitute und gewisser Rechtssätze ist zwar immer vorhanden gewesen; es war das die nothwendige Folge der Gemeinsamkeit der Abstammung, des gemeinsamen Volkscharakters. Aber schon in der frühesten Zeit gestaltete sich das Recht, in Folge der Verschiedenheit der deutschen Volksstämme und der Eigenartigkeit ihrer Entwickelung, sehr verschieden. Die politische Entwickelung des Deutschen Reichs war nicht geeignet eine größere Rechtseinheit herzustellen. Die Rechtsentwicklung blieb im Wesentlichen dem partikulären Gewohnheitsrecht überlassen. Dazu trat eine neue Scheidung in Folge der Verschiedenheit der Stände, in welche das deutsche Volk zerfiel und in Folge deren sich für jeden Stand besondere Rechtsnormen bildeten. Das Lehnrecht sonderte sich ab von dem Rechte der Gemeinfreien; besondere Hof- und Dienstrechte entstanden. In den Städten entwickelte sich ein anderes Recht wie auf dem platten Lande. Neben der individualisirenden Richtung trat freilich schon im Mittelalter auch der Zug nach Zusammenfassung hervor. Von großer Bedeutung sind in dieser Beziehung die Rechtsbücher des Mittelalters, der Sachsenspiegel und der Schwabenspiegel. Hier wurde wenigstens für große Gebiete, in welchen die Stämme überwogen, deren Recht die Spiegel darstellten, das Gemeinsame zusammengefaßt und dadurch die Grundlage einer weiteren gemeinsamen Rechtsentwicklung für diese Gebiete gegeben. Von entscheidender Bedeutung für die ganze weitere Entwicklung war dann die Rezeption des römischen Rechtes. Die Gründe für diesen merkwürdigen Vorgang waren sehr verschiedenartig. Wie man darüber auch im Einzelnen denken mag, soviel ist gewiß, daß ein solcher Vorgang nicht denkbar gewesen wäre ohne das dringende Bedürfniß einer Umgestaltung des bestehenden Rechtes. Dieses Bedürfniß war in doppelter Richtung vorhanden. Es gründete sich einerseits in der Zersplitterung des Rechtes, andererseits darin, daß die Entwicklung des einheimischen Rechtes der großen Umgestaltung, welche die wirthschaftlichen Verhältnisse erfahren hatten, nicht genügend gefolgt war und dem wirthschaftlichen Bedürfnisse daher nicht mehr entsprach. In beiden Beziehungen half die Rezeption des römischen Rechtes; es bot ein einheitliches Recht und es bot ein Recht, welches insbesondere auf dem Gebiete des Obligationenrechts und der allgemeinen Rechtslehren den Anforderungen des Lebens in der Hauptsache entsprach. Die Rezeption des römischen Rechtes ist vielfach beklagt. Sie hat die Entwicklung der deutschen Rechtsinstitute und der deutschen Rechtsgedanken vielfach gehemmt, und mancher gesunde Keim ist durch sie unterdrückt. Aber einen unschätzbaren Vortheil hat sie gebracht. Auf der Grundlage des römischen Rechtes hat sich die deutsche Rechtswissenschaft zu derjenigen Höhe entwickelt, durch die sie fähig geworden ist, den Boden zu schaffen, auf dem jetzt das einheitliche deutsche Recht erwachsen ist.

Das römische Recht wurde nur als subsidiäres Recht eingeführt und der partikulären Rechtsbildung blieb daher ein weiter Spielraum. Eine außerordentlich große Zahl verschiedenartiger Rechte, insbesondere auf dem Gebiete des Erbrechts und des ehelichen Güterrechts, blieb in den verschiedenen Theilen Deutschlands bestehen, und diese Rechte entwickelten sich wieder nach verschiedenen Richtungen. Dazu kam, daß das römische Recht, weil es trotz seines universellen Charakters in vielen Beziehungen für die deutschen Verhältnisse nicht paßte, durch das Bestreben, es denselben anzupassen, allmälig eine Umbildung erfuhr, welche als usus modernus bezeichnet zu werden pflegt und sich auf die communis opinio und den usus fori gründete. Daß durch eine solche Entwicklung die Sicherheit des Rechtes litt und unzählige Kontroversen entstanden, konnte nicht ausbleiben. Das Bedürfniß einer gesetzlichen Feststellung des Rechtes wurde lebhaft gefühlt. Eine einheitliche Feststellung für ganz Deutschland war, obwohl sie zu verschiedenen Zeiten von bedeutenden Gelehrten gefordert wurde, bei den politischen Zuständen Deutschlands nicht möglich. So mußte versucht werden, dem Bedürfniß in den einzelnen Territorien abzuhelfen. Die wichtigsten Rechtsbildungen auf diesem Boden sind folgende:*)

1. In Preußen ertheilte schon Friedrich der Große in der Verordnung v. 31. Dezember 1746 § 24 dem Minister Cocceji den Befehl, ein deutsches allgemeines Landrecht anzufertigen. Die in Folge dieses Befehls in Angriff genommene Arbeit blieb nach Coccejis Tode im Jahre 1755 liegen und wurde erst wieder aufgenommen durch die Kabinetsordre v. 6. und 14. April 1780. Es ist bekannt, wie rasch nun, dank der unvergleichlichen Thätigkeit von Svarez das preußische allgemeine Landrecht zu Stande kam. Durch das Publikationspatent v. 5. Februar wurde es mit Gesetzeskraft v. 1. Juli 1794 eingeführt. Das preußische Landrecht war ursprünglich in der Art gedacht, daß es neben den zu sammelnden Provinzialrechten nur als subsidiäres Recht an die Stelle des gemeinen Rechts treten sollte, ist aber schließlich, da die Sammlung in den meisten Provinzen unterblieb, in der Hauptsache das prinzipale Recht für die älteren preußischen Provinzen geworden, und gelten neben ihm nur in einzelnen Beziehungen für verschiedene Landestheile besondere Rechtsnormen. Durch Kabinetsordre v. 3. November 1817 wurde eine Revision des Landrechts angeordnet. Die Arbeiten dauerten mit verschiedenen Unterbrechungen bis 1848, zuletzt unter einem besonderen Ministerium für Gesetzgebung, dem seit 1842 Savigny vorstand. Im Jahre 1848 wurde das Gesetzgebungsministerium aufgehoben, und endigten damit die Revisionsarbeiten. Ein 1839 und 1842 veröffentlichter Entwurf und die nicht veröffentlichten Pensa bieten ein werthvolles Material.

2. In Oesterreich hatte schon Maria Theresia eine Kommision zur Ausarbeitung eines Privatrechts für die österreichischen Erbländer angeordnet. Die Arbeit ging durch viele Hände, und verschiedene Entwürfe wurden ausgearbeitet. Erst 1811 war das österreichische Gesetzbuch vollendet und wurde durch Patent v. 1. Januar 1812 publizirt.

3. Am linken Rheinufer wurde während dessen Zugehörigkeit zu Frankreich der code civil eingeführt. Dieser war, nach verschiedenen Vorarbeiten und vergeblichen Versuchen während der Revolutionszeit, durch Napoleon sehr rasch

*) Eine ausführliche Darstellung giebt Schwartz, die Geschichte der privatrechtlichen Kodifikationsbestrebungen in Deutschland, im Archiv für bürgerliches Recht II S. 1—190. Vergl. auch Vierhaus in den Beiträgen zur Erläuterung und Beurtheilung des Entwurfs eines bürgerlichen Gesetzbuchs für das Deutsche Reich Heft I.

zu Stande gebracht. Am 12. August 1800 war durch Napoleon als ersten Konsul eine Kommission zur Ausarbeitung eines Entwurfs niedergesetzt, und schon am 20. März 1804 wurde der code civil verkündet.

4. In Baden wurde eine Uebersetzung des code civil mit verschiedenen Zusätzen durch die Einführungsedikte v. 3. Februar, 22. Juni und 22. Dezember 1809 als badisches Landrecht eingeführt.

5. In Bayern war unter Maximilian III. durch den Minister Kreittmayr in den Jahren 1751—1756 ein Gesetzbuch ausgearbeitet, das im Wesentlichen auf dem gemeinen Rechte beruhte, in einzelnen Beziehungen aber das statutarische Recht berücksichtigte. Dieses Gesetzbuch wurde im Jahre 1756 als codex Maximilianeus Bavaricus civilis publizirt. Es galt in dem ganzen damaligen Kurfürstenthum Bayern, wurde aber in den in der Napoleonischen Zeit neu hinzugekommenen Landestheilen nicht eingeführt. In diesen blieben die bisherigen Rechte — mehr als 40 — bestehen; ebenso in Rheinbayern der code civil. Schon 1810 wurde eine Kommission niedergesetzt zur Ausarbeitung eines Gesetzbuchs für das ganze Königreich auf Grund des bayerischen Landrechts. Der Plan wurde später aufgegeben. Im Jahre 1844 und dann wieder 1854 erfolgten neue Anläufe. Ein Gesetzbuch wurde ausgearbeitet in 7 Büchern und 4583 Artikeln, 1858 einer Kommission vorgelegt und von ihr überarbeitet. Von dieser Ueberarbeitung wurden 1860 und 1864 Bruchstücke veröffentlicht.

6. Auch im Großherzogthume Hessen wurde der Versuch gemacht, an Stelle der dort geltenden verschiedenen Rechte ein einheitliches Gesetzbuch einzuführen. Von dem Ministerialrath Breidenbach wurde ein Entwurf ausgearbeitet und einer Kommission vorgelegt. Die von dieser bearbeiteten Theilentwürfe nebst Motiven wurden in den Jahren 1842, 1845, 1851, 1853 veröffentlicht und bilden wie die oben erwähnten bayerischen Entwürfe ein werthvolles Material.

7. In Sachsen wurde 1846 der Geheimrath Held mit der Ausarbeitung eines privatrechtlichen Gesetzbuchs beauftragt. Der Entwurf wurde 1853 den Ständen vorgelegt, aber wieder zurückgezogen. Eine 1856 niedergesetzte Kommission revidirte den Entwurf. Im Mai 1860 war die Arbeit beendet; der Entwurf wurde veröffentlicht, den Ständen vorgelegt und von ihnen angenommen. Durch Verordnung v. 2. Januar 1863 wurde das Gesetzbuch verkündet; es ist am 1. März 1865 in Kraft getreten.

Neben diesen Gesetzgebungsarbeiten in den einzelnen Staaten machten sich seit 1814 immer von Neuem die Bestrebungen geltend, ein einheitliches Deutsches Bürgerliches Gesetzbuch zu schaffen. Thibaut hatte 1814 den Anstoß zu dieser Bewegung durch seine Schrift „Ueber die Nothwendigkeit eines Allgemeinen Bürgerlichen Rechtes für Deutschland“ gegeben. Savigny bekämpfte den Gedanken in seiner bekannten Schrift über den „Beruf unserer Zeit für Gesetzgebung und Rechtswissenschaft“. Die politischen Zustände Deutschlands machten die Verwirklichung unmöglich; aber in der Seele des Volkes blieb der Gedanke lebendig. In der Reichsverfassung v. 1849 wurde bestimmt, daß der Reichsgewalt die Erlassung allgemeiner Gesetzbücher über bürgerliches Recht, Handels- und Wechselrecht obliege. Schon 1847 war eine Konferenz der Zollvereinsstaaten zur Berathung des von einer preußischen Kommission ausgearbeiteten Entwurfs einer Wechselordnung zusammengetreten und hatte ihre Arbeiten in demselben Jahre beendet. Am 26. November 1848 wurde die aus diesen Berathungen hervorgegangene Wechselordnung von dem Reichsverweser verkündet; sie ist dann in allen Staaten des Deutschen Bundes als Landesgesetz eingeführt, nach der Gründung des Norddeutschen Bundes aber durch Gesetz v. 5. Juni 1863 als Bundesgesetz und später als Reichsgesetz verkündet. Nachdem schon 1849 von dem damaligen Reichsjustizminister eine Kommission zur Ausarbeitung eines Handelsgesetzbuchs niedergesetzt war, die jedoch nur die erste Abtheilung in 5 Titeln zu Stande brachte, wurde durch Beschluß der wiederhergestellten deutschen Bundesversammlung v. 18. Dezember 1856 eine neue Kommission eingesetzt. Diese trat 1857 zusammen; der von ihr auf Grund eines preußischen und eines österreichischen Entwurfs ausgearbeitete Entwurf eines Handelsgesetzbuchs wurde im Jahre 1861 der deutschen Bundesversammlung überreicht. Auch das Handelsgesetzbuch ist zunächst als Landesgesetz in den deutschen Staaten eingeführt, durch Gesetz v. 5. Juni 1869 aber als Norddeutsches Bundesgesetz und dann als Reichsgesetz verkündet.

Auf den ersten beiden Juristentagen zu Berlin und Dresden in den Jahren 1860 und 1861 wurden Beschlüsse zu Gunsten eines einheitlichen deutschen Obligationenrechts gefaßt. Am 6. Februar 1862 beschloß die deutsche Bundesversammlung eine Kommission zur Ausarbeitung des Entwurfs eines Obligationenrechts niederzusetzen. Preußen bestritt die Kompetenz der Bundesversammlung und betheiligte sich nicht an der Kommission. Diese trat jedoch im Januar 1863 in Dresden zusammen und beendete ihre Arbeiten unmittelbar vor dem Ausbruche des Krieges von 1866. Die Vorrede, mit welcher der Entwurf veröffentlicht wurde, datirt v. 13. Juni 1866. Der Dresdener Entwurf hat 1045 Artikel und ist bei der Ausarbeitung des Entwurfs des Deutschen Bürgerlichen Gesetzbuchs vielfach benutzt.

Bei der Gründung des Norddeutschen Bundes war der in Deutschland bestehende Rechtszustand hiernach der folgende:

In allen deutschen Staaten galt die Wechselordnung und das Handelsgesetzbuch. Im Uebrigen theilte sich Deutschland in vier große Rechtsgebiete. In dem einen galt das sog. gemeine Recht, in dem anderen das preußische allgemeine Landrecht, in dem dritten der code civil, in dem vierten das sächsische Gesetzbuch. Das Gebiet des bayrischen Landrechts ist hierbei dem Gebiete des gemeinen Rechtes, das Gebiet des badischen Landrechts dem des code civil hinzugerechnet. Neben diesen großen Gesetzgebungen bestand aber eine außerordentlich große Zahl von Partikularrechten für größere oder kleinere Gebiete, die sich theils nur auf einzelne Vorschriften beschränken, theils aber sehr erhebliche Theile des bürgerlichen Rechtes, insbesondere das eheliche Güterrecht und das Erbrecht umfassen. Die Zahl solcher Partikularrechte beläuft sich auf mehr als hundert.*)

II. Die Entstehung des Bürgerlichen Gesetzbuchs.

Der am 4. März 1867 dem konstituirenden Reichstag vorgelegte Entwurf der Verfassung des Norddeutschen Bundes überwies im Art. 4 Nr. 13 der Gesetzgebung des Bundes nur das Wechsel- und Handelsrecht. Der Antrag Miquels, die Zuständigkeit des Bundes auf das gesammte bürgerliche Recht auszudehnen, wurde, obwohl er von den großen Juristen Wächter und Gerber lebhaft unterstützt wurde, abgelehnt, ein Antrag von Lasker und Schwarze, die Zuständigkeit auf das Obligationenrecht auszudehnen, aber angenommen. Die Regierungen erklärten sich mit diesem Beschluß einverstanden, und der Art. 4 Nr. 13 des Entwurfs der Verfassung wurde demgemäß geändert. Im Jahre 1869 wurde der Antrag, die Zuständigkeit auf das gesammte bürgerliche Recht auszudehnen, von Neuem gestellt, und zwar diesmal gemeinschaftlich von Miquel und Lasker, und mit großer Mehrheit angenommen. In demselben Jahre gelangte ein entsprechender Antrag im preußischen Abgeordnetenhause zur Annahme. Den Beschlüssen wurde

---

*) Näheres s. D. Anl. I.

indessen keine Folge gegeben, und die Reichsverfassung v. 16. April 1871 enthielt über die Kompetenz in Betreff des bürgerlichen Rechtes noch dieselbe Bestimmung wie die Verfassung des Norddeutschen Bundes. Der nationale Gedanke gewann aber immer größere Kraft. In den Jahren 1871, 1872 und 1873 wurden wieder Anträge, die Zuständigkeit auf das gesammte Bürgerliche Recht auszudehnen, im Reichstage gestellt und mit immer steigenden Mehrheiten angenommen. In der Reichstagssitzung v. 2. April 1873 erklärte der Minister Delbrück, daß der Bundesrath voraussichtlich den Beschlüssen des Reichstags zustimmen werde, und am 20. Dezember 1873 erging das Reichsgesetz, durch welches die Zuständigkeit des Reichs auf das gesammte bürgerliche Recht ausgedehnt wurde.

Der Bundesrath schritt sofort zur Ausführung. Auf Antrag des Justizausschusses v. 8. Februar 1874 wurde von dem Bundesrath eine Kommission von fünf angesehenen Juristen niedergesetzt, die über den Plan und die Methode bei der Ausarbeitung des Entwurfs eines Bürgerlichen Gesetzbuchs gutachtliche Vorschläge machen sollte. Mitglieder dieser Kommission, der sog. Vorkommission, waren: der Reichsoberhandelsgerichtsrath Dr. Goldschmidt in Leipzig, später Professor in Berlin, der Obertribunalsdirektor Dr. v. Kübel in Stuttgart, später Senatspräsident des Oberlandesgerichts daselbst, der Appellationsgerichtspräsident Meyer in Paderborn, später Präsident des Kammergerichts in Berlin, der Oberappellationsgerichtspräsident von Neumayer in München und der Oberappellationsgerichtspräsident Dr. v. Weber in Dresden, später Präsident des Oberlandesgerichts daselbst. An die Stelle des erkrankten Präsidenten Meyer trat der Appellationsgerichtspräsident Dr. v. Schelling in Halberstadt, später preußischer Justizminister.

Die von dieser Kommission ausgearbeiteten, eingehend motivirten Vorschläge wurden dem Bundesrathe mittelst Berichts v. 15. April 1874 überreicht. Nach diesen Vorschlägen sollte der auszuarbeitende Entwurf eines Bürgerlichen Gesetzbuchs „unter Berücksichtigung der geltenden Gesetzbücher und der von den Einzelstaaten sowie im Auftrage des ehemaligen deutschen Bundes über einzelne Rechtstheile ausgearbeiteten Gesetzentwürfe das den Gesammtzuständen des Deutschen Reichs entsprechende Bürgerliche Recht in einer den Anforderungen der heutigen Wissenschaft gemäßen Form kodifizirend zusammenfassen". Die Aufgabe der Kommission wird als eine dreifache bezeichnet. Es ist — heißt es in dem Berichte — der Gesammtbestand der innerhalb des Deutschen Reichs geltenden Privatrechtsnormen mit Rücksicht auf deren Zweckmäßigkeit, innere Wahrheit und folgerichtige Durchführung zu untersuchen. Es ist sorgsam zu prüfen, wie weit die von der gemeinsamen Grundlage des sog. gemeinen Rechtes abweichenden Bestimmungen der neueren großen Zivilgesetzgebungen, der Landesgesetze und der etwaigen Reichsgesetze beizubehalten seien, oder ob und welche Ausgleichung zu versuchen sei. Es ist endlich auf richtige Formgebung und Anordnung die höchstmögliche Sorgfalt zu verwenden. Das Handelsrecht soll nicht in das Bürgerliche Gesetzbuch aufgenommen werden und späterer Erwägung vorbehalten bleiben, ob und welche der bereits erlassenen Reichsspezialgesetze in das Bürgerliche Gesetzbuch oder in das Handelsgesetzbuch aufzunehmen seien. Das Verlagsrecht, das Binnenschiffahrtsrecht und das Versicherungsrecht sollen in Verbindung mit der Revision des Handelsgesetzbuchs geregelt werden. Ausgeschlossen soll ferner sein das Bergrecht. Als im Absterben begriffen und deshalb in das Bürgerliche Gesetzbuch nicht mit aufzunehmen werden bezeichnet: das Lehnrecht, das Recht der ablösbaren Reallasten, das Erbzins- und Erbpachtrecht, die emphyteusis, das Näherrecht, das Recht der Stammgüter, sowie der Familienfideikommisse. Ausgeschlossen soll ferner werden: das bäuerliche Güterrecht, das Forstrecht, das Wasserrecht, das Fischereirecht, das

Jagdrecht, das Deich- und Sielrecht, die Bannrechte, das Nachbarrecht, das Recht der Zusammenlegung von Grundstücken, das Enteignungsrecht, das Gesinderecht. Alle diese Rechte sollen den Landesgesetzen vorbehalten bleiben. Zur Ausarbeitung des Entwurfs des Bürgerlichen Gesetzbuchs soll eine Kommission von neun Mitgliedern eingesetzt werden. Eine Reihe weiterer Vorschläge betrifft die Art und Weise, in welcher die Behandlung der Sache in der Kommission erfolgen soll.

Auf Grund des Berichts des Justizausschusses v. 9. Juni 1874 wurde von dem Bundesrath am 22. Juni dahin Beschluß gefaßt, daß die in dem Berichte der Vorkommission dargelegten Ansichten zu billigen seien und eine Kommission von elf Mitgliedern niedergesetzt werden solle. Dieser wird überlassen, die Vorschläge der Vorkommission als Anhaltspunkte zu benutzen. In der Sitzung des Bundesraths vom 2. Juli 1874 wurden zu Mitgliedern der Kommission gewählt: der Präsident des Reichsoberhandelsgerichts, Wirklicher Geheimer Rath Dr. Pape in Leipzig, der Kaiserliche Appellationsgerichtsrath Derscheid in Colmar, später Reichsgerichtsrath, der badische Ministerialrath Dr. Gebhard in Karlsruhe, später Geheimer Rath und Professor, der preußische Obertribunalsrath Johow in Berlin, später Geheimer Oberjustizrath, der württembergsche Obertribunalsdirektor Dr. v. Kübel in Stuttgart, später Senatspräsident des Oberlandesgerichts, der preußische Geheime Justizrath, vortragender Rath im Justizministerium Kurlbaum II in Berlin, später Oberlandesgerichtspräsident, Dr. und Wirklicher Geheimer Oberjustizrath, der preußische Appellationsgerichtsrath Planck in Celle, später Dr., Wirklicher Geheimer Rath und Professor, der Professor Dr. v. Roth in München, der bayerische Ministerialrath Dr. v. Schmitt in München, später Präsident des obersten Landesgerichts in Bayern, der sächsische Appellationsgerichtspräsident Dr. v. Weber in Dresden, später Oerlandesgerichtspräsident und Wirklicher Geheimer Rath, der Geheime Rath und Professor Dr. v. Windscheid in Leipzig. Zum Vorsitzenden der Kommission ernannte der Reichskanzler den Präsidenten Dr. Pape. Im Oktober 1883 schied Dr. v. Windscheid aus der Kommission aus. Am 5. Januar 1884 starb Dr. v. Kübel, am 8. Januar 1888 Dr. v. Weber und am 11. September 1888 der Vorsitzende der Kommission Dr. Pape. Die Stelle Windscheids wurde nicht wieder besetzt. An Kübels Stelle trat der Professor Dr. v. Mandry aus Tübingen, an Webers Stelle der Geheime Justizrath Dr. Rüger in Dresden, später Generalstaatsanwalt. Mit dem Vorsitz in der Kommission wurde nach dem Tode Papes der Geheime Oberjustizrath Johow vom Reichskanzler beauftragt. Als Hülfsarbeiter wurden der Kommission beigegeben: der preußische Kreisgerichtsrath Neubauer in Berlin, später Senatspräsident beim Kammergericht, der preußische Stadtgerichtsrath Achilles in Berlin, später Reichsgerichtsrath und Dr., der preußische Obergerichtsrath Braun in Celle, später Oberkonsistorialrath und Dr., der sächsische Gerichtsrath Börner in Dresden, später Geheimer Justizrath und vortragender Rath im Justizministerium und Dr., der hessische Stadtgerichtsassessor Vogel in Darmstadt, später Geheimer Justizrath. Später traten noch hinzu: der mecklenburgische Kanzleirath Dr. Martini in Rostock, später Landgerichtspräsident, und der württembergische Landgerichtsrath Ege in Stuttgart, später Reichsgerichtsrath. An die Stelle des im Juli 1877 ausgeschiedenen Obergerichtsrath Braun trat der preußische Obergerichtsassessor Struckmann in Göttingen, später Geheimer Oberregierungsrath und vortragender Rath im Reichsjustizamt und Dr., an die Stelle des Dr. Martini, der im Oktober 1877 ausschied, der braunschweigische Kreisrichter v. Liebe in Wolfenbüttel, später Reichsgerichtsrath.

Am 17. September 1874 trat die Kommission zusammen. In der ersten

Sitzungsperiode, die bis zum 29. September 1874 dauerte, stellte die Kommission den Arbeitsplan fest. Im Anschluß an die Vorschläge der Vorkommission wurde beschlossen, daß keines der bestehenden Gesetzbücher zu Grunde gelegt, sondern ein neuer Entwurf ausgearbeitet werden solle. Auch in Betreff der in das Gesetzbuch aufzunehmenden und der den Landesgesetzen zu überlassenden Materien schloß sich die Kommission im Wesentlichen den Vorschlägen der Vorkommission an; jedoch sind in dieser Beziehung im Laufe der Berathung noch manche Modifikationen eingetreten. Das schließliche Resultat ergiebt sich aus den von der Kommission ausgearbeiteten Entwürfen des Bürgerlichen Gesetzbuchs und des Einführungsgesetzes. Weiter wurde bestimmt, daß das Bürgerliche Gesetzbuch in fünf Bücher eingetheilt werden solle, deren erstes den Allgemeinen Theil, das zweite das Recht der Schuldverhältnisse, das dritte das Sachenrecht, das vierte das Familienrecht und das fünfte das Erbrecht zu enthalten habe. Abweichend von den Vorschlägen der Vorkommission, nach denen der Allgemeine Theil erst nach Feststellung der übrigen Theile entworfen werden sollte, wurde beschlossen, auch diesen Theil sofort in Angriff zu nehmen. Zur Ausarbeitung des Entwurfs wurden fünf Redaktoren bestellt; für den Allgemeinen Theil Gebhard, für das Recht der Schuldverhältnisse v. Kübel, für das Sachenrecht Johow, für das Familienrecht Planck, für das Erbrecht v. Schmitt. In einer den Redaktoren ertheilten Instruktion wurden Bestimmungen getroffen, welche thunlichst die Einheitlichkeit der Arbeit sichern sollten. Ueber wichtige Prinzipienfragen sollten die Redaktoren die Entscheidung der Kommission einholen. Die Redaktoren, welche sämmtlich ihren Wohnsitz in Berlin nahmen, traten periodisch zu Besprechungen über solche Fragen zusammen, die mehrere Arbeitsgebiete berührten. Zur Entscheidung von Prinzipienfragen fand in jedem Jahre eine Zusammenkunft der Kommission statt. Im Jahre 1875 faßte die Kommission in den Sitzungen vom 4. bis zum 28. Oktober Beschlüsse über Ungültigkeit der Rechtsgeschäfte, über die Geschäftsfähigkeit Minderjähriger, über die Gewährleistung für Mängel bei der Veräußerung von Thieren, über den Erwerb des Eigenthums an beweglichen und unbeweglichen Sachen, über Vindikation beweglicher Sachen, über Nichtigkeit und Anfechtbarkeit der Ehe, über das eheliche Güterrecht, über die Intestaterbfolge, die Testirfreiheit und die Form des Testaments. In den Sitzungen vom 28. September bis zum 25. Oktober 1876 bildeten den Gegenstand der Berathungen die Volljährigkeitserklärung und die Todeserklärung, die Form der Verträge und die Tragung der Gefahr bei Vertragsverhältnissen, der Besitz, das Hypothekenrecht, die Zwangs- und Bannrechte, verschiedene Fragen des gesetzlichen ehelichen Güterrechts, die Gestaltung der elterlichen Gewalt, der Erbschaftserwerb und die Haftung des Erben für die Nachlaßverbindlichkeiten. In den Sitzungen der Kommission vom 17. September bis zum 20. Oktober 1877 wurden Beschlüsse gefaßt über Verjährung der Ansprüche, über natürliche Verbindlichkeiten, über die Uebertragung der Forderungen, über das einseitige Versprechen, über das Pfandrecht an Schiffen, über Dienstbarkeiten an Grundstücken, über die Gestaltung der Obervormundschaft, über das Erbfolgerecht der Ehegatten, über den Erbeinsetzungsvertrag und über Schenkungen von Todeswegen. In den Sitzungen vom 4. bis zum 23. Oktober 1878 wurde über Verträge zu Gunsten Dritter, über das Gesammtschuldverhältniß, über die superficies und über Familienfideikommisse Beschluß gefaßt. In den Sitzungen vom 30. Oktober bis zum 2. November 1879 und vom 28. und 29. Dezember 1880 wurde noch über einige untergeordnete Fragen berathen und das weiter einzuschlagende Verfahren festgestellt.

Große Sorgfalt verwandten die Redaktoren auf die Sammlung und Zusammenstellung des derzeit in Deutschland geltenden Rechtes. Zu diesem Zwecke wurde in verschiedenen Richtungen die Hülfe der Regierungen in Anspruch genommen und bereitwillig gewährt. Insbesondere wurde von ihnen ausführliche Auskunft ertheilt über die bestehenden Grundbucheinrichtungen, über das eheliche Güterrecht, über das gesetzliche Erbrecht, über das Lehnrecht, das Recht der Stammgüter und Familienfideikommisse, das Erbpachtrecht, die emphyteusis, die Reallasten, das Näherrecht, das bäuerliche Güterrecht, das Forstrecht, das Wasserrecht, das Jagdrecht, das Fischereirecht, das Agrarrecht und das Gesinderecht.*) Auch über die Art, Zahl und Richtung der in den verschiedenen Theilen Deutschlands geschlossenen Eheverträge wurde von den Regierungen statistisches Material mitgetheilt und zusammengestellt. Von dem Professor Dr. Schröder in Würzburg, jetzt in Heidelberg, wurde ein Gutachten nebst Gesetzentwurf über die partikuläre Gütergemeinschaft erbeten und bereitwillig ertheilt. Die preußische Deputation für das Veterinärwesen erstattete ein Gutachten über die Gewährleistung bei Veräußerung von Hausthieren.

Der Theilentwurf über das Erbrecht wurde im Jahre 1879, der Entwurf des Familienrechts und des Sachenrechts im Jahre 1880, der Entwurf des allgemeinen Theiles 1881 vollendet. Ueber das Recht der Schuldverhältnisse wurde in Folge der Erkrankung und des später erfolgten Todes des Dr. v. Kübel kein vollständiger Entwurf vorgelegt. Für die nicht vollendeten Theile wurde der Dresdener Entwurf der Berathung zu Grunde gelegt. Den Entwürfen waren ausführliche Motive beigefügt; für die fehlenden Theile des Rechtes der Schuldverhältnisse wurde zum Ersatz der Motive das Material von den Hülfsarbeitern zusammengestellt. Die Motive sämmtlicher Entwürfe umfassen 9961 Druckseiten in 10 Foliobänden. Dazu kommt noch eine nicht unerhebliche Zahl von Anlagen und Nachträgen.

Die Berathung der Gesammtkommission begann am 4. Oktober 1881. Wöchentlich wurden drei Sitzungen gehalten; in einer vierten Sitzung wurden die Protokolle, die von den Hülfsarbeitern geführt wurden, verlesen und festgestellt. Die Berathung und Beschlußfassung in der Kommission erfolgte, nachdem zunächst der betreffende Referent den von ihm vorgelegten Entwurf begründet und erläutert hatte. Ein Hauptreferent, wie ihn die Vorkommission vorgesehen hatte, wurde nicht bestellt. Der Präsident Pape faßte regelmäßig am Schlusse der Berathung das Ergebniß derselben in einer ausführlichen Darlegung zusammen. Die Beschlüsse wurden durch Stimmenmehrheit gefaßt; bei Stimmengleichheit entschied die Stimme des Vorsitzenden. Eine vorläufige Zusammenstellung der Beschlüsse wurde von dem Vorsitzenden gemacht und allen Mitgliedern mitgetheilt. Die Protokolle wurden, bevor sie in der Kommission zur Verlesung kamen, von einem Protokollausschuß geprüft. Dieser bestand aus dem Vorsitzenden, dem Präsidenten v. Weber und dem Referenten des betreffenden Theilentwurfs. Nach der Durchberathung eines kleineren oder größeren Abschnitts stellte der Protokollausschuß unter Zugrundelegung der vorläufigen Zusammenstellung und der von dem Referenten des betreffenden Theilentwurfs gemachten Vorlage die Redaktion fest. Diese wurde nach Beendigung der Berathung über das betreffende Buch von der Kommission geprüft; zugleich wurden die durch spätere Beschlüsse erforderlichen Aenderungen

*) Vergl. Neubauer über das in Deutschland geltende eheliche Güterrecht, über das eheliche Güterrecht des Auslandes, über das in Deutschland geltende Recht betr. verschiedene Rechtsmaterien (Expropriation, Forst-, Jagd-, Fischerei-, Deich-, Siel-, Näher- und Gesinderecht), über das in Deutschland geltende Wasserrecht, über das in Deutschland geltende Recht betr. Stammgüter, Familienfideikommisse, Familienstiftungen, bäuerliches Recht, Reallasten ꝛc., Lehnrecht. Diese Schriften sind unter Benutzung der amtlichen Mittheilungen und der behufs Vorbereitung des Entwurfs des B.G.B. gemachten Vorarbeiten verfaßt.

der bereits früher beschlossenen Vorschriften vorgenommen. Nach Durchberathung und Feststellung aller Theilentwürfe wurden diese nochmals einer Revision durch die Kommission unterzogen. Diese Schlußrevision begann am 30. September 1887 und endigte am 16. Dezember 1887. Einzelne unerhebliche Aenderungen erfolgten noch bei der Drucklegung in der Sitzung vom 30. Dezember. Mittelst Berichts v. 27. Dezember 1887 wurde der Entwurf von dem Vorsitzenden dem Reichskanzler überreicht. Der Entwurf hat 2164 Paragraphen; die Eintheilung in die oben angegebenen fünf Bücher ist beibehalten. Die nähere Angabe des Inhalts wird bei der Erläuterung des Gesetzbuchs, soweit erforderlich, erfolgen. Von der Kommission war neben den fünf Büchern des Entwurfs noch ein sechstes mit der Ueberschrift „Räumliche Herrschaft der Rechtsnormen" berathen und beschlossen. Die Berathung erfolgte auf Grund einer sehr eingehenden Vorlage des Redaktors des Allgemeinen Theiles in den Sitzungen vom 9. bis 28. Septemb r 1887. Dieser Abschnitt, welcher die Vorschriften über das sog. Internationale Privatrecht enthielt, wurde indessen nicht mit in den Entwurf aufgenommen, sondern auf Grund des Beschlusses der Kommission dem Reichskanzler neben dem Entwurfe mit dem Bemerken überreicht, daß es zweifelhaft erscheine, ob dieser Abschnitt sich zur Aufnahme in das B.G.B. und zur Veröffentlichung eigne. Da für die Entscheidung dieser Frage wesentlich politische Rücksichten in Betracht kämen, so enthalte sich die Kommission der Entscheidung. Der Reichskanzler verfügte, daß der sechste Abschnitt nicht in den Entwurf aufzunehmen sei. Dieser Abschnitt ist daher auch nicht mit veröffentlicht, in der Kommission für die zweite Lesung des Entwurfs aber der Berathung zu Grunde gelegt. Der Reichskanzler legte den Entwurf dem Bundesrathe vor, welcher am 31. Januar 1888 beschloß, den Entwurf nebst Motiven zu veröffentlichen und zur Kritik desselben aufzufordern. Die Motive wurden auf Grund der von den Redaktoren ihren Vorlagen beigegebenen Motive und der Protokolle von den Hülfsarbeitern, zum Theil unter Mitwirkung der Referenten, ausgearbeitet; eine Beschlußfassung der Kommission darüber hat nicht stattgefunden. Sie sind im Laufe des Jahres 1888 durch den Druck veröffentlicht. Der erste Band enthält die Motive des allgemeinen Theiles (395 Seiten), der zweite die des Rechts der Schuldverhältnisse (895 Seiten), der dritte die des Sachenrechts (869 Seiten), der vierte die des Familienrechts (1274 Seiten), der fünfte die des Erbrechts (711 Seiten).

Mit der Vollendung des Entwurfs des bürgerlichen Gesetzbuchs waren die Arbeiten der ersten Kommission noch nicht beendigt. Sie sollte außer dem Entwurf eines Einführungsgesetzes zum Bürgerlichen Gesetzbuche nach dem Beschlusse des Bundesraths v. 14. Juni 1888 auch den Entwurf einer Grundbuchordnung, eines Gesetzes über die Zwangsvollstreckung in das unbewegliche Vermögen und, soweit die Zeit bis zu dem auf den 1. April 1889 festgesetzten Schlusse der Kommission dazu ausreiche, auch eines Gesetzes über die nicht streitige Gerichtsbarkeit ausarbeiten. Für den Entwurf des Einführungsgesetzes hatte jeder Redaktor die seinem Gebiete angehörenden Vorschriften ausgearbeitet; für das Recht der Schuldverhältnisse war diese Ausarbeitung durch den Hülfsarbeiter Landgerichtsrath Ege unter Leitung des Geheimen Oberjustizraths Kurlbaum erfolgt. Die Vorschriften allgemeiner Art hatte der Redaktor des allgemeinen Theiles ausgearbeitet. Die Berathungen der Kommission begannen im Januar und wurden am 1. Juni 1888 beendigt. Mittelst Berichts des Vorsitzenden vom 19. Juni wurde der Entwurf, welcher 129 Artikel in vier Abschnitten enthält, dem Reichskanzler überreicht. Die Berathung des von dem Redaktor des Sachenrechts vorgelegten Entwurfs einer Grundbuchordnung wurde am 4. Juni begonnen und am 8. Oktober 1888 beendigt. Der Entwurf, welcher 79 Paragraphen in fünf Abschnitten enthielt, wurde mittelst

Berichts des Vorsitzenden v. 30. Oktober dem Reichskanzler überreicht. Der Entwurf eines Gesetzes betr. die Zwangsvollstreckung in das unbewegliche Vermögen war ebenfalls von dem Redaktor des Sachenrechts vorgelegt. Die Berathung desselben wurde am 10. Oktober 1888 begonnen und am 30. März 1889 beendigt. Der Entwurf enthält 245 Paragraphen in fünf Abschnitten und wurde mittelst Berichts des Vorsitzenden v. 30. März 1889 dem Reichskanzler überreicht. Auch zu diesen drei Entwürfen wurden Motive von den Hülfsarbeitern ausgearbeitet, die Motive zu dem Entw. über die Zwangsvollstreckung jedoch erst nach Auflösung der Kommission. Auf Beschluß des Bundesraths wurden auch diese Entwürfe nebst Motiven veröffentlicht. Der Entwurf eines Gesetzes über die Angelegenheiten der nicht streitigen Gerichtsbarkeit, welche von den Redaktoren des Familienrechts und des Erbrechts ausgearbeitet war, gelangte nicht mehr zur Berathung, weil die Kommission am 30. März 1888 geschlossen wurde.

Ueber die Verhandlungen der ersten Kommission wurde nichts veröffentlicht; nur im Reichstage wurden von Zeit zu Zeit Mittheilungen über den Stand der Arbeiten gegeben. Die Protokolle sind nur in einer verhältnißmäßig kleinen Anzahl metallographirt. Sie enthalten im Ganzen 14 763 Folioseiten; die Protokolle über den Entwurf des bürgerlichen Gesetzbuchs gehen bis Seite 12 313, über das Einführungsgesetz bis Seite 13 300, über die Grundbuchordnung bis Seite 13 568, über die Zwangsvollstreckung ꝛc. bis Seite 14 763. Die Gesammtzahl der Sitzungen der Kommission beträgt 873.

Der Entwurf wurde nach seiner Veröffentlichung einer sehr lebhaften Kritik unterzogen. Juristen und Laien, Theoretiker und Praktiker besprachen den Entwurf in Zeitungen und Zeitschriften, selbständigen Büchern sowie in Versammlungen. Anerkannt wurde allgemein die gründliche und erschöpfende Arbeit, welche auf die Sammlung und Sichtung des Materials verwandt worden; anerkannt wurde auch von den Meisten die juristische Technik des Entwurfs und die juristische Konsequenz, mit welcher die angenommenen Prinzipien durchgeführt waren. Sehr verschieden aber waren die Urtheile darüber, ob der Entwurf geeignet sei, zum Bürgerlichen Gesetzbuche für Deutschland zu werden oder auch nur die Grundlage für ein solches zu bilden. Während von den Einen zwar einzelne Mängel des Entwurfs anerkannt, zugleich aber betont wurde, daß diese sich leicht beseitigen lassen würden und, daß der Entwurf im Ganzen eine ausgezeichnete Arbeit nnd durchaus geeignet sei als Grundlage für das bürgerliche Gesetzbuch zu dienen, wurde von Anderen behauptet, daß der Entwurf zwar ein Kunstwerk juristischer Technik sei, aber weder dem Inhalte noch der Fassung nach denjenigen Anforderungen entspreche, welche das deutsche Volk an ein Bürgerliches Gesetzbuch stellen müsse. Der Hauptvertreter der letzteren Auffassung war der Geheime Justizrath Professor Dr. Gierke in Berlin;*) er bekämpfte den Entwurf hauptsächlich, weil er auf römischrechtlichem, nicht auf deutschrechtlichem Standpunkte stehe, weil er dem sozialen Bedürfnisse der Gegenwart nicht entspreche und weil seine Sprache eine verkünstelte Juristensprache, aber kein Deutsch sei. Er faßte sein Urtheil in dem Satze zusammen, daß der Entwurf weder deutsch noch sozial, noch volksthümlich sei. Auch der Reichsgerichtsrath a. D. Dr. Bähr in Kassel, der anfangs dem Entwurfe wohlwollend gegenübergestanden und nur einzelne Mängel hervorgehoben hatte, wurde im Laufe der Zeit ein immer entschiedenerer Gegner des Entwurfs. Seine Kritik wandte sich hauptsächlich gegen die praktische Brauchbarkeit, und er veröffentlichte im Laufe der Zeit einen vollständigen

*) Gierke: „Der Entwurf eines bürgerlichen Gesetzbuchs und das deutsche Recht". Verlag von Duncker und Humblot, Leipzig 1889.

Gegenentwurf.*) Von den meisten Kritikern wurde anerkannt, daß diese Angriffe auf den Entwurf mindestens sehr übertrieben seien und daß der Entwurf, wenn er auch Mängel haben möge und es insbesondere wünschenswerth sei, daß die Sprache und Fassung klarer und gemeinverständlicher werde, doch durchaus geeignet sei die Grundlage für die weitere Bearbeitung zu bilden. Aus der großen Zahl der kritischen Besprechungen des Entwurfs mögen hier hervorgehoben werden die von Bekker und Fischer unter Mitwirkung von Behrend, Bernhöft, Eck, Gierke, Koch, Krech, v. Liszt, Meischeider, Petersen, Schröder, Seuffert, Vierhaus, Zitelmann herausgegebenen und in 18 Heften erschienenen Beiträge zur Erläuterung und Beurtheilung des Entwurfs eines Bürgerlichen Gesetzbuchs, sowie die im Auftrage des deutschen Anwaltsvereins von den Rechtsanwälten Adams, Wilke, Mecke, Hartmann Erythropel unter Mitwirkung einer großen Zahl von Anwälten herausgegebenen Gutachten aus dem Anwaltstande. Im Reichsjustizamte wurde eine Zusammenstellung der gutachtlichen Aeußerungen zu dem Entwurf ausgearbeitet und in fünf Bänden, sowie einem Bande Nachträge als Manuskript gedruckt. Die später erschienenen Kritiken wurden in weiteren Nachträgen zusammengestellt.

Durch Schreiben des Reichskanzlers vom 27. Juni 1889 wurden die Regierungen aufgefordert sich über den Entwurf zu äußern; eine Reihe von Punkten wurde dabei hervorgehoben, über die eine Aeußerung besonders erwünscht sei. Im Laufe der Jahre 1889 und 1890 gingen die gutachtlichen Aeußerungen der Bundesregierungen ein und wurden im Reichsjustizamt in zwei als Manuskript gedruckten Bänden zusammengestellt. Verschiedene Regierungen, insbesondere Preußen, Bayern, Württemberg, Mecklenburg, Hessen, Baden, Hamburg, ließen ihre gutachtlichen Aeußerungen, bez. die denselben zu Grunde liegenden ausführlichen Bemerkungen der von den Regierungen zur Begutachtung aufgeforderten Juristen, selbständig drucken und demnächst unter die Mitglieder der zweiten Kommission vertheilen.**)

Am 4. Dezember 1890 faßte der Bundesrath folgenden Beschluß:

Der in der ersten Lesung festgestellte Entwurf eines Bürgerlichen Gesetzbuchs für das Deutsche Reich sowie der Entwurf eines Einführungsgesetzes zu demselben werden einer zweiten Lesung unterzogen. Zu diesem Zwecke wird eine Kommission von 22 Mitgliedern — theils Juristen, theils Vertreter der verschiedenen wirthschaftlichen Interessen — eingesetzt. Bei der Auswahl der juristischen Mitglieder soll die Rücksicht auf Vertretung der Theorie und Praxis, insbesondere auch des Anwaltstandes, auf Vertretung der innerhalb des Deutschen Reichs bestehenden größeren Rechtsgebiete sowie auf Betheiligung an den Arbeiten der früheren Kommission, bei der Auswahl der Vertreter wirthschaftlicher Interessen die Rücksicht auf Vertretung der Landwirthschaft, des Handels und des Gewerbes sowie der Theorie der Volkswirthschaft obwalten. Die Mitglieder sollen theils ständige, theils nicht ständige sein; die letzteren sind unbeschadet ihres Rechtes, an sämmtlichen Sitzungen Theil zu nehmen, zum Erscheinen nur insoweit verpflichtet, als der Vorsitzende dies für erforderlich hält.

Zu Mitgliedern der Kommission wurden gewählt

I. als ständige Mitglieder:

Der Staatssekretär des Reichsjustizamts, Wirklicher Geh. Rath Dr. v. Oehlschläger in Berlin, später Präsident des Reichsgerichts, der Geheime Justizrath Professor Dr. Planck in Göttingen, später Wirklicher Geheimer Rath,

---

*) Dr. O. Bähr: Gegenentwurf zu dem Entwurfe eines bürgerlichen Gesetzbuchs für das Deutsche Reich. Verlag von Max Brunnemann, Kassel 1892.

**) Die dem bayerischen Ministerium vorgelegten Bemerkungen des Ministerialraths Dr. v. Jacubezky sind bei C. Wolf & Sohn in München 1892 erschienen.

die Geheimen Oberjustizräthe, vortragende Räthe im Justizministerium Küntzel und Eichholz, beide in Berlin, Küntzel später Wirklicher Geheimer Oberjustizrath, Dr. und Oberlandesgerichtspräsident, der Oberregierungsrath Jacubezky in München, später Senatspräsident des obersten Landesgerichts und Dr., der Geheime Rath Dr. Rüger in Dresden, später Generalstaatsanwalt, der Professor Dr. v. Mandry in Tübingen, der Geheime Rath Professor Dr. Gebhard in Freiburg i. B., der Ministerialrath Dr. Dittmar in Darmstadt, später Ministerialdirektor, der Rechtsanwalt Dr. Wolffson sen. in Hamburg.

II. als nicht ständige Mitglieder:

Der Landrath und Rittergutsbesitzer Freiherr v. Manteuffel-Crossen, später Landesdirektor, der Rittergutsbesitzer v. Helldorf-Bedra, der Ober-berg- und Hüttendirektor, Geheime Bergrath Leuschner in Eisleben, der Gutsbesitzer Freiherr v. Gagern in Erlangen, der Landgerichtsrath Spahn in Bonn, später Kammergerichtsrath und Dr., der Geheime Justizrath Professor Dr. v. Cuny in Berlin, der Brauereidirektor Goldschmidt in Berlin, der Amtsgerichtsrath Hoffmann in Berlin, später Kammergerichtsrath, der Geschäftsinhaber der Diskonto-Gesellschaft, Generalkonsul Russell in Charlottenburg, der Direktor der Forstakademie, Oberforstmeister Dr. Danckelmann in Eberswalde, später Landforstmeister, der Geheime Regierungsrath Professor Dr. Conrad in Halle a. S., der Geheime Hofrath Professor Dr. Sohm in Leipzig.

Der Vorsitzende der Kommission sowie dessen Stellvertreter sollten, nach dem Beschlusse des Bundesraths, von dem Reichskanzler bestellt werden. Dieser ernannte zum Vorsitzenden den Staatssekretär von Oehlschläger, zum Stellvertreter den Geheimen Oberjustizrath Küntzel. Ersterer schied, nachdem er zum Präsidenten des Reichsgerichts ernannt war, aus der Kommission aus; an seine Stelle trat als ständiges Mitglied und Vorsitzender im März 1891 der inzwischen zum Staatssekretär des Reichsjustizamts ernannte Wirkliche Geheime Rath Dr. Bosse. Gleichzeitig wurde die Kommission durch zwei neue Mitglieder verstärkt, durch den damaligen Direktor im Reichsjustizamte, Wirklichen Geheimen Rath Hanauer als ständiges Mitglied und den Justizrath Wilke, später Geheimen Justizrath, als nicht ständiges Mitglied. Im April 1892 wurde an Stelle des in Folge seiner Ernennung zum Minister der geistlichen und Unterrichtsangelegenheiten aus der Kommission ausscheidenden Dr. Bosse der inzwischen zum Staatssekretär des Reichsjustizamts ernannte Wirkliche Geheime Rath Hanauer zum Vorsitzenden der Kommission bestellt. Als neues ständiges Mitglied trat im Mai 1892 der Geheime Oberregierungsrath Struckmann in die Kommission ein. Nach dem Tode des Staatssekretärs Hanauer wurde im Oktober 1893 der Geheime Oberjustizrath Küntzel zum Vorsitzenden der Kommission ernannt, gleichzeitig aber bestimmt, daß der an Hanauers Stelle zum Staatssekretär des Reichsjustizrath ernannte Wirkliche Geheime Rath Nieberding, später Dr., das Recht haben solle, in besonderen Fällen den Vorsitz der Kommission mit vollem Stimmrecht zu übernehmen. Am 1. April 1895 schied der Geheime Rath Dr. Rüger in Folge seiner Ernennung zum Generalstaatsanwalt in Dresden aus der Kommission aus; an seine Stelle trat als ständiges Mitglied der Geheime Justizrath Börner, später Dr. Im Sommer und Herbst 1895 verlor die Kommission noch zwei Mitglieder durch den Tod, den inzwischen zum Oberlandesgerichtspräsident in Posen ernannten Geheimen Oberjustizrath Eichholz und den Dr. Wolffson.

Zu Schriftführern der Kommission wurden berufen der Amtsrichter Kayser, der Gerichtsassessor, später Regierungsrath v. Jecklin, der Gerichtsassessor, später

Amtsgerichtsrath Greiff und der Gerichtsassessor v. Schelling. An die Stelle des Gerichtsassessors v. Jecklin trat nach dessen Ernennung zum ständigen Hülfsarbeiter im Reichsjustizamt der Gerichtsassessor und Privatdozent, später Professor Dr. André. Am 1. Januar 1894 trat als Schriftführer in die Kommission ferner ein der Amtsrichter, später Landgerichtsrath Dr. Unzner und am 1. April 1894 der Gerichtsassessor Ritgen.

Zu Reichskommissaren bei der Kommission wurde ernannt der Geheime Oberregierungsrath Struckmann, der Geheime Justizrath Börner und der Oberlandesgerichtsrath Achilles, später Reichsgerichtsrath und Dr.; die ersteren beiden wurden, wie oben mitgetheilt, später ständige Mitglieder der Kommission. An einzelnen Sitzungen der Kommission betheiligten sich noch andere von den Regierungen zu diesem Zwecke bestellte Kommissare.

Am 15. Dezember 1890 trat die Kommission zu ihrer ersten vorbereitenden Sitzung zusammen. Nach Maßgabe des Beschlusses des Bundesraths v. 4. Dezember 1890 ernannte der Vorsitzende zum Generalreferenten Dr. Planck und zu Spezialreferenten für den Allgemeinen Theil Dr. Gebhard, für das Recht der Schuldverhältnisse Dr. v. Jacubezky, für das Sachenrecht Dr. Küntzel, für das Familienrecht Dr. v. Mandry und für das Erbrecht Dr. Rüger. An die Stelle des letzteren trat nach dessen Ausscheiden der Geheime Justizrath Börner. Nach Feststellung der Geschäftsordnung vertagte sich die Kommission, um den Referenten Zeit zur Vorbereitung zu geben, bis zum 1. April 1891.

In der Zeit bis zum 1. April 1891 und später wieder während der Vertagung der Kommission im Herbst 1891 fand behufs Vorbereitung der Verhandlungen eine Vorberathung eines Theiles des ersten Buchs in einer vom Reichsjustizamte niedergesetzten Kommission statt.

Vom 1. April 1891 an hielt die Kommission wöchentlich regelmäßig drei Sitzungen. An den Berathungen nahmen mit wenigen durch Krankheiten veranlaßten Ausnahmen, immer Theil, die sämmtlichen ständigen Mitglieder und von den nicht ständigen Mitgliedern der Professor v. Cuny und die Kammergerichtsräthe Spahn und Hoffmann sowie der Justizrath Wilke, meistens auch der Baron v. Gagern, der Oberforstmeister Danckelmann und der Direktor Goldschmidt sowie auch die Professoren Conrad und Sohm, die übrigen nicht ständigen Mitglieder nur bei einzelnen Materien. Der Berathung zu Grunde gelegt wurde der erste Entwurf. Die von den Referenten und den Mitgliedern dazu gestellten Anträge wurden schriftlich eingereicht und spätestens am Tage vor der betreffenden Sitzung unter die Mitglieder vertheilt. Die Berathung wurde eingeleitet durch Vorträge des Referenten und Generalreferenten, beide faßten das Ergebniß nach Schluß der Diskussion zusammen. Die Abstimmung erfolgte mit absoluter Stimmenmehrheit. Bei Stimmengleichheit gab die Stimme des Vorsitzenden den Ausschlag. Allwöchentlich wurden die von der Kommission gefaßten Beschlüsse durch den Generalreferenten zusammengestellt und den Mitgliedern mitgetheilt. Diese vorläufige Zusammenstellung diente als Grundlage für die definitive Feststellung der Fassung, welche durch die Redaktionskommission erfolgte. Die Red.K. bestand Anfangs aus dem Wirklichen Geheimen Rath Hanauer als Vorsitzendem, dem Generalreferenten und dem Referenten des zur Berathung stehenden Theiles. Später trat an die Stelle von Hanauer der Geheime Oberjustizrath Dr. Küntzel als Vorsitzender. Zeitweise wurde die Redaktionskommission verstärkt durch den Ministerialrath v. Jacubezky und den Geheimen Justizrath Börner; der letztere hatte von Anfang an als Reichskommissar an der Redaktion theilgenommen. Die Redaktionskommission hielt wöchentlich eine Sitzung, jedoch mußte die Hauptkommission von

Zeit zu Zeit ihre Sitzungen aussetzen, um der Redaktionskommission zu fortlaufenden Sitzungen Zeit zu lassen. Einzelne schwierigere Materien wurden durch besondere Subkommissionen für die Hauptverhandlung vorbereitet.

Die Protokolle über die Berathungen der Kommission wurden abwechselnd von den Schriftführern geführt, von den Mitgliedern der Redaktionskommission geprüft und dann eine Woche lang ausgelegt. Ueber etwaige Einwendungen hatte die Kommission zu entscheiden, eine förmliche Feststellung durch die Kommission fand nicht statt.

Ueber das Ergebniß der Berathungen erfolgte wöchentlich eine kurze Mittheilung durch den Reichsanzeiger. Nach Beendigung der Berathung eines jeden Buches wurde dasselbe in der von der Redaktionskommission festgestellten und von der Hauptkommission genehmigten Fassung durch den Druck veröffentlicht.*)

Die Berathung des ersten Buches wurde unter vorläufiger Aussetzung des Abschnitts über juristische Personen am 1. Juli 1891 beendet. Am 14. Oktober begann die Berathung des zweiten Buches; sie wurde unterbrochen durch die Berathung des Abschnitts über die juristischen Personen, die vom 30. November 1891 bis zum 18. Januar 1892 dauerte. Beendigt wurde die Berathung des zweiten Buches am 9. Januar 1893. Die Berathung des dritten Buches dauerte vom 9. Januar bis zum 15. November 1893, die des vierten Buches vom 15. November 1893 bis zum 30. Mai 1894, die des fünften Buches vom 30. Mai 1894 bis zum 5. März 1895, die des sechsten Buches vom 6. März bis zum 27. März 1895.

Eine Schlußrevision des ganzen Entwurfs fand in der Zeit vom 6. Mai bis zum 19. Juni 1895 statt. Auf Grund der gefaßten Beschlüsse wurde dann der ganze Entwurf noch einmal von der Redaktionskommission einer genauen Durchsicht unterzogen und die von ihr festgestellte Fassung in der Sitzung der Kommission v. 21. Oktober 1895 genehmigt. Während der erste Entwurf nur fünf Bücher hatte, war dem zweiten Entwurf ein sechstes Buch hinzugefügt; dieses behandelte unter der Ueberschrift „Anwendung ausländischer Gesetze" das sog. internationale Privatrecht. Während der erste Entwurf 2164 Paragraphen hatte, zählt der zweite Entwurf deren 2390. Diese Vermehrung hat ihren Grund nur zum geringeren Theile in der Hinzufügung des internationalen Privatrechts (§§ 2361 bis 2390) und in der Ergänzung der ersten fünf Bücher durch verschiedene neue Vorschriften; sie ist vielmehr wesentlich dadurch veranlaßt, daß viele Paragraphen des ersten Entwurfs in mehrere Paragraphen zerlegt sind. Die Vermehrung erscheint um so erheblicher, als viele Paragraphen des ersten Entwurfs, insbesondere alle die, welche prozessualische Vorschriften enthielten, gestrichen sind. Am 14. Oktober 1895 begann die Kommission die Berathung des Einführungsgesetzes; sie dauerte bis zum 21. Dezember. Die Artikel 11—15, welche die Aenderungen der Civilprozeßordnung, der Konkursordnung und der Einführungsgesetze zu diesen Gesetzen enthielten, wurden aus dem Entwurf ausgeschieden und in ein besonderes Gesetz verwiesen. Der Entwurf des Einführungsgesetzes zerfällt in vier Abschnitte, von denen der erste die allgemeinen Vorschriften, der zweite die Aenderungen der Reichsgesetze, der dritte die Vorbehalte für die Landesgesetze, der vierte die Uebergangsvorschriften enthält. Die Zahl der Artikel beträgt 186.

Die Berathung des Entwurfs eines Gesetzes, betreffend Aenderungen des

*) Die Veröffentlichung erfolgte in verschiedenen Zeitschriften und auf amtliche Veranlassung in einem besonderen Abdrucke durch die Verlagsbuchhandlung von J. Guttentag.

Gerichtsverfassungsgesetzes, der Civilprozeßordnung, der Konkursordnung und der Einführungsgesetze zu diesen Gesetzen dauerte vom 20. Dezember 1895 bis zum 8. Februar 1896. Am 8. März 1896 wurde die zweite Kommission geschlossen. Sie hat im Ganzen 457 Sitzungen gehalten. Die Zahl der Seiten der metallographirten Protokolle beträgt 9524. Eine Veröffentlichung derselben durch den Druck ist im Werke.

Der Entwurf des Bürgerlichen Gesetzbuchs wurde in der von der Kommission endgültig festgestellten Fassung von dem Vorsitzenden mittelst Schreibens v. 22. Oktober dem Reichskanzler und von diesem an demselben Tage dem Bundesrath überreicht. Der Bundesrath verwies am 24. Oktober den Entwurf an den Justizausschuß; jedoch hatte dieser, auf Grund vorläufiger Druckabzüge, die Berathung schon vorher begonnen. Auf Antrag des Ausschusses v. 11. Januar 1896 wurde der Entwurf mit den von dem Justizausschusse beantragten Aenderungen von dem Bundesrath in der Sitzung v. 16. Januar angenommen und von dem Reichskanzler in der Sitzung des Reichstags vom 17. Januar demselben überreicht. Dem Entwurfe war eine im Reichsjustizamt ausgearbeitete Denkschrift beigefügt. Die vom Bundesrathe vorgenommenen Aenderungen werden, soweit erforderlich, bei den einzelnen Paragraphen erwähnt werden; hier mag nur hervorgehoben werden, daß das sechste Buch gestrichen ist, an Stelle desselben aber eine Reihe von Vorschriften in den ersten Abschnitt des Einführungsgesetzes aufgenommen ist. Der dem Reichstage vorgelegte Entwurf hat 2359 Paragraphen.

Der von der Kommission beschlossene Entwurf des Einführungsgesetzes wurde schon am 19. Dezember 1895 von dem Bundesrathe dem Justizausschusse überwiesen und in der von diesem beantragten Fassung in der Sitzung des Bundesraths v. 23. Januar 1896 angenommen und darauf dem Reichstage vorgelegt. Die Zahl der Artikel beträgt 217.

Die erste Berathung des Bürgerlichen Gesetzbuch und des Einführungsgesetzes im Reichstage fand am 3.—6. Februar statt und endigte mit der Verweisung an eine Kommission von 21 Mitgliedern.*)

Die Mitglieder dieser Kommission haben mehrfach gewechselt; der Bericht ist von folgenden Mitgliedern unterschrieben: Dr. Bachem, Dr. v. Bennigsen, Dr. v. Cuny, Dr. v. Dziembowsky-Pomian, Dr. Enneccerus, Frohme, Gröber (Württemberg), Himburg, Iskraut, Kauffmann, Lenzmann, Lerno, Dr. Lieber (Montabaur), Marbe, Pauli, Graf v. Roon, v. Salisch, Schröder, Spahn, Stadthagen, Freiherr v. Stumm-Halberg.

Die Kommission konstituirte sich am 7. Februar 1896 und wählte zum Vorsitzenden den zweiten Vicepräsidenten des Reichstags, Abgeordneten Dr. Spahn, zum Stellvertreter des Vorsitzenden den Abgeordneten Kauffmann. An den Verhandlungen nahm eine größere Zahl von Mitgliedern und Kommissaren des Bundesraths Theil.**) die Kommission berieth den Entwurf in zwei Lesungen und hielt im Ganzen 53 Sitzungen. Die Berichterstattung für das Plenum übernahm für das erste und zweite Buch der Abgeordnete Dr. Enneccerus, für das dritte Buch der Abgeordnete v. Buchka, für das vierte Buch der Abgeordnete Dr. Bachem, für das fünfte Buch und für das Einführungsgesetz der Abgeordnete Schröder. Am 12. Juni erstattete die Kommission ihren Bericht.***) Er zerfällt in fünf Theile, von denen der erste das erste und zweite

---

*) St.B. S. 705—794.

**) Siehe die Namen im K.B. S. 1935.

***) K.B. S. 1935—2192.

Buch, der zweite das dritte Buch, der dritte das vierte Buch, der vierte das fünfte Buch, der fünfte das Einführungsgesetz betrifft.

Die zweite Lesung des Entwurfs im Plenum des Reichstags begann am 19. Juni und dauerte bis zum 27. Juni 1896.*) Die dritte Lesung wurde am 30. Juni begonnen und am 1. Juli beendigt.**) Am Schlusse fand eine namentliche Abstimmung über die Entwürfe des bürgerlichen Gesetzbuchs und des Einführungsgesetzes statt. Es betheiligten sich daran 288 Abgeordnete, von denen 222 für die Annahme, 48 dagegen stimmten, während sich 18 der Abstimmung enthielten.***)

Nachdem am 14. Juli der Bundesrath seine Zustimmung zu dem Bürgerlichen Gesetzbuch und dem Einführungsgesetze ertheilt hatte, wurden beide am 18. August vom Kaiser vollzogen. Die Verkündung erfolgte durch das am **24. August ausgegebene Reichsgesetzblatt Nr. 21 S. 195—650.**

III. Inhalt des Bürgerlichen Gesetzbuchs und der Nebengesetze im Allgemeinen.

1. Den Gegenstand des Bürgerlichen Gesetzbuchs bildet das gesammte bürgerliche Recht. Den Begriff des bürgerlichen Rechtes im Gegensatze zum öffentlichen Rechte bestimmt das B.G.B. nicht. Der im Art 55 des E.G. gebrauchte Ausdruck „privatrechtliche Vorschriften" ist gleichbedeutend mit Vorschriften des bürgerlichen Rechtes. Das bürgerliche Recht wird in den M. I S. 1 als Inbegriff derjenigen Normen bezeichnet, welche die den Personen als Privatpersonen zukommende rechtliche Stellung und die Verhältnisse, in welchen die Personen als Privatpersonen unter einander stehen, zu regeln bestimmt sind. Man kann diese Begriffsbestimmung im Allgemeinen als richtig anerkennen. Die Grenzlinie zwischen bürgerlichem und öffentlichem Rechte wird indessen, wie man auch die Begriffe bestimmen mag, häufig zweifelhaft bleiben. Für das Bürgerliche Gesetzbuch selbst ist die Frage ohne Bedeutung, weil dessen Vorschriften unzweifelhaft auch dann gelten, wenn sie öffentliches Recht enthalten, wie dies z. B. in Betreff des § 89, welcher eine Vorschrift über juristische Personen des öffentlichen Rechtes giebt, anzunehmen sein wird. Von Bedeutung wird die Frage für die Auslegung des Art. 55 des E.G. Nach diesem treten alle privatrechtlichen Vorschriften der Landesgesetze mit dem Inkrafttreten des B.G.B. außer Kraft, soweit nicht in dem B.G.B. oder E.G. ein Anderes bestimmt ist. Ob eine landesrechtliche Vorschrift bestehen bleibt oder außer Kraft tritt, hängt also davon ab, ob sie privatrechtlichen oder öffentlichrechtlichen Inhalts ist. Für die Lösung dieser Frage wird aber wie gesagt durch allgemeine Erörterungen über den Begriff des öffentlichen und Privatrechts wenig gewonnen, vielmehr wird man nur durch Untersuchung der einzelnen Fälle zu dem richtigen Ergebnisse gelangen. Das in dieser Beziehung erforderliche ist den Erläuterungen zum E.G. vorzubehalten und mag hier nur hervorgehoben werden, daß das E.G. selbst in einzelnen Fällen durch ausdrückliche Vorschriften die vorhandenen Zweifel zu heben sucht.

Der Satz, daß das Bürgerliche Gesetzbuch das gesammte bürgerliche Recht umfaßt, erleidet mehrere Ausnahmen. Nach Art. 32 des E.G. bleiben alle Reichsgesetze, auch soweit sie privatrechtlichen Inhalts sind, neben dem B.G.B. in Kraft, wenn sich nicht aus dem B.G.B. oder dem E.G. die Aufhebung ergiebt. Andererseits enthalten die Art. 56—152 des E.G. eine große Zahl von Vorschriften, kraft deren Landesgesetze privatrechtlichen Inhalts abweichend von der Regel des Art. 55

*) St.B. S. 2717—3038.
**) St.B. S. 3039—3108.
***) Siehe die Namen im St.B. S. 3104.

aufrecht erhalten bleiben. Das Nähere über die Bedeutung und Tragweite dieser Ausnahmen ist ebenfalls den Erläuterungen zum E.G. vorzubehalten.

Ob die Vorschriften des materiellen Prozeßrechts dem bürgerlichen oder dem Prozeßrecht angehören, ist streitig. Die C.P.O. hat einige solcher Vorschriften aufgenommen, andere nicht. Aehnlich steht es mit der K.O. Der Entwurf I enthielt eine große Zahl von Vorschriften des materiellen Prozeß- und Konkursrechts. Bei der zweiten Lesung sind sie fast sämmtlich ausgeschieden und in ein besonderes Gesetz verwiesen. Der Entwurf dieses Gesetzes wurde von der Kommission ausgearbeitet und liegt den im Jahre 1898 erlassenen, unten näher bezeichneten Gesetzen betr. Aenderungen der C.P.O., der K.O. und des G.V.G. zu Grunde. Diese Gesetze werden, soweit dies zum richtigen Verständnisse der Vorschriften des B.G.B. erforderlich ist, in der folgenden Darstellung berücksichtigt werden.

Gleichzeitig mit dem Bürgerlichen Gesetzbuche soll nach Art. 1 des E.G., außer den schon gedachten Gesetzen über Aenderungen des Gerichtsverfassungsgesetzes, der Civilprozeßordnung und der Konkursordnung, auch ein Gesetz über die Zwangsversteigerung und die Zwangsverwaltung, eine Grundbuchordnung und ein Gesetz über die Angelegenheiten der freiwilligen Gerichtsbarkeit in Kraft treten. Das Gesetz über die Zwangsversteigerung und die Zwangsverwaltung nebst einem Einführungsgesetze sowie die Grundbuchordnung sind am 24. März 1897, das Gesetz betr. die Angelegenheiten der freiwilligen Gerichtsbarkeit ist am 17 Mai 1898 verkündet. Das in Aussicht genommene Gesetz betr. Aenderungen des G.V.G., der C.P.O. und der K.O. ist in mehrere Gesetze zerlegt. Am 17. Mai 1898 sind verkündet ein Gesetz betr. Aenderungen des G.V.G. und der St.P.O., ein Gesetz betr. Aenderungen der C.P.O. nebst E.G. dazu und ein Gesetz betr. Aenderungen der K.O. nebst E.G. dazu. An demselben Tage ist ein Gesetz verkündet, durch das der Reichskanzler ermächtigt wird, die Texte verschiedener Reichsgesetze, wie sie sich aus dem durch spätere Gesetze getroffene Aenderungen ergeben, und zwar die C.P.O. und die K.O. unter fortlaufender Nummernfolge der Paragraphen durch das Reichsgesetzblatt bekannt zu machen. Durch dasselbe Gesetz wird der Reichskanzler ermächtigt, die Texte des Zw.VG. und des zugehörigen E.G., der G.B.O. und des freiw. G.G. durch das Reichsgesetzblatt in der Weise bekannt zu machen, daß die darin enthaltenen Verweisungen auf Vorschriften der C.P.O., der K.O. und der im Art. 13 Abs. 1 des E.G. zum H.G.B. bezeichneten Gesetze durch Verweisungen auf die entsprechenden Vorschriften der durch den Reichskanzler bekannt gemachten Texte zu ersetzen sind. Auf Grund dieses Gesetzes sind alle darin bezeichneten Gesetze am 20 Mai 1898 in der neuen Fassung bekannt gemacht. Die C.P.O. hat statt der früheren 872 jetzt 1048, die K.O. statt der früheren 214 jetzt 244 Paragraphen. Bei der folgenden Darstellung ist für alle gedachten Gesetze die neue Fassung zu Grunde gelegt.

Ausgeschlossen von dem B.G.B. ist das Wechselrecht und das Handelsrecht. An Stelle des bisherigen H.G.B. ist indessen ein neues sich an das B.G.B. anschließendes H.G.B. nebst E.G. am 10 Mai 1897 verkündet; es tritt gleichzeitig mit dem B.G.B. in Kraft.

Auch das nach Art. 75, 76 des E.G. den Landesgesetzen vorbehaltene Versicherungs- und Verlagsrecht sowie das Wasserrecht (Art. 65) soll demnächst reichsgesetzlich geregelt werden; die betreffenden Gesetze werden indessen voraussichtlich nicht vor dem Inkrafttreten des B.G.B. erlassen werden.

2. Das B.G.B. zerfällt in fünf Bücher. Das erste enthält den Allgemeinen Theil und stellt in diesem diejenigen Vorschriften zusammen, welche mehr oder weniger für alle Theile des bürgerlichen Rechts von Bedeutung sind. Das zweite

Buch umfaßt das Recht der Schuldverhältnisse. In dem ersten und dritten bis sechsten Abschnitte sind die für alle Schuldverhältnisse, in dem zweiten Abschnitte die für Schuldverhältnisse aus Verträgen geltenden allgemeinen Vorschriften enthalten. Der siebente Abschnitt behandelt in 25 Titeln die einzelnen Schuldverhältnisse, welche nicht auf sachenrechtlichen, familienrechtlichen oder erbrechtlichen Verhältnissen beruhen. Das dritte Buch enthält das Sachenrecht, d. h. die Vorschriften über die dinglichen Rechte an Sachen; des Zusammenhangs wegen sind jedoch in diesem Buche auch der Nießbrauch und das Pfandrecht an anderen als dinglichen Rechten, insbesondere an Forderungen geregelt. Das vierte Buch umfaßt das Familienrecht, einschließlich des Vormundschaftsrechts, das fünfte Buch das Erbrecht. Die genauere Angabe des Inhalts der einzelnen Bücher wird in den Vorbemerkungen zu denselben erfolgen.

3. Die Grundlage des B.G.B. bildet das bisherige Recht. Nicht ein neues Recht sollte von oben herab gemacht, sondern das bestehende Recht sollte kodifizirt werden. Bei der großen Verschiedenheit der in Deutschland bestehenden Rechte mußten zu diesem Zwecke die allen Rechten gemeinsamen Rechtsgedanken aufgesucht und, soweit eine Gemeinsamkeit nicht bestand, diejenigen Rechtsgedanken aufgesucht werden, welche dem gegenwärtigen Rechtsbewußtsein und den wirthschaftlichen Bedürfnissen am meisten entsprechen. Daneben aber wurde der Zweck erstrebt, das bisherige Recht insoweit fortzubilden, als sich erkennen ließ, daß die geschichtliche Entwicklung in einer bestimmten Richtung sich bewegte, und diese Entwicklung zu einem Abschlusse reif erschien, oder als die veränderten wirthschaftlichen und sozialen Verhältnisse eine Aenderung erheischten. Auch bei dieser Fortbildung aber sollte soweit als thunlich immer an das bestehende Recht angeknüpft werden. Diese Gesichtspunkte sind in allen Stadien der Bearbeitung des B.G.B. in der Hauptsache festgehalten; doch wurde bei dem ersten Entwurfe der Gesichtspunkt, daß das bisherige Recht die Grundlage bilden müsse, schärfer betont, während bei den Arbeiten der zweiten Kommission und bei den Verhandlungen im Reichstage das Streben nach einer den sozialen Bedürfnissen der Gegenwart entsprechenden Umgestaltung mehr hervortrat. Von den bestehenden Rechten haben den größten Einfluß auf die Gestaltung des B.G.B. gehabt das gemeine Recht und das preußische Allgemeine Landrecht. Auch das französische Recht ist immer mit berücksichtigt worden und noch im letzten Stadium der Verhandlung im Reichstage durch Zulassung des holographischen Testaments von entscheidender Bedeutung gewesen. Das sächsische Gesetzbuch steht wesentlich auf dem Boden des gemeinen Rechtes, und hat die Art, wie dieses in dem sächs. G.B. gesetzgeberisch verwerthet ist, mehrfach zum Vorbilde gedient.

Der Vorwurf, der dem ersten und zum Theil auch dem zweiten Entwurfe gemacht ist und der, wenn er begründet wäre, auch das B.G.B. treffen würde, daß das römische Recht zu viel, das deutsche Recht zu wenig berücksichtigt sei, ist völlig unbegründet. Richtig ist nur, daß die juristische Behandlung des Rechtsstoffs in dem Entwurfe, die juristische Technik auf dem Boden der modernen deutschen Rechtswissenschaft steht und diese wieder den hohen Grad der Entwicklung, den sie erreicht hat, allerdings wesentlich der Grundlage des römischen Rechtes verdankt. Dementsprechend ist der Allgemeine Theil des Bürgerlichen Gesetzbuchs, in dem die allgemeinen Grundbegriffe festgestellt sind, nicht spezifisch deutsch, sondern verwerthet die Ergebnisse, welche die dogmatische Behandlung des Rechtes durch die deutsche Rechtswissenschaft auf der Grundlage des römischen Rechtes herausgearbeitet hat. In dem Abschnitt über die juristische Persönlichkeit der Vereine ist indessen auch hier dem deutschrechtlichen Gedanken der freien Genossenschaftsbildung volle Rechnung getragen, und nur die juristische Form, in welcher der Gedanke verwirklicht ist, steht auf dem Boden des römischen Rechtes. Der größte Theil des Sachenrechts wie des Erbrechts und fast das ganze Familienrecht stehen wesentlich auf deutschrechtlichem Boden. Das Recht der Schuldverhältnisse giebt das moderne Verkehrsrecht, wie solches auf Grund der von den römischen Juristen mit unvergleichlicher Meisterschaft durchgeführten freien Behandlung der Obligation in der durch den Verkehr und die wirthschaftlichen Bedürfnisse der Gegenwart gebotenen Weise von der deutschen Wissenschaft und Praxis ausgebildet ist. Das auf demselben Boden stehende bisherige Handelsgesetzbuch ist hierbei eingehend berücksichtigt, und das neue H.G.B. zeigt, wie manche der bisherigen Vorschriften des H.G.B. durch die Gestaltung, welche das bürgerliche Recht in dem B.G.B. erhalten hat, überflüssig geworden sind oder doch eine andere präzisere Fassung haben erhalten können.

Von den Aenderungen des bestehenden Rechtes, welche die Berücksichtigung des werdenden Rechtes und der sozialen Bedürfnisse der Gegenwart beweisen, mögen nur folgende hervorgehoben werden. Auf die Vorschriften über die juristische Persönlichkeit der Vereine und der Stiftungen ist bereits hingewiesen. In dem Obligationenrechte findet sich besonders in den Abschnitten über den Mieth- und Pachtvertrag, über den Dienstvertrag, den Werkvertrag, über die Gesellschaft und über die unerlaubten Handlungen eine große Reihe von Vorschriften, die berechtigte soziale Forderungen erfüllen. Beispielsweise mögen angeführt werden der Grundsatz „Kauf bricht nicht Miethe", die Vorschriften über das Pfandrecht des Vermiethers an den eingebrachten Sachen, über das Kündigungsrecht des Miethers bei Gesundheitschädlichkeit der Wohnung, ferner die Vorschriften, die den Schutz des Dienstverpflichteten und des Unternehmers bei dem Werkvertrage bezwecken, sowie die Gestaltung, welche die Gesellschaft durch die Anerkennung des Grundsatzes, daß das Gesellschaftsvermögen ein von dem übrigen Vermögen der Gesellschafter abgesondertes, ihnen zur gesammten Hand zustehendes Vermögen bilde, erhalten hat. Auch die Vorschriften über die Befugniß des Gerichts, übermäßige Konventionalstrafen zu ermäßigen, über die Herabsetzung der gesetzlichen Zinsen auf vier Prozent und über den Wucher gehören hierher. Im Sachenrechte trägt der für den Eigenthumserwerb an beweglichen Sachen durchgeführte Schutz des Erwerbs in gutem Glauben dem Bedürfnisse des Verkehrs Rechnung, während die Sicherheit der dinglichen Rechte an Grundstücken durch die konsequente Durchführung des Grundbuchsystems gewährleistet und für den Realkredit durch die Gestaltung des Hypothekenrechts und die Einführung der Rentenschuld gesorgt ist. Durch das ganze Familienrecht geht das Bestreben hindurch, die rechtliche Stellung der Frauen zu heben. Alle Beschränkungen ihrer Geschäftsfähigkeit sind beseitigt; auch die Ehefrauen stehen in dieser Beziehung den Männern völlig gleich. Die persönliche Rechtsstellung der Frau in der Ehe ist durch die Vorschriften des B.G.B. so vollständig gesichert, wie die Natur der ehelichen Lebensgemeinschaft und die dem Manne in derselben gebührende Stellung irgend gestattet. Die bisher noch von keinem größeren Rechte gewagte Anerkennung der elterlichen Gewalt der Mutter nach dem Tode des Vaters, und innerhalb gewisser Grenzen auch bei Lebzeiten desselben, ist konsequent durchgeführt und die Fähigkeit der Frau zur Uebernahme einer Vormundschaft anerkannt. In Betreff des ehelichen Güterrechts ist zwar dem Verlangen der modernen Frauenbewegung nach Einführung der Gütertrennung als gesetzlichen Güterrechts nicht stattgegeben. Gegenüber der geschichtlichen Entwicklung des ehelichen Güterrechts in Deutschland und dem in dem weitaus größten Theile Deutschlands bestehenden Rechte wäre ein solcher Sprung zu gewagt gewesen, und zwar um so mehr, als es in hohem Grade zweifelhaft ist, ob die Frauenbewegung sich nicht auf einen bestimmten

Kreis von Frauen in den größeren Städten beschränkt, während die große Masse des Bauern- und Bürgerstandes auf einem anderen Standpunkte steht, und ob, wenn dem Verlangen stattgegeben würde, die daraus für die Frauen entspringenden Nachtheile nicht weit größer sein würden als die gehofften Vortheile. Auf dem Boden der von dem B.G.B. festgehaltenen deutschrechtlichen Gestaltung des gesetzlichen Güterrechts ist aber die rechtliche Stellung der Frauen gegenüber dem bestehenden Rechte in ausgedehntem Maße verbessert. So ist insbesondere das Recht des Mannes, über die zu dem eingebrachten Vermögen gehörigen beweglichen Sachen zu verfügen, beseitigt und die ganze Stellung der Frau so geordnet, daß ihr eingebrachtes Vermögen gegen schlechte Verwaltung des Mannes in weit größerem Maße gesichert ist wie bisher. Das Recht der Frau, die Aufhebung des Verwaltungs- und Nutzungsrechts des Mannes zu fordern, ist erheblich erweitert; auch ist der überaus wichtige Grundsatz anerkannt, daß die Rechte des Mannes sich überhaupt nicht auf dasjenige Vermögen erstrecken, welches die Frau durch ihre Arbeit oder durch den selbständigen Betrieb eines Erwerbsgeschäfts erwirbt. Dazu kommt, daß die Frau auch in erbrechtlicher Beziehung durch die Vorschriften über das Erbrecht der Ehegatten sehr viel günstiger gestellt ist, wie dies nach den meisten bisherigen Rechten, insbesondere nach dem gemeinen Rechte, der Fall war. Auch das Rechtsverhältniß der unehelichen Kinder hat eine wesentliche Umgestaltung erfahren, indem die Rechte der unehelichen Kinder gegen den unehelichen Vater erheblich erweitert sind und dadurch wenigstens den schwersten Uebelständen auf diesem Gebiet entgegengewirkt wird. Mittelbar gereichen diese Vorschriften auch zu Gunsten der unehelichen Mutter. Für das Erbrecht ist, außer auf die Vorschriften über die gesetzliche Erbfolge, besonders hinzuweisen auf die Vorschriften über die Haftung des Erben für die Nachlaßverbindlichkeiten, über die Erbengemeinschaft, über den Testamentsvollstrecker, das Pflichttheilsrecht und den Erbschein. Auch in Betreff der Aufnahme des holographischen Testaments wird von dessen Vertheidigern hauptsächlich auf das wirthschaftliche und soziale Bedürfniß hingewiesen.

4. Ueber das Verhältniß des ersten zu dem zweiten Entwurf und zu dem B.G.B. selbst mag hier folgendes bemerkt werden: Der erste Entwurf bildet durchweg die Grundlage; in Form und Fassung ist er vollständig umgearbeitet; auch materiell hat er manche Aenderungen erfahren, doch beziehen sich diese in den meisten Theilen nur auf Einzelheiten, nicht auf die wesentlichen Gedanken. Während der erste Entwurf bei der Formgebung alles Gewicht auf die Präzision und Schärfe des Ausdrucks legte, ist bei der zweiten Bearbeitung wesentlich auch nach thunlichster Glätte und Leichtigkeit der Sprache sowie nach möglichster Gemeinverständlichkeit gestrebt. Die Präzision und Klarheit des Ausdrucks ist dabei nicht außer Acht gelassen, doch treten die rechtlichen Gesichtspunkte nicht immer so scharf hervor wie in dem ersten Entwurfe; die Erkenntniß der Tragweite einer Vorschrift wird daher nicht selten durch eine Vergleichung der entsprechenden Vorschrift des ersten Entwurfs erleichtert. Auf die materiellen Aenderungen, die der erste Entwurf erfahren hat, ist hier nicht weiter einzugehen; sie werden, soweit erforderlich, bei der späteren Darstellung an den betreffenden Stellen berücksichtigt werden.

IV. Technische Behandlung des Stoffes.

1. Das preußische Landrecht hat den Versuch gemacht, die rechtlichen Beziehungen der Menschen zu einander in der Art zu regeln, daß thunlichst Vorschriften über jedes einzelne im Leben vorkommende Verhältniß gegeben werden. Es wird jetzt allgemein anerkannt, daß hier etwas Unmögliches erstrebt wurde

Das Leben ist zu vielgestaltig, um jedes möglicherweise vorkommende Verhältniß berücksichtigen und durch eine besondere Vorschrift regeln zu können. Auf der anderen Seite darf ein Gesetzbuch sich nicht darauf beschränken, die leitenden Rechtsgedanken auszusprechen oder die Zwecke zu bezeichnen, deren Erreichung erstrebt wird. Die Verwirklichung eines Rechtsgedankens läßt sich auf verschiedenen Wegen erreichen; für einen und denselben Zweck können verschiedene Mittel angewandt werden. Es kommt also darauf an, diejenigen Rechtssätze zu finden, welche am besten geeignet sind, den leitenden Rechtsgedanken zu verwirklichen. Das den einzelnen im Leben vorkommenden Verhältnissen Gemeinsame muß aufgesucht und hieraus die für alle maßgebende Rechtsregel abgeleitet werden. Dies ist der Standpunkt, von dem bei der Ausarbeitung des B.G.B. ausgegangen ist; er vermeidet die Kasuistik, sucht für jede Materie das beherrschende Prinzip auf und prägt dasselbe in Rechtssätzen aus. Diese Rechtssätze sucht das B.G.B. so allgemein zu fassen, daß sie alle Verhältnisse, die darunter fallen sollen, auch wirklich ergreifen, andererseits aber so scharf zu umgrenzen, daß ihre Tragweite klar erkennbar ist und alle Verhältnisse ausgeschlossen werden, die nicht darunter fallen sollen. Wie weit in der Verallgemeinerung gegangen werden kann, ohne die Rechtssicherheit zu gefährden, ist eine Frage der Gesetzgebungskunst, bei welcher die Rücksicht auf das Bedürfniß der Praxis maßgebend sein muß. In der einen Materie kann weiter gegangen, in der anderen muß mehr spezialisirt werden. Dem entsprechend sind in dem B.G.B. bald nur sehr allgemeine bald ziemlich eng begrenzte Rechtssätze aufgestellt. Dem praktischen Bedürfnisse wird ferner dadurch Rechnung getragen, daß das B.G.B. sich bisweilen nicht auf die Aufstellung des prinzipiellen Rechtssatzes beschränkt, sondern da, wo es sich um eine praktisch besonders wichtige Konsequenz des prinzipiellen Rechtssatzes handelt oder wo es zweifelhaft sein kann, welche Konsequenzen aus dem allgemeinen Rechtssatze zu ziehen sind, hierüber eine ausdrückliche Vorschrift giebt. So läßt sich z. B. die Vorschrift des § 154 Abs. 2, nach welcher, wenn eine Beurkundung des beabsichtigten Vertrags verabredet worden ist, im Zweifel der Vertrag als nicht geschlossen angesehen werden soll, bis die Beurkundung erfolgt ist, bei richtigem Verständnisse des § 125 Satz 2, nach welchem der Mangel der durch Rechtsgeschäft bestimmten Form im Zweifel Nichtigkeit zur Folge hat, aus dieser Vorschrift ableiten. Aus Gründen praktischer Zweckmäßigkeit ist trotzdem der § 154 Abs. 2 aufgenommen. Mit Rücksicht auf manche ähnliche Fälle darf bei der Auslegung von dem argumentum a contrario nur mit Vorsicht Gebrauch gemacht werden.

2. Ob eine Vorschrift eine zwingende oder dispositive ist, d. h. also ob ihre Anwendung durch rechtsgeschäftliche Bestimmung ausgeschlossen werden kann oder nicht, ist in dem B.G.B. nicht immer ausdrücklich bestimmt. Bei vielen Vorschriften findet sich der Zusatz „wenn nicht ein Anderes bestimmt ist“ oder ein ähnlicher Zusatz. Andererseits ist bei manchen Vorschriften ausdrücklich hervorgehoben, daß eine Aenderung durch Rechtsgeschäft unzulässig sei. Bei den meisten Vorschriften fehlen aber solche Zusätze. Sie sind in solchen Fällen gemacht, in welchen die Hervorhebung der zwingenden oder dispositiven Natur des Rechtssatzes zur Klarstellung des Sinnes zweckmäßig erschien. In denjenigen Fällen, in welchen ein solcher Zusatz fehlt, ist aus dem Zusammenhang und der Natur der betreffenden Rechtsregel zu entscheiden, ob sie eine zwingende oder dispositive ist. Bei obligatorischen Rechtsgeschäften bildet die dispositive Natur die Regel; doch kommen auch bei ihnen zwingende Rechtsregeln vor, die nicht ausdrücklich als solche bezeichnet sind. So ist z. B. die Vorschrift des § 624, nach welcher ein auf Lebenszeit oder länger als fünf Jahre eingegangenes Dienstverhältniß nach dem Ablaufe von fünf Jahren von dem Dienstverpflichteten gekündigt

werden kann, unzweifelhaft eine zwingende Vorschrift und eine abweichende Vereinbarung der Parteien nichtig, während einerseits die in der Fassung nicht wesentlich abweichenden Vorschriften der §§ 621—623, wie sich aus § 620 ergiebt, nur dispositiver Natur sind und andererseits im § 619 ausdrücklich bestimmt ist, daß die dem Dienstberechtigten nach den §§ 617, 618 obliegenden Verpflichtungen durch Vertrag im Voraus nicht ausgehoben und beschränkt werden können.

Von den dispositiven Vorschriften sind zu unterscheiden die Auslegungsregeln. Die dispositive Vorschrift kommt zur Anwendung, soweit nicht eine abweichende rechtsgeschäftliche Bestimmung getroffen ist. Eine Auslegungsregel kommt dagegen nicht zur Anwendung, wenn aus den Umständen ein abweichender Wille der Parteien zu entnehmen ist, ohne daß es eines besonderen rechtsgeschäftlichen Aktes bedarf. Die Bedeutung einer Vorschrift als Auslegungsregel wird in dem B.G.B. regelmäßig durch die Worte „im Zweifel" ausgedrückt, so z. B. in den §§ 30, 154, 314, 672, 1025, 1096, 1301, 1625, 2049 Abs. 1, 2066. Zuweilen wird eine Vorschrift auch ausdrücklich als Auslegungsvorschrift bezeichnet, z. B. in dem § 186.

In einzelnen Fällen wird übrigens der Ausdruck „im Zweifel" auch da gebraucht, wo es sich nicht lediglich um die Auslegung des Parteiwillens, sondern überhaupt um die Entscheidung über ein Verhältniß, daß ungewiß ist, handelt. So z. B. in dem § 742, nach welchem im Zweifel anzunehmen ist, daß den Theilhabern einer Gemeinschaft gleiche Antheile zustehen.

Die regelmäßige Ausdrucksweise, durch welche eine Vorschrift als dispositive bezeichnet werden soll, ist: „wenn", „soweit", „sofern nicht ein Anderes bestimmt" oder „vereinbart" ist. So in den §§ 24, 41, 48, 80, 101, 103, 152, 181, 184, 246, 276, 426, 430, 514, 608, 799, 808 Abs. 2, 1022, 1108, 1172 Abs. 2, 1194, 1230, 1277, 1296, 1474, 1546 Abs. 2, 1758 Abs. 2, 1797 Abs. 1, 2142 Abs. 2, 2147, 2221, 2349. Durch das „soweit nicht ein Anderes bestimmt ist" wird bisweilen sowohl auf abweichende rechtsgeschäftliche als auf besondere gesetzliche Bestimmungen verwiesen.

Daneben kommt die Ausdrucksweise vor „wenn oder sofern sich nicht ein Anderes ergiebt", so in den §§ 82, 168, 183, 273 Abs. 1, 292, 369, 520, 699 Abs. 2, 727 Abs. 1, 730 Abs. 2, 897, 919 Abs. 3, 1357 Abs. 1. In den meisten der hierher gehörenden Fälle handelt es sich indessen nicht darum, eine gesetzliche Vorschrift als dispositive zu bezeichnen; vielmehr soll durch den fraglichen Zusatz darauf hingewiesen werden, daß sich aus dem Inhalt eines näher bezeichneten Rechtsverhältnisses eine Ausnahme von der gesetzlichen Regel ergeben könne. So wird z. B. in dem § 183 der Regel, daß die Einwilligung widerruflich ist, hinzugefügt „soweit nicht aus dem ihrer Ertheilung zu Grunde liegenden Rechtsverhältnisse sich ein Anderes ergiebt".

In einigen Fällen wird indessen die fragliche Ausdrucksweise auch da gebraucht, wo es sich um die Bedeutung einer Willenserklärung handelt. Die Willenserklärung soll die ihr gesetzlich beigelegte Wirkung nicht haben, wenn sich ein anderer Wille des Erklärenden ergiebt. So gehen z. B. nach § 82 Rechte, welche ein Stifter in dem Stiftungsgeschäfte der Stiftung zugesichert hat, mit der Genehmigung der Stiftung auf diese über, „sofern nicht aus dem Stiftungsgeschäfte sich ein anderer Wille des Stifters ergiebt" (s. z. B. ferner die §§ 520, 1357 Abs. 1). Für alle Fälle dieser Art wird man anzunehmen haben, daß nicht unterschieden werden soll, ob der Wille, auf dessen Ermittelung es ankommt, sich aus der richtigen Auslegung der betreffenden Willenserklärung ergiebt oder ob eine ausdrückliche oder stillschweigende Willenserklärung vorliegt.

Eine dritte Ausdrucksweise geht dahin: „soweit nicht ein anderer Wille anzunehmen ist", z. B. in den §§ 127, 139, 153, 335, 2086, 2108 Abs. 2, 2161, 2188, 2208 Abs. 2, 2299 Abs. 3. Durch diesen Zusatz wird die aufgestellte Regel als Auslegungsregel charakterisirt.

Da ein Rechtsgeschäft, durch welches die Anwendung einer dispositiven Vorschrift ausgeschlossen wird, auch stillschweigend vorgenommen werden kann (s. Vorbm. I zum zweiten Titel des dritten Abschn. im I. Buche), so ist der Unterschied zwischen dispositiver Vorschrift und Auslegungsregel im praktischen Ergebnisse kein erheblicher. Manche dispositive Vorschrift hätte auch als Auslegungsregel, manche Auslegungsregel als dispositive Vorschrift gegeben werden können. Der Grund, aus welchem der Gesetzgeber die eine oder die andere Form gewählt hat, ist oft nicht leicht erkennbar, so z. B. in dem § 514, in welchem der erste Satz als dispositive Vorschrift, der zweite als Auslegungsregel gefaßt ist. Die Folge der verschiedenen Fassung besteht im praktischen Ergebnisse darin, daß der Beweis eines die Auslegungsregel ausschließenden Willens der Betheiligten regelmäßig leichter zu führen sein wird als der Beweis eines die Anwendung der dispositiven Vorschrift ausschließenden stillschweigenden Rechtsgeschäfts.

3. Das B.G.B. vermeidet es thunlichst, Definitionen zu geben. Die Bedeutung vieler juristischer Ausdrücke wird als bekannt vorausgesetzt oder ihre nähere Bestimmung der Wissenschaft überlassen, z. B. die Bedeutung von „Rechtsgeschäft", „Vertrag" ꝛc. In vielen Fällen wird die Definition mittelbar dadurch gegeben, daß die wesentlichen Wirkungen des bezeichneten Rechtsverhältnisses ausgedrückt werden. Dies bildet die Regel bei den obligatorischen Verträgen. So bestimmt z. B. der § 433 für den Kaufvertrag: „Durch den Kaufvertrag wird der Verkäufer einer Sache verpflichtet, dem Käufer die Sache zu übergeben und das Eigenthum an der Sache zu verschaffen. Der Verkäufer eines Rechtes ist verpflichtet ꝛc....". „Der Käufer ist verpflichtet, dem Verkäufer den vereinbarten Kaufpreis zu zahlen und die gekaufte Sache abzunehmen." Aehnlich werden die Begriffe des Kaufes nach Probe, des Kaufes auf Probe, des Wiederkaufs und des Vorkaufs in den §§ 494, 495, 497, 504 bestimmt.

In einer Reihe von Fällen wird indessen die Bedeutung eines Wortes ausdrücklich festgestellt. Es geschieht dies da, wo es sich um einen gesetzlichen Thatbestand handelt, auf den öfters verwiesen werden muß, die Bedeutung des dafür gebrauchten Ausdrucks aber nicht ohne Weiteres klar ist. Die Feststellung erfolgt regelmäßig dadurch, daß der technische Ausdruck dem angegebenen gesetzlichen Thatbestand in Klammern hinzugefügt wird, hin und wieder indessen auch in der Form direkter Definition.

Technische Ausdrücke dieser Art sind:

Sache, vertretbare, verbrauchbare Sache §§ 90—92;
wesentliche Bestandtheile § 93;
unverzüglich § 121 Abs. 1;
kennen mußte § 122 Abs. 2;
Vollmacht § 166 Abs. 2;
Zustimmung, Einwilligung, Genehmigung §§ 182—184;
Anspruch § 194 Abs. 1;
Zurückbehaltungsrecht § 273;
Erfüllung Zug um Zug § 274 Abs. 1;
Vorsatz, Fahrlässigkeit § 276;
Quittung § 368;
öffentliche Versteigerung § 383 Abs. 3;

Abtretung einer Forderung § 398;
Gesammtschuldner, Gesammtgläubiger §§ 421, 428;
Wandelung, Minderung §§ 462, 634 Abs. 1;
Hauptmangel, Gewährfrist § 482;
Schenkung § 516;
Gesellschaftsvermögen § 718;
Gemeinschaft nach Bruchtheilen § 741;
Einrede der Vorausklage § 771;
Vergleich § 779;
Schuldversprechen, Schuldanerkenntniß §§ 780, 781;
Schuldverschreibung auf den Inhaber § 793;
Erneuerungsschein § 805;
verbotene Eigenmacht § 858;
mittelbarer Besitz, Eigenbesitz, §§ 868, 872;
Auflassung § 925;
Guter Glauben § 932 Abs. 2;
Ersitzung § 937;
Schatz § 984;
Erbbaurecht § 1012;
Grunddienstbarkeit § 1018;
Nießbrauch § 1030;
beschränkte persönliche Dienstbarkeit § 1090;
Reallast § 1105;
Hypothek § 1113;
Gesammthypothek § 1132;
Sicherungshypothek § 1184;
Grundschuld § 1191;
Rentenschuld § 1199;
Pfandrecht § 1204;
eingebrachtes Gut § 1363;
Vorbehaltsgut §§ 1365—1371;
Erwerb von Todeswegen § 1369;
Ehevertrag § 1432;
Gesammtgut §§ 1438, 1519;
Gesammtgutsverbindlichkeiten §§ 1459, 1530;
Fahrnißgemeinschaft § 1549;
standesmäßiger Unterhalt § 1610;
Ausstattung § 1624;
Vermögensverwaltung des Inhabers der elterlichen Gewalt § 1638;
freies Vermögen des Kindes § 1650;
Erbfall, Erbe, Erbschaft, Erbtheil § 1922;
Erbfolge nach Stämmen § 1924 Abs. 3;
Testament, letztwillige Verfügung § 1937;
Vermächtniß § 1939;
Auflage § 1940;
Erbvertrag, Vertragserbe § 1941;
Anfall der Erbschaft § 1942;
Nachlaßpfleger § 1960 Abs. 2;
Nachlaßverwaltung § 1975;
Inventar, Inventarerrichtung, Inventarfrist §§ 1993, 1994;
Erbschaftsbesitzer § 2018;

Gemeinschaftliches Erbtheil 2093;
Ersatzerbe § 2096;
Nacherbe § 2100;
Vorausvermächtniß 2150;
Anfall des Vermächtnisses § 2176;
Erbschein § 2352.

Die Bedeutung dieser Ausdrücke wird, soweit erforderlich, bei den betreffenden Paragraphen, die Bedeutung der Ausdrücke: „Vorsatz", „Fahrlässigkeit", „kennen mußte", „guter Glaube", „Anspruch", „Einrede" in den Vorbemerkungen zum Allgemeinen Theile unter III, VI, VII erläutert werden.

Bei manchen Ausdrücken, deren Bedeutung nicht gesetzlich festgestellt ist, muß diese, soweit der Ausdruck eine verschiedene Auslegung zuläßt, aus dem Zusammenhang ermittelt werden, so z. B. bei dem Ausdruck Verfügung (s. Vorbm. zu Buch I dritter Abschnitt, IX, 4).

4. In einem bestimmten technischen Sinne werden die Wendungen gebraucht „es kann, darf, kann nicht, darf nicht, muß, soll etwas geschehen, es ist etwas zu thun oder es hat Jemand etwas zu thun".

a) Wird gesagt, daß Jemand etwas thun kann oder darf, so wird durch beide Ausdrücke die rechtliche Zulässigkeit des Thuns bestimmt, so z. B. „darf" in den §§ 49 Satz 3, 374 Abs. 2, 561, 859, „kann" in den §§ 10 Abs. 2, 109 Abs. 1, 113 Abs. 2, 244 Abs. 1, 575.

Die Wahl des einen oder des anderen Ausdrucks hängt von den Umständen ab; die rechtliche Bedeutung ist dieselbe. Hierher gehören auch die Fälle, in denen gesagt ist, daß Jemand etwas verlangen kann; so z. B. die §§ 12, 79, 102, 127, 160. Das „kann" ist hier gleichbedeutend mit „ist berechtigt".

Wird von einer Behörde gesagt, daß sie etwas thun kann, so wird dadurch nicht allein die rechtliche Zulässigkeit dieses Thuns bestimmt, sondern zugleich ausgedrückt, daß die Behörde dasjenige, was sie thun kann, auch zu thun hat, wenn nach ihrem pflichtmäßigen Ermessen die Voraussetzungen vorliegen, unter welchen sie nach der Absicht des Gesetzes oder nach den für die Behörde geltenden besonderen Vorschriften von der Gestattung des Thuns Gebrauch machen soll (s. z. B. §§ 3, 6, 13—17, 37 Abs. 2, 43, 61 Abs. 2, 78).

Das Wort „darf" wird übrigens auch in einem anderen Zusammenhange gebraucht, z. B. §§ 147 Abs. 2, 665, 670, 970, 1390, 1979. Der Sinn, in dem das Wort hier gebraucht wird, ergiebt sich aus dem Inhalte der fraglichen Vorschriften von selbst.

b) Werden die Worte kann und darf negativ gebraucht, wird also gesagt, daß etwas nicht geschehen kann oder darf, so wird zwar auch hier durch beide Ausdrücke die rechtliche Unzulässigkeit des Geschehens bestimmt, die Folgen des Zuwiderhandelns aber sind verschiedene. Der Rechtsakt, in Beziehung auf den gesagt wird, daß er nicht geschehen kann, ist, wenn er trotzdem vorgenommen wird, unwirksam; s. z. B. die §§ 8, 35, 38, 108 Abs. 2, 469, 470. Der Rechtsakt dagegen, von dem gesagt wird, daß er nicht vorgenommen werden darf, ist wirksam und zieht für denjenigen, welcher ihn der Vorschrift zuwider vorgenommen hat, nur andere Nachtheile nach sich, insbesondere die Verpflichtung zum Schadensersatze; s. z. B. die §§ 52 Abs. 2, 627 Abs. 2, 671 Abs. 2.

In Betreff des „nicht darf" ist diese Terminologie indessen nicht konsequent festgehalten; vielmehr wird diese Ausdrucksweise bisweilen auch da gebraucht, wo die Unwirksamkeit des Rechtsakts die Folge des Zuwiderhandelns ist; jedoch wird in solchen Fällen diese stärkere Wirkung ausdrücklich bestimmt. So hat z. B. ein Zuwiderhandeln gegen die Vorschrift des § 456, welcher nur von einem „nicht darf“ spricht, nach § 458 die Unwirksamkeit des der Vorschrift des § 456 zuwider vorgenommenen Rechtsgeschäfts zur Folge, sofern nicht die Betheiligten ihre Zustimmung zu dem Rechtsgeschäft ertheilen; s. ferner § 795 Abs. 1 in Verbindung mit Abs. 3, § 1240 in Verbindung mit § 1243. Auch bei den Vorschriften über die Ehehindernisse ist die fragliche Terminologie nicht festgehalten, weil in dem Titel über Nichtigkeit und Anfechtbarkeit der Ehe (§§ 1323—1340) die Fälle speziell bestimmt sind, in welchen ein Ehehinderniß die Nichtigkeit oder Anfechtbarkeit zur Folge hat. So heißt es in den §§ 1309, 1310, 1312, daß eine Ehe in den dort bezeichneten Fällen nicht geschlossen werden darf; die diesen Verboten zuwider eingegangene Ehe ist aber nach den §§ 1326, 1327, 1328 unter den dort bezeichneten Voraussetzungen nichtig.

Bisweilen wird der Ausdruck „nicht kann“ auch in einem nicht juristischen Sinne gebraucht. So bezeichnet z. B. in dem § 93 das erste „nicht können“ die thatsächliche, das zweite „nicht können“ die rechtliche Unmöglichkeit.

In einem ähnlichen Gegensatze, wie die Ausdrücke „nicht kann“, „nicht darf“, stehen die Worte: „muß“ und „soll“.

Sowohl durch die Vorschrift, daß etwas geschehen muß, wie durch die, daß etwas geschehen soll, wird die rechtliche Nothwendigkeit dieses Geschehens ausgedrückt. Während aber das muß, wenn es sich auf das Erforderniß eines Rechtsakts bezieht, die Bedeutung hat, daß im Falle der Nichtbeobachtung der gegebenen Vorschrift der Rechtsakt unwirksam ist, begründet das „soll“ immer nur eine Verpflichtung für denjenigen, von welchem gesagt ist, daß er etwas thun solle, und hat die Nichterfüllung dieser Verpflichtung nicht die Unwirksamkeit des Rechtsakts zur Folge, auf den sich die Vorschrift bezieht. So wird z. B. im § 57 die im ersten Absatze für die Satzung eines Vereins gegebene Vorschrift mit „muß“, die im zweiten Absatze gegebene Vorschrift mit „soll“ eingeleitet. Die Nichtbeobachtung der ersteren Vorschrift hat zur Folge, daß die Satzung nichtig ist, daß auf Grund derselben die Eintragung des Vereins nicht erfolgen kann und die trotzdem erfolgte Eintragung unwirksam ist. Die Nichtbeobachtung der zweiten Vorschrift hat dagegen nur zur Folge, daß das Amtsgericht den Verein nicht eintragen darf, eine trotzdem erfolgte Eintragung uber wirksam ist. Im Falle des § 2245 Abs. 2 hat die Nichtbefolgung der im ersten Satze gegebenen, mit „muß“ eingeleiteten Vorschrift die Nichtigkeit des Protokolls zur Folge, während die mit „soll“ eingeleitete Vorschrift im zweiten Satze nur eine Ordnungsvorschrift ist, deren Nichtbeobachtung nicht die Nichtigkeit des Protokolls, sondern nur die Verantwortlichkeit des die Verhandlung leitenden Richters oder Notars begründet. S. ferner z. B. die §§ 121, 126, 294, 303, 711, 925, 945, 1015, 1403 Abs. 2., 1434, 1559, 1725, 1945 Abs. 2, 2002, 2233, 2336.

Ebenso wird, wenn es heißt, daß etwas nicht geschehen soll, im Gegensatze zu denjenigen Vorschriften, in denen es heißt, daß etwas nicht geschehen kann, nur die Verpflichtung ausgedrückt, dasjenige zu unterlassen, was nicht geschehen soll, an die Nichtbeobachtung dieser Vorschrift aber nicht die Folge der Nichtigkeit des betreffenden Rechtsakts geknüpft. Das „nicht soll“ ist hier gleichbedeutend mit „nicht darf“, s. z. B. § 1377 im Gegensatze zu §§ 1375, 1376, die §§ 1781—1784 im Gegensatze zu § 1780.

In zahlreichen Fällen wird übrigens das Wort „soll“ nicht als Vorschrift, daß etwas zu thun ist, sondern in einem anderen Zusammenhange gebraucht, so z. B. §§ 80, 328—330, 880, 1322, 2004. Der Sinn ergiebt sich hier unzweideutig aus dem Zusammenhange.

Eine von der oben angegebenen etwas abweichende, aber doch ähnliche Bedeutung hat das Wort „muß" in der Wendung, daß Jemand etwas gegen sich gelten lassen oder sich anrechnen lassen muß. So muß z. B. nach § 407 im Falle der Abtretung einer Forderung der neue Gläubiger die dort bezeichneten Rechtsgeschäfte zwischen dem bisherigen Gläubiger und dem Schuldner gegen sich gelten lassen. S. ferner z. B. die §§ 324, 409, 552, 858, 1156, 1404, 1979. In Fällen dieser Art wird durch die gebrauchte Wendung die Zulässigkeit einer Einwendung anerkannt.

Eine besondere technische Bedeutung hat das Wort „muß" in der Wendung „kennen muß"; s. darüber § 122.

An einigen anderen Stellen, z. B. in den Fällen der §§ 16, 2196 ergiebt sich die Bedeutung des Wortes „muß" unzweideutig aus dem Zusammenhange.

d) Wird gesagt, daß Jemand etwas zu thun hat oder daß etwas von ihm zu thun ist, so ist aus dem Zusammenhange zu entnehmen, wie diese Vorschrift gemeint ist. Wird eine solche Vorschrift für eine Behörde gegeben, so hat sie regelmäßig dieselbe Bedeutung, wie wenn gesagt wäre, die Behörde solle die fragliche Handlung vornehmen; s. z. B. die §§ 6 Abs. 2, 61, 62, 66, 73, 74 Abs. 1, 75, 76, 83, 1304 Abs. 2, 1879—1881, 1908 Abs. 3, 1960, 1981, 2003, 2273, 2357. Wird die Vorschrift für eine Privatperson gegeben, so wird dadurch deren Verpflichtung zu dem Thun ausgedrückt; s. z. B. die §§ 36, 37, 42, 49, 67, 122, 270, 473, 589 Abs. 1, 3, 641, 1218 Abs. 2, 1360, 1403, 1973, 2215. Eine ähnliche Bedeutung hat das Wort „hat" in Verbindung mit den Worten „zu vertreten", z. B. „hat Vorsatz und Fahrlässigkeit zu vertreten", s. z. B. die §§ 276, 278, 287, 300, 599.

Bisweilen wird durch die Wendung „hat" zu thun sowohl die Berechtigung als die Verpflichtung zu dem „Thun" bezeichnet, so z. B. in den §§ 1409, 1457, 2203, 2204, 2205.

In einzelnen Fällen wird die gedachte Ausdrucksweise auch gebraucht, um das Erforderniß eines Rechtsgeschäfts zu bezeichnen, und hat dann dieselbe Bedeutung wie der Ausdruck „muß". So sind z. B. die Vorschriften des § 1403, daß die dort bezeichneten einseitigen Rechtsgeschäfte dem Manne bezw. der Frau gegenüber vorzunehmen seien, dahin zu verstehen, daß die rechtliche Wirksamkeit dieser Geschäfte davon abhängt, daß sie in der bezeichneten Art vorgenommen sind. Aehnlich z. B. in den Fällen der §§ 875 Abs. 1, 1945 Abs. 1, 2061 Abs. 2.

Auch da, wo gesagt wird, daß Jemand zur Begründung eines Antrags etwas anzugeben hat, gehört diese Angabe zur Begründung des Antrags, und ist dieser daher zurückzuweisen, wenn sie fehlt.

e) Ueber die Ausdrucksweise, deren sich das B.G.B. zur Bestimmung der Beweislast bedient, s. die Vorbm. zum ersten Buche unter V.

V. Auslegung des Bürgerlichen Gesetzbuchs.

Schon oben ist hervorgehoben, daß das B.G.B. eine Fortbildung des bestehenden Rechtes ist und an dieses thunlichst auch dann anknüpft, wenn es neue Vorschriften giebt. Für die Auslegung des B.G.B. wird das bisherige Recht daher immer eine gewisse Bedeutung behalten. Die Bedeutung mancher grundlegenden Begriffe, z. B. des Rechtes im subjektiven Sinne, des Rechtsgeschäfts, des Vertrags wird durch das B.G.B. selbst nicht festgestellt und kann daher nur aus der deutschen Rechtswissenschaft entnommen werden.

Von besonderer Bedeutung für die Auslegung ist ferner die Vergleichung der verschiedenen Entwürfe, aus welchen das B.G.B. hervorgegangen ist. In Betracht kommen der Entwurf erster Lesung, der von der zweiten Kommission ausgearbeitete veröffentlichte Entwurf, der revidirte dem Bundesrathe vorgelegte Entwurf und der dem Reichstage vorgelegte Entwurf. Die Vergleichung dieser Entwürfe ergiebt die Entwicklung, welche die einzelnen Vorschriften gehabt haben. Zur Erläuterung der Entwürfe dienen die Protokolle erster und zweiter Lesung, die Motive des ersten Entwurfs, die Protokolle des Justizausschusses des Bundesraths und die dem Reichstage vorgelegte Denkschrift. Für die schließliche Fassung des Gesetzbuchs kommen ferner in Betracht der Bericht der Reichstagskommission und die Verhandlungen im Plenum des Reichstags.

Für die schließliche Gestaltung des von der zweiten Kommission dem Bundesrathe vorgelegten Entwurfs sind die Beschlüsse der Redaktionskommission von großer Bedeutung gewesen. Ueber die Verhandlungen, auf Grund deren diese Beschlüsse gefaßt sind, existiren keine Protokolle. Bei der Berathung in der Hauptkommission sind indessen für die wichtigeren von der Redaktionskommission beschlossenen Aenderungen die Gesichtspunkte, von denen dabei ausgegangen ist, freilich oft nur sehr kurz, dargelegt; die Protokolle der Hauptkommission geben darüber Aufschluß.

Bei der Benutzung der Protokolle ist mit einiger Vorsicht zu verfahren. Sie sind sehr ungleichmäßig, bald sehr ausführlich, bald sehr knapp geführt. Die Gründe der Mehrheit sind oft nur kurz, die der Minderheit weit eingehender mitgetheilt. Wo verschiedene Gesichtspunkte für die Mehrheit bestimmend waren, sind oft nicht alle gleichmäßig hervorgehoben. Hin und wieder haben auch die Ansichten der Mehrheit gewechselt, ohne daß dies in den späteren Protokollen ausdrücklich hervorgehoben ist. Trotz alledem bieten aber die Protokolle bei richtiger Benutzung im Großen und Ganzen einen sicheren Anhalt für die Gesichtspunkte, von welchen die Mehrheit ausgegangen ist.

Nicht ohne Bedeutung für die Auslegung des B.G.B. sind auch die Kritiken über den ersten sowie den veröffentlichten zweiten Entwurf, weil auf sie bei der Berathung der zweiten Kommission bez. der Revision des zweiten Entwurfs immer Rücksicht genommen ist und manche Aenderungen durch sie veranlaßt sind. Eine sehr dankenswerthe Zusammenstellung des Entwurfs erster und zweiter Lesung mit erläuternden Bemerkungen enthält das Werk von Reatz „Die zweite Lesung des Entwurfs eines Bürgerlichen Gesetzbuchs für das Deutsche Reich" 1894, 1895, 1896.

Entscheidend für die Auslegung des Gesetzbuchs kann aber nur dieses selbst sein. Die Auffassung derjenigen, welche das Gesetzbuch verfaßt haben, ist unzweifelhaft ein wichtiges Auslegungsmittel; entscheidend ist sie nicht. Hat die Auffassung der Verfasser einen entsprechenden Ausdruck im Gesetzbuch selbst nicht gefunden, ergiebt vielmehr der Wortlaut des Gesetzbuchs und der Zusammenhang seiner Vorschriften einen anderen Sinn, so ist dieser maßgebend. In Betreff des unmittelbaren Inhalts der einzelnen Vorschriften des B.G.B. wird eine Differenz zwischen den Absichten der Verfasser und den zur Verwirklichung derselben gegebenen gesetzlichen Vorschriften nicht leicht nachzuweisen sein; jedoch ist auch in dieser Beziehung zu beachten, daß die Gründe, welche zu einer Vorschrift geführt haben, und die Zwecke, welche damit verfolgt sind, nicht immer bei allen Mitwirkenden dieselben gewesen sind sowie daß trotz aller auf die Redaktion verwandten Sorgfalt hin und wieder ein ungenauer Ausdruck stehen geblieben sein mag. In solchen Fällen kann nur der Zusammenhang des Gesetzes zu dem richtigen Ergebnisse führen. Noch mehr gilt dies da, wo es sich um die juristische Konstruktion des Rechtssatzes oder um Konsequenzen eines solchen handelt, die im Gesetzbuche nicht ausdrücklich festgestellt sind. In dieser Beziehung muß der Wissenschaft völlig freier Spielraum gelassen werden und können die Ansichten derjenigen, welche an dem Gesetzbuche mitgearbeitet haben, keine größere Beachtung in Anspruch nehmen, wie die Ansichten anderer Juristen.

VI. Literatur.

Die Literatur über das bürgerliche Gesetzbuch ist, wie bei der Kürze der Zeit seit der Verkündung desselben erklärlich, nur eine spärliche.

Textausgaben mit erläuternden Anmerkungen sind u. A. erschienen von Achilles, in Verbindung mit André, Greiff, Ritgen, Unzner (Guttentag'sche Sammlung deutscher Reichsgesetze), von Fischer und Henle, in Verbindung mit Ebert und Schneider, von Gareis, von Reatz: „Das Bürgerliche Gesetzbuch für das deutsche Volk", von Hermann Pilz, von Brandis, von Paul Landé.

Eine ausführliche Zusammenstellung der gesetzgeberischen Vorarbeiten enthält Haidlen: „Das bürgerliche Gesetzbuch nebst Einführungsgesetz und sonstigen gesetzgeberischen Vorarbeiten".

Selbständige Bearbeitungen enthalten:

„Einführung in das Studium des bürgerlichen Gesetzbuchs", 2 Theile, von Endemann und Gareis; „Das Bürgerliche Gesetzbuch in Vergleichung mit dem preußischen Rechte" von Dr. Riedel; „Bürgerliches Gesetzbuch und code civil." Vergleichende Darstellung des deutschen und französischen bürgerlichen Gesetzbuchs von E. Barre; „Einführung in das Bürgerliche Gesetzbuch" von Fr. Bunsen; „Die Grundzüge des Bürgerlichen Gesetzbuchs und des Einführungsgesetzes". Eine Uebersicht in 12 Aufsätzen von Dr. Werner Brandis. Hachenburg, Das bürgerliche Gesetzbuch für das Deutsche Reich, Vorträge gehalten in den Jahren 1896, 1897. Ostermeyer, Blätter aus dem bürgerlichen Gesetzbuch, besprochen und mit dem im Gebiete des preußischen allgemeinen Landrechts geltenden Privatrecht verglichen. Kuhlenbeck, Von den Pandekten zum bürgerlichen Gesetzbuch, eine dogmatische Einführung in das Studium des bürgerlichen Gesetzbuches. Heilfron, Lehrbuch des bürgerlichen Rechts. von Buchka, Vergleichende Darstellung des bürgerlichen Gesetzbuches für das Deutsche Reich und des gemeinen Rechts. Krückmann, Institutionen des bürgerlichen Gesetzbuchs. Cosack, Lehrbuch des deutschen bürgerlichen Rechts auf der Grundlage des bürgerlichen Gesetzbuches für das Deutsche Reich. Endemann, Einführung in das Studium des bürgerlichen Gesetzbuchs (dritte völlig neu bearbeitete Auflage). Scherer, Allgemeiner Theil des bürgerlichen Gesetzbuches für das Deutsche Reich. Hellmann, Vorträge über das bürgerliche Gesetzbuch für das Deutsche Reich. Allgemeiner Theil. Goldmann und Lilienthal, Das bürgerliche Gesetzbuch. Systematisch dargestellt nach der Legalordnung des Allgemeinen Landrechts. Engelmann, Das alte und das neue bürgerliche Recht Deutschlands mit Einschluß des Handelsrechts. Rehbein, Das Bürgerliche Gesetzbuch mit Erläuterungen. Eck, Vorträge über das Recht des Bürgerlichen Gesetzbuchs. Weyl, Vorträge über das Bürgerliche Gesetzbuch für Praktiker. Staudinger, Kommentar zum Bürgerlichen Gesetzbuch für das Deutsche Reich nebst Einführungsgesetz.

Erstes Buch.

Allgemeiner Theil.

Vorbemerkungen.

I. Der Allgemeine Theil enthält drei Gruppen von Vorschriften. Zu der ersten Gruppe gehören der erste und zweite Abschnitt, welche die Personen und die Sachen betreffen. Es handelt sich hier also um die Subjekte der Rechte, um derentwillen die ganze Rechtsordnung besteht, und um die Objekte, deren Beherrschung der unmittelbare oder mittelbare Zweck aller Vermögensrechte ist. Die zweite Gruppe wird durch den dritten Abschnitt gebildet, der von den Rechtsgeschäften handelt. Diese bilden das Mittel, durch welches die Personen die Begründung, Aenderung und Aufhebung der Rechte in freier Selbstbestimmung bewirken. Die Vorschriften der dritten Gruppe, welche den vierten bis siebenten Abschnitt umfaßt, haben nicht im gleichen Maße den Charakter grundlegender Vorschriften wie die Vorschriften der beiden ersten Gruppen. Nur der sechste Abschnitt, welcher von der Ausübung der Rechte, der Selbstvertheidigung und der Selbsthülfe handelt, hat einen ähnlichen allgemeinen Charakter. Den Vorschriften des vierten Abschnitts (Fristen, Termine), des fünften Abschnitts (Verjährung) und des siebenten Abschnitts (Sicherheitsleistung) fehlt dieser Charakter. Die hier zusammengestellten Vorschriften sind aber mehr oder weniger für alle Theile des Rechtes von Bedeutung und mußten deshalb in den Allgemeinen Theil aufgenommen werden.

Dem ersten Abschnitte des B.G.B. entspricht der zweite und dritte Abschnitt des E. I, dem dritten Abschnitte der vierte Abschnitt des E. I, dem vierten, fünften, sechsten und siebenten Abschnitte, der sechste, siebente, achte und elfte Abschnitt des E. I. Die Vorschriften des zweiten Abschnitts (Sachen) hatte der E. I im ersten Abschnitte des dritten Buches unter der Ueberschrift „Allgemeine Vorschriften." Nicht aufgenommen in das B.G.B. sind der erste Abschnitt (Rechtsnormen), der fünfte Abschnitt (Fahrlässigkeit, Irrthum), der neunte Abschnitt (Urtheil), der zehnte Abschnitt (Beweis). Das Nähere unter II V.

II. Der erste Abschnitt des ersten Buches des E. I enthielt keine Vorschriften über die wichtigste Quelle der Rechtsnormen, über die Gesetze. Vorschriften hierüber gehören, wie mit Recht angenommen wurde, nicht in das B.G.B., weil sie im Wesentlichen staatsrechtlicher Natur sind. Die beiden Paragraphen, welche den ersten Abschnitt des E. I bilden, betreffen die Analogie und das Gewohnheitsrecht.

1. Der § 1 bestimmte:

„Auf Verhältnisse, für welche das Gesetz keine Vorschrift enthält, finden die für rechtsähnliche Verhältnisse gegebenen Vorschriften entsprechende Anwendung. In Ermangelung solcher Vorschriften sind die aus dem Geiste der Rechtsordnung sich ergebenden Grundsätze maßgebend." (P. I S. 7—9; M. I S. 14.) Von der zweiten Kommission wurde dieser Paragraph gestrichen. (P. II S. 13, 14.) Die Vorschrift sei — so wurde angenommen — wenn sie richtig verstanden werde, selbstverständlich; ihre Fassung sei überdem nicht einwandsfrei und eine ganz korrekte Fassung in knapper Gesetzessprache schwerlich zu finden.

Das B.G.B. will das gesammte Privatrecht regeln, soweit dasselbe nicht in anderen Reichsgesetzen enthalten oder durch das E.G. der Landesgesetzgebung vorbehalten ist. Da ein Verhältniß nur dadurch ein Rechtsverhältniß wird, daß die Rechtsordnung es als solches anerkennt, so kann ein Verhältniß als Rechtsverhältniß nur dann begründet werden, wenn es in dem B.G.B bez. in anderen Reichsgesetzen oder den vorbehaltenen Landesgesetzen als solches anerkannt ist. Daraus folgt aber nicht der Ausschluß der Analogie. Bei dieser handelt es sich um eine jener Rechtswahrheiten, die als Bestandtheile jeder Rechtsordnung, jedes Gesetzes anzusehen sind und die deshalb in keinem einzelnen Gesetze besonders ausgesprochen zu werden brauchen. Es handelt sich um die für jedes Gesetz geltende Regel, daß wesensgleiche Thatbestände nach demselben Rechtssatze beurtheilt werden müssen, auch wenn die Formulirung des Rechtssatzes in dem Gesetze nur einen der verschiedenen wesensgleichen Thatbestände trifft. Die Schwierigkeit liegt darin, zu bestimmen, welche Thatbestände wesensgleiche sind; dies kann aber nicht durch allgemeine gesetzliche Vorschriften bestimmt, sondern nur durch die genaue Untersuchung des einzelnen Falles ermittelt werden.

In dem Grundgedanken stimmen hiermit fast alle Theoretiker und Praktiker überein. Ueber die verschiedene Begründung und Formulirung sowie über die Unterscheidung zwischen extensiver Auslegung und Analogie, zwischen Gesetzes- und Rechtsanalogie s. Windscheid I §§ 21—23, Regelsberger I § 38, Dernburg I §§ 34—38.

2. Der § 2 des E. I bestimmte:

„Gewohnheitsrechtliche Rechtsnormen gelten nur insoweit, als das Gesetz auf Gewohnheitsrecht verweist." (P. I S. 9—12; M. I S. 3ff.)

Bei der von der zweiten Kommission beschlossenen Streichung des § 2 (P. II S. 15—17) wurde in Aussicht genommen, eine Vorschrift über das Gewohnheitsrecht in das E.G. aufzunehmen. Bei der Berathung des E.G. wurden indessen alle positiven Anträge abgelehnt und beschlossen, keine Vorschriften über das Gewohnheitsrecht aufzunehmen. (P. II S. 8770—8775.)

Die Mehrheit ging von folgenden Gesichtspunkten aus:

a) Partikuläres Gewohnheitsrecht kann künftig nicht mehr entstehen, soweit es sich nicht um Materien handelt, die durch das E.G. der Landesgesetzgebung vorbehalten sind.

b) Gemeines oder Reichsgewohnheitsrecht kann auch künftig noch entstehen.

In beiden Beziehungen wird kein Unterschied gemacht, ob es sich um Abänderung oder Ergänzung des Reichsrechts handelt. Eine ausdrückliche Vorschrift brauche weder in der einen noch in der anderen Richtung gegeben zu werden. Der unter a angeführte Satz ergebe sich schon aus dem Art. 2 der Reichsverfassung und Art. 55 des E.G., der Satz unter b aus dem Wesen des Gewohnheitsrechts als einer dem Gesetze koordinirten Rechtsquelle.

Diese Auffassung wird als richtig anzuerkennen sein. Die Vorschrift des Art. 2 der Reichsverfassung, nach welcher die Reichsgesetze den Landesgesetzen vorgehen, spricht allerdings nur von „Gesetzen" und eine ausdrückliche Vorschrift, nach welcher unter „Gesetz" jede Rechtsnorm zu verstehen ist, findet sich in der Reichsverfassung nicht. Die Absicht des Art. 2 geht aber offenbar dahin, den Grundsatz auszusprechen, daß Reichsgesetze allen partikularrechtlichen Rechtsnormen vorgehen; eine ausdehnende Auslegung des Wortlauts ist hier daher geboten. Diese Auffassung entspricht auch der herrschenden Lehre. Durch die fragliche Vorschrift wird dann aber nicht nur ausgedrückt, daß die Reichsgesetze entgegenstehende partikularrechtliche Vorschriften aufheben, sondern auch, daß derartige Vorschriften, soweit sie mit einem Reichsgesetz in Widerspruch stehen würden, nicht mehr entstehen können. Hierbei zwischen abändernden und ergänzenden Vorschriften zu unterscheiden, würde den Zweck der Vorschrift vereiteln und ist durch den Wortlaut nicht geboten. Jede Ergänzung enthält entweder Vorschriften, die sich bei richtiger Auslegung und analoger Anwendung des Gesetzes schon aus diesem ergeben, dann ist sie überflüssig und die Vorschriften gelten nicht kraft der partikularen Rechtsnorm, sondern kraft des Reichsgesetzes; oder die Vorschriften sind nicht von dieser Art, dann enthalten sie eine Abänderung des Reichsgesetzes und sind deshalb unzulässig. Zu demselben Ergebnisse wird man auf Grund des Art. 55 des E.G. gelangen, nach welchem die privatrechtlichen Vorschriften der Landesgesetze außer Kraft treten, soweit nicht ein Vorbehalt für die Landesgesetze gemacht ist. Daß unter „Gesetz" hier jede Rechtsnorm verstanden wird, ist im Art. 2 des E.G. ausdrücklich bestimmt. Daß unter Landesgesetzen auch die für kleinere Kreise innerhalb der einzelnen Staaten geltenden Gesetze zu verstehen sind und daß privatrechtliche Normen der fraglichen Art nicht nur, soweit sie bestehen, außer Kraft treten, sondern auch nicht neu eingeführt werden können, ist nach der Absicht und dem Zusammenhange der fraglichen Vorschrift unzweifelhaft. Die Unterscheidung zwischen Vorschriften contra legem und praeter legem kommt hier nicht in Frage, da der Art. 55 alle Vorschriften privatrechtlichen Inhalts trifft.

Diese Gründe stehen einem gemeinen oder Reichsgewohnheitsrechte nicht entgegen. Es handelt sich hierbei, ebenso wie bei dem Reichsgesetz, um eine für das ganze Reich geltende Rechtsnorm. Die Zulässigkeit einer solchen hängt also lediglich von der Frage ab, ob das Gewohnheitsrecht eine von der Anerkennung durch die gesetzgebende Gewalt unabhängige, neben derselben bestehende Rechtsquelle ist. Diese viel erörterte und bestrittene Frage (s. Windscheid I §§ 15—18, Dernburg I §§ 26—29, Regelsberger I §§ 19—23; R.G. 37 Nr. 47) ist von der Kommission mit Recht bejaht. Auf eine eingehende Erörterung der Natur und Kraft des Gewohnheitsrechts muß hier verzichtet werden; es mag nur darauf hingewiesen werden, daß das echte Gewohnheitsrecht sich immer und allenthalben mit elementarer Kraft durchgesetzt hat, mochte die Gesetzgebung bestimmen was sie wollte. Gegenüber dem möglichen Zweifel, ob thatsächlich ein Gewohnheitsrecht der fraglichen Art zur Entstehung gelangen wird, mag auf den Einfluß hingewiesen werden, welchen die Rechtsprechung des Reichsgerichts ausübt. Das Reichsgericht kann allerdings kein Gewohnheitsrecht machen; es hat nach dem bestehenden Rechte zu entscheiden. Aber es hat die Reichsgesetze auszulegen und gegebenen Falles analog anzuwenden. Die Auslegung oder analoge Anwendung kann unrichtig sein. Wenn die Rechtsprechung des Reichsgerichts aber in dieser Richtung unverändert dieselbe bleibt, wenn sich die Praxis aller Gerichte ihr anschließt, so entsteht dadurch allein zwar noch kein Gewohnheitsrecht; aber es ist möglich, daß diese Praxis in solcher Weise auf die Rechtsanschauungen aller Betheiligten und auf die Gestaltung des Verkehrs zurückwirkt, daß dadurch schließlich ein wirkliches Gewohnheitsrecht zu Stande kommt.

III. **Der fünfte Abschnitt** enthielt in dem § 144 eine Definition der **Fahrlässigkeit** und der **groben Fahrlässigkeit**, (P. I S. 993, 994, 1057 ff., 3222; M. I S. 279 ff.), in dem § 145 die Vorschrift, daß, wenn Jemand nur diejenige Sorgfalt anzuwenden habe, welche er in eigenen Angelegenheiten anzuwenden pflege, er von der Haftung wegen grober Fahrlässigkeit nicht befreit sei (P. I S. 1066, 1067, 3222; M. I S. 280), endlich in dem § 146 eine Definition der Ausdrücke „Irrthum", „entschuldbarer Irrthum", „kennen müssen" (P. I S. 209, 211; M. I S. 281 ff.). Von der zweiten Kommission ist die Definition der Fahrlässigkeit (§ 144 Abs. 1) in den § 276, die Vorschrift des § 145 in den § 277, die Definition des Ausdrucks „kennen müssen" in den § 122 versetzt. (P. II S. 375—377.) Die Definition der groben Fahrlässigkeit ist weggelassen, weil sich schon aus dem Wortlaut ergebe, daß eine solche dann vorliege, wenn die erforderliche Sorgfalt in besonders schwerer Weise verletzt sei. Die Vorschriften über den Irrthum sind beseitigt, weil es als selbstverständlich erachtet wurde, daß, wenn das Gesetz von Irrthum spreche, in Ermangelung einer besonderen Vorschrift, darunter sowohl der Irrthum über Thatsachen, als der Rechtsirrthum zu verstehen sei, und daß ebenso der Ausdruck „entschuldbarer Irrthum" einer Definition nicht bedürfe.

Der Begriff der Fahrlässigkeit wird vom B.G.B. in dem Abschnitte von dem „Inhalt der Schuldverhältnisse" und zwar in dem Titel über die „Verpflichtung zur Leistung" definirt; er ist aber auch für andere Theile des B.G.B. von Bedeutung, und die Vorschrift des § 276 muß in allen Fällen zur Anwendung kommen, in welchen von Fahrlässigkeit die Rede ist. Der Begriff mag daher schon hier näher erläutert werden.

Der E. I definirte die Fahrlässigkeit im Anschluß an das römische Recht als Vernachlässigung der Sorgfalt, welche ein ordentlicher Hausvater anzuwenden pflegt. Der Sinn dieser Vorschrift bestand darin, daß ein objektiver Maßstab für die geforderte Sorgfalt festgestellt werden sollte, und als ein solcher Maßstab bot sich die Sorgfalt, welche ein ordentlicher Hausvater für sich und die Seinen anzuwenden pflegt. Die Angriffe, welche die Kritik nicht sowohl gegen die Sache, als gegen den Ausdruck erhoben hat, haben zu der Aenderung desselben bei der zweiten Lesung geführt. Festgehalten ist dabei der Gesichtspunkt, daß nicht die geistige Beschaffenheit der einzelnen in Frage stehenden Person entscheidend sein, sondern daß ein objektiver Maßstab festgestellt werden solle, der für die erforderte Sorgfalt maßgebend sei. Die im Verkehr erforderliche Sorgfalt soll diesen Maßstab bilden. Anfangs war beschlossen worden, die im Verkehr übliche Sorgfalt als maßgebend zu bezeichnen. Die später (P. II S. 2786, 2787) beschlossene Aenderung des Worts „übliche" in „erforderliche" hat nicht die Bedeutung, daß diejenige Sorgfalt erfordert würde, die im einzelnen Falle nothwendig ist, um einen Schaden abzuwenden. Nicht schlechthin die erforderliche, sondern die im Verkehr erforderliche Sorgfalt wird gefordert; d. h. also diejenige Sorgfalt, welche in dem gesunden und normalen Verkehre für erforderlich und genügend gehalten wird, mag diese im einzelnen Falle auch nicht genügen, einen Schaden abzuwenden, während eine noch größere Sorgfalt dazu genügt hätte. Das Wort „übliche" wurde deshalb für bedenklich gehalten, weil nicht jede in dem thatsächlichen Verkehr eingerissene Nachlässigkeit und Unsitte berücksichtigt, sondern der normale und gesunde Verkehr zu Grunde gelegt werden soll.

Durch die Bezugnahme auf den Verkehr und das nach dessen Auffassung Erforderliche geht die Objektivität des Maßstabes nicht verloren. Auch die Sorgfalt eines guten Hausvaters läßt sich nur aus der im Volke herrschenden Anschauung ermitteln; es ist diejenige Sorgfalt, welche nach dieser Anschauung als Pflicht eines guten Hausvaters angesehen wird. Bei diesem Maßstabe ist aber das Mißverständniß möglich, daß die sittlichen Pflichten eines guten Hausvaters maßgebend sein sollten. Dies wird ausgeschlossen durch die jetzt gewählte Fassung, welche erkennen läßt, daß es nur auf die in dem rechtlichen Verkehre der Menschen unter einander nach der gesunden Verkehrssitte von einem ordentlichen Menschen erwartete Sorgfalt ankommt. Unter dem Verkehr ist nicht allein der geschäftliche Verkehr zu verstehen, sondern derjenige Verkehr, welcher bei dem einzelnen Verhältniß, um das es sich handelt, in Betracht kommt. Wie in Handelsgeschäften die Sorgfalt eines ordentlichen Kaufmanns erfordert wird (H.G.B. § 347; M. S. 194), so wird in anderen Verhältnissen die Sorgfalt eines ordentlichen Arztes, eines ordentlichen Rechtsanwalts, eines ordentlichen Arbeiters verlangt. Nach § 254 hängt die Verpflichtung zum Ersatz eines Schadens, wenn bei dessen Entstehung ein Verschulden des Beschädigten mitgewirkt hat, von den Umständen, insbesondere davon ab, ob der Schaden vorwiegend von dem Einen oder dem Anderen verursacht worden ist. Bei dem Verschulden des Beschädigten kommt die Erfüllung einer Verpflichtung gegenüber einem Anderen nicht in Frage. Die Sorgfalt, welche hier erfordert wird, um ein Verschulden auszuschließen, kann also nur diejenige sein, welche nach der gesunden Auffassung des Lebens ein ordentlicher Mensch anzuwenden hat, um Schaden von sich abzuwenden.

Unter dem Ausdrucke „**Verschulden**" faßt das B.G.B. **Vorsatz** und **Fahrlässigkeit** zusammen.

Vorsatz ist die auf einen bestimmten Erfolg gerichtete Willensbestimmung (M. I S. 280). Nicht darauf kommt es an, daß eine bestimmte Handlung oder Unterlassung gewollt ist, sondern darauf, daß mit dieser Handlung oder Unterlassung ein bestimmter Erfolg bezweckt oder daß der Handelnde sich doch bewußt gewesen ist, daß die Handlung oder Unterlassung diesen Erfolg haben werde. Welcher Erfolg gewollt sein muß, hängt von den Umständen des einzelnen Falles ab. Handelt es sich darum, ob eine Verpflichtung vorsätzlich verletzt ist, so muß der Verpflichtete wissen, daß sein Handeln oder Unterlassen der Verpflichtung zuwider läuft, der Erfolg desselben also die Nichterfüllung der Verpflichtung ist. In dem Falle des § 254 beruht das Verschulden auf Vorsatz, wenn der Beschädigte gewußt hat, daß er durch sein Handeln oder Unterlassen den Schaden mit verursacht oder vergrößert. In solchen Fällen, in welchen nicht das Bewußtsein genügen soll, sondern erfordert wird, daß der Zweck des Handelns oder Unterlassens gerade in der Herbeiführung des Erfolges liege, wird dies im B.G.B. durch einen besonderen Zusatz ausgedrückt.

Für den Begriff der **groben** Fahrlässigkeit giebt das B.G.B. keinen objektiven Maßstab. Es kommt also darauf an, ob nach den Umständen des einzelnen Falles eine besonders schwere Verletzung der schuldigen Sorgfalt anzunehmen ist.

Fahrlässig ist die **Verletzung einer Verpflichtung** nicht, wenn der Verpflichtete die Verpflichtung weder kannte noch seine Unkenntniß Folge einer Fahrlässigkeit war. Ob die Unkenntniß auf einem Irrthum über Thatsachen oder auf einem Rechtsirrthume beruht, ist gleichgültig; bei einem Irrthume der letzteren Art wird indessen seltener anzunehmen sein, daß er nicht auf Fahrlässigkeit beruht.

Bei der Beurtheilung der Frage, ob Jemand fahrlässig gehandelt hat, kommt es, wie oben hervorgehoben ist, nicht auf seine Individualität an. Die Anwendung der im Verkehr erforderlichen Sorgfalt wird auch von demjenigen gefordert, welcher nach seinen individuellen Anlagen und Gewohnheiten einer solchen Sorgfalt nicht fähig ist. Dieser Grundsatz erleidet aber dadurch eine Modifikation, daß nach § 276 Abs. 1 Satz 3 die §§ 827, 828 Anwendung finden. Nach § 827 ist für einen von ihm zugefügten Schaden nicht verantwortlich, wer sich zur Zeit der Zufügung im Zustande der Bewußtlosigkeit oder in einem, die freie Willensbestimmung ausschließenden Zustande krankhafter Störung der Geistesthätigkeit befindet. Eine besondere Vorschrift wird in dem § 827 Satz 2 für den Fall der Trunkenheit gegeben. Nach § 828 sind Kinder unter sieben Jahren für den einem Anderen zugefügten Schaden überhaupt nicht, Personen über sieben aber unter achtzehn Jahren sowie Taubstumme nur dann dafür verantwortlich, wenn sie bei der Begehung der schädigenden Handlung die zur Erkenntniß der Verantwortlichkeit erforderliche Einsicht haben. Diese Vorschriften müssen in allen Fällen Anwendung finden, in welchen es sich darum handelt, ob einer Person ein Verschulden zur Last fällt. Der § 276 schreibt die Anwendung der §§ 827, 828 freilich nur im Anschluß an die Bestimmung vor, daß der Schuldner Vorsatz und Fahrlässigkeit zu vertreten habe, und auch der E. I giebt die fragliche Vorschrift nicht in Verbindung mit den allgemeinen Vorschriften über Fahrlässigkeit (§ 144), sondern bei den Bestimmungen über die Haftung eines Schuldners wegen Nichterfüllung seiner Verbindlichkeit (§ 224). Es handelt sich aber in der That um ein allgemeines Prinzip. Wie die in dem § 276 gegebene Definition der Fahrlässigkeit, obwohl sie nur im Anschluß an die Vorschrift gegeben ist, daß der Schuldner Vorsatz und Fahrlässigkeit zu vertreten hat, analog auf andere Fälle angewandt werden muß, in denen es sich um Fahrlässigkeit handelt, so muß auch die in Verbindung mit jener Definition erfolgte

Verweisung auf die §§ 827, 828 analog auf andere Fälle des Verschuldens angewandt werden. So fällt z. B. im Falle des § 121 demjenigen, welcher plötzlich geisteskrank wird und in Folge davon die Anfechtung zu erklären unterläßt, ein schuldhaftes Zögern nicht zur Last. Die Anfechtung gilt als unverzüglich erfolgt, wenn sie unverzüglich nach Hebung der Geisteskrankheit oder, sofern ein gesetzlicher Vertreter bestellt ist, unverzüglich nach der Bestellung von diesem erfolgt. Zu beachten ist übrigens, daß Personen, die sich in einem Zustande der in den §§ 827, 828 bezeichneten Art befinden, regelmäßig einen gesetzlichen Vertreter haben und daß es, wenn dies der Fall ist, in dem rechtsgeschäftlichen Verkehre regelmäßig nicht auf das Verschulden jener Personen, sondern auf das Verschulden ihres gesetzlichen Vertreters ankommt (§§ 166, 278).

Die auf Fahrlässigkeit beruhende Unkenntniß eines Umstandes bezeichnet das B.G.B. mit dem Ausdrucke „kennen müssen" (§ 122 Abs. 2). Wird eine rechtliche Wirkung also davon abhängig gemacht, daß Jemand einen Umstand kennt oder kennen muß, so tritt die Wirkung ein, sowohl wenn er den Umstand wirklich kennt, als wenn er ihn zwar nicht kennt, aber seine Unkenntniß auf Fahrlässigkeit beruht (s. z. B. die §§ 122 Abs. 2, 123 Abs. 2, 142 Abs. 2, 166 Abs. 2, 169, 179 Abs. 3 Satz 1, 307 Abs. 1, 405, 674, 694, 729, 824 Abs. 1, 1346, 1424 Abs. 1, 1682 Abs. 1).

Wo das B.G.B. das Erforderniß des guten Glaubens aufstellt, steht dem „kennen" nur die auf grober Fahrlässigkeit beruhende Unkenntniß gleich (§ 932 Abs. 2). In gutem Glauben ist also derjenige, welcher einen seinem Rechte entgegenstehenden Umstand nicht kennt und dessen Unkenntniß auch nicht auf grober Fahrlässigkeit beruht s. z. B. die §§ 937 Abs. 2, 955 Abs. 1, 990, 2024.

IV. Der neunte Abschnitt des E. I über das Urtheil enthielt die §§ 190—192.

1. Der § 190 stellt im ersten Absatze den Grundsatz auf, daß die Verurtheilung zu einer Leistung nur zulässig ist, wenn die Fälligkeit bereits eingetreten ist. Im zweiten und dritten Abs. werden von diesem Grundsatze Ausnahmen gemacht für wiederkehrende Leistungen, die nicht auf Rechtsgeschäft beruhen, und für gewisse Fälle, in welchen eine Geldforderung erst nach dem Ablaufe einer bestimmten Frist nach der Kündigung fällig wird. (P. I S. 420—424, 442, 6172, 6173; M. I S. 364—367.)

Die zweite Kommission nahm an, daß diese Vorschriften wesentlich prozessualischer Natur seien und deshalb in die C.P.O. gehören. Sachlich wurde der erste Absatz für selbstverständlich gehalten. Die Ausnahmen der Absätze 2 und 3 erachtete man für nicht weit genug gehend und wurde deshalb beschlossen (P. II S. 487—489, 9277 bis 9281), die in der D. Anl. II S. 746 aufgeführten §§ 231a, 231b in die C.P.O. aufzunehmen. An deren Stelle sind in der jetzigen C.P.O. die §§ 257, 258 getreten. Hinzugefügt ist noch der § 259. Diese Vorschriften lauten:

§ 257. Ist die Geltendmachung einer nicht von einer Gegenleistung abhängigen Geldforderung oder die Geltendmachung des Anspruchs auf Räumung eines Grundstücks, eines Wohnraums oder eines anderen Raumes an den Eintritt eines Kalendertags geknüpft, so kann Klage auf künftige Zahlung oder Räumung erhoben werden.

§ 258. Bei wiederkehrenden Leistungen kann auch wegen der erst nach Erlassung des Urtheils fällig werdenden Leistungen Klage auf künftige Entrichtung erhoben werden.

§ 259. Klage auf künftige Leistung kann außer den Fällen der §§ 257, 258 erhoben werden, wenn den Umständen nach die Besorgniß gerechtfertigt ist, daß der Schuldner sich der rechtzeitigen Leistung entziehen werde.

Die materielle Bedeutung dieser Vorschriften ist klar. Der § 257 ist für die zahlreichen Fälle, in welchen Geldforderungen auf Kündigung stehen und für die Miethe und Pacht von Grundstücken oder von Theilen derselben von großer praktischer Wichtigkeit. Für die Miethe beweglicher Sachen gilt die Vorschrift nicht. Der § 258 gilt nicht nur für die wiederkehrenden Leistungen, die auf Grund der gesetzlichen Unterhaltspflicht geschuldet werden, sondern auch für die Renten, welche wegen Tödtung oder

Körperverletzung zu entrichten sind (§§ 843—845), endlich auch für alle auf Grund eines Rechtsgeschäfts geschuldeten wiederkehrenden Leistungen, insbesondere für Leibrenten und Zinsen. Die Erörterung der prozessualischen Vorschriften der §§ 257—259 insbesondere ihres Verhältnisses zu der Feststellungsklage (§ 256) muß der Erläuterung der C.P.O. überlassen bleiben.

2. Der § 191 des E. I lautete:

„Das rechtskräftige Urtheil ist maßgebend für das Rechtsverhältniß zwischen den Parteien. Das rechtskräftig Zuerkannte kann nicht mehr bestritten, das rechtskräftig Aberkannte nicht mehr geltend gemacht werden.

Auf diese Wirkung des rechtskräftigen Urtheils kann verzichtet werden. Das Gericht darf dieselbe nur berücksichtigen, wenn sie geltend gemacht wird." (P. I S. 424, 434—442; M. I 367—376.)

Von der zweiten Kommission ist der § 191 gestrichen und in folgender Fassung als § 293a in die C.P.O. verwiesen.

Das rechtskräftige Urtheil hat die Wirkung, daß das Zuerkannte nicht mehr bestritten, das Aberkannte nicht mehr geltend gemacht werden kann. (P. II S. 505—513, 8391, 8392; D. Anl. II S. 747.) Wäre es hierbei geblieben, so würde sich Folgendes ergeben:

Der objektive Umfang der Rechtskraft bestimmt sich nach § 322 (bisher 293) der C.P.O., dessen Bedeutung und Tragweite zwar bestritten ist, über dessen Auslegung aber sich jetzt eine ziemlich feste Praxis gebildet hat. Hiernach entscheidet sich, was als rechtskräftig zuerkannt oder aberkannt anzusehen ist. Die Streichung des ersten Satzes im § 191 des E. I hat keine sachliche Bedeutung. Man hielt ihn neben dem zweiten Satze für überflüssig und insofern für bedenklich, als aus der Fassung gefolgert werden könnte, daß eine von dem § 293 der C.P.O. abweichende Vorschrift über den objektiven Umfang der Rechtskraft gegeben werden solle.

Im zweiten Absatze des § 191 des E. I sind drei Sätze enthalten:

a) Auf den zuerkannten Anspruch kann nicht nur im Ganzen verzichtet werden (dies ist selbstverständlich), sondern ein Verzicht ist auch in der Weise möglich, daß nur das Urtheil als nicht gesprochen angesehen und das Rechtsverhältniß unter den Parteien so behandelt wird, wie wenn das Urtheil nicht gesprochen wäre.

b) Durch das aberkennende Urtheil wird der aberkannte Anspruch, falls er bestand, nicht aufgehoben, sondern nur eine zivilrechtliche Einrede (über deren Begriff s. unter VII) begründet.

c) Der dritte, im Abs. 2 ausdrücklich ausgesprochene Satz, daß der Richter die Wirkung des rechtskräftigen Urtheils nur berücksichtigen darf, wenn sie geltend gemacht wird, ist eine Konsequenz der ersten beiden Sätze. Er würde aber als selbständige Vorschrift auch bestehen können, wenn die ersten beiden Sätze nicht gälten; er würde dann bedeuten, daß, obwohl ein Verzicht der unter a gedachten Art nichtig ist und obwohl der Anspruch, sofern er bestand, durch das aberkennende Urtheil vollständig aufgehoben ist, doch auch in diesen Beziehungen die Verhandlungsmaxime gilt.

Der zweite Absatz des § 191 war bei der zweiten Lesung anfangs beibehalten, wurde aber bei der Revision gestrichen (P. II S. 8391, 8392). Auf diesen Beschluß ist v. Bülow, über die absolute Rechtskraft des Urtheils, im Archiv für die zivilistische Praxis Band 83 Heft 1, nicht ohne Einfluß gewesen. Die Absicht ging aber nicht dahin, die Ergebnisse, zu welcher dieser Aufsatz gelangt, als richtig anzuerkennen; vielmehr sollte die Entscheidung der Wissenschaft überlassen bleiben. In einer Beziehung erklärte sich die Mehrheit der Kommission sogar gegen die Ausführungen v. Bülow's, indem sie annahm, daß aus den Grundsätzen der C.P.O. auch ohne ausdrückliche Vorschrift entnommen werden müsse, daß der Richter ein rechtskräftiges Urtheil nicht von Amtswegen zu berücksichtigen habe.

Die Streichung des zweiten Absatzes dürfte indessen, obwohl dies nicht beabsichtigt ist, doch dahin führen, daß ein Verzicht auf die Wirkung des rechtskräftigen Urtheils unzulässig ist. Wäre der § 191 in dem B.G.B. stehen geblieben, so könnte dies, mindestens in Betreff der oben unter b hervorgehobenen Wirkung, kaum zweifelhaft sein; denn in allen Fällen, in denen das B.G.B. einer Thatsache nur die Wirkung einer zivilrechtlichen Einrede beilegen will, wird dies durch die Ausdrucksweise, und zwar regelmäßig durch die Fassung „der Verpflichtete ist berechtigt, die Leistung zu verweigern" (s. z. B. § 222) bezeichnet. Die Fassung des allein stehen gebliebenen ersten Absatzes würde entschieden darauf hindeuten, daß ein Verzicht auf die Zuerkennung nichtig sein und daß durch die Aberkennung der Anspruch ipso jure aufgehoben sein solle. Durch die Versetzung der Vorschriften in die C.P.O. dürfte diese Argumentation nicht erheblich geschwächt werden. In die jetzige C.P.O. ist eine dem oben angeführten § 293a entsprechende Vorschrift überhaupt nicht aufgenommen. Wissenschaft und Praxis haben also völlig freie Hand. Das Ergebniß, zu welchem sie gelangen werden, dürfte im Wesentlichen dasselbe sein, wie wenn die fragliche Vorschrift aufgenommen wäre. Die nähere Erörterung dieser wesentlich prozessualischen Frage muß der Erläuterung der C.P.O. überlassen bleiben.

3. Die rechtskräftige Feststellung durch das Urtheil bezieht sich auf den Zeitpunkt des Schlusses der mündlichen Verhandlung, in der eine Erweiterung des Klageantrags oder die Geltendmachung von Einwendungen spätestens hätte erfolgen müssen. Später eintretende Ereignisse können immer noch geltend gemacht werden. Eine Anwendung dieses Grundsatzes auf einzelne Fälle, in denen die daraus zu ziehenden Folgerungen zweifelhaft sein könnten, enthalten die nach dem Beschlusse der zweiten Kommission in die C.P.O. einzustellenden §§ 293b u. 293c. (P. II S. 2818, 2823, 2824, 9284, 9287; D. Anl. II S. 747). An deren Stelle sind in der jetzigen C.P.O. die §§ 323, 324 getreten. Sie lauten:

§ 323. Tritt im Falle der Verurtheilung zu künftig fällig werdenden wiederkehrenden Leistungen eine wesentliche Aenderung derjenigen Verhältnisse ein, welche für die Verurtheilung zur Entrichtung der Leistungen, für die Bestimmung der Höhe der Leistungen oder der Dauer ihrer Entrichtung maßgebend waren, so ist jeder Theil berechtigt, im Wege der Klage eine entsprechende Abänderung des Urtheils zu verlangen.

Die Klage ist nur insoweit zulässig, als die Gründe, auf welche sie gestützt wird, erst nach dem Schlusse der mündlichen Verhandlung, in der eine Erweiterung des Klageantrags oder die Geltendmachung von Einwendungen spätestens hätte erfolgen müssen, entstanden sind und durch Einspruch nicht mehr geltend gemacht werden können.

Die Abänderung des Urtheils darf nur für die Zeit nach Erhebung der Klage erfolgen.

§ 324. Ist bei einer nach den §§ 843—845 oder nach den §§ 1578—1582 des Bürgerlichen Gesetzbuchs erfolgten Verurtheilung zur Entrichtung einer Geldrente nicht auf Sicherheitsleistung erkannt, so kann der Berechtigte gleichwohl Sicherheitsleistung verlangen, wenn sich die Vermögensverhältnisse des Verpflichteten erheblich verschlechtert haben; unter der gleichen Voraussetzung kann er eine Erhöhung der in dem Urtheile bestimmten Sicherheit verlangen.

4. Die Aenderung, welche der § 293 Abs. 2 (jetzt § 322) der C.P.O. erfahren hat, hängt mit den Vorschriften des B.G.B. über die Aufrechnung zusammen und wird bei dieser (§§ 387 ff.) mitgetheilt werden.

5. Der § 192 des E. I lautete:

„Das rechtskräftige Urtheil wirkt für und gegen die Parteien und diejenigen Personen welche nach dem Eintritte der Rechtshängigkeit Rechtsnachfolger der Parteien oder Inhaber des in Streit befangenen Gegenstandes für eine der Parteien geworden sind.

Die Vorschriften zu Gunsten derjenigen, welche Rechte von einem Nichtberechtigten herleiten, finden entsprechende Anwendung." (P. I S. 425—434; M. I S. 376 ff.)

Von der zweiten Kommission wurde dieser Paragraph als § 293d in folgender Fassung in die C.P.O. versetzt:

„Das rechtskräftige Urtheil wirkt für und gegen die Parteien und diejenigen Personen, welche nach dem Eintritte der Rechtshängigkeit Rechtsnachfolger der Parteien geworden sind oder den Besitz der in Streit befangenen Sache in solcher Weise erlangt haben, daß eine der Parteien oder ihr Rechtsnachfolger mittelbarer Besitzer geworden ist.

Die Vorschriften des bürgerlichen Rechtes zu Gunsten derjenigen, welche Rechte von einem Nichtberechtigten herleiten, finden entsprechende Anwendung."

(P. II S. 513—516, 9287—9289, 9499; D. Anl. II S. 747. Diese Vorschriften sind als § 325 in die jetzige C.P.O. übergegangen; als dritter Absatz ist ihnen folgende zugleich zum Ersatze des gestrichenen § 238 Satz 1 der bisherigen C.P.O. dienende Vorschrift hinzugefügt:

„Betrifft das Urtheil einen Anspruch aus einer eingetragenen Reallast, Hypothek, Grundschuld oder Rentenschuld, so wirkt es im Falle einer Veräußerung des belasteten Grundstücks in Ansehung des Grundstücks gegen den Rechtsnachfolger auch dann, wenn dieser die Rechtshängigkeit nicht gekannt hat. Gegen den Ersteher eines im Wege der Zwangsversteigerung veräußerten Grundstücks wirkt das Urtheil nur dann, wenn die Rechtshängigkeit spätestens im Versteigerungstermine vor der Aufforderung zur Abgabe von Geboten angemeldet worden ist."

(Vergl. auch § 265 Abs. 3 der C.P.O., welcher den früheren § 238 Satz 2 ersetzt.)

Die eingehendere Erörterung auch dieser Paragraphen muß der Erläuterung der C.P.O. vorbehalten bleiben. Hier sind nur folgende, für das Verständniß des B.G.B. erhebliche Punkte hervorzuheben:

a) Gegenüber der allgemeinen Fassung des § 322 enthält der § 325 die nothwendige Beschränkung, indem er die Personen bezeichnet, für und gegen welche die Wirkung des rechtskräftigen Urtheils eintritt. Es sind dies zunächst die Parteien des betreffenden Rechtsstreits. Daß ihnen ihre allgemeinen Rechtsnachfolger gleichstehen, ergiebt sich aus den Vorschriften des Erbrechts. Da den Parteien nach den Grundsätzen der C.P.O. in ausgedehntem Maße die Verfügung über den Prozeßstoff zusteht und daher der Ausfall des Urtheils wesentlich von ihrem Verhalten im Prozeß abhängt, so kann eine Ausdehnung der Wirkungen der Rechtskraft auf andere Personen nur aus besonderen Gründen erfolgen. Dabei ist aber zu beachten, daß, wenn man von der Wirkung der Rechtskraft gegen Dritte spricht, darunter nicht zu verstehen ist, daß Dritte die Existenz des Urtheils und die daraus für die Parteien sich ergebenden Wirkungen gegen sich gelten lassen müssen. Es ist dies eine Thatsache, die Jeder als bestehend anerkennen und gegen sich gelten lassen muß. Die Wirkung der Rechtskraft gegen einen Dritten in dem hier fraglichen Sinne besteht darin, daß der Inhalt des Urtheils, soweit dieser nach § 322 rechtskräftig wird, auch dem Dritten gegenüber als wahr gilt. Wenn A mit dem Eigenthumsanspruche gegen B obgesiegt hat und B in dem rechtskräftigen Urtheil unter Anerkennung des Eigenthums des A zur Herausgabe der in Streit befangenen Sache verurtheilt ist, so muß Jeder die Thatsache, daß im Verhältnisse zwischen A und B das Eigenthum der betreffenden Sache als dem A zustehend gilt und B verpflichtet ist, die Sache dem A herauszugeben, gegen sich gelten lassen und tritt, sofern ein Rechtsverhältniß des Dritten von dieser Thatsache berührt wird, eine Einwirkung auf das Rechtsverhältniß ein. Dagegen kann A sich einem Dritten gegenüber nicht darauf berufen, daß ihm nach dem Urtheile das Eigenthum an der betreffenden Sache zustehe, denn die Zuerkennung des Eigenthums gilt nur dem B, nicht dem Dritten gegenüber.

b) **Als Dritte, für und gegen welche das rechtskräftige Urtheil wirkt,** bezeichnet der § 325 zunächst diejenigen Personen, welche nach dem Eintritte der Rechtshängigkeit Rechtsnachfolger einer der Parteien geworden sind. Die allgemeinen Rechtsnachfolger sind schon unter a erwähnt. Es handelt sich hier also um die Sondernachfolger. Wer als solcher zu betrachten ist, ergiebt sich aus den Vorschriften des B.G.B. Die Vorschrift ist sachlich bereits in dem bisherigen § 236 der C.P.O. enthalten und hat hier nur insofern eine wohl schon in der Absicht des § 236 liegende Erweiterung erfahren, als ausdrücklich bestimmt ist, daß das Urtheil nicht nur gegen, sondern auch für die Rechtsnachfolger wirksam ist. In dem jetzigen § 265 Abs. 3 hat der § 236 Abs. 3 eine entsprechend geänderte Fassung erhalten. Die Rechtsnachfolge muß nach dem Eintritte der Rechtshängigkeit, sei es nun während des Prozesses oder nach Beendigung desselben, eingetreten sein. Es ist dabei gleichgültig, ob der Grund, aus welchem die Rechtsnachfolge eintritt, schon vor der Rechtshängigkeit vorhanden gewesen ist, sofern nur die Rechtsnachfolge selbst erst nachher eintritt. Dies ist unzweifelhaft für diejenigen Fälle, in welchen die Verpflichtung einer der Parteien, den in Streit befangenen Gegenstand dem Dritten zu übertragen, schon vor der Rechtshängigkeit bestand, die Uebertragung selbst und damit die Rechtsnachfolge aber erst nachher eintrat. Zweifelhafter sind solche Fälle, in denen dem Dritten schon vor dem Eintritte der Rechtshängigkeit ein Recht zustand, kraft dessen er, ohne daß es einer Verfügung der Partei bedarf, den in Streit befangenen Gegenstand später erwirbt. Es gehört hierher insbesondere der Fall, daß der Dritte den in Streit befangenen Gegenstand schon vor dem Eintritte der Rechtshängigkeit von einer der Parteien unter einer aufschiebenden Bedingung übertragen erhalten hat. Er erwirbt den Gegenstand nach den Vorschriften des B.G.B. über Bedingungen (§ 158) erst mit dem Eintritte der Bedingung und tritt also, wenn die Bedingung erst nach der Rechtshängigkeit eintritt, auch die Rechtsnachfolge erst nach dieser ein. Es kann sich fragen, ob nach Grund und Zweck der fraglichen Vorschrift eine einschränkende, Fälle dieser Art ausschließende, Auslegung gerechtfertigt sein würde. Die Frage ist indessen bei der ersten Lesung erwogen; jedoch sind Anträge, welche Fälle der fraglichen Art ausschließen wollten, abgelehnt. Entscheidend war dabei die Erwägung, daß das B.G.B. die Prozeßführung nicht als eine Verfügung auffaßt (Vorbm. zum dritten Abschnitt IX. 4), daß daher die Vorschrift des § 161 keine Anwendung findet und der unter einer aufschiebenden Bedingung Berechtigte die Prozeßführung desjenigen, der bis zum Eintritte der Bedingung noch der Berechtigte ist und deren Ergebniß gegen sich gelten lassen muß. Anders liegt die Sache bei einer auflösenden Bedingung, weil hier derjenige, an welchen der betreffende Gegenstand mit dem Eintritte der Bedingung zurückfällt, nach den Vorschriften über auflösende Bedingungen (§ 158), nicht als Rechtsnachfolger des Zwischenberechtigten angesehen wird. (M. I S. 378 ff.)

c) Ueber den bisherigen § 236 der C.P.O. hinaus, aber wohl im Sinne desselben, dehnt der § 192 des E. I die Wirkung des rechtskräftigen Urtheils aus auf diejenigen Personen, welche nach der Rechtshängigkeit Inhaber des in Streit befangenen Gegenstandes für eine der Parteien geworden sind. Sachlich stimmt hiermit im Wesentlichen der § 325 der C.P.O. überein. Die Aenderung der Fassung ist Folge der Aenderung der Vorschriften über den Besitz. Den Begriff des „mittelbaren Besitzes" bestimmt der § 868 des B.G.B. Unter die fragliche Vorschrift fallen hiernach nicht diejenigen, welche zwar die thatsächliche Gewalt über die in Streit befangene Sache haben, aber nach § 855 nicht als Besitzer gelten. Das B.G.B. betrachtet diese Personen nur als Werkzeuge dessen, für den sie die thatsächliche Gewalt ausüben. Ihnen gegenüber ist daher das rechtskräftige Urtheil, solange sie in dem im § 855 bezeichneten Verhältnisse stehen, kraft seiner Wirkung gegen die Partei, deren Werkzeug sie sind, wirksam. Hört aber jenes Verhältniß auf, und fahren sie trotzdem fort die thatsächliche Gewalt auszuüben, so werden sie Besitzer, die Partei wird mittelbarer Besitzer und findet daher nun die Vorschrift des § 325 Anwendung. (P. II S. 9288, 9289.)

Die Ersetzung des Wortes „Gegenstand" im § 192 des E. I durch „Sache" im § 325 ist dadurch veranlaßt, daß ein Besitz nach dem B.G.B. nur an Sachen möglich ist und daß die Beziehung des fraglichen Wortes auf den Rechtsnachfolger, welche den E. I zu dem Gebrauche des Wortes „Gegenstand" veranlaßt hat, durch die veränderte Fassung weggefallen ist.

Die Worte „in Streit befangen" sind in demselben Sinne zu verstehen wie im bisherigen § 236 der C.P.O. (Struckmann u. Koch, zu § 236 Anm. 2, und die dort angeführte Literatur.)

d) Der Abs. 2 des § 325 umfaßt alle Fälle, in denen Jemand durch eine Verfügung einer der Parteien nach der Rechtshängigkeit ein Recht erworben hat, dieser Erwerb aber nicht erfolgte, weil dem Verfügenden das Verfügungsrecht zustand, sondern obwohl es ihm nicht zustand. Ueber die einzelnen in Betracht kommenden Fälle s. d. Erl. zu §. 135 Nr. 5. Die praktisch wichtigsten Fälle sind die des Erwerbes von Rechten an Grundstücken auf Grund des Glaubens des Grundbuchs (§ 892) und des Erwerbes beweglicher Sachen oder der Rechte an solchen auf Grund des guten Glaubens des Erwerbers. Die entsprechende Anwendung des § 892 führt dahin, daß wenn der im Grundbuch eingetragene Eigenthümer nachdem der Eigenthumsanspruch gegen ihn rechtshängig geworden ist, das Eigenthum überträgt oder ein Recht an dem Grundstücke bestellt, das in dem Prozeß ergehende rechtskräftige Urtheil gegen den Erwerber des Eigenthums oder sonstigen Rechtes nur wirksam wird, wenn er bei dem Erwerbe die Rechtshängigkeit kannte. Für Rechte an Grundstücken erleidet dieser Grundsatz nach § 325 Abs. 3 der C.P.O. die Modifikation, daß das Urtheil, wenn es einen Anspruch aus einer eingetragenen Reallast, Hypothek, Grundschuld oder Rentenschuld betrifft, im Falle einer Veräußerung des belasteten Grundstücks in Ansehung des Grundstücks gegen den Rechtsnachfolger auch dann wirkt, wenn dieser die Rechtshängigkeit nicht gekannt hat. Eine besondere Vorschrift enthält der Abs. 3 Satz 2 dann noch zu Gunsten des Erstehers eines im Wege der Zwangsversteigerung veräußerten Grundstücks. Im Falle des § 932 ist der erforderte gute Glaube nicht vorhanden, wenn der Erwerber bei dem Erwerbe die Rechtshängigkeit kannte oder ihm diese in Folge grober Fahrlässigkeit unbekannt war. War er in gutem Glauben, so ist das im Prozesse seines Autors ergehende Urtheil gegen ihn nicht wirksam.

e) Durch die Fassung, welche der bisherige § 665 der C.P.O. in dem jetzigen § 727 erhalten hat, wird die Vollstreckbarkeit des Urtheils gegen Dritte in derselben Art bestimmt bez. ausgedehnt, wie dies im § 325 für die Wirksamkeit geschehen ist.

f) Neben den auf allgemeinen Gesichtspunkten beruhenden Ausnahmen des § 325 werden durch neue Vorschriften der C.P.O. noch mehrere besondere Fälle bestimmt, in denen das rechtskräftige Urtheil auch gegen Dritte wirkt. So wird in den §§ 326, 327 der C.P.O. (D. S. 747) bestimmt, daß unter gewissen Voraussetzungen die gegen einen Vorerben ergangenen rechtskräftigen Urtheile auch gegen den Nacherben, die gegen den Testamentsvollstrecker ergangenen Urtheile auch gegen den Erben wirksam sind. Bei den Urtheilen, durch welche familienrechtliche Verhältnisse festgestellt werden, bildet die Wirksamkeit für und gegen alle die Regel. Dazu kommen mehrere in dem B.G.B. selbst bestimmte Fälle der Wirksamkeit eines Urtheils gegenüber anderen Personen als den Parteien (s. z. B. § 407 Abs. 2). Alle diese Ausnahmefälle beruhen auf der besonderen Natur des Rechtsverhältnisses, auf das sie sich beziehen, und werden deshalb bei der Erörterung des betreffenden Rechtsverhältnisses angegeben werden.

V. Im zehnten Abschnitt des E. I werden in den §§ 193—197 folgende Grundsätze über die Beweislast aufgestellt:

a) Wer einen Anspruch geltend macht, hat die zur Begründung desselben erforderlichen Thatsachen, wer die Aufhebung des Anspruchs oder die Hemmung seiner Wirksamkeit geltend macht, hat die die Aufhebung oder Hemmung begründenden Thatsachen zu beweisen (§ 193).

b) Wer die rechtliche Wirkung eines Thatbestandes wegen besonderer, die regelmäßige Wirksamkeit ausschließender Thatsachen verneint, hat diese besonderen Thatsachen zu beweisen. Dies gilt namentlich für Rechtsgeschäfte, wenn geltend gemacht wird der Mangel der Geschäftsfähigkeit, der Uebereinstimmung des wirklichen Willens mit dem erklärten Willen, der Willensfreiheit wegen Drohung oder Betrugs, oder wenn geltend gemacht wird, daß eine besondere Form rechtsgeschäftlich bestimmt worden sei (§ 194).

c) Wer Rechte aus einem Rechtsgeschäfte geltend macht, hat auch die gesetzlich für das Rechtsgeschäft vorgeschriebene Form zu beweisen (§ 195).

d) Wer Rechte aus einem Rechtsgeschäfte geltend macht, hat zu beweisen, daß dasselbe in der von ihm behaupteten Weise zu Stande gekommen sei, auch wenn der Gegner die Errichtung des Rechtsgeschäfts zugiebt, aber behauptet, daß es in anderer Weise zu Stande gekommen sei, insbesondere daß es unter Beifügung einer aufschiebenden oder einer auflösenden Bedingung oder eines Anfangs- oder eines Endtermins vorgenommen sei (§ 196).

e) Die Erfüllung oder den Ausfall einer Bedingung hat derjenige zu beweisen, welcher ein Recht daraus herleitet (§ 197).

Der § 198 giebt eine Vorschrift über die Bedeutung einer gesetzlich festgestellten Vermuthung (P. I S. 443—449; M. I S. 382 ff.).

Dem § 198 entspricht der jetzige § 292 der C.P.O., welcher lautet:

„Stellt das Gesetz für das Vorhandensein einer Thatsache eine Vermuthung auf, so ist der Beweis des Gegentheils zulässig, sofern nicht das Gesetz ein Anderes vorschreibt. Dieser Beweis kann auch durch Eideszuschiebung nach Maßgabe der §§ 455 ff. geführt werden."

Die §§ 193—197 wurden gestrichen (P. II S. 516—518, 523—527).

Von den in den §§ 193—197 aufgestellten Grundsätzen wurde sachlich nur der § 196 bekämpft, soweit er sich auf eine auflösende Bedingung oder einen Endtermin bezieht. Ein Beschluß darüber wurde nicht gefaßt. Man nahm an, daß es nicht zweckmäßig sei, Rechtssätze über die Beweislast aufzustellen; Sache der Wissenschaft sei es, die richtigen Grundsätze aus der Natur der in Frage kommenden Rechtssätze und den besonderen Umständen des einzelnen Falles abzuleiten. Hierzu Betzinger, Die Beweislast im Civilprozeß (Karlsruhe 1894), der S. 331 ff. und im Anh. S. 3 zu denselben Ergebnissen gelangt, wie der E. I §§ 193—195, 197, sehr entschieden aber die Vorschrift des § 196 bekämpft.

Bei der Redaktion des B.G.B. ist große Sorgfalt darauf verwandt, die einzelnen Vorschriften so zu fassen, daß durch die Fassung zugleich die Entscheidung über die Beweislast gegeben wird (P. II S. 8813). Die Ausdrucksweise, deren sich das B.G.B. zu diesem Zwecke bedient, ist eine mannigfach verschiedene. Diese Verschiedenheit beruht zum Theil auf einer Verschiedenheit der Gründe, welche für die Bestimmung der Beweislast maßgebend gewesen sind, zum Theil auf dem Bestreben, schwerfällige Satzbildungen zu vermeiden. Folgende Ausdrucksweisen kommen vor:

1. Der gesetzlichen Regel wird in einem besonderen Satze eine Ausnahme oder Einschränkung hinzugefügt. Die Ausdrucksweise ist eine verschiedene. Es kommen insbesondere folgende Wendungen vor: „ausgenommen", „ausgeschlossen", „dies gilt nicht", „diese Vorschrift findet keine Anwendung". Bisweilen wird der die Ausnahme enthaltende Satz ohne besonderen Eingang der Regel hinzugefügt. In allen Fällen dieser Art braucht derjenige, welcher sich auf die Regel beruft, nur den für sie maßgebenden

Thatbestand zu beweisen, während derjenige, welcher die Ausnahme geltend macht, deren Voraussetzung zu beweisen hat. So hat z. B. nach § 173 derjenige, welcher sich darauf beruft, daß er eine von ihm nach Maßgabe des § 170 ertheilte, nachher aber erloschene Vollmacht nicht mehr gegen sich gelten zu lassen brauche, zu beweisen, daß der Dritte, dem gegenüber die Vollmachtserklärung erfolgt ist, das Erlöschen der Vollmacht gekannt habe oder habe kennen müssen. Aehnlich z. B. in den Fällen der §§ 9, 206 Abs. 2, 687 Abs. 1, 831, 832, 911, 935 Abs. 2, 1345 Abs. 2, 1416 Abs. 2, 1521, 1537, 1974, 2013 Abs. 1.

2. Der gesetzlichen Regel wird mit den Worten „es sei denn, daß" die Ausnahme hinzugefügt. Wer sich darauf beruft, daß die gesetzliche Regel nicht zur Anwendung kommt, hat zu beweisen, daß der in dem angeschlossenen Satze bezeichnete Ausnahmefall vorliegt. So bestimmt § 145 die gesetzliche Regel dahin, daß derjenige, welcher einem Anderen die Schließung eines Vertrags anträgt, an den Antrag gebunden ist, „es sei denn, daß er die Gebundenheit ausgeschlossen hat". Die Gebundenheit ist die gesetzliche Regel. Um diese auszuschließen, muß der Antragende beweisen, daß er die Gebundenheit bei dem Antrag ausgeschlossen hat. Aehnlich z. B. §§ 4 Abs. 2, 153, 273 Abs. 2, 793 Abs. 1, 876, 1156, 1319, 1795 Nr. 1, 1974, 2169.

3. Die gesetzliche Regel wird durch einen mit den Worten „wenn", „sofern", „soweit" beginnenden Zusatz von gewissen Thatsachen abhängig gemacht. Wer sich auf die gesetzliche Regel beruft, muß das Vorhandensein der in dem Zusatze bezeichneten Thatsachen beweisen. So ist im Falle des § 123 Abs. 2 eine Erklärung, die einem Anderen gegenüber abzugeben war, wegen arglistiger Täuschung nur anfechtbar, wenn der Andere die Täuschung kannte oder kennen mußte. Wer die Anfechtbarkeit einer solchen Erklärung geltend macht, muß beweisen, daß der Andere die Täuschung kannte oder kennen mußte. Aehnlich z. B. in den Fällen der §§ 109 Abs. 2, 234, 392, 873 Abs. 2, 1141, 1344, 1397 Abs. 2, 1435, 2025, 2060.

4. Diese Regel erleidet aber eine Modifikation, wenn der Konditionalsatz eine Negative enthält. In solchen Fällen kommt es darauf an, an welcher Stelle das „nicht" steht. Steht das „nicht" unmittelbar hinter dem, den Konditionalsatz einleitenden „wenn", „sofern", „soweit", „solange", so braucht derjenige, welcher sich auf die gesetzliche Regel beruft, die in dem Konditionalsatz enthaltene Negative nicht zu beweisen; vielmehr liegt demjenigen, welcher die Anwendbarkeit der gesetzlichen Regel bestreitet, der Beweis ob, daß die in dem Konditionalsatz angeführte Thatsache vorliegt. Der Fall ist ebenso zu beurtheilen, wie wenn statt der Worte: „wenn nicht" rc. die unter Nr. 2 bezeichnete Ausdrucksweise „es sei denn daß" gebraucht wäre. So unterliegt nach § 477 Abs. 1 der Anspruch auf Wandelung und Minderung der kurzen Verjährung von sechs Monaten, bez. einem Jahre „sofern nicht der Verkäufer den Mangel arglistig verschwiegen hat". Die kurze Verjährung bildet die gesetzliche Regel, auf die sich der Verkäufer, ohne daß ihm ein Beweis obliegt, berufen kann. Behauptet der Käufer, daß die Regel nicht Platz greife, so muß er beweisen, daß der Verkäufer den Mangel arglistig verschwiegen habe. Aehnlich in zahlreichen Fällen, s. z. B. die §§ 18 Abs. 2, 181, 257 Abs. 1, 273 Abs. 1, 345, 777, 867, 897, 1133, 1345, 1351, 1648, 2022, 2050 Abs. 1, 2063 Abs. 1.

Besonders zu beachten sind die Fälle, in welchen die Entstehung eines Rechtes oder der Ausschluß eines solchen davon abhängt, daß innerhalb einer bestimmten Frist etwas nicht geschieht, daß insbesondere vor dem Ablaufe der Frist eine Leistung oder eine Erklärung nicht erfolgt. In Fällen dieser Art geht das B.G.B. in der Regel davon aus, daß derjenige, welcher sich auf die Entstehung oder den Ausschluß des betreffenden Rechtes beruft, nur den Ablauf der Frist zu beweisen braucht, während dem anderen Theile der Beweis obliegt, daß die Leistung oder Erklärung vor dem Ablaufe der Frist erfolgt sei. So hat im Falle einer Verpflichtung zum Schadensersatze der Gläubiger nach § 250 das Recht, dem Schuldner eine Frist mit der Erklärung zu bestimmen, daß er die Herstellung des früheren Zustandes nach dem Ablaufe der Frist ablehne. Nach dem Ablaufe der Frist kann der Gläubiger den Ersatz in Geld verlangen, wenn nicht die Herstellung rechtzeitig erfolgt. Der Gläubiger, der den Ersatz in Geld fordert, braucht hier nur zu beweisen, daß die Frist gesetzt und abgelaufen sei, während dem anderen Theile, wenn er das Recht des Gläubigers bestreitet, der Beweis obliegt, daß die Wiederherstellung vor dem Ablaufe der Frist erfolgt sei. Siehe ferner z. B. die §§ 264 Abs. 2, 283, 325, Abs. 2, 326, 354, 355, 382, 416, 516 Abs. 2, 561 Abs. 2, 634, 643, 801, 864, 974, 977, 981, 1002, 1003, 1123, 1994, 2061, 2151 Abs. 3, 2193 Abs. 2, 2202 Abs. 3, 2307 Abs. 2; über die abweichende Fassung einiger Paragraphen, z. B. der §§ 215, 568, 976, 1965, die Erl. zu diesen Paragraphen.

5. Den Gegensatz zu denjenigen Fällen, in welchen das Wort „nicht" unmittelbar hinter dem „wenn", „sofern" rc. steht, bilden die Fälle, in denen das Wort „nicht" in dem Konditionalsatze weiter nach hinten steht; hier gilt die umgekehrte Regel. Wer sich auf die gesetzliche Regel beruft, hat die in dem Konditionalsatz ausgedrückte Negative zu beweisen. So hat nach § 151 derjenige, welcher sich darauf beruft, daß ein Vertrag durch die Annahme des Antrags zu Stande gekommen sei, ohne daß diese dem Antragenden gegenüber erklärt worden ist, zu beweisen, daß eine solche Erklärung nach der Verkehrssitte nicht zu erwarten gewesen sei. So z. B. ferner die §§ 16, 49, 60, 73, 97, 111, 174, 216 Abs. 2, 229, 251, 293, 725, 936 Abs. 2, 1087 Abs. 2, 1160, 1324, 1476 Abs. 2, 1726, 1777 Abs. 1, 1926, 2078 Abs. 1, 2169 Abs. 1, 2288.

6. Die Regel, daß für die Beweislast entscheidend ist, ob das Wort „nicht" unmittelbar hinter den Worten „wenn", „sofern" rc. oder weiter nach hinten steht, erleidet dann eine Ausnahme, wenn zwischen den Worten „wenn" und „nicht" nur das Wort „sich", „er", „sie" „es" steht. Diese Fälle sind ebenso zu beurtheilen, wie wenn das Wort „nicht" unmittelbar hinter dem Worte „wenn" stände. So ist in dem Falle des § 168 der gesetzlichen Regel, daß eine Vollmacht auch bei dem Fortbestehen des ihrer Ertheilung zu Grunde liegenden Rechtsverhältnisses widerruflich sei, die Beschränkung hinzugefügt, „sofern sich nicht aus demselben" (d. h. aus dem Rechtsverhältniß) ein Anderes ergiebt. Die Beweislast ist hier ebenso zu beurtheilen, wie wenn gesagt wäre „sofern nicht durch das Rechtsverhältniß ein Anderes bestimmt ist". Wer die Zulässigkeit der Widerruflichkeit einer Vollmacht bestreitet, muß beweisen, daß sich aus dem ihrer Ertheilung zu Grunde liegenden Rechtsverhältnisse die Unwiderruflichkeit ergebe. Aehnlich in zahlreichen anderen Fällen. S. z. B. die §§ 179 Abs. 1, 460, 485, 803 Abs. 1, 1232 Satz 2, 1273, 1377 Abs. 2, 1485 Abs. 1, 1654, 2091, 2112. Der Grund, aus welchem in diesen Fällen das „nicht" dem „wenn", „sofern" rc. nicht unmittelbar angeschlossen ist, liegt lediglich darin, daß die deutsche Sprache eine solche Satzbildung nicht zuläßt und man daher eine andere schwerfälligere Fassung hätte wählen müssen.

7. In **einem** Falle hat man von einer den angeführten Regeln entsprechenden korrekten Fassung absehen zu können geglaubt. Der § 284 Abs. 1 bestimmt: „Leistet der Schuldner auf eine Mahnung des Gläubigers nicht, die nach dem Eintritte der Fälligkeit erfolgt, so kommt er durch die Mahnung in Verzug". Die Voranstellung des Konditionalsatzes in dieser Vorschrift würde an sich die Anwendung der angeführten Regel nicht ausschließen. Der Fall würde vielmehr ebenso zu beurtheilen sein, wie wenn die Vorschrift lautete: „Der Schuldner kommt in Verzug, wenn er auf eine Mahnung des Gläubigers nicht leistet, die nach dem Eintritte der Fälligkeit erfolgt." Hiernach würde der Gläubiger, der sich auf den Verzug des Schuldners beruft, beweisen müssen, daß der Schuldner auf die Mahnung nicht geleistet habe. Nach P. II S. 8814 ist aber ausdrücklich anerkannt, daß dies nicht beabsichtigt ist, daß vielmehr der Gläubiger nur die Mahnung zu beweisen braucht, während dem Schuldner der Beweis der rechtzeitigen

Leistung obliegt. Man glaubte, daß diese Regelung der Beweislast hier aus der Natur des Verhältnisses und dem Zusammenhange zur Genüge sich ergebe. Im zweiten Absatz entspricht die Fassung der unter Nr. 6 aufgeführten Regel. Ob noch an einzelnen anderen Stellen eine ungenaue Ausdrucksweise vorkommt (z. B. § 910 Abs. 1 Satz 2) wird, soweit erforderlich, bei den betreffenden Stellen erörtert werden.

8. In einigen Fällen, in welchen eine Rechtswirkung davon abhängt, daß innerhalb einer Frist eine Erklärung nicht erfolgt, wird die Beweislast dadurch bestimmt, daß gesagt wird: die Erklärung kann nur bis zum Ablaufe der Frist erfolgen; erfolgt sie nicht, so tritt die in Frage stehende Rechtswirkung ein. Wer sich auf den Eintritt der Rechtswirkung beruft, braucht hier, wie in den Fällen unter Nr. 4, nur den Ablauf der Frist zu beweisen, während dem anderen Theile der Beweis obliegt, daß die Erklärung vor dem Ablaufe der Frist erfolgt sei. So wird im § 108 Abs. 2 bestimmt, daß, wenn ein Minderjähriger ohne Einwilligung seines gesetzlichen Vertreters einen Vertrag geschlossen hat, der andere Theil den Vertreter auffordern kann, sich darüber zu erklären, ob er den Vertrag genehmige. „Die Genehmigung", heißt es sodann, „kann nur bis zum Ablaufe von zwei Wochen nach dem Empfange der Aufforderung erklärt werden; wird sie nicht erklärt, so gilt sie als verweigert". Wer sich darauf beruft, daß die Genehmigung als verweigert gelte, braucht nur zu beweisen, daß die Aufforderung erfolgt und seit deren Empfang zwei Wochen verstrichen seien, während dem anderen Theile der Beweis obliegt, daß die Genehmigung vor dem Ablaufe von zwei Wochen erfolgt sei. Aehnlich z. B. in den §§ 177, 415 Abs. 2, 1396, 1829.

9. Nur in verhältnißmäßig wenigen Fällen, in denen eine der bisher aufgeführten Ausdrucksweisen die Fassung zu schwerfällig gemacht haben würde, enthält das B.G.B. eine ausdrückliche Bestimmung über die Beweislast; so z. B. in den §§ 282, 345, 358, 363, 442, 542 Abs. 3, 636 Abs. 2, 2336.

VI. Der Begriff des Rechtes im subjektiven Sinne wird von dem B.G.B nicht definirt. Es handelt sich dabei um eine sehr bestrittene Frage, deren Lösung der Wissenschaft überlassen werden muß. (Windscheid I § 37, Regelsberger I § 14, Dernburg I § 39.) Ob man bei der Begriffsbestimmung das Hauptgewicht auf die durch die Rechtsordnung verliehene Willensmacht legen will, (Windscheid: „Recht ist eine von der Rechtsordnung verliehene Willensmacht oder Willensherrschaft") oder auf den Zweck des Rechtes (v. Ihering: „Recht ist rechtlich geschütztes Interesse") oder ob man beide Momente betonen will (Regelsberger „Recht ist die Macht zur Befriedigung eines anerkannten Interesses"), ist für das Verständniß des B.G.B. kaum von Bedeutung. Indem das B.G.B. ein Recht anerkennt, erkennt es auch an, daß ein Interesse vorliegt, das des rechtlichen Schutzes werth ist. Ueber eine mit dem Erfordernisse des Interesses zusammenhängende Beschränkung der Ausübung des Rechtes s. § 226.

Ueber die Eintheilung der Rechte s. Windscheid I § 38 ff., Regelsberger I § 50. Die Eintheilung der Rechte nach ihrem Inhalt in obligatorische, dingliche, familienrechtliche und erbrechtliche entspricht im Wesentlichen der Eintheilung des B.G.B. in das Recht der Schuldverhältnisse, das Sachenrecht, das Familienrecht und das Erbrecht. Ueber die sog. Individualrechte (Rechte auf Leben, Freiheit, Gesundheit 2c.) s. die Vorbm. zum ersten Abschnitte. Die sog. Immaterialrechte sind von der Regelung durch das B.G.B. ausgeschlossen und durch besondere Reichsgesetze geregelt. (Ges. v. 11. Juni 1870 betr. das Urheberrecht an Schriftwerken 2c., Ges. v. 9. Januar 1876 betr. das Urheberrecht an Werken der bildenden Künste, Ges. v. 10. Januar 1876 betr. den Schutz der Photographien, Ges. vom 11. Januar 1876 betr. das Urheberrecht an Mustern und Modellen, Ges. v. 7. April 1891 betr. Patentrecht, Ges. v. 1. Juni 1891 betr. den Schutz von Gebrauchsmustern, Ges. v. 12. Mai 1894 betr. den Schutz der Waarenbezeichnungen.)

VII. Ueber den Begriff des Anspruchs und dessen Berechtigung herrscht lebhafter Streit (Windscheid I §§ 43ff., Regelsberger I §§ 52ff., Dernburg I § 39.) In dem B.G.B. wird von dem Begriffe des Anspruchs vielfach Gebrauch gemacht, und der Anspruch wird in dem § 194 als das Recht, von einem Anderen ein Thun oder ein Unterlassen zu verlangen, definirt. (P. I S. 319, 339ff., 6069f., M. I S. 291; P. II S. 399–403.)

Sachlich wird das Bedürfniß, dieses Recht aus der Kategorie der Rechte überhaupt herauszuheben, ziemlich allgemein anerkannt, und der Streit dreht sich im Grunde mehr darum, ob die Bezeichnung dieses Rechtes als Anspruch zutreffend ist. Dafür spricht, daß im Leben unter dem Ausdruck „Anspruch" dasjenige verstanden wird, was damit nach dem B.G.B. ausgedrückt werden soll. Der Begriff des Anspruchs hängt mit der Unterscheidung zwischen absoluten und relativen Rechten zusammen. Die absoluten Rechte wirken gegen Alle, legen Allen eine Beschränkung oder Verpflichtung auf. Die Verpflichtung besteht darin, das absolute Recht nicht zu verletzen, also in einer Unterlassung. Zu den absoluten Rechten gehören außer den sog. Persönlichkeitsrechten die dinglichen Rechte und die meisten Immaterialrechte. Auch die aus den familienrechtlichen Verhältnissen entspringenden Hauptrechte, z. B. die elterliche Gewalt sowie das Erbrecht, gehören dahin. Man kann das absolute Recht als die Gesammtheit der darin liegenden Ansprüche gegen alle Menschen auf Unterlassung jeder Beeinträchtigung des Rechtes betrachten (so Windscheid); aber in diesem Sinne gebraucht das B.G.B. den Ausdruck „Anspruch" nicht. Ein Anspruch im Sinne des B.G.B. liegt nur vor, wenn das Recht, eine Leistung zu fordern, gegen eine bestimmte Person begründet ist. Aus dem absoluten Rechte erwächst ein Anspruch, wenn es beeinträchtigt wird, gegen denjenigen, welcher die Beeinträchtigung vorgenommen hat. Der Anspruch geht auf Beseitigung der Beeinträchtigung, also auf diejenige Leistung, welche den Umständen nach zur Herstellung des dem Rechte entsprechenden Zustandes erforderlich ist, je nach Lage der Sache auch auf Schadensersatz. Unter Umständen wird nach dem B.G.B. durch die Verletzung des absoluten Rechtes auch das Recht begründet, auf Unterlassung gegen denjenigen zu klagen, welcher die Verletzung vorgenommen hat (s. z. B. § 1004.) Ob dieses Recht als ein Anspruch im Sinne des B.G.B. betrachtet werden muß, ist eine Konstruktionsfrage, die zu bejahen sein dürfte, die praktisch aber ohne Bedeutung ist.

Bei den relativen Rechten, insbesondere also bei den obligatorischen Rechten, bei welchen durch den Begriff des Rechtes selbst bereits eine bestimmte Person als Verpflichteter gegeben ist, fällt der Begriff des Anspruchs mit dem des Rechtes zusammen. Man könnte zwar auch hier noch unterscheiden und den Anspruch aus dem obligatorischen Rechte erst dann entstehen lassen, wenn die Erfüllung gefordert werden kann, wenn nach römischem Rechte actio nata ist (so Regelsberger). Dies ist indessen nicht der Standpunkt des B.G.B. Der Anspruch ist vorhanden, sobald die Forderung begründet ist. Dabei ist indessen zu beachten, daß, wenn dem auf Begründung einer Forderung gerichteten Rechtsgeschäft ein Anfangstermin oder eine aufschiebende Bedingung beigefügt ist, zwar sofort ein bindendes Rechtsverhältniß begründet wird, die durch das Rechtsgeschäft bestimmte Forderung aber erst mit dem Eintritte des Termins oder der Bedingung zur Entstehung gelangt. Ist die Forderung aber einmal entstanden, so ist damit, auch wenn die Erfüllung wegen gewährter Stundung oder aus anderen Gründen nicht sofort gefordert werden kann, auch der Anspruch vorhanden (s. §§ 198, 202). In Konsequenz dieser Auffassung nimmt das B.G.B. auch bei denjenigen obligatorischen Verhältnissen, durch welche die Verpflichtung einer bestimmten Person zu einem Unterlassen begründet wird, die Entstehung des Anspruchs mit der Entstehung der Verpflichtung, nicht erst mit dem Zuwiderhandeln an. Dies ergiebt sich aus § 202, nach welchem die Verjährung des Anspruchs auf Unterlassung erst mit dem Zuwiderhandeln beginnt, der Anspruch selbst also schon als vorher vorhanden angesehen wird. Praktisch ist diese Frage übrigens ohne erhebliche Bedeutung.

Der Feststellungsanspruch der C.P.O. ist kein Anspruch im Sinne des B.G.B., sondern ein prozessualisches Gebilde.

VIII. Ob der im Anschluß an die römische exceptio in die Theorie und Praxis übergegangene Begriff der **Einrede** Anerkennung verdient, ist bestritten. Auch dieser Streit dürfte indessen mehr das Wort als die Sache betreffen. Das B.G.B. kennt zahlreiche Fälle, in welchen ein Anspruch durch bestimmte Thatsachen nicht aufgehoben wird, diese Thatsachen aber für den Verpflichteten das Recht begründen, die Erfüllung des Anspruchs zu verweigern. Dieses Gegenrecht bezeichnet das B.G.B. als Einrede. Die praktische Bedeutung dieses Begriffs liegt darin, daß das Gegenrecht wegfallen kann, insbesondere durch Verzicht, und daß dann der Anspruch, dem das Gegenrecht entgegenstand, ohne Weiteres wieder geltend gemacht werden kann, während, wenn der Anspruch aufgehoben gewesen wäre, dies nicht rückgängig gemacht werden könnte, vielmehr eine Neubegründung erforderlich wäre; ferner darin, daß Thatsachen, welche den Anspruch aufheben von dem Gerichte berücksichtigt werden müssen, sofern sie überhaupt nur bei der Verhandlung zu Tage treten, während das Gegenrecht nur berücksichtigt wird, wenn der Verpflichtete es geltend macht. Die zivilrechtliche Einrede in diesem Sinne ist für eine zweckmäßige Gestaltung des Rechtes unentbehrlich. Die Gründe, auf welchen Einreden beruhen, sind sehr verschieden. Sie können auf einem Rechte beruhen, das auch als Anspruch geltend gemacht werden kann (s. z. B. § 986); sie können aber auch lediglich eine Vertheidigung gewähren, so z. B. die Einrede der Verjährung. Wirthschaftlich sind Ansprüche, welchen eine Einrede entgegensteht, in manchen Fällen ebenso zu behandeln, wie wenn der Anspruch nicht bestände. Diesem Gesichtspunkte trägt das B.G.B. dadurch Rechnung, daß es in den dazu geeigneten Fällen den Anspruch, welchem eine Einrede entgegensteht, ebenso behandelt, wie wenn er nicht bestände (s. z. B. die §§ 390, 813). In einzelnen Fällen giebt das B.G.B. dem Schuldner, welchem eine Einrede zusteht, auch das Recht, die Aufhebung des durch die Einrede betroffenen Rechtes zu fordern (s. §§ 886, 1169, 1254).

Wo das B.G.B. von „Einrede" spricht, versteht es darunter immer die zivilrechtliche Einrede in dem oben dargelegten Sinne. Sollen auch Einreden im prozessualischen Sinne, z. B. die Einrede der Zahlung, mit getroffen werden, so gebraucht das B.G.B. den Ausdruck „Einwendungen", z. B. §§ 334, 774.

Die Einreden sind entweder solche, welche dem Anspruche dauernd, oder solche, welche ihm nur für eine gewisse Zeit entgegenstehen. Die ersteren bezeichnet das B.G.B. als Einreden, durch welche die Geltendmachung des Anspruchs dauernd ausgeschlossen wird, die letzteren als Einreden, welche den Verpflichteten vorübergehend zur Verweigerung der Leistung berechtigen, z. B. § 202. Wo das B.G.B. eine Einrede, sei es eine peremtorische oder dilatorische, geben will, gebraucht es regelmäßig die Ausdrucksweise: „der Verpflichtete ist berechtigt die Leistung zu verweigern", z. B. § 222.

Die verschiedenen Ansichten über die Einreden s. bei **Windscheid** I §§ 47 ff., **Regelsberger** I §§ 683 ff., **Dernburg** I §§ 137 ff., auch M. I S. 359.

IX. Auf den Allgemeinen Theil des E. II beziehen sich die Aufsätze von **Hölder**, im Arch. für die zivilistische Praxis Bd. 80 S. 1 ff., **Cretschmar**, ebenda Bd. 81 S. 146 ff. und Bd. 82 S. 107 ff., **Strohal**, in v. Iherings Jahrb. für die Dogmatik ꝛc. Bd. 34 S. 325 ff.

Auf den E. III bezieht sich **Eck**, Allgemeiner Theil, in der Sammlung von Vorträgen über den Entwurf des B.G.B. Heft I.

(Nr. 2321.) Bürgerliches Gesetzbuch. Vom 18. August 1896.

Wir Wilhelm, von Gottes Gnaden Deutscher Kaiser, König von Preußen ꝛc.

verordnen im Namen des Reichs, nach erfolgter Zustimmung des Bundesraths und des Reichstags, was folgt.

Erstes Buch.

Allgemeiner Theil.

Erster Abschnitt.

Personen.

Erster Titel.

Natürliche Personen.

Erster Abschnitt.

Der erste Abschnitt handelt von den Personen. Die Rechtsordnung bestimmt die Beziehungen der Menschen zu einander; sie giebt ihnen Rechte und Rechtspflichten. Der Mensch ist Person, weil er fähig ist, Subjekt von Rechten und Rechtspflichten zu sein. Diese Fähigkeit zu Rechten und Pflichten wird zusammengefaßt unter dem Ausdrucke „Rechtsfähigkeit". Von den Menschen als Personen handelt der erste Titel unter der Ueberschrift „Natürliche Personen". Die Zwecke, welche die Menschen verfolgen, können aber zum Theil nicht von den einzelnen Menschen in ihrer Isolirung erreicht werden, sie erfordern häufig das Zusammenwirken Mehrerer und erscheinen dann als Zwecke der von diesen Mehreren gebildeten Gemeinschaft. Die Zwecke beschränken sich häufig auch nicht auf individuell bestimmte Menschen, sondern auf gewisse Kategorien nicht nur zur Zeit lebender Menschen, sondern auch späterer Generationen. Um die Erreichung solcher Zwecke zu erleichtern, giebt das B.G.B. den Vereinen und Stiftungen unter gewissen Voraussetzungen die Rechtsfähigkeit. Von diesen juristischen Personen handelt der zweite Titel des ersten Abschnitts.

Erster Titel.

1. Der erste Titel handelt von den Menschen als Personen. Der § 1 bestimmt den Zeitpunkt, mit welchem die Rechtsfähigkeit des Menschen beginnt. Die §§ 2—5 handeln von dem Unterschiede zwischen Volljährigen und Minderjährigen und von der Volljährigkeitserklärung, der § 6 von der Entmündigung, die §§ 7—11 von dem Wohnsitze, der § 12 von dem Namenrechte, die §§ 13—18 von der Todeserklärung, die §§ 19, 20 von gesetzlichen Vermuthungen über Leben und Tod. Die §§ 30—33 des E. I, die von der Verwandtschaft und Schwägerschaft handeln, sind als §§ 1589, 1590 in den zweiten Abschnitt des vierten Buches versetzt.

2. Die natürlichen Personen sind die Menschen. Jeder Mensch ist rechtsfähig. Das B.G.B. spricht dieses Prinzip nicht ausdrücklich aus; es ergiebt sich aber unzweifelhaft aus dem

§ 1 und dem ganzen Zusammenhange des B.G.B. Sklaverei existirt nicht im deutschen Reich. (Ueber die Geltung dieses Grundsatzes in den Kolonien und über Angehörige eines Staates, in welchem Sklaverei besteht, s. die Erl. zum E.G.) Der Grundsatz der gleichen Rechtsfähigkeit aller Menschen gilt ausnahmslos und kann durch Rechtsgeschäft weder ausgeschlossen noch beschränkt werden. Als eine Minderung der Rechtsfähigkeit kann man vielleicht die nach Art 87 des E.G. landesgesetzlich zulässige Beschränkung der Erwerbsfähigkeit der Mitglieder religiöser Orden und ordensähnlicher Kongregationen betrachten. (Vergl. auch Art. 88, über den Erwerb von Grundstücken durch Ausländer.) Nicht als Ausnahme sind anzusehen die zivilrechtlichen Folgen eines strafrechtlichen Urtheils, durch das auf Verlust der bürgerlichen Ehrenrechte erkannt ist. Dasselbe gilt von den Vorschriften, welche die Möglichkeit gewisser Rechtsverhältnisse an bestimmte natürliche Eigenschaften des Menschen knüpfen oder die Stellung der Personen in einem Rechtsverhältnisse nach solchen Eigenschaften verschieden bestimmen. Die Ehe kann nur von Personen verschiedenen Geschlechts geschlossen werden. Die rechtliche Stellung des Mannes und der Frau ist in der Ehe, die Stellung des Vaters und der Mutter ist in dem Verhältnisse zu den Kindern eine verschiedene. Es sind dies Konsequenzen des betreffenden Rechtsverhältnisses, nicht einer verminderten Rechtsfähigkeit.

Von der Rechtsfähigkeit zu unterscheiden ist die Geschäftsfähigkeit, d. h. die Fähigkeit, durch eigene Handlungen Rechte und Rechtspflichten zu begründen. Der Geschäftsunfähige kann alle Rechte und Rechtspflichten haben; er kann die Rechte auch erwerben, die Rechtspflichten übernehmen, aber er kann dies nur durch seinen gesetzlichen Vertreter, nicht durch eigene Handlungen. Hieraus folgt, daß der Geschäftsunfähige überhaupt nicht im Stande ist, solche Rechtsverhältnisse einzugehen, zu deren Begründung das persönliche Handeln der betreffenden Person erforderlich ist. So kann z. B. die Ehe von den Verlobten nur in Person geschlossen werden (§ 1317), ein Testament von dem Erblasser nur persönlich errichtet (§ 2064), ein auf Eingehung der allgemeinen Gütergemeinschaft gerichteter Ehevertrag nicht durch einen Stellvertreter geschlossen werden (§ 1437). In allen Fällen dieser Art handelt es sich aber doch nur um Konsequenzen der Geschäftsunfähigkeit, nicht um eine verminderte Rechtsfähigkeit.

3. Das Prinzip der Rechtsgleichheit aller Menschen wird von dem B.G.B. nicht nur in Beziehung auf die Rechtsfähigkeit, sondern auch in allen anderen Beziehungen festgehalten. Die ausnahmslose Durchführung dieses Prinzips würde aber zu Ungerechtigkeiten, die formale Gleichheit zu materieller Ungleichheit führen. Die Berücksichtigung der natürlichen Verschiedenheit der Menschen ist eine Forderung der Gerechtigkeit. Die Altersunterschiede werden in den Vorschriften über Kinder unter sieben Jahren und Minderjährige, der Unterschied der geistigen Fähigkeit in den Vorschriften über die Geschäftsunfähigkeit der Geisteskranken und die Entmündigung berücksichtigt u. dgl. m. Ohne Einfluß sind der Stand und das religiöse Bekenntniß. Das Geschlecht begründet nur insofern eine verschiedene Behandlung, als dies durch die Natur des betreffenden Rechtsverhältnisses, z. B. der Ehe und der elterlichen Gewalt, geboten ist. Zwitter kennt das B.G.B nicht, indem es davon ausgeht, daß zwar Mißbildungen vorkommen können, daß aber trotzdem jeder Mensch nur einem Geschlechte angehören kann. Als Modifikation des Prinzips der Rechtsgleichheit können nicht betrachtet werden diejenigen Vorschriften, welche für die in einem bestimmten Rechtsverhältnisse stehenden Personen besondere, mit diesem Rechtsverhältniß in Verbindung stehende Bestimmungen geben. Dahin gehören die Vorschriften der Gewerbeordnung für gewerbliche Arbeiter, die nach dem E.G. Art. 95 zulässigen landesgesetzlichen Bestimmungen für Gesinde ꝛc. Auch die Vorschriften über Militärpersonen und Beamte sind dahin zu rechnen. Eine Ausnahme von dem Prinzipe der Rechtsgleichheit enthalten dagegen die Vorschriften der Art. 57, 58 des E.G. über die Rechtsstellung der Landesherren, der Mitglieder der landesherrlichen Familien und der Häuser, welche vormals reichsständisch gewesen, und des vormaligen Reichsadels.

4. Aus der Persönlichkeit werden neben der Rechtsfähigkeit noch die sog. Individualrechte, das Recht auf Leben, Körper, Gesundheit, Freiheit und Ehre, auch wohl das Recht auf den Namen und das Recht auf die geistigen Erzeugnisse abgeleitet. Ueber das Recht auf den Namen s. § 12. Das Recht auf die geistigen Erzeugnisse wird in dem B.G.B. nicht erwähnt; sein Schutz bleibt den besonderen Reichsgesetzen über das Urheberrecht an Schriftwerken ꝛc. überlassen (s. S. 47 unter VI). Die bestrittene Frage, ob es ein besonderes Recht auf Leben, Körper, Gesundheit, Freiheit, Ehre giebt oder ob es sich hierbei nur um rechtlich zu schützende Güter handelt, entscheidet das B.G.B. nicht ausdrücklich. Der § 704 Abs. 2 des E. I bestimmte, daß, wer aus Vorsatz oder Fahrlässigkeit durch eine widerrechtliche Handlung das Recht eines Anderen verletze, zum Schadensersatze verpflichtet sei, und fügte dann hinzu: „Als Verletzung eines Rechtes im Sinne der vorstehenden Vorschrift ist auch die Verletzung des Lebens, des Körpers, der Gesundheit, der Freiheit und der Ehre anzusehen.“ In den M. II S. 728 wird dieser Zusatz dadurch begründet, daß mit Grund bezweifelt werden könne, ob die in dem Zusatz angeführten Güter subjektive Rechte seien. Im E. II § 746 wurde der Begriff der unerlaubten Handlung dahin bestimmt: „Wer vorsätzlich oder fahrlässig ein Recht eines Anderen

§. 1.

Die Rechtsfähigkeit des Menschen beginnt mit der Vollendung der Geburt.

---

widerrechtlich verletzt oder wer gegen ein den Schutz eines Anderen bezweckendes Gesetz verstößt, ist dem Anderen zum Ersatze des dadurch verursachten Schadens verpflichtet". Der letzte Satz des § 704 des E. I wurde gestrichen. Später erhoben sich gegen diese Streichung Bedenken, die sich auf den nach dem Obigen schon in den Motiven des E. I hervorgehobenen Zweifel gründeten, ob das Leben, der Körper ꝛc. als Rechte betrachtet werden könnten. Das Leben, der Körper und die Gesundheit würden zwar genügend dadurch geschützt werden, daß es sich bei deren Verletzung immer auch um die Verletzung eines den Schutz eines Anderen bezweckenden Gesetzes handle; die fahrlässige Verletzung der Freiheit sei aber im Strafgesetzbuche nicht mit Strafe bedroht; es fehle also in dieser Beziehung an einem den Schutz eines Anderen bezweckenden Gesetze. Mit Rücksicht auf diese Bedenken wurde die jetzige Fassung des § 823 beschlossen. Das Leben, der Körper, die Gesundheit und Freiheit sind in dem § 823 nicht als Rechte bezeichnet und stehen dadurch im Gegensatze zu den folgenden Worten: „das Eigenthum oder ein sonstiges Recht"; die Ehre ist ganz weggelassen. Nach dieser Fassung und nach der Entstehungsgeschichte derselben wird man nicht annehmen können, daß das B.G.B. ein besonderes subjektives Recht auf Leben, Körper, Gesundheit, Freiheit und Ehre hat anerkennen wollen. Die erstgedachten vier Güter werden nach § 823 Abs. 1 dadurch geschützt, daß jede vorsätzliche oder fahrlässige widerrechtliche Verletzung eines solchen Gutes eine zum Schadensersatze verpflichtende unerlaubte Handlung ist. Die Ehre wird, nach § 823 Abs. 2, insoweit geschützt, als in ihrer Verletzung die Verletzung eines den Schutz eines Anderen bezweckenden Gesetzes liegt. Dies ist der Fall, soweit die Verletzung der Ehre gegen die strafrechtlichen Bestimmungen über Beleidigung und Verläumdung verstößt. Eine fahrlässige Verletzung der Ehre verpflichtet dagegen, abgesehen von den besonderen Vorschriften der §§ 824, 825, nicht zum Schadensersatze wegen unerlaubter Handlungen. Praktisch ist übrigens die Frage, ob das Leben, der Körper ꝛc. als besondere Rechte zu behandeln sind, nur von geringer Bedeutung. Das praktische Ergebniß ist, je nachdem man die Frage bejaht oder verneint, abgesehen von der fahrlässigen Verletzung der Ehre, nur insofern ein verschiedenes, als im Falle der Bejahung aus dem Begriffe des subjektiven absoluten Rechtes zu folgern sein wird, daß auch durch eine, weder auf Vorsatz noch auf Fahrlässigkeit beruhende, lediglich objektive Verletzung ein Anspruch auf Beseitigung der Beeinträchtigung begründet wird, während ein solcher Anspruch bei Verneinung der Frage sich nicht begründen lassen dürfte. Ein Anspruch dieser Art wird aber, nach der Natur der hier fraglichen Güter, nur höchst selten in Frage kommen können.

§ 1.

E. I § 3; II § 1 rev. §. 1; III § 1. P. I S. 19—21; M. I S. 28 ff. P. II S. 17, 18, 8331, 8332 (Bd. I S. 4). K.B. S. 1936.

1. In dem Grundsatze, daß der Mensch rechtsfähig ist, liegt schon ausgesprochen, daß die Rechtsfähigkeit erst eintreten kann, wenn ein lebender Mensch vorhanden ist. Der § 1 bestimmt, daß ein lebender Mensch vorhanden ist mit der Vollendung seiner Geburt. Vor diesem Zeitpunkt ist er kein selbständiges Wesen, sondern Theil der Mutter. Wann die Geburt vollendet ist, entscheidet nicht das Gesetz, sondern die medizinische Wissenschaft. Die Trennung der Nabelschnur wird nicht für erforderlich erachtet. Besondere Zeichen des Lebens, z. B. Beschreien der Wände, sind nicht erforderlich. Es genügt, daß feststeht, daß der Mensch nach Vollendung der Geburt gelebt hat.

2. Jeder lebend geborene Mensch ist rechtsfähig. Die Möglichkeit der Geburt eines monstrum erkennt das B.G.B. nicht an. Nicht erforderlich ist Lebensfähigkeit. Mag das Leben auch noch so kurze Zeit gedauert haben und mag auch von der medizinischen Wissenschaft festgestellt sein, daß ein längeres Leben unmöglich gewesen sei, so wird hierdurch die Rechtsfähiigkeit nicht berührt. Ein rechtsfähiger Mensch ist vorhanden gewesen, und damit sind alle Folgen, welche sich hieran knüpfen, insbesondere auf erbrechtlichem Gebiet, eingetreten.

3. Obwohl die Leibesfrucht noch kein Mensch und deshalb noch nicht rechtsfähig ist, so wird doch für den Schutz derselben, und zwar nicht durch das Strafrecht, sondern auch zivilrechtlich gesorgt. Das B.G.B erkennt zwar den Grundsatz nasciturus pro jam nato habetur nicht allgemein an, aber in wichtigen Beziehungen wird auf die Möglichkeit, daß ein Mensch geboren werden kann, Rücksicht genommen. So bestimmt z. B. der § 1923 Abs. 2: „Wer zur Zeit des Erbfalls noch nicht lebte, aber bereits erzeugt war, gilt als vor dem Erbfalle geboren." S. auch die §§ 844, Abs. 2 Satz 2, 2043 Abs. 1, 2108, 2178. Nach § 1912 kann eine Leibesfrucht einen Pfleger erhalten zur Wahrung ihrer künftigen Rechte. Das Nähere hierüber bei den betreffenden Vorschriften.

§. 2.

Die Volljährigkeit tritt mit der Vollendung des einundzwanzigsten Lebensjahrs ein.

§. 3.

Ein Minderjähriger, der das achtzehnte Lebensjahr vollendet hat, kann durch Beschluß des Vormundschaftsgerichts für volljährig erklärt werden.

Durch die Volljährigkeitserklärung erlangt der Minderjährige die rechtliche Stellung eines Volljährigen.

---

4. Die Rechtsfähigkeit hört auf mit dem Tode. In dem § 3 des E. I war dies ausdrücklich ausgesprochen; im B.G.B. ist es als selbstverständlich weggelassen. Der Todte hat weder Rechte noch Pflichten.

5. So weit Rechtsverhältnisse davon abhängen, daß ein Mensch gelebt oder zu einer bestimmten Zeit gelebt habe oder daß und wann er gestorben sei, muß das Eine oder das Andere von demjenigen bewiesen werden, welchem nach allgemeinen Grundsätzen die Beweislast obliegt. Regelmäßig muß also derjenige, welcher sich auf das Leben beruft, das Leben, wer sich auf den Tod beruft, den Tod beweisen. Steht fest, daß ein Recht entstanden ist, das mit dem Tode des Berechtigten erlischt, so hat derjenige, welcher sich auf die Beendigung des Rechtes beruft, den Tod zu beweisen. Nach dem Personenstandsgesetze v. 6. Februar 1875 § 15 beweisen die ordnungsmäßig geführten Standesregister (§§ 12—14) diejenigen Thatsachen, zu deren Beurkundung sie bestimmt und welche in ihnen eingetragen sind; jedoch ist Gegenbeweis zulässig. Durch diese Vorschrift wird der Beweis für die in Deutschland vorgekommenen Geburten und Todesfälle wesentlich erleichtert. Nach § 22 des gedachten Gesetzes soll bei Zwillings- oder Mehrgeburten die Eintragung für jedes Kind besonders und so genau erfolgen, daß die Zeitfolge der verschiedenen Geburten ersichtlich ist. Hierdurch wird für Zwillings- und Mehrgeburten, über die das B.G.B. keine besonderen Vorschriften enthält, der sonst oft sehr schwierige Beweis der Erstgeburt erleichtert.

Die in dem § 4 des E. I für den Anfall einer Erbschaft aufgestellte, sich an das gemeine Recht anschließende Vermuthung, nach welcher, je nachdem das siebzigste Lebensjahr vollendet oder noch nicht vollendet, Tod oder Leben anzunehmen ist, wurde gestrichen, weil sie mit den in der zweiten Lesung beschlossenen Vorschriften über die Wirkung der Todeserklärung und der in dem § 19 aufgestellten, auf andere Thatsachen abstellenden Lebensvermuthung nicht mehr vereinbar war, übrigens auch abgesehen davon für bedenklich gehalten wurde. (P. II S. 53, 54.)

§ 2.

E. I § 25; II § 11 rev. § 2; III § 2. P. I S. 45; M. I S. 52, 53. P. II S. 101—108. (Bd. I S. 45—49).

1. Nach dem B.G.B. sind zwei Altersstufen für die Geschäftsfähigkeit von Bedeutung, die Vollendung des siebenten und die Vollendung des einundzwanzigsten Lebensjahrs. Kinder unter sieben Jahren sind nach § 104 geschäftsunfähig, Minderjährige, d. h. solche Personen, welche das einundzwanzigste Lebensjahr noch nicht vollendet haben, nach Maßgabe der §§ 106 ff. in der Geschäftsfähigkeit beschränkt. Für Personen unter sieben Jahren hat das B.G.B., abweichend von dem E. I, welcher sie als Personen im Kindesalter bezeichnete, keinen technischen Ausdruck und ist deshalb die Erwähnung dieser Altersstufe in § 2 unterblieben. Volljährigkeit und Minderjährigkeit sind dagegen technische Ausdrücke. Der Minderjährige steht unter elterlicher Gewalt (§ 1626) bez. unter Vormundschaft (§ 1773). Die Ehemündigkeit der Männer beginnt erst mit der Volljährigkeit (§ 1303). Das B.G.B. kennt noch verschiedene andere rechtlich bedeutungsvolle Altersstufen, so das sechzehnte Lebensjahr für die Ehemündigkeit der Frauen (§ 1303) und die Fähigkeit, ein Testament zu errichten (§ 2229), das achtzehnte Lebensjahr für die Zulässigkeit der Volljährigkeitserklärung (§ 3), das fünfzigste Lebensjahr für die Fähigkeit, an Kindesstatt anzunehmen (§ 1744).

2. Ueber die Berechnung des einundzwanzigsten Lebensjahrs entscheidet der § 187. Nach Abs. 2 Satz 2 dieses Paragraphen wird der Tag der Geburt mitgerechnet und ist das einundzwanzigste Lebensjahr also vollendet mit dem Ablaufe des letzten Tages dieses Jahres. Mit Anbruch des Geburtstags ist also die Volljährigkeit eingetreten.

§ 3.

E. I §§ 26, 27 Abs. 1 Satz 1, Abs. 2 Satz 1; II §§ 12, 13 Abs. 1 Satz 1 rev. § 3; III § 3. P. I S. 45—48; M. I S. 53 ff. P. II S. 108—113, 8811. (Bd. I S. 49—52.)

1. Durch die Möglichkeit der Volljährigkeitserklärung wird den Bedenken Rechnung getragen, die mit der immer mehr oder weniger willkürlichen Vorschrift eines bestimmten Alters

§. 4.

Die Volljährigkeitserklärung ist nur zulässig, wenn der Minderjährige seine Einwilligung ertheilt.

Steht der Minderjährige unter elterlicher Gewalt, so ist auch die Einwilligung des Gewalthabers erforderlich, es sei denn, daß diesem weder die Sorge für die Person noch die Sorge für das Vermögen des Kindes zusteht. Für eine minderjährige Wittwe ist die Einwilligung des Gewalthabers nicht erforderlich.

---

als Voraussetzung der vollen Geschäftsfähigkeit verbunden sind. Ist die erforderliche geistige Reife schon vor der Vollendung des einundzwanzigsten Lebensjahrs vorhanden und ist nach den Umständen die Erlangung der vollen Geschäftsfähigkeit für den Minderjährigen wünschenswerth, so kann dies durch die Volljährigkeitserklärung erreicht werden. Sie hat die Wirkung, daß der für volljährig Erklärte in jeder Beziehung gesetzlich als volljährig gilt. Wo das B.G.B. von Volljährigen spricht, begreift es darunter auch die für volljährig Erklärten, wo es von Minderjährigen spricht, begreift es darunter die für volljährig Erklärten nicht mit. Dies gilt aber nur für die gesetzlichen Vorschriften. Wenn in Rechtsgeschäften auf Volljährigkeit oder Minderjährigkeit abgestellt wird, so ist es eine Frage der Auslegung, ob auch der für volljährig Erklärte im Sinne dieses Rechtsgeschäfts als volljährig anzusehen ist. Eine gesetzliche Regel läßt sich darüber nicht geben.

2. Erfordernisse der Volljährigkeitserklärung sind:
a) die Vollendung des achtzehnten Lebensjahrs (§ 3),
b) die Einwilligung des Minderjährigen (§ 4),
c) falls der Minderjährige unter elterlicher Gewalt steht, die Einwilligung des Gewalthabers, nach näherer Vorschrift des § 4.

Sind diese Voraussetzungen *nicht* vorhanden, so *kann* die Volljährigkeitserklärung nicht erfolgen. Ueber die Vorschriften, die sonst noch befolgt werden *sollen* s. § 5.

3. Zuständig für die Volljährigkeitserklärung ist das Vormundschaftsgericht. Nach § 35 des freiw. G.G. sind für die Verrichtungen des Vormundschaftsgerichts die Amtsgerichte zuständig. Nach dem E.G. Art. 147 können die Verrichtungen des Vormundschaftsgerichts durch Landesgesetz anderen Behörden übertragen werden.

4. Nach § 56 Abs. 1 des freiw. G.-G. soll die Volljährigkeitserklärung nur auf Antrag des Minderjährigen oder desjenigen gesetzlichen Vertreters des Minderjährigen erfolgen, welchem die Sorge für die Person zusteht. Sie tritt erst mit der Rechtskraft in Wirksamkeit. Ueber die Beschwerde gegen Entscheidungen des Vormundschaftsgerichts s. die §§ 20, 22, 60 Nr. 6 des freiw. G.G. Besondere Vorschriften für den Fall, daß für die Volljährigkeitserklärung nach Landesgesetz (s. E.G. Art. 147) die Centralstelle des Bundesstaats zuständig ist, enthält § 196 des freiw. G.G.

5. Auf einem anderen Wege als durch Volljährigkeitserklärung kann ein Minderjähriger die rechtliche Stellung eines Volljährigen nicht erlangen. Insbesondere gilt der Satz „Heirath macht mündig" nach dem B.G.B. nicht.

§ 4.

E. I § 27; II § 13 Abs. 1 rev. § 4; III § 4. P. I S. 46—48, 8855—8858; M. I S. 55 ff. P. II S. 108—112, 114 (Bd. I S. 49—52).

1. Die *Einwilligung* zu der Volljährigkeitserklärung muß von dem *Minderjährigen selbst* ertheilt werden; dieser ist insoweit unbeschränkt geschäftsfähig; der gesetzliche Vertreter des Minderjährigen ist nicht berechtigt, in dessen Namen die Einwilligung zu ertheilen. Die Einwilligung des Minderjährigen fällt nicht unter die Vorschriften der §§ 182, 183. Eine Vorschrift darüber, in welcher Art und gegenüber wem die Einwilligung zu erklären ist, besteht nicht; es genügt also, daß sich das Vormundschaftsgericht von ihrem Vorhandensein überzeugt.

2. Steht der Minderjährige unter Vormundschaft, so ist die Einwilligung des *Vormundes* nicht erforderlich. Ueber Anhörung des Vormundes s. Erl. zu § 5. Steht das Kind unter elterlicher Gewalt, so ist regelmäßig die *Einwilligung des Gewalthabers* erforderlich. Die elterliche Gewalt ist zwar nach dem B.G.B. im Wesentlichen eine den Eltern im Interesse des Kindes eingeräumte Schutzgewalt, aber sie steht ihnen doch kraft eigenen Rechtes zu. Die Eltern haben als Inhaber der elterlichen Gewalt sowohl dem Kinde wie dem Vormundschaftsgerichte gegenüber eine weit selbständigere Stellung als der Vormund. Diese Stellung rechtfertigt sich durch das natürliche Verhältniß zwischen Eltern und Kind, auf welchem die

elterliche Gewalt beruht, und durch die Rücksicht auf die im Interesse der Familie wie im öffentlichen Interesse dringend wünschenswerthe Erhaltung der elterlichen Autorität. Auf denselben Gründen beruht die Vorschrift, daß zu der Volljährigkeitserklärung, durch welche die elterliche Gewalt aufhört, die Einwilligung des Gewalthabers erforderlich ist. Es wird darauf vertraut, daß der Gewalthaber, welchem das Gesetz die Entscheidung in allen die Person und das Vermögen des Kindes betreffenden Angelegenheiten in der Erwartung einräumt, daß er das Interesse des Kindes am besten erkennen und wahrnehmen werde, sich auch bei der Entscheidung über die Einwilligung zu der Volljährigkeitserklärung durch die Rücksicht auf das Interesse des Kindes leiten lasse. Die Voraussetzung dieses Vertrauens fällt aber weg, wenn die elterliche Gewalt auf Grund der für sie maßgebenden Vorschriften in solcher Weise beschränkt ist, daß dem Gewalthaber weder die Sorge für die Person noch für das Vermögen des Kindes zusteht. Hat er in diesen Angelegenheiten nicht mehr die entscheidende Stimme, beschränkt sich sein Recht vielmehr im Wesentlichen auf die elterliche Nutznießung, so kann ihm die für das Wohl und Wehe des Kindes so wichtige Entscheidung über die Volljährigkeitserklärung nicht mehr anvertraut werden. Auf diesem Gesichtspunkte beruht die der Regel des Abs. 2 hinzugefügte Ausnahme.

3. Die elterliche Gewalt steht dem Vater, wenn dieser aber gestorben oder für todt erklärt ist oder die elterliche Gewalt verwirkt hat, der Mutter zu. (§§ 1627, 1684.) Gewalthaber im Sinne des § 4 sind der Vater bez. die Mutter auch dann noch, wenn ihre elterliche Gewalt ruht. (§§ 1676, 1677, 1686, 1696.) Es ergiebt sich dies daraus, daß das Ruhen der elterlichen Gewalt nicht eine Aufhebung derselben, sondern nur eine Behinderung der Ausübung zur Folge hat und daß die elterliche Nutznießung, welche ein Ausfluß der elterlichen Gewalt ist (§ 1649), durch das Ruhen der letzteren nicht berührt wird. (§ 1678.) Gewalthaber im Sinne des § 4 ist aber, wenn die elterliche Gewalt des Vaters ruht, auch die Mutter, wenn ihr auf Grund des § 1685 die Ausübung der elterlichen Gewalt zusteht. In diesem Falle sind also zwei Gewalthaber vorhanden, der Vater, welchem die elterliche Gewalt zusteht, der aber an der Ausübung, mit Ausnahme der elterlichen Nutznießung, behindert ist, und die Mutter, welche die elterliche Gewalt, mit Ausnahme der elterlichen Nutznießung, auszuüben hat. Im Falle des § 1685 Abs. 2 steht auch die elterliche Nutznießung der Mutter zu. Nur die Einwilligung der Mutter, nicht die des Vaters, ist in diesen Fällen zu der Volljährigkeitserklärung erforderlich; denn für den Vater greift hier die Ausnahmevorschrift Platz, daß die Genehmigung des Gewalthabers nicht erforderlich ist, wenn ihm weder die Sorge für die Person noch für das Vermögen des Kindes zusteht. Diese Sorge steht dem Vater, dessen elterliche Gewalt ruht, nicht zu. (§ 1678.)

Zweifelhaft kann sein, wie das Verhältniß im Falle des § 1676 Abs. 2 zu beurtheilen ist. Nach dieser Vorschrift steht dem Vater, wenn seine Gewalt ruht, weil er in der Geschäftsfähigkeit beschränkt ist oder weil er nach § 1910 Abs. 1 einen Pfleger für seine Person und sein Vermögen erhalten hat, die Sorge für die Person des Kindes neben dem gesetzlichen Vertreter zu; zur Vertretung des Kindes ist er indessen nicht berechtigt, und bei einer Meinungsverschiedenheit zwischen dem Vater und dem gesetzlichen Vertreter geht die Meinung des gesetzlichen Vertreters vor. Da dem Vater hiernach die Sorge für die Person des Kindes noch in einem gewissen Umfange zusteht, so scheint nach dem Wortlaut des § 4 der dort bestimmte Ausnahmefall nicht vorzuliegen. Die Vorschrift des § 4, daß dem Gewalthaber „weder die Sorge für die Person noch die Sorge für das Vermögen des Kindes zusteht“ wird indessen dahin zu verstehen sein, daß dem Gewalthaber die ihm als solchem zustehende Sorge, kraft deren er in den betreffenden Angelegenheiten zur Entscheidung berechtigt ist, nicht zusteht. Diese Sorge steht dem Vater nach § 1676 Abs. 2 nicht zu, weil bei Meinungsverschiedenheiten zwischen ihm und dem gesetzlichen Vertreter die Meinung des letzteren entscheidet. Er hat nur dasselbe Recht, das auch der Mutter, welcher die elterliche Gewalt nicht zusteht, nach § 1634 neben dem Vater und nach § 1698 neben dem Vormund oder Pfleger zusteht. Dazu kommt, daß die Gründe, welche dazu geführt haben, die Zustimmung des Gewalthabers zu der Volljährigkeitserklärung zu erfordern, in den Fällen des § 1676 Abs. 2 nicht zutreffen. Die Beschränkung der Geschäftsfähigkeit des Vaters kann, da minderjährige Männer nicht ehemündig sind, nur darauf beruhen, daß er wegen Geistesschwäche oder wegen Verschwendung oder wegen Trunksucht entmündigt ist. Einem aus diesen Gründen entmündigten Vater das Recht einzuräumen, die im Interesse des Kindes liegende Volljährigkeitserklärung zu verhindern, ihm dieses Recht selbst dann zu geben, wenn die zur Ausübung der elterlichen Gewalt befugte Mutter, welcher nicht nur die Vertretung des Kindes, sondern auch in allen die thatsächliche Sorge für die Person des Kindes betreffenden Angelegenheiten die entscheidende Stimme zusteht, mit der Volljährigkeitserklärung einverstanden ist, würde dem Grunde und Zwecke des fraglichen Rechtes nicht entsprechen. Dasselbe gilt, wenn der Vater nach § 1910 Abs. 1 einen Pfleger für seine Person und sein Vermögen deshalb erhalten hat, weil er wegen körperlicher Gebrechen seine Angelegenheiten nicht zu besorgen vermag. Kann er seine eigenen Angelegenheiten nicht besorgen, so kann ihm auch die Entscheidung über die Angelegenheiten des Kindes nicht anvertraut werden.

Ruht die elterliche Gewalt der Mutter wegen Minderjährigkeit derselben, so liegt die Sache insofern etwas anders, als in solchem Falle nach § 1696 der Mutter in Betreff der thatsächlichen Sorge für die Person des Kindes die entscheidende Stimme zusteht und der Vormund nur die Stellung eines Beistandes hat. Auf die Frage, ob auch hier der Ausnahmefall des § 4 Abs. 2 anzunehmen ist, braucht nicht weiter eingegangen zu werden, weil eine minderjährige Mutter nicht in die Lage kommen kann, die Einwilligung zu der Volljährigkeitserklärung eines Kindes zu ertheilen, indem diese erst nach vollendetem achtzehnten Lebensjahre des Kindes zulässig ist.

Zweifelhaft ist, ob auch dann nur die Einwilligung der Mutter zu der Volljährigkeitserklärung erforderlich ist, wenn diese die elterliche Gewalt nicht deshalb, weil die elterliche Gewalt des Vaters ruht, sondern nur deshalb auszuüben hat, weil der Vater thatsächlich an der Ausübung verhindert ist. Die Vorschrift, daß die Mutter auch in diesem Falle die elterliche Gewalt auszuüben hat (§ 1685), beruht auf einem von dem Reichstag angenommenen Antrage der Reichstagskommission. (K.B. S. 2074, 2083.) Bei der Berathung ist nicht daran gedacht worden, ob und welchen Einfluß diese Aenderung auf den § 4 habe. Nach dessen Wortlaut ist in dem gedachten Falle die Einwilligung des Vaters zu der Volljährigkeitserklärung erforderlich, denn er ist ja nur thatsächlich an der Ausübung der elterlichen Gewalt verhindert, rechtlich aber noch Gewalthaber, und steht ihm rechtlich die Sorge für die Person wie für das Vermögen des Kindes zu. Für eine dem Wortlaut entsprechende Auslegung läßt sich noch folgendes anführen: Nach dem E. III § 1641 sollte das Vormundschaftsgericht bei vorübergehender thatsächlicher Behinderung des Vaters, sofern das Bedürfniß es erfordert, einen Pfleger für das Kind bestellen. Durch eine solche Bestellung wurde das Recht des Vaters in Betreff der Volljährigkeitserklärung des Kindes nicht berührt. Die Annahme liegt nahe, daß hieran dadurch nichts hat geändert werden sollen, daß an die Stelle des Pflegers kraft des Gesetzes die Mutter tritt. Dafür spricht auch, daß es sich bei der Einwilligung zu der Volljährigkeitserklärung nicht um eine Vertretung des Kindes, sondern um die Aufhebung der elterlichen Gewalt handelt und daß es auffallend erscheint, wenn das dem Vater eingeräumte Recht der Einwilligung dadurch wegfällt, daß er vorübergehend thatsächlich an der Ausübung verhindert ist. Andererseits ist indessen zu erwägen, daß bei dauernder Verhinderung des Vaters, wenn diese Verhinderung durch das Vormundschaftsgericht festgestellt wird, die elterliche Gewalt des Vaters ruht (§ 1677), daß in diesem Falle die Mutter die elterliche Gewalt auszuüben hat und nur ihre Einwilligung zu der Volljährigkeitserklärung erforderlich ist. Die Absicht der fraglichen Aenderung ging dahin, der Mutter bei vorübergehender thatsächlicher Verhinderung des Vaters dieselbe rechtliche Stellung einzuräumen wie im Falle des Ruhens der elterlichen Gewalt des Vaters. Die Mutter ist in diesem Falle Gewalthaber, und es steht ihr die Sorge für die Person und das Vermögen des Kindes zu. Ihre Einwilligung ist daher nach § 4 zu der Volljährigkeitserklärung jedenfalls erforderlich. Man wird sie aber auch für genügend erachten müssen, weil es sich dabei nicht um die Verfügung über das Recht der elterlichen Gewalt, sondern um die Einwilligung zu einer das Interesse des Kindes betreffenden Maßregel handelt, die deshalb in die Hand des Gewalthabers gelegt ist, weil ihm die Sorge für die Person und das Vermögen des Kindes zusteht. Wollte man in dem fraglichen Falle die Einwilligung des Vaters fordern, so würde die Einwilligung der Mutter jede Bedeutung verlieren und die Volljährigkeitserklärung überhaupt nicht erfolgen können, weil ja vorausgesetzt wird, daß der Vater an der Ausübung der elterlichen Gewalt, also auch an der Ertheilung der Einwilligung thatsächlich verhindert ist. Die Gründe dürften es rechtfertigen, den Wortlaut des § 4 als ungenau zu behandeln und ihn in demjenigen Sinne auszulegen, welcher sich aus der Berücksichtigung des § 1685 ergiebt.

Eine weitere zweifelhafte Frage ist die, ob die Einwilligung des Vaters zu der Volljährigkeitserklärung auch dann erforderlich ist, wenn seine Gewalt lediglich auf die Vertretung des Kindes in den die Person betreffenden Angelegenheiten und auf die elterliche Nutznießung beschränkt ist, während ihm im Uebrigen weder die Sorge für die Person noch für das Vermögen des Kindes zusteht. Ein solches Verhältniß kann eintreten, wenn das Recht der Sorge für die Person des Kindes nach den §§ 1633, 1635 auf die Vertretung beschränkt ist und der Gewalthaber auf Grund des § 1647 oder 1670 die Vermögensverwaltung verloren hat. In Fällen dieser Art dürfte indessen eine von dem Wortlaute des § 4 abweichende Auslegung nicht gerechtfertigt sein, weil daß dem Vater verbliebene Recht der Vertretung des Kindes in den die Person betreffenden Angelegenheiten nicht nur formell, sondern auch materiell ein wesentlicher Theil des Rechtes der Sorge für die Person des Kindes ist.

Außer in den bisher erörterten Fällen findet die Vorschrift, daß die Einwilligung des Gewalthabers zu der Volljährigkeitserklärung nicht erforderlich ist, wenn ihm weder die Sorge für die Person noch die Sorge für das Vermögen des Kindes zusteht, auch dann Anwendung

§. 5.

Die Volljährigkeitserklärung soll nur erfolgen, wenn sie das Beste des Minderjährigen befördert.

§. 6.

Entmündigt kann werden:

1. wer in Folge von Geisteskrankheit oder von Geistesschwäche seine Angelegenheiten nicht zu besorgen vermag;
2. wer durch Verschwendung sich oder seine Familie der Gefahr des Nothstandes aussetzt;
3. wer in Folge von Trunksucht seine Angelegenheiten nicht zu besorgen vermag oder sich oder seine Familie der Gefahr des Nothstandes aussetzt oder die Sicherheit Anderer gefährdet.

Die Entmündigung ist wiederaufzuheben, wenn der Grund der Entmündigung wegfällt.

---

wenn dem Gewalthaber auf Grund des § 1666 das Recht der Sorge für die Person des Kindes von dem Vormundschaftsgericht entzogen ist und er zugleich die Vermögensverwaltung auf Grund des § 1647 oder 1670 verloren hat.

4. Bei der Vorschrift des § 4 Abs. 2 ist der Gesichtspunkt maßgebend gewesen, daß durch die Heirath der Tochter das Band zwischen ihr und dem Gewalthaber gelockert wird und die Gefahr nahe liegt, daß der Gewalthaber, wenn die minderjährige Tochter Wittwe geworden ist, die Einwilligung zu der im Interesse der Tochter dringend wünschenswerthen Volljährigkeitserklärung aus egoistischen Gründen verweigern könnte.

§ 5.

E. I § 27; II § 13 Abs. 2 rev. § 5; III § 5. P. I S. 46—48, 8855—8858; M. I S. 55 ff. P. II S. 112, 113 (Bd. I S. 31—34).

Durch die scheinbar selbstverständliche Vorschrift des § 5 soll dem Vormundschaftsgerichte, dessen Ermessen nach der Fassung des § 3 (kann für volljährig erklärt) entscheiden würde, eine Direktive dahin gegeben werden, daß das Interesse des Minderjährigen nicht etwa das Interesse dritter Personen, maßgebend sein soll. Die Vorschrift des E. I, nach welcher Verwandte und Verschwägerte des Minderjährigen, vor der Volljährigkeitserklärung gehört werden sollen, ist durch die allgemeine Vorschrift des § 1847 gedeckt.

§ 6.

E. I §§ 28, 29, 1739; II § 14 rev. § 6; III § 6. P. I S. 48—50, 11615, 11616; M. I S. 60 ff. P. II S. 69—75, 6499—6512, 8341, 8351, 8355 (Bd. I S. 31—34, Bd. IV S. 839—848). D. S. 606. K.B. S. 1936. St.B. S. 2729—2735.

1. Der § 6 zählt die Fälle auf, in denen die Entmündigung zulässig ist. Die Wirkung der Entmündigung wird in den §§ 104 Nr. 3, 114 (s. ferner die §§ 1418 Nr. 3, 1425, 1428, 1468 Nr. 4, 1495 Nr. 4, 1542, 1547, 1896, 1906—1908, 2229, 2230; E.G. Art. 155, 156) dahin bestimmt, daß der wegen Geisteskrankheit Entmündigte geschäftsunfähig, der aus einem anderen Grunde Entmündigte in der Geschäftsfähigkeit beschränkt ist.

2. Im E. I § 28 war als Voraussetzung der Entmündigung wegen Geisteskrankheit bestimmt, daß der zu Entmündigende des Vernunftgebrauchs beraubt sei. Mit Rücksicht auf die von der Kritik, insbesondere von den Irrenärzten erhobenen Einwendungen ist diese Fassung aufgegeben und von jeder Definition der Geisteskrankheit abgesehen. Was darunter zu verstehen ist, wird als bekannt vorausgesetzt; in jedem einzelnen Falle muß durch Sachverständige festgestellt werden, ob eine Geisteskrankheit vorliegt. Das Wort „Krankheit“ darf, wie sowohl von der ersten wie von der zweiten Kommission angenommen ist, nicht in dem engeren Sinne einer erst während des Lebens eingetretenen Störung der Gesundheit verstanden werden; vielmehr sind darunter auch solche Fälle mit begriffen, in denen der geistige Mangel angeboren ist.

3. Die Zulässigkeit der Entmündigung wegen Geistesschwäche ist von der zweiten Kommission neu hinzugefügt. Im E. I § 1739 war in Betreff der Geistesschwäche nur bestimmt, daß demjenigen, welcher durch seinen geistigen Zustand behindert sei, seine Vermögensangelegen-

heiten zu besorgen, ein Pfleger bestellt werden könne. Diese Pflegschaft hatte aber keine Beschränkung der Geschäftsfähigkeit zur Folge. Wegen bestimmter körperlicher Gebrechen konnte nach § 1727 der Gebrechliche des vormundschaftlichen Schutzes für bedürftig erklärt werden, und trat in diesem Falle eine Beschränkung der Geschäftsfähigkeit ein. In der Kritik wurde von vielen Seiten die Ansicht vertreten, daß den Geistesschwachen ein weitergehender Schutz zu Theil werden müsse, als nach § 1739 möglich sei, und wurde zu diesem Zwecke die Ausdehnung des § 1727 auf Geistesschwäche empfohlen. Bei der Berathung der zweiten Kommission wurde das Bedürfniß eines weitergehenden Schutzes für Geistesschwache anerkannt, aber Bedenken getragen, diesen Schutz durch Erweiterung des § 1727 zu gewähren. Das Bedenken hatte darin seinen Grund, daß die im Falle des § 1727 eintretende Beschränkung der Geschäftsfähigkeit einen so tiefen Eingriff in die Rechtsstellung des davon Betroffenen enthalte, daß das gewöhnliche Verfahren vor dem Vormundschaftsgerichte nicht die genügenden Garantieen gegen die unrichtige Anwendung der bezüglichen Vorschriften biete. Deshalb wurde beschlossen, die Vorschriften über Entmündigung auf die Geistesschwäche auszudehnen. Durch die Nebeneinanderstellung von Geisteskrankheit und Geistesschwäche entsteht nun die Frage, wodurch sich beide unterscheiden, eine Frage, die deshalb von großer praktischer Bedeutung ist, weil die Entmündigung wegen Geisteskrankheit Geschäftsunfähigkeit, die Entmündigung wegen Geistesschwäche nur Beschränkung der Geschäftsfähigkeit zur Folge hat. In dem Grunde, auf welchem der in beiden Fällen vorhandene anomale Zustand beruht, kann die Unterscheidung nicht gesucht werden; denn der eine wie der andere Zustand kann sowohl angeboren sein als durch spätere Krankheit entstehen. In der Kommission war beantragt, im Anschluß an § 104 zu bestimmen, daß die Entmündigung wegen Geisteskrankheit zulässig sei, wenn dadurch die freie Willensbestimmung ausgeschlossen werde und der Kranke in Folge davon seine Angelegenheiten nicht zu besorgen vermöge (P. II S. 8341). Der Antrag wurde indessen abgelehnt. Für den Gesetzgeber — so wurde ausgeführt — komme es nicht darauf an, ob vom psychiatrischen Standpunkte die Geistesschwäche auch Geisteskrankheit sei. Der Gesetzgeber müsse damit rechnen, daß es Zustände der geistigen Unvollkommenheit gebe, die nach der gewöhnlichen Auffassung nicht unter den Begriff der Geisteskrankheit fielen, trotzdem aber dem Geistesschwachen die Besorgung seiner Angelegenheiten unmöglich machten. Der Unterschied, der im praktischen Leben zwischen Geisteskrankheit und Geistesschwäche gemacht werde, genüge, um ihn zum Gegenstande zweier verschiedener Entmündigungsfälle zu machen. Es bestehe kein Bedürfniß, den Gegensatz dadurch besonders scharf hervortreten zu lassen, daß man unter Geisteskrankheit nur solche Fälle subsumire, die nach § 104 schon von selbst die Geschäftsunfähigkeit begründeten.

Ob nach der Auffassung des Lebens, auf die in diesen Erwägungen verwiesen wird, so scharf zwischen Geisteskrankheit und Geistesschwäche unterschieden wird, daß dadurch ein brauchbarer Anhaltspunkt für die Anwendung des Gesetzes gewonnen wird, mag dahingestellt bleiben. Das Gesetz selbst dürfte indessen genügende Anhaltspunkte geben, um die Unbestimmtheit, welche die Auffassung des Lebens läßt, zu beseitigen. Entscheidend für die Unterscheidung kann nur der **Grad** der geistigen Anomalie sein, nicht der Grund und die Art desselben. Für die Bestimmung dieses Grades werden die Folgen mit in Betracht gezogen werden können, die sich an die Geisteskrankheit und die Geistesschwäche knüpfen. Die erstere hat volle Geschäftsunfähigkeit, die letztere nur Beschränkung der Geschäftsunfähigkeit zur Folge. Der Grad der geistigen Anomalie, welcher als Geisteskrankheit zu betrachten ist, muß also ein solcher sein, daß er dazu berechtigt, die volle Geschäftsunfähigkeit eintreten zu lassen. Diese tritt nach § 104 ein bei einem die freie Willensbestimmung ausschließenden Zustande krankhafter Störung der Geistesthätigkeit, sofern nicht der Zustand seiner Natur nach ein vorübergehender ist. In Fällen dieser Art wird man immer eine Geisteskrankheit im Sinne des § 6 anzunehmen haben, und es dürfte kaum ein Grund vorliegen, darüber hinaus noch in weniger schweren Fällen Geisteskrankheit anzunehmen. Dafür spricht, daß die ursprünglich allein bestehende Entmündigung wegen Geisteskrankheit lediglich den Zweck verfolgte, den geistigen Zustand zu konstatieren, der schon durch sich selbst die Geschäftsunfähigkeit zur Folge hatte. Hieran ist durch die Hinzufügung der Entmündigung wegen Geistesschwäche nichts geändert. Diese hat insofern einen anderen Charakter wie die Entmündigung wegen Geisteskrankheit, als durch sie nicht ein vorhandener Zustand beschränkter Geschäftsfähigkeit konstatirt, sondern ein solcher Zustand erst geschaffen wird. Wird in dieser Art der für die Unterscheidung zwischen Geisteskrankheit und Geistesschwäche maßgebende **Grad** der geistigen Anomalie bestimmt, so kommt man freilich im Wesentlichen auf den von der Kommission, nach der obigen Darstellung, abgelehnten Antrag zurück. Gegenüber dem aus dem Zusammenhange des Gesetzes zu entnehmenden Ergebnisse kann diese Ablehnung aber nicht entscheidend sein.

4. Weder die Geisteskrankheit noch die Geistesschwäche für sich allein genügt, um die Entmündigung zu begründen. Hinzu kommen muß, daß der geistig Gestörte in Folge der Geisteskrankheit oder der Geistesschwäche seine Angelegenheiten nicht zu besorgen vermag. Dies ist von praktischer Bedeutung besonders für die Entmündigung wegen Geistesschwäche, indem bei

dieser die Verhältnisse oft so liegen können, daß der Geistesschwache, weil seine Angelegenheiten sehr einfacher Art sind oder weil ihm seine Familie oder Freunde helfend zur Seite stehen, seine Angelegenheiten trotz seiner Geistesschwäche zu besorgen vermag.

5. Der Begriff der Verschwendung ist nicht definirt und bedarf einer solchen Definition nicht. Die E. I versuchte einen Anhaltspunkt dadurch zu geben, daß er auf verschwenderische Lebensweise oder verschwenderische Geschäftsführung abstellte. Von der zweiten Kommission ist dies weggelassen, weil man es bei richtiger Auslegung für selbstverständlich hielt, andererseits aber besorgte, daß der Ausdruck „verschwenderische Geschäftsführung" irreleiten könne. Auch eine Geschäftsführung kann zwar verschwenderisch sein, aber sie ist dies nicht schon dann, wenn die Geschäfte leichtfertig geführt werden, sondern erst dann, wenn sie den für die Verschwendung maßgebenden Charakter einer sinnlosen, den Vermögensverhältnissen nicht entsprechenden Vergeudung des Vermögens hat. Der Zweck der Entmündigung wegen Verschwendung ist der Schutz des Verschwenders gegen sich selbst und der Schutz seiner Familie. Deshalb findet sie nur statt, wenn der Verschwender durch seine Verschwendung sich oder seine Familie der Gefahr des Nothstandes aussetzt.

6. Die Entmündigung wegen Trunksucht ist erst von der zweiten Kommission hinzugefügt. Sie wurde von vielen Seiten gewünscht, aber auch lebhaft bekämpft. Ihr Zweck ist, den schweren wirthschaftlichen und sozialen Uebelständen entgegenzuwirken, welche für den Einzelnen, für seine Familie und für das ganze Volksleben aus dem übermäßigen Genusse geistiger Getränke erwachsen. Auf dem Boden des bürgerlichen Rechtes ist eine solche Gegenwirkung nur durch die Zulassung der Entmündigung möglich.

Voraussetzung der Entmündigung ist Trunksucht. Der übermäßige Genuß der geistigen Getränke für sich allein genügt nicht, nicht einmal dann, wenn er sich häufiger wiederholt; ebensowenig die Gewohnheit, geistige Getränke zu sich zu nehmen. Der Ausdruck „Sucht" läßt erkennen, daß erfordert wird ein krankhafter Zustand, in Folge dessen die betreffende Person unter gewöhnlichen Verhältnissen nicht mehr die Kraft hat, dem Anreize zum übermäßigen Genusse geistiger Getränke zu widerstehen. Die Erfahrung zeigt leider, daß es Viele giebt, die trunksüchtig in diesem Sinne sind und die eben deshalb, weil ihr Zustand ein krankhafter ist, regelmäßig nur durch eine besondere Behandlung in einer Trinkerheilanstalt geheilt werden können.

Dem dreifachen Zwecke der Entmündigung wegen Trunksucht der Fürsorge für den Trinker selbst, für seine Familie und für das öffentliche Wohl, entsprechen die drei im § 6 Nr. 3 bestimmten Voraussetzungen, deren jede genügt, um die Entmündigung zu begründen. Der Entmündigte muß entweder in Folge der Trunksucht seine Angelegenheiten nicht mehr zu besorgen vermögen oder sich oder seiner Familie der Gefahr des Nothstandes aussetzen oder die Sicherheit Anderer gefährden. Durch die in Folge der Entmündigung eintretende Beschränkung der Geschäftsfähigkeit und die damit verbundene Fürsorge des Vormundes kann jenen Gefahren meistens wirksam entgegengetreten werden. Der Vormund ist insbesondere auch berechtigt, den Trunksüchtigen gegen seinen Willen in eine Trinkerheilanstalt zu bringen und ihn dort bis zu seiner Heilung festzuhalten. Liegt eine der gedachten Voraussetzungen vor, so kann die Entmündigung auch dann eintreten, wenn der Trunksüchtige ein sog. Quartalssäufer ist.

7. Die Vorschriften der C.P.O. über das Entmündigungsverfahren sind in der jetzigen C.P.O. mehrfach geändert und durch Vorschriften über die Entmündigung wegen Geistesschwäche und wegen Trunksucht ergänzt. Aus diesen Aenderungen ist folgendes hervorzuheben:

a) Auf die Entmündigung wegen Geistesschwäche finden die Vorschriften über Entmündigung wegen Geisteskrankheit Anwendung. Der die Entmündigung aussprechende Beschluß ist jedoch nach § 660 auch dem Entmündigten selbst zuzustellen, und die Entmündigung tritt nach § 661 erst mit dieser Zustellung in Wirksamkeit. Auch die Frist für die Erhebung der Anfechtungsklage beginnt für den Entmündigten erst mit der Zustellung des Entmündigungsbeschlusses an ihn.

b) In Betreff des Rechtes, die Entmündigung wegen Geisteskrankheit oder Geistesschwäche zu beantragen, wird der bisherige § 595 Abs. 1 der C.P.O. dahin geändert (§ 646 Abs. 1 der C.P.O.):

„Der Antrag kann von dem Ehegatten, einem Verwandten oder demjenigen gesetzlichen Vertreter des zu Entmündigenden gestellt werden, welchem die Sorge für die Person zusteht. Gegen eine Person, die unter elterlicher Gewalt oder unter Vormundschaft steht, kann der Antrag von einem Verwandten nicht gestellt werden. Gegen eine Ehefrau kann der Antrag von einem Verwandten nur gestellt werden, wenn auf Aufhebung der ehelichen Gemeinschaft erkannt ist oder wenn der Ehemann die Ehefrau verlassen hat oder wenn der Ehemann zur Stellung des Antrags dauernd außer Stande oder sein Aufenthalt dauernd unbekannt ist."

c) Auf die Entmündigung wegen Trunksucht finden die Vorschriften der C.P.O. über die Entmündigung wegen Verschwendung Anwendung (§ 680 der C.P.O.). Das Gericht kann je-

§. 7.

Wer sich an einem Orte ständig niederläßt, begründet an diesem Orte seinen Wohnsitz.

Der Wohnsitz kann gleichzeitig an mehreren Orten bestehen.

Der Wohnsitz wird aufgehoben, wenn die Niederlassung mit dem Willen aufgehoben wird, sie aufzugeben.

---

doch, wenn die Entmündigung wegen Trunksucht beantragt ist, die Beschlußfassung über die Entmündigung aussetzen, wenn Aussicht besteht, daß der zu Entmündigende sich bessern werde (§ 681 der C.P.O.).

8. Der Ausdruck „entmündigt **kann** werden" hat nicht nur die Bedeutung, daß die Entmündigung unter den in dem § 6 bestimmten Voraussetzungen zulässig ist, sondern es wird dadurch dem Gericht auch die Pflicht auferlegt, die Entmündigung auszusprechen, wenn dies nach seinem pflichtmäßigen Ermessen der Absicht des Gesetzes entspricht (s. oben S. 25 unter 4a). Die Absicht des Gesetzes geht hier aber offenbar dahin, daß die Entmündigung ausgesprochen werden soll, wenn sie nach den Bestimmungen des § 6 materiell zulässig ist und die in der C.P.O. bestimmten prozessualischen Voraussetzungen, insbesondere der Antrag eines zur Stellung desselben Berechtigten, vorliegen.

9. Nach Art. 8 des E.G. kann auch ein Ausländer im Inlande nach den deutschen Gesetzen entmündigt werden, wenn er seinen Vorsitz oder, falls er keinen Wohnsitz hat, seinen Aufenthalt im Inlande hat (s. das Nähere zu Art. 8 des E.G.).

§ 7.

E. I § 34; II § 17 rev. § 7; III § 7. P. I S. 52, 53; M. I S. 68 ff. P. II S. 83—87 (Bd. I S. 37—39). R.B. I S. 1937.

1. Die §§ 7, 8 enthalten die allgemeinen Grundsätze über Erwerb und Verlust des Wohnsitzes, die §§ 9—11 die besonderen Vorschriften über den gesetzlichen Wohnsitz.

2. **Wohnsitz** und **Wohnort** sind nicht identisch. **Wohnort** bezeichnet den Ort, an welchem Jemand thatsächlich wohnt (s. z. B. §§ 570, 1354), während **Wohnsitz** ein rechtlicher Begriff ist, der indessen von dem B.G.B. nicht unmittelbar, sondern nur mittelbar dadurch definirt wird, daß Vorschriften über den Erwerb und den Verlust des Wohnsitzes gegeben werden. Der Versuch einer direkten Definition des Wohnsitzes würde unfruchtbar und mit Rücksicht auf die Vorschriften über den gesetzlichen Wohnsitz kaum möglich sein.

Der Begriff des Wohnsitzes ist von Bedeutung sowohl für das Prozeßrecht wie für das materielle Recht. Durch den Wohnsitz wird nach § 13 der C.P.O. der allgemeine Gerichtsstand einer Person bestimmt. Wo der Wohnsitz ist, entscheidet sich nach den Vorschriften des bürgerlichen Rechtes, in Zukunft also nach dem B.G.B. (über die besonderen Bestimmungen der §§ 14—17 der bisherigen C.P.O. s. Erl. zu §§ 9, 10). Die zivilrechtliche Bedeutung des Wohnsitzes hat sich in einer Beziehung durch das B.G.B. erheblich vermindert. Nach der herrschenden gemeinrechtlichen Auffassung war der Wohnsitz in Beziehung auf den status einer Person sowie auf das Erbrecht entscheidend für das zur Anwendung kommende Recht und hatte bei der großen Verschiedenheit des in Deutschland geltenden Rechtes daher eine große praktische Bedeutung. Diese Bedeutung fällt weg, da einerseits durch das B.G.B. einheitliches Recht für ganz Deutschland geschaffen wird, und andererseits nach den Vorschriften des E.G. über das sog. internationale Privatrecht (Art. 7—31) in den gedachten Beziehungen nicht mehr der Wohnsitz, sondern die Staatsangehörigkeit entscheidend ist. Immerhin ist auch künftig noch der Wohnsitz für eine Reihe zivilrechtlicher Fragen von Bedeutung (s. z. B. §§ 269, 270).

3. In der Vorschrift „Wer sich an einem Orte **ständig niederläßt**" liegt ein objektives und ein subjektives Moment ausgedrückt. Es muß eine ständige Niederlassung stattfinden, und es muß diese ständige Niederlassung gewollt sein. Das Erforderniß des Willens ist nicht ausdrücklich ausgesprochen, ergiebt sich aber aus den Worten „Wer sich niederläßt". Beide Momente, das objektive und das subjektive, müssen zusammentreffen, um den Wohnsitz zu begründen. Wann eine ständige Niederlassung vorliegt, ist eine Thatfrage. Das Wort „ständig" bezeichnet das Erforderniß des dauernden im Gegensatze zum nur vorübergehenden Aufenthalt. Aber der Aufenthalt braucht kein ununterbrochener zu sein; kürzere oder längere Abwesenheit schließt auch, wenn sie von vornherein beabsichtigt ist, die Ständigkeit nicht aus, sofern nur nach jeder Abwesenheit die Rückkehr an den Ort des Wohnsitzes erfolgt. Der auf die ständige Niederlassung gerichtete Wille braucht nicht ausdrücklich erklärt zu sein; er ist vielmehr aus den Umständen zu entnehmen. Nicht erforderlich ist die Absicht, an dem betreffenden Orte für

§. 8.

Wer geschäftsunfähig oder in der Geschäftsfähigkeit beschränkt ist, kann ohne den Willen seines gesetzlichen Vertreters einen Wohnsitz weder begründen noch aufheben.

---

immer zu bleiben; aber andererseits darf nicht von vornherein ein nur vorübergehender Aufenthalt beabsichtigt sein.

4. Zur Aufhebung des einmal begründeten Wohnsitzes ist der Wegfall sowohl des objektiven wie des subjektiven Moments nothwendig. Die Niederlassung muß aufgehoben werden und zugleich der Wille vorliegen, sie aufzugeben. So lange die Niederlassung besteht, genügt der Aufgebungswille für sich allein nicht, um den Wohnsitz aufzuheben. Andererseits bleibt der Wohnsitz bestehen, auch wenn die Niederlassung aufgehört hat, so lange der Aufgebungswille fehlt. Solche Fälle werden insbesondere dann anzunehmen sein, wenn Jemand, der auf Reisen ist, das Wohnhaus, in dem er an seinem Wohnsitze bisher gewohnt hat, veräußert und in Folge davon an diesem Orte keine Wohnung mehr hat, seine Absicht aber dahin geht, doch nach Beendigung seiner Reise nach dem Orte seines Wohnsitzes zurückzukehren. Ob der Aufgebungswille vorliegt, ist aus den Umständen zu entnehmen; eine Erklärung, die Niederlassung nicht aufgeben zu wollen, wird dann nicht zu berücksichtigen sein, wenn der Wille, sie aufzugeben, aus den Umständen unzweideutig erhellt. Bei der Untersuchung, ob ein solcher Widerspruch zwischen Erklärung und Willen anzunehmen ist, wird jedoch die Möglichkeit eines mehrfachen Wohnsitzes zu berücksichtigen sein. Wird der Wohnsitz aufgegeben, ohne daß ein neuer Wohnsitz begründet wird, so ist die betreffende Person ohne Wohnsitz. In manchen Fällen, in denen rechtliche Folgen an den Wohnsitz geknüpft sind, tritt, wenn die betreffende Person ohne Wohnsitz ist, an die Stelle des Wohnsitzes der Aufenthaltsort, bisweilen auch der letzte Wohnsitz. In Betreff des Gerichtsstandes trifft § 16 der C.P.O. Fürsorge.

5. Der Abs. 2 des § 7 entscheidet die zweifelhafte Frage, ob Jemand einen mehrfachen Wohnsitz haben kann, abweichend von dem code civil, aber in Uebereinstimmung mit der herrschenden gemeinrechtlichen Auffassung, bejahend. Man kann zwar nicht an zwei Orten gleichzeitig den Mittelpunkt seiner gesammten Lebensverhältnisse haben (bei dieser, nicht selten gegebenen Definition des Wohnsitzes würde ein doppelter Wohnsitz unmöglich sein); aber das B.G.B. verlangt nur ständige Niederlassung, und eine solche kann man sehr wohl an mehreren Orten haben. Die eine der mehreren Niederlassungen darf nicht auf den Betrieb eines bestimmten Geschäfts beschränkt sein, sondern beide Niederlassungen müssen sich auf die gesammten Lebensverhältnisse beziehen. Ein solcher Fall wird z. B. dann anzunehmen sein, wenn Jemand zwei vollständig eingerichtete Wohnungen, die eine in der Stadt, die andere auf dem Lande hat und abwechselnd bald in der einen bald in der anderen wohnt.

6. Der § 35 des E. I enthielt die Vorschrift, daß der Aufenthalt in einer Strafanstalt nicht für sich allein die Aufhebung des Wohnsitzes begründe, denn der Strafgefangene vorher gehabt, und zwar selbst dann nicht, wenn er an dem bisherigen Wohnort eine Wohnung oder häusliche Einrichtung nicht mehr hat. Dasselbe sollte für Untersuchungsgefangene und die in einer Besserungs- oder einer ähnlichen Anstalt Untergebrachten gelten. Von der zweiten Kommission ist dieser Paragraph gestrichen, indem man davon ausging, daß kein Bedürfniß vorliege, in dieser Richtung eine besondere Vorschrift zu geben. Die Anwendung der allgemeinen Grundsätze des § 7 wird zu demselben Ergebnisse führen wie die gestrichene Vorschrift. Der Aufenthalt in der Strafanstalt ꝛc. ist für sich allein nicht genügend, um den bisherigen Wohnsitz aufzugeben. Was hinzukommen muß, ergiebt sich aus den obigen Ausführungen.

7. Ueber den von dem privatrechtlichen Wohnsitze verschiedenen Unterstützungswohnsitz s. das Ges. über den Unterstützungswohnsitz von 1870 in der Fassung des Gesetzes v. 12. März 1894. Ueber erwählten Wohnsitz s. E.G. Art. 157.

§ 8.

E. I § 36; II § 18 rev. § 8; III § 8. P. I S. 57, 58; M. I S. 72. P. II S. 87, 88 (Bd. I S. 39).

Die Vorschriften der §§ 104 ff. über Geschäftsfähigkeit beziehen sich nur auf Rechtsgeschäfte. Ueber ihre analoge Anwendung auf andere Rechtshandlungen s. Vorbm. zum dritten Abschnitt unter X. Die Begründung und Aufhebung des Wohnsitzes ist kein Rechtsgeschäft, aber eine Rechtshandlung. Bei der praktischen Wichtigkeit der Frage, ob der Wohnsitz begründet oder aufgehoben ist, wird in dem § 8 eine spezielle Vorschrift gegeben, in welcher Art die analoge Anwendung der Vorschriften über Geschäftsfähigkeit hier stattzufinden hat. Der Wille eines Geschäftsunfähigen sowie einer in der Geschäftsfähigkeit beschränkten Person soll,

§. 9.

Eine Militärperson hat ihren Wohnsitz am Garnisonorte. Als Wohnsitz einer Militärperson, deren Truppentheil im Inlande keinen Garnisonort hat, gilt der letzte inländische Garnisonort des Truppentheils.

Diese Vorschriften finden keine Anwendung auf Militärpersonen, die nur zur Erfüllung der Wehrpflicht dienen oder die nicht selbständig einen Wohnsitz begründen können.

---

wie bei den Rechtsgeschäften, nicht genügen, um die hier fragliche Rechtswirkung hervorzubringen, vielmehr soll der Wille des gesetzlichen Vertreters entscheidend sein. Eine besondere Art, in der dieser Wille zu erklären ist, wird nicht vorgeschrieben. Es genügt, daß er vorhanden ist. Ob dies der Fall ist, muß aus den Umständen entnommen werden. Nur das für die Begründung und Aufhebung des Wohnsitzes erforderliche subjektive Moment wird durch den § 8 berührt. Das objektive Moment, das Erforderniß der ständigen Niederlassung, bleibt unverändert. Der Wille des gesetzlichen Vertreters braucht nicht schon bei der ständigen Niederlassung vorhanden zu sein; er kann auch erst später hinzutreten; doch wird in diesem Falle der Wohnsitz erst mit dem Zeitpunkte begründet, in welchem der Wille des gesetzlichen Vertreters vorliegt. Ebenso tritt die Aufhebung des Wohnsitzes erst ein, wenn zu der Aufhebung der Niederlassung der Aufgebungswille des Vertreters hinzutritt. So lange dies nicht geschehen ist, behält der Geschäftsunfähige sowie der in der Geschäftsfähigkeit Beschränkte den bisherigen Wohnsitz.

Eine besondere Vorschrift über die in einer Irrenanstalt untergebrachten Personen enthält das B.G.B. nicht. Es wird hier darauf ankommen, ob die Unterbringung nur zu dem vorübergehenden Zwecke der Heilung oder, wie bei unheilbaren Geisteskranken möglich ist, zu dem Zweck erfolgte, daß sie dauernd in der Anstalt verpflegt werden. Im letzteren Falle wird man eine ständige Niederlassung und damit die Begründung des Wohnsitzes an dem Orte der Anstalt anzunehmen haben.

Wer gesetzlicher Vertreter ist, ergiebt sich aus den Vorschriften über die elterliche Gewalt (§§ 1627 ff., 1684 ff.) sowie über die Vormundschaft (§§ 1773 ff., 1897 ff.) und über Pflegschaft (§ 1915 ff.).

§§ 9—11.

1. Die §§ 9—11 bestimmen die Fälle, in welchen eine Person ohne Rücksicht darauf, ob die Voraussetzungen der §§ 7, 8 vorliegen, ihren Wohnsitz an einem bestimmten Orte hat. Andere als die in diesen Paragraphen bezeichneten Fälle des gesetzlichen Wohnsitzes kennt das B.G.B. nicht. Insbesondere besteht für Beamte ein gesetzlicher Wohnsitz an dem Orte ihres Amtssitzes nicht. Die abweichenden Vorschriften einiger Landesgesetze treten außer Kraft. So weit diese Vorschriften die öffentlichrechtliche Seite des Wohnsitzes betreffen, bleiben sie unberührt. Die Reichsgesetze sprechen an verschiedenen Stellen vom dienstlichen Wohnsitze (s. z. B. das Ges. über die Erwerbung und den Verlust der Bundes- und Staatsangehörigkeit v. 1. Juni 1870 § 9 Abs. 2, Ges. betr. die Rechtsverhältnisse der Reichsbeamten v. 31. März 1873 §§ 21, 22). Unter diesem Ausdrucke wird nur der das Dienstverhältniß betreffende öffentlichrechtliche Wohnsitz zu verstehen sein. In späteren Gesetzen wird statt des Ausdrucks „dienstlicher Wohnsitz" meistens der Ausdruck „Amtssitz" gebraucht (s. z. B. C.P.O. § 382 V. v. 23. April 1879 §§ 3, 7, 10, 11).

Auch für Gesinde besteht kein gesetzlicher Wohnsitz. (Vergl. jedoch den Vorbehalt für die Landesgesetze im Art. 95 des E.G.)

2. In Ansehung des Gerichtsstandes enthalten die bisherigen §§ 14—17 der C.P.O. Vorschriften über den gesetzlichen Wohnsitz, die §§ 14, 15 über den Wohnsitz der Militärpersonen, der § 16 über den Wohnsitz der Deutschen, welche das Recht der Exterritorialität besitzen und der im Ausland angestellten Beamten des Reichs oder eines Bundesstaats, der § 17 über den Wohnsitz der Ehefrau und der Kinder. Die §§ 9—11 des B.G.B. enthalten Vorschriften, welche mit einigen Aenderungen den §§ 14, 15, 17 der C.P.O. entsprechen. Die §§ 15, 17 sind deshalb in der jetzigen C.P.O. gestrichen; der § 14 ist auf eine Bestimmung für den Fall beschränkt, daß der als Wohnort dienende Garnisonort in mehrere Gerichtsbezirke zerfällt. Der § 16 ist als § 15 in der C.P.O. verblieben, hat aber mit Rücksicht darauf eine etwas andere Fassung erhalten, daß nach § 6 des Ges. betr. die Rechtsverhältnisse der deutschen Schutzgebiete v. 19. März 1888 auch solche Personen Reichsangehörige sein können, welche einem deutschen Bundesstaate nicht angehören. In Zukunft werden also über den Wohnsitz einer Person, auch in Ansehung des Gerichtsstandes, die Vorschriften des B.G.B. entscheiden und bleibt nur in Betreff der in dem § 15 der C.P.O. bezeichneten Personen die besondere Vorschrift dieses Paragraphen bestehen. Sie ist durch das

§. 10.

Die Ehefrau theilt den Wohnsitz des Ehemanns. Sie theilt den Wohnsitz nicht, wenn der Mann seinen Wohnsitz im Ausland an einem Orte begründet, an den die Frau ihm nicht folgt und zu folgen nicht verpflichtet ist.

Solange der Mann keinen Wohnsitz hat oder die Frau seinen Wohnsitz nicht theilt, kann die Frau selbständig einen Wohnsitz haben.

B.G.B. nicht auf den Wohnsitz jener Personen überhaupt ausgedehnt; dieser bestimmt sich vielmehr im Allgemeinen nach den Vorschriften des B.G.B. und nur in Ansehung des Gerichtsstandes nach dem § 15 der C.P.O.

Wegen der Vorschriften der Str.P.O. § 11 f. E.G. Art. 35.

§ 9.

E. I § 37; II § 19 rev. § 9; III § 9. P. I S. 55, 56, 11617, 11618, 12034; M. I S. 72 ff. P. II S. 88 (Bd. I S. 40).

1. Der § 9 entspricht den §§ 14, 15 der C.P.O. Der § 15 ist mit dem ersten Absatze des § 14 verbunden, um klar zu stellen, daß die Ausnahme des § 14 Abs. 2 sich auch auf jene Vorschrift bezieht.

2. Militärpersonen sind die Personen des Soldatenstandes und die Militärbeamten, welche zum Heere oder zur Marine gehören. Unter „Heer" ist das deutsche Heer, unter Marine die Kaiserliche Marine zu verstehen (s. M.Str.G. für das Deutsche Reich v. 20. Juni 1872); eine Aufzählung der fraglichen Personen enthält die Anl. I dieses Gesetzes (s. ferner das Ges. betr. die Verpflichtung zum Kriegsdienste v. 9. Nov. 1867 §§ 2, 13 und das Reichsmilitärgesetz v. 2. Mai 1874).

3. In dem bisherigen § 15 der C.P.O. heißt es: „Truppentheil, welcher im Deutschen Reiche keine Garnison hat". Die Worte „im Deutschen Reiche" sind in dem § 9 Abs. 1 Satz 2 durch die Worte „im Inlande" ersetzt. Eine sachliche Aenderung ist damit nicht beabsichtigt. Die Aenderung ist nur eine Folge der Terminologie des B.G.B., nach welcher das Wort „Inland" gebraucht wird, wo das deutsche Reichsgebiet bezeichnet werden soll. Der Reichsangehörige wird nicht als Inländer, sondern als „Deutscher" bezeichnet, weil die Reichsangehörigkeit durch den Wohnsitz oder den Aufenthalt in dem Reichsgebiete nicht bedingt ist.

4. Zur Erfüllung der Wehrpflicht dienen auch die einjährigen, zweijährigen und dreijährigen Freiwilligen.

Selbständig einen Wohnsitz begründen können nach § 8 nicht die Geschäftsunfähigen und die in der Geschäftsfähigkeit beschränkten Personen.

§ 10.

E. I § 39; II § 20 rev. § 10; III § 10. P. I S. 56, 57; M. I S. 74. P. II S. 93—95, 8341 (Bd. I S. 41, 42).

1. Der § 10 entspricht dem § 17 Abs. 1 der C.P.O., enthält jedoch im Abs. 1 Satz 2 und im Abs. 2 Einschränkungen der Regel.

2. Der gesetzliche abgeleitete Wohnsitz der Ehefrau beginnt mit der Eingehung der Ehe. Der Wohnsitz wird daher nicht begründet, wenn die Ehe nichtig ist. Nach §§ 1329, 1343 kann die Nichtigkeit einer Ehe, abgesehen von dem Falle, daß die Ehe nicht in der vorgeschriebenen Form geschlossen und nicht in das Heirathsregister eingetragen ist, nur im Wege der Nichtigkeitsklage bez. der Anfechtungsklage geltend gemacht werden und erst, wenn die Nichtigkeitserklärung erfolgt ist, kann sich Jeder darauf berufen. Demnach kann auch der gesetzliche Wohnsitz einer Ehefrau wegen Nichtigkeit der Ehe in den gedachten Fällen nur dann bestritten werden, wenn die Ehe für nichtig erklärt ist. Nach den §§ 151, 152 der C.P.O. kann aber, wenn die Entscheidung eines Rechtsstreits von der Nichtigkeit oder Anfechtbarkeit einer Ehe abhängt, die Aussetzung des Verfahrens in der in den gedachten Paragraphen bezeichneten Art verlangt werden.

3. Wird die Ehe durch den Tod des Ehemannes oder durch Scheidung der Ehe aufgelöst, so hört der gesetzliche Wohnsitz der Ehefrau auf, und ihr Wohnsitz bestimmt sich nunmehr nach den allgemeinen Grundsätzen der §§ 7, 8. Eine dem § 11 Abs. 1 Satz 2 entsprechende Bestimmung, nach welcher die Ehefrau, wenn die Voraussetzungen des gesetzlichen Wohnsitzes wegfallen, diesen doch so lange behält, bis sie einen neuen Wohnsitz begründet, besteht nicht. Wird also die Ehe aufgelöst, so ist die Ehefrau zunächst ohne Wohnsitz, sofern nicht anzunehmen ist, daß schon während der Ehe die Voraussetzungen eingetreten sind, unter welchen nach § 7 Abs. 1 der Wohnsitz der Ehefrau an dem Orte des Wohnsitzes des Ehemanns begründet gewesen sein würde, wenn sie nicht den gesetzlichen Wohnsitz gehabt hätte. Ist dies der Fall, so werden jene Voraussetzungen mit dem Wegfalle des gesetzlichen Wohnsitzes wirksam, und wird daher nunmehr der Wohnsitz

§. 11.

Ein eheliches Kind theilt den Wohnsitz des Vaters, ein uneheliches Kind den Wohnsitz der Mutter, ein an Kindesstatt angenommenes Kind den Wohnsitz des Annehmenden. Das Kind behält den Wohnsitz, bis es ihn rechtsgültig aufhebt.

Eine erst nach dem Eintritte der Volljährigkeit des Kindes erfolgende Legitimation oder Annahme an Kindesstatt hat keinen Einfluß auf den Wohnsitz des Kindes.

---

der Ehefrau an dem bisherigen Orte nach Maßgabe des § 7 begründet. Ein solches Verhältniß wird regelmäßig dann anzunehmen sein, wenn die Ehegatten an dem Wohnsitze des Ehemanns in ehelicher Gemeinschaft zusammengewohnt haben. Anders dagegen, wenn die Ehegatten getrennt gelebt haben. In diesem Falle wird der Ort, an welchem die Frau bisher gelebt hat, ihr Wohnsitz, wenn die Voraussetzungen des § 7 Abs. 1 für diesen Ort vorliegen; anderenfalls ist sie ohne Wohnsitz, bis sie einen solchen begründet.

4. In dem § 1586 ist bestimmt, daß, wenn nach § 1575 die eheliche Gemeinschaft aufgehoben wird, die mit der Scheidung verbundenen Wirkungen eintreten. Da die Scheidung die Auflösung der Ehe und diese die Aufhebung des gesetzlichen Wohnsitzes der Ehefrau zur Folge hat, so hört dieser Wohnsitz auch mit der Rechtskraft des Urtheils auf, in welchem auf Grund des § 1575 die eheliche Gemeinschaft aufgehoben ist. Wird die eheliche Gemeinschaft in einem solchen Falle später wiederhergestellt, so fallen nach § 1587 die mit der Aufhebung der Gemeinschaft verbundenen Wirkungen weg, und wird mit diesem Zeitpunkt also der gesetzliche Wohnsitz der Ehefrau wieder begründet. Die im bisherigen § 17 Abs. 1 der C.P.O. hinzugefügte Beschränkung „sofern nicht auf immerwährende Trennung von Tisch und Bett erkannt ist,“ ist weggelassen, weil sie für die Zeit nach dem Inkrafttreten des B.G.B. mit Rücksicht auf die Vorschrift des § 1586 überflüssig ist und Urtheile deutscher Gerichte auf immerwährende Trennung von Tisch und Bett seit dem Personenstandsgesetze von 1875 nicht mehr vorkommen konnten. Derartige Urtheile aus früherer Zeit werden selten noch in Frage kommen; soweit dies der Fall sein sollte, werden sie in der hier fraglichen Beziehung ebenso wie Urtheile auf Scheidung zu behandeln sein. Ueber die von ausländischen Gerichten ergehenden Urtheile dieser Art s. Erl. z. E.G. Art. 17.

5. Der gesetzliche Wohnsitz der Ehefrau fällt weg, wenn der Ehemann seinen Wohnsitz im Ausland an einem Orte begründet, an den die Frau ihm nicht folgt und nicht zu folgen verpflichtet ist. Die Frau ist nach §§ 1353 Abs. 2, 1354 Abs. 2 dem Ehemanne zu folgen nicht verpflichtet, wenn das hierauf gerichtete Verlangen des Ehemanns ein Mißbrauch seines Rechtes ist. Wann ein solcher Mißbrauch anzunehmen ist, muß aus dem Wesen der ehelichen Gemeinschaft unter Berücksichtigung der Umstände des einzelnen Falles entschieden werden. Folgt die Frau dem Ehemann, obgleich sie nicht dazu verpflichtet ist, so greift die Ausnahme nicht Platz. Wer sich darauf beruft, daß der gesetzliche Wohnsitz nicht begründet sei, muß das Zusammentreffen beider gesetzlicher Voraussetzungen der Ausnahme, also, daß die Frau dem Ehemanne nicht gefolgt und daß sie dazu nicht verpflichtet gewesen sei, beweisen. Zweifelhaft kann sein, wie das Verhältniß zu beurtheilen ist, wenn die Frau dem Ehemanne gefolgt ist, obwohl sie nicht dazu verpflichtet war, sich später aber von dem Ehemanne trennt und nach Deutschland zurückkehrt. Der gesetzliche Wohnsitz war begründet, indem die Frau dem Ehemanne folgte, und eine Vorschrift, daß der gesetzliche Wohnsitz im Falle späterer Trennung wieder aufhöre, besteht nicht. Trotzdem dürfte nach der Absicht des Gesetzes anzunehmen sein, daß in einem Falle der fraglichen Art, vorausgesetzt, daß die Verpflichtung, dem Ehemanne zu folgen, auch zur Zeit der Trennung nicht besteht, der gesetzliche Wohnsitz der Frau aufhört. Entsprechend dürfte das Verhältniß zu beurtheilen sein, wenn die Frau bei der Verlegung des Wohnsitzes verpflichtet war, dem Manne zu folgen, ihm aber nicht folgte und nun später die Verhältnisse sich so gestalten, daß die Frau nicht mehr als verpflichtet angesehen werden kann, dem Manne zu folgen. Ist der neue Wohnsitz des Ehemanns im Inlande, so hat die Frau ihren gesetzlichen Wohnsitz an dem neuen Wohnsitze des Ehemanns, auch wenn sie ihm dahin weder folgt noch zu folgen verpflichtet ist.

6. Im Falle des Abs. 2 ist das Verhältniß ebenso zu beurtheilen wie nach Auflösung der Ehe. Lagen die Voraussetzungen des § 7 Abs. 1 schon in dem Zeitpunkte vor, in welchem der Ehemann aufhörte, einen Wohnsitz zu haben, oder die Frau seinen Wohnsitz nicht mehr theilte, so wird der Ort, für welchen jene Voraussetzungen vorlagen, der Wohnsitz der Frau; anderenfalls ist sie ohne Wohnsitz, bis sie einen solchen selbständig begründet.

§ 11.

E. I § 40; II § 21 rev. § 11; III § 11. P. I S. 57, 58, 8627—8640; M. I S. 75 ff. P. II S. 95—97; 8341, 8342 (Bd. I S. 42, 43).

1. Die Vorschrift des § 11 ersetzt den bisherigen § 17 Abs. 2 der C.P.O.

§. 12.

Wird das Recht zum Gebrauch eines Namens dem Berechtigten von einem Anderen bestritten oder wird das Interesse des Berechtigten dadurch verletzt, daß ein Anderer unbefugt den gleichen Namen gebraucht, so kann der Berechtigte von dem Anderen Beseitigung der Beeinträchtigung verlangen. Sind weitere Beeinträchtigungen zu besorgen, so kann er auf Unterlassung klagen.

---

2. Ehelich ist nach § 1591 ein Kind, das nach der Eingehung der Ehe geboren wird, wenn die Frau es vor oder während der Ehe empfangen und der Mann innerhalb der Empfängnißzeit der Frau beigewohnt hat, es sei denn, daß es den Umständen nach offenbar unmöglich ist, daß die Frau das Kind von dem Manne empfangen hat. Als ehelich gilt ferner nach § 1699 ein Kind aus einer nichtigen Ehe, das im Falle der Gültigkeit der Ehe ehelich sein würde, sofern nicht beide Ehegatten die Nichtigkeit der Ehe bei der Eheschließung gekannt haben und nicht der im Abs. 2 bezeichnete Fall vorliegt. Die Vorschrift des § 11 gilt ferner für alle Kinder, welche die rechtliche Stellung eines ehelichen Kindes haben. Dies sind die durch nachfolgende Ehe (§ 1719) oder durch Ehelichkeitserklärung (§ 1736) legitimirten sowie die an Kindesstatt angenommenen Kinder (§ 1757) (wegen der letzteren s. unter Nr. 5).

3. Das eheliche Kind erhält den Wohnsitz des Vaters, nicht des Inhabers der elterlichen Gewalt. Vater ist nur der eheliche Vater und derjenige, dem gegenüber das Kind nach den unter Nr. 2 angeführten Vorschriften als eheliches Kind gilt oder die rechtliche Stellung eines solchen hat. Der uneheliche Vater ist nicht Vater im Sinne des § 11. (§ 1589 Abs. 2.) Wo die Ausdrücke „Vater", „Eltern", „Großeltern", „Voreltern", „Geschwister" gebraucht werden, sind darunter nur diejenigen zu verstehen, welche nach § 1589 verwandt sind. Nur in bestimmten Beziehungen, insbesondere in Betreff der Unterhaltspflicht, wird auch der uneheliche Vater als Vater bezeichnet, nicht aber in der hier fraglichen Beziehung.

4. Das uneheliche Kind theilt den Wohnsitz der Mutter, aber nur dann, wenn es nicht nach den unter Nr. 2 angeführten Vorschriften die rechtliche Stellung eines ehelichen Kindes hat und deshalb den Wohnsitz des Vaters theilt.

5. Eine besondere Vorschrift war für das an Kindesstatt angenommene Kind nothwendig, weil auch eine Frau an Kindesstatt annehmen kann. Unter „Frau" wird in dem B.G.B. jede Person weiblichen Geschlechts verstanden, sofern sich nicht aus dem Zusammenhang ein Anderes ergiebt. Nimmt eine Frau an Kindesstatt an, so theilt das Kind ihren Wohnsitz, nicht den seines Vaters. Wird ein Kind von Ehegatten gemeinschaftlich angenommen, so hat es die rechtliche Stellung eines gemeinschaftlichen Kindes beider (§ 1757 Abs. 2) und theilt dann den Wohnsitz des Vaters. Dasselbe gilt, wenn ein Ehegatte das Kind des anderen Ehegatten annimmt; auch hier theilt das Kind den Wohnsitz desjenigen, der entweder der Vater ist oder kraft jener Vorschrift die rechtliche Stellung des Vaters hat.

6. Das Kind behält den Wohnsitz des Vaters, bis es den Wohnsitz rechtsgültig aufhebt, also auch dann, wenn der Vater die elterliche Gewalt verliert oder stirbt. Die rechtsgültige Aufhebung bestimmt sich nach § 7 Abs. 3 bez. nach § 8. Hat der Vater nicht die elterliche Gewalt, so kann die Mutter bez. der Vormund den gesetzlichen Wohnsitz aufheben.

7. Der Abs. 2 trägt den Verhältnissen des Lebens Rechnung. Während an sich die Volljährigkeit des Kindes ohne Einfluß auf den gesetzlichen Wohnsitz des § 11 ist, dieser vielmehr auch nach der Volljährigkeit bestehen bleibt, bis das Kind ihn rechtsgültig aufhebt, soll das nach der Volljährigkeit erst legitimirte oder an Kindesstatt angenommene Kind den gesetzlichen Wohnsitz nicht erlangen; es behält also seinen bisherigen Wohnsitz oder bleibt, wenn es einen solchen nicht hat, ohne Wohnsitz, bis es einen solchen selbständig begründet.

8. Aus dem E.G. kommen in Betracht die Vorschriften der Art. 18, 19, 20, 22, 209.

§ 12.

E. II § 22 rev. § 12; III § 12. P. II S. 97—100, 8342, 8345, 8346 (Bd. I S. 43—45). D. S. 606.

1. Durch den § 12 wird das Recht auf den Namen nicht nur in denjenigen Fällen geschützt, in welchen das B.G.B. dieses Recht als Recht der Ehefrau auf den Namen des Ehemanns, der ehelichen Kinder auf den Namen des Vaters, der unehelichen auf den Namen der Mutter ausdrücklich anerkennt (§§ 1355, 1577, 1616, 1706, 1758), sondern auch dann, wenn es auf anderen Gründen, insbesondere auf Verleihung oder Genehmigung des Namens von Seiten der zuständigen Behörde beruht.

2. Aus der Anerkennung des Namenrechts folgt von selbst, daß der Berechtigte nicht nur unter den Voraussetzungen des § 256 der C.P.O. auf Feststellung klagen kann, sondern daß

er auch gegen Jeden, der das Recht beeinträchtigt, einen Anspruch auf Beseitigung der Beeinträchtigung hat. Der § 12 geht aber weiter. Er bestimmt, daß in dem Rechte auf einen Namen auch das Recht auf den ausschließlichen Gebrauch dieses Namens gegenüber Jedem liegt, der nicht ebenfalls das Recht auf diesen Namen hat. Diese Ausschließlichkeit wird indessen nicht unbeschränkt anerkannt, vielmehr nur insoweit, als das Interesse des Berechtigten es erfordert. Der Berechtigte kann daher nicht ohne Weiteres Jedem, der denselben Namen gebraucht, diesen Gebrauch verbieten, sondern er hat nur dann einen Anspruch auf Beseitigung der in dem Gebrauche liegenden Beeinträchtigung, wenn dadurch sein Interesse verletzt wird. Das Interesse kann ein rein persönliches, ein vermögensrechtliches oder ein familienrechtliches sein. Es kann darin bestehen, daß der Berechtigte den durch den Gebrauch seines Namens von Seiten eines Anderen erweckten Schein, als seien die Handlungen des Anderen seine Handlungen oder als sei das von dem Anderen betriebene Geschäft sein Geschäft, abzuwenden Veranlassung hat; es kann auch lediglich darin bestehen, daß der Berechtigte den Schein der Familienangehörigkeit, welchen der Andere durch den Gebrauch des Namens erweckt, zerstören will.

Der unbefugte Gebrauch des Namens liegt nicht nur dann vor, wenn ein nicht Berechtigter sich diesen Namen beilegt, sondern auch dann, wenn er den Namen zur Bezeichnung von Waaren oder zur Bezeichnung eines Geschäfts oder auf Aushängeschildern und dgl. gebraucht. In den Fällen der letztern Art ist der Anspruch auf Beseitigung der Beeinträchtigung von besonderer Bedeutung. Die gesetzlichen Vorschriften über Firmen, den Schutz der Waarenzeichen und Gebrauchsmuster 2c. werden durch den § 12 nicht berührt.

3. Durch den § 12 wird nur das Recht zum Gebrauch eines Namens, nicht das Recht des Adels geschützt. Das B.G.B. enthält überhaupt keine Vorschriften über den Adel. Die §§ 1355, 1577, 1616, 1758, 1772 sprechen nur von dem Familiennamen, nicht von dem Adel. Die Ehefrau erhält den Namen des Ehemanns, das eheliche Kind den Namen des Vaters, das angenommene Kind den Namen des Annehmenden. Daß diese Personen auch den Adel des Ehemanns bez. des Vaters oder des Annehmenden erhalten, ist nicht bestimmt. In der ersten wie in der zweiten Kommission ist man davon ausgegangen, daß der Adel nicht ein Institut des Privatrechts, sondern des öffentlichen Rechtes sei (M. IV S. 106, 937, 983; P. II S. 5059). Welche rechtliche Bedeutung der Adel hat, ob er einen besonderen Stand begründet oder ob er eine Auszeichnung ist, die sich von der Auszeichnung durch Orden und Ehrenzeichen nur dadurch unterscheidet, daß sie regelmäßig auf die Erben übergeht, kommt nicht in Betracht. Es ist dies eben eine Frage des öffentlichen Rechtes. Nur dieses entscheidet darüber, wie der Adel erworben wird und verloren geht. Nur dieses entscheidet insbesondere darüber, ob die Ehefrau den Adel des Mannes, das eheliche Kind den Adel des Vaters, das angenommene Kind den Adel des Annehmenden erhält. Die sich hierauf beziehenden Vorschriften der Landesgesetze werden also, da sie nicht privatrechtlichen Inhalts sind, durch das B.G.B. und das E.G. Art. 55 nicht berührt. Zu diesen Vorschriften gehört auch die Vorschrift des preuß. A.L.R. II. 2 § 684, nach welcher der an Kindesstatt Angenommene, wenn er von bürgerlicher Herkunft, der Annehmende aber von Adel ist, „die Vorrechte und Unterscheidungen des Adels nur mittelst besonderer landesherrlicher Begnadigung erhalten“ kann. (Anderer Ansicht v. Bülow, Ueber den Erwerb eines adeligen Familiennamens durch Annahme an Kindesstatt nach dem B.G.B. Deutsche Juristenzeitung 1896 Nr. 22.)

Aus der öffentlichrechtlichen Natur der den Adel betreffenden Vorschriften folgt nicht ohne Weiteres, daß das Wort von, welches bei Adeligen dem Namen vorgesetzt zu werden pflegt, nicht unter dem Schutze des § 12 steht. Die Entscheidung dieser Frage hängt davon ab, ob das Wort „von“ lediglich als eine Bezeichnung des Adels zu betrachten ist, oder ob es einen Theil des Namens bildet. Die Worte „von“, „van“, „ten“ 2c. kommen auch bei bürgerlichen Namen vor und stehen dann unzweifelhaft unter dem Schutze des § 12. Diese Fälle stehen hier nicht in Frage. Es handelt sich nur um die Bedeutung des Wortes „von“ bei dem Namen Adeliger. Faßt man dasselbe hier lediglich als Bezeichnung des Adels auf, so würde es nicht direkt unter dem Schutze des § 12 stehen. Möglich aber ist auch die Auffassung, daß der Adel das Recht gewährt, dem Namen den Zusatz „von“ zu geben, den Namen selbst also zu ändern. Von dieser Auffassung wird im P. II S. 5059 ausgegangen (R.G. Band 5 Nr. 45); sie dürfte auch der Anschauung des Lebens entsprechen. Nach dieser wird angenommen, daß wenn Jemand, dessen Name Müller ist, geadelt wird, sein Name nun von Müller ist. Bei dieser Auffassung, für welche überwiegende Gründe sprechen dürften, steht das Wort „von“, auch wenn es in Folge des Adels dem Namen hinzugefügt wird, unter dem Schutze des § 12. Damit steht die oben dargelegte Auffassung, daß der Adel ein Institut des öffentlichen Rechtes ist, nicht im Widerspruch. Es handelt sich um das durch die öffentlichrechtlichen Bestimmungen über den Adel begründete Recht auf den durch den Zusatz des Wortes „von“ veränderten Namen. Der § 12 aber schützt das Recht auf den Gebrauch eines Namens ohne Rücksicht darauf, ob dasselbe auf privatrechtlicher Grundlage beruht. Aus dieser Auffassung folgt übrigens nicht, daß der adelige Name auf Grund der oben angeführten Vorschriften des B.G.B. auch dann auf die Ehefrau und das eheliche oder das an Kindesstatt angenommene Kind überginge, wenn der Adel nach den Vorschriften des öffentlichen Rechtes nicht übergeht. Nur der Adelige hat das Recht, dem Namen das Wort „von“ hinzuzufügen. Geht der Adel auf die Ehefrau oder das Kind nicht über, so erhalten sie den Familiennamen des Ehemanns, Vaters oder Annehmenden ohne Zusatz des Wortes „von“.

Ob auch die Bezeichnung der höheren Adelsstufen wie „Fürst“, „Graf“, „Freiherr“ als Theile des Namens aufgefaßt werden können, ist sehr zweifelhaft. Verneint man dies, so würde der § 12 auf das Recht zum Gebrauche dieser Adelsprädikate direkt keine Anwendung finden. Fraglich bleibt indessen auch dann noch, ob nicht eine analoge Anwendung zulässig ist.

4. Der § 12 schützt allgemein den Namen, nicht also nur den Familiennamen, sondern auch den Vornamen. Die Beilegung des Vornamens erfolgt durch die Eltern oder den Vormund. Der Vorname wird, nach dem Ges. über die Beurkundung des Personenstandes und die Eheschließung v. 6. Februar 1875 § 22 in das Standesregister eingetragen. Daß das B.G.B. keine Vorschriften über den Erwerb des Rechtes auf den Vornamen enthält, ist für die Anwendung des § 12 ohne Bedeutung. Dieser schützt das Recht auf den Namen ohne Rücksicht darauf, auf welchem Grunde es beruht. Daß aber derjenige, welchem ein Vorname von dem dazu Berechtigten ordnungsmäßig beigelegt ist, ein Recht zu dem Gebrauche dieses Vornamens hat, ist nicht zu bezweifeln. Wird ihm dies Recht bestritten, so kann er Beseitigung der Beeinträchtigung fordern. Seltener wird es vorkommen, daß sein Interesse dadurch verletzt wird, daß ein Anderer unbefugt den Vornamen gebraucht. Möglich ist indessen auch dies.

5. Nicht geschützt durch den § 12 wird das Pseudonym. (Anderer Ansicht Endemann und Gareis, Einführung in das Studium des B.G.B. S. 50, 51; Kuhlenbeck, die Rechtsprechung des Reichsgerichts S. 99 ff.; Riedel, das B.G.B. in Vergleichung mit dem preußischen Rechte S. 55). Der Gebrauch von Pseudonymen ist nicht verboten. Niemand ist berechtigt, einen Anderen in einem solchen Gebrauche zu stören. Aber es handelt sich bei diesem Gebrauch um einen Ausfluß der allgemeinen Freiheit, nicht um ein besonderes Recht. Wer ein Kunstwerk oder ein schriftstellerisches Werk mit dem bereits von einem Anderen gebrauchten Pseudonym bezeichnet, kann sich, wenn er dies thut, um den Glauben zu erregen, daß das Werk von dem Anderen herrühre, möglicherweise eines Betrugs schuldig machen, aber er verletzt nicht ein Recht des Anderen auf das Pseudonym. Es fehlt eine Rechtsregel, welche die Voraussetzungen bestimmt, unter denen ein solches Recht erworben wird. Die von den angeführten Schriftstellern für die Ausdehnung des Rechtsschutzes auf Pseudonyme angeführten Gründe sind höchstens geeignet, den Erlaß gesetzlicher Vorschriften zu Gunsten der Pseudonyme zu rechtfertigen. Solche Vorschriften würden in ähnlicher Art, wie dies durch das Ges. zum Schutze der Waarenbezeichnungen v. 12. Mai 1894 für die Bezeichnung der Waaren geschehen ist, die Voraussetzungen zu bestimmen haben, unter welchen ein Pseudonym geschützt wird. Aus allgemeinen Rechtsgrundsätzen und aus den Vorschriften des B.G.B. läßt sich ein besonderes Recht auf ein Pseudonym nicht ableiten.

6. Der § 12 steht in dem Titel über „Natürliche Personen“. Die Mehrheit der zweiten Kommission, durch welche dieser Paragraph beschlossen wurde, ging aber davon aus, daß die Vorschriften über Personen im Allgemeinen insoweit auch auf juristische Personen Anwendung finden, als nicht durch die Natur derselben die Anwendung ausgeschlossen werde und daß daher durch § 12 auch der Name einer juristischen Person geschützt werde (s. Vorbm. zum zweiten Titel dieses Abschnitts).

7. Aus dem Wesen des absoluten Rechtes folgt, daß es gegen Jeden wirkt. Das B.G.B. geht trotzdem davon aus, daß das absolute Recht nicht ohne Weiteres einen Anspruch gegen Jeden auf Unterlassung der Verletzung begründe (vergl. Vorbm. z. Allg. Theil VII). Auch im Falle einer Verletzung des absoluten Rechtes wird dadurch zunächst nur ein Anspruch auf Beseitigung der Beeinträchtigung, nicht auf Unterlassung für die Zukunft begründet. Die Lage des Berechtigten kann aber durch die Verletzung, auch abgesehen von der darin liegenden direkten Beeinträchtigung seines Rechtes, noch insofern verschlechtert sein, als durch die Verletzung die Besorgniß begründet wird, daß ähnliche Verletzungen auch in der Zukunft wiederkehren. Ist dies der Fall, so giebt das B.G.B. dem Verletzten das Recht, auf Unterlassung der Beeinträchtigung für die Zukunft zu klagen. So in dem praktisch wichtigsten Falle einer Verletzung dinglicher Rechte, die nicht in der Vorenthaltung des Besitzes besteht (§ 1004); so auch nach § 12 Satz 2. Die hauptsächlichste praktische Bedeutung dieses Rechtes liegt darin, daß der Verletzte auf Grund des ergehenden Urtheils nach § 890 der C.P.O. die Androhung und Verhängung von Geld- und Gefängnißstrafe im Falle der Zuwiderhandlung verlangen und Sicherheitsleistung für den durch fernere Zuwiderhandlungen entstehenden Schaden erwirken kann.

§. 13.

Wer verschollen ist, kann nach Maßgabe der §§. 14 bis 17 im Wege des Aufgebotsverfahrens für todt erklärt werden.

---

§§ 13—19.

Von dem Leben und dem Tode einer Person hängen wichtige vermögensrechtliche und familienrechtliche Verhältnisse ab. Die Ungewißheit über Leben und Tod hat daher die Folge, daß auch für diese Verhältnisse ein Zustand der Ungewißheit eintritt. Um den sich hieraus ergebenden Uebelständen abzuhelfen, sind fast von allen Rechten besondere Vorschriften gegeben worden. Eine Uebersicht der eingeschlagenen verschiedenen Wege geben die Motive I S. 33 ff. Das B.G.B. wählt den Weg der gerichtlichen Todeserklärung. Die Todeserklärung begründet nach § 18 die Vermuthung, daß der Verschollene in dem Zeitpunkte gestorben sei, welcher in dem die Todeserklärung aussprechenden Urtheile festgestellt ist (über andere Folgen der Todeserklärung s. Erl. zu § 18 Nr. 6). Welcher Zeitpunkt in dem Urtheil als Zeitpunkt des Todes festzustellen ist, wird im § 18 Abs. 2 bestimmt. So lange die Todeserklärung nicht erfolgt ist, wird nach § 19 das Fortleben des Verschollenen bis zu dem Zeitpunkte vermuthet, der nach § 18 Abs. 2 in Ermangelung eines anderen Ergebnisses der Ermittelungen als Zeitpunkt des Todes anzunehmen ist.

Die Voraussetzung für die Zulässigkeit der Todeserklärung bestimmen die §§ 14—17. Der § 14 enthält die allgemeine, für alle Fälle der Verschollenheit geltende Vorschrift, nach welcher die Todeserklärung regelmäßig zulässig ist, wenn seit zehn Jahren keine Nachricht von dem Leben des Verschollenen eingegangen ist. Für Minderjährige sowie für Personen, die das 70ste Lebensjahr vollendet haben, werden daneben besondere Vorschriften gegeben (s. § 14 Abs. 1 Satz 2, Abs. 2). Eine kürzere Verschollenheitsfrist ist im § 15 für die Fälle der Kriegsverschollenheit, im § 16 für die Fälle der Seeverschollenheit und im § 17 für solche Fälle bestimmt, in welchen Jemand unter anderen als den in den §§ 15, 16 bezeichneten Umständen in eine Lebensgefahr gerathen ist.

Die Todeserklärung erfolgt im Wege des Aufgebotsverfahrens. Neben den hierfür geltenden allgemeinen Vorschriften der §§ 946—959 der C.P.O. hatte der E. I besondere Vorschriften über das Aufgebotsverfahren zum Zwecke der Todeserklärung in den §§ 9—20, 22—24 gegeben. Für die Fälle der Kriegs- und Seeverschollenheit sollte nach § 20 ein Aufgebot nicht erforderlich sein und waren zum Ersatze besondere Vorschriften für diese Fälle gegeben. In dem B.G.B. sind die angeführten Paragraphen des E. I nicht aufgenommen. Zum Ersatze dafür sind besondere Vorschriften über das Aufgebotsverfahren zum Zwecke der Todeserklärung als §§ 946—959 in die C.P.O. aufgenommen. Aus diesen Vorschriften ist folgendes hervorzuheben:

Die allgemeinen Vorschriften der §§ 946—959 der C.P.O. finden auch auf das Aufgebotsverfahren zum Zwecke der Todeserklärung Anwendung, soweit sich nicht aus den besonderen hierfür getroffenen Vorschriften ein Anderes ergiebt.

Der § 961 bestimmt das für das Verfahren zuständige Gericht.

Ueber die Antragsberechtigung bestimmt der § 962:

„Antragsberechtigt ist der gesetzliche Vertreter des Verschollenen sowie Jeder, der an der Todeserklärung ein rechtliches Interesse hat.

Der gesetzliche Vertreter bedarf zu dem Antrage der Genehmigung des Vormundschaftsgerichts."

Nach § 963 hat der Antragsteller die zur Begründung des Antrags erforderlichen Thatsachen vor der Einleitung des Verfahrens glaubhaft zu machen.

Die §§ 964—966 enthalten Vorschriften über den Inhalt des Aufgebots, über die Aufgebotsfristen und die Bekanntmachung des Aufgebots.

Nach § 967 kann jeder Antragsberechtigte auch später neben dem Antragsteller oder statt desselben in das Verfahren eintreten.

Ueber das Verfahren werden folgende Vorschriften gegeben:

§ 968. „Das Gericht hat unter Benutzung der in dem Antrag angegebenen Thatsachen und Beweismittel von Amtswegen die zur Feststellung des Sachverhalts erforderlichen Ermittelungen zu veranstalten und die geeignet erscheinenden Beweise aufzunehmen."

§ 969. „Wird derjenige, welcher sich als der angeblich Verschollene meldet, als solcher von dem Antragsteller nicht anerkannt, so ist das Verfahren auszusetzen."

§. 14.

Die Todeserklärung ist zulässig, wenn seit zehn Jahren keine Nachricht von dem Leben des Verschollenen eingegangen ist. Sie darf nicht vor dem Schlusse des Jahres erfolgen, in welchem der Verschollene das einunddreißigste Lebensjahr vollendet haben würde.

Ein Verschollener, der das siebzigste Lebensjahr vollendet haben würde, kann für todt erklärt werden, wenn seit fünf Jahren keine Nachricht von seinem Leben eingegangen ist.

Der Zeitraum von zehn oder fünf Jahren beginnt mit dem Schlusse des letzten Jahres, in welchem der Verschollene den vorhandenen Nachrichten zufolge noch gelebt hat.

---

§ 970. „Das Gericht hat die Todeserklärung nur auszusprechen, wenn die zur Begründung derselben erforderlichen Thatsachen für erwiesen erachtet werden.

In dem Urtheil ist der Zeitpunkt des Todes nach Maßgabe des § 18 Abs. 2 des bürgerlichen Gesetzbuchs festzustellen."

Der § 971 giebt Vorschriften über die Kosten des Verfahrens, der § 972 über die Verbindung mehrerer Aufgebotsverfahren. Die §§ 973—976 handeln von der Anfechtungklage.

§ 13.

E. I §§ 5, 10, 20; II § 2 Abs. 1 Satz 1, § 6 rev. § 13; III § 13. P. I S. 25, 28, 36, 37, 11489—11492; M. I S. 33 ff., 41, 42, 46, 47. P. II S. 18—20, 29, 30, 37, 8172—8174, 8183, 8184, 8197—8201 (Bd. I S. 4—6, 10, 11, 14). D. S. 607.

1. Nach § 5 des E. I sollte nur ein Deutscher für todt erklärt werden können. Der § 13 hat diese Beschränkung nicht aufgenommen. In dem Art. 9 Abs. 1 des E.G. wird aber bestimmt, daß ein Verschollener im Inlande nach den deutschen Gesetzen für todt erklärt werden kann, wenn er beim Beginne der Verschollenheit ein Deutscher war. Die Absätze 2 und 3 bestimmen dann, unter welchen Voraussetzungen und mit welchen Wirkungen ein Verschollener, der beim Beginne der Verschollenheit einem fremden Staate angehörte, für todt erklärt werden kann (das Nähere zu Art. 9 des E.G.).

2. Unter einem „Verschollenen" versteht der E. I nach den §§ 6—8 denjenigen, in Betreff dessen die Voraussetzungen vorliegen, unter welchen die Todeserklärung zulässig ist. In dem B.G.B. wird der Begriff der Verschollenheit wie die §§ 14—17 ergeben, in einem anderen Sinne gebraucht. Die Verschollenheit muß nach diesen Vorschriften während der darin näher bestimmten Zeit gedauert haben. Wann Jemand als verschollen gilt, ist nicht bestimmt. Es wird darunter also dasjenige zu verstehen sein, was nach dem Sprachgebrauche des gewöhnlichen Lebens darunter verstanden wird. Hiernach wird als verschollen derjenige bezeichnet, über dessen Leben oder Tod keine Nachricht vorliegt. Abwesenheit, welche der E. I erforderte, ist nicht unbedingt erforderlich. Denkbar ist, daß Jemand, ohne seinen Wohnsitz zu verlassen, spurlos verschwindet. Für die zur Begründung des Antrags auf Todeserklärung erforderliche Glaubhaftmachung der gesetzlichen Voraussetzungen wird regelmäßig genügen, daß an dem Wohnsitze der betreffenden Person Nachrichten über deren Leben oder Tod fehlen. Hatte sie keinen Wohnsitz, so müssen die Umstände entscheiden, was zur Glaubhaftmachung erforderlich ist; ebenso in den besonderen Fällen der §§ 15—17. Die Todeserklärung selbst kann immer erst erfolgen, wenn in dem Verfahren vor dem zuständigen Gerichte keine Nachricht über Leben oder Tod bekannt geworden ist.

§ 14.

E. I § 6; II § 2 rev. § 14; III § 14. P. I S. 25, 6149—6151, 6185; M. I S. 37, 38. P. II S. 18—20, 8332—8338 (Bd. I S. 4—6). D. S. 607.

1. Die Todeserklärung ist regelmäßig zulässig, wenn seit dem Schlusse des Jahres, in welchem der Verschollene, nach den letzten Nachrichten, noch gelebt hat, zehn Jahre verstrichen sind. Unter den „letzten Nachrichten" sind nicht die zuletzt eingegangenen Nachrichten zu verstehen, sondern, wie aus Abs. 3 erhellt, diejenigen Nachrichten, welche den spätesten Zeitpunkt bezeichnen, in welchem der Verschollene noch gelebt hat. Hat z. B. nach den im Jahre 1901 eingegangenen Nachrichten ein Verschollener noch am 1. Oktober 1900 gelebt, während die im Jahre 1902 eingelaufenen Nachrichten bekunden, daß er im Dezember 1899 gelebt habe, so ist nicht diese zuletzt eingegangene Nachricht, sondern die frühere maßgebend, weil nach dieser der

§. 15.

Wer als Angehöriger einer bewaffneten Macht an einem Kriege Theil genommen hat, während des Krieges vermißt worden und seitdem verschollen ist, kann für todt erklärt werden, wenn seit dem Friedensschlusse drei Jahre verstrichen sind. Hat ein Friedensschluß nicht stattgefunden, so beginnt der dreijährige Zeitraum mit dem Schlusse des Jahres, in welchem der Krieg beendigt worden ist.

Als Angehöriger einer bewaffneten Macht gilt auch derjenige, welcher sich in einem Amts- oder Dienstverhältniß oder zum Zwecke freiwilliger Hülfeleistung bei der bewaffneten Macht befindet.

Verschollene noch zu einem späteren Zeitpunkte nämlich am 1. Oktober 1900, gelebt hat. Der Zeitraum von zehn Jahren wird also vom Schlusse des Jahres 1900 an berechnet und ist daher mit dem Schlusse des Jahres 1910 abgelaufen.

2. Eine Modifikation dieser Regel tritt ein, wenn der Verschollene am Schlusse des Jahres, in welchem er den letzten Nachrichten zufolge noch gelebt hat, noch nicht das einundzwanzigste Jahr vollendet haben würde. Die Todeserklärung darf in solchem Falle nicht vor Schluß des Jahres erfolgen, in welchem der Verschollene das einunddreißigste Lebensjahr vollendet haben würde. War also z. B. der Verschollene, der nach den letzten Nachrichten noch am ersten Oktober 1900 gelebt hat, in diesem Zeitpunkt erst 10 Jahre alt, so kann er nicht vor dem Schlusse desjenigen Jahres, in welchem er das einunddreißigste Lebensjahr vollendet haben würde, also, wenn er am 1. Oktober 1900 zehn Jahre alt geworden wäre, nicht vor dem Schlusse des Jahres 1921 für todt erklärt werden. Auf die Berechnung des einunddreißigsten Lebensjahres finden die Vorschriften der §§ 187 Abs. 2, 188 Anwendung. Fiele also z. B. der Geburtstag des Verschollenen auf den 1. Januar 1900, so würde er mit dem Schlusse des Jahres 1930 das einunddreißigste Lebensjahr vollendet haben und könnte also im Jahre 1931 für todt erklärt werden.

3. Eine weitere Modifikation tritt ein, wenn der Verschollene das siebzigste Lebensjahr vollendet haben würde. Auf die Berechnung des siebzigsten Jahres finden ebenfalls die Vorschriften der §§ 187 Abs. 2, 188 Anwendung. Hier genügt fünfjährige Verschollenheit, d. h. der Verschollene kann auch, wenn noch keine zehn Jahre seit dem Schlusse desjenigen Jahres abgelaufen sind, in welchem er nach den letzten Nachrichten noch gelebt hat, dann für todt erklärt werden, wenn seit diesem Zeitpunkte mindestens fünf Jahre verstrichen sind und der Verschollene zugleich vor oder in diesem Zeitpunkte das siebzigste Lebensjahr vollendet haben würde. Tritt die Vollendung des siebzigsten Lebensjahres erst später ein, so ist die Todeserklärung erst nach dem Zeitpunkte zulässig, in welchem er das siebzigste Lebensjahr vollendet haben würde. Wäre also in dem obigen Beispielsfalle der Verschollene am 1. Oktober 1900 schon siebzig Jahre alt gewesen, so würde die Todeserklärung schon mit dem Schlusse des Jahres 1905 zulässig sein. Das Gleiche gilt, wenn er vor dem Schlusse des Jahres 1905 das siebzigste Lebensjahr vollendet haben würde. Hätte er dieses Lebensjahr aber erst nach dem Schlusse des Jahres 1905 vollendet, also z. B. am 1. Juli 1907, so würde er erst nach diesem Zeitpunkte für todt erklärt werden können.

§ 15.

E. I § 7; II § 3 rev. § 15; III § 15. P. I S. 25, 26; M. I S. 38 ff. P. II S. 21—23 (Bd. I S. 6, 7). D. S. 607.

1. Der § 7 des E. I beschränkte die Vorschrift über Kriegsverschollenheit auf den Fall, daß Jemand mit der bewaffneten Macht des Deuschen Reichs in den Krieg gezogen ist. Von der zweiten Kommission ist diese Beschränkung aufgegeben; die Vorschrift des § 15 findet in allen Fällen Anwendung, in welchen Jemand als Angehöriger einer bewaffneten Macht an einem Kriege Theil genommen hat, also auch dann, wenn er Angehöriger der bewaffneten Macht eines auswärtigen Staates war und als solcher an einem Kriege dieses Staates Theil genommen hat. Wer zur bewaffneten Macht des Deutschen Reichs gehört, ergiebt sich aus dem § 2 des Ges. betr. die Verpflichtung zum Kriegsdienste v. 9. Nov. 1867 in Verbindung mit dem M.Str.G.B. für das Deutsche Reich v. 20. Juni 1872 § 4 und Anlagen, dem R.M.G. v. 2. Mai 1874 § 38 und dem Ges. über den Landsturm v. 12. Febr. 1875. Wer zur bewaffneten Macht eines auswärtigen Staates gehört, ist aus dessen Gesetzen zu entnehmen.

2. Vermißt ist Jemand, wenn über sein Verbleiben an derjenigen Stelle keine Nachricht vorliegt, bei welcher eine solche nach dem gewöhnlichen Laufe der Dinge vorhanden sein müßte. Seitdem muß er verschollen sein, d. h. jede Nachricht über Leben oder Tod fehlen. Der E. I

§. 16.

Wer sich bei einer Seefahrt auf einem während der Fahrt untergegangenen Fahrzeuge befunden hat und seit dem Untergange des Fahrzeugs verschollen ist, kann für todt erklärt werden, wenn seit dem Untergang ein Jahr verstrichen ist.

Der Untergang des Fahrzeugs wird vermuthet, wenn es an dem Orte seiner Bestimmung nicht eingetroffen oder in Ermangelung eines festen Reiseziels nicht zurückgekehrt ist und wenn

bei Fahrten innerhalb der Ostsee ein Jahr,

bei Fahrten innerhalb anderer europäischer Meere, mit Einschluß sämmtlicher Theile des Mittelländischen, Schwarzen und Azowschen Meeres, zwei Jahre,

bei Fahrten, die über außereuropäische Meere führen, drei Jahre

seit dem Antritte der Reise verstrichen sind. Sind Nachrichten über das Fahrzeug eingegangen, so ist der Ablauf des Zeitraums erforderlich, der verstrichen sein müßte, wenn das Fahrzeug von dem Orte abgegangen wäre, an dem es sich den Nachrichten zufolge zuletzt befunden hat.

---

verlangt, daß keine Nachricht vorliege, daß der Vermißte nach dem Friedensschlusse noch gelebt habe. Nach dem B.G.B. ist erforderlich, daß auch keine Nachricht vorliegt, daß der Vermißte vor dem Friedensschlusse noch gelebt hat. Ist eine solche Nachricht vorhanden, z. B. daß der Vermißte in Gefangenschaft gerathen ist, so ist die Todeserklärung nur zulässig, wenn nach diesem Zeitpunkt ein Vermißtsein eingetreten ist.

3. Der E. I forderte den Ablauf von drei Jahren nach dem Friedensschlusse. Das B.G.B. berücksichtigt auch den Fall, wenn ein Friedensschluß nicht stattgefunden hat, und bestimmt, daß in diesem Falle der dreijährige Zeitraum mit dem Schlusse des Jahres beginnt, in welchem der Krieg beendigt worden ist. Wann die Beendigung anzunehmen ist, muß aus den Umständen entnommen werden.

§ 16.

E. I § 8; II § 4 rev. § 16; III § 16. P. I S. 26, 27; M. I S. 39 ff. P. II S. 23—26, 8338 (Bd. I S. 7—9). D. S. 607.

1. Ist Nachricht vorhanden, daß derjenige, welcher bei dem Untergange des Fahrzeugs auf diesem sich befand, nach dem Untergange noch gelebt hat, so findet der § 16 Abs. 1 keine Anwendung. Geht die Nachricht etwa dahin, daß er nach dem Untergange des Fahrzeugs noch lebend sich in einem Boote befunden hat, so ist das Schicksal dieses Bootes entscheidend und die Zulässigkeit der Todeserklärung auf Grund des § 16 davon abhängig, ob das Boot untergegangen oder nach § 16 Abs. 2 als untergegangen zu vermuthen ist.

2. Nach dem Wortlaute des § 16 Abs. 1 würde dessen Vorschrift nicht zutreffen, wenn das Fahrzeug zwar den Hafen verlassen hat, um eine Seefahrt anzutreten, aber, ehe es die See erreichte, auf dem den Zugang zur See bildenden Flusse, etwa in der Mündung desselben, untergegangen ist oder wenn es bei der Rückkehr von einer Seereise aus der offenen See schon in die Mündung des Flusses gelangt ist und dort seinen Untergang gefunden hat. Die Worte „bei einer Seefahrt" im Abs. 1 dürften indessen in einem weiteren, der Auffassung des Lebens entsprechenden Sinne zu verstehen sein, nach welchem die Seefahrt in den gedachten Fällen schon mit dem Verlassen des Hafens beginnt und erst mit der Rückkehr in denselben endet. Hiernach wird auch im Abs. 2 unter „Antritt der Reise" der Zeitpunkt zu verstehen sein, in welchem das Fahrzeug den Hafen verlassen hat, auch wenn es noch nicht sofort in die offene See gelangt ist. Wäre der Ausdruck „bei einer Seefahrt" im engeren Sinne zu verstehen, so würde, wenn das Fahrzeug in der Mündung des Flusses untergegangen wäre, nicht der § 16, sondern der § 17 zur Anwendung kommen und die Todeserklärung daher nicht schon nach einem Jahre nach dem Untergange, sondern erst nach drei Jahren zulässig sein. Dieses Ergebniß ist unvermeidlich, wenn es sich überhaupt nicht um eine Seefahrt, sondern nur um eine Fahrt auf einem Flusse handelt. Die Inkongruenz, die darin liegt, daß hier eine längere Dauer der Verschollenheit erfordert wird wie bei einer Seefahrt, erklärt sich daraus, daß man besondere Vorschriften über die Zulässigkeit der Todeserklärung im Falle des Unterganges eines Fahrzeugs auf einem Flusse deshalb nicht für erforderlich gehalten hat, weil sich in solchem Falle das Leben oder der Tod derjenigen Personen, die sich auf dem Fahrzeuge befunden haben, regelmäßig ohne Schwierigkeit feststellen läßt.

3. Steht der Untergang des Fahrzeugs nicht fest, so greift die im Abs. 2 be-

§. 17.

Wer unter anderen als den in den §§. 15, 16 bezeichneten Umständen in eine Lebensgefahr gerathen und seitdem verschollen ist, kann für todt erklärt werden, wenn seit dem Ereignisse, durch welches die Lebensgefahr entstanden ist, drei Jahre verstrichen sind.

---

stimmte Vermuthung Platz. In solchem Falle ist die Todeserklärung erst zulässig, wenn der im Abs. 2 bestimmte Zeitraum und nach dessen Ablaufe das im Abs. 1 bestimmte eine Jahr verstrichen ist. Der letzte Satz des Paragraphen findet nicht nur dann Anwendung, wenn die eingegangene Nachricht dahin geht, daß das Schiff sich in einem Hafen befunden hat, sondern auch dann, wenn es auf offener See angesprochen ist. So wird z. B. der Untergang eines Fahrzeugs, das von Amerika nach Hamburg abgegangen, dort aber nicht eingetroffen ist, falls es in der Nordsee angesprochen worden, schon dann vermuthet, wenn zwei Jahre nach dem Zeitpunkt abgelaufen sind, in welchem das Fahrzeug angesprochen worden ist.

4. Auf die Berechnung der in den Abs. 1 und 2 bestimmten Zeiträume finden die §§ 187 Abs. 1, 188 Anwendung. Der Tag des Unterganges des Fahrzeugs und des Antritts der Reise wird also nicht mitgerechnet. Nur wenn der im Abs. 1 bestimmte Zeitraum dem im Abs. 2 bestimmten hinzu gerechnet werden muß, findet, da der letztere mit dem Schlusse eines Tages endet, der erstere also mit dem Beginne des folgenden Tages anfängt, die Vorschrift des § 187 Abs. 2 Anwendung.

§ 17.

E. II § 5 rev. § 17; III § 17. P. II S. 26—29, 8338, 8339. (Bd. I S. 9, 10). D. S. 607.

1. Der § 17 ist erst von der zweiten Kommission hinzugefügt worden. Der Brand des Ringtheaters in Wien, der in Oesterreich ein besonderes Gesetz veranlaßte, gab dazu vielleicht den Anstoß. Der Paragraph beschränkt sich aber keineswegs auf derartige Ereignisse, sondern greift viel weiter. Nicht erforderlich ist, daß der Verschollene von einem Unfalle betroffen ist oder daß überhaupt ein Unfall stattgefunden hat. Ein hierauf gerichteter Antrag wurde abgelehnt, weil durch die Vorschrift auch solche Fälle gedeckt werden sollten, in welchen ein Unfall nicht nachgewiesen werden kann, aber feststeht, daß der Verschollene in einer mit Lebensgefahr verbundenen Lage gewesen ist, und später jede Nachricht von ihm fehlt. Ein Fall dieser Art liegt z. B. vor, wenn der Verschollene die mit Lebensgefahr verbundene Besteigung eines hohen Berges unternommen hat und nachher jede Nachricht von ihm fehlt. Auch die Fälle der mit Lebensgefahr verbundenen Durchquerung eines unbekannten Landes oder eine Nordpolexpedition wie die Nansensche gehören hierher. Wann eine Lebensgefahr im Sinne des § 17 anzunehmen ist, muß aus den Umständen des Falles entnommen werden. Selbstverständlich genügt nicht eine Lebensgefahr, wie sie in gewissem Sinne im gewöhnlichen Leben z. B. bei jeder Eisenbahnfahrt vorliegt; vielmehr muß die Gefahr eine außergewöhnliche sein, bei einer Eisenbahnfahrt also hinzukommen, daß der Zug, auf dem der Verschollene sich befunden hat, verunglückt ist.

2. Die Berechnung des dreijährigen Zeitraums, der nach dem Ereignisse, durch welches die Lebensgefahr entstanden ist, abgelaufen sein muß, bietet keine Schwierigkeit, wenn ein bestimmter Zeitpunkt feststeht, in welchem das Ereigniß stattgefunden hat, wie dies z. B. bei einem Theaterbrande der Fall ist. Das Ende des Ereignisses, also z. B. des Brandes, ist zu Grunde zu legen und der Tag, an welchem das Ereigniß sein Ende erreicht hat, nach § 187 Abs. 1 und § 188 nicht mitzurechnen. Zweifel entstehen, wenn die Lebensgefahr sich über einen längeren Zeitraum erstreckt, z. B. bei der Besteigung eines Berges oder bei einer gefahrvollen Reise. Hier wird man den im § 16 Abs. 2 zu Grunde liegenden Gedanken analog anzuwenden haben. Man wird zunächst den Zeitpunkt ermitteln müssen, in welchem der Verschollene von dem mit Lebensgefahr verbundenen Unternehmen, wenn er dabei nicht umgekommen wäre, voraussichtlich spätestens zurückgekehrt sein würde oder in dem man doch Nachricht von ihm hätte erhalten müssen. In dem § 16 Abs. 2 ist dieser Zeitpunkt für den dort fraglichen Fall durch positive Vorschrift bestimmt. Eine solche Vorschrift fehlt hier und konnte bei der Verschiedenheit der Fälle nicht gegeben werden. Die Umstände des einzelnen Falles müssen also entscheiden, welcher Zeitpunkt anzunehmen ist. Bei einer Bergbesteigung werden es wenige Tage sein, nach deren Ablaufe Nachricht von dem Verschollenen hätte eintreffen müssen. Bei einer Nordpolexpedition, wie die Nansensche, würde, wenn das Fahrzeug, auf welchem sich Nansen befunden, zurückgekehrt und festgestellt wäre, daß Nansen das Schiff verlassen, der § 16 also nicht zur Anwendung käme, nach den Umständen des Falles ermessen werden müssen, binnen welcher Zeit spätestens Nachrichten von Nansen eingetroffen sein müßten, wenn er nicht umgekommen wäre. Von dem in dieser Art ermittelten Zeitpunkt an läuft dann die dreijährige Frist, nach der die Todeserklärung zulässig ist.

§. 18.

Die Todeserklärung begründet die Vermuthung, daß der Verschollene in dem Zeitpunkte gestorben sei, welcher in dem die Todeserklärung aussprechenden Urtheile festgestellt ist.

Als Zeitpunkt des Todes ist, sofern nicht die Ermittelungen ein Anderes ergeben, anzunehmen:

in den Fällen des §. 14 der Zeitpunkt, in welchem die Todeserklärung zulässig geworden ist;

in den Fällen des §. 15 der Zeitpunkt des Friedensschlusses oder der Schluß des Jahres, in welchem der Krieg beendigt worden ist;

in den Fällen des §. 16 der Zeitpunkt, in welchem das Fahrzeug untergegangen ist oder von welchem an der Untergang vermuthet wird;

in den Fällen des §. 17 der Zeitpunkt, in welchem das Ereigniß stattgefunden hat.

Ist die Todeszeit nur dem Tage nach festgestellt, so gilt das Ende des Tages als Zeitpunkt des Todes.

---

§ 18.

E. I § 21; II § 7 rev. § 18; III § 18. P. I S. 37—39; M. I S. 47 ff. P. II S. 45—53 8339, 8340 (Bd. I S. 18—22). D. S. 607.

1. Das Gericht hat nach dem § 968 der C.P.O. von Amtswegen die zur Festellung des Thatbestandes erforderlichen Ermittelungen vorzunehmen und nach § 970 der C.P.O. die Todeserklärung nur dann auszusprechen, wenn die zur Begründung derselben erforderlichen Thatsachen für bewiesen erachtet werden. Die betreffenden Thatsachen müssen also bewiesen, nicht blos glaubhaft gemacht sein. Durch die Fassung soll aber zugleich ausgedrückt werden, daß es darauf ankommt, ob zur Zeit des Urtheils die Voraussetzungen für die Zulässigkeit der Todeserklärung vorliegen, und daß das Gericht nicht an die in dem Antrag auf Todeserklärung angeführten Thatsachen gebunden ist, sondern das Ergebniß der amtlichen Ermittelungen zu Grunde zu legen hat. (P. II S. 55.) Ist also z. B. im Laufe des Verfahrens ermittelt, daß der Verschollene noch in einem späteren Zeitpunkt, als in dem Antrag angegeben, gelebt habe, so hat die Todeserklärung im Falle des § 14 doch zu erfolgen, wenn zur Zeit der Urtheilsfällung zehn Jahre seit diesem späteren Zeitpunkt abgelaufen sind. Der Zweifel, ob der zehnjährige Zeitraum nicht schon zur Zeit des Aufgebots abgelaufen sein muß, dürfte nicht begründet sein.

2. Nach § 21 des E. I sollte das ergehende Urtheil konstitutive Wirkung haben, jedoch nur in dem beschränkten Maße, daß die Vermuthung begründet wurde, daß der Verschollene den Zeitpunkt der Erlassung des Urtheils nicht überlebt habe. Nur in Betreff seiner Beerbung sollte der Zeitpunkt des Urtheils auch positiv als Zeitpunkt des Todes vermuthet werden. Von der zweiten Kommission wurden die gegen diese Gestaltung von verschiedenen Seiten geltend gemachten Bedenken für überwiegend erachtet. Man ging davon aus, daß es einerseits dringend wünschenswerth sei, als Zeitpunkt des Todes einen solchen Zeitpunkt zu bestimmen, der der Wirklichkeit möglichst nahe komme, und die Bestimmung dieses Zeitpunkts so zu regeln, daß dem Zufall und dem Verhalten der Betheiligten ein möglichst geringer Spielraum gelassen werde und daß andererseits der festzustellende Zeitpunkt für alle von dem Tode abhängenden Verhältnisse maßgebend sein müsse. Der § 18 stellt deshalb folgende Grundsätze auf:

a) Nicht der Zeitpunkt der Erlassung des Urtheils ist entscheidend, sondern in dem Urtheil ist der Zeitpunkt des Todes festzustellen.

b) Diese Feststellung hat nach Maßgabe der Vorschriften des Abs. 2 zu erfolgen.

c) Die Todeserklärung begründet die Vermuthung, daß der Verschollene zu der in dem Urtheile bestimmten Zeit gestorben sei. Daraus ergiebt sich dann von selbst die Vermuthung, daß der Verschollene bis zu dieser Zeit gelebt habe.

d) Das Urtheil wirkt für und gegen alle.

Mit Rücksicht auf diese weitgreifenden Wirkungen der Todeserklärung ist eine Ausdehnung der Anfechtungsklage in Aussicht genommen. Sie soll nach § 973 außer in den Fällen des § 957 Abs. 2 auch zulässig sein, wenn die Todeserklärung mit Unrecht erfolgt oder der Zeitpunkt des Todes des Verschollenen unrichtig festgestellt ist. Zur Erhebung der Anfechtungs=

klage ist nach § 974 Jeder berechtigt, der an der Aufhebung des Urtheils oder der Berichtigung des Zeitpunkts des Todes ein rechtliches Interesse hat. Das auf die Anfechtungsklage ergehende abändernde Urtheil wirkt nach § 976 Abs. 3 für und gegen alle.

3. Der **Gegenbeweis**, welcher gegen die durch das Urtheil begründete Vermuthung zulässig ist, kann sowohl dahin gehen, daß der Verschollene zu einem bestimmten anderen Zeitpunkt als dem in dem Urtheile festgestellten gestorben sei, als auch nur dahin, daß der Verschollene den festgestellten Zeitpunkt überlebt habe. Auch im letzteren Falle ist die durch das Urtheil begründete Vermuthung widerlegt, und über den Zeitpunkt des Todes besteht dann dieselbe Ungewißheit wie vor der Todeserklärung. Der Gegenbeweis gegen die durch das Urtheil begründete Vermuthung hat aber nur Wirkung für den Prozeß, in welchem der Gegenbeweis geführt wurde. Für andere Personen als die Prozeßpartei bleibt die durch die Todeserklärung begründete Vermuthung bestehen.

4. Als **Zeitpunkt des Todes** ist, wenn sich aus den Ermitteluugen ein bestimmter Zeitpunkt ergiebt, dieser festzustellen. Die Vorschriften der §§ 14—17 kommen dann nicht in Betracht. Zu beachten ist dabei indessen, daß in der Feststellung, daß der Verschollene zu einer bestimmten Zeit gestorben sei, zugleich die Feststellung liegt, daß er bis zu dieser Zeit gelebt habe und daß sich hieraus möglicherweise die Unzulässigkeit der Todeserklärung ergeben kann. Wenn z. B. im Falle des § 14 Abs. 1 die Ermittelungen ergeben, daß der Verschollene noch zu einer Zeit gelebt habe, welche nicht zehn Jahre vor der Erlassung des Urtheils zurückliegt, so kann die Todeserklärung, auch wenn ermittelt ist, daß der Verschollene zu einer bestimmten späteren Zeit gestorben sei, nicht erfolgen, weil die Voraussetzungen für die Zulässigkeit der Todeserklärung überhaupt fehlen. Die in dem Verfahren erfolgte Ermittelung ist nur maßgebend für den Zeitpunkt des Todes; die Zulässigkeit des Verfahrens und der Todeserklärung überhaupt hängt von den in den §§ 14—17 bestimmten Voraussetzungen ab. Daß für die Beurtheilung der Zulässigkeit der Todeserklärung nicht der Zeitpunkt des Antrags oder des Aufgebots, sondern der Zeitpunkt des Urtheils maßgebend ist, wurde schon oben unter Nr. 1 hervorgehoben.

5. Ist der Tag des Todes ermittelt, **nicht aber die genauere Zeit**, so ist der Tag als Zeitpunkt des Todes festzustellen und gilt nach § 18 Abs. 3 das Ende des Tages als Zeit des Todes. Ist nur ermittelt, daß der Tod innerhalb eines mehrere Tage umfassenden Zeitraums erfolgt ist, so wird der letzte Tag dieses Zeitraums als Tag des Todes festzustellen sein. Ist die Zeit des Todes nicht ermittelt, so ist im Falle des § 14 regelmäßig das Ende des zehnjährigen Zeitraums als Zeit des Todes zu bestimmen. War der Verschollene zu dieser Zeit noch nicht einunddreißig Jahre alt, so ist das Ende des Jahres, in welchem der Verschollene das einunddreißigste Lebensjahr vollendet haben würde, als Zeitpunkt des Todes zu bestimmen. Im Falle des § 14 Abs. 2 ist der zu bestimmende Zeitpunkt das Ende des fünfjährigen Zeitraums und, wenn der Verschollene zu dieser Zeit das siebzigste Lebensjahr noch nicht vollendet haben würde, das Ende des siebzigsten Lebensjahrs.

Im Falle des § 15 ist nicht der Ablauf der Frist maßgebend, sondern der Zeitpunkt des Friedensschlusses und, wenn ein Friede nicht geschlossen ist, der Schluß des Jahres maßgebend, in welchem der Krieg beendet ist. Der Zeitpunkt des Friedensschlusses wird regelmäßig nur dem Tage nach zu bestimmen sein; es findet dann § 18 Abs. 3 Anwendung.

Im Falle des § 16 ist als Zeitpunkt des Todes der Zeitpunkt des Unterganges des Fahrzeugs zu bestimmen und, wenn nur festgestellt ist, daß das Fahrzeug innerhalb eines Zeitraums von mehreren Tagen untergegangen ist, der letzte Tag dieses Zeitraums. Ist der Zeitpunkt des Unterganges nicht festgestellt, so ist der Schluß des im Abs. 2 bestimmten Zeitraums maßgebend.

Im Falle des § 17 ist, wenn das Ereigniß, durch welches die Lebensgefahr entstand, sich durch eine längere Zeit hinzieht, der letzte Tag dieses Zeitraums als Zeitpunkt des Todes zu bestimmen. Ueber die Feststellung der Dauer des Ereignisses s. d. Erl. zu § 17.

6. In einer Reihe von Fällen **beschränkt sich** die Wirkung der Todeserklärung **nicht** auf die im § 18 bestimmte Todesvermuthung. Es handelt sich in diesen Fällen um **familienrechtliche Verhältnisse**, in denen die Ungewißheit, die mit einer Vermuthung wegen der Möglichkeit des Gegenbeweises sich verbindet, für so erheblich erachtet ist, daß man vorgezogen hat, durch die Todeserklärung eine definitive Aenderung des betreffenden Rechtsverhältnisses eintreten zu lassen.

In Betracht kommt zunächst die Wirkung, welche die Todeserklärung hat, wenn der Ehegatte des für todt Erklärten eine neue Ehe eingeht. Nach den §§ 1348—1350 wird in solchem Falle, unter den in diesen Paragraphen bestimmten Voraussetzungen, die frühere Ehe aufgelöst und ist die neue Ehe gültig.

Ferner endigt nach § 1420 die Verwaltung und Nutznießung des Ehemanns, wenn derselbe für todt erklärt wird, mit dem Zeitpunkte, der als Zeitpunkt seines Todes gilt; ebenso

§. 19.

Solange nicht die Todeserklärung erfolgt ist, wird das Fortleben des Verschollenen bis zu dem Zeitpunkte vermuthet, der nach §. 18 Abs. 2 in Ermangelung eines anderen Ergebnisses der Ermittelungen als Zeitpunkt des Todes anzunehmen ist; die Vorschrift des §. 18 Abs. 3 findet entsprechende Anwendung.

---

nach § 1494 die fortgesetzte Gütergemeinschaft, wenn der überlebende Ehegatte für todt erklärt wird, und nach § 1544 die Errungenschaftsgemeinschaft, wenn einer der Ehegatten für todt erklärt wird. In dem Falle des § 1420 kann der für todt erklärte Ehemann, wenn er noch lebt, die Wiederherstellung der Nutznießung und Verwaltung verlangen; ebenso im Falle des § 1544 der für todt erklärte Ehegatte die Wiederherstellung der Errungenschaftsgemeinschaft. Auch die elterliche Gewalt des Vaters endigt, wenn er für todt erklärt wird, mit dem Zeitpunkte, der als Zeitpunkt seines Todes gilt; doch kann er, wenn er noch lebt, die Wiederherstellung verlangen. Das Gleiche gilt von der Mutter, wenn sie die elterliche Gewalt hat.

In anderen Fällen ist nicht der Zeitpunkt, der nach Maßgabe der Todeserklärung als Zeitpunkt des Todes gilt, sondern der Zeitpunkt der Erlassung des die Todeserklärung aussprechenden Urtheils entscheidend. So endigt mit diesem Zeitpunkte, wenn der Mündel für todt erklärt ist, die Vormundschaft (§ 1884 Abs. 2), wenn der Vormund, der Gegenvormund, der Pfleger oder ein Mitglied des Familienraths für todt erklärt ist, das Amt dieser Personen (§§ 1885, 1878), wenn der Abwesende, für den eine Pflegschaft angeordnet war, für todt erklärt ist, die Pflegschaft (§ 1921 Abs. 3).

§ 19.

E. II § 9 rev. § 19; III § 19. P. II S. 53, 54, 8340 (Bd. I S. 22, 23). D. S. 607.

1. Die durch die Todeserklärung begründete Vermuthung geht nicht nur negativ dahin, daß der Verschollene den in dem Urtheile bestimmten Zeitpunkt nicht überlebt habe, sondern positiv dahin, daß er in diesem Zeitpunkte gestorben sei. Daraus folgt ohne Weiteres, daß er bis zu diesem Zeitpunkte gelebt hat. In Ermangelung einer besonderen Vorschrift würde diese Lebensvermuthung aber nur dann gelten, wenn eine Todeserklärung erfolgt ist. Der § 19 erweitert die Lebensvermuthung auch auf solche Fälle, in denen eine Todeserklärung nicht erfolgt ist. Die Fortdauer des Lebens soll bis zu dem Zeitpunkte vermuthet werden, der nach § 18 Abs. 2 in Ermangelung eines anderen Ergebnisses der Ermittelungen als Zeitpunkt des Todes anzunehmen ist. Die Bedeutung dieser Erweiterung zeigt sich darin, daß, während in dem der Todeserklärung vorangehenden Verfahren von Amtswegen der Thatbestand zu ermitteln ist und nur, wenn diese Ermittelungen eine bestimmte Todeszeit nicht ergeben haben, die subsidiären Vorschriften des § 18 Abs. 2 zur Anwendung kommen, die Lebensvermuthung des § 19 in jedem Prozesse geltend gemacht werden kann, ohne daß ein Offizialverfahren stattgefunden hat und obgleich es nach den Grundsätzen der Verhandlungsmaxime lediglich den Parteien überlassen bleibt, die Thatsache geltend zu machen und zu beweisen, welche für die Anwendung oder Ausschließung der Lebensvermuthung von Bedeutung sind.

2. Die Frage, wem im Falle des § 19 die *Beweislast* obliegt, ob also derjenige, welcher sich auf die Lebensvermuthung beruft, beweisen muß, daß der Zeitpunkt, welcher nach § 18 Abs. 2. in Ermangelung eines anderen Ergebnisses der Ermittelungen als Zeitpunkt des Todes anzunehmen ist, noch nicht eingetreten sei, oder ob dem anderen Theile, um die Lebensvermuthung zu beseitigen, der Beweis obliegt, daß dieser Zeitpunkt eingetreten sei, wird im Sinne der zweiten Alternative zu beantworten sein. Die Vermuthung für das Leben des Verschollenen greift also, ohne daß es eines besonderen Beweises bedarf, Platz, und der andere Theil muß, um sie zu beseitigen, darthun, daß die Voraussetzungen vorliegen, unter welchen nach einer der in dem § 18 Abs. 2 gegebenen Vorschriften der Tod als bereits eingetreten anzunehmen ist. Soweit es im Falle des § 14 darauf ankommt, in welchem Zeitpunkte der Verschollene nach den letzten Nachrichten noch gelebt hat, wird der Beweis, daß die vorliegenden Nachrichten die letzten sind, nach denselben Grundsätzen zu beurtheilen sein, wie in dem Aufgebotsverfahren zum Zwecke der Todeserklärung; es werden also die vorliegenden Nachrichten, sofern nicht neuere beigebracht werden, als die letzten anzusehen sein; jedoch wird sich auch in dieser Beziehung der Unterschied zwischen Offizialmaxime und Verhandlungsmaxime geltend machen.

3. Wird bewiesen, daß der Zeitpunkt eingetreten ist, welcher nach § 18 Abs. 2 als Zeitpunkt des Todes gilt, so wird dadurch *nicht die Vermuthung des Todes in diesem Zeitpunkte begründet*, vielmehr fällt nur die Lebensvermuthung weg. Leben oder Tod sind ungewiß und nach allgemeinen Grundsätzen wird also regelmäßig derjenige, welcher sich auf das Leben beruft, das Leben, derjenige, welcher sich auf den Tod beruft, den Tod zu beweisen haben.

§. 20.

Sind Mehrere in einer gemeinsamen Gefahr umgekommen, so wird vermuthet, daß sie gleichzeitig gestorben seien.

---

§ 20.

E. II § 10 rev. § 20; III § 20. P. II S. 67—69 (Bd. I S. 30, 31).

1. Vorausgesetzt wird, daß feststeht, daß die Mehreren in einer gemeinsamen Gefahr z. B. bei einem Schiffbruch, einem Brande oder einem Eisenbahnunglück umgekommen sind. Abweichend vom gemeinen Rechte wird hier immer vermuthet, daß sie gleichzeitig gestorben sind. Keiner von ihnen hat also den Anderen beerbt.

2. Im P. II. S. 69 ist bemerkt, daß durch die Fassung des § 8a (jetzt § 17) klar zu stellen sei, daß mehrere von demselben Ereignisse betroffene und nach dieser Vorschrift für todt erklärte Personen als gleichzeitig umgekommen vermuthet werden. Dies ist ungenau. Werden mehrere Personen, welche sich in einer gemeinsamen Lebensgefahr befunden haben, nach § 17 für todt erklärt, so ist nach § 18 als Zeitpunkt des Todes, in Ermangelung eines anderen Ergebnisses der Ermittelung, der Zeitpunkt des Ereignisses zu bestimmen, durch welches die Lebensgefahr entstanden ist. Dieser Zeitpunkt ist derselbe für alle Betheiligte. Ist für Jeden aber derselbe Zeitpunkt als Zeitpunkt des Todes in der Todeserklärung bestimmt, so ergiebt sich hieraus ohne Weiteres, daß alle gleichzeitig gestorben sind, und bedarf es der Vermuthung des § 20 nicht. Möglich ist aber, daß die Ermittelungen rücksichtlich eines der Betheiligten einen bestimmten Zeitpunkt des Todes ergeben haben, der nicht mit dem subsidiär anzunehmenden Zeitpunkte des Ereignisses zusammenfällt. Dies kann dann der Fall sein, wenn das Ereigniß, durch das die Lebensgefahr entstanden ist, längere Zeit hindurch gedauert hat. Als Zeitpunkt des Todes ist dann auf Grund der subsidiären Vorschrift der Zeitpunkt des wirklichen oder präsumtiven Endes des Ereignisses zu bestimmen (s. Erl. zu § 17). Wird in Folge hiervon für den Tod des einen Betheiligten auf Grund der stattgehabten Ermittelungen ein anderer Zeitpunkt bestimmt als für die anderen Betheiligten, so gilt auf Grund des § 18 die Vermuthung, daß sie zu diesen verschiedenen Zeiten gestorben sind, und kommt die Vermuthung des § 20 nicht in Betracht. Denkbar ist auch, daß, wenn verschiedene Gerichte über die Todeserklärung mehrerer Personen, die in einer gemeinsamen Lebensgefahr gewesen sind, zu erkennen haben, das eine Gericht den Zeitpunkt des betreffenden Ereignisses auf einen anderen Tag feststellt als das andere Gericht und daß in Folge davon auch der Zeitpunkt des Todes verschieden bestimmt wird. Auch in diesem Falle würde die Vermuthung des § 20 hinter der des § 18 zurückstehen müssen. Ein solches Ergebniß würde allerdings als ein Uebelstand zu betrachten sein, der sich aber, weil er seinen Grund in der Verschiedenheit der zuständigen Gerichte hat, nicht ganz beseitigen läßt. Unter Umständen wird die Vorschrift des § 972 der C.P.O. Abhülfe gewähren, nach welcher die Landesjustizverwaltung die Erledigung der Aufgebotsanträge für mehrere Amtsgerichtsbezirke einem Amtsgericht übertragen kann. Ist für alle Betheiligte dasselbe Amtsgericht zuständig, so wird eine verschiedene Beurtheilung nicht leicht eintreten. Aehnliche Verhältnisse wie die oben dargelegten können übrigens auch in den Fällen der §§ 15, 16 eintreten und werden dann ebenso zu beurtheilen sein.

Zweiter Titel.

Juristische Personen.

I. Vereine.

1. Allgemeine Vorschriften.

Zweiter Titel.

1. Die Ansichten über das Wesen und den Begriff der juristischen Person sind sehr verschieden (s. Windscheid I § 49, 57; Regelsberger I § 75, 76; Dernburg I § 59). Ein näheres Eingehen auf diese Streitfrage ist zum Verständnisse der Vorschriften des B.G.B. nicht erforderlich. Nur folgende Gesichtspunkte sind hervorzuheben:

Charakteristisch für jede juristische Person ist, daß ein Vermögen besteht, welches Zwecken zu dienen bestimmt ist, die über die Sphäre eines einzelnen Menschen hinausreichen und dessen Subjekt daher nicht ein einzelner Mensch ist. Vermögensrechte und Vermögenspflichten können aber nicht begründet, ausgeübt, geändert und aufgehoben werden ohne einen Willen, der für das Vermögen maßgebend ist. Dieser Wille ist regelmäßig der Wille des einzelnen Menschen, welcher Subjekt seines Vermögens ist. Bei einem Vermögen der hier fraglichen Art fehlt dies Subjekt und dessen Wille. An seine Stelle muß deshalb etwas Anderes treten. Dieses Andere müssen auch Menschen sein, da nur diese willensfähig sind. Diejenigen, welche berufen sind, die Willensfunktion für das betreffende Vermögen auszuüben, sind durch den Zweck des Vermögens gebunden. Ob man sie als Vertreter oder Organe einer fingirten Person oder eines subjektlosen, für gewisse Zwecke bestimmten Vermögens, oder ob man sie in ihrer organischen, auf die Erreichung der fraglichen Zwecke gerichteten Verbindung selbst als Subjekte des Vermögens bezeichnen will, ist eine Frage der juristischen Konstruktion, die hier nicht weiter zu erörtern ist. Für das Gesetz ist nur wesentlich, daß eine Organisation bestehen muß, vermöge deren ein für das Vermögen maßgebender Wille vorhanden ist. Mit einer solchen Organisation ist die Möglichkeit gegeben, die bestimmten Zwecke auch dann noch zu verfolgen, wenn kein Vermögen mehr vorhanden ist, indem diejenigen, welche die Willensfunktion auszuüben haben, neues Vermögen erwerben können. So ist der Fortbestand der einmal entstandenen juristischen Person von dem wirklichen Vorhandensein eines Vermögens unabhängig. Das B.G.B. spricht sich über die juristische Konstruktion der juristischen Persönlichkeit nicht aus; es spricht von rechtsfähigen Vereinen und rechtsfähigen Stiftungen, ohne sie näher zu definiren. Die entscheidende Bedeutung der oben hervorgehobenen Gesichtspunkte wird aber in dem B.G.B. dadurch anerkannt, daß in dem § 26 zunächst für Vereine vorgeschrieben ist, daß jeder Verein einen Vorstand haben muß, daß dieser den Verein gerichtlich und außergerichtlich vertritt und daß er die rechtliche Stellung eines gesetzlichen Vertreters hat. Nach § 86 findet diese Vorschrift auf Stiftungen entsprechende Anwendung. Durch den Ausdruck „rechtliche Stellung eines gesetzlichen Vertreters" hat der juristischen Konstruktion nicht vorgegriffen, sondern offen gelassen werden sollen, ob der Verein nicht selbst als willens- und handlungsfähig zu denken ist und in dem Vorstande nur sein Organ hat. Im praktischen Ergebniß ist dies gleichgültig.

2. Aus dem unter Nr. 1 Angeführten ergiebt sich, daß das Wesen der juristischen Persönlichkeit in der Vermögensfähigkeit besteht. Im E. I § 41 war dies ausdrücklich ausgesprochen. Das B.G.B. spricht allgemein von Rechtsfähigkeit. Damit ist ausgedrückt, daß die juristische Person nicht nur Vermögensrechte und Vermögenspflichten, sondern auch andere Rechte und Pflichten haben kann, soweit diese nicht ihrer Natur nach einen einzelnen Menschen als Träger voraussetzen. Dies ist der Fall bei allen familienrechtlichen Verhältnissen; der außer den vermögensrechtlichen Verhältnissen den juristischen Personen offen stehende Rechtskreis ist nur ein sehr kleiner. Zu ihm gehört insbesondere das Recht auf den Namen (s. Erl. zu § 12 Nr. 6). Die Ersetzung der „Vermögensfähigkeit" durch „Rechtsfähigkeit" erfordert keine Aenderung der Organisation, da, wenn einmal eine Organisation geschaffen ist, durch welche die Willensfunktion ausgeübt wird, diese ebensogut für andere wie für vermögensrechtliche Verhältnisse verwendbar ist.

3. Das B.G.B. kennt zwei Arten von juristischen Personen, die Vereine und die Stiftungen. Von den ersteren handelt die erste, von den letzteren die zweite Abtheilung des zweiten Titels. Nur das Rechtsverhältniß der privatrechtlichen juristischen Personen wird in dem B.G.B. geregelt, eine einzelne Vorschrift wird in der dritten Abtheilung dieses Titels auf juristische Personen des öffentlichen Rechtes für anwendbar erklärt.

4. Nach Art. 86 des E.G. bleiben unberührt die landesgesetzlichen Vorschriften, welche den Erwerb von Rechten durch juristische Personen beschränken oder von staatlicher Genehmigung abhängig machen, soweit diese Vorschriften Gegenstände im Werth von mehr als fünftausend Mark betreffen (s. Erl. zu Art. 86 des E.G.).

5. Nach Art. 163 des E.G. finden die Vorschriften des B.G.B. auch auf die zur Zeit des Inkrafttretens des B.G.B. bestehenden juristischen Personen Anwendung. Nach den Art. 164—167 des E.G. bleiben jedoch die Landesgesetze in Kraft für die zur Zeit des Inkrafttretens des B.G.B. bestehenden Realgemeinden und ähnlichen Verbände, für die auf Grund der bayerischen Gesetze betr. die privatrechtliche Stellung der Vereine sowie der Erwerbs- und Wirthschaftsgenossenschaften v. 29. April 1869 und auf Grund des sächsischen Ges. betr. die juristischen Personen v. 15. Juni 1868 zur Zeit des Inkrafttretens des B.G.B. bestehenden Vereine und für die zu dieser Zeit bestehenden landschaftlichen oder ritterschaftlichen Kreditanstalten.

I. Vereine.

1. Allgemeine Vorschriften.

1. Die Frage, auf welchem Wege ein Verein juristische Persönlichkeit erlangt, ist Gegenstand lebhaften Streites sowohl in den Verhandlungen der ersten wie der zweiten Kommission als auch in der Kritik, im Bundesrath und im Reichstage gewesen. Drei Ansichten wurden vertreten. Nach der ersten ist jeder Verein rechtsfähig, der rechtsfähig sein will und sich eine für diesen Zweck geeignete Organisation giebt. Nach der zweiten Ansicht erlangt ein Verein die Rechtsfähigkeit nur durch staatliche Verleihung. Nach der dritten Ansicht kann ein Verein die Rechtsfähigkeit erlangen, wenn er gewisse durch das Gesetz bestimmte Bedingungen erfüllt und in das von einer öffentlichen Behörde geführte Vereinsregister eingetragen wird. In dem bisherigen Rechte herrschte keine Uebereinstimmung. Das gemeine Recht stand früher auf dem Standpunkte der staatlichen Verleihung. In der neueren Praxis ist jedoch mehr und mehr der Gedanke zum Durchbruch gelangt, daß auch solche Vereine, denen die juristische Persönlichkeit nicht verliehen ist, wenigstens in gewissen Beziehungen, insbesondere in Betreff der Prozeßführung, rechtsfähig sind. In Bayern und Sachsen gilt das dritte System. Der E. I hielt bei der politischen Bedeutung, welche die Frage hat, eine reichsrechtliche Regelung für unthunlich und überließ die Entscheidung der Landesgesetzgebung. In der zweiten Kommission überwog die Ansicht, daß das praktische Bedürfniß eine einheitliche reichsrechtliche Regelung erfordere und daß die politischen Bedenken sich durch geeignete Vorschriften für solche Vereine, welche politische, sozialpolitische oder religiöse Zwecke verfolgen, heben lassen. Auf dieser Auffassung beruhen die Vorschriften des B.G.B. Zu Grunde gelegt wird das System der Normativbestimmungen. Als Regel gilt, daß jeder Verein, wenn seine Satzung den gesetzlichen Vorschriften entspricht, die Eintragung in das von den Amtsgerichten zu führende Vereinsregister verlangen kann und durch die Eintragung die Rechtsfähigkeit erlangt (§ 21). Eine Ausnahme gilt für diejenigen Vereine, deren Zweck auf einen wirthschaftlichen Geschäftsbetrieb gerichtet ist. Vereine dieser Art erlangen in Ermangelung besonderer reichsgesetzlicher Vorschriften die Rechtsfähigkeit durch staatliche Verleihung (§ 22). Für die große Mehrzahl derartiger Vereine bestehen indessen besondere reichsgesetzliche Vorschriften. Durch das H.G.B. sind die handelsrechtlichen Vereinigungen geregelt und ist deren Gebiet, nach dem neuen H.G.B., noch erweitert worden. Ferner bestehen besondere Reichsgesetze über die Erwerbs- und Wirthschaftsgenossenschaften, die eingeschriebenen Hülfskassen, die Innungen, die Krankenkassen, die Berufsgenossenschaften zum Zwecke der Unfallversicherung und die Gesellschaften mit beschränkter Haftung. Allen diesen Gesetzen liegt das System der Eintragung und der Normativbestimmungen zu Grunde. Staatliche Verleihung der Rechtsfähigkeit ist für Innungsverbände durch § 104 h der G.O. und für Kolonialgesellschaften durch § 8 des Ges. betr. die Rechtsverhältnisse der deutschen Schutzgebiete v. 15. März 1888 vorgeschrieben. Sofern ein Verein, dessen Zweck auf einen wirthschaftlichen Geschäftsbetrieb gerichtet ist, unter die gedachten Reichsgesetze fällt, entscheiden lediglich diese; anderenfalls kann er nach § 22 des B.G.B. die Rechtsfähigkeit nur durch staatliche Verleihung erlangen. Die Regel, daß Vereine, deren Zweck nicht auf einen wirthschaftlichen Geschäftsbetrieb gerichtet ist, die Rechtsfähigkeit durch Eintragung in das Vereinsregister erlangen, gilt auch für Vereine, welche politische, sozialpolitische oder religiöse Zwecke verfolgen; doch ist für diese das Recht, die Eintragung zu verlangen, durch die Vorschrift beschränkt, daß der Verwaltungsbehörde ein Einspruchsrecht gegen die Eintragung zusteht (§§ 61—63). Ein gleiches Einspruchsrecht steht der Verwaltungsbehörde gegen die Eintragung jedes Vereins zu, der nach dem öffentlichen Vereinsrecht unerlaubt ist oder verboten werden kann. Die Regel, daß Vereine die Rechtsfähigkeit durch Eintragung in das Vereinsregister erlangen, ist dahin zu verstehen, daß nur auf diesem Wege, nicht etwa auch durch staatliche Verleihung die Rechtsfähigkeit erlangt werden kann.

§. 21.

Ein Verein, dessen Zweck nicht auf einen wirthschaftlichen Geschäftsbetrieb gerichtet ist, erlangt Rechtsfähigkeit durch Eintragung in das Vereinsregister des zuständigen Amtsgerichts.

Nur für einen Verein, der seinen Sitz nicht in einem Bundesstaate hat, gilt hiervon nach § 23 eine Ausnahme.

2. Nur das privatrechtliche Verhältniß der Vereine wird durch das B.G.B. geordnet. Nicht dadurch berührt wird das öffentliche Vereinsrecht. Zu diesen gehören auch die Vorschriften, welche die Beaufsichtigung der Vereine im öffentlichen Interesse betreffen. Im Art. 49 des von der ersten Kommission ausgearbeiteten Entwurfs des E.G. war ausdrücklich bestimmt, daß die landesgesetzlichen Vorschriften unberührt bleiben, welche die Verwaltung und Beaufsichtigung juristischer Personen betreffen. Von der zweiten Kommission ist dieser Satz gestrichen. Anfangs war er nur insoweit weggelassen, als er sich auf die Verwaltung bezieht, weil in dieser Beziehung den Landesgesetzen kein Spielraum gelassen werden sollte. In Betreff der Beaufsichtigung sollte er bestehen bleiben, weil diese wesentlich dem öffentlichen Rechte angehört und Zweifel darüber abgeschnitten werden sollten, ob im einzelnen Falle eine die Beaufsichtigung betreffende Vorschrift dem öffentlichen Rechte angehöre oder nicht. (P. II S. 8839 ff.) Später ist der Vorbehalt in Betreff der Beaufsichtigung weggelassen. (P. II S. 9203.) Hiernach ist im einzelnen Falle zu untersuchen, ob eine die Beaufsichtigung betreffende Vorschrift dem öffentlichen Rechte angehört. Ist dies der Fall, so wird sie durch das B.G.B. nicht berührt; andernfalls tritt sie außer Kraft. In der Regel wird die Frage zu bejahen sein.

Ein weiterer Spielraum ist den Landesgesetzen in Beziehung auf diejenigen Vereine gewährt, deren Rechtsfähigkeit auf staatlicher Verleihung beruht, indem die landesgesetzlichen Vorschriften über die Verfassung solcher Vereine nach Art. 82 des E.G. unberührt bleiben. Unberührt bleiben nach Art. 84 des E.G. ferner die landesgesetzlichen Vorschriften, nach welchen eine Religionsgesellschaft oder eine geistliche Gesellschaft Rechtsfähigkeit nur durch Gesetz erlangen kann.

Unberührt bleiben endlich alle landesgesetzlichen Vorschriften über solche Vereine, welche den der Landesgesetzgebung durch das E.G. allgemein vorbehaltenen Rechtsgebieten angehören, insbesondere über die dem Agrarrechte (Art. 113), dem Wasserrechte (Art. 65), dem Jagd- und Fischereirechte (Art. 69), dem Deich- und Sielrechte (Art. 66), dem Bergrechte (Art. 67), dem Versicherungsrecht (Art. 75) angehörenden Vereine; endlich auch nach Art. 83 die landesgesetzlichen Vorschriften über Waldgenossenschaften.

Ueber die einem fremden Staate angehörenden Vereine werden Vorschriften in dem Art. 10 des E.G. gegeben (s. Erl. zu diesem Artikel).

3. Die erste Abtheilung des zweiten Titels zerfällt in zwei Unterabtheilungen, von denen die erste (§§ 21—54) die allgemeinen Vorschriften, die zweite (§§ 55—79) die besonderen Vorschriften für eingetragene Vereine enthält.

In den §§ 21—23 werden die allgemeinen Vorschriften über die Entstehung rechtsfähiger Vereine gegeben. Die §§ 24—53 stellen die Grundsätze auf, die für alle Vereine gelten, welche nicht durch besondere Reichsgesetze geregelt sind, möge ihre Rechtsfähigkeit auf staatlicher Verleihung oder auf Eintragung in das Vereinsregister beruhen.

Der § 24 bestimmt den Sitz des Vereins; die §§ 25—40 enthalten Vorschriften über die Verfassung des Vereins, und zwar die §§ 26—31 über den Vorstand und sonstige Vertreter des Vereins, die §§ 32—37 über die Mitgliederversammlung, die §§ 38, 39 über die rechtliche Stellung der Mitglieder; der § 40 bezeichnet diejenigen Vorschriften des Gesetzes, welche durch die Satzungen geändert werden können. Die §§ 41—44 enthalten Vorschriften über die Auflösung des Vereins und den Verlust der Rechtsfähigkeit, die §§ 45—53 über das Schicksal des Vereinsvermögens, falls der Verein aufgelöst wird oder die Rechtsfähigkeit verliert, und über die in solchem Falle, sofern das Vermögen nicht an den Fiskus fällt, stattfindende Liquidation. (§§ 47—53.) Der § 54 endlich bestimmt die rechtliche Stellung eines Vereins, welcher nicht rechtsfähig ist.

§ 21.

E. I § 41, 42; II § 23 rev. § 21; III § 21 Abs. 1. P. I S. 3087—3091, 3093—3096, 3133—3136, 11618—11620, 11660; M. I S. 78—93. P. II S. 957—1014, 1153—1157 (Bd. I S. 476—504, 578—580). D. S. 607—609. K.B. 1937—1941, 1943—1945. St.B. S. 2734—2748.

1. Der § 21 des E. III bezeichnete in Uebereinstimmung mit der von der zweiten Kommission beschlossenen Fassung die Vereine, welche die Rechtsfähigkeit durch Eintragung in das Register erlangen können, dahin: „Vereine zu gemeinnützigen, wohlthätigen,

geselligen, wissenschaftlichen, künstlerischen oder anderen nicht auf einen wirthschaftlichen Geschäftsbetrieb gerichteten Zwecken." Die jetzige Fassung beruht auf einem Beschlusse der Reichstagskommission. Eine sachliche Aenderung ist damit nicht beabsichtigt. Durch die Weglassung der Exemplifikation sollte nur schärfer hervorgehoben werden, daß alle Vereine, deren Zweck nicht auf einen wirthschaftlichen Geschäftsbetrieb gerichtet ist, unter den § 21 fallen.

2. Was unter einem wirthschaftlichen Geschäftsbetriebe zu verstehen ist, ergiebt der Sprachgebrauch des Lebens. Ein solcher Betrieb liegt vor, wenn die Produktion oder der Umsatz wirthschaftlicher Güter geschäftsmäßig betrieben wird. Die Absicht, dadurch einen Gewinn für den Verein zu erzielen ist nicht erforderlich. So hat z. B. auch ein Verein, der die Anschaffung von Waaren und den Verkauf an seine Mitglieder geschäftsmäßig betreibt, ohne dadurch einen Gewinn erzielen zu wollen, einen wirthschaftlichen Geschäftsbetrieb; ebenso ein Verein, der die Versicherung seiner Mitglieder auf Gegenseitigkeit bezweckt. Die Ausnahme von der Regel des § 21 greift aber nur Platz, wenn der wirthschaftliche Geschäftsbetrieb wirklich den Zweck des Vereins bildet. Findet ein solcher Betrieb nur nebenbei als Mittel zur Erreichung anderer Zwecke statt, so kommt die Regel, daß der Verein die Rechtsfähigkeit durch Eintragung erlangt, zur Anwendung. Dies wird z. B. anzunehmen sein, wenn ein geselliger Verein eine Wirthschaft errichtet, um seinen Mitgliedern Speisen und Getränke verabfolgen zu können, wenn ein Leseverein Bücher und Zeitschriften für seine Mitglieder anschafft und diese nach ihrer Benutzung durch die Mitglieder wieder verkauft, wenn ein wohlthätiger Verein Waaren zur Unterstützung für Arme anschafft oder Suppenanstalten errichtet. Anders zu beurtheilen ist das Verhältniß, wenn der wirthschaftliche Betrieb den Hauptzweck des Vereins bildet, mag auch das Motiv ein ideales sein, z. B. darin bestehen, das allgemeine Beste oder die Interessen gewisser Kreise zu fördern. So wird z. B. ein Verein, der im Interesse der Landwirthschaft Molkereianstalten oder Getreidespeicher anlegt oder der im Interesse einer Gemeinde ein Krankenhaus errichtet, in dem Jeder gegen Entgelt, Arme aber vielleicht unentgeltlich Aufnahme finden, als ein Verein zu betrachten sein, dessen Zweck auf einen wirthschaftlichen Geschäftsbetrieb gerichtet ist. Die Grenze zwischen den Fällen dieser und der erstgedachten Art wird oft zweifelhaft sein. In der Reichstagskommission wurde als Beispiel angeführt, daß ein Verein zur Beschaffung wohlfeiler Wohnungen für Arbeiter Häuser baut und an Arbeiter vermiethet, dabei aber so verfährt, daß die Verzinsung des aufgewandten Kapitals gesichert wird und der etwaige Ueberschuß in die Vereinskasse fließt oder als Dividende an diejenigen vertheilt wird, die das Kapital hergegeben haben. Als Zweck des Vereins dürfte in diesem Falle der Bau und die Vermiethung der Häuser zu betrachten sein, während die Förderung des Interesses der Arbeiter nur das Motiv bildet, das für die Anwendung des § 21 ohne Bedeutung ist.

Noch anders liegen die Fälle, in denen ein Verein neben einander einen idealen und einen auf einen wirthschaftlichen Geschäftsbetrieb gerichteten Zweck verfolgt. Dahin würde z. B. der Fall gehören, daß ein Berufsverein zwar in erster Linie die Förderung der Interessen der Berufsgenossen im Allgemeinen verfolgt, daneben aber die Produktion oder die Veräußerung von Erzeugnissen der Vereinsmitglieder betreibt oder die gegenseitige Versicherung der Mitglieder gegen Unfälle zum Zwecke hat. Derartige Vereine können die Rechtsfähigkeit durch Eintragung nicht erlangen.

3. Der E. III ließ die Erlangung der Rechtsfähigkeit durch staatliche Verleihung für alle Vereine zu. Vom Reichstag ist dies auf Antrag der Reichstagskommission geändert. Nach dem B.G.B. können Vereine, deren Zweck nicht auf einen wirthschaftlichen Geschäftsbetrieb gerichtet ist, vorbehältlich des § 23, die Rechtsfähigkeit nur durch Eintragung erlangen. Andererseits können Vereine, deren Zweck auf einen wirthschaftlichen Geschäftsbetrieb gerichtet ist, die Rechtsfähigkeit nach § 22 nur durch staatliche Verleihung erlangen. Dadurch entsteht der Uebelstand, daß ein Verein, rücksichtlich dessen es zweifelhaft ist, ob sein Zweck auf einen wirthschaftlichen Geschäftsbetrieb gerichtet ist oder nicht, die Rechtsfähigkeit möglicherweise überhaupt nicht erlangen kann. Dies würde dann eintreten, wenn das zuständige Amtsgericht einen auf einen wirthschaftlichen Geschäftsbetrieb gerichteten Zweck annimmt und deshalb die Eintragung verweigert, während die zuständige Verwaltungsbehörde einen solchen Zweck nicht annimmt und deshalb die Verleihung der Rechtsfähigkeit ablehnt. Gegen diesen Uebelstand, der sich indessen praktisch wohl selten fühlbar machen wird, gewährt das B.G.B. keine Abhülfe.

4. Ob ein Verein, dessen Zweck auf einen wirthschaftlichen Geschäftsbetrieb gerichtet ist, der daneben aber noch andere ideale Zwecke verfolgt, die Rechtsfähigkeit durch staatliche Verleihung erlangen kann, hängt von der Auslegung des § 22 ab. Der Wortlaut dieses Paragraphen nöthigt nicht zu der Annahme, daß die staatliche Verleihung der Rechtsfähigkeit in einem Falle der gedachten Art unzulässig wäre; denn die Voraussetzung der staatlichen Verleihung wird nur dahin bestimmt, daß der Zweck auf einen wirthschaftlichen Geschäftsbetrieb gerichtet ist, nicht dahin, daß dies der ausschließliche Zweck sei. Auch die von dem Reichs-

§. 22.

Ein Verein, dessen Zweck auf einen wirthschaftlichen Geschäftsbetrieb gerichtet ist, erlangt in Ermangelung besonderer reichsgesetzlicher Vorschriften Rechtsfähigkeit durch staatliche Verleihung. Die Verleihung steht dem Bundesstaate zu, in dessen Gebiete der Verein seinen Sitz hat.

§. 23.

Einem Vereine, der seinen Sitz nicht in einem Bundesstaate hat, kann in Ermangelung besonderer reichsgesetzlicher Vorschriften Rechtsfähigkeit durch Beschluß des Bundesraths verliehen werden.

---

tage beschlossene Streichung der Vorschrift, daß ein Verein der im § 21 bezeichneten Art die Rechtsfähigkeit auch durch staatliche Verleihung erlangen könne, nöthigt nicht zu einer solchen Auslegung; man kann es für bedenklich halten, die staatliche Verleihung der Rechtsfähigkeit für Vereine zuzulassen, die lediglich ideale Zwecke verfolgen, ohne sie darum doch für die Fälle auszuschließen, in welchen solche Zwecke neben dem Zwecke eines wirthschaftlichen Geschäftsbetriebs verfolgt werden. Für die Auslegung des § 22 in dem Sinne, daß die staatliche Verleihung der Rechtsfähigkeit nicht dadurch bedingt ist, daß der wirthschaftliche Geschäftsbetrieb den ausschließlichen Zweck des Vereins bildet, spricht die Vorschrift des § 43 Abs. 4, nach welcher einem Vereine, dessen Rechtsfähigkeit auf staatlicher Verleihung beruht, die Rechtsfähigkeit entzogen werden kann, wenn er einen anderen als den in der Satzung bestimmten Zweck verfolgt. Könnte ein Verein die Rechtsfähigkeit durch staatliche Verleihung nur dann erlangen, wenn sein Zweck ausschließlich auf einen wirthschaftlichen Geschäftsbetrieb gerichtet ist, so würde die gedachte Vorschrift dahin gelautet haben, daß dem Vereine die Rechtsfähigkeit entzogen werden könne, wenn er einen anderen Zweck als den in der Satzung bestimmten wirthschaftlichen Geschäftsbetrieb verfolge. Die allgemeinere Fassung deutet wenigstens auf die Möglichkeit hin, daß die staatliche Verleihung auch dann erfolgen kann, wenn als Zweck des Vereins in der Satzung neben einem wirthschaftlichen Geschäftsbetriebe noch andere Zwecke bezeichnet sind. Man wird hiernach dem § 22 die oben angegebene, dem Wortlaut entsprechende Auslegung zu geben haben, und zwar um so mehr, als sie dem praktischen Bedürfnisse besser Rechnung trägt als eine einschränkende Auslegung.

5. Ist ein Verein, der nach § 21 die Rechtsfähigkeit nicht durch Eintragung erlangen kann, doch eingetragen, so erlangt er die Rechtsfähigkeit durch Eintragung nicht. Ebenso erlangt ein Verein die Rechtsfähigkeit trotz staatlicher Verleihung nicht, wenn die Erlangung derselben auf diesem Wege nach § 22 nicht erfolgen kann. Ueber das Recht des Registergerichts, eine unzulässige Eintragung von Amtswegen zu löschen, vergl. die §§ 159, 142, 143 der freiw. G.G.

§ 22.

E. I §§ 41, 42; II § 23 rev. § 21; III § 21 Abs. 2—3. P. I S. 3087—3091, 3093—3096, 3133—3136, 11618—11620, 11660; M. I S. 78—93. P. II 957—1014, 1153—1157 (Bd. I S. 476—504, 578—580). R.B. S. 1941, 1945. St.B. S. 2748.

Ueber den Begriff des wirthschaftlichen Geschäftsbetriebs s. Erl. zu § 21 Nr. 2; über die „besonderen reichsgesetzlichen Vorschriften" s. Erl. zum zweiten Titel I. 1.

An welchem Orte der Verein seinen Sitz hat, bestimmt der § 24. Die Behörde, welche über die Verleihung zu entscheiden hat, bestimmen die Gesetze des Bundesstaats, welchem die Verleihung zusteht.

§ 23.

E. III § 21 Abs. 3. R.B. S. 1941. St.B. S. 2748.

Der § 23 beruht auf einem Beschlusse des Bundesraths. Er gilt sowohl für Vereine, deren Zweck auf einen wirthschaftlichen Geschäftsbetrieb gerichtet ist, als für Vereine der in dem § 21 gedachten Art. Gedacht ist dabei wohl hauptsächlich an die im Auslande bestehenden Wohlthätigkeits- und ähnlichen Vereine für die im Auslande lebenden Deutschen.

§. 24.

Als Sitz eines Vereins gilt, wenn nicht ein Anderes bestimmt ist, der Ort, an welchem die Verwaltung geführt wird.

§. 25.

Die Verfassung eines rechtsfähigen Vereins wird, soweit sie nicht auf den nachfolgenden Vorschriften beruht, durch die Vereinssatzung bestimmt.

---

§ 24.

E. II § 23 Abs. 4 rev. § 21 Abs. 4; III § 21 Abs. 4; M. I S. 77. P. II S. 1014 (Bd. I S. 504).

1. Die Vorschrift dieses Paragraphen entspricht dem § 17 Abs. 1, früher § 19 der C.P.O. (vgl. Struckmann und Koch § 19 Anm. 2). Der Sitz der juristischen Person entspricht dem Wohnsitze der natürlichen Person. Der ständigen Niederlassung entspricht die dauernde Verwaltungsführung. Durch den Zusatz „wenn nicht ein Anderes bestimmt ist" wird hier indessen ein weiterer Spielraum gelassen. Die Bestimmung, auf welche hierdurch verwiesen wird, erfolgt durch die Satzung (s. § 57), kann aber bei Vereinen, deren Rechtsfähigkeit auf staatlicher Verleihung beruht, nach Art. 82 des E.G. auch durch Landesgesetz erfolgen. Der E. I hatte eine Vorschrift über den Sitz der juristischen Person nicht aufgenommen. In den Motiven I S. 77 wird ausgeführt, daß eine solche Vorschrift entbehrlich sei, indem die Praxis auch ohne eine solche im Anschluß an § 19 der C.P.O. dazu gelangen werde, für die juristische Person ebenso wie für die natürliche Person denjenigen Ort als ihren Sitz anzusehen, an welchem sie den Mittelpunkt ihrer Lebensbethätigung habe. Dieser Mittelpunkt werde in der Regel da anzunehmen sein, wo die Verwaltung geführt werde. Um Zweifel abzuschneiden, könne das Statut den Ort, an welchem die juristische Person ihren Sitz habe, bezeichnen; diese Bezeichnung dürfe aber mit der wirklichen Sachlage nicht im Widerspruche stehen. In diesem Sinne seien die Worte in dem § 19 Abs. 1, jetzt § 17 Abs. 1 der C.P.O. („wenn nicht ein Anderes erhellt") zu verstehen. Durch die Fassung des § 24 „wenn nicht ein Anderes bestimmt ist" wird diese Auffassung, sofern sie eine Bestimmung der Satzung nicht gelten lassen will, wenn sie mit der wirklichen Sachlage nicht übereinstimmt, abgelehnt. Die in der Satzung getroffene Bestimmung über den Sitz gilt vielmehr auch dann, wenn thatsächlich die Verwaltung an einem anderen Orte geführt wird. Praktisch wird aber eine solche Verschiedenheit selten vorkommen.

2. Unter Verwaltung ist nicht allein die Verwaltung des Vermögens, sondern die Besorgung der Geschäfte der juristischen Person überhaupt zu verstehen. Die Verwaltung wird an dem Orte geführt, auf welchen sich die Hauptzwecke des Vereins beziehen. Bei Wohlthätigkeitsvereinen z. B. kann das Vermögen des Vereins an einem andern Orte liegen und verwaltet werden, als an welchem die Wohlthätigkeit geübt werden soll. Hier wird im Zweifel der letztere Ort als Sitz des Vereins zu betrachten sein. Beschränken sich die Zwecke des Vereins nicht auf einen bestimmten Ort und fehlt es auch an sonstigen Umständen, die einen bestimmten Ort als denjenigen erscheinen lassen, an welchem die Verwaltung geführt wird, so wird der Wohnsitz derjenigen Personen zu entscheiden haben, welche den Vorstand des Vereins bilden. In solchem Falle kann mit dem Wechsel des Wohnsitzes jener Personen auch der Sitz des Vereins wechseln.

§ 25.

E. I § 43; II § 24 rev. § 22; III § 22. P. I S. 3096, 3097; M. I S. 93, 94. P. II S. 1015—1019 (Bd. I S 504—506). D. S. 609.

1. Die Nothwendigkeit einer Verfassung ergiebt sich daraus, daß der Verein ohne eine Organisation außer Stande sein würde, von seiner Rechtsfähigkeit Gebrauch zu machen. In den §§ 26 ff. werden einerseits die allgemeinen Grundsätze bestimmt, die der Verfassung jedes Vereins zu Grunde liegen müssen, andererseits solche Vorschriften gegeben, die nur zur Anwendung kommen, wenn in dem Statut oder, wie das B.G.B. verdeutscht, in der Satzung des Vereins nicht ein Anderes bestimmt ist. Auch in Betreff der erstgedachten Grundsätze werden regelmäßig Ausführungsvorschriften durch die Satzung gegeben werden, so z. B. in Betreff des in dem § 26 aufgestellten Grundsatzes, daß jeder Verein einen Vorstand haben muß. Jeder rechtsfähige Verein muß daher eine Satzung haben. Wie eine rechtsgültige Satzung entsteht, wird durch das B.G.B. nicht bestimmt. Der § 43 des E. I erforderte einen „Gründungsvertrag". Von der zweiten Kommission wurde diese Vorschrift gestrichen, jedoch nicht, weil man sie für sachlich unrichtig, sondern lediglich deshalb, weil man den Ausdruck „Satzung" für genügend verständlich und für zweckmäßiger hielt. Für die Entstehung eines rechtsfähigen Vereins ist immer eine Vereinbarung derjenigen erforderlich, welche den Verein bilden wollen, und diese Vereinbarung muß sich auf die Punkte erstrecken, welche für die Verfassung wesentlich sind

§. 26.

Der Verein muß einen Vorstand haben. Der Vorstand kann aus mehreren Personen bestehen.

Der Vorstand vertritt den Verein gerichtlich und außergerichtlich; er hat die Stellung eines gesetzlichen Vertreters. Der Umfang seiner Vertretungsmacht kann durch die Satzung mit Wirkung gegen Dritte beschränkt werden.

Diese erste Vereinbarung ist ein Vertrag, auf den die allgemeinen Grundsätze über Rechtsgeschäfte und Verträge Anwendung finden. In welcher Art die Verfassung später geändert werden kann, ergiebt sich, sofern die vereinbarte Satzung keine Vorschriften darüber enthält, aus dem § 33 des B.G.B. Wie solche spätere Aenderungen rechtlich zu beurtheilen sind, ob es sich hierbei insbesondere um eine Art von Autonomie handelt, ist eine Konstruktionsfrage, auf die näher einzugehen zum Verständnisse des B.G.B. nicht erforderlich ist. Ueber die Erfordernisse eines giltigen Beschlusses der Mitgliederversammlung s. die Erl. zu § 32.

2. Der § 43 des E. I erforderte die Feststellung der Verfassung durch den Gründungsvertrag nur insoweit, als diese nicht auf Landes- oder Reichsgesetz beruhe. Die Verweisung auf Reichsgesetze ist als selbstverständlich weggelassen, die Verweisung auf Landesgesetze ist gestrichen, weil der Landesgesetzgebung nicht das Recht zustehen soll, Vorschriften über die Verfassung der Vereine zu geben. Nur für diejenigen Vereine, deren Rechtsfähigkeit auf staatlicher Genehmigung beruht, macht der Art. 82 des E.G. eine Ausnahme.

§ 26.

E. I § 44 Abs. 1, 4; II § 25 rev. § 23; III § 23. P. I S. 3099—3103, 3104—3106; M. I S. 94, 95, 97—99. P. II S. 1019—1024, 1030, 1031, 8343 (Bd. I S. 506—509, 513). D. S. 609.

1. Ueber die Nothwendigkeit eines Vorstandes, der den Verein zu vertreten berechtigt ist, s. Vorbm. zum zweiten Titel. Nicht ausgeschlossen ist, daß sämmtliche Mitglieder des Vereins als Vorstand bestellt werden. In Betreff der Art, wie in solchem Falle der Vorstand handelt, finden die in dem § 28 für den Fall gegebenen Vorschriften Anwendung, daß der Vorstand aus mehreren Mitgliedern besteht.

2. Die Vorschrift des Abs. 1 hat nicht die Bedeutung, daß in jedem Augenblick ein Vorstand vorhanden sein muß; nothwendig ist nur, daß verfassungsmäßig die Möglichkeit gegeben ist, einen Vorstand zu bestellen. Enthält die Satzung des Vereins keine Vorschrift über die Bestellung des Vorstandes, so entscheidet der § 27. Solange der Verein einen Vorstand nicht hat, können Rechtsgeschäfte weder von ihm noch ihm gegenüber vorgenommen werden. Für dringende Fälle gewährt der § 29 eine Aushülfe.

3. Die Vertretungsmacht des Vorstandes ist nach Abs. 2 Satz 1 regelmäßig unbeschränkt. Er kann jede Rechtshandlung, insbesondere jedes Rechtsgeschäft Namens des Vereins vornehmen, und jede ihm gegenüber von einem Dritten vorgenommene Rechtshandlung gilt als dem Vereine gegenüber vorgenommen. Durch die Vorschrift, daß der Vorstand die rechtliche Stellung eines gesetzlichen Vertreters hat, wird ausgedrückt, daß alle Vorschriften, welche die rechtliche Stellung eines gesetzlichen Vertreters betreffen, mögen sie in dem B.G.B. oder in anderen Gesetzen stehen, insbesondere auch die Vorschriften der C.P.O. auf den Vorstand Anwendung finden. Die Vertretungsmacht des Vorstandes kann durch die Satzung beschränkt werden, und zwar nicht nur in der Art, daß er dem Vereine gegenüber verpflichtet ist, sich innerhalb der gesetzten Grenzen zu halten, sondern auch in der Art, daß die Beschränkung gegen Dritte wirksam ist. Die Beschränkung kann sowohl darin bestehen, daß der Vorstand gewisse Rechtsgeschäfte überhaupt nicht vornehmen kann, als auch darin, daß er dazu nur unter bestimmten Voraussetzungen, z. B. unter Zustimmung der Mitgliederversammlung, berechtigt ist. Auf die Kenntniß des Dritten von dem Bestehen der Beschränkung kommt es nicht an. Eine unter Ueberschreitung der gesetzten Grenzen von dem Vorstande vorgenommene Handlung gilt nicht als Handlung des Vereins, mag der Dritte, dem gegenüber sie vorgenommen ist, die Beschränkung gekannt haben oder nicht. Ist die Vertretungsmacht des Vorstandes auch in Betreff der Entgegennahme von Erklärungen Dritter beschränkt, so gilt die im Widerspruche hiermit dem Vorstand abgegebene Erklärung nicht als dem Vereine gegenüber abgegeben; jedoch wird in dem Falle einer solchen Beschränkung der Dritte, der ein Interesse dabei hat, die Erklärung dem Vereine gegenüber abzugeben, nach Maßgabe des § 29 die Bestellung eines zu der Entgegennahme der Erklärung berechtigten Vorstandes durch das Amtsgericht verlangen können (s. Erl. zu § 29).

Nimmt der Vorstand ein Rechtsgeschäft für den Verein vor, zu dessen Vornahme er nach der Satzung nicht berechtigt ist, so finden die Vorschriften Anwendung, die nach den §§ 177

§. 27.

Die Bestellung des Vorstandes erfolgt durch Beschluß der Mitgliederversammlung.

Die Bestellung ist jederzeit widerruflich, unbeschadet des Anspruchs auf die vertragsmäßige Vergütung. Die Widerruflichkeit kann durch die Satzung auf den Fall beschränkt werden, daß ein wichtiger Grund für den Widerruf vorliegt; ein solcher Grund ist insbesondere grobe Pflichtverletzung oder Unfähigkeit zur ordnungsmäßigen Geschäftsführung.

Auf die Geschäftsführung des Vorstandes finden die für den Auftrag geltenden Vorschriften der §§. 664 bis 670 entsprechende Anwendung.

---

bis 180 für den Fall gelten, daß Jemand ohne Vertretungsmacht ein Rechtsgeschäft für einen Anderen vorgenommen hat.

4. Unter dem Ausdrucke „**Vorstand**" wird in den Satzungen der Vereine bisweilen etwas Anderes verstanden, als der § 26 des B.G.B. darunter versteht. Dieser sog. Vorstand, der häufig aus einer großen Zahl von Mitgliedern besteht, hat nicht die eigentliche Geschäftsführung; diese ist vielmehr einem Einzelnen, „dem Direktor", oder einer kleineren Zahl von Mitgliedern, „dem geschäftsführenden Vorstande", übertragen. In solchem Falle ist der Direktor oder der geschäftsführende Vorstand der Vorstand im Sinne des § 26, während der sog. Vorstand den Charakter eines Aufsichtsraths hat. Durch die dem letzteren kraft der Satzung zustehenden Befugnisse kann die Vertretungsmacht des wirklichen Vorstandes beschränkt sein; er hat selbst aber nicht die rechtliche Stellung des Vorstandes.

§ 27.

E. I § 44 Abs. 2, 3; II § 26 rev. § 24; III § 24. P. I S. 3113—3115, 3129, 3169—3171; M. I S. 95—97. P. II S. 1025—1030, 1106—1108, 2337—2340 (Bd. I S. 509—512, 552, 553).

1. Die in dem Abs. 1 ausgesprochene Regel folgt aus dem in dem § 32 zum Ausdrucke gelangenden Prinzipe, daß die Angelegenheiten des Vereins, soweit durch die Verfassung nicht ein Anderes bestimmt ist, durch Beschluß der Mitgliederversammlung geordnet werden. Die Vorschriften des § 32 über die Beschlüsse der Mitgliederversammlung gelten auch für die Wahl des Vorstandes. Erforderlich dazu ist also, sofern in der Satzung nicht ein Anderes bestimmt ist, die absolute Mehrheit der erschienenen Mitglieder.

2. Die in dem Abs. 1 ausgesprochene Regel kann nach § 40 durch die **Satzung geändert** werden, insbesondere kann bestimmt werden, daß ein besonderes Organ des Vereins, z. B. der Aufsichtsrath, den Vorstand zu bestellen hat. Durch die Satzung kann auch eine bestimmte Person zum Vorstande bestellt oder die Bestellung des Vorstandes einem Dritten, z. B. einer öffentlichen Behörde, übertragen werden.

3. Die regelmäßige **Widerruflichkeit** der Bestellung des Vorstandes entspricht dem im § 168 für die Vollmacht ausgesprochenen Grundsatze. Der Widerruf erfolgt, sofern in der Satzung nicht ein Anderes bestimmt ist, durch denjenigen, von welchem die Bestellung erfolgt ist. Hat also z. B. der Aufsichtsrath den Vorstand zu bestellen, so steht ihm auch der Widerruf zu. Die Widerruflichkeit kann durch die Satzung ausgeschlossen werden; es ist z. B. zulässig, daß Jemand, der dem Verein eine Zuwendung macht, sich ausbedingt, daß er lebenslänglich Vorstand des Vereins ist. Der Ausschluß des Widerrufs ist jedoch nur mit der Beschränkung zulässig, daß der Widerruf zulässig bleibt, wenn wichtige Gründe dafür vorliegen. Welche Gründe als wichtig anzusehen sind, ist hier, wie in anderen Fällen, in denen das B.G.B. auf wichtige Gründe verweist (s. z. B. §§ 626, 723), nach der Natur des zu Grunde liegenden Verhältnisses und den Umständen des einzelnen Falles zu entscheiden. Unfähigkeit und grobe Pflichtverletzung sind die praktisch wichtigsten, aber nicht die einzigen Fälle. Eine Bestimmung der Satzung, durch welche die Widerruflichkeit in derartigen wichtigen Fällen ausgeschlossen wird, ist nichtig. Ist dem Vorstande durch die Satzung oder durch besonderen Vertrag eine Vergütung zugesichert, so hängt es von dem Inhalte dieser Zusicherung ab, ob die Vergütung mit dem Widerrufe der Bestellung fortfällt oder nicht. Zulässig ist die Vereinbarung, daß die Vergütung auch nach dem Widerrufe ganz oder theilweise weiter zu entrichten ist.

4. Das **Rechtsverhältniß zwischen dem Vorstand und dem Vereine** beruht weder auf einem Auftrage noch auf einem Dienstvertrage noch auf einem Gesellschaftsvertrag; es ist vielmehr ein Rechtsverhältniß eigenthümlicher Art, das aus seiner eigenen Natur heraus beurtheilt werden muß. Die Vorschriften über den Auftrag können schon deshalb nicht allgemein darauf angewandt werden, weil nicht ausgeschlossen ist, daß der Vorstand ein Entgelt für seine Geschäftsbesorgung erhält, was mit dem Wesen des Auftrags nicht vereinbar ist (§ 662). Da

§. 28.

Besteht der Vorstand aus mehreren Personen, so erfolgt die Beschlußfassung nach den für die Beschlüsse der Mitglieder des Vereins geltenden Vorschriften der §§. 32, 34.

Ist eine Willenserklärung dem Vereine gegenüber abzugeben, so genügt die Abgabe gegenüber einem Mitgliede des Vorstandes.

---

es sich indessen auch bei dem Vorstand eines Vereins um die Besorgung von Geschäften handelt, die nicht die eigenen Geschäfte der den Vorstand bildenden Personen sind, so eignen sich die für die Besorgung von Geschäften durch einen Beauftragten in den §§ 664—670 gegebenen Vorschriften zur entsprechenden Anwendung auf die Besorgung der Geschäfte des Vereins durch den Vorstand. Diese im § 27 Abs. 3 vorgeschriebene entsprechende Anwendung führt zu folgenden Ergebnissen:

a) Der Vorstand hat die ihm obliegenden Geschäfte selbst zu besorgen. Er hat dabei nach allgemeinen Grundsätzen Vorsatz und Fahrlässigkeit zu vertreten (§ 276). Nicht ausgeschlossen ist, daß er sich bei der Geschäftsbesorgung eines Gehülfen bedient; für diesen haftet er aber nach § 278. Ist ihm gestattet, die Geschäftsbesorgung einem Anderen zu übertragen, so hat er nur ein ihm bei der Uebertragung zur Last fallendes Verschulden zu vertreten (§ 664 Abs. 1).

b) Der Anspruch des Vereins gegen den Vorstand auf Besorgung der Geschäfte ist im Zweifel nicht übertragbar (§ 664 Abs. 2).

c) Der Vorstand hat nach Maßgabe der ihm durch die Satzung oder durch die Beschlüsse der Mitgliederversammlung oder eines anderen zuständigen Vereinsorgans, z. B. des Aufsichtsraths, gegebenen Anweisung zu verfahren; er ist indessen davon abzuweichen berechtigt, wenn er den Umständen nach annehmen darf, daß die Mitgliederversammlung oder das Organ, welches die Anweisung ertheilt hat, bei Kenntniß der Sachlage mit der Abweichung einverstanden sein würde. Der Vorstand hat der Mitgliederversammlung oder dem zuständigen Organe vor der Abweichung Anzeige zu machen und deren Entschließung abzuwarten; ist jedoch Gefahr mit dem Aufschube verbunden, so bedarf es der Anzeige nicht (§ 665).

d) Der Vorstand ist verpflichtet, der Mitgliederversammlung oder dem sonst zuständigen Organe die erforderlichen Nachrichten zu geben, auf Verlangen über den Stand der Geschäfte Auskunft zu ertheilen und über die Geschäftsbesorgung nach Beendigung seines Amtes oder in dem durch die Satzung sonst bestimmten Zeitpunkte Rechenschaft abzulegen. Bestehen die Geschäfte in einer mit Einnahmen und Ausgaben verbundenen Verwaltung, so finden die Vorschriften des § 259 Anwendung (§ 666).

e) Der Vorstand ist verpflichtet, dem Verein alles, was er behufs der Geschäftsbesorgung erhält und aus derselben erlangt, bei Beendigung seines Amtes oder zu der sonst durch die Satzung bestimmten Zeit herauszugeben (§ 667).

f) Verwendet der Vorstand Geld für sich, das er dem Vereine herauszugeben oder für diesen zu verwenden hat, so ist er verpflichtet, Zinsen zu 4% von der Zeit der Verwendung an dem Vereine zu bezahlen (§§ 668, 246).

g) Für die zu der Geschäftsbesorgung erforderlichen Aufwendungen kann der Vorstand Vorschuß von dem Vereine verlangen (§ 669).

h) Macht der Vorstand zum Zwecke der ihm obliegenden Geschäftsbesorgung Aufwendungen, die er nach den Umständen für erforderlich halten darf, so kann er von dem Verein Ersatz verlangen (§ 670). Geht er zu solchem Zwecke eine Verbindlichkeit ein, so kann er Befreiung davon nach § 257 fordern.

i) Durch die Satzung können die unter Nr. a—h aufgeführten Grundsätze geändert werden (§ 40).

§ 28.

E. I § 44 Abs. 5, 6; II § 27 rev. § 25; III § 25. P. I S. 3115—3119; M. I S. 99, 100. P. II 1031—1037, 8343—8345 (Bd. I S. 512—515).

1. Der § 44 Abs. 5 des E. I forderte, wenn der Vorstand aus mehreren Mitgliedern besteht, zu einer gültigen Willenserklärung desselben die Zustimmung aller Mitglieder. Die von der zweiten Kommission beschlossene Aenderung, nach welcher für die Beschlüsse des Vorstandes die für die Beschlüsse der Mitgliederversammlung in den §§ 32, 34 gegebenen Vorschriften gelten, beruht auf der Erwägung, daß die Statuten der meisten Vereine für die Beschlüsse des Vorstandes nicht Einstimmigkeit fordern und hieraus zu entnehmen ist, daß die Auffassung des Lebens und das praktische Bedürfniß dem Erfordernisse der Einstimmigkeit widerstrebt. Die Vorschrift des § 28 entspricht insofern der im § 710 für mehrere geschäftsführende Gesellschafter gegebenen Vorschrift, als auf die Vornahme von Rechtsgeschäften durch sie dieselben Grundsätze

§. 29.

Soweit die erforderlichen Mitglieder des Vorstandes fehlen, sind sie in dringenden Fällen für die Zeit bis zur Hebung des Mangels auf Antrag eines Betheiligten von dem Amtsgerichte zu bestellen, in dessen Bezirke der Verein seinen Sitz hat.

Anwendung finden, die nach § 709 für die Vornahme von Rechtsgeschäften durch die Gesellschafter selbst gelten. In beiden Fällen wird dort Einstimmigkeit gefordert, während hier für die Beschlüsse des Vorstandes ebenso wie für die Beschlüsse der Mitgliederversammlung Stimmenmehrheit entscheidet. Die Anwendung des § 32 auf die Beschlüsse des Vorstandes ergiebt weiter, daß die Beschlüsse in einer Versammlung des Vorstandes zu fassen sind, daß der zur Beschlußfassung stehende Gegenstand vorher mitgetheilt sein muß und daß die Mehrheit der erschienenen Vorstandsmitglieder entscheidet. Durch die Satzung kann eine bestimmte Zahl für die Beschlußfähigkeit vorgeschrieben werden. Nicht stimmberechtigt ist ein Mitglied unter den in dem § 34 bestimmten Voraussetzungen. Die schriftliche Zustimmung aller Vorstandsmitglieder genügt in allen Fällen, auch wenn eine Versammlung der Vorstandsmitglieder überhaupt nicht stattgefunden hatte oder der Gegenstand vorher nicht mitgetheilt war. Handelt es sich um die Vornahme eines Rechtsgeschäfts für einen Verein, so ist nicht nothwendig, daß dasselbe von dem ganzen Vorstand oder der Mehrzahl seiner Mitglieder vorgenommen wird; ein einzelnes Mitglied oder auch ein Dritter kann dazu durch Beschluß des Vorstandes ermächtigt werden; die Vorschriften über Bevollmächtigung finden in solchem Falle Anwendung.

Wird ein Rechtsgeschäft für den Verein von dem Vorstand oder einem Bevollmächtigten desselben vorgenommen, ohne daß ein gültiger Beschluß des Vorstandes vorliegt, so finden die Vorschriften Anwendung, welche für den Fall gelten, daß Jemand ohne Vertretungsmacht ein Rechtsgeschäft für einen Anderen vorgenommen hat. (§§ 177—180.)

2. Die Vorschrift des Abs. 2 trägt dem Interesse Rechnung, welches ein Dritter daran haben kann, dem Vereine gegenüber eine Erklärung abzugeben. Die Vorschrift beschränkt sich nicht, wie der E. I. § 44 Abs. 6 Satz 1, auf solche Fälle, in denen der Verein zur Entgegennahme einer Mittheilung verpflichtet ist, sondern gilt für Mittheilungen aller Art. Sie findet daher z. B. Anwendung sowohl auf eine an den Verein zu richtende Kündigung oder Mahnung als auch auf die Annahme eines von dem Vereine dem Dritten gemachten Vertragsantrags und auf einen Vertragsantrag des Dritten an den Verein. Die einem Mitgliede des Vorstandes gegenüber erfolgte Kündigung oder Mahnung hat die Wirkung einer dem Vereine gegenüber erfolgten Kündigung oder Mahnung; die Annahme des Vertragsantrags gilt als rechtzeitig erfolgt (§§ 147, 148), wenn sie einem Mitgliede des Vorstandes rechtzeitig zugeht; durch den einem Mitgliede gemachten Vertragsantrag wird der Antragende dem Vereine gegenüber nach Maßgabe des §§ 146 ff. gebunden. Auch die im Falle eines von dem Vorstand ohne gültigen Beschluß oder unter Ueberschreitung seiner Vertretungsmacht mit einem Dritten abgeschlossenen Vertrags dem Dritten nach § 177 zustehende Aufforderung zur Erklärung über die Genehmigung des Vertrags kann wirksam an ein einzelnes Mitglied des Vorstandes erfolgen; ebenso der dem Dritten im Falle des § 178 zustehende Widerruf.

3. Die Vorschriften des Abs. 1 können nach § 40 durch die Satzung geändert werden, nicht aber die Vorschrift des Abs. 2.

§ 29.

E. I § 44 Abs. 6 Satz 2; II § 28 rev. § 26; III § 26. P. I S. 3103, 3104, 3115, 3119 M. I S. 100. P. II S. 1037—1040 (Bd. I S. 515—517).

1. Eine dem § 29 entsprechende Vorschrift enthielt der § 50 Abs. 3 des E. I für die im Falle der Auflösung eines Vereins zu bestellenden Liquidatoren. Für den Vorstand des Vereins war eine entsprechende Vorschrift in dem § 44 Abs. 6 Satz 2 nur für den Fall gegeben, daß es sich um eine dem Vereine gegenüber abzugebende Erklärung handelt, zu deren Entgegennahme der Verein verpflichtet ist. Das praktische Bedürfniß hat die zweite Kommission bestimmt, die Bestellung eines fehlenden Vorstandsmitglieds in dringenden Fällen unbeschränkt zuzulassen. Die Bestellung kann also erfolgen, mag es sich um eine dem Vereine gegenüber oder um eine von demselben abzugebende Willenserklärung handeln, und es kommt im ersteren Falle nicht darauf an, ob der Verein zur Entgegennahme der Erklärung verpflichtet ist oder nicht. Die Bestellung kann auch dann erfolgen, wenn sie nicht behufs Vornahme eines Rechtsgeschäfts, sondern behufs anderer rein thatsächlicher Handlungen für den Verein erforderlich ist.

2. Die Voraussetzungen der Zulässigkeit der Bestellung durch das Amtsgericht sind folgende:

a) Die erforderlichen Mitglieder des Vorstands müssen fehlen. Wann dies der

§. 30.

Durch die Satzung kann bestimmt werden, daß neben dem Vorstande für gewisse Geschäfte besondere Vertreter zu bestellen sind. Die Vertretungsmacht eines solchen Vertreters erstreckt sich im Zweifel auf alle Rechtsgeschäfte, die der ihm zugewiesene Geschäftskreis gewöhnlich mit sich bringt.

Fall ist, hängt von den Umständen ab. Handelt es sich um einen von dem Vorstande zu fassenden Beschluß, so fehlen die erforderlichen Mitglieder, wenn die zur Beschlußfähigkeit erforderliche Anzahl nicht vorhanden ist. Handelt es sich um eine dem Vereine gegenüber abzugebende Erklärung, so fehlen, da eine solche Erklärung nach § 28 einem einzelnen Mitgliede des Vorstandes gegenüber abgegeben werden kann, die erforderlichen Mitglieder so lange nicht, als auch nur ein Mitglied vorhanden ist. Handelt es sich um andere Geschäfte als um die Fassung von Beschlüssen oder um die Entgegennahme von Erklärungen, so muß aus den Umständen des Falles entnommen werden, ob die vorhandenen Mitglieder des Vorstandes für diese Geschäfte ausreichen.

b) Ein Betheiligter muß die Bestellung beantragen. Betheiligt sind zunächst alle Mitglieder, sofern es sich um die Vornahme von Rechtshandlungen oder um die Besorgung sonstiger Geschäfte für den Verein handelt. Betheiligt kann auch ein Dritter sein; es ist dies der Fall, wenn der Dritte ein Interesse daran hat, ein Rechtsgeschäft mit dem Vereine vorzunehmen, z. B. eine Zahlung von dem Vereine zu erhalten oder eine Erklärung ihm gegenüber abzugeben.

c) Es muß ein dringender Fall vorliegen. Ein solcher ist anzunehmen, wenn ohne Schaden für den Betheiligten nicht abgewartet werden kann, daß die fehlenden Mitglieder des Vorstandes auf dem durch die Satzung vorgeschriebenen Wege bestellt werden.

Liegen diese Voraussetzungen vor, so ist das Amtsgericht verpflichtet, die fehlenden Mitglieder bis zur Hebung des Mangels zu bestellen. Durch die Bestellung wird als festgestellt anzunehmen sein, daß die Voraussetzungen vorliegen. Die Bestellung hat zu erfolgen für die Zeit bis zur Hebung des Mangels. Mit dem Ablaufe dieser Zeit verliert die Bestellung ihre Wirksamkeit. Bei der Bestellung wird jedoch bestimmt werden können, daß sie solange wirksam bleiben soll, bis die Beseitigung des Mangels von dem Amtsgerichte festgestellt ist. Ueber den Zeitpunkt mit welchem die Bestellung in Wirksamkeit tritt, über die Befugniß des Gerichts, seine Verfügung zu ändern, über die Rechtsmittel gegen die Verfügung und über die Wirksamkeit der von dem bestellten Vorstand oder ihm gegenüber vorgenommenen Rechtsgeschäfte im Falle der Aufhebung der Bestellung s. die §§ 16, 18, 19 ff., 32 des freiw. G.G.

§ 30.

E. II § 29 rev. § 27; III § 27. P. II S. 1047—1049 (Bd. I S. 520, 521).

1. Die Vorschriften des § 30, die im E. I fehlten, schließen sich dem Art. 235 des H.G.B. in der Fassung des Ges., betr. die Kommanditgesellschaften auf Aktien und die Aktiengesellschaften v. 18. Juni 1884 an. Unter die Vorschriften des § 30 fallen insbesondere Beamte des Vereins, die für gewisse Geschäftszweige Vertretungsmacht erhalten, z. B. Kassirer. Auch einzelne Mitglieder des Vorstandes können für bestimmte Geschäfte zur Vertretung des Vereins für sich allein ermächtigt werden. Die Zulässigkeit eines solchen besonderen Vertreters neben dem Vorstande muß durch die Satzung bestimmt sein. In Ermangelung einer solchen Bestimmung würde die Bestellung eines solchen Vertreters durch die Mitgliederversammlung unwirksam sein. Der nach Maßgabe der Satzung bestellte Vertreter hat nicht die Stellung eines gewöhnlichen Bevollmächtigten, sondern ist innerhalb seines Geschäftskreises ebenso wie der Vorstand ein Organ des Vereins und hat als solcher die Stellung eines gesetzlichen Vertreters des Vereins; deshalb finden auf ihn auch die besonderen Vorschriften des § 31 Anwendung. Nicht ausgeschlossen ist, daß auch ein gewöhnlicher Bevollmächtigter bestellt wird. Die Bestellung eines solchen ist aber nicht Sache der Mitgliederversammlung, sondern des Vorstandes; sie kann erfolgen, ohne daß es deshalb einer Bestimmung der Satzung bedarf.

2. Der Umfang der Vertretungsmacht eines nach Maßgabe des § 30 bestellten besonderen Vertreters muß ebenfalls durch die Satzung bestimmt werden. Der Satz 2 des § 30 giebt eine dem obengedachten Art. 235 des H.G.B. entsprechende Auslegungsregel. Da nach § 26 die Vertretungsmacht des Vorstandes mit Wirkung gegen Dritte beschränkt werden kann, so wird durch die Satzung auch bestimmt werden können, daß ein nach Maßgabe des § 30 bestellter besonderer Vertreter innerhalb seines Geschäftskreises allein und unter Ausschluß des Vorstandes zur Vertretung des Vereins berechtigt ist.

§. 31.

Der Verein ist für den Schaden verantwortlich, den der Vorstand, ein Mitglied des Vorstandes oder ein anderer verfassungsmäßig berufener Vertreter durch eine in Ausführung der ihm zustehenden Verrichtungen begangene, zum Schadensersatze verpflichtende Handlung einem Dritten zufügt.

---

3. Die Art, in welcher ein besonderer Vertreter zu bestellen ist, bestimmt sich nach der Satzung. In Ermangelung einer solchen Bestimmung finden die Vorschriften über die Bestellung des Vorstandes entsprechende Anwendung.

§ 31.

E. I § 46; II § 30 rev. § 28; III § 28. P. I S. 3108—3111, 11714—11718; M. I S. 102—104. P. II S. 1049—1052, 8394 (Bd. I S. 521—523). D. S. 609.

1. In Betreff der Haftung des Vereins für die Handlungen seines Vorstandes oder eines nach Maßgabe des § 30 verfassungsmäßig bestellten besonderen Vertreters ergiebt sich aus allgemeinen Grundsätzen folgendes:

a) Durch die von dem Vorstand oder von einem sonstigen verfassungsmäßig berufenen Vertreter oder diesem gegenüber abgegebenen Willenserklärungen wird der Verein unmittelbar verpflichtet (§ 164). Soweit die rechtlichen Folgen einer Willenserklärung durch Willensmängel oder durch die Kenntniß oder das Kennenmüssen gewisser Umstände beeinflußt werden, kommt die Person des Vertreters in Betracht.

b) In Betreff der Erfüllung der dem Verein obliegenden Verbindlichkeiten ist der Verein für ein Verschulden seines Vorstandes oder eines sonstigen verfassungsmäßig berufenen Vertreters verantwortlich (§ 278).

c) Der Verein ist zum Ersatze des Schadens verpflichtet, den der Vorstand oder ein sonstiger verfassungsmäßig berufener Vertreter in Ausübung der ihm übertragenen Verrichtungen einem Dritten widerrechtlich zufügt (§ 831 Abs. 1 Satz 1). Diese Ersatzpflicht würde aber in Ermangelung besonderer Vorschriften nach § 831 Abs. 1 Satz 2 nicht eintreten, wenn der Verein bei der Auswahl des Vorstandes oder des sonstigen Vertreters und, sofern er Vorrichtungen oder Geräthschaften zu beschaffen oder die Ausführung der Verrichtung zu leiten hat, bei der Beschaffung oder der Leitung die im Verkehr erforderliche Sorgfalt beobachtet oder wenn der Schaden auch bei Anwendung dieser Sorgfalt entstanden sein würde.

Durch den § 31 werden die unter a und b aufgeführten Grundsätze nicht berührt. Die nach dem Grundsatz unter c bestehende Haftung wird aber erweitert. Die im § 831 Abs. 1 Satz 2 bestimmte Ausnahme fällt weg und die Haftung wird auf jeden Schaden ausgedehnt, der durch eine in Ausführung der Verrichtungen begangene, zum Schadensersatze verpflichtende Handlung einem Dritten zugefügt wird. Es kommt also weder auf ein Verschulden des Vereins an noch darauf, ob dem Vorstand oder dem sonstigen verfassungsmäßig berufenen Vertreter ein Verschulden zur Last fällt, noch auch darauf, ob die Handlung, durch welche der Schaden zugefügt wird, eine widerrechtliche ist. Erforderlich ist nur, daß durch die Handlung eine Verpflichtung zum Schadensersatze begründet wird. So ist z. B. der Verein für den Schaden verantwortlich, welchen der Vorstand einem Dritten durch unberechtigte Selbsthülfe zugefügt hat, obwohl die Verpflichtung zum Schadensersatze hier nach § 231 auch ohne Verschulden eintritt. Ebenso haftet der Verein für den von seinem Vorstande durch Beschädigung oder Zerstörung von Sachen einem Dritten zugefügten Schaden, auch wenn die Zerstörung oder Beschädigung nach § 904 Satz 1 nicht widerrechtlich war und die Verpflichtung zum Schadensersatze nur nach § 904 Abs. 2 eintritt. Maßgebend ist bei dieser Ausdehnung der Gedanke, daß die Handlungen des verfassungsmäßigen Vertreters einer juristischen Person, da diese nur durch ihn handeln und in den Geschäftsverkehr eintreten kann, im Interesse Dritter ganz so angesehen werden müssen, als seien es Handlungen der juristischen Person selbst.

2. Die Haftung des Vereins bezieht sich nur auf die Handlungen der im § 31 bezeichneten verfassungsmäßigen Vertreter des Vereins, nicht auf Handlungen anderer von dem Vorstande bevollmächtigter oder sonst zu einer Verrichtung bestellter Personen. Für diese verbleibt es bei der Vorschrift des § 831.

3. Die Haftung tritt nicht allein ein, wenn der Vorstand oder ein sonstiger verfassungsmäßig berufener Vertreter in Ausübung seiner Vertretungsmacht einem Dritten Schaden zugefügt hat. Der Ausdruck „Vertretungsmacht", den der § 46 des E. I gebraucht, würde wörtlich genommen nur die rechtsgeschäftliche Vertretung umfassen. Die Haftung soll aber eintreten nicht nur, wenn der verfassungsmäßige Vertreter des Vereins bei der Vornahme eines Rechtsgeschäfts für den Verein eine zum Schadensersatze verpflichtende Handlung vornimmt, sich

§. 32.

Die Angelegenheiten des Vereins werden, soweit sie nicht von dem Vorstand oder einem anderen Vereinsorgane zu besorgen sind, durch Beschlußfassung in einer Versammlung der Mitglieder geordnet. Zur Gültigkeit des Beschlusses ist erforderlich, daß der Gegenstand bei der Berufung bezeichnet wird. Bei der Beschlußfassung entscheidet die Mehrheit der erschienenen Mitglieder.

Auch ohne Versammlung der Mitglieder ist ein Beschluß gültig, wenn alle Mitglieder ihre Zustimmung zu dem Beschlusse schriftlich erklären.

§. 33.

Zu einem Beschlusse, der eine Aenderung der Satzung enthält, ist eine Mehrheit von drei Viertheilen der erschienenen Mitglieder erforderlich. Zur Aenderung

---

also z. B. eines Betrugs gegen den anderen Theil schuldig macht, sondern auch dann, wenn er in Ausführung der ihm obliegenden thatsächlichen Verrichtungen, also z. B. in der Leitung einer von dem Vereine betriebenen Fabrik oder der Aufsicht über die dem Vereine gehörenden Sachen eine unerlaubte oder sonst zum Schadensersatze verpflichtende Handlung vornimmt. Der Handlung steht eine Unterlassung gleich, wenn der vertragsmäßige Vertreter des Vereins zu einer solchen verpflichtet war, wenn er z. B. bei der ihm obliegenden Leitung eines von dem Vereine betriebenen, mit Gefahr für Dritte verbundenen industriellen Unternehmens die gesetzlich vorgeschriebenen Vorkehrungen zur Abwendung der Gefahr zu treffen unterließ. Erforderlich ist aber immer, daß die zum Schadensersatze verpflichtende Handlung oder Unterlassung in Ausführung der dem verfassungsmäßigen Vertreter zustehenden Verrichtungen erfolgt ist. Eine nur bei Gelegenheit solcher Verrichtungen vorgenommene, zum Schadensersatze verpflichtende Handlung verpflichtet den Verein nicht.

4. Die Vorschriften des § 31 können durch die Satzung nicht geändert werden.

§ 32.

E. I § 48 Abs. 1—3; II § 31 Abs. 1, 2 rev. § 29; III § 29. P. I S. 3119—3121, 3122—3124, 11989; M. I S. 105 ff. P. II S. 1053—1059 (Bd. I S. 524—527).

1. Die Mitgliederversammlung ist das Organ, durch welches der Verein seinen Willen äußert. Sie ist dies aber nur insoweit, als nicht der Vorstand oder andere Organe des Vereins zuständig sind. Zur Vertretung des Vereins nach außen ist nach §§ 26, 30 ausschließlich der Vorstand oder ein nach der Satzung für gewisse Geschäfte zu bestellender besonderer Vertreter zuständig. Ihre Vertretungsmacht kann beschränkt, kann insbesondere in bestimmten Beziehungen an die Zustimmung der Mitgliederversammlung gebunden werden; selbständig ist diese aber zur Vertretung des Vereins nach außen nicht berechtigt. In allen anderen Beziehungen aber sind ihre Beschlüsse maßgebend. Dies gilt auch in Betreff der Art, in welcher der Vorstand die Geschäfte des Vereins zu besorgen hat; er ist die von der Mitgliederversammlung gegebenen Weisungen zu befolgen verpflichtet, sofern ihm nicht durch die Satzung eine selbständigere Stellung zugewiesen ist.

2. Die Mitglieder können den Willen des Vereins regelmäßig in einer Mitgliederversammlung zum Ausdrucke bringen. In welcher Art und von wem die Mitgliederversammlung zu berufen ist und wem die Leitung derselben obliegt, wird in dem B.G.B. nicht gesagt. Die Satzung hat das in dieser Beziehung Erforderliche zu bestimmen. In Ermangelung einer solchen Bestimmung wird dem Vorstande die Berufung sowie die Leitung der Versammlung obliegen. Eine gesetzliche Vorschrift wird durch Abs. 1 Satz 2 nur dahin gegeben, daß der Gegenstand des Beschlusses bei der Berufung mitzutheilen ist. Bei der Beschlußfassung entscheidet die Mehrheit der erschienenen Mitglieder; bei Stimmengleichheit ist also ein Beschluß nicht gefaßt. Eine Versammlung der Mitglieder ist nur dann nach Abs. 2 nicht erforderlich, wenn alle Mitglieder ihren übereinstimmenden Willen schriftlich erklären. Ueber die regelmäßige Unzulässigkeit der Vertretung eines Mitgliedes durch einen Anderen siehe § 38.

3. Die Vorschriften des § 32 können durch Satzungen geändert werden (§ 40).

§ 33.

E. I § 48 Abs. 5; II § 32; III § 30 rev. § 30; P. I S. 3125; M. I S. 108 P. II S. 1059—1063 (Bd. I S. 527—529). K.B. S. 1945.

1. Das in dem § 48 Abs. 5 des E. I für jede Aenderung der Satzung aufgestellte Erforderniß der Einstimmigkeit aller Mitglieder ist von der zweiten Kommission mit Rücksicht

des Zweckes des Vereins ist die Zustimmung aller Mitglieder erforderlich; die Zustimmung der nicht erschienenen Mitglieder muß schriftlich erfolgen.

Beruht die Rechtsfähigkeit des Vereins auf Verleihung, so ist zu jeder Aenderung der Satzung staatliche Genehmigung oder, falls die Verleihung durch den Bundesrath erfolgt ist, die Genehmigung des Bundesraths erforderlich.

§. 34.

Ein Mitglied ist nicht stimmberechtigt, wenn die Beschlußfassung die Vornahme eines Rechtsgeschäfts mit ihm oder die Einleitung oder Erledigung eines Rechtsstreits zwischen ihm und dem Vereine betrifft.

§. 35.

Sonderrechte eines Mitglieds können nicht ohne dessen Zustimmung durch Beschluß der Mitgliederversammlung beeinträchtigt werden.

---

darauf aufgegeben, daß das praktische Bedürfniß eine Erleichterung um so mehr erfordere, als viele Bestimmungen der Satzungen von geringer Erheblichkeit sind. Nur für den Zweck des Vereins ist, da in ihm das Wesen und die Individualität des Vereins beruht, das Erforderniß der Einstimmigkeit beibehalten und durch die Vorschrift noch verschärft, daß die Zustimmung der in der Versammlung nicht erschienenen Mitglieder schriftlich erfolgen muß. Was als Zweck des Vereins zu betrachten ist, muß die Satzung ergeben. Von dem Zwecke zu unterscheiden sind die Mittel zur Erreichung desselben. Zu einer Aenderung dieser bedarf es der Einstimmigkeit nicht. So wird es z. B. bei einem Vereine, dessen Zweck in der Unterstützung von Armen besteht, nicht als eine Aenderung des Zweckes zu betrachten sein, wenn die Bestimmung der Satzung, nach welcher die Unterstützung durch Pflege in Krankheitsfällen gewährt werden soll, dahin ausgedehnt wird, daß auch in anderen Nothfällen Hülfe durch Darlehen oder Geschenke gewährt werden soll.

2. Der zweite Absatz findet auf Vereine, deren Rechtsfähigkeit nicht auf Verleihung durch den Bundesrath beruht, keine Anwendung, wenn durch die nach Art. 82 des E.G. zuständigen Landesgesetze ein Anderes bestimmt ist.

3. Zu einer Aenderung der Satzung des eingetragenen Vereins ist außer den in dem § 33 bezeichneten Erfordernissen die Eintragung der Aenderung erforderlich. (§ 71.)

4. Die Vorschriften des § 33 finden keine Anwendung, soweit durch die Satzung ein Anderes bestimmt ist. (§ 40.)

§ 34.

E. I § 48 Abs. 4; II § 31 Abs. 3 rev. § 31; III § 31. P. I S. 3121; M. I S. 107. P. II S. 1059 (Bd. I S. 527).

Die Mitglieder sind nicht Vertreter des Vereins. Die Vorschrift des § 181, nach welcher der Vertreter eines Anderen mit sich selbst im eigenen Namen in der Regel ein Rechtsgeschäft nicht vornehmen kann, findet daher direkt auf den Fall keine Anwendung, daß an einem Beschlusse der Mitgliederversammlung über die Vornahme eines Rechtsgeschäfts des Vereins mit einem Mitgliede dieses Mitglied Theil nimmt. Der Grund, auf welchem die Vorschrift des § 181 beruht, trifft aber auch in dem Falle des § 34 zu, indem auch hier eine Kollision zwischen dem persönlichen Interesse des Mitglieds und dem Interesse des Vereins, welches das Mitglied in der Mitgliederversammlung wahrzunehmen hat, stattfindet. Die Vorschrift des § 34 findet auch in solchen Fällen Anwendung, in denen es sich um die Einleitung oder Erledigung eines Rechtsstreits zwischen dem Verein und den Mitgliedern des Vorstandes wegen der ihnen für den Verein obliegenden Geschäfte handelt.

Durch die Satzung kann die Vorschrift des § 34 nicht geändert werden; die nach § 181 gestattete Abweichung von der Regel ist hier ausgeschlossen.

§ 35.

E. II § 33 rev. § 32; III § 32. P. I S. 3127; M. I S. 109. P. II S. 1063, 1064, 1066 (Bd. I S. 529—531).

Der E. I enthielt keine Vorschrift über Sonderrechte der Mitglieder. Die Entscheidung der Frage, welche Rechte als Sonderrechte zu betrachten seien und deshalb durch Beschluß der Mitgliederversammlung nicht geändert werden können, sollte der Entscheidung durch die Wissenschaft überlassen bleiben; sie war für den E. I von geringerer Bedeutung,

§. 36.

Die Mitgliederversammlung ist in den durch die Satzung bestimmten Fällen sowie dann zu berufen, wenn das Interesse des Vereins es erfordert.

§. 37.

Die Mitgliederversammlung ist zu berufen, wenn der durch die Satzung bestimmte Theil oder in Ermangelung einer Bestimmung der zehnte Theil der

---

weil nach ihm jede Aenderung der Verfassung Einstimmigkeit erforderte. Die zweite Kommission hielt es für nothwendig, wenigstens im Prinzip anzuerkennen, daß es Sonderrechte der Mitglieder gebe, die ohne deren Zustimmung nicht durch Beschluß der Mitgliederversammlung beeinträchtigt werden können. Nicht gedacht ist hierbei an solche Rechte, die einem Mitgliede unabhängig von seiner Mitgliedschaft, z. B. aus einem dem Vereine gegebenen Darlehen, zustehen. Daß Rechte dieser Art durch Beschluß der Mitgliederversammlung nicht beeinträchtigt werden können, ist selbstverständlich. Hier handelt es sich um Rechte, die einem Mitglied als solchem zustehen. Nicht alle Rechte dieser Art sind Sonderrechte im Sinne des § 35; anerkannt wird aber durch § 35, daß sie es sein können. Welche Rechte als Sonderrechte zu betrachten sind, läßt sich nicht allgemein bestimmen, sondern nur aus dem Wesen und Zwecke des einzelnen Vereins sowie aus der Art und dem Zwecke des betreffenden Rechtes und aus dem besonderen Inhalte der Satzung entscheiden (Regelsberger I § 84; Gierke, Genossenschaftstheorie S. 174 ff.). Entscheidend ist nicht, ob das Recht durch die Satzung bestimmt ist oder auf einer besonderen zwischen dem Verein und dem Mitgliede geschlossenen Vereinbarung beruht. In dem letzteren Falle wird zwar regelmäßig das Recht als ein Sonderrecht zu betrachten sein, so z. B. wenn ein Mitglied dem Verein eine Zuwendung macht, sich dafür aber eine bestimmte Stimmenzahl in der Mitgliederversammlung oder eine Stelle im Vorstand ausbedungen hat. Aber auch solche Rechte, die in der Satzung bestimmt sind, können Sonderrechte sein. Dahin gehört vor allem das Recht der Mitgliedschaft selbst; die Ausschließung eines Mitglieds aus dem Verein ist in Ermangelung einer besonderen Vorschrift der Satzung unzulässig. In Betreff anderer durch die Satzung bestimmter Rechte der Mitglieder wird für die Entscheidung der Frage, ob sie Sonderrechte sind, ein Anhaltspunkt daraus entnommen werden können, ob die Rechte gemeinnützige oder selbstnützige sind, d. h. ob sie sich auf die Organisation und Thätigkeit des Vereins beziehen oder ob sie den Mitgliedern in deren eigenem Interesse eingeräumt sind. Zu den ersteren gehört die aktive und passive Wahlfähigkeit für den Vorstand, zu den letzteren das Recht auf bestimmte Geldbezüge aus dem Vermögen des Vereins. Die letzteren werden häufiger die Natur eines Sonderrechts haben wie die ersteren. Ein gewisser Anhaltspunkt kann auch daraus entnommen werden, ob das Recht gleich bei der Begründung des Vereins eingeräumt ist oder erst auf einem späteren Beschlusse der Mitgliedersammlung beruht. In letzterem Falle wird in Ermangelung besonderer Umstände die Natur eines Sonderrechts regelmäßig zu verneinen sein, während im ersteren Falle die obenangeführten Gesichtspunkte in Betracht kommen. Ist in der Satzung ausdrücklich bestimmt, daß ein Recht Sonderrecht sei, so ist dies selbstverständlich maßgebend.

Die Art und Weise, in welcher ein Sonderrecht, wenn es durch Beschluß der Mitgliederversammlung beeinträchtigt ist, geltend gemacht werden kann, bestimmt sich durch den Inhalt des Rechtes. Immer wird eine Feststellungsklage gegen den Verein zulässig sein.

Eine Aenderung des § 35 durch die Satzung ist nach der Natur der Sache ausgeschlossen. Eine abweichende Vorschrift der Satzung würde nur die Bedeutung haben, daß die Rechte, auf welche sich die Vorschrift bezieht, keine Sonderrechte sind.

§ 36.

E. II § 34 rev. § 33; III § 33. P. II S. 1068—1071 (Bd. I S. 532—534).

Die Berufung der Mitgliederversammlung erfolgt, sofern nicht die Satzung ein Anderes bestimmt, durch den Vorstand. Unterläßt dieser die Berufung in Fällen, in denen sie nach § 36 erfolgen soll, so ist er dafür nach Maßgabe des § 27 Abs. 3 verantwortlich. Den einzelnen Mitgliedern steht ein Klagerecht gegen den Vorstand auf Berufung der Versammlung nicht zu. Der § 37 gewährt ihnen aber die erforderliche Handhabe, um die Berufung zu erzwingen. Eine Aenderung des § 36 durch die Satzung ist ausgeschlossen.

§ 37.

E. II § 35 rev. § 34; III § 34. P. II S. 1068—1072, 8345 (Bd. I S. 532—534).

1. Die Mitgliederversammlung ist zu berufen, wenn der Antrag darauf nach Maßgabe des Abs. 1 gestellt ist. Ueber die Zulänglichkeit der angeführten Gründe steht dem Vorstand eine Entscheidung nicht zu; es genügt, daß Gründe in dem Antrag angegeben sind.

Mitglieder die Berufung schriftlich unter Angabe des Zweckes und der Gründe verlangt.

Wird dem Verlangen nicht entsprochen, so kann das Amtsgericht, in dessen Bezirke der Verein seinen Sitz hat, die Mitglieder, welche das Verlangen gestellt haben, zur Berufung der Versammlung ermächtigen und über die Führung des Vorsitzes in der Versammlung Bestimmung treffen. Auf die Ermächtigung muß bei der Berufung der Versammlung Bezug genommen werden.

§. 38.

Die Mitgliedschaft ist nicht übertragbar und nicht vererblich. Die Ausübung der Mitgliedschaftsrechte kann nicht einem Anderen überlassen werden.

§. 39.

Die Mitglieder sind zum Austritt aus dem Vereine berechtigt.

Durch die Satzung kann bestimmt werden, daß der Austritt nur am Schlusse eines Geschäftsjahrs oder erst nach dem Ablauf einer Kündigungsfrist zulässig ist; die Kündigungsfrist kann höchstens zwei Jahre betragen.

---

2. Durch das Wort „kann" im zweiten Absatze wird ausgedrückt, daß das Amtsgericht zur Ertheilung der Ermächtigung nicht ebenso unbedingt verpflichtet ist wie der Vorstand nach Abs. 1 zur Berufung der Versammlung. Das Amtsgericht hat vielmehr zu prüfen, ob die angeführten Gründe geeignet sind, die Berufung der Versammlung zu rechtfertigen, und nach pflichtmäßigem Ermessen die Entscheidung zu treffen. (Ebenso nach dem H.G.B. § 254 Abs. 3.) Das Gericht soll nach § 160 des freiw. G.G. vor der Verfügung, soweit thunlich, den Vorstand hören. Gegen die Verfügung findet die sofortige Beschwerde statt.

3. Durch das Wort „muß" im letzten Satze des Abs. 2 wird ausgedrückt, daß die Berufung der Versammlung unwirksam ist, wenn dabei nicht auf die Ermächtigung des Amtsgerichts Bezug genommen wird.

4. Eine Aenderung des § 37 durch die Satzung ist unzulässig.

§ 38.

E. II § 36 Abs. 1 rev. § 35; III § 35. P. II S. 1072—1074 (Bd. I S. 534, 535).

Aus dem Wesen der Mitgliedschaft würde die Unübertragbarkeit und Unvererblichkeit derselben nicht folgen. Bei den Vereinen mit idealen Tendenzen entspricht sie aber regelmäßig deren Zwecke. Anders liegt das Verhältniß häufig bei Vereinen, deren Zweck auf einen wirthschaftlichen Geschäftsbetrieb gerichtet ist; als Regel gilt indessen auch für sie die Vorschrift des § 38. Durch den Satz 2 wird insbesondere auch die Zulässigkeit einer Vertretung bei der Abstimmung in der Mitgliederversammlung ausgeschlossen; es macht hierbei keinen Unterschied, ob die Vertretung durch ein anderes Mitglied des Vereins oder durch eine Person, welche nicht Mitglied ist, erfolgen soll. Sowohl die Vorschrift des ersten wie die des zweiten Satzes sind indessen nur dispositiver Art und können nach § 40 durch die Satzung geändert werden.

§ 39.

E. II § 36 Abs. 2 rev. § 36; III § 36. P. II S. 1072—1074 (Bd. I S. 534 535).

Durch den Austritt verliert das Mitglied für die Zukunft alle auf der Mitgliedschaft beruhenden Rechte und wird von allen dadurch begründeten Verpflichtungen frei. Die in Folge der Mitgliedschaft vor dem Austritt erworbenen selbständigen Rechte, z. B. das Recht auf einen Antheil an dem bis dahin gemachten Gewinne, werden durch den Austritt nicht berührt; ebenso bleiben die bereits früher entstandenen, nicht durch die Fortdauer der Mitgliedschaft bedingten Verpflichtungen, z. B. die Verpflichtung zur Zahlung eines Beitrags für die Vergangenheit, bestehen.

Eine Beschränkung des Austrittsrechts durch die Satzung ist nur innerhalb der im zweiten Absatze bestimmten Grenzen zulässig. Als unzulässig wird auch eine Vorschrift zu betrachten sein, durch welche für den Fall des Austritts, soweit dieser nach Abs. 2 nicht beschränkt werden kann, eine Vertragsstrafe bestimmt wird. Die entsprechende Anwendung des § 344, welcher sich direkt nur auf Verträge bezieht, ist zwar nicht vorgeschrieben, dürfte aber unbedenklich sein.

§. 40.

Die Vorschriften des §. 27 Abs. 1, 3, des §. 28 Abs. 1 und der §§. 32, 33, 38 finden insoweit keine Anwendung, als die Satzung ein Anderes bestimmt.

§. 41.

Der Verein kann durch Beschluß der Mitgliederversammlung aufgelöst werden. Zu dem Beschluß ist eine Mehrheit von drei Viertheilen der erschienenen Mitglieder erforderlich, wenn nicht die Satzung ein Anderes bestimmt.

Der Unzulässigkeit einer über den Abs. 2 hinausgehenden Beschränkung des Austrittsrechts entspricht die für die Gesellschaft geltende Vorschrift des § 723 Abs. 3, nach der eine Vereinbarung nichtig ist, durch welche das Kündigungsrecht ausgeschlossen oder den in dem § 723 Abs. 1, 2 gegebenen Vorschriften zuwider beschränkt wird. Die Art der Beschränkung ist hier freilich, der Natur der Gesellschaft entsprechend, anders bestimmt als im § 39 Abs. 2.

§ 40.

E. I § 44 Abs. 7, § 48 Abs. 6; II § 37 rev. § 37; III § 37. P. I S. 3099—3106 3113—3127, 3129, 3130; M. I S. 94—100, 105—109. P. II S. 8345, 8346.

S. die Erl. zu den §§ 27, 28, 32, 33, 38.

§ 41.

E. II § 38 rev. § 38; III § 38. P. II S. 1079, 1080 (Bd. I S. 538, 539). D. S. 610.

1. Der E. I enthielt keine Vorschriften über die Auflösung eines rechtsfähigen Vereins (einer Körperschaft nach dem Sprachgebrauch des E. I); vielmehr waren die Vorschriften über das Erlöschen wie über die Entstehung der Körperschaften der Landesgesetzgebung überlassen. Ueber die Auflösung einer Aktiengesellschaft sowie einer Erwerbs- und Wirthschaftsgenossenschaft s. § 292 des H.G.B., und § 76 des Ges. betr. die Erwerbs- und Wirthschaftsgenossenschaften v. 1. Mai 1889.

2. Das B.G.B. unterscheidet zwischen Auflösung des Vereins und Entziehung der Rechtsfähigkeit. Die erstere findet statt im Falle des § 41. Andere Auflösungsgründe können sich aus der Verfassung des Vereins ergeben; so z. B. der Ablauf der für die Dauer des Vereins in der Satzung bestimmten Zeit. (§ 74 Abs. 2.) Die Auflösung kann ferner auf Grund des öffentlichen Vereinsrechts erfolgen. (§ 74 Abs. 3.) Die Entziehung der Rechtsfähigkeit findet statt in den Fällen der §§ 42, 43, 73. Der E. III (§§ 39, 40, 70) sprach auch in den letztgedachten Fällen von der Auflösung des Vereins. Die Unterscheidung beruht auf einem Beschlusse der R.K. Maßgebend ist dabei der Gedanke gewesen, daß die Gründe, aus welchen die Entziehung der Rechtsfähigkeit erfolgt, nicht mit Nothwendigkeit dahin führen, den Verein, wenn er als nicht rechtsfähiger Verein fort existiren will, aufzulösen. Daraus wird aber nicht zu folgern sein, daß der Verein, wenn ihm die Rechtsfähigkeit entzogen wird, immer als nicht rechtsfähiger Verein so lange fortbesteht, bis er seine Auflösung beschließt. Das Gesetz kann einem Vereine, der von Anfang an nur als rechtsfähiger Verein hat existiren wollen, nicht in die Lage bringen, daß er nach Entziehung der Rechtsfähigkeit, wenn auch nur vorübergehend, als nicht rechtsfähiger Verein, d. h. also nach § 54 als ein nach den Vorschriften über die Gesellschaft zu beurtheilender Verein fortbesteht, obwohl die Mitglieder des Vereins dies weder gewollt noch irgendwie erklärt haben. Nur wenn sich aus der Satzung ergiebt, daß der Verein, wenn ihm die Rechtsfähigkeit entzogen wird, als nicht rechtsfähiger Verein fortbestehen will, wird das Fortbestehen ohne Weiteres anzunehmen sein, während, wenn ein solcher Wille sich aus der Satzung nicht ergiebt, mit der Entziehung der Rechtsfähigkeit auch der Verein selbst zu bestehen aufhört. Die Mitglieder können in dem letzteren Falle zwar sofort beschließen, daß der Verein als nicht rechtsfähiger Verein fortbestehen solle; ein solcher Beschluß ist aber als Vereinbarung über Begründung eines neuen nicht rechtsfähigen Vereins zu betrachten und nach den Vorschriften über den Gesellschaftsvertrag zu beurtheilen. Auch dann übrigens, wenn auf Grund der Satzung der Verein, ohne daß es eines besonderen Beschlusses bedarf, fortbesteht, ist der nunmehrige Verein nicht eine Fortsetzung des früheren rechtsfähigen Vereins, sondern ein neuer Verein; dies ergiebt sich insbesondere daraus, daß nach § 45 im Falle der Entziehung der Rechtsfähigkeit, ganz ebenso wie im Falle der Auflösung, das Vermögen des Vereins an die in der Satzung bestimmten Personen fällt.

§. 42.

Der Verein verliert die Rechtsfähigkeit durch die Eröffnung des Konkurses.

Der Vorstand hat im Falle der Ueberschuldung die Eröffnung des Konkurses zu beantragen. Wird die Stellung des Antrags verzögert, so sind die Vorstandsmitglieder, denen ein Verschulden zur Last fällt, den Gläubigern für den daraus entstehenden Schaden verantwortlich; sie haften als Gesammtschuldner.

§. 43.

Dem Vereine kann die Rechtsfähigkeit entzogen werden, wenn er durch einen gesetzwidrigen Beschluß der Mitgliederversammlung oder durch gesetzwidriges Verhalten des Vorstandes das Gemeinwohl gefährdet.

Einem Vereine, dessen Zweck nach der Satzung nicht auf einen wirthschaftlichen Geschäftsbetrieb gerichtet ist, kann die Rechtsfähigkeit entzogen werden, wenn er einen solchen Zweck verfolgt.

---

§ 42.

E. I § 47; II § 39 rev. § 39; III § 39. P. I S. 3166, 3168, 3171, 3172, 6172, 6173; M. I S. 104. P. II S. 1052, 1053, 1080, 8349, 8350 (Bd. I S. 523, 524, 539). D. S. 610. K.B. S. 1941.

1. Ueber die Bedeutung und Entziehung der Rechtsfähigkeit s. Erl. zu §§ 41, 45.

2. Der E. I enthielt keine Vorschrift über die Einwirkung des Konkurses auf den Bestand einer Körperschaft (s. Erl. zu § 41 Nr. 1).

Nach § 42 verliert der Verein die Rechtsfähigkeit mit der Eröffnung des Konkurses. Der Zeitpunkt der Eröffnung bestimmt sich nach § 108 der K.O. Wird der Eröffnungsbeschluß in Folge der dagegen erhobenen Beschwerde wieder aufgehoben (§§ 109, 116 der K.O.), so gilt der Verlust der Rechtsfähigkeit als nicht erfolgt. Die Aufhebung des Konkursverfahrens nach Maßgabe des § 163 d. K.O. sowie die Einstellung auf Grund der §§ 202, 204 der K.O. sind ohne Einfluß; das Gleiche gilt von einem Zwangsvergleich und der auf Grund desselben erfolgenden Aufhebung des Konkursverfahrens (§ 190 d. K.O.). Auf einen bei Beendigung des Konkursverfahrens verbleibenden Ueberschuß finden die Vorschriften des § 45 Anwendung. Ein Beschluß der Mitgliederversammlung, daß der Verein trotz Eröffnung des Konkursverfahrens fortbestehen solle, hat nicht die Wirkung, daß der bisherige Verein fortbesteht; er kann vielmehr nur, sofern dies der Absicht entspricht, als Vereinbarung eines neuen Vereins mit denselben Zwecken wie der frühere Verein rechtliche Wirkung haben. Die Erlangung der Rechtsfähigkeit für diesen neuen Verein kann nur nach Maßgabe der §§ 21, 22 erfolgen.

3. Nur im Falle der Ueberschuldung, nicht auch schon im Falle der Zahlungsunfähigkeit ist der Vorstand verpflichtet, die Eröffnung des Konkurses zu beantragen. Bei der Frage, ob Ueberschuldung vorliegt, wird, wenn die Mitglieder des Vereins verfassungsmäßig zu bestimmten Beiträgen verpflichtet sind, diese Beitragspflicht mit in Betracht zu ziehen sein. Die Verpflichtung, die dem Vorstande in Betreff der Stellung des Antrags auf Konkurseröffnung dem Vereine gegenüber obliegt, bestimmt sich nach § 27 Abs. 3 des B.G.B. Der § 42 Abs. 2 bestimmt positiv eine selbständige Verpflichtung gegenüber den Gläubigern. Wird die Verpflichtung nicht erfüllt oder ihre Erfüllung verzögert, so sind diejenigen Mitglieder des Vorstandes, welche die Nichterfüllung oder die Verzögerung verschulden, den Gläubigern nach allgemeinen Grundsätzen für den entstehenden Schaden verantwortlich. Die Wirkung der ihnen obliegenden Haftung als Gesammtschuldner ergiebt sich aus den §§ 421 ff.

4. Auf den Konkurs über das Vermögen eines rechtsfähigen Vereins sowie einer rechtsfähigen Stiftung finden nach § 213 der K.O die Vorschriften der §§ 207, 208 der K.O. Anwendung. Vgl. auch Art. 4 des E.G. zu dem Ges. betr. Aenderungen der K.O.

§. 43.

E. II § 40 Abs. 1—3 rev. § 40; III § 40. P. II S. 1144—1151, 8346, 8394 (Bd. I S. 572—576). D. S. 610. K.B. S. 1937—1942, 1943—1945. St.B. S. 715, 728, 732, 737, 756, 785, 2735—2748, 3059.

1. Der § 43 bestimmt die materiellen Voraussetzungen, unter welchen die Entziehung der Rechtsfähigkeit zulässig ist, während der § 44 die zuständige Behörde und das Verfahren bestimmt. Ob die Behörde von der ihr eingeräumten Befugniß Gebrauch zu machen hat, hängt von dem Inhalte der für sie nach § 44 maßgebenden landesgesetzlichen Vorschriften

Einem Vereine, der nach der Satzung einen politischen, sozialpolitischen oder religiösen Zweck nicht hat, kann die Rechtsfähigkeit entzogen werden, wenn er einen solchen Zweck verfolgt.

Einem Vereine, dessen Rechtsfähigkeit auf Verleihung beruht, kann die Rechtsfähigkeit entzogen werden, wenn er einen anderen als den in der Satzung bestimmten Zweck verfolgt.

§. 44.

Die Zuständigkeit und das Verfahren bestimmen sich in den Fällen des §. 43 nach den für streitige Verwaltungssachen geltenden Vorschriften der Landesgesetze. Wo ein Verwaltungsstreitverfahren nicht besteht, finden die Vorschriften der §§. 20, 21 der Gewerbeordnung Anwendung; die Entscheidung erfolgt in erster Instanz durch die höhere Verwaltungsbehörde, in deren Bezirke der Verein seinen Sitz hat.

Beruht die Rechtsfähigkeit auf Verleihung durch den Bundesrath, so erfolgt die Entziehung durch Beschluß des Bundesraths.

---

ab; soweit diese keine Anhaltspunkte ergeben, entscheidet das pflichtmäßige Ermessen der Behörde.

2. Der erste Absatz schließt sich dem § 79 des Ges. betr. die Erwerbs- und Wirthschaftsgenossenschaften v. 1. Mai 1889 und dem § 62 des Ges. betr. die Gesellschaften mit beschränkter Haftung v. 20. April 1892 an.

3. Der zweite Absatz ist eine Konsequenz des § 21. Da Vereine, deren Zweck auf einen wirthschaftlichen Geschäftsbetrieb gerichtet ist, die Rechtsfähigkeit durch Eintragung nicht erlangen können, so muß die Möglichkeit gegeben sein, einen Verein, der die Rechtsfähigkeit durch Eintragung erlangt hat, zu hindern, den Zweck eines wirthschaftlichen Geschäftsbetriebs zu verfolgen. Zu diesem Behufe wird der zuständigen Behörde das Recht gegeben, einem solchen Vereine die Rechtsfähigkeit zu entziehen. Die Voraussetzung der Zulässigkeit der Entziehung liegt aber nicht schon dann vor, wenn der wirthschaftliche Geschäftsbetrieb nur nebenbei und als Mittel zur Erreichung des idealen Zweckes des Vereins angefangen wird. Der Betrieb muß vielmehr in solcher Art erfolgen, daß, wenn dies nach der Satzung von Anfang an beabsichtigt gewesen wäre, die Eintragung nicht hätte erfolgen können (s. Erl. zu § 21).

4. Der dritte Absatz ist eine Konsequenz des § 61, nach welchem der Verwaltungsbehörde das Einspruchsrecht gegen die Eintragung eines Vereins zusteht, der einen politischen, sozialpolitischen oder religiösen Zweck verfolgt. Ueber die Frage, wann ein politischer, sozialpolitischer oder religiöser Zweck vorliegt, s. Erl. zu § 61.

5. Bei der Verleihung der Rechtsfähigkeit an einen Verein kann die Befugniß, die Rechtsfähigkeit unter bestimmten Voraussetzungen dem Vereine zu entziehen, vorbehalten werden. Die Bedeutung des vierten Absatzes liegt darin, daß auch ohne solchen Vorbehalt die Entziehung der Rechtsfähigkeit zulässig ist, wenn der Verein einen anderen als den in der Satzung bestimmten Zweck verfolgt.

6. Neben der durch § 43 der zuständigen Behörde eingeräumten Befugniß bleiben die auf Grund des öffentlichen Vereinsrechts den Behörden zustehenden Rechte bestehen. Kraft dieser Rechte kann zwar nicht die Entziehung der Rechtsfähigkeit, wohl aber die Auflösung des Vereins erfolgen, und mit der Auflösung fällt selbstverständlich auch die Rechtsfähigkeit weg.

§ 44.

E. II § 40 Abs. 4 rev. § 41; III § 41. P. II S. 1144—1151. D. S. 610. K.B. S. 1931—1942, 1943—1945 (Bd. I S. 572—576). St.B. S. 2735—2748, 3059.

1. Der § 44 schließt sich dem § 79 Abs. 2 des Ges. betr. die Erwerbs- und Wirthschaftsgenossenschaften v. 1. Mai 1889 an. Der § 62 des Ges. betr. die Gesellschaften mit beschränkter Haftung v. 20. April 1892 überweist dagegen die Entscheidung in denjenigen Bundesstaaten, in welchen ein Verwaltungsstreitverfahren nicht besteht, an die ordentlichen Gerichte.

2. Die §§ 79, 62 der angeführten Gesetze enthalten noch die Vorschrift, daß die Auflösung des Vereins keinen Anspruch auf Schadensersatz begründet. In dem B.G.B. fehlt eine solche Vorschrift, weil sie nach dessen Vorschriften selbstverständlich ist (§ 839).

3. Die §§ 20, 21 der Gewerbeordnung, die nach § 44 Abs. 1 in denjenigen Staaten zur Anwendung kommen, in welchen ein Verwaltungsstreitverfahren nicht besteht, lauten:

§. 45.

Mit der Auflösung des Vereins oder der Entziehung der Rechtsfähigkeit fällt das Vermögen an die in der Satzung bestimmten Personen.

Durch die Satzung kann vorgeschrieben werden, daß die Anfallberechtigten durch Beschluß der Mitgliederversammlung oder eines anderen Vereinsorgans bestimmt werden. Ist der Zweck des Vereins nicht auf einen wirthschaftlichen Geschäftsbetrieb gerichtet, so kann die Mitgliederversammlung auch ohne eine solche Vorschrift das Vermögen einer öffentlichen Stiftung oder Anstalt zuweisen.

Fehlt es an einer Bestimmung der Anfallberechtigten, so fällt das Vermögen, wenn der Verein nach der Satzung ausschließlich den Interessen seiner Mitglieder diente, an die zur Zeit der Auflösung oder der Entziehung der Rechtsfähigkeit vorhandenen Mitglieder zu gleichen Theilen, anderenfalls an den Fiskus des Bundesstaats, in dessen Gebiete der Verein seinen Sitz hatte.

---

§ 20. „Gegen den Bescheid ist Rekurs an die nächstvorgesetzte Behörde zulässig, welcher bei Verlust desselben binnen vierzehn Tagen, vom Tage der Eröffnung des Bescheides an gerechnet, gerechtfertigt werden muß.

Der Rekursbescheid ist den Parteien schriftlich zu eröffnen und muß mit Gründen versehen sein."

§ 21. „Die näheren Bestimmungen über die Behörden und das Verfahren, sowohl in der ersten als in der Rekurs-Instanz, bleiben den Landesgesetzen vorbehalten. Es sind jedoch folgende Grundsätze einzuhalten:

1. In erster oder zweiter Instanz muß die Entscheidung durch eine kollegiale Behörde erfolgen. Diese Behörde ist befugt, Untersuchungen an Ort und Stelle zu veranlassen, Zeugen und Sachverständige zu laden und eidlich zu vernehmen, überhaupt den angetretenen Beweis in vollem Umfange zu erheben.

2. Bildet die kollegiale Behörde die erste Instanz, so ertheilt sie ihre Entscheidung in öffentlicher Sitzung, nach erfolgter Ladung und Anhörung der Parteien, auch in dem Falle, wenn zwar Einwendungen nicht angebracht sind, die Behörde aber nicht ohne Weiteres die Genehmigung ertheilen will und der Antragsteller innerhalb vierzehn Tagen nach Empfang des die Genehmigung versagenden oder nur unter Bedingungen ertheilenden Bescheides der Behörde auf mündliche Verhandlung anträgt.

3. Bildet die kollegiale Behörde die zweite Instanz, so ertheilt sie stets ihre Entscheidung in öffentlicher Sitzung nach erfolgter Ladung und Anhörung der Parteien.

4. Als Parteien sind der Unternehmer (Antragsteller) sowie diejenigen Personen zu betrachten, welche Einwendungen erhoben haben.

5. Die Oeffentlichkeit der Sitzungen kann unter entsprechender Anwendung der §§ 173—176 des G.V.G. ausgeschlossen oder beschränkt werden.

Als Parteien im Sinne der Nr. 3, 4 des § 21 kommt hier nur der Verein in Betracht."

4. Der zweite Absatz des § 44 bezieht sich auf diejenigen Fälle, in welchen nach § 23 die Verleihung der Rechtsfähigkeit durch den Bundesrath erfolgt.

5. Die Verfügung der zuständigen Behörde, durch welche die Rechtsfähigkeit entzogen wird, ist wirksam, auch wenn die materiellen, durch § 43 bestimmten Voraussetzungen nicht vorliegen. Ob die gegen die Verfügung zulässigen Rechtsmittel Suspensiveffekt haben, bestimmt sich nach den Landesgesetzen. Die Rechtsmittel können nur dadurch begründet werden, daß die im § 43 bestimmten Voraussetzungen nicht vorliegen, daß also insbesondere, wenn die Entziehung der Rechtsfähigkeit deshalb erfolgt, weil der Verein politische, sozialpolitische oder religiöse Zwecke verfolgt, in Wirklichkeit solche Zwecke nicht verfolgt werden. Die Anfechtung kann aber nicht dadurch begründet werden, daß das öffentliche Wohl die Entziehung der Rechtsfähigkeit nicht erfordere.

§ 45.

E. I § 49 Abs. 1; II § 41 rev. § 42; III § 42. P. I S. 3136—3151, 3476; M. I S. 109—112. P. II S. 1081—1094 (Bd. I S. 539—546). D. S. 610.

1. Das Vermögen des Vereins würde im Falle der Auflösung oder der Entziehung der Rechtsfähigkeit in Ermangelung besonderer Vorschriften herrenlos werden. Hiergegen richtet sich der § 45, indem er diejenigen Personen bestimmt, an welche das Vermögen fällt. Ist der Anfallberechtigte der Fiskus, so hat er nach § 46 die Stellung eines Erben. In allen

§. 46.

Fällt das Vereinsvermögen an den Fiskus, so finden die Vorschriften über eine dem Fiskus als gesetzlichem Erben anfallende Erbschaft entsprechende Anwendung. Der Fiskus hat das Vermögen thunlichst in einer den Zwecken des Vereins entsprechenden Weise zu verwenden.

---

anderen Fällen dagegen muß eine Liquidation nach Maßgabe der §§ 47—53 stattfinden, und der Anfallberechtigte erhält nur dasjenige, was ihm nach § 49 von den Liquidatoren ausgeantwortet wird. Ueber das Verhältniß des Anfallberechtigten zu den Gläubigern, die bei der Liquidation nicht befriedigt sind, s. Erl. zu §§ 52, 53.

2. Anfallberechtigt sind in folgender Reihenfolge:

a) Wer als solcher in der Satzung bestimmt ist, mag die Bestimmung schon bei der Begründung des Vereins oder erst später getroffen sein. Die Bestimmung kann aber nicht mehr erfolgen nach der Auflösung oder der Entziehung der Rechtsfähigkeit. Durch die Satzung kann die Bestimmung auch mittelbar in der Art erfolgen, daß einem Organe des Vereins, z. B. der Mitgliederversammlung oder dem Vorstande, das Recht eingeräumt wird, die Bestimmung zu treffen. Da nach der Auflösung oder der Entziehung der Rechtsfähigkeit der bisherige Verein und seine Organe, vorbehaltlich der Vorschrift des § 49 Abs. 2, nicht mehr bestehen, so kann auch die dem Organe zugewiesene Bestimmung nach der Auflösung oder Entziehung der Rechtsfähigkeit nicht mehr erfolgen.

In welcher Art das Organ die Bestimmung zu treffen hat, bestimmt sich in Ermangelung besonderer durch die Satzung gegebener Vorschriften nach denjenigen Grundsätzen, welche im Allgemeinen für die Beschlüsse des Organs gelten.

b) Bei Vereinen, deren Zweck nicht auf einen wirthschaftlichen Geschäftsbetrieb gerichtet ist, diejenige öffentliche Stiftung oder Anstalt, welche von der Mitgliederversammlung vor der Auflösung oder Entziehung der Rechtsfähigkeit als anfallberechtigt bezeichnet ist.

c) Bei Vereinen, die ausschließlich dem Interesse der Mitglieder dienen, die zur Zeit der Auflösung oder Entziehung der Rechtsfähigkeit vorhandenen Mitglieder, bei anderen Vereinen der Fiskus des Bundesstaats, in dessen Gebiete der Verein seinen Sitz hatte. In Betreff solcher Vereine, die ihren Sitz nicht in einem Bundesstaate haben (§ 23), enthält der § 45 keine Bestimmung. Nach Analogie der Vorschrift des § 1936 Abs. 2 wird für solche Vereine der Reichsfiskus als anfallberechtigt zu betrachten sein.

3. Nach Art. 85 des E.G. bleiben landesgesetzliche Vorschriften unberührt, nach welchen an die Stelle des Fiskus eine Körperschaft, Stiftung oder Anstalt des öffentlichen Rechtes tritt.

§ 46.

E. I § 49 Abs. 2 Satz 1, 2; II § 42 Abs. 1 rev. § 43; III § 43. P. I S. 3136—3151, 3476; M. I S. 109—112. P. II S. 1092—1095, 8346, 8347 (Bd. I S. 545—547). D. S. 610.

1. Die Vorschriften, welche nach Satz 1 zur entsprechenden Anwendung gelangen, sind in den §§ 1936, 1942 Abs. 2, 1966, 2011 des B.G.B. und in dem § 780 der C.P.O. enthalten. Ihre entsprechende Anwendung führt zu folgenden Ergebnissen: Das Vereinsvermögen geht als Ganzes so auf den Fiskus über, wie wenn er Erbe des Vereins geworden wäre. Er kann aber das Vermögen nicht ausschlagen (§ 1942 Abs. 2). Von ihm als Nachfolger in das Vereinsvermögen und gegen ihn als Nachfolger kann ein Recht erst geltend gemacht werden, wenn das Gericht, in dessen Bezirke der Verein seinen Sitz hatte, festgestellt hat, daß ein anderer Anfallberechtigter als der Fiskus nicht vorhanden ist (§ 1966). Eine Inventarfrist kann ihm nicht gesetzt werden; er ist aber verpflichtet, den Vereinsgläubigern über den Bestand des Vereinsvermögens Auskunft zu ertheilen (§ 2011). Ist er als Nachfolger in das Vereinsvermögen verurtheilt, so kann er die Beschränkung seiner Haftung (§ 1975 ff.) geltend machen, auch wenn sie ihm im Urtheile nicht vorbehalten ist (§ 780 der C.P.O.).

2. Durch den zweiten Satz wird dem Fiskus keine privatrechtliche, sondern eine öffentlichrechtliche Verpflichtung auferlegt.

§. 47.

Fällt das Vereinsvermögen nicht an den Fiskus, so muß eine Liquidation stattfinden.

§. 48.

Die Liquidation erfolgt durch den Vorstand. Zu Liquidatoren können auch andere Personen bestellt werden; für die Bestellung sind die für die Bestellung des Vorstandes geltenden Vorschriften maßgebend.

Die Liquidatoren haben die rechtliche Stellung des Vorstandes, soweit sich nicht aus dem Zwecke der Liquidation ein Anderes ergiebt.

Sind mehrere Liquidatoren vorhanden, so ist für ihre Beschlüsse Uebereinstimmung aller erforderlich, sofern nicht ein Anderes bestimmt ist.

---

§. 47.

E. I § 49 Abs. 2 Satz 3; II § 42 Abs. 2 rev. § 44; III § 44. P. I S. 3136—3151, 3476; M. I S. 113. P. II S. 1094, 1095 (Bd. I S. 546, 547). D. S. 610.

1. Die Vorschriften über die Liquidation schließen sich dem H.G.B. und den neueren Reichsgesetzen über Gesellschaften und Genossenschaften, deren Zweck auf einen wirthschaftlichen Geschäftsbetrieb gerichtet ist, an. Nach dem E. I sollte die Liquidation nur eintreten, wenn das Vereinsvermögen unter die Mitglieder zu vertheilen ist, während in allen anderen Fällen der Anfallberechtigte dieselbe Stellung haben sollte, die nach dem B.G.B. der Fiskus hat. Die zweite Kommission hielt dies sowohl im Interesse der Gläubiger als der Anfallberechtigten für bedenklich; deshalb wurde die jetzige Vorschrift beschlossen.

2. Der Zweck der Liquidation besteht darin, die Vereinsgläubiger zu befriedigen und den Ueberschuß den Anfallberechtigten auszuantworten. Der Verein selbst hat die Liquidation vorzunehmen. Er gilt deshalb, wie im § 49 Abs. 2 ausdrücklich ausgesprochen wird, bis zur Beendigung der Liquidation als fortbestehend, soweit der Zweck der Liquidation es erfordert. Daraus ergiebt sich, daß die Organisation des Vereins bestehen bleibt, aber der Zweck des Vereins ist nicht der bisherige, vielmehr hat dieser nur noch den Zweck der Liquidation. Dies Prinzip ist maßgebend für alle Fragen, die nicht in den folgenden Paragraphen ausdrücklich entschieden werden.

§ 48.

E. I § 50; II § 43 rev. § 45; III § 45. P. I S. 3151—3153, 3165, 3166, 3167, 3172—3175, 6154, 6165; M. I S. 113—115. P. II S. 1097—1099 (Bd. I S. 247, 248).

1. Der bisherige Vorstand ist als solcher zur Liquidation berechtigt und verpflichtet. Hierauf beschränkt sich seine Aufgabe. Die Aufgaben, die ihm während des Bestehens des Vereins oblagen, fallen, soweit sie nicht mit der Aufgabe der Liquidation zusammenfallen, weg. In den folgenden Vorschriften wird deshalb nicht mehr von dem Vorstande, sondern von den Liquidatoren gesprochen. Ob an Stelle des Vorstandes andere Personen zu Liquidatoren bestellt werden sollen, bestimmt die Mitgliederversammlung, sofern nicht bereits in der Satzung eine solche Bestimmung getroffen ist. Die Bestellung erfolgt regelmäßig nach § 27 durch Beschluß der Mitgliederversammlung. Soweit die erforderlichen Liquidatoren fehlen, sind sie in dringenden Fällen nach Maßgabe des § 29 durch das Amtsgericht zu bestellen.

2. Unter der rechtlichen Stellung des Vorstandes, welche die Liquidatoren nach Abs. 2 haben, ist sowohl die Stellung nach außen wie nach innen zu verstehen. Nach Maßgabe des § 26 vertreten sie daher den Verein gerichtlich wie außergerichtlich und haben die Stellung eines gesetzlichen Vertreters. Ob die Vertretungsmacht in Folge des Zweckes der Liquidation beschränkt wird, soll bei § 49 erörtert werden. Die Vorschrift des letzten Satzes des § 26, nach welcher die Vertretungsmacht des Vorstandes durch die Satzung mit Wirkung gegen Dritte beschränkt werden kann, findet auch auf die Liquidatoren Anwendung. Eine solche Beschränkung muß aber insoweit wegfallen, als dadurch die Liquidation unausführbar werden würde. Eine Bestimmung z. B., nach welcher der Vorstand gewisse Theile des Vereinsvermögens nicht veräußern kann, muß für die Liquidatoren wegfallen, wogegen eine Bestimmung, nach welcher der Vorstand in Betreff der Art der Veräußerung von dem Beschlusse der Mitgliederversammlung abhängig ist, auch für die Liquidatoren zulässig sein würde.

Das innere Verhältniß des Vorstandes zu dem Verein erleidet durch die Liquidation insoweit eine wesentliche Aenderung, als die ihm obliegende Geschäftsführung sich nunmehr auf die Liquidation nach Maßgabe des § 49 zu beschränken hat. Im Uebrigen finden auch auf die Liquidatoren die Vorschriften des § 27 Abs. 3 Anwendung. Eine Einwirkung der Mitglieder-

§. 49.

Die Liquidatoren haben die laufenden Geschäfte zu beendigen, die Forderungen einzuziehen, das übrige Vermögen in Geld umzusetzen, die Gläubiger zu befriedigen und den Ueberschuß den Anfallberechtigten auszuantworten. Zur Beendigung schwebender Geschäfte können die Liquidatoren auch neue Geschäfte eingehen. Die Einziehung der Forderungen sowie die Umsetzung des übrigen Vermögens in Geld darf unterbleiben, soweit diese Maßregeln nicht zur Befriedigung der Gläubiger oder zur Vertheilung des Ueberschusses unter die Anfallberechtigten erforderlich sind.

Der Verein gilt bis zur Beendigung der Liquidation als fortbestehend, soweit der Zweck der Liquidation es erfordert.

---

versammlung auf die Geschäftsführung der Liquidatoren wird, soweit sie während des Bestehens des Vereins zulässig war, auch noch während der Liquidation stattfinden können; sie darf aber nicht in solcher Art erfolgen, daß dadurch der Zweck der Liquidation gefährdet würde.

Die Bestellung eines Liquidators kann wie die eines Vorstandsmitglieds nach Maßgabe des § 27 widerrufen werden; andererseits sind auch die Liquidatoren berechtigt, ihr Amt niederzulegen. Zu den für die rechtliche Stellung der Liquidatoren geltenden Vorschriften gehört auch die Vorschrift des § 31, nach welcher der Verein in den dort bestimmten Fällen für den von den Liquidatoren einem Dritten zugefügten Schaden verantwortlich ist; ebenso der § 42 Abs. 2 über die Verpflichtung, im Falle der Ueberschuldung die Eröffnung des Konkurses zu beantragen.

3. Abweichend von den für die Beschlußfassung des Vorstandes geltenden Vorschriften bestimmt der dritte Absatz des § 48, daß, wenn mehrere Liquidatoren vorhanden sind, für ihre Beschlüsse Einstimmigkeit erforderlich ist, sofern nicht ein Anderes bestimmt ist. Die Vorschriften des § 28 Abs. 2 über die dem Verein gegenüber abzugebenden Erklärungen und des § 34 über die Fälle, in denen ein Mitglied rechtlich behindert ist, an der Beschlußfassung Theil zu nehmen, finden auch auf die Liquidatoren Anwendung.

§ 49.

E. I § 51; II § 44 rev. § 46; III § 46. P. I S. 3154—3156, 3165, 3173, 3174, 3177, 3178, 6154, 6155, 6165; M. I S. 115, 116. P. II S. 1099—1102, 8381—8384 (Bd. I S. 548, 549).

1. Der § 49 enthält die Instruktion, nach welcher die Liquidatoren zu verfahren verpflichtet sind. Es fragt sich, ob durch diese Vorschriften, in Verbindung mit der Vorschrift des § 48 Abs. 2, nach welcher die Liquidatoren die rechtliche Stellung des Vorstandes nur insofern haben, als sich nicht aus dem Zwecke der Liquidation ein Anderes ergiebt, auch eine Beschränkung der Vertretungsmacht der Liquidatoren hat bestimmt werden sollen. Drei Auffassungen sind möglich. Nach der ersten bleibt die Vertretungsmacht unbeschränkt, und die Liquidatoren sind nur dem Verein und den Gläubigern dafür verantwortlich, daß sie bei ihrer Geschäftsführung nach Maßgabe des § 49 verfahren. Nach der zweiten Auffassung ist die Vertretungsmacht der Liquidatoren auf die zum Zwecke der Liquidation erforderlichen, in dem § 49 näher bezeichneten Geschäfte in der Art beschränkt, daß alle Geschäfte, die nicht objektiv den Vorschriften des § 49 entsprechen, außerhalb der Vertretungsmacht liegen. Nach der dritten Auffassung wird die Vertretungsmacht der Liquidatoren zwar auf den Geschäftskreis beschränkt, der sich aus dem Zwecke der Liquidation ergiebt, aber diese Beschränkung ist nur dahin zu verstehen, daß jedes Geschäft, das seinem Inhalte nach unter diesen Geschäftskreis fallen kann, dem Dritten gegenüber, mit dem es vorgenommen wird, als innerhalb des Geschäftskreises liegend angesehen wird, sofern nicht im einzelnen Falle das Gegentheil erhellt und dies dem Dritten bekannt war oder bekannt sein mußte. Gegen die erste Auffassung spricht, daß eine unbeschränkte Vertretungsmacht durch den Zweck der Liquidation nicht gefordert wird und daß eine der Beschränkung des Geschäftskreises der Liquidatoren entsprechende Beschränkung der Vertretungsmacht dem Interesse des Vereins wie der Vereinsgläubiger entspricht. Dagegen spricht auch der Gebrauch des Wortes „können" im zweiten Satze des § 49. Dies deutet darauf hin, daß es sich bei der fraglichen Vorschrift nicht allein um das Verhältniß der Liquidatoren dem Vereine gegenüber handelt — in diesem Falle würde das Wort „dürfen" gebraucht sein — sondern daß es sich um eine Erweiterung der Berechtigung der Liquidatoren nach außen handelt. Gegen die zweite Auffassung spricht, daß eine so weit gehende Beschränkung der Vertretungsmacht, wie sie nach dieser Auffassung eintreten würde, durch den Zweck der Liquidation nicht nur nicht geboten ist, sondern den Zweck sogar gefährden würde. Ob ein Rechtsgeschäft zu den laufenden Geschäften gehört, deren Beendigung den Liquidatoren obliegt, oder ob es zwar ein neues Geschäft ist, aber zur Beendigung schwebender Geschäfte vorgenommen wird und erforderlich ist, läßt sich dem Rechtsgeschäfte häufig nicht ohne Weiteres ansehen. Man denke z. B. nur an den Fall,

§. 50.

Die Auflösung des Vereins oder die Entziehung der Rechtsfähigkeit ist durch die Liquidatoren öffentlich bekannt zu machen. In der Bekanntmachung sind die Gläubiger zur Anmeldung ihrer Ansprüche aufzufordern. Die Bekanntmachung erfolgt durch das in der Satzung für Veröffentlichungen bestimmte Blatt, in Ermangelung eines solchen durch dasjenige Blatt, welches für Bekanntmachungen des Amtsgerichts bestimmt ist, in dessen Bezirke der Verein seinen Sitz hatte. Die Bekanntmachung gilt mit dem Ablaufe des zweiten Tages nach der Einrückung oder der ersten Einrückung als bewirkt.

Bekannte Gläubiger sind durch besondere Mittheilung zur Anmeldung aufzufordern.

§. 51.

Das Vermögen darf den Anfallberechtigten nicht vor dem Ablauf eines Jahres nach der Bekanntmachung der Auflösung des Vereins oder der Entziehung der Rechtsfähigkeit ausgeantwortet werden.

§. 52.

Meldet sich ein bekannter Gläubiger nicht, so ist der geschuldete Betrag, wenn die Berechtigung zur Hinterlegung vorhanden ist, für den Gläubiger zu hinterlegen.

---

daß ein landwirthschaftliches Grundstück zu dem Vereinsvermögen gehört, daß dieses Grundstück, weil es nicht sofort veräußert werden kann, noch längere Zeit von den Liquidatoren verwaltet werden muß. In solchem Falle können nicht nur Pacht=, Mieth= und Dienstverträge, sondern auch der Kauf und Verkauf der verschiedensten Sachen zum Zwecke einer ordnungsmäßigen Verwaltung erforderlich werden. Wäre in diesem und in ähnlichen Fällen die Vertretungsmacht der Liquidatoren und damit die Wirksamkeit des Rechtsgeschäfts davon abhängig, daß es wirklich zum Zwecke der Liquidation dient, so würden Dritte wegen der Ungewißheit, ob dies der Fall ist, sich nicht leicht zu der Eingehung eines solchen Geschäfts mit den Liquidatoren bereit finden lassen und würde somit die Aufgabe der Liquidatoren durch eine derartige Beschränkung ihrer Vertretungsmacht wesentlich erschwert. Bei der dritten Auffassung fällt dieses Bedenken weg; sie ist mit dem Wortlaute der fraglichen Vorschriften nicht unvereinbar und entspricht der Auffassung des Lebens bei Verhältnissen dieser Art. Ein dieser Auffassung entsprechender Antrag auf Aufnahme einer Vorschrift, die sich aber nicht auf den hier fraglichen Fall beschränken sollte, sondern eine allgemeinere Bedeutung hatte, ist in der zweiten Kommission zwar abgelehnt, aber nur deshalb, weil die Entscheidung der Wissenschaft und Praxis überlassen werden solle. Diese Entscheidung wird für den hier vorliegenden Fall in dem Sinne der oben dargelegten dritten Auffassung erfolgen müssen.

2. Aus dem in dem zweiten Absatz ausgesprochenen Prinzipe folgt auch, daß der Gerichtsstand des Vereins durch die Liquidation eine Aenderung nicht erleidet.

§ 50.

E. I § 52; II § 45 rev. § 47; III § 47. P. I S. 3154, 6152, 6153, 6163. P. II S. 1102, 1103 (Bd. I S. 550).

Für die Berechnung der im letzten Satze des ersten Absatzes bestimmten Frist ist der § 187 Abs. 1 maßgebend; der Tag der Einrückung oder der ersten Einrückung wird also nicht mitgezählt.

§ 51.

E. I § 53; II § 46 rev. § 48; III § 48. P I S. 3156, 3157; M. I S. 116. P. II S. 1103, 1104 (Bd. I S. 550).

Der § 51 bestimmt keine Ausschlußfrist für die Gläubiger, sondern verpflichtet nur die Liquidatoren, das Vermögen nicht vor dem Ablaufe der bestimmten Frist den Anfallberechtigten auszuantworten. Meldet sich nach dem Ablaufe der Frist, aber vor der Ausantwortung noch ein Gläubiger, so sind die Liquidatoren ihn zu befriedigen verpflichtet.

§ 52.

E. I § 54; II § 47 rev. § 49; III § 49. P. I S. 3156, 6140, 11625, 11626; M. I S. 116, 117. P. II S. 1104, 6003—6009, 6068, 8347, 8348 (Bd. I S. 551).

1. Die Liquidatoren haben die Vereinsgläubiger zu befriedigen und dürfen regelmäßig nur, wenn dies geschehen ist, den Ueberrest der Anfallberechtigten ausantworten. Die Befrie=

Ist die Berichtigung einer Verbindlichkeit zur Zeit nicht ausführbar oder ist eine Verbindlichkeit streitig, so darf das Vermögen den Anfallberechtigten nur ausgeantwortet werden, wenn dem Gläubiger Sicherheit geleistet ist.

§. 53.

Liquidatoren, welche die ihnen nach dem §. 42 Abs. 2 und den §§. 50 bis 52 obliegenden Verpflichtungen verletzen oder vor der Befriedigung der Gläubiger

---

digung der Gläubiger kann aber auf Hindernisse stoßen. Für diesen Fall giebt der § 52 Vorschriften. Nach dem ersten Absatze soll der geschuldete Betrag hinterlegt werden, wenn zwei Voraussetzungen vorliegen, nämlich

a) daß ein bekannter Gläubiger sich nicht gemeldet hat,
b) daß die Berechtigung zur Hinterlegung vorhanden ist.

Die Voraussetzung unter a kann nur eintreten, wenn die Gläubiger nach Maßgabe des § 50 ordnungsmäßig aufgefordert sind, sich zu melden. Hat auf solche Aufforderung ein Gläubiger sich gemeldet, so ist er zu befriedigen. Ist die Befriedigung nicht ausführbar, z. B. weil die Forderung bestritten ist, so kommt der § 52 Abs. 2 zur Anwendung.

Das Recht zur Hinterlegung ist in den §§ 372 ff. geregelt. Unter dem „geschuldeten Betrag", von dem der erste Absatz spricht, ist jede zur Hinterlegung geeignete Sache zu verstehen, also nach § 372 Geld, Werthpapiere und sonstige Urkunden sowie Kostbarkeiten, außerdem diejenigen Sachen, welche auf Grund des Art. 146 des E.G. landesgesetzlich für hinterlegungsfähig erklärt sind. Die Berechtigung zur Hinterlegung ist nach § 372 dadurch bedingt, daß der Gläubiger im Verzuge der Annahme ist oder daß der Schuldner aus einem anderen, in der Person des Gläubigers liegenden Grunde oder in Folge einer nicht auf Fahrlässigkeit beruhenden Ungewißheit über die Person des Gläubigers seine Verbindlichkeit nicht oder nicht mit Sicherheit erfüllen kann. Hatte der Gläubiger die geschuldete Sache von dem Schuldner abzuholen, so ist er nach § 295 schon dadurch im Verzuge, daß er sich auf die ergangene Aufforderung nicht gemeldet hat. Handelt es sich aber um eine sog. Bringschuld, so muß das Angebot nach Maßgabe des § 294 erfolgen und tritt erst nach dessen Ablehnung die Berechtigung und damit für die Liquidatoren die Verpflichtung zur Hinterlegung ein. Auch bei gegenseitigen Schuldverhältnissen kann das Recht zur Hinterlegung begründet sein (wegen des Verzugs des Gläubigers in solchem Falle s. § 298); die Hinterlegung erfolgt dann nach Maßgabe des § 373. Durch die Hinterlegung wird der Schuldner von seiner Verpflichtung noch nicht befreit; diese Wirkung tritt vielmehr nach § 378 erst ein, wenn das dem Schuldner zustehende Recht zur Zurücknahme der hinterlegten Sache (§ 376) ausgeschlossen ist. Mit Rücksicht hierauf war beantragt, daß die Liquidatoren im Falle des § 52 Abs. 1 verpflichtet seien, auf das Recht der Zurücknahme zu verzichten. Der Antrag wurde abgelehnt, weil er ohne genügenden Grund das Interesse der Liquidatoren beeinträchtige. Dabei ist indessen zu beachten, daß, wenn die Liquidatoren die hinterlegte Sache zurücknehmen, die Hinterlegung nach § 379 Abs. 3 als nicht erfolgt gilt, daß sie also in solchem Falle die ihnen nach § 52 Abs. 1 obliegende Verpflichtung nicht erfüllt haben und daher nach § 53 den Gläubigern verantwortlich sind.

2. Der zweite Absatz findet in allen Fällen Anwendung, in welchen die Berichtigung einer Verbindlichkeit zur Zeit nicht ausführbar ist und die Verpflichtung zur Hinterlegung nach Maßgabe des Abs. 1 nicht besteht; ebenso, wenn die Verbindlichkeit streitig ist. Ist die Verpflichtung zur Hinterlegung nach Abs. 1 begründet, so ist diese genügend und erforderlich. Die Gründe, aus denen die Berichtigung zur Zeit nicht ausführbar ist, trotzdem aber die Verpflichtung zur Hinterlegung nicht besteht, können sehr verschiedene sein. Sie können insbesondere darauf beruhen, daß die geschuldete Sache nicht hinterlegungsfähig ist, daß die im § 372 bestimmten Voraussetzungen der Zulässigkeit der Hinterlegung nicht vorliegen, daß der Gläubiger sich nicht gemeldet hat, daß die Verbindlichkeit eine bedingte oder betagte ist 2c. In allen Fällen dieser Art muß den Gläubigern Sicherheit geleistet werden, bevor die Ausantwortung des Vermögens an den Anfallberechtigten zulässig ist. Die Sicherheitsleistung hat nach Maßgabe der §§ 232—240 zu erfolgen.

§ 53.

E. I § 56; II § 48 rev. § 50; III § 50. P. I S. 3157, 3165—3169, 3175—3177, 6173, 11714—11718; M. I S. 117. P. II S. 1105 (Bd. I S. 551).

1. Dem Vereine gegenüber sind die Liquidatoren wegen ihrer gesammten Geschäftsführung nach den für die Haftung des Vorstandes geltenden Vorschriften verantwortlich. Die hieraus entspringenden Ersatzansprüche des Vereins gehören zu dem Vereinsvermögen; die

Vermögen den Anfallberechtigten ausantworten, sind, wenn ihnen ein Verschulden zur Last fällt, den Gläubigern für den daraus entstehenden Schaden verantwortlich; sie haften als Gesammtschuldner.

Gläubiger können sich daran wegen ihrer Forderungen ebenso halten wie an andere Theile des Vereinsvermögens. Einen direkten Anspruch gegen die Liquidatoren haben die Gläubiger nur in den im § 53 bezeichneten Fällen. Die in den §§ 42 Abs. 2, 50—52 bestimmten Verpflichtungen sowie die Verpflichtung, den Anfallberechtigten vor der Befriedigung der Gläubiger Vermögen nicht auszuantworten, sollen auch den Gläubigern gegenüber bestehen. Wegen einer Verletzung dieser Verpflichtungen sind die Liquidatoren, soweit ihnen dabei ein Verschulden zur Last fällt — der Ausdruck „Verletzung" wird im B.G.B. abweichend vom E. I nur im objektiven Sinne gebraucht —, den Gläubigern zum Schadensersatze verpflichtet. Sie haften als Gesammtschuldner nach Maßgabe der §§ 421 ff. Der Befriedigung der Gläubiger im Sinne des § 53 steht es gleich, wenn nach Maßgabe des § 52 der geschuldete Betrag für sie hinterlegt oder ihnen Sicherheit geleistet ist.

2. Ein Schaden ist einem Gläubiger erwachsen, wenn er in Folge der Verletzung der im § 53 bestimmten Verpflichtungen seine Befriedigung aus dem Vereinsvermögen nicht oder nicht vollständig erlangen kann. In dieser Beziehung ist Folgendes zu beachten: der Verein bleibt nach § 49 bis zur Beendigung der Liquidation bestehen, soweit der Zweck der Liquidation es erfordert. Zu dem Vereinsvermögen, an das sich die Gläubiger zunächst zu halten haben, gehören auch die erst während der Liquidation erworbenen Ansprüche. Haben z. B. die Liquidatoren einem Dritten eine Leistung zum Zwecke der Berichtigung einer Forderung desselben gemacht und ergiebt sich, daß dies irrthümlich geschehen, weil die Forderung nicht bestand, so kann der Verein von dem Dritten die Herausgabe des Erlangten nach den Vorschriften über ungerechtfertigte Bereicherung (§§ 812 ff.) verlangen. Dasselbe wird gelten müssen, wenn die Liquidatoren in der irrigen Annahme, daß alle Gläubiger befriedigt seien, dem Anfallberechtigten Vereinsvermögen ausgeantwortet haben. Der Anfallberechtigte ist nicht Erbe des Vereins, sondern nur Gläubiger. Er hat gegen den Verein, der selbst durch die Liquidatoren die Liquidation vornimmt, einen Anspruch auf den nach Befriedigung der Gläubiger verbleibenden Ueberschuß. Ist kein Ueberschuß vorhanden, so hat er keinen Anspruch gegen den Verein. Ist ihm trotzdem etwas aus dem Vereinsvermögen als angeblicher Ueberschuß ausgeantwortet, so hat er ein indebitum erhalten. Die Verpflichtung zur Herausgabe des Erlangten würde nach § 814 nicht bestehen, wenn die Liquidatoren bei der Leistung gewußt haben, daß ein Ueberschuß in Wirklichkeit nicht vorhanden sei, eine Verbindlichkeit des Vereins also nicht bestehe. Auch in diesem Falle würde aber dann dem Verein ein Anspruch auf Erstattung zustehen, wenn der Anfallberechtigte bei der Leistung wußte oder wissen mußte, daß die Liquidatoren zu der Ausantwortung nicht berechtigt seien; denn in solchem Falle handelt es sich nicht um eine zum Zwecke der Liquidation vorgenommene Rechtshandlung und lag die Leistung also außerhalb der Vertretungsmacht der Liquidatoren (s. Erl. zu § 49 Nr. 1).

Wenn ein Anspruch dieser Art gegen den Anfallberechtigten besteht, ist noch Vereinsvermögen vorhanden, die Liquidation also nicht beendigt. Demnach besteht auch noch der Verein und können die Gläubiger von den Liquidatoren als Vertretern des Vereins noch Befriedigung verlangen. Nöthigenfalls können sie sich im Wege der Zwangsvollstreckung den Anspruch des Vereins gegen den Anfallberechtigten überweisen lassen. Erlangen sie auf diesem Wege Befriedigung, so haben sie keinen Schaden erlitten und steht ihnen daher ein Anspruch auf Schadensersatz gegen die Person der Liquidatoren nicht zu.

3. Ein direkter Anspruch gegen den Anfallberechtigten, dem Vereinsvermögen von den Liquidatoren ausgeantwortet ist, steht den Gläubigern nicht zu. Mittelbar werden sie regelmäßig auf dem unter Nr. 2 bezeichneten Wege die Herausgabe des dem Anfallberechtigten mit Unrecht ausgeantworteten Vermögens erzwingen können. Steht aber dem Vereine nach den Ausführungen unter Nr. 2 ein Anspruch gegen den Anfallberechtigten nicht zu, so bleibt dem Gläubiger nur der Schadensersatzanspruch gegen die Liquidatoren nach Maßgabe des § 53. In Frage könnte zwar kommen, ob den Gläubigern nicht auf Grund des § 812 ein direkter Anspruch wegen ungerechtfertigter Bereicherung gegen den Anfallberechtigten zusteht. Diese Frage ist aber zu verneinen. Nur derjenige ist nach § 812 verpflichtet, welcher durch die Leistung eines Anderen oder in sonstiger Weise auf dessen Kosten etwas erlangt hat. Erlangt hat der Anfallberechtigte hier etwas durch die Leistung des Vereins auf dessen Kosten, nicht auf Kosten der Gläubiger, und deshalb steht, wenn überhaupt, nur dem Vereine, nicht den Gläubigern der Anspruch wegen ungerechtfertigter Bereicherung zu. Eine Ausdehnung dieses Anspruchs, wie sie in einzelnen anderen Fällen vorgeschrieben ist (s. z. B. §§ 816, 822), ist hier nicht für erforderlich erachtet.

§. 54.

Auf Vereine, die nicht rechtsfähig sind, finden die Vorschriften über die Gesellschaft Anwendung. Aus einem Rechtsgeschäfte, das im Namen eines solchen Vereins einem Dritten gegenüber vorgenommen wird, haftet der Handelnde persönlich; handeln Mehrere, so haften sie als Gesammtschuldner.

---

§ 54.

E. II § 676 rev. § 51; III § 51. P. II S. 1108, 1109, 2480—2497, 8348, 8505, 8509. (Bd. I S. 553, 554).

1. Um die rechtliche Stellung eines nicht rechtsfähigen Vereins richtig zu würdigen, sind neben dem § 54 noch die §§ 50 und 735 der C.P.O. in Betracht zu ziehen. Nach dem ersteren können Vereine, die nicht rechtsfähig sind, verklagt werden, wie wenn sie rechtsfähig wären. Nach § 735 genügt zur Zwangsvollstreckung in das Vermögen eines nicht rechtsfähigen Vereins ein gegen den Verein erlassenes Urtheil.

2. Die Vorschriften über die Gesellschaft sind nicht auf Vereine mit wechselnden Mitgliedern berechnet. Das B.G.B. schreibt trotzdem die Anwendung der Vorschriften über die Gesellschaft vor, weil andere Bestimmungen, welche anwendbar sein könnten, nicht bestehen und daher die Gefahr entstehen würde, daß ein Verein, wenn er nicht die Rechtsfähigkeit erlangt, als ein rechtliches Nichts behandelt würde. Die Vorschriften über Gesellschaften, obwohl auf Vereine der fraglichen Art nicht berechnet, sind doch so biegsam und so wenig zwingender Natur, daß ihre Anwendung den Vereinen zwar nicht eine den rechtsfähigen Vereinen entsprechende Stellung giebt — dies sollte gerade vermieden werden —, aber ihnen doch immerhin eine ihren Zwecken entsprechende Wirksamkeit ermöglicht. Die rechtliche Stellung eines nicht rechtsfähigen Vereins gestaltet sich im Wesentlichen folgendermaßen:

a) Die Satzung enthält den Gesellschaftsvertrag. Was durch Vertrag unter den Gesellschaftern bestimmt werden kann, kann auch durch die Satzung bestimmt werden. Zur Aenderung der dispositiven Vorschriften des Gesellschaftsrechts genügt eine stillschweigende Vereinbarung und wird diese als getroffen anzusehen sein, wenn sich die darauf gerichtete Absicht aus dem Zwecke des Vereins und dem gesammten Inhalte der Satzung ergiebt.

b) Ueber die Angelegenheiten des Vereins entscheiden die Gesellschafter, also die Mitglieder des Vereins. Es kann vereinbart werden, daß Stimmenmehrheit entscheidet (§ 709).

c) Der Vorstand hat die Stellung der geschäftsführenden Gesellschafter. Auch für deren Beschlüsse kann Entscheidung durch Stimmenmehrheit vereinbart werden (§ 710). Die Bestellung sowie der Widerruf derselben kann ebenso geordnet werden wie für den Vorstand eines rechtsfähigen Vereins (§§ 710—712).

d) Für das innere Verhältniß der geschäftsführenden Gesellschafter zu der Gesellschaft werden im § 713 ebenso wie für das Verhältniß des Vorstandes zu dem rechtsfähigen Verein im § 27 Abs. 3 die für den Auftrag geltenden Vorschriften der §§ 664—670 für entsprechend anwendbar erklärt.

e) Die geschäftsführenden Gesellschafter können zur gerichtlichen und außergerichtlichen Vertretung der Gesellschafter ermächtigt werden. Sie gelten hierzu im Zweifel insoweit ermächtigt, als ihnen die Geschäftsführung obliegt (§§ 714, 715). Die Stellung eines gesetzlichen Vertreters haben sie aber nicht (s. jedoch unter i).

f) Die von den geschäftsführenden Gesellschaftern durch die Geschäftsführung erworbenen Gegenstände werden Gesellschaftsvermögen; ebenso die Beiträge der Mitglieder. Das Gesellschaftsvermögen steht den Gesellschaftern zur gesammten Hand zu. Kein Gesellschafter kann über seinen Antheil verfügen oder Theilung verlangen. Auch die Ansprüche der Gesellschafter gegen einander sind unübertragbar (§§ 717—719). Im praktischen Ergebniß unterscheidet sich hiernach der Erwerb von Rechten durch die geschäftsführenden Gesellschafter für die Gesellschaft von dem Erwerbe durch den Vorstand für den rechtsfähigen Verein nur in Beziehung auf solche Rechte, die der Eintragung in das Grundbuch bedürfen. Bei dem rechtsfähigen Verein erfolgt die Eintragung auf den Namen des Vereins, bei der Gesellschaft auf den Namen der Gesellschafter. Nach § 48 der G.B.O. ist aber in letzterem Falle in das Grundbuch einzutragen, daß das Recht den Gesellschaftern nach den Vorschriften über die Gesellschaft, also zur gesammten Hand zusteht. Ist dies geschehen, so spricht der Glaube des Grundbuchs gegen die Zulässigkeit jeder Verfügung, welche den Vorschriften des Gesellschaftsrechts nicht entspricht.

g) Die Zwangsvollstreckung in das Gesellschaftsvermögen ist nur auf Grund eines gegen den Verein oder auf Grund eines gegen alle Gesellschafter vollstreckbaren Urtheils zulässig (§§ 735, 736 der C.P.O.). Das erstere entspricht den Vorschriften über rechtsfähige Vereine, das letztere ist den Gesellschaften eigenthümlich, wird aber bei nicht rechtsfähigen Vereinen nur selten praktisch werden. Der Privatgläubiger eines Gesellschafters kann zwar auf Grund eines gegen den Gesellschafter vollstreckbaren Titels die Gesellschaft kündigen und den dem Gesellschafter im Falle der Auflösung zukommenden Antheil an dem Gesellschaftsvermögen pfänden (§ 725); im praktischen Ergebnisse kann dieses Recht der Privatgläubiger durch eine Bestimmung der Satzung für den nicht rechtsfähigen Verein unschädlich gemacht werden (s. unter k).

h) Durch die von den geschäftsführenden Gesellschaftern innerhalb ihrer Vertretungsmacht vorgenommenen Rechtsgeschäfte werden sämmtliche Gesellschafter verpflichtet. Durch die Satzung kann aber bestimmt werden, daß der Vorstand hierzu nicht berechtigt sein soll. Eine Frage allgemeinerer Art ist, ob Rechtsgeschäfte auch in der Art vorgenommen werden können, daß der dadurch Verpflichtete nur mit einem bestimmten Theile seines Vermögens haftet. Wird diese Frage bejaht — und dies dürfte das Richtige sein —, so können die geschäftsführenden Gesellschafter bei den für die Gesellschaft vorgenommenen Rechtsgeschäften vereinbaren, daß die Gesellschafter daraus nur mit ihrem Antheil an dem Gesellschaftsvermögen haften, und ist eine Bestimmung der Satzung wirksam, durch welche die Vertretungsmacht des Vorstandes in der Art beschränkt wird, daß er eine Verpflichtung für die Gesellschaft nur in dieser Art eingehen kann. In solchem Falle entspricht die Haftung der Gesellschaft im praktischen Ergebnisse der Haftung des rechtsfähigen Vereins. Bei der Gesellschaft tritt nur zu der Haftung des Gesellschaftsvermögens noch die persönliche Haftung der Mitglieder des Vorstandes hinzu (§ 54 Abs. 2).

i) Was die Führung von Prozessen durch einen nicht rechtsfähigen Verein anlangt, so wird derselbe für Passivprozesse durch den § 50 der C.P.O. einem rechtsfähigen Vereine gleichgestellt. Aus dieser Vorschrift wird zu folgern sein, daß in solchen Prozessen der Vorstand die Stellung eines gesetzlichen Vertreters des Vereins hat, daß daher insbesondere auch die für einen solchen Fall geltenden Vorschriften der C.P.O. über die Erhebung der Klage und die Eidesleistung zur Anwendung kommen. Auf Grund eines Urtheils, das in einem von dem Vorstande Namens des Vereins geführten Passivprozeß ergeht, kann die Zwangsvollstreckung nach § 735 der C.P.O. nur in das Vereinsvermögen stattfinden. Das Urtheil wird zwar für und gegen alle Gesellschafter rechtskräftig, stellt aber deren Verpflichtung nur in dem oben unter **h** bezeichneten Umfange fest.

Bei Aktivprozessen des Vereins liegt die Sache anders. Sämmtliche Gesellschafter müssen als Streitgenossen klagen, und der Vorstand hat nur die Stellung eines gewöhnlichen Bevollmächtigten.

Auf das Konkursverfahren über das Vermögen eines nicht rechtsfähigen Vereins finden nach § 213 der K.O. dieselben Vorschriften Anwendung wie auf das Konkursverfahren über das Vermögen eines rechtsfähigen Vereins.

k) Die Gesellschaft wird regelmäßig durch Kündigung von Seiten eines Gesellschafters (§§ 723, 724), durch seinen Tod (§ 727) sowie durch die Eröffnung des Konkurses über sein Vermögen (§ 728) aufgelöst. Nach § 736 kann aber vereinbart, also auch durch die Satzung bestimmt werden, daß die Gesellschaft in diesen Fällen nicht aufgelöst wird, sondern der betreffende Gesellschafter aus der Gesellschaft ausscheidet. Ebenso kann nach § 737 unter den dort bestimmten Voraussetzungen ein Gesellschafter aus der Gesellschaft ausgeschlossen werden, ohne daß diese dadurch selbst aufgelöst wird. Im Falle des Ausscheidens eines Gesellschafters wächst dessen Antheil an dem Gesellschaftsvermögen ipso jure den übrigen Gesellschaftern an, und bleibt daher das Gesellschaftsvermögen unverändert. Die dem ausscheidenden Gesellschafter nach den §§ 738—740 zustehenden obligatorischen Rechte können durch Vereinbarung, also auch durch die Satzung beschränkt oder gänzlich beseitigt werden. Durch eine derartige Bestimmung kann auch das dem Privatgläubiger eines Gesellschafters nach § 725 zustehende Recht für den Verein unschädlich gemacht werden, indem, wenn eine Bestimmung der gedachten Art in der Satzung getroffen ist, durch die Kündigung des Privatgläubigers die Gesellschaft nicht aufgelöst wird, sondern nur der betreffende Gesellschafter ausscheidet und eine Pfändung seines Anspruchs gegen die Gesellschaft dadurch ausgeschlossen wird, daß ein solcher Anspruch nicht besteht.

l) Ueber den Eintritt eines neuen Gesellschafters in die Gesellschaft enthalten die Vorschriften über die Gesellschaft keine Bestimmungen. Nach allgemeinen Grundsätzen ist der Eintritt zulässig und finden darauf die Vorschriften über Eingehung der Gesellschaft Anwendung. Läßt die Satzung eines nicht rechtsfähigen Vereins den Eintritt neuer Mitglieder zu, so ist damit ausgesprochen, daß durch den Eintritt mit dem Eintretenden ein Gesellschaftsvertrag nach Maßgabe der Satzung abgeschlossen wird und das neue Mitglied die in der Satzung bestimmten Rechte, insbesondere auch einen Antheil an dem Gesellschaftsvermögen, erhält. Die Uebertragung des Antheils an den Eintretenden erfolgt, soweit das Vereinsvermögen aus Rechten besteht, zu deren Uebertragung der Abtretungsvertrag genügt, durch den in dem Eintritte liegenden Vertrag; das Gleiche gilt auch für bewegliche Sachen durch Anwendung der Vorschriften der §§ 930, 931. Soweit aber Rechte zu dem Gesellschaftsvermögen gehören, zu deren Erwerbe die Eintragung in das Grundbuch erforderlich ist, bedarf es eines besonderen Uebertragungsakts und der Eintragung in das Grundbuch. Durch den in dem Eintritte liegenden Vertrag übernimmt der Eintretende gegenüber den übrigen Mitgliedern die der Gesellschaft Dritten gegenüber obliegenden Verpflichtungen nach Maßgabe der Satzung. Nach dem unter h Gesagten

2. Eingetragene Vereine.

§. 55.

Die Eintragung eines Vereins der im §. 21 bezeichneten Art in das Vereinsregister hat bei dem Amtsgerichte zu geschehen, in dessen Bezirke der Verein seinen Sitz hat.

---

wird seine Haftung sich regelmäßig auf seinen Antheil an dem Gesellschaftsvermögen beschränken. Nach der Absicht der Satzung wird der neu Eintretende aber nicht nur den übrigen Gesellschaftern gegenüber in der gedachten Art verpflichtet werden, sondern regelmäßig auch eine Verpflichtung gegenüber dem Gläubiger nach den Vorschriften über Verträge zu Gunsten eines Dritten anzunehmen sein.

m) Das bei Auflösung der Gesellschaft eintretende Verhältniß wird durch die §§ 730—735 bestimmt. Bei der dispositiven Natur dieser Vorschriften kann durch die Satzung bestimmt werden, daß im Wesentlichen dasselbe gilt wie bei der Auflösung eines rechtsfähigen Vereins.

Aus dem Vorstehenden ergiebt sich, daß die Stellung eines nicht rechtsfähigen Vereins durch die Satzung in solcher Art bestimmt werden kann, daß eine wesentliche Verschiedenheit von der Stellung eines rechtsfähigen Vereins nur in Betreff solcher Rechte, zu deren Erwerbe die Eintragung in das Grundbuch erforderlich ist, in Betreff der Aktivprozesse und in Betreff der persönlichen Haftung der Mitglieder des Vorstandes aus den von ihnen für den Verein vorgenommenen Rechtsgeschäften besteht. Diese Verschiedenheiten genügen, um jedem Vereine die Erlangung der Rechtsfähigkeit wünschenswerth zu machen, sie sind aber andererseits doch nicht so erheblich, daß dem nicht rechtsfähigen Verein eine seinen Zwecken entsprechende Wirksamkeit unmöglich gemacht würde.

3. Die Vorschrift des zweiten Satzes des § 54 findet sowohl dann Anwendung, wenn derjenige, welcher Namens des Vereins ein Rechtsgeschäft vorgenommen hat, Vertretungsmacht für den Verein hatte, als auch dann, wenn er diese nicht hatte. Im ersteren Falle ist das Rechtsgeschäft für die Mitglieder des Vereins nach Maßgabe der obigen Ausführungen unter Nr. 2 c und h wirksam; daneben haftet der Handelnde persönlich und unbeschränkt als Gesammtschuldner. Hatte der Handelnde keine Vertretungsmacht, so finden die Vorschriften der §§ 177—180 Anwendung. Der Dritte kann also, wenn es sich um einen Vertrag oder in den Fällen des § 180 Satz 2 um ein einseitiges Rechtsgeschäft handelt, den Verein darüber zur Erklärung auffordern, ob er das Rechtsgeschäft genehmigt. Die Aufforderung ist, wenn der Verein einen zur Empfangnahme solcher Aufforderung legitimirten Vorstand hat, an diesen, anderenfalls an die betheiligten Mitglieder des Vereins zu richten. Erfolgt die Genehmigung, so tritt dasselbe Verhältniß ein, wie wenn der Handelnde Vertretungsmacht gehabt hätte. Wird die Genehmigung verweigert, so haftet der Handelnde nach Maßgabe des § 54 Satz 2; jedoch hat der Dritte, wenn er nach § 179 die Wahl haben würde, Erfüllung oder Schadensersatz zu fordern, diese Wahl auch im Falle des § 54 Satz 2.

Die für den Fall, daß Mehrere gehandelt haben, für sie vorgeschriebene Haftung als Gesammtschuldner bestimmt sich nach den §§ 421 ff.

2. Eingetragene Vereine.

Für Vereine, welche die Rechtsfähigkeit durch Eintragung in das Vereinsregister erlangen wollen bez. erlangt haben, gelten neben den allgemeinen Vorschriften der §§ 21, 24—53 die besonderen Vorschriften der §§ 55—79. Der § 55 bestimmt das zuständige Gericht; die §§ 56—58 bestimmen die allgemeinen Voraussetzungen für die Zulässigkeit der Eintragung; die §§ 59, 60 enthalten die allgemeinen Vorschriften über das bei der Eintragung zu beobachtende Verfahren, die §§ 61—63 die besonderen Vorschriften über die Eintragung von Vereinen, welche politische, sozialpolitische oder religiöse Zwecke verfolgen; der § 64 enthält Vorschriften über die Art der Eintragung, der § 65 über den Namen des Vereins, der § 66 über die Veröffentlichung der Eintragung, der § 67 über die Eintragung im Falle einer Neuwahl des Vorstandes, die §§ 68—70 über den Schutz Dritter, welche mit früheren Mitgliedern des Vorstandes oder mit solchen Vorstandsmitgliedern Rechtsgeschäfte vorgenommen haben, über deren Vertretungsmacht oder Beschlußfassung durch die Satzung von der gesetzlichen Regel abweichende Bestimmungen getroffen sind, der § 71 über Aenderungen der Satzung, der § 72 über die Verpflichtung des Vorstandes, dem Amtsgericht auf Erfordern ein Verzeichniß der Mitglieder einzureichen, die §§ 73—75 über die Auflösung des Vereins, den Verlust der Rechtsfähigkeit und deren Eintragung, der § 76 über die Eintragung der Liquidatoren, der § 77 über die Form, in welcher Anmeldungen des Vorstandes oder der Liquidatoren bei dem Amtsgerichte zu bewirken sind, der § 78 über das Aufsichtsrecht des Amtsgerichts, der § 79 über die Oeffentlichkeit des Vereinsregisters.

§. 56.

Die Eintragung soll nur erfolgen, wenn die Zahl der Mitglieder mindestens sieben beträgt.

§. 57.

Die Satzung muß den Zweck, den Namen und den Sitz des Vereins enthalten und ergeben, daß der Verein eingetragen werden soll.

Der Name soll sich von den Namen der an demselben Orte oder in derselben Gemeinde bestehenden eingetragenen Vereine deutlich unterscheiden.

§. 58.

Die Satzung soll Bestimmungen enthalten:

1. über den Eintritt und Austritt der Mitglieder;
2. darüber, ob und welche Beiträge von den Mitgliedern zu leisten sind;
3. über die Bildung des Vorstandes;
4. über die Voraussetzungen, unter denen die Mitgliederversammlung zu berufen ist, über die Form der Berufung und über die Beurkundung der Beschlüsse.

---

§ 55.

E. II § 49 rev. § 52; III § 52. P. II S. 1002, 1003, 1014 (Bd. I S. 498, 499, 504). D. S. 610.

Ueber den Sitz des Vereins s. § 24. Ueber das Verfahren bei der Eintragung s. die §§ 159, 127—130, 142, 143 des freiw. G.G.

§ 56.

E. II § 50 rev. § 53; III § 53. P. II S. 1110. D. S. 610, 611.

Durch die Vorschrift des § 59 Abs. 3, nach welcher die dem Amtsgericht einzureichende Satzung von mindestens sieben Mitgliedern unterschrieben sein soll, wird dem Amtsgerichte die Möglichkeit gewährt, festzustellen, ob der Vorschrift des § 56 genügt ist. Die Vorschrift beruht auf dem Gedanken, daß für Vereine von geringerer Mitgliederzahl ein Bedürfniß, die Rechtsfähigkeit zu erlangen, regelmäßig nicht besteht. Da die Vorschrift nur eine Sollvorschrift ist, so erlangt der Verein durch die Eintragung die Rechtsfähigkeit, auch wenn er weniger als sieben Mitglieder hat. Ein späteres Sinken der Mitgliederzahl unter sieben ist ohne rechtliche Bedeutung. Nur wenn die Mitgliederzahl unter drei sinkt, ist dem Vereine nach § 73 die Rechtsfähigkeit zu entziehen.

§ 57.

E. II § 51 rev. § 54; III § 54. P. II S. 1111—1114, 8348 (Bd. I S. 555, 556). D. S. 610, 611.

1. Die Vorschrift, daß die Satzung den Zweck des Vereins enthalten und ergeben muß daß der Verein eingetragen werden soll, ist nothwendig, weil durch diese Bestimmung die Individualität und die rechtliche Natur des Vereins festgestellt wird. Die Vorschrift, daß die Satzung den Namen und den Sitz des Vereins enthalten muß, ist positiv und beruht auf Zweckmäßigkeitsgründen. Aus dem „muß" im ersten Absatz ergiebt sich, daß, wenn die Satzung den aufgestellten Erfordernissen nicht entspricht, der Verein nicht eingetragen werden *kann*, daß eine trotzdem erfolgte Eintragung unwirksam ist und der Verein dadurch die Rechtsfähigkeit nicht erlangt. Der Weg, auf welchem eine solche Eintragung aus dem Vereinsregister wieder zu entfernen ist, bestimmt sich nach den §§ 159, 142, 143 des freiw. G.G. Die Nichtbeobachtung der Vorschrift des zweiten Absatzes hat, weil sie nur eine *Sollvorschrift* ist, auf die Wirksamkeit der Eintragung keinen Einfluß.

2. Die Satzung ist, wie sich aus § 59 ergiebt, schriftlich zu errichten. Die Schriftform ist aber nicht vorgeschrieben; ihr Mangel hat daher keine Nichtigkeit der Satzung zur Folge, und finden die Vorschriften der §§ 125, 126 keine Anwendung.

§ 58.

E. II § 52 rev. § 55; III § 55. P. II S. 1114 (Bd. I S. 556, 557). D. S. 610, 611.

Die Vorschriften des § 58 sind bestimmt, eine *zweckmäßige Organisation* zu sichern. **Enthält die Satzung die vorgeschriebenen Bestimmungen nicht, so hat das Amtsgericht nach § 60 die Eintragung abzulehnen.** Ist die Eintragung aber erfolgt, obwohl die Satzung den Vorschriften des § 58 nicht entspricht, so ist sie, da es sich nur um eine Sollvorschrift handelt,

§. 59.

Der Vorstand hat den Verein zur Eintragung anzumelden.

Der Anmeldung sind beizufügen:

1. die Satzung in Urschrift und Abschrift;
2. eine Abschrift der Urkunden über die Bestellung des Vorstandes.

Die Satzung soll von mindestens sieben Mitgliedern unterzeichnet sein und die Angabe des Tages der Errichtung enthalten.

§. 60.

Die Anmeldung ist, wenn den Erfordernissen der §§. 56 bis 59 nicht genügt ist, von dem Amtsgericht unter Angabe der Gründe zurückzuweisen.

Gegen einen zurückweisenden Beschluß findet die sofortige Beschwerde nach den Vorschriften der Civilprozeßordnung statt.

---

trotzdem gültig. In einem solchen Falle würden für die Bildung des Vorstandes die §§ 26, 27, 29, in Betreff der Voraussetzungen, unter welchen die Mitgliederversammlung zu berufen ist, die §§ 36, 37 zur Anwendung kommen. Der Eintritt eines neuen Mitglieds würde nur auf Grund eines Beschlusses der Mitgliederversammlung erfolgen können, der Austritt jedem Mitgliede freistehen. Zu Beiträgen würden die Mitglieder nicht verpflichtet sein. Die Berufung der Mitgliederversammlung würde an keine Form gebunden sein und für den Beweis eines Beschlusses der Mitgliederversammlung würden die allgemeinen Grundsätze entscheiden. Die Mitgliederversammlung würde übrigens jederzeit in der Lage sein, dem Mangel der gedachten Bestimmungen durch eine Ergänzung der Satzung nach Maßgabe des § 33 abzuhelfen.

§ 59.

E. II § 53 rev. § 56; III § 56. P. II S. 1114—1116, 8811 (Bd. I S. 557 558). D. S. 610, 611. K.B. S. 1942.

Die Worte „hat“ und „sind“ im ersten und zweiten Absatze haben nicht die Bedeutung, daß von der Beobachtung der dadurch gegebenen Vorschriften die Wirksamkeit der Eintragung abhängt. Es sind Vorschriften für das Verfahren, das der Vorstand einzuschlagen hat, um die Eintragung zu erwirken. Werden sie nicht beobachtet, so erfolgt die Eintragung nicht (§ 60). Eine trotzdem etwa erfolgte Eintragung würde aber nicht deshalb unwirksam sein, weil den Vorschriften der ersten beiden Absätze nicht genügt ist. Dasselbe gilt von der Vorschrift des dritten Absatzes.

Die im § 56 des E. III enthaltene Vorschrift, daß auch ein Verzeichniß der Mitglieder des Vereins einzureichen sei, ist auf Antrag der Reichstagskommission von dem Reichstage gestrichen; s. indessen § 72.

§ 60.

E. II § 58 rev. § 57; III § 57. P. II S. 1117—1119, 1129, 1130—1132, 8348, 8349. (Bd. I S. 558, 559, 565—567). D. S. 611. K.B. 1938—1946. St.B. S. 2735—2748, 3059.

1. Durch den § 60 werden die Gründe, aus denen das Amtsgericht den Antrag auf Eintragung abzulehnen hat, nicht erschöpfend bezeichnet. Die Zurückweisung hat nicht nur wegen Nichtbeobachtung der in den §§ 56—59 gegebenen Vorschriften, sondern auch dann zu erfolgen, wenn der in der Satzung liegende Begründungsvertrag aus irgend welchen Gründen, z. B. weil er gegen ein gesetzliches Verbot oder gegen die guten Sitten verstößt (§§ 134, 138), nichtig ist. Dies gilt auch dann, wenn der Verein durch das öffentliche Vereinsrecht gesetzlich verboten ist. Für diesen Fall geben zwar die §§ 61—63 auch der zuständigen Verwaltungsbehörde ein Einspruchsrecht. Dadurch wird aber die Zuständigkeit des Amtsgerichts nicht ausgeschlossen; dieses ist vielmehr berechtigt und verpflichtet, den Antrag auf Eintragung eines Vereins, der nach § 134 nichtig ist, ohne Weiteres zurückzuweisen. Das Gleiche muß geschehen, wenn der Zweck des Vereins auf einen wirthschaftlichen Geschäftsbetrieb gerichtet ist und der Verein daher nach § 21 die Rechtsfähigkeit durch Eintragung nicht erlangen kann. Welche Wirkung eine unzulässige Eintragung hat, ist nach den Gründen, auf welchen die Unzulässigkeit beruht, verschieden. Beruht die Unzulässigkeit darauf, daß die Satzung nichtig oder daß der Zweck des Vereins auf einen wirthschaftlichen Geschäftsbetrieb gerichtet ist oder daß die Satzung den Vorschriften des § 57 Abs. 1 nicht entspricht, so erlangt der Verein durch die Eintragung die Rechtsfähigkeit nicht (s. Erl. zu § 57). Beruht die Unzulässigkeit aber auf Nichtbeachtung der in den §§ 56, 57 Abs. 2, 58, 59 gegebenen Vorschriften, so ist die Eintragung trotz des Mangels wirksam (s. Erl. zu den §§ 56—59).

§. 61.

Wird die Anmeldung zugelassen, so hat das Amtsgericht sie der zuständigen Verwaltungsbehörde mitzutheilen.

Die Verwaltungsbehörde kann gegen die Eintragung Einspruch erheben, wenn der Verein nach dem öffentlichen Vereinsrecht unerlaubt ist oder verboten werden kann oder wenn er einen politischen, sozialpolitischen oder religiösen Zweck verfolgt.

---

2. Da nach Art. 84 des E.G. die landesgesetzlichen Bestimmungen unberührt bleiben, nach welchen eine Religionsgesellschaft oder eine geistliche Gesellschaft die Rechtsfähigkeit nur durch Gesetz erlangen kann, so ist in denjenigen Staaten, in welchen solche landesgesetzlichen Vorschriften bestehen, der Antrag auf Eintragung einer Religionsgesellschaft oder geistlichen Gesellschaft von dem Amtsgerichte zurückzuweisen und eine dem zuwider erfolgte Eintragung unwirksam.

3. Die Vorschriften über die sofortige Beschwerde sind in dem § 577 der C.P.O. enthalten.

§ 61.

E. II § 54, § 55 Abs. 1 rev. § 58; III § 58. P. II S. 1117—1130 (Bd. I S. 558—565). D. S. 609, 611. R.B. S. 1938—1946. St.B. S. 715, 728, 732, 737, 756, 785, 2735—2748, 3059.

1. Die §§ 61—63 bezwecken, den Regierungen denjenigen Einfluß auf die Entstehung rechtsfähiger Vereine zu sichern, welchen sie bei dem Mangel eines gemeinsamen öffentlichen Vereinsrechts im Interesse der öffentlichen Sicherheit und des öffentlichen Wohles nicht entbehren zu können glauben. Es wird ihnen deshalb ein Einspruchsrecht gegen bestimmte Kategorien von Vereinen gegeben und ihre Entscheidung darüber, ob ein Verein unter diese Kategorien fällt, für maßgebend erklärt. Die Ausübung dieses Rechtes erfolgt durch die zuständige Verwaltungsbehörde, vorbehältlich der Vorschrift des § 62. Welche Behörde zuständig ist, entscheiden die Landesgesetze. Das Amtsgericht hat, bevor es den Verein einträgt, der zuständigen Behörde von der Anmeldung zur Eintragung Mittheilung zu machen. Daß diese Mittheilung unverzüglich zu erfolgen hat, ist zwar nicht ausdrücklich bestimmt, ergiebt sich aber aus den dem Amtsgericht obliegenden allgemeinen Amtspflichten.

2. Die Gründe, aus denen der Einspruch erfolgen kann, sind dreifacher Art. Der Einspruch kann einerseits erfolgen, weil der Verein unerlaubt ist, oder doch verboten werden kann, andererseits wegen der besonderen Zwecke, die er verfolgt. Die Frage, ob der Verein gegen ein gesetzliches Verbot verstößt, hat zwar auch schon das Amtsgericht zu prüfen (s. Erl. zu § 60). Hat aber das Amtsgericht aus diesem Grunde die Anmeldung des Vereins nicht zurückgewiesen, so steht auch noch der Verwaltungsbehörde die Prüfung jener Frage insoweit zu, als es sich darum handelt, ob der Verein nach öffentlichem Vereinsrecht unerlaubt ist, und ist die Behörde, wenn sie in dieser Beziehung zu einem anderen Ergebnisse gelangt als das Amtsgericht, den Einspruch zu erheben berechtigt. Das öffentliche Vereinsrecht bestimmt sich nach den Landesgesetzen. Die Verwaltungsbehörde kann auch schon dann Einspruch erheben, wenn der Verein nach dem öffentlichen Vereinsrechte zwar nicht unerlaubt ist, aber doch verboten werden kann. Die Verwaltungsbehörde könnte in solchem Falle den Verein dadurch, daß sie ihn verbietet, zu einem unerlaubten machen und dann hierauf den Einspruch gründen. Durch das Verbot würde aber der Verein selbst aufgelöst werden. Die Verhältnisse können nun so liegen, daß die Verwaltungsbehörde keinen Anlaß hat, den Verein aufzulösen, daß sie aber Bedenken trägt, ihm den Machtzuwachs zu gestatten, der in der Erlangung der Rechtsfähigkeit liegt. Mit Rücksicht hierauf wird der Verwaltungsbehörde gestattet, statt des strengeren Mittels des Verbots das gelindere Mittel des Einspruchs anzuwenden.

Der Grund, aus welchem der Verwaltungsbehörde gestattet wird, wegen bestimmter, an sich erlaubter Zwecke, die der Verein verfolgt, Einspruch zu erheben, beruht darin, daß Vereine, welche diese Zwecke verfolgen, unter Umständen dem öffentlichen Wohle gefährlich werden können und daß das öffentliche Vereinsrecht nicht in allen deutschen Staaten der Regierung die Mittel bietet, hiergegen in geeigneter Weise einzuschreiten. Deshalb soll ihnen kraft Reichsrechts wenigstens die Möglichkeit gewährt werden, derartige Vereine an der Erlangung der Rechtsfähigkeit zu hindern. Der E. III § 58 Abs. 2 ließ aus diesem Gesichtspunkte den Einspruch gegen die Eintragung eines Vereins zu, wenn dieser „einen dem Gebiete der Politik oder der Sozialpolitik, der Religion, der Erziehung oder des Unterrichts angehörenden Zweck verfolgt". Durch die von dem Reichstage beschlossene Aenderung ist einerseits die Erwähnung des Unterrichts und der Erziehung beseitigt; andererseits ist in Folge der Ersetzung der Worte „einen dem Gebiete der Politik oder der Sozialpolitik oder der Religion angehörenden Zweck" durch die Worte „einen politischen, sozialpolitischen oder religiösen Zweck" schärfer hervorgehoben, daß der Zweck des Vereins diesen Charakter haben müsse. Es genügt nicht, daß der Verein mittelbar derartigen Zwecken dient, vielmehr wird erfordert, daß er diese Zwecke verfolgt.

§. 62.

Erhebt die Verwaltungsbehörde Einspruch, so hat das Amtsgericht den Einspruch dem Vorstande mitzutheilen.

Der Einspruch kann im Wege des Verwaltungsstreitverfahrens oder, wo ein solches nicht besteht, im Wege des Rekurses nach Maßgabe der §§. 20, 21 der Gewerbeordnung angefochten werden.

§. 63.

Die Eintragung darf, sofern nicht die Verwaltungsbehörde dem Amtsgerichte mittheilt, daß Einspruch nicht erhoben werde, erst erfolgen, wenn seit der Mittheilung der Anmeldung an die Verwaltungsbehörde sechs Wochen verstrichen sind und Einspruch nicht erhoben oder wenn der erhobene Einspruch endgültig aufgehoben ist.

Einen politischen Zweck verfolgt ein Verein, wenn er in irgend einer Art auf öffentliche Angelegenheiten einzuwirken bezweckt. Ein Verein, der lediglich die Kenntnisse und die Bildung seiner Mitglieder auf dem Gebiete der Politik sich zur Aufgabe gestellt hat, verfolgt keinen politischen Zweck.

Ein sozialpolitischer Zweck ist im Grunde nur eine Unterart des politischen Zweckes (P. II S. 1126). Die besondere Hervorhebung ist erfolgt, um Zweifel abzuschneiden. Auch hier wird erfordert, daß der Verein auf die öffentlichen Angelegenheiten und zwar speziell auf die sozialen Fragen des öffentlichen Lebens einzuwirken bezweckt. Ein Verein, der lediglich soziale Zwecke verfolgt, z. B. für bessere Ernährung und Wohnung der arbeitenden Klassen wirkt, verfolgt keinen sozialpolitischen Zweck; ebensowenig ein Verein, der durch die Besprechung sozialpolitischer Fragen die Anschauung seiner Mitglieder aufzuklären bezweckt. Auch die Berufsvereine, soweit sie sich lediglich auf die Wahrnehmung der Interessen ihrer Mitglieder beschränken, sei es auch in der Richtung, daß sie bessere Arbeitsbedingungen für die Mitglieder zu erlangen streben, verfolgen keinen sozialpolitischen Zweck. Dagegen ist z. B. jeder Verein, der auf die soziale Gesetzgebung oder auf die Handhabung der sozialen Gesetze von Seiten der Verwaltungsbehörden einwirken will, ein Verein, der einen sozialpolitischen Zweck verfolgt.

In dem Begriffe des religiösen Zweckes liegt nicht das Erforderniß einer Einwirkung nach außen. Hierin liegt ein wesentlicher Unterschied von den politischen und sozialpolitischen Zwecken. Ein Verein, der lediglich soziale, nicht sozialpolitische Zwecke verfolgt, unterliegt nicht dem Einspruche, wohl aber ein Verein, der religiöse Zwecke verfolgt, ohne Unterschied, ob sie religiöspolitisch sind oder nicht. Daraus ergiebt sich, daß auch Vereine, die lediglich die religiöse Belehrung oder Erbauung ihrer Mitglieder zum Zwecke haben, unter die Bestimmung des Gesetzes fallen, insbesondere also alle Religionsgesellschaften (Art. 84 des E.G.), ferner alle geistlichen Orden, auch wenn sie keinerlei Einwirkung nach außen bezwecken.

§ 62.

E. II § 55 Abs. 2, 3 rev. § 59; III § 59. P. II S. 1117—1119, 1128—1130, 8395 (Bd. I S. 558, 559, 564, 565). D. S. 611. K.B. S. 1938—1946. St.B. S. 2735—2748, 3059.

1. Ob die Verwaltungsbehörde den Einspruch auch dem Vorstande mitzutheilen hat, bestimmt sich nach den Landesgesetzen. Nach diesen bestimmt sich auch, sofern ein Verwaltungsstreitverfahren stattfindet, die Art sowie die Frist, in welcher die Anfechtung zu erfolgen hat. Besteht ein Verwaltungsstreitverfahren nicht, so entscheiden die §§ 20, 21 der Gew.O. (s. Erl. zu § 44 Nr. 3).

2. Die Anfechtung des Einspruchs kann nur darauf gegründet werden, daß die in dem § 61 bestimmten Voraussetzungen der Zulässigkeit des Einspruchs nicht vorliegen, nicht aber darauf, daß das öffentliche Interesse, obwohl jene Voraussetzungen vorliegen, der Verein also z B. einen politischen Zweck verfolgt, nicht erfordere, die Erlangung der Rechtsfähigkeit zu verhindern (s. Erl. zu 44 Nr. 5).

§ 63.

E. II § 56 Abs. 1 rev. § 60; III § 60. P. II S. 1120, 1130, 1131 (Bd. I S. 560, 565, 566). D. S. 611. K.B. S. 1938—1946. St.B. S. 2735—2748, 3059.

1. Die Eintragung darf nicht vor dem Ablaufe der bestimmten Frist oder endgültiger Erledigung des Einspruchs erfolgen. Sie darf auch dann nicht erfolgen, wenn die sechswöchige Frist zwar abgelaufen, aber der Einspruch noch, bevor die Eintragung wirklich erfolgt ist, erhoben

§. 64.

Bei der Eintragung sind der Name und der Sitz des Vereins, der Tag der Errichtung der Satzung sowie die Mitglieder des Vorstandes im Vereinsregister anzugeben. Bestimmungen, die den Umfang der Vertretungsmacht des Vorstandes beschränken oder die Beschlußfassung des Vorstandes abweichend von der Vorschrift des §. 28 Abs. 1 regeln, sind gleichfalls einzutragen.

§. 65.

Mit der Eintragung erhält der Name des Vereins den Zusatz „eingetragener Verein".

§. 66.

Das Amtsgericht hat die Eintragung durch das für seine Bekanntmachungen bestimmte Blatt zu veröffentlichen.

Die Urschrift der Satzung ist mit der Bescheinigung der Eintragung zu versehen und zurückzugeben. Die Abschrift wird von dem Amtsgerichte beglaubigt und mit den übrigen Schriftstücken aufbewahrt.

---

wird. Endgültig aufgehoben ist der Einspruch, wenn gegen die den Einspruch aufhebende Verfügung ein Rechtsmittel nicht mehr zulässig ist. Unter welchen Voraussetzungen dies der Fall ist, bestimmen die Landesgesetze.

2. Aus dem Ausdrucke „darf nicht" ergiebt sich, daß eine im Widerspruche damit erfolgte Eintragung nicht rechtlich unwirksam ist. In welcher Weise sie wieder beseitigt werden kann, bestimmt sich nach den §§ 159, 142, 143 der freiw. G.G.

§ 64.

E. II § 56 Abs. 2 rev. § 61; III § 61. P. II S. 1120, 1130, 1131 (Bd. I S. 560, 565, 566). D. S. 611.

Durch die Vorschriften des § 64 sollen nicht diejenigen Punkte bezeichnet werden, von welchen die Gültigkeit der Eintragung abhängt. Wäre dies die Absicht gewesen, so würde, entsprechend der Vorschrift des § 1115, gesagt sein, bei der Eintragung müssen die betreffenden Punkte angegeben sein. Für die Gültigkeit der Eintragung wesentlich ist nur, daß die Individualität des Vereins dadurch genügend bezeichnet wird. Die Vorschriften des § 64 enthalten nur eine Instruktion für das Amtsgericht über diejenigen Punkte, welche in das Register selbst einzutragen sind, im Gegensatze zu denjenigen, in Betreff deren die Aufnahme in die neben dem Register zu führenden Akten genügt. Daß aus diesen Akten die in dem § 64 bezeichneten Punkte zu erhellen haben, ergiebt sich schon aus den Vorschriften der §§ 59, 66 Abs. 2. Die Vorschrift, daß diese Punkte in dem Register selbst angegeben werden sollen, hat den Zweck, Dritten, die mit dem Verein in Verkehr treten, die Möglichkeit zu gewähren, durch Einsicht des Registers Kenntniß von denjenigen Bestimmungen zu erhalten, welche für sie von wesentlichem Interesse sind. Die Eintragung der Mitglieder des Vorstandes ist für Dritte von besonderer Wichtigkeit wegen der Vorschrift des § 68, die Eintragung einer Beschränkung der Vertretungsmacht sowie einer Aenderung der Vorschriften des § 28 über die Beschlußfassung des Vorstandes wegen der Vorschrift des § 70 (s. Erl. zu den §§ 68, 70).

§. 65.

E. II § 58 Abs. 1 rev. § 62; III § 62. P. II S. 1132 (Bd. I S. 567).

§ 66.

E. II §§ 57, 58 Abs. 2 rev. § 63; III § 63. P. II S. 1132 (Bd. I S. 567).

Wie für jedes im Grundbuch eingetragene Grundstück Grundakten, so sind für jeden eingetragenen Verein besondere Vereinsakten anzulegen. Die „übrigen Schriftstücke", die neben der beglaubigten Abschrift der Satzung in die Akten aufgenommen und aufbewahrt werden sollen, sind: die Anmeldung des Vereins durch den Vorstand, die Abschrift der Urkunde über die Bestellung des Vorstandes (§ 59), die Mittheilung an die Verwaltungsbehörde (§ 61) und, falls Einspruch von der Verwaltungsbehörde erhoben wird, die sich hierauf und auf die endgültige Aufhebung des Einspruchs beziehenden Schriftstücke (§§ 61—63). In entsprechender Weise ist bei späteren Aenderungen der Satzung und des Vorstandes (§§ 67, 70, 71), bei Einreichung eines Mitgliederverzeichnisses (§ 72) und bei der Auflösung des Vereins oder der Entziehung der Rechtsfähigkeit (§§ 73 ff.) zu verfahren.

§. 67.

Jede Aenderung des Vorstandes sowie die erneute Bestellung eines Vorstandsmitglieds ist von dem Vorstande zur Eintragung anzumelden. Der Anmeldung ist eine Abschrift der Urkunde über die Aenderung oder die erneute Bestellung beizufügen.

Die Eintragung gerichtlich bestellter Vorstandsmitglieder erfolgt von Amtswegen.

§. 68.

Wird zwischen den bisherigen Mitgliedern des Vorstandes und einem Dritten ein Rechtsgeschäft vorgenommen, so kann die Aenderung des Vorstandes dem Dritten nur entgegengesetzt werden, wenn sie zur Zeit der Vornahme des Rechtsgeschäfts im Vereinsregister eingetragen oder dem Dritten bekannt ist. Ist die Aenderung eingetragen, so braucht der Dritte sie nicht gegen sich gelten zu lassen, wenn er sie nicht kennt, seine Unkenntniß auch nicht auf Fahrlässigkeit beruht.

---

§ 67.

E. II § 59 rev. § 64; III § 64. P. II S. 1137, 1138 (Bd. I S. 568, 569). D. S. 611.

1. Das Vereinsregister soll Dritten über die für sie wesentlichen Punkte Aufschluß ertheilen; deshalb soll nicht nur eine Aenderung des Vorstandes, sondern auch die erneuerte Bestellung eines Vorstandsmitglieds nach dem Ablaufe seiner bisherigen Amtszeit eingetragen werden (ebenso nach § 28 des Ges. betr. die Erwerbs- und Wirthschaftsgenossenschaften v. 1. Mai 1889). Daß die Anmeldung von Seiten des Vorstandes unverzüglich zu erfolgen hat, ist zwar nicht, wie ursprünglich beantragt war, ausdrücklich vorgeschrieben, ergiebt sich aber aus den dem Vorstand obliegenden allgemeinen Verpflichtungen.

2. Ein Antrag, nach welchem auch ein Urtheil eingetragen werden sollte, durch welches ein Beschluß der Mitgliederversammlung für ungültig erklärt wird, ist abgelehnt, weil ein solches Urtheil, daß nur auf Grund einer von einem Mitgliede gegen den Verein erhobenen Feststellungsklage erfolgen könne, nur für die Parteien Wirkung habe. Der § 49 Abs. 4 des Genossenschaftsgesetzes könne hier nicht zum Vorbilde dienen, weil nach diesem Gesetz ein besonderes, auf die Anfechtung von Beschlüssen der Genossenschaft gerichtetes Verfahren stattfinde, und das in diesem Verfahren ergangene Urtheil für und gegen alle wirksam sei, ein solches Verfahren aber bei den eingetragenen Vereinen nicht stattfinde.

§ 68.

E. II § 60 Abs. 1 rev. § 65; III § 65. P. II S. 1138, 1139 (Bd. I S. 569).

1. Das Vereinsregister hat nach dem B.G.B nicht in gleicher Art öffentlichen Glauben wie das Grundbuch. Eine Vorschrift, daß der Inhalt des Vereinsregisters zu Gunsten eines Dritten, der mit dem Verein ein Rechtsgeschäft vornimmt, als richtig gilt, sofern nicht der Dritte die Unrichtigkeit gekannt hat, besteht nicht. Der Dritte kann sich daher auch nicht darauf verlassen, daß diejenigen Personen, welche als Mitglieder des Vorstandes in das Vereinsregister eingetragen sind, den Vorstand bilden. Die wirkliche Rechtslage entscheidet. Nur in sehr beschränktem Umfange legt der § 68 der Eintragung in das Vereinsregister Bedeutung zu Gunsten Dritter bei. Ist von dem Verein ein Vorstand rechtsgültig bestellt, so kann sich ein Dritter, wenn zwischen ihm und dem Verein ein Rechtsgeschäft vorgenommen wird, darauf verlassen, daß der bestellte Vorstand auch zur Zeit der Vornahme des Rechtsgeschäfts noch Vorstand ist, sofern nicht zu dieser Zeit eine Aenderung in dem Vereinsregister eingetragen oder dem Dritten bekannt ist. Das zwischen dem Dritten und dem früheren Vorstande vorgenommene Rechtsgeschäft ist dem Vereine gegenüber so wirksam, wie wenn der frühere Vorstand zur Zeit der Vornahme des Rechtsgeschäfts noch Vorstand gewesen wäre. Selbst wenn eine Aenderung des Vorstandes im Vereinsregister eingetragen ist, braucht der Dritte sie nicht gegen sich gelten zu lassen, wenn er sie zur Zeit der Vornahme des Rechtsgeschäfts nicht kannte und seine Unkenntniß auch nicht auf Fahrlässigkeit beruhte. Der Beweis dieser Negative liegt aber dem Dritten ob. Positiv kann sich der Dritte auf die Eintragung der Aenderung nicht verlassen; der Verein kann ihm gegenüber also trotz der Eintragung geltend machen, daß der als Vorstand „Eingetragene" nicht wirklich Vorstand sei. Aehnlich geregelt ist das Verhältniß in dem § 29 des Genossenschaftsgesetzes vom 1. Mai 1889 und im § 40 des Ges. betr. die Gesellschaft mit beschränkter Haftung v. 20. April 1892.

§. 69.

Der Nachweis, daß der Vorstand aus den im Register eingetragenen Personen besteht, wird Behörden gegenüber durch ein Zeugniß des Amtsgerichts über die Eintragung geführt.

§. 70.

Die Vorschriften des §. 68 gelten auch für Bestimmungen, die den Umfang der Vertretungsmacht des Vorstandes beschränken oder die Beschlußfassung des Vorstandes abweichend von der Vorschrift des §. 28 Abs. 1 regeln.

§. 71.

Aenderungen der Satzung bedürfen zu ihrer Wirksamkeit der Eintragung in das Vereinsregister. Die Aenderung ist von dem Vorstande zur Eintragung anzumelden. Der Anmeldung ist der die Aenderung enthaltende Beschluß in Urschrift und Abschrift beizufügen.

Die Vorschriften der §§. 60 bis 64 und des §. 66 Abs. 2 finden entsprechende Anwendung.

2.. Unter einem zwischen zwei Personen vorgenommenen Rechtsgeschäfte versteht das B.G.B. sowohl die von ihnen vorgenommenen zweiseitigen Rechtsgeschäfte als auch alle einseitigen Rechtsgeschäfte, z. B. Kündigung, welche der Eine gegenüber dem Anderen vornimmt. In diesem Sinne spricht auch der § 68 von einem Rechtsgeschäfte zwischen den bisherigen Mitgliedern des Vorstandes und einem Dritten.

§ 69.

E. II § 60 Abs. 2 rev. § 66; III § 66. P. II S. 1138, 1139 (Bd. I S. 569). D. S. 611.

Die Vorschrift bezweckt eine Erleichterung des Verkehrs des Vereins mit den Behörden. Da die Eintragung des Vorstandes weder die gültige Bestellung desselben beweist noch dadurch festgestellt wird, daß eine Aenderung nicht eingetreten sei (s. Erl. zu § 68 Nr. 1), so würde ohne die Vorschrift des § 69 das Zeugniß des Amtsgerichts über die Eintragung des Vorstandes nicht genügen, um dessen Legitimation nachzuweisen. Die erleichternde Vorschrift des § 69 gilt nicht gegenüber Privatpersonen. Ist eine solche berechtigt, den Nachweis der Legitimation des Vorstandes zu verlangen, so braucht sie sich nicht mit dem Zeugnisse des Amtsgerichts über die Eintragung zu begnügen, sondern kann den Nachweis der gültigen Bestellung fordern. Der Beweis, daß eine Aenderung nicht eingetreten sei, braucht aber nach allgemeinen Beweisgrundsätzen, auch einer Privatperson gegenüber, der Verein nicht zu führen, vielmehr liegt der Beweis einer Aenderung dem Dritten ob, der sich darauf beruft.

§ 70.

E. II § 60 Abs. 3 rev. § 67; III § 67. P. II S. 1138, 1139 (Bd. I S. 569). D. S. 611.

Nach § 70 kann, wenn zwischen dem Vorstande des Vereins und einem Dritten ein Rechtsgeschäft vorgenommen wird, der Dritte sich darauf verlassen, daß die Vertretungsmacht des Vorstandes unbeschränkt ist und daß für dessen Beschlüsse die Vorschriften des § 28 Abs. 1 gelten. Ist in der einen oder der anderen Beziehung durch die Satzung eine Aenderung getroffen, so braucht der Dritte sie nur gegen sich gelten zu lassen, wenn er sie zur Zeit der Vornahme des Rechtsgeschäfts gekannt hat oder die Aenderung zu dieser Zeit in dem Vereinsregister eingetragen war. In dem letzteren Falle braucht er sie aber dann nicht gegen sich gelten zu lassen, wenn er beweist, daß er zur Zeit der Vornahme des Rechtsgeschäfts die Aenderung nicht gekannt und daß seine Unkenntniß auch nicht auf Fahrlässigkeit beruht hat (s. Erl. zu § 68).

Die Vorschrift des § 70 findet Anwendung sowohl, wenn es sich um eine von Anfang an in der Satzung enthaltene Bestimmung handelt, als auch dann, wenn erst später eine Bestimmung der fraglichen Art getroffen ist.

§ 71.

E. II § 61 rev. § 68; III § 68. P. II S. 1139, 1140 (Bd. I S. 569, 570). D. S. 611.

Eine Aenderung der Satzung kann nur nach Maßgabe der §§ 33, 35 erfolgen. Zu den hierdurch vorgeschriebenen Erfordernissen tritt nach § 71 Satz 1 noch die Eintragung in das Vereinsregister hinzu. Erst mit dieser erlangt die Aenderung Wirksamkeit. Die Art, in welcher die Eintragung zu erfolgen hat, bestimmt sich nach denselben Grundsätzen, welche für die Eintragung des Vereins selbst gelten. Die in dem entsprechend anzuwendenden § 60 angezogenen

§. 72.

Der Vorstand hat dem Amtsgericht auf dessen Verlangen jederzeit ein Verzeichniß der Vereinsmitglieder einzureichen.

§. 73.

Sinkt die Zahl der Vereinsmitglieder unter drei herab, so hat das Amtsgericht auf Antrag des Vorstandes und, wenn der Antrag nicht binnen drei Monaten gestellt wird, von Amtswegen nach Anhörung des Vorstandes dem Vereine die Rechtsfähigkeit zu entziehen. Der Beschluß ist dem Vereine zuzustellen. Gegen den Beschluß findet die sofortige Beschwerde nach den Vorschriften der Civilprozeßordnung statt.

Der Verein verliert die Rechtsfähigkeit mit der Rechtskraft des Beschlusses.

---

§§ 56—59 kommen bei der Aenderung der Satzung nicht in Betracht; an ihre Stelle tritt der Abs. 1 Satz 2 und der Abs. 2 des § 71. Der Antrag auf Eintragung der Aenderung ist zurückzuweisen, wenn diesen Vorschriften nicht genügt ist oder aus dem die Aenderung enthaltenden Beschlusse nicht erhellt, daß die Aenderung rechtsgültig beschlossen ist (§§ 32 ff.). Wird die Anmeldung zugelassen, so hat das Amtsgericht nach Maßgabe der §§ 61—64 zu verfahren. Die Eintragung darf also nicht erfolgen, wenn die Verwaltungsbehörde Einspruch erhebt. Die Eintragung in das Vereinsregister braucht nicht den gesammten Inhalt der beschlossenen Aenderung anzugeben. Nur wenn die Aenderung den Namen oder den Sitz des Vereins betrifft oder dadurch eine Beschränkung der Vertretungsmacht des Vorstandes oder eine von den Vorschriften des § 28 Abs. 1 abweichende Art der Beschlußfassung bestimmt wird, sind diese Punkte in das Register einzutragen. Ebenso der Tag, an welchem die Aenderung beschlossen ist (§ 64). Die in dem § 64 vorgeschriebene Eintragung der Mitglieder des Vorstandes ist im Falle des § 71 nur dann erforderlich, wenn in Folge der Aenderung der Satzung auch eine Aenderung des Vorstandes eintritt. Wie im Falle des § 64, so hängt auch hier die Wirksamkeit der Eintragung nicht davon ab, daß alle Punkte, auf die sich die Eintragung beziehen soll, wirklich in das Register eingetragen sind. Die Eintragung ist vielmehr wirksam, wenn aus derselben nur erhellt, daß eine Aenderung der Satzung beschlossen ist. In Betreff des Inhalts der Aenderung genügt, daß er sich aus dem zu den Vereinsakten (s. Erl. zu § 64) zu nehmenden Beschluß ergiebt. Betrifft indessen die Aenderung der Satzung die in den §§ 68, 70 bezeichneten Punkte, so hat die Unterlassung der Eintragung in das Register die in jenen Paragraphen bestimmten Folgen.

§ 72.

E. II § 62 rev. § 69; III § 69. P. II S. 1135, 1136 (Bd. I S. 567, 568). D. S. 611.

Daß die Einreichung des Verzeichnisses unverzüglich zu geschehen hat, ist als selbstverständlich betrachtet und deshalb das in dem ursprünglichen Antrage stehende Wort „unverzüglich" gestrichen.

§ 73.

E. II § 63 rev. § 70; III § 70. P. II S. 1141, 1142 (Bd. I S. 570, 571). D. S. 611.

1. Durch das Herabsinken der Mitgliederzahl unter drei verliert der Verein die Rechtsfähigkeit nicht von selbst. Auch hat die Entziehung der Rechtsfähigkeit durch das Amtsgericht nur zu erfolgen, wenn zur Zeit der Erlassung der Verfügung die Zahl der Mitglieder weniger als drei beträgt. Ein Herabsinken unter drei rechtfertigt die Entziehung nicht, wenn die Zahl inzwischen wieder auf drei oder mehr gestiegen ist.

2. Die Zustellung des Beschlusses, durch welchen die Rechtsfähigkeit entzogen wird, erfolgt für den Verein an den Vorstand. Besteht dieser aus mehreren Personen, so genügt nach § 28 Abs. 2 die Zustellung an ein Mitglied. Existirt ein Vorstand überhaupt nicht mehr, so hat das Amtsgericht nach § 29 zu verfahren.

3. Sind alle Mitglieder des Vereins weggefallen, so existirt ein Verein nicht mehr und treten damit dieselben Folgen ein wie im Falle der Auflösung; die §§ 45 ff. kommen daher zur Anwendung. Fällt das Vermögen nicht an den Fiskus (§ 46), so hat eine Liquidation zu erfolgen (§§ 47 ff.). Bis zur Beendigung gilt der Verein als fortbestehend (§ 49 Abs. 2). Eine Mitgliederversammlung besteht aber nicht mehr; es kommen daher die Vorschriften der Satzung, welche auf Beschlüsse der Mitgliederversammlung Bezug nehmen, nicht mehr zur Anwendung. Die Liquidatoren sind nach Maßgabe des § 29 vom Amtsgerichte zu ernennen.

§. 74.

Die Auflösung des Vereins sowie die Entziehung der Rechtsfähigkeit ist in das Vereinsregister einzutragen. Im Falle der Eröffnung des Konkurses unterbleibt die Eintragung.

Wird der Verein durch Beschluß der Mitgliederversammlung oder durch den Ablauf der für die Dauer des Vereins bestimmten Zeit aufgelöst, so hat der Vorstand die Auflösung zur Eintragung anzumelden. Der Anmeldung ist im ersteren Falle eine Abschrift des Auflösungsbeschlusses beizufügen.

Wird dem Verein auf Grund des §. 43 die Rechtsfähigkeit entzogen oder wird der Verein auf Grund des öffentlichen Vereinsrechts aufgelöst, so erfolgt die Eintragung auf Anzeige der zuständigen Behörde.

§. 75.

Die Eröffnung des Konkurses ist von Amtswegen einzutragen. Das Gleiche gilt von der Aufhebung des Eröffnungsbeschlusses.

§. 76.

Die Liquidatoren sind in das Vereinsregister einzutragen. Das Gleiche gilt von Bestimmungen, welche die Beschlußfassung der Liquidatoren abweichend von der Vorschrift des §. 48 Abs. 3 regeln.

Die Anmeldung hat durch den Vorstand, bei späteren Aenderungen durch die Liquidatoren zu erfolgen. Der Anmeldung der durch Beschluß der Mitgliederversammlung bestellten Liquidatoren ist eine Abschrift des Beschlusses, der Anmeldung einer Bestimmung über die Beschlußfassung der Liquidatoren eine Abschrift der die Bestimmung enthaltenden Urkunde beizufügen.

Die Eintragung gerichtlich bestellter Liquidatoren geschieht von Amtswegen.

---

§ 74.

E. II § 64 rev. § 71; III § 71. P. II S. 1151, 1152 (Bd. I S. 576, 577).

1. Das Erlöschen der juristischen Persönlichkeit tritt durch die Auflösung des Vereins sowie durch den Verlust der Rechtsfähigkeit, nicht erst durch die Eintragung ein; diese dient nur dazu, das Erlöschen bekannt zu machen.

Das Amtsgericht hat in den Fällen des Abs. 2 zu prüfen, ob die dort bezeichneten Voraussetzungen der Auflösung eingetreten sind. Das Gleiche gilt, wenn die Auflösung auf Grund des § 73 erfolgt ist oder alle Mitglieder des Vereins weggefallen sind (s. Erl. zu § 73 Nr. 3). In den Fällen des § 74 Abs. 3 ist die Eintragung auf Grund der Anzeige der zuständigen Behörde zu verfügen. Im Falle der Eröffnung des Konkurses über das Vermögen des Vereins ist nicht die Auflösung, sondern nach Maßgabe des § 75 die Eröffnung des Konkursverfahrens einzutragen. Dies hat seinen Grund darin, daß die Auflösung als nicht erfolgt gilt, wenn der Beschluß über Eröffnung des Konkurses wieder aufgehoben wird (s. Erl. zu § 42). Die Eintragung der Konkurseröffnung erfolgt von Amtswegen (vergl. K.O. § 111).

§ 75.

E. II § 65 rev. § 72; III § 72. P. II S. 1151, 1152, 8349, 8350 (Bd. I S. 576, 577). D. S. 611.

S. Erl. zu §§ 42 und 74.

§ 76.

E. II § 66 rev. § 73; III § 73. P. II S. 1151, 1152 (Bd. I S. 576, 577.) D. S. 611.

Die Vorschriften dieses Paragraphen über die Liquidatoren entsprechen den für den Vorstand geltenden Vorschriften der §§ 64, 67 und enthalten eine Anwendung des dem § 48 zu Grunde liegenden Gedankens. Die Vorschriften der §§ 68—70 finden auch auf die Liquidatoren Anwendung.

§. 77.

Die Anmeldungen zum Vereinsregister sind von den Mitgliedern des Vorstandes sowie von den Liquidatoren mittelst öffentlich beglaubigter Erklärung zu bewirken.

§. 78.

Das Amtsgericht kann die Mitglieder des Vorstandes zur Befolgung der Vorschriften des §. 67 Abs. 1, des §. 71 Abs. 1, des §. 72, des §. 74 Abs. 2 und des §. 76 durch Ordnungsstrafen anhalten. Die einzelne Strafe darf den Betrag von dreihundert Mark nicht übersteigen.

In gleicher Weise können die Liquidatoren zur Befolgung der Vorschriften des §. 76 angehalten werden.

§. 79.

Die Einsicht des Vereinsregisters sowie der von dem Vereine bei dem Amtsgericht eingereichten Schriftstücke ist Jedem gestattet. Von den Eintragungen kann eine Abschrift gefordert werden; die Abschrift ist auf Verlangen zu beglaubigen.

II. Stiftungen.

§. 80.

Zur Entstehung einer rechtsfähigen Stiftung ist außer dem Stiftungsgeschäfte die Genehmigung des Bundesstaats erforderlich, in dessen Gebiete die Stiftung ihren Sitz haben soll. Soll die Stiftung ihren Sitz nicht in einem Bundesstaate haben, so ist die Genehmigung des Bundesraths erforderlich. Als Sitz der Stiftung gilt, wenn nicht ein Anderes bestimmt ist, der Ort, an welchem die Verwaltung geführt wird.

---

§ 77.

E. II § 67 rev. § 74; III § 74. P. II S. 1151, 1152, 6888, 6889 (Bd. I S. 576, 577). D. S. 611.

Die öffentliche Beglaubigung erfolgt nach Maßgabe des § 129. Geben die Mitglieder des Vorstandes oder die Liquidatoren die Erklärung zu Protokoll vor dem Amtsgericht ab, so ist dadurch dem Erfordernisse der öffentlichen Beglaubigung Genüge geschehen.

§ 78.

E. II § 68 rev. § 75; III § 75. P. II S. 1152, 1153 (Bd. I S. 577, 578). D. S. 611.

Ueber das Verfahren vergl. die §§ 159, 127, 132—139 des freiw. G.G. Nicht berührt durch die Vorschriften des § 78 wird das kraft öffentlichen Rechtes bestehende Aufsichtsrecht über die Vereine. Welche Behörde dieses Aufsichtsrecht auszuüben hat, bestimmt die Landesgesetzgebung.

§ 79.

E. II § 69 rev. § 76; III § 76. P. II S. 1153, 8350, 8459, 8460 (Bd. I S. 578). D. S. 611.

Der Zweck des Vereinsregisters erfordert dessen Oeffentlichkeit. Daß, wie im E. II ausdrücklich bestimmt war, die Einsicht nur während der gewöhnlichen Dienststunden gestattet ist und die Abschrift nur gegen Erlegung der Kosten ertheilt wird, versteht sich von selbst. Derartige reglementarische Vorschriften gehören nicht in das B.G.B. und sind deshalb bei der Revision gestrichen.

II. Stiftungen.

1. Bei den rechtsfähigen Stiftungen tritt der Zweck der juristischen Persönlichkeit noch schärfer hervor wie bei den rechtsfähigen Vereinen. Es handelt sich darum, die Erhaltung und Fortentwicklung eines Vermögens zu ermöglichen, dessen Subjekt nicht ein einzelner Mensch ist und das nicht den Zwecken eines Einzelnen, sondern allgemeineren Zwecken zu dienen bestimmt ist. Zu diesem Behufe muß ein Organismus geschaffen werden, der in Betreff des dem Stiftungszwecke gewidmeten Vermögens diejenigen Funktionen hat, welche sonst der einzelne Mensch in Betreff seines Vermögens ausübt (s. Vorbm. zu diesem Titel).

Bei den rechtsfähigen Vereinen bilden die Mitglieder des Vereins die natürliche Grundlage; ihre Beschlüsse sind für die Angelegenheiten des Vereins maßgebend und aus ihrer Wahl geht der Vorstand, welcher das Vereinsvermögen zu vertreten hat, hervor. Bei den Stiftungen fehlt diese Grundlage und muß daher bei der Errichtung der Stiftung durch besondere Bestimmung für die Vertretung Vorsorge getroffen werden.

Die Befugniß, eine derartige Organisation durch Rechtsgeschäft zu schaffen, läßt sich aus allgemeinen Grundsätzen nicht ableiten. Das soziale Bedürfniß drängt aber dazu, die Widmung von Vermögen für allgemeinere Zwecke zu ermöglichen. Es sind dies im Wesentlichen dieselben Zwecke, denen auch die Vereine mit idealen Tendenzen dienen. Um ihre Erreichung zu erleichtern, gestattet die Rechtsordnung nicht nur die Bildung rechtsfähiger Vereine, sondern auch die Errichtung von Stiftungen durch Rechtsgeschäft. Die dem Einzelnen gewährte Möglichkeit, Vermögen dauernd für gewisse Zwecke zu binden, muß aber mit Rücksicht darauf eine Einschränkung erleiden, daß nicht alle Zwecke eine solche Begünstigung verdienen. Durch das Gesetz läßt sich eine für alle Fälle zutreffende Abgrenzung der Zwecke, für welche eine Stiftung zugelassen werden soll, nicht geben. Auch für die Vereine, welche politische, sozialpolitische oder religiöse Zwecke verfolgen, hat das B.G.B. eine Einschränkung für nothwendig gehalten (s. §§ 61—63). Bei den Stiftungen, bei welchen die Möglichkeit einer Fortentwicklung und Umbildung durch die Beschlüsse der Mitgliederversammlung fehlt, ist eine noch weitergehende Einschränkung für nothwendig gehalten und deshalb, abweichend von dem E. I, allgemein das Erforderniß staatlicher Genehmigung vorgeschrieben.

2. Nur die privatrechtlichen Stiftungen werden durch die §§ 80—88 geregelt. Die öffentlichrechtlichen Stiftungen werden ebenso wie die öffentlichrechtlichen Körperschaften durch die Vorschriften des B.G.B. nicht berührt. Nur zwei einzelne Vorschriften werden für sie in dem § 89 gegeben.

3. Das B.G.B. enthält keine besonderen Vorschriften über rechtsfähige Anstalten. Sie fallen unter die Vorschriften über Stiftungen. Was als Anstalt bezeichnet wird, ist in der That nur eine Stiftung, bei welcher zu der Erreichung des Stiftungszwecks gewisse äußere Anstalten, z. B. ein Krankenhaus, ein Armenhaus, ein Museum erforderlich ist. Nicht diese Anstalt ist rechtsfähig, sondern die Stiftung, deren Zwecken die Anstalt dient; die Anstalt bildet nur einen hervorragenden Theil des dem Stiftungszwecke gewidmeten Vermögens.

4. Die rechtsfähige Stiftung ist nicht die einzige Form, in welcher Vermögen für Zwecke allgemeinerer Art bestimmt werden kann. Es kann dies auch dadurch geschehen, daß das Vermögen einer bestehenden privatrechtlichen oder öffentlichrechtlichen juristischen Person unter einer besonderen Zweckbestimmung überwiesen wird. In manchen Fällen dieser Art wird eine solche Ueberweisung als Errichtung einer selbständigen Stiftung aufzufassen sein, die nur das Eigenthümliche hat, daß ihre Verwaltung und Vertretung der bereits bestehenden juristischen Person übertragen wird.

In anderen Fällen geht das überwiesene Vermögen in das Vermögen der juristischen Person, an welche die Ueberweisung erfolgt, über und verläßt sich der Ueberweisende darauf, daß die Organisation dieser juristischen Person genügende Sicherheit für eine dem Zwecke entsprechende Verwendung des Vermögens bietet. Hat das Mitglied eines Vereins diesem Vermögen mit einer besonderen Zweckbestimmung überwiesen, so kann dadurch ein Sonderrecht dieses Mitglieds auf eine dem Zwecke entsprechende Verwendung des überwiesenen Vermögens entstehen (§ 35). Die Widmung eines Vermögens für einen bestimmten Zweck kann ferner dadurch erfolgen, daß das Vermögen unter Lebenden oder von Todeswegen einem Anderen mit der dem Zwecke entsprechenden Auflage überwiesen wird (§§ 525—527, 2192—2196). Davon verschieden ist der Fall, daß Vermögen durch Sammlungen zu einem vorübergehenden Zwecke, z. B. zur Errichtung eines Denkmals, zusammengebracht wird. Das hierdurch entstehende Rechtsverhältniß zwischen dem Beitragenden und denjenigen, welchen sie die Beiträge anvertrauen, bestimmt sich unter Berücksichtigung der Umstände des einzelnen Falles nach den allgemeinen Grundsätzen über Schuldverhältnisse. Für einen besonderen Fall trifft der § 1914 Fürsorge.

5. Die §§ 80—82 enthalten die Vorschriften über die Entstehung rechtsfähiger Stiftungen durch Rechtsgeschäft unter Lebenden, der § 83 über die Entstehung solcher Stiftungen durch Rechtsgeschäfte von Todeswegen, der § 84 über Stiftungen, deren Genehmigung erst nach dem Tode des Stifters erfolgt, die §§ 85, 86 über die Verfassungen der Stiftungen, der § 87 über die Umwandlung und der § 88 über das Erlöschen der Stiftungen.

§ 80.

E. I § 58 Satz 1, § 59, § 62 Abs. 1; II § 70; rev. § 77; III § 77. P. I S. 3189—3194, 3196—3205, 6155, 11626, 11627; M. I S. 118 ff. P. II S. 1165—1174 (Bd. I S. 585—589). D. S. 611, 612. K.B. S. 1946.

1. Daß eine Stiftung durch ein Rechtsgeschäft errichtet werden kann und daß anderer-

§. 81.

Das Stiftungsgeschäft unter Lebenden bedarf der schriftlichen Form.

Bis zur Ertheilung der Genehmigung ist der Stifter zum Widerrufe berechtigt. Ist die Genehmigung bei der zuständigen Behörde nachgesucht, so kann der Widerruf nur dieser gegenüber erklärt werden. Der Erbe des Stifters ist zum Widerrufe nicht berechtigt, wenn der Stifter das Gesuch bei der zuständigen Behörde eingereicht oder im Falle der gerichtlichen oder notariellen Beurkundung des Stiftungsgeschäfts das Gericht oder den Notar bei oder nach der Beurkundung mit der Einreichung betraut hat.

---

seits ein Rechtsgeschäft zur Errichtung einer Stiftung erforderlich ist, wird in dem § 80 nur indirekt durch die Worte „außer dem Stiftungsgeschäfte" ausgedrückt, ist darum aber nicht weniger zweifellos. Ueber die Erfordernisse des Rechtsgeschäfts s. Erl. zu §§ 81, 83.

2. Die außer dem Stiftungsgeschäft erforderliche staatliche Genehmigung ist ein Akt der Staatsgewalt, auf welchen die Vorschriften der §§ 182 ff. über Einwilligung und Genehmigung keine Anwendung finden. Ueber die Behörde, welche die Genehmigung zu ertheilen hat, wenn die Stiftung ihren Sitz in einem Bundesstaate haben soll, haben die Gesetze dieses Bundesstaats zu bestimmen.

3. Für den Sitz einer Stiftung gelten nach Satz 3 des § 80 dieselben Grundsätze wie nach § 24 für den Sitz eines Vereins (s. Erl. zu § 24).

§ 81.

E. I § 58 Satz 1, 2, § 62 Abs. 2; II § 71 Abs. 1, 2 rev. § 78; III § 78. P. I S. 3189—3194, 3196—3205, 3476, 6155 (Bd. I S. 591—593; Bd. IV S. 258). M. I S. 118—120, 121—124. P. II S. 1177—1181, 5391, 7369, 8350. D. S. 612. K.B. S. 1946, 1947.

1. Auf das Stiftungsgeschäft unter Lebenden finden die allgemeinen Vorschriften über Rechtsgeschäfte unter Lebenden Anwendung (§§ 104 ff.) Das Stiftungsgeschäft ist eine einseitige Willenserklärung, zu deren Wirksamkeit nicht erforderlich ist, daß sie einem Anderen gegenüber abgegeben wird. Sie erzeugt die beabsichtigte rechtliche Wirkung erst, wenn das zweite vom Gesetz aufgestellte Erforderniß erfüllt, also die staatliche Genehmigung ertheilt wird; aber sie besteht als fertige Willenserklärung, sobald sie abgegeben wird, ohne daß es der Einreichung des Gesuchs an die zuständige Behörde um Ertheilung der Genehmigung bedarf. Sie bleibt daher auch bestehen, wenn der Stifter geschäftsunfähig geworden oder gestorben ist, und die staatliche Genehmigung kann auf Antrag des gesetzlichen Vertreters bez. des Erben nachträglich ertheilt werden.

2. Ueber den Inhalt des Stiftungsgeschäfts enthält das B.G.B. keine Vorschriften; er ist daher aus der Natur und dem Zwecke des Stiftungsgeschäfts zu entnehmen. Hieraus ergiebt sich, daß der Wille, eine selbständige, rechtsfähige Stiftung zu schaffen, erhellen und daß die Stiftung durch die Angabe des Zweckes genügend individualisirt sein muß. Das in dem § 57 für Vereine noch außerdem aufgestellte Erforderniß der Angabe des Sitzes und des Namens ist positiver Art und gilt für das Stiftungsgeschäft nicht. Nothwendig aber ist eine Bestimmung über den Vorstand der Stiftung. Ohne Vorstand besteht kein Organ, welches das Stiftungsvermögen vertritt und den Stiftungszweck verfolgt, besteht daher auch die Stiftung selbst nicht. Die Vorschrift des § 26, nach welcher jeder Verein einen Vorstand haben muß, wird daher durch § 86 auch für Stiftungen für enspréchend anwendbar erklärt. Nicht nothwendig ist, daß die Personen des Vorstandes selbst bezeichnet sind; es genügt, daß der Weg bestimmt wird, auf welchem der Vorstand zu bestellen ist. Wo landesgesetzliche Vorschriften bestehen, durch welche allgemein für die genügende Vertretung aller Stiftungen Fürsorge getroffen wird, sind Bestimmungen hierüber in dem Stiftungsgeschäfte nicht nothwendig.

Als ein weiteres Erforderniß des Stiftungsgeschäfts pflegt bezeichnet zu werden, daß der Stifter das Vermögen bestimmt, welches der Stiftung gewidmet werden soll. Ob dies richtig ist, hängt davon ab, wie man das Stiftungsgeschäft rechtlich auffaßt. Möglich ist, daß man das Wesen des Stiftungsgeschäfts darin findet, daß eine Organisation geschaffen wird, vermöge deren die Stiftung fähig ist, Vermögen zu erwerben und für den Stiftungszweck zu verwenden. Mit der Schaffung dieser Organisation ist die Stiftung errichtet. Wird ihr Vermögen zugewandt, so ist dies ein zweites selbständiges Rechtsgeschäft, das zwar regelmäßig mit der Errichtung der Stiftung verbunden wird, aber kein wesentliches Erforderniß ist. Gegen diese Auffassung spricht, daß nicht abzusehen ist, weshalb die Rechtsordnung die Möglichkeit gewähren sollte, durch Rechtsgeschäft künstliche Rechtssubjekte für bestimmte Zwecke zu schaffen, ohne daß zugleich ein diesen Zwecken gewidmetes Vermögen vorhanden ist. Gegen diese Auffassung sprechen ferner die kaum lösbaren Schwierigkeiten, die sich in dem regelmäßigen Falle, daß der Stiftung bei deren Errichtung zugleich Vermögen zugewiesen wird, daraus ergeben, daß durch das zweite Rechtsgeschäft Vermögen an eine Person übertragen würde, die wegen Mangels der staatlichen Genehmigung rechtlich noch nicht existirt. Richtiger ist, die Widmung von Vermögen für den Stiftungszweck als integrirenden Bestandtheil des Stiftungsgeschäfts zu betrachten. Das Stiftungsgeschäft besteht eben darin, daß Vermögen in der Absicht, eine rechtsfähige Stiftung zu bilden, einem bestimmten Zwecke gewidmet und die für eine rechtsfähige Stiftung erforderliche Organisation geschaffen wird. Für diese Auffassung spricht, daß der soziale Zweck, welchen die Vorschriften über Stiftungen verfolgen, lediglich darin besteht, die Widmung von Vermögen für einen bestimmten Zweck zu ermöglichen, daß ferner die natürliche Auffassung der Zerlegung des Stiftungsgeschäfts in zwei verschiedene Geschäfte widerstrebt und daß der § 82 offenbar voraussetzt, daß in dem Stiftungsgeschäfte der Stiftung Vermögen zugesichert sei. Aus dieser Auffassung folgt übrigens nicht, daß eine Stiftung nur so lange besteht, als sie Vermögen hat. Ist durch die Widmung von Vermögen die Stiftung einmal begründet und damit eine Organisation geschaffen, welche den Erwerb neuen Vermögens ermöglicht, so bildet der Verlust des bisherigen Vermögens keinen Grund des Erlöschens der Stiftung. Nur für den Fall des Konkurses tritt nach dem in § 86 für anwendbar erklärten § 42 der Verlust der Rechtsfähigkeit und damit das Erlöschen der Stiftung ein.

3. Durch § 58 des E. I war gerichtliche oder notarielle Form für das Stiftungsgeschäft vorgeschrieben; ebenso nach E. II und E. III. Die Vorschrift des § 81, nach welcher schriftliche Form genügt, beruht auf einem Beschlusse des Reichstags. Man ging davon aus, daß für die wesentlichen Zwecke, welche durch die gerichtliche oder notarielle Form erreicht werden sollten, die staatliche Genehmigung genüge. Was zur schriftlichen Form erforderlich ist, bestimmt der § 126.

4. Das Stiftungsgeschäft ist, so lange es nicht durch den Hinzutritt der staatlichen Genehmigung Wirksamkeit erlangt hat, frei widerruflich. Der Widerruf ist an keine Form gebunden und braucht, so lange der Antrag auf staatliche Genehmigung nicht gestellt ist, nicht gegenüber einem Andern oder gegenüber einer Behörde erklärt zu werden. Er kann z. B. auch durch Zerstörung der über die Stiftung aufgenommenen Schrift erfolgen. Nach dem E. I war die Widerruflichkeit ausgeschlossen, weil nach ihm das Stiftungsgeschäft schon mit der Errichtung Wirksamkeit erlangt. Für den Fall, daß landesgesetzlich staatliche Genehmigung vorgeschrieben worden, sollte nach dem E. I § 62 der Stifter an das Stiftungsgeschäft von dem Zeitpunkt an gebunden sein, in welchem er die staatliche Genehmigung nachsucht. Das B.G.B. läßt den Widerruf auch nach diesem Zeitpunkte zu, bestimmt aber, daß, wenn die staatliche Genehmigung bei der zuständigen Behörde nachgesucht ist, der Widerruf nur dieser gegenüber erklärt werden kann. Nachgesucht ist die staatliche Genehmigung, wenn das Gesuch bei der zuständigen Behörde eingegangen ist. Ueber Erklärungen, welche einer Behörde gegenüber abzugeben sind, s. § 130. Beschränkt wird die Zulässigkeit des Widerrufs nach Abs. 2 Satz 3 für die Erben des Stifters. Diese können nicht mehr widerrufen, wenn der Stifter um die staatliche Genehmigung nachgesucht oder im Falle gerichtlicher oder notarieller Beurkundung des Stiftungsgeschäfts das Gericht oder den Notar bei oder nach der Beurkundung mit der Einreichung des Gesuchs betraut hat. Die Vorschrift beruht auf dem Gedanken, daß der Stifter in den bezeichneten Fällen seine Erben ebenso hat binden wollen, wie er dies durch Errichtung der Stiftung mittelst Verfügung von Todeswegen hätte erreichen können. Aehnliche Vorschriften s. in den §§ 1733, 1753.

5. Der E. I wollte durch die Fassung des § 58 die Frage offen lassen, ob eine Stiftung auch durch Vertrag errichtet werden könne und wie das Rechtsverhältniß in einem solchen Falle zu beurtheilen sei. Nach dem B.G.B. wird anzunehmen sein, daß das Stiftungsgeschäft seinem Wesen nach ein einseitiges, bis zur staatlichen Genehmigung bez. bis zum Tode des Stifters widerrufliches Rechtsgeschäft ist. Wird es in der Form des Vertrags abgeschlossen, so kann dies nur die Bedeutung haben, daß der Stifter dem anderen Theile gegenüber verpflichtet ist, das Stiftungsgeschäft nicht zu widerrufen. Die rechtliche Wirksamkeit eines trotzdem erfolgten Widerrufs wird dadurch nicht ausgeschlossen. Welche Folgen in solchem Falle aus der Nichterfüllung der dem anderen Theile gegenüber eingegangenen Verpflichtung entstehen, bestimmt sich nach dem übrigen Inhalte des Vertrags; sie können in einer Verpflichtung des Stifters zum Schadensersatz und, falls der andere Theil auch seinerseits eine Verpflichtung durch den Vertrag übernommen hatte, darin bestehen, daß der andere Theil von dem Vertrage zurückzutreten berechtigt ist. Die allgemeinen Grundsätze über Nichterfüllung von Verträgen sind hier maßgebend. Möglich würde zwar auch eine Gestaltung sein, nach welcher, wenn das Stiftungsgeschäft durch Vertrag errichtet wird, der Stifter nicht

mehr widerrufen kann. Diesen Weg schlägt das B.G.B. bei der Errichtung der Stiftung durch Erbvertrag ein (s. Erl. zu § 83 Nr. 2). Aus der Zulässigkeit des Erbvertrags kann aber bei der eigenthümlichen Natur desselben und bei den besonderen Rücksichten, die für ihn in Betracht kommen, nicht geschlossen werden, daß eine vertragsmäßige Bindung auch bei dem Stiftungsgeschäft unter Lebenden zulässig ist. Durch Vertrag können zwar Verpflichtungen jeder Art eingegangen werden; der Vertrag ist aber nicht eine allgemeine Rechtsform, durch welche jeder rechtliche Zweck erreicht werden könnte. Wie dingliche Rechte nur in den durch das Gesetz bestimmten Fällen durch Vertrag begründet werden können, so würde es auch einer besonderen Vorschrift bedürfen, um neben dem einseitigen, widerruflichen Rechtsgeschäft auch ein vertragsmäßiges, unwiderrufliches Stiftungsgeschäft zu ermöglichen. Nach § 81 Abs. 2 ist ein solches nicht zulässig.

6. Unter den Erfordernissen der Entstehung einer Stiftung wird von dem B.G.B. nicht aufgeführt der Antrag des Stifters auf Ertheilung der staatlichen Genehmigung. Bei der Ehelichkeitserklärung wird der Antrag des Vaters ausdrücklich erfordert (§ 1723), und der Mangel des Antrags hat die Unwirksamkeit der Ehelichkeitserklärung zur Folge. Ist daraus, daß in den Vorschriften über die Entstehung einer Stiftung der Antrag des Stifters nicht erwähnt ist, zu folgern, daß der Antrag nicht nothwendig ist? Dagegen spricht, daß das Stiftungsgeschäft unter Lebenden, abgesehen von den Fällen des § 81 Abs. 2 Satz 3, frei widerruflich ist. Das Stiftungsgeschäft besteht zwar, auch wenn der Antrag auf Ertheilung der staatlichen Genehmigung noch nicht gestellt ist, aber es unterliegt, ähnlich wie eine letztwillige Verfügung, noch der freien Disposition des Errichters. Dies Recht darf dem Stifter nicht entzogen, das widerrufliche Stiftungsgeschäft nicht ohne seinen Willen in ein unwiderrufliches verwandelt werden. Deshalb darf die staatliche Behörde die Stiftung nicht ohne Antrag oder doch nicht ohne Einwilligung des Stifters genehmigen. Zweifelhaft ist, ob man noch einen Schritt weiter gehen und annehmen muß, daß die staatliche Genehmigung ohne Antrag oder Einwilligung des Stifters nicht erfolgen könne, die ohne solche Einwilligung ertheilte Genehmigung also unwirksam sei. Auch diese Frage dürfte zu bejahen sein. Daraus, daß der Antrag des Stifters unter den Erfordernissen der Entstehung einer Stiftung nicht mit aufgeführt ist, wird man indessen folgern können, daß, um die Entstehung einer Stiftung nachzuweisen, der Beweis des Stiftungsgeschäfts und der staatlichen Genehmigung genügt. Dem Stifter wird aber der Beweis nicht abgeschnitten werden können, daß die Stiftung ohne seinen Willen die staatliche Genehmigung erhalten habe, daß also z. B. die von ihm errichtete Urkunde über das Stiftungsgeschäft ihm entwendet sei und der Dieb den Antrag auf die staatliche Genehmigung vielleicht unter Fälschung seiner Unterschrift gestellt habe. Anzuerkennen wird sein, daß nicht die Form des Antrags erforderlich ist, daß vielmehr sowohl die Einwilligung als auch die nachträgliche Genehmigung des Stifters genügt. Praktisch ist die Frage von geringer Bedeutung, indem es nicht leicht vorkommen wird, daß die staatliche Behörde die Genehmigung ohne einen Antrag des Stifters bez. seines Vertreters oder seiner Erben ertheilt. Ein ähnliches Verhältniß wie bei der Genehmigung des Stiftungsgeschäfts liegt bei der Bestätigung der Annahme an Kindesstatt vor. Auch hier wird ein Antrag auf Bestätigung nicht erfordert, vielmehr genügt der Vertrag und die gerichtliche Bestätigung (§§ 1753, 1754). Ein Unterschied besteht nur insofern, als der Vertrag schon vor der Bestätigung für die Parteien bindend ist, die Bestätigung also sowohl auf den Antrag des einen wie des anderen Theiles erfolgen kann. Ohne Antrag oder Zustimmung mindestens eines Theiles aber wird auch hier die Bestätigung nicht erfolgen können.

7. Wird die staatliche Genehmigung verweigert, so entsteht die Stiftung nicht. Das Stiftungsgeschäft als solches bleibt aber bestehen, und auf Grund desselben kann der Antrag auf staatliche Genehmigung erneuert werden. Die Beschränkungen der Widerruflichkeit fallen indessen mit der Verweigerung der staatlichen Genehmigung weg. Der Widerruf braucht nicht der Behörde gegenüber erklärt zu werden, und der Erbe des Stifters ist auch im Falle des § 81 Abs. 2 Satz 3 zum Widerruf berechtigt. In dem § 62 Abs. 2 des E. I war ausdrücklich bestimmt, daß mit der Verweigerung der staatlichen Genehmigung die Gebundenheit aufhöre. Eine gleiche Vorschrift findet sich zwar im B.G.B. nicht, wird aber auch nach diesem aus dem Zwecke und der Natur der in dem Abs. 2 des § 81 gegebenen Vorschrift zu folgern sein.

Ist die staatliche Genehmigung verweigert, so kann die nachträgliche Genehmigung nur auf Grund eines neuen Antrags erfolgen. Der frühere Antrag ist durch die Verweigerung definitiv erledigt.

Ueber die Folgen der Verweigerung der staatlichen Genehmigung im Falle der Errichtung der Stiftung von Todeswegen s. Erl. zu § 84 Nr. 3.

§. 82.

Wird die Stiftung genehmigt, so ist der Stifter verpflichtet, das in dem Stiftungsgeschäfte zugesicherte Vermögen auf die Stiftung zu übertragen. Rechte, zu deren Uebertragung der Abtretungsvertrag genügt, gehen mit der Genehmigung auf die Stiftung über, sofern nicht aus dem Stiftungsgeschäfte sich ein anderer Wille des Stifters ergiebt.

---

§ 82.

E. I § 58 Satz 3, 4; II § 71 Abs. 3 rev. § 79; III § 79. P. I S. 3089–3194, 3196–3205, 6165, 11626, 11627; M. I S. 120. P. II S. 1181, 1182 (Bd. I S. 593).

1. Solange die Stiftung nicht existirt, können Rechte für sie nicht begründet werden. Auf die ihr durch das Stiftungsgeschäft zugewandten Rechte erlangte sie aber, sobald sie durch die staatliche Genehmigung zur Entstehung gelangt ist, ipso jure einen Anspruch gegen den Stifter. Die Rechte gehen nicht unmittelbar auf sie über, aber der Stifter ist verpflichtet, sie ihr zu übertragen. Ihr Vermögen besteht also zunächst nur in einer Forderung gegen den Stifter. Eine Ausnahme bestimmt der zweite Satz für solche Rechte, zu deren Uebertragung der Abtretungsvertrag genügt, also für Forderungen (§ 398, vgl. aber auch § 1154) und die im § 413 bezeichnenden Rechte. Diese gehen mit der Entstehung der Stiftung auf sie über, sofern nicht aus dem Stiftungsgeschäfte sich ein anderer Wille des Stifters ergiebt. Abweichend von dem E. I bildet also der Uebergang die Regel und liegt demjenigen, welcher den Uebergang bestreitet, der Beweis ob, daß der Stifter den sofortigen Uebergang nicht gewollt habe.

2. Solange der Stifter nach § 81 nicht gebunden ist, ist er in der Verfügung über die zugesicherten Gegenstände nicht beschränkt und haftet wegen Verschlechterung oder sonstiger Veränderung derselben nicht. Die für bedingte Rechtsgeschäfte geltenden Vorschriften der §§ 160, 161 können keine entsprechende Anwendung finden, weil der Stifter nicht wie der bedingt Verpflichtete gebunden ist. Dagegen sind die nach den §§ 2164—2173 für Vermächtnisse geltenden Auslegungsregeln zur entsprechenden Anwendung geeignet. Die Gründe, welche für diese Auslegungsregeln maßgebend gewesen sind, treffen im Wesentlichen auch für das Stiftungsgeschäft zu. Wie die letztwillige Verfügung, durch die das Vermächtniß angeordnet wird, bis zum Tode des Erblassers von diesem wieder aufgehoben werden kann, so kann auch das Stiftungsgeschäft bis zur Ertheilung der staatlichen Genehmigung von dem Stifter widerrufen werden. Hier wie dort wird, wenn in der Zwischenzeit Aenderungen in Ansehung der zugesicherten oder vermachten Gegenstände eintreten, im Zweifel anzunehmen sein, daß dasjenige, was an Stelle des zugesicherten oder vermachten Gegenstandes in das Vermögen des Stifters oder Erblassers gelangt ist, der Stiftung bez. dem Vermächtnißnehmer zugewandt sein sollte (§§ 2164 Abs. 2, 2169 Abs. 3, 2172 Abs. 2, 2173). Auch die übrigen Vorschriften der gedachten Paragraphen, insbesondere über Zubehör (§ 2164 Abs. 1), über Rechte, mit welchen der vermachte Gegenstand belastet ist (§§ 2164—2168), über das Vermächtniß eines Gegenstandes, der zur Zeit des Erbfalls nicht zur Erbschaft gehört (§§ 2169 Abs. 1, 2170), über Vermächtnisse, die auf eine zur Zeit des Erbfalls unmögliche Leistung gerichtet sind (§§ 2171, 2172 Abs. 1), beruhen auf Gesichtspunkten, die regelmäßig auch bei der Stiftung zutreffen. An die Stelle des Zeitpunkts des Erbfalls tritt der Zeitpunkt der staatlichen Genehmigung, an die Stelle der Erbschaft das Vermögen des Stifters. Im einzelnen Falle wird allerdings immer zu prüfen sein, ob sich aus den Umständen nicht ergiebt, daß die für die gedachten Vorschriften maßgebend gewesenen Gesichtspunkte nicht zutreffen.

Gehen nach § 82 Satz 2 die zugesicherten Rechte mit der Genehmigung ipso jure auf die Stiftung über, so sind die Vorschriften über Vermächtnisse insofern nicht anwendbar, als das Erbrecht ein Vindikationslegat nicht kennt, durch das Vermächtniß vielmehr immer nur eine Forderung begründet wird. Auch in diesem Falle werden indessen die gedachten Vorschriften werthvolle Anhaltspunkte für die Auslegung des Willens des Stifters geben.

Wird die staatliche Genehmigung erst nach dem Tode des Stifters ertheilt, so kommt die besondere Vorschrift des § 84 in Anwendung (s. Erl. zu § 84).

3. In dem § 58 Satz 3 des E. I war bestimmt, daß auf die Gewährleistungspflicht des Stifters die Vorschriften über die Gewährleistungspflicht des Schenkers entsprechende Anwendung finden. Von der zweiten Kommission ist dieser Satz gestrichen, weil die Entscheidung der Frage der Wissenschaft und Praxis überlassen werden solle und die Aufnahme des fraglichen Satzes an dieser Stelle zu einem unrichtigen argumentum a contrario in anderen Fällen wie z. B. bei der Beeinträchtigung eines Erbvertrags oder eines Pflichttheilsrechts durch eine Stiftung Anlaß geben könne. Nach dem unter Nr. 2 Gesagten kommt die entsprechende Anwendung der Vorschriften über die Schenkung erst von dem Zeitpunkt an in Frage, in welchem die staatliche

§. 83.

Besteht das Stiftungsgeschäft in einer Verfügung von Todeswegen, so hat das Nachlaßgericht die Genehmigung einzuholen, sofern sie nicht von dem Erben oder dem Testamentsvollstrecker nachgesucht wird.

Genehmigung erfolgt ist. Mit diesem Zeitpunkt aber entsteht ein dem Schenkungsversprechen bez. im Falle des § 82 Satz 2 der durch Veräußerung vollzogenen Schenkung durchaus entsprechendes Verhältniß, und werden daher in Betreff der Verpflichtung des Stifters, sofern sich nicht aus den Umständen des Falles, insbesondere aus dem Stiftungsgeschäft, ein Anderes ergiebt, die für die Schenkung geltenden Vorschriften der §§ 521—524 entsprechend anzuwenden sein. Der Stifter hat also der Stiftung gegenüber nur Vorsatz und grobe Fahrlässigkeit zu vertreten (§ 521), ist zur Entrichtung von Verzugszinsen nicht verpflichtet (§ 522), haftet wegen eines Mangels im Rechte sowie wegen eines Fehlers der Sache nur in den Fällen und nach Maßgabe der §§ 523 Abs. 2, 524 Abs. 2, im Uebrigen aber nur, wenn er den Mangel oder Fehler arglistig verschwiegen hat (§§ 523 Abs. 1, 524 Abs. 1).

§ 83.

E. I § 59; II § 72 Abs. 1 rev. § 80; III § 80. P. I S. 8911—8917, 11627—11629; M. I S. 120, 121. P. II S. 1169, 1183—1185 (Bd. I S. 586, 587, 594, 595). D. S. 612.

1. Durch den § 83 wird anerkannt, daß das nach § 80 zur Errichtung einer Stiftung erforderliche Stiftungsgeschäft auch in einer Verfügung von Todeswegen bestehen kann. Unter Verfügung von Todeswegen versteht das B.G.B. sowohl die einseitige als die durch Erbvertrag getroffene Verfügung. Wo nur einseitige, nicht aber vertragsmäßige Verfügungen bezeichnet werden sollen, wird der Ausdruck „letztwillige Verfügung" oder „Testament" gebraucht (§ 1937). Hierunter werden auch die in einem Erbvertrag einseitig von dem Erblasser getroffenen Verfügungen (§ 2299), nicht aber die vertragsmäßigen Verfügungen verstanden (s. z. B. die §§ 1777, 1938—1940, 2044, 2048, 2197, 2336). Da der § 83 allgemein von einer Verfügung von Todeswegen spricht, so kann das Stiftungsgeschäft nicht nur in einem Erbvertrage, sondern auch durch einen solchen, also vertragsmäßig bindend vorgenommen werden. Hiermit scheint im Widerspruche zu stehen, daß nach § 2278 Abs. 3 vertragsmäßig andere Verfügungen als Erbeinsetzungen, Vermächtnisse und Auflagen nicht getroffen werden können, das Stiftungsgeschäft also ausgeschlossen zu sein scheint. Der Widerspruch verschwindet indessen, wenn man in der Einsetzung einer erst zu errichtenden Stiftung als Erbe oder in der Zuwendung eines Vermächtnisses an sie nicht zwei verschiedene Rechtsgeschäfte erblickt, durch deren eines die Stiftung errichtet wird, während durch das zweite eine Zuwendung an sie erfolgt, wenn man vielmehr das Ganze als ein einheitliches Rechtsgeschäft auffaßt. Der ganze Nachlaß oder ein Theil desselben wird dem Stiftungszwecke gewidmet, und in dieser Widmung liegt gleichzeitig die Errichtung der Stiftung und die Zuwendung des ganzen Nachlasses oder eines Theiles desselben an sie als Erbe oder Vermächtnißnehmer. Bei dieser Auffassung bildet das Stiftungsgeschäft einen Bestandtheil der Erbeinsetzung oder Vermächtnißanordnung und kann mit und in dieser vertragsmäßig errichtet werden (s. Erl. zu § 81 Nr. 2).

2. Für den Inhalt des durch eine Verfügung von Todeswegen errichteten Stiftungsgeschäfts ist, abgesehen von dem unter Nr. 1 Angeführten, ebenso wie für das Stiftungsgeschäft unter Lebenden zu erfordern, daß der Wille, eine rechtsfähige Stiftung zu errichten, erhellt, der Zweck der Stiftung angegeben und für die Vertretung der Stiftung in genügender Art Sorge getragen ist (s. Erl. zu § 81 Nr. 3). Die Form bestimmt sich, wenn die Errichtung durch letztwillige Verfügung erfolgt, nach den Vorschriften der §§ 2231 ff., wenn sie durch Erbvertrag erfolgt, nach den Vorschriften der §§ 2276 ff. Auch für den Widerruf des Stiftungsgeschäfts durch den Erblasser gelten, je nachdem die Errichtung durch letztwillige Verfügung oder Erbvertrag erfolgt ist, die für die Aufhebung letztwilliger Verfügungen oder die für die Aufhebung eines Erbvertrags geltenden Vorschriften (§§ 2253 ff., 2290 ff.).

3. Die Vorschrift, daß das Nachlaßgericht die Genehmigung einzuholen hat, sofern sie nicht von dem Erben oder dem Testamentsvollstrecker nachgesucht wird, hat lediglich instruktionelle Bedeutung. Die Verfügung von Todeswegen, durch welche eine Stiftung errichtet wird, kann von dem Erben nicht widerrufen werden. Die staatliche Genehmigung kann daher ertheilt werden, ohne daß es eines Antrags oder der Zustimmung des Erben bedarf. Das Gesetz hat nur dafür Sorge zu tragen, daß die staatliche Behörde von der Verfügung zuverlässige Kenntniß erhält und dadurch in die Lage gesetzt wird, sich über die Ertheilung oder Versagung der Genehmigung zu entscheiden. Aus der rechtlichen Stellung des Erben ergiebt sich, daß es zunächst dessen Sache ist, die staatliche Genehmigung zu veranlassen; dasselbe gilt von dem Testamentsvollstrecker, sofern dessen Befugnisse nicht beschränkt sind (§§ 2203 ff.). Ist aber die Stiftung selbst zum

§. 84.

Wird die Stiftung erst nach dem Tode des Stifters genehmigt, so gilt sie für die Zuwendungen des Stifters als schon vor dessen Tode entstanden.

Erben eingesetzt und ein Testamentsvollstrecker nicht vorhanden oder unterläßt der Erbe sowie der Testamentsvollstrecker den Antrag auf staatliche Genehmigung, so hat das Nachlaßgericht oder die landesgesetzlich an dessen Stelle tretende Behörde (Art. 147 d. E.G) die erforderlichen Schritte zu thun. Für die Wirksamkeit der staatlichen Genehmigung ist es gleichgültig, auf welchem Wege dieselbe erwirkt ist.

§ 84.

E. I § 62 Abs. 3; II § 72 rev. § 81; III § 81. P. I S. 8911—8917, 11627—11629, 11904—11911; M. I S. 123, 124. P. II S. 1183, 1184, 8142—8145 (Bd. I S. 594, 595). D. S. 612.

Der § 84 bezieht sich abweichend von dem § 62 Abs. 3 des E. I nicht allein auf Verfügungen von Todeswegen, sondern auch auf Rechtsgeschäfte unter Lebenden.

1. Ist die Stiftung durch Erbeinsetzung errichtet, so würde sie ohne die Vorschrift des § 84 nach den §§ 1923, 2101 nur Nacherbe werden können. Auf Grund des § 84 wird sie, wenn die staatliche Genehmigung später erfolgt, als schon zur Zeit des Erbfalls bestehend angesehen und wird sie daher Erbe. Ist die Stiftung durch Anordnung eines Vermächtnisses errichtet, so würde das Vermächtniß ohne die Vorschrift des § 84 der Stiftung nach den §§ 2178, 2179 erst in dem Zeitpunkt anfallen, in welchem die staatliche Genehmigung erfolgt. Auf Grund des § 84 erfolgt der Anfall schon mit dem Erbfalle.

2. Ist die Stiftung durch Rechtsgeschäft unter Lebenden errichtet, so findet die Vorschrift des § 84 sowohl dann Anwendung, wenn der Stifter der von ihm errichteten Stiftung vor deren staatlicher Genehmigung durch Verfügung von Todeswegen eine Zuwendung macht, als auch dann, wenn es sich lediglich um die durch das Stiftungsgeschäft selbst der Stiftung gemachten Zuwendungen handelt. Im ersteren Falle treten in Betreff der durch die Verfügung von Todeswegen gemachten Zuwendungen die unter Nr. 1 dargelegten Folgen ein. In dem zweiten Falle würden ohne die Vorschrift des § 84 die für bedingte Rechtsgeschäfte geltenden Vorschriften zur entsprechenden Anwendung gelangen. Auf Grund des § 84 gilt, wenn die staatliche Genehmigung nach dem Tode des Erblassers erfolgt, die durch das Stiftungsgeschäft für die Stiftung begründete Forderung gegen den Stifter mit dessen Tode als unbedingt entstanden und sind ferner die durch das Stiftungsgeschäft zugesicherten Rechte, zu deren Uebertragung der Abtretungsvertrag genügt, als schon mit dem Tode des Stifters auf die Stiftung übergegangen anzusehen. Ob bei dem § 84 auch an den Fall gedacht ist, daß der Stifter weder das Gesuch um Ertheilung der staatlichen Genehmigung eingereicht noch das Gericht oder den Notar nach Maßgabe des § 81 Abs. 2 Satz 3 mit der Einreichung des Gesuchs betraut hat, ergeben die Protokolle nicht. Der Erbe des Stifters ist in einem solchen Falle zum Widerrufe des Stiftungsgeschäfts berechtigt und die staatliche Genehmigung kann nur auf seinen Antrag erfolgen (s. Erl. zu § 81 Nr. 6). Es erscheint daher auffallend, wenn trotzdem Rückwirkung der staatlichen Genehmigung auf die Zeit vor dem Tode des Stifters eintreten soll. Der Wortlaut des § 84 schließt jedoch den hier gedachten Fall nicht aus und eine einschränkende Auslegung ist bedenklich. Zwingende Gründe für eine solche bestehen nicht, indem die Auffassung denkbar ist, daß, wenn der Erbe den Antrag auf Genehmigung der Stiftung stellt, die in Folge desselben ertheilte staatliche Genehmigung in ähnlicher Art auf die Zeit vor dem Tode des Erblassers zurückwirken soll, wie nach § 184 die zu einem Rechtsgeschäfte erforderliche Genehmigung eines Dritten auf die Vornahme des Rechtsgeschäfts zurückwirkt. Bei dieser Annahme wird dann aber auch die in dem § 184 bestimmte Einschränkung entsprechende Anwendung finden müssen. Wirksam bleiben daher die Verfügungen, welche der Erbe über die der Stiftung zugewandten Gegenstände vor der Genehmigung getroffen hat oder welche vor diesem Zeitpunkt im Wege der Zwangsvollstreckung oder der Arrestvollziehung oder durch den Konkursverwalter erfolgt sind.

Nicht getroffen durch den § 84 wird der Fall, daß Jemand durch Verfügung von Todeswegen der von einem Anderen errichteten, staatlich noch nicht genehmigten Stiftung eine Zuwendung macht. Hier finden die allgemeinen Grundsätze Anwendung. Ist die Stiftung beim Tode des Erblassers noch nicht genehmigt, so wird sie, wenn diese Genehmigung später erfolgt, in diesem Zeitpunkte, sofern sie zum Erben eingesetzt war, Nacherbe und fällt ihr, wenn ihr ein Vermächtniß zugewandt war, dieses mit der staatlichen Genehmigung an.

3. Wird die staatliche Genehmigung einer durch Verfügung von Todeswegen errichteten Stiftung verweigert, so würde die Anwendung der in der Erl. zu § 81 unter Nr. 7 dargelegten Grundsätze dazu führen, daß der Antrag auf Genehmigung von den dazu nach § 83 Berechtigten von Neuem gestellt werden und die Genehmigung auf Grund eines solchen Antrags erfolgen

§. 85.

Die Verfassung einer Stiftung wird, soweit sie nicht auf Reichs- oder Landesgesetz beruht, durch das Stiftungsgeschäft bestimmt.

§. 86.

Die Vorschriften des §. 26, des §. 27 Abs. 3 und der §§. 28 bis 31, 42 finden auf Stiftungen entsprechende Anwendung, die Vorschriften des §. 27 Abs. 3 und des §. 28 Abs. 1 jedoch nur insoweit, als sich nicht aus der Verfassung, insbesondere daraus, daß die Verwaltung der Stiftung von einer öffentlichen Behörde geführt wird, ein Anderes ergiebt. Die Vorschriften des §. 28 Abs. 2 und des §. 29 finden auf Stiftungen, deren Verwaltung von einer öffentlichen Behörde geführt wird, keine Anwendung.

---

könnte. Im § 62 Abs. 3 des E. I war für die Verfügung von Todeswegen bestimmt, daß diese mit der Versagung der Genehmigung unwirksam werde, während für das Rechtsgeschäft unter Lebenden die Versagung der staatlichen Genehmigung nur das Aufhören der Gebundenheit zur Folge haben sollte. Von der zweiten Kommission ist die gedachte Vorschrift des § 62 Abs. 3 gestrichen. Als Grund für die Streichung ist angegeben (s. P. II S. 1184), daß die Vorschrift selbstverständlich sei und daß die seltenen Fälle, in denen nach erfolgter Versagung nachträglich noch die Genehmigung ertheilt werde, eben wegen ihrer Seltenheit einer Entscheidung nicht bedürften. Ueberwiegende innere Gründe sprechen dafür, die Verfügung von Todeswegen mit der Versagung der staatlichen Genehmigung als definitiv unwirksam geworden und daher einen erneuten Antrag auf Ertheilung der Genehmigung als unzuläßig anzusehen. Die Zulassung einer nachträglichen Genehmigung würde eine unleidliche Unsicherheit der gesammten erbrechtlichen Verhältnisse zur Folge haben. Die Erben können nicht, wie bei einem Stiftungsgeschäft unter Lebenden, die Stiftung widerrufen. Könnte der Antrag auf Genehmigung noch erneuert werden, so würde das Nachlaßgericht einen solchen Antrag noch nach Jahrzehnten stellen können und würde dadurch die rechtliche Stellung der in Folge der verweigerten staatlichen Genehmigung eingetretenen Erben und aller bei der Erbschaft Betheiligten eine dauernd unsichere bleiben. Dies kann nicht als der Absicht des Erblassers entsprechend angesehen werden. Man wird vielmehr nach der Natur der Verfügung von Todeswegen anzunehmen haben, daß die Ertheilung der staatlichen Genehmigung ähnlich wie eine Bedingung zu behandeln ist, daß diese Bedingung mit der Versagung der staatlichen Genehmigung als nicht eingetreten und damit die Verfügung als unwirksam geworden anzusehen ist.

§ 85.

E. I § 60; II § 73 rev. § 82; III § 82. P. I S. 3189—3192, 3194; M. I S. 121. P. II S. 1186, 1187 (Bd. I S. 596). D. S. 612.

Soweit reichsrechtlich keine Vorschriften über die Verfassung der Stiftungen bestehen (s. § 86), bleiben die bisherigen Landesgesetze in dieser Beziehung bestehen und können neue Vorschriften landesgesetzlich gegeben werden. Die Vorschriften dieser Art können nicht nur dispositive, sondern auch zwingende sein, also abweichende Bestimmungen des Stiftungsgeschäfts ausschließen.

§ 86.

E. I § 61; II § 74 rev. § 83; III § 83. P. I S 3189—3192, 3194—3196; M. S. 121. P. II S. 1193—1205, 8394 (Bd. I S. 599—605). D. S. 612. R.B. S. 1947. St.B. S. 2749.

1. Nach § 26 muß die Stiftung einen Vorstand haben und hat dieser die rechtliche Stellung eines gesetzlichen Vertreters der Stiftung. Die Vertretungsmacht kann durch die Satzung, also nach § 85 auch durch die Landesgesetze beschränkt werden.

2. Nach § 27 Abs. 3 finden auf die Geschäftsführung des Vorstandes der Stiftung die Vorschriften der §§ 664—670 entsprechende Anwendung. Auch diese Vorschrift ist nur dispositiver Natur. Eine Abweichung wird sich, wenn die Verwaltung einer öffentlichen Behörde zusteht, häufig daraus ergeben, daß für die Haftung dieser Behörde landesrechtlich andere Vorschriften gelten.

3. Nach § 28 Abs. 1 gelten für die Beschlußfassung des Vorstandes die Vorschriften der §§ 32, 34 und erfolgt dieselbe daher regelmäßig durch Stimmenmehrheit. Eine Aenderung durch die Satzung oder durch Landesgesetz ist zulässig und wird, wenn die Verwaltung einer öffentlichen Behörde zusteht, sich häufig aus den für die Beschlußfassung dieser Behörde geltenden Vorschriften ergeben.

§. 87.

Ist die Erfüllung des Stiftungszwecks unmöglich geworden oder gefährdet sie das Gemeinwohl, so kann die zuständige Behörde der Stiftung eine andere Zweckbestimmung geben oder sie aufheben.

Bei der Umwandlung des Zweckes ist die Absicht des Stifters thunlichst zu berücksichtigen, insbesondere dafür Sorge zu tragen, daß die Erträge des Stiftungsvermögens dem Personenkreise, dem sie zu Statten kommen sollten, im Sinne des Stifters thunlichst erhalten bleiben. Die Behörde kann die Verfassung der Stiftung ändern, soweit die Umwandlung des Zweckes es erfordert.

Vor der Umwandlung des Zweckes und der Aenderung der Verfassung soll der Vorstand der Stiftung gehört werden.

---

4. Nach § 28 Abs. 2 genügt zur Abgabe einer Willenserklärung gegenüber der Stiftung die Abgabe gegenüber einem Mitgliede des Vorstandes. Dies gilt aber nicht, wenn die Verwaltung der Stiftung einer öffentlichen Behörde zusteht, vielmehr sind in solchem Falle die für Willenserklärungen gegenüber dieser Behörde geltenden landesrechtlichen Vorschriften maßgebend.

5. Soweit die erforderlichen Mitglieder des Vorstandes der Stiftung fehlen, sind sie nach Maßgabe des § 29 durch das Amtsgericht zu bestellen. Dies gilt aber nicht, wenn die Verwaltung der Stiftung einer öffentlichen Behörde zusteht, vielmehr entscheiden in solchem Falle über die Ersetzung der fehlenden Mitglieder die Landesgesetze.

6. Durch die Landesgesetze oder die Satzung kann bestimmt werden, daß neben dem Vorstande für gewisse Geschäfte besondere Vertreter der Stiftung nach Maßgabe des § 30 bestellt werden.

7. Die Stiftung ist nach Maßgabe des § 31 für den Schaden verantwortlich, den ein verfassungsmäßiger Vertreter durch eine in Ausführung der ihm zustehenden Verrichtungen begangene, zum Schadensersatze verpflichtende Handlung einem Dritten zufügt. Dies kann durch die Satzung und die Landesgesetze nicht geändert werden.

8. Die Stiftung verliert die Rechtsfähigkeit durch Eröffnung des Konkurses (§ 42 f. auch § 213 der K.O., Art. 4 d. E. zu dem Ges. betr. Aenderungen der K.O. und hört damit auf zu existiren. Dem Vorstande liegen die im § 42 Abs. 2 bezeichneten Verpflichtungen in Betreff des Antrags auf Eröffnung des Konkurses ob. Durch den Verlust des Vermögens erlischt, wenn der Konkurs nicht eröffnet wird, die Stiftung nicht (f. jedoch § 87). Auch diese Vorschriften können durch die Satzung und die Landesgesetze nicht geändert werden.

§ 87.

E. II des E.G. Art. 85. D. S. 612. K.B. S. 1947. St.B. S. 2749.

1. Die Entwürfe I, II und III enthielten keine Vorschriften über das Erlöschen und die Umwandlung der Stiftungen; die Landesgesetze sollten nach Art. 85 des E. II d. E.G. hierüber entscheiden. Auf den Antrag der R.K. ist der Art. 85 vom Reichstage gestrichen und durch die Vorschrift des § 87 ersetzt.

2. Die für die Umwandlung oder Aufhebung der Stiftung zuständige Behörde wird durch die Landesgesetze bestimmt. Nach diesen richtet sich auch das Verfahren und der Zeitpunkt, in welchem die Verfügung der zuständigen Behörde in Wirksamkeit tritt. Ob die in dem § 87 bestimmten Voraussetzungen für die Zulässigkeit der Umwandlung oder Aufhebung vorliegen, ist von der zuständigen Behörde zu entscheiden. Die Wirksamkeit der von ihr getroffenen Verfügung hängt nicht davon ab, ob jene Voraussetzungen wirklich vorliegen. Ist die Verfügung ungerechtfertigt, so kann sie nur durch die landesrechtlich zugelassenen Rechtsmittel angefochten werden.

3. Ob die Erfüllung des Stiftungszwecks als unmöglich geworden anzusehen ist, wenn das Vermögen der Stiftung verloren ging, hängt von den Umständen des Falles ab. Ist gegründete Aussicht auf Wiedererlangung von Vermögen vorhanden, so wird die Unmöglichkeit zu verneinen, anderenfalls zu bejahen sein.

4. Bei der Entscheidung der Frage, ob die Stiftung aufzuheben oder umzuwandeln ist wird hauptsächlich darauf Rücksicht zu nehmen sein, was der muthmaßlichen Absicht des Stifters am meisten entspricht, ob dieser also, wenn er die veränderte Sachlage vorausgesehen hätte, die Stiftung gar nicht errichtet oder andere Bestimmungen als die in dem Stiftungsgeschäfte gegebenen getroffen haben würde. Für die muthmaßliche Absicht des Stifters ist zunächst der Inhalt des Stiftungsgeschäfts maßgebend. Gewährt dies keine genügenden Anhaltspunkte, so sind die gesammten Umstände des Falles zu berücksichtigen.

§. 88.

Mit dem Erlöschen der Stiftung fällt das Vermögen an die in der Verfassung bestimmten Personen. Die Vorschriften der §§. 46 bis 53 finden entsprechende Anwendung.

III. Juristische Personen des öffentlichen Rechtes.

§. 89.

Die Vorschrift des §. 31 findet auf den Fiskus sowie auf die Körperschaften, Stiftungen und Anstalten des öffentlichen Rechtes entsprechende Anwendung.

Das Gleiche gilt, soweit bei Körperschaften, Stiftungen und Anstalten des öffentlichen Rechtes der Konkurs zulässig ist, von der Vorschrift des §. 42 Abs. 2

---

§ 88.

E. I § 61, 62 Abs. 1; II § 75 rev. § 84; III § 84. P. I S. 3189—3192, 3194—3196; M. I S. 124. P. II S. 1205, 1206, 1207 (Bd. I S. 605, 606). D. S. 612. K.B. S. 1947 St.B. S. 2749.

1. Nach Art. 85 des E. II des E.G. sollten die landesgesetzlichen Vorschriften über das Erlöschen einer Stiftung unberührt bleiben. Dieser Artikel ist vom Reichstage gestrichen; es bestimmt sich daher das Erlöschen der Stiftung, soweit nicht besondere Reichsgesetze darüber Vorschriften enthalten, nach dem B.G.B. Da aber in der Verfassung einer Stiftung Bestimmungen über deren Erlöschen getroffen werden können und für die Verfassung einer Stiftung nach § 85 die Landesgesetze maßgebend sind, so kommen in Betreff des Erlöschens der Stiftung trotz der Streichung des Art. 85 des E.G. doch wieder die Landesgesetze zur Anwendung. Das B.G.B. selbst enthält nur zwei Vorschriften über das Erlöschen einer Stiftung: die Vorschrift des durch den § 86 für anwendbar erklärten § 42, nach welcher die Stiftung durch die Eröffnung des Konkurses über deren Vermögen erlischt, und die Vorschrift des § 87 über die Aufhebung einer Stiftung durch die zuständige Behörde.

2. Da die Verfassung einer Stiftung darüber zu entscheiden hat, an welche Personen das Stiftungsvermögen im Falle des Erlöschens der Stiftung fällt, so kommen auch in dieser Beziehung nach § 85 zunächst die Landesgesetze zur Anwendung. Soweit diese zwingende Vorschriften nicht enthalten, entscheidet das Stiftungsgeschäft; durch dieses kann möglicherweise auch bestimmt werden, daß ein Organ der Stiftung den Anfallberechtigten zu bestimmen berechtigt ist. Eine subsidiäre Vorschrift über den Anfallberechtigten enthält das B.G.B. nicht; insbesondere findet auch die Vorschrift des § 45 Abs. 3, nach welcher das Vermögen eines aufgelösten Vereins in Ermangelung einer anderweiten Bestimmung an den Fiskus fällt, keine entsprechende Anwendung. Die Landesgesetze werden daher in dieser Beziehung, soweit erforderlich, Bestimmungen zu treffen haben.

3. Fällt das Vermögen nach der Bestimmung der Verfassung an den Fiskus, so finden nach dem für anwendbar erklärten § 46 die Vorschriften über eine dem Fiskus angefallene Erbschaft entsprechende Anwendung. In allen anderen Fällen muß ein Liquidationsverfahren nach Maßgabe der §§ 47—53 stattfinden (s. Erl. zu §§ 46—53).

III. Juristische Personen des öffentlichen Rechtes.

§ 89.

E. I § 63; II § 77 rev. § 85; III § 85. P. I S. 3185—3188, 3205—3207. P. II S. 1165—1168, 1208—1217, 8394 (Bd. I S. 585, 586, 607—611); M. I S. 124, 125. D. S. 612. K.B. I S. 1947.

1. Die Vorschriften über rechtsfähige Vereine und rechtsfähige Stiftungen finden, abweichend von dem E. I, nach dem B.G.B. auf Vereine und Stiftungen des öffentlichen Rechtes, abgesehen von den in dem § 89 bezeichneten zwei Vorschriften, keine Anwendung. Die öffentlichrechtlichen Vereine werden in dem § 89 als Körperschaften bezeichnet. Neben den Stiftungen werden die Anstalten genannt. Es ist dies mit Rücksicht darauf geschehen, daß bei den öffentlichrechtlichen juristischen Personen nicht selten Zweifel darüber bestehen, ob es sich um eine Körperschaft oder um eine Stiftung handelt (z. B. bei einer Universität), und diese zweifelhaften Gebilde durch den Ausdruck „Anstalten" gedeckt werden sollen. Bei den privatrechtlichen juristischen Personen ist man dagegen davon ausgegangen, daß sich immer werde feststellen lassen, ob ein Verein oder eine Stiftung in Frage stehe. Neben den Körperschaften, Stiftungen und Anstalten ist der Fiskus besonders erwähnt, weil auch in dieser Beziehung Zweifel darüber bestehen, ob der Fiskus unter eine jener Kategorien fällt; unter dem Fiskus ist sowohl der Fiskus der einzelnen Bundesstaaten wie der Reichsfiskus zu verstehen. Welche Körperschaften, Stiftungen und Anstalten als juristische Personen des öffentlichen Rechtes zu betrachten sind, bestimmt sich nach dem öffentlichen Rechte des Bundesstaats, in dem sie bestehen.

Die Grenze zwischen öffentlichrechtlichen und privatrechtlichen juristischen Personen, insbesondere zwischen öffentlichrechtlichen und privatrechtlichen Stiftungen, wird bisweilen zweifelhaft sein. Es ist davon auszugehen, daß eine privatrechtliche Stiftung jede Stiftung ist, welche auf einem Privatrechtsgeschäfte beruht, es müßte denn sein, daß sie nach ihrer besonderen Beschaffenheit dem Organismus des Staates oder der Kirche dergestalt eingefügt ist, daß sie aus diesem Grunde unter die Kategorie der öffentlichrechtlichen Stiftungen fällt (P. II S. 1168). Die durch einen Staatsakt begründeten Stiftungen sind dagegen immer als öffentlichrechtliche zu betrachten.

2. Die entsprechende Anwendung des § 31 auf die öffentlichrechtlichen juristischen Personen führt dahin, daß die juristische Person für denjenigen Schaden verantwortlich ist, welchen ein Mitglied des Vorstandes oder ein sonstiger verfassungsmäßiger Vertreter durch eine in Ausführung der ihm zustehenden privatrechtlichen Verrichtungen begangene, zum Schadensersatze verpflichtende Handlung einem Dritten zufügt. Auf Handlungen, die ein Vertreter oder Beamter der juristischen Person in Ausübung der ihm anvertrauten öffentlichen Gewalt vorgenommen hat, findet die Vorschrift keine Anwendung. Wegen solcher Handlung haftet der Beamte persönlich nach Maßgabe der §§ 839 ff., während in Betreff der Haftung des Staates sowie einer sonstigen juristischen Person des öffentlichen Rechtes nach Art. 77 des E.G. die Landesgesetze entscheiden (vergl. jedoch § 12 der G.B.O.).

3. Nach dem § 213 der K.O. finden auf den Konkurs über das Vermögen einer juristischen Person die Vorschriften der §§ 207, 208 der K.O. entsprechende Anwendung. Nach Art. IV des E.G. zu dem Ges. betr. Aenderungen der K.O. bleiben indessen unberührt die landesgesetzlichen Vorschriften, welche die Zulässigkeit des Konkursverfahrens über das Vermögen der im § 15 Nr. 3 des E.G. zur C.P.O. bezeichneten juristischen Personen beschränken oder ausschließen. Bezeichnet in dem § 15 Nr. 3 (neue Fassung) sind der Fiskus, eine Körperschaft, Stiftung oder Anstalt des öffentlichen Rechtes oder eine unter der Verwaltung einer öffentlichen Behörde stehende Körperschaft oder Stiftung. Soweit nach diesen Vorschriften der Konkurs über das Vermögen einer juristischen Person des öffentlichen Rechtes zulässig ist, sind die Mitglieder des Vorstandes nach Maßgabe des § 42 Abs. 2 im Falle der Ueberschuldung die Eröffnung des Konkurses zu beantragen verpflichtet und haften wegen Verzögerung des Antrags, wenn ihnen ein Verschulden zur Last fällt, den Gläubigern als Gesammtschuldner.

Zweiter Abschnitt.
Sachen.

Zweiter Abschnitt.
Sachen.

1. In den §§ 90—92 werden die Ausdrücke „Sache", „vertretbare Sachen", „verbrauchbare Sachen" definirt. Die §§ 93—96 handeln von den Bestandtheilen einer Sache und von deren Unterscheidung in wesentliche und nicht wesentliche Bestandtheile, die §§ 97, 98 von dem Zubehör einer Sache. In den §§ 99, 100 wird der Begriff der Früchte und Nutzungen bestimmt. Der § 101 enthält Vorschriften über die Theilung der Früchte zwischen mehreren aufeinanderfolgenden Berechtigten, der § 102 über den Ersatz der auf die Gewinnung der Früchte gemachten Verwendungen, der § 103 über die Tragung der Lasten einer Sache durch mehrere aufeinanderfolgende Berechtigte.

2. Der Ausdruck „Gegenstand" bezeichnet nach dem B.G.B. sowohl Sachen als Rechte, der Ausdruck „Sache" nur einen körperlichen Gegenstand d. h. ein Stück der unfreien Natur; der lebende Mensch und daher auch sein Körper sind keine Sachen. Rechte an Sachen sind demgemäß nur Rechte an körperlichen Gegenständen, nicht Rechte an Rechten. In dem das Sachenrecht betreffenden dritten Buche des B.G.B. werden indessen neben den Rechten an Sachen auch der Nießbrauch und das Pfandrecht an Rechten behandelt (§§ 1068 ff. 1273 ff.). Es ist dies geschehen, weil auf diese Rechtsverhältnisse ein großer Theil der Vorschriften über den Nießbrauch und das Pfandrecht an Sachen entsprechende Anwendung findet. Auch in einzelnen sonstigen Beziehungen gelten gewisse für Sachen gegebene Vorschriften auch für Rechte. So gelten die mit einem Grundstücke verbundenen Rechte nach § 96 als Bestandtheile des Grundstücks und gelten für das Erbbaurecht nach § 1017 die auf Grundstücke sich beziehenden Vorschriften (s. auch Art. 63, 68 des E.G.).

3. Welche Stücke der unfreien Natur als Einzelsachen zu betrachten sind, bestimmt sich nach der Verkehrsauffassung. Nicht erforderlich ist ein völlig einheitliches und untheilbares Stück. In diesem Sinne würden nur die Atome Einzelsachen sein. Jeder nach der Auffassung des Verkehrs als Einzelsache betrachteter körperlicher Gegenstand ist aus Theilen zusammengesetzt; aber diese Theile werden als ein Ganzes aufgefaßt und deshalb als eine Sache behandelt. Nicht allein aber diese Auffassung des Verkehrs, sondern innerhalb gewisser Schranken auch die Bestimmung der Betheiligten ist maßgebend dafür, ob ein körperlicher Gegenstand als Einzelsache zu behandeln ist. Am schärfsten tritt dies bei Grundstücken hervor. Die Bestimmung der räumlichen Grenzen auf der Erdoberfläche, welche das eine Grundstück von dem anderen scheiden, ist willkürlich. Durch die Einrichtung der Grundbücher wird hier eine feste Grundlage geschaffen. Auch bei beweglichen Sachen hat die Willkür der Betheiligten Spielraum. Ein Faß Wein kann als eine Sache behandelt werden; möglich ist aber auch, daß das Faß und der Wein als zwei verschiedene Sachen den Gegenstand verschiedener Rechte bilden. Bei flüssigen und gasförmigen Körpern bildet die Einschließung einer Quantität solcher Körper in ein Behältniß die Voraussetzung für die Behandlung dieser Quantität als Einzelsache. Bei festen Körpern wird regelmäßig körperlicher Zusammenhang vorausgesetzt, um eine Einzelsache annehmen zu können; jedoch gilt auch dies nicht unbedingt, nämlich dann nicht, wenn die einzelnen, nicht zusammenhängenden Stücke im Verkehr überhaupt nicht als selbständige Sachen in Frage kommen, so z. B. bei einem Haufen Sand oder Getreide. Hier wird, ähnlich wie bei Flüssigkeiten, eine bestimmte abgegrenzte Quantität solcher Stücke als Einzelsache betrachtet.

Das Verhältniß, in welchem die Bestandtheile einer Sache zu dieser und unter sich stehen, kann ein verschiedenes sein. Sie bleiben entweder trotz ihrer Verbindung zu einer Sache doch auch noch selbständige Sachen und können als solche Gegenstand besonderer Rechte sein oder sie gehen so vollständig in der von ihnen gebildeten Sache auf, daß sie ihre Selbständigkeit verlieren und nicht mehr Gegenstand besonderer Rechte sein können (s. Erl. zu § 93).

4. Das B.G.B. behandelt eine Sachgesammtheit d. h. eine Mehrheit einzelner Sachen, die im Verkehr als selbständige Sachen behandelt werden, die aber durch einen gemeinsamen Zweck zu einem Ganzen verbunden sind, z. B. eine Heerde, eine Bibliothek, nicht in der Art als Einzelsache, daß auf sie als Ganzes die Vorschriften über Sachen Anwendung fänden. Nur die einzelnen, die Sachgesammtheit bildenden Sachen können Gegenstand der Rechte an Sachen sein. Nichtsdestoweniger kann eine Sachgesammtheit sowohl in obligatorischen wie in sonstigen Rechtsverhältnissen von rechtlicher Bedeutung sein. Eine solche wird auch von dem B.G.B. in verschiedenen Beziehungen anerkannt, so z. B. für ein Waarenlager (§ 92), für einen Nießbrauch an einem Inbegriffe von Sachen (§ 1035), für das Inventar eines Grundstücks (§§ 588, 589, 1048).

§. 90.

Sachen im Sinne des Gesetzes sind nur körperliche Gegenstände.

§. 91.

Vertretbare Sachen im Sinne des Gesetzes sind bewegliche Sachen, die im Verkehre nach Zahl, Maß oder Gewicht bestimmt zu werden pflegen.

§. 92.

Verbrauchbare Sachen im Sinne des Gesetzes sind bewegliche Sachen, deren bestimmungsmäßiger Gebrauch in dem Verbrauch oder in der Veräußerung besteht.

Als verbrauchbar gelten auch bewegliche Sachen, die zu einem Waarenlager oder zu einem sonstigen Sachinbegriffe gehören, dessen bestimmungsmäßiger Gebrauch in der Veräußerung der einzelnen Sachen besteht.

---

5. Das B.G.B. unterscheidet nicht wie § 781 des E. I zwischen unbeweglichen und beweglichen Sachen, sondern zwischen Grundstücken und beweglichen Sachen. Für jede dieser Arten von Sachen gelten besondere Vorschriften (s. Buch III). Ob außer dem Erbbaurechte (§ 1017) noch andere der durch das E.G. den Landesgesetzen vorbehaltenen Materien angehörenden Rechte den für Grundstücke geltenden Vorschriften unterliegen und demgemäß ein Blatt im Grundbuch erhalten können, ist durch die Landesgesetze bez. die Grundbuchordnung zu bestimmen.

6. Nicht einen Inbegriff von Sachen, sondern einen Inbegriff von Rechten bildet das Vermögen des Menschen. Die Vorschriften über Sachen finden darauf keine Anwendung; wohl aber kommt es in verschiedenen anderen Beziehungen rechtlich in Betracht, s. z. B. die §§ 311, 312 und die Vorschriften über die Erbschaft (§§ 1922, 2019 ff.). Besondere Vorschriften gelten auch für verschiedene Vermögensinbegriffe, die durch andere Merkmale als dadurch, daß sie das Vermögen eines Menschen bilden, bestimmt werden, so z. B. für das Gesellschaftsvermögen (§ 718), das einem Nießbrauch unterliegende Vermögen (§§ 1085 ff.), das eingebrachte und vorbehaltene Vermögen der Ehefrau (§§ 1363, 1365 ff.), das Gesammtgut bei der allgemeinen Gütergemeinschaft (§ 1438), das freie und nicht freie Vermögen des unter elterlicher Gewalt stehenden Kindes (§§ 1638, 1650).

Bewegliches und unbewegliches Vermögen sind nach dem B.G.B. keine Begriffe von allgemeiner Bedeutung. Wo diese Ausdrücke gebraucht werden, wird bestimmt, welche Rechte bei dem in Betracht kommenden Rechtsverhältnisse zu der einen oder anderen Kategorie gehören, so z. B. bei der Fahrnißgemeinschaft in dem § 1551.

§ 90.

E. I § 778; II § 77a rev. § 86; III § 86. P. I S. 3299—3301; M. III S. 32, 33. P. II S. 3275—3277.

S. die Vorbm. S. 127 unter Nr. 2, 3.

§ 91.

E. I § 779; II § 77b rev. § 87; III § 87. P. I S. 3375, 6274; M. III S. 33. P. II S. 3277.

Entscheidend für den Begriff der vertretbaren Sachen ist, daß sie im Verkehre nach Zahl, Maß oder Gewicht bestimmt zu werden pflegen; Sachen, die diese Eigenschaft nicht haben, werden dadurch nicht vertretbar, daß sie in einem einzelnen Falle nach Zahl, Maß oder Gewicht bestimmt werden, so z. B. wenn ein Rechtsgeschäft über eine Sache vorgenommen wird, die nur der Gattung nach bestimmt wird (s. z. B. §§ 243, 279). Von vertretbaren Sachen handeln z. B. die §§ 473, 607, 700, 706, 783; s. auch die §§ 592, 688, 884 der C.P.O. Die praktisch wichtigste vertretbare Sache ist Geld.

§ 92.

E. I § 780; II § 77c rev. § 88; III § 88. P. I S. 4652, 4653, 4655—4658; M. III S. 34—36. P. II S. 3278.

1. Entscheidend für den Begriff der verbrauchbaren Sachen ist, daß der bestimmungsmäßige Gebrauch in dem Verbrauch oder in der Veräußerung besteht d. h. daß die Sachen im Verkehr in dieser Art gebraucht zu werden pflegen. Verbraucht wird mit der Zeit jede bewegliche Sache in Folge der durch den Gebrauch eintretenden Abnutzung; bei den nicht verbrauchbaren Sachen ist dieser Verbrauch aber nicht die Bestimmung der Sache, sondern eine unerwünschte Folge der Benutzung. Zu den Sachen, deren bestimmungsmäßiger Gebrauch in dem

§. 93.

Bestandtheile einer Sache, die von einander nicht getrennt werden können, ohne daß der eine oder der andere zerstört oder in seinem Wesen verändert wird (wesentliche Bestandtheile), können nicht Gegenstand besonderer Rechte sein.

Verbrauche besteht, gehören z. B. Lebensmittel, Brennholz ꝛc. zu den Sachen, deren bestimmungsmäßiger Gebrauch in der Veräußerung besteht, insbesondere Geld, Banknoten und ähnliche Inhaberpapiere.

Von der Regel, daß die Verkehrssitte darüber entscheidet, ob der bestimmungsmäßige Gebrauch in dem Verbrauch oder der Veräußerung besteht, macht der zweite Absatz des § 92 eine Ausnahme. Die hier erwähnten Sachinbegriffe erhalten erst durch den Eigenthümer die Bestimmung, durch Veräußerung gebraucht zu werden. Erforderlich ist indessen auch hier, daß diese Bestimmung objektiv in die äußere Erscheinung tritt; der Fall eines Waarenlagers, bei welchem dies klar hervortritt, ist deshalb in dem zweiten Absatze besonders hervorgehoben.

Verbrauchbare Sachen können auch vertretbare sein, z. B. Geld, sind es aber keineswegs immer.

2. Von praktischer Bedeutung ist der Begriff der verbrauchbaren Sachen insbesondere in solchen Fällen, in welchen Eigenthum und Nutzungsrecht verschiedenen Personen zustehen. Die dem Nutzungsberechtigten regelmäßig obliegende Verpflichtung, die seiner Nutzung unterliegende Sache nach Beendigung seines Rechtes zurückzugewähren, ist bei verbrauchbaren Sachen unmöglich. Hier muß also ein Surrogat geschaffen werden, welches regelmäßig darin gefunden wird, daß an die Stelle der Verpflichtung zur Rückgewähr die Verpflichtung zum Ersatz in Geld tritt, so z. B. beim Nießbrauche (§§ 1067, 1075, 1084, 1086), beim gesetzlichen Güterrecht (§ 1377); s. auch die §§ 706, 1376, 1392, 1411, 1540.

§ 93.

E. I § 782; II § 77d rev. § 89; III § 89. P. I S. 3316—3321; M. III S. 40—42. P. II S. 3281—3285.

1. Der Ausdruck „wesentliche" Bestandtheile ist für das, was damit gesagt werden soll, wenig bezeichnend. Es soll dadurch nicht ausgedrückt werden, daß die Bestandtheile zum Wesen der Sache, welche sie bilden, erforderlich sind, sondern daß das Recht sie nur noch als Bestandtheile, in keiner Beziehung aber als selbständige Sachen behandelt. Der sich hieraus ergebende Rechtssatz, daß wesentliche Bestandtheile nicht Gegenstand besonderer Rechte sein können, hat zur Folge, daß solche Bestandtheile nicht gesondert, sondern nur in und mit der Sache, die sie bilden, übertragen werden können und daß ebenso nur an der ganzen Sache, nicht an den einzelnen Bestandtheilen ein dingliches Recht bestellt werden kann. Es folgt daraus ferner, daß das Rechtsverhältniß selbständiger Sachen, wenn sie als wesentliche Bestandtheile mit einer anderen verbunden werden, eine Aenderung erfahren muß, durch welche dem Grundsatze, daß besondere Rechte an ihnen nicht mehr möglich sind, Genüge geschieht. Das B.G.B. schlägt zu diesem Zwecke zwei Wege ein. Entweder geht das Eigenthum der „Bestandtheil" gewordenen Sache auf den Eigenthümer der anderen Sache, deren Bestandtheil die erstere Sache geworden ist, über und erlöschen alle an ihr bestehenden dinglichen Rechte — dies ist der Fall, wenn die eine Sache als die Hauptsache angesehen wird — oder die bisherigen Eigenthümer der beiden zu Bestandtheilen einer Sache verbundenen Sachen werden Miteigenthümer der neuen Sache und die an den beiden Sachen bisher bestandenen dinglichen Rechte verwandeln sich in Rechte an dem Antheile der Miteigenthümer der neuen Sache (§§ 946 ff.). Wer durch diese Rechtsänderung einen Verlust erleidet, wird regelmäßig durch einen Anspruch in Geld entschädigt (§ 951). In gewissen Fällen gewährt das B.G.B. den Betheiligten auch das Recht, die verbundene Sache wieder zu trennen und sich anzueignen (§§ 547 Abs. 2, 951, 997, vgl. auch § 258). Auch bleiben die Vorschriften über Schadensersatz wegen unerlaubter Handlungen unberührt und kann nach diesen, wenn die Verbindung durch eine unerlaubte Handlung erfolgt ist, der Verletzte unter den Voraussetzungen und nach Maßgabe der §§ 249—251 die Wiederherstellung des früheren Zustandes fordern. Aus den angeführten Grundsätzen folgt, daß, wenn die verbundenen Sachen später wieder getrennt werden, nicht das frühere Rechtsverhältniß wieder eintritt, daß sie vielmehr auch dann nur als getrennte Bestandtheile der durch ihre Verbindung entstandenen neuen Sache in Betracht kommen, der Eigenthümer dieser also das Eigenthum an ihnen erwirbt (§ 953). Der auf Grund einer unerlaubten Handlung zur Wiederherstellung des früheren Zustandes Verpflichtete ist daher nicht nur zur Trennung der verbundenen Sachen, sondern auch zur Uebertragung des Eigenthums an der dem Berechtigten durch die Verbindung entzogenen und durch die Trennung wieder selbständig gewordenen Sache verpflichtet. Ueber Modifikationen des Grundsatzes, daß der Eigenthümer einer Sache im Falle der Abtrennung von Bestandtheilen diese erwirbt, s. Erl. zu § 94.

§. 94.

Zu den wesentlichen Bestandtheilen eines Grundstücks gehören die mit dem Grund und Boden fest verbundenen Sachen, insbesondere Gebäude, sowie die Erzeugnisse des Grundstücks, solange sie mit dem Boden zusammenhängen. Samen

---

Aus dem für die wesentlichen Bestandtheile geltenden Grundsatze folgt nicht, daß ein Vertrag, durch welchen sich der Eigenthümer verpflichtet, wesentliche Bestandtheile abzulösen und sodann das Eigentum daran einem Anderen zu übertragen, unzulässig ist. Unter den besonderen Rechten, von denen der § 93 spricht, sind nur die Rechte an Sachen, also die dinglichen Rechte, nicht obligatorische Ansprüche, zu verstehen. Demgemäß kann auch z. B. ein Theil eines Gebäudes, welcher wesentlicher Bestandtheil desselben ist, vermiethet werden. Auch der Besitz an solchen Theilen eines Gebäudes ist möglich (§ 865).

2. Auch die nicht wesentlichen Bestandtheile theilen zwar im Allgemeinen das rechtliche Schicksal der Sache, deren Bestandtheile sie sind. Da aber besondere Rechte an ihnen möglich sind, so kann hier jener Grundsatz nur dann vollständig durchgeführt werden, wenn im einzelnen Falle besondere Rechte nicht bestehen. Durch die Uebertragung des Eigenthums der Sache wird das Eigenthum an den nicht wesentlichen Bestandtheilen nicht übertragen, wenn sie im Eigenthum eines Anderen als des Uebertragenden stehen; ebenso berührt die Belastung der Sache mit einem Rechte diejenigen Bestandtheile nicht, über welche der Belastende zu verfügen nicht berechtigt war. Ist ein Bestandtheil mit dem Rechte eines Anderen belastet, so geht dieses einem später an der ganzen Sache begründeten Rechte vor. (Ueber die Modifikationen, welche diese Sätze infolge des Erwerbes in gutem Glauben erleiden, s. §§ 892, 932 ff.) Wird eine Sache als nicht wesentlicher Bestandtheil mit einer anderen verbunden, so bleiben die bisher an ihr begründeten Rechte unverändert und kann von dem Berechtigten die Trennung verlangt werden. Die rechtsgeschäftliche Verpflichtung zur Veräußerung einer Sache bezieht sich zwar auf alle Bestandtheile derselben; soweit aber ein Bestandtheil nicht im Eigenthume des Verpflichteten stand, kommen die Vorschriften über die Verpflichtung zur Uebertragung einer fremden Sache zur Anwendung.

3. Die Unterscheidung zwischen wesentlichen und nicht wesentlichen Bestandtheilen beruht nicht auf Rechtsgründen, sondern auf wirthschaftlichen Rücksichten. Durch den Grundsatz, daß wesentliche Bestandtheile nicht Gegenstand besonderer Rechte sein können, soll der nutzlosen Zerstörung wirthschaftlicher Werthe vorgebeugt werden. Dieser Zweck der Vorschrift wird bei der Auslegung der Voraussetzungen, unter welchen ein Bestandtheil ein wesentlicher ist, mit berücksichtigt werden müssen. Keine Schwierigkeit bietet die Voraussetzung, daß der Bestandtheil durch die Trennung zerstört werden würde. Zu Zweifeln aber giebt die andere Voraussetzung, daß der Bestandtheil in seinem Wesen verändert werden würde, Anlaß. Soweit es sich um Sachen handelt, die eine natürliche Einheit bilden, z. B. Thiere oder Pflanzen, werden alle Bestandtheile als wesentliche zu betrachten sein. Bei den zusammengesetzten Sachen dagegen wird in jedem einzelnen Falle zu prüfen sein, ob die Bestandtheile durch die Trennung wirthschaftlich wesentlich etwas Anderes werden. Ueber die Verbindung von beweglichen Sachen mit Grundstücken s. Erl. zu § 94. Ob Bestandtheile beweglicher Sachen wesentliche sind, läßt sich nach dem hervorgehobenen Gesichtspunkte nur aus den einzelnen Umständen des Falles entscheiden. Die Verminderung des Werthes der getrennten Bestandtheile, gegenüber dem Werthe des Ganzen, ist dabei von wesentlicher Bedeutung, aber nicht allein entscheidend; insbesondere wird eine nur unerhebliche Minderung des Werthes nicht in Betracht zu ziehen sein. Neben dem Gesichtspunkte, daß die Zerstörung wirthschaftlicher Werthe im allgemeinen Interesse vermieden werden soll, darf auch die Erwägung nicht außer Acht gelassen werden, daß der Verlust des Eigenthums einer Sache durch die ohne den Willen des Eigenthümers erfolgende Verbindung derselben mit einer anderen Sache dem bisherigen Eigenthümer nicht selten einen Schaden zufügt, der durch den Anspruch auf Werthersatz nicht ausgeglichen wird. Beispiele: Das Faß oder die Flasche und der darin enthaltene Wein sind nicht wesentliche Bestandtheile, ebenso nicht eine Topfpflanze und der Topf, in welchem sie steht, oder der Stock, an den sie gebunden ist. Wesentliche Bestandtheile sind dagegen das Buch und der Einband. Ob ein Bild oder Spiegel und dessen Rahmen, ein Edelstein und dessen Fassung wesentliche oder unwesentliche Bestandtheile sind, hängt von der Beschaffenheit dieser Gegenstände und der Art ihrer Verbindung ab.

§ 94.

E. I §§ 783, 784; II § 77e rev. §. 90; III § 90. P. I S. 3323—3328, 3329; M. III S. 42—47. P. II S. 3287—3293.

1. Die Vorschriften des § 94 sind nicht als eine Erläuterung des § 93 zu betrachten. Es handelt sich vielmehr um selbständige Vorschriften, nach denen gewisse Bestandtheile,

wird mit dem Aussäen, eine Pflanze wird mit dem Einpflanzen wesentlicher Bestandtheil des Grundstücks.

Zu den wesentlichen Bestandtheilen eines Gebäudes gehören die zur Herstellung des Gebäudes eingefügten Sachen.

---

mögen die Voraussetzungen des § 93 bei ihnen zutreffen oder nicht, als wesentliche Bestandtheile gelten sollen.

2. Die Abgrenzung eines Grundstücks gegen andere Grundstücke macht das abgegrenzte Grundstück nicht in der Art zu einem einheitlichen, daß alle Theile wesentliche Bestandtheile wären. In dem § 787 des E. I Abs. 1 war bestimmt, daß jedes Grundstück, welches eine Nummer im Flurbuche hat, ein einheitliches Grundstück sei. Damit sollte indessen nicht ausgedrückt werden, daß alle Theile des Grundstücks wesentliche Bestandtheile seien. Der Abs. 1 ist von der zweiten Kommission gestrichen, der Abs. 2 in veränderter Fassung in den § 890 des B.G.B. aufgenommen. Auch in diesem aber wird nur bestimmt, daß ein Grundstück durch die im Grundbuch erfolgende Zuschreibung zu einem anderen Grundstücke Bestandtheil, nicht daß es wesentlicher Bestandtheil des anderen Grundstücks werde (s. G.B.O. §§ 4—6 und Erl. zu § 890).

3. Der § 786 des E. I bestimmte, daß Erdkörper, welche von einem Grundstück auf ein anderes durch Naturereignisse übertragen seien, unter den in dem Paragraphen bestimmten Voraussetzungen wesentliche Bestandtheile des anderen Grundstücks werden. Dieser Paragraph ist von der zweiten Kommission gestrichen, indem man davon ausging, daß für die Fälle der Anlandung und Anschwemmung nach Art. 65, 66 des E.G. die Landesgesetze die Entscheidung zu treffen haben, daß aber die außerdem noch in Betracht kommenden Fälle eines Bergsturzes so selten seien, daß es desfalls einer besonderen Vorschrift nicht bedürfe. Kommt ein solcher Fall vor, so wird der auf- oder angelagerte Erdkörper nach Maßgabe des § 93 so lange nicht als wesentlicher Bestandtheil zu betrachten sein, als er oder das Grundstück durch die Trennung nicht in ihrem Wesen geändert werden. Eine solche Aenderung wird regelmäßig anzunehmen sein, wenn der Erdkörper mit dem Grundstücke verwachsen ist.

4. Ob Sachen mit dem Grund und Boden fest verbunden sind, ist eine Thatfrage, die unter Berücksichtigung der Auffassung des Lebens zu entscheiden ist. Eine Fahnenstange z. B. wird als fest verbunden anzusehen sein, nicht aber Bohnen- oder Hopfenstangen. Auch für Gebäude gilt die Voraussetzung, daß sie mit dem Grund und Boden fest verbunden sein müssen; sie wird aber bei ihnen regelmäßig zutreffen. Ueber Ausnahmen s. § 95.

5. Abweichend von verschiedenen anderen Gesetzgebungen, insbesondere dem preuß. A.L.R., bestimmt der § 94, daß Erzeugnisse, so lange sie mit dem Boden verbunden sind, wesentliche Bestandtheile des Grundstücks sind. Ausgeschlossen ist dadurch die Auffassung, daß sie schon mit ihrer Entstehung in dem Eigenthume desjenigen stehen, welcher sie auf Grund eines Nutzungsrechts zu beziehen berechtigt ist. Den mit einer solchen Gestaltung verfolgten Zweck erreicht das B.G.B. im Wesentlichen durch die Vorschriften der §§ 953 ff. auf einem anderen Wege, welcher die jener Gestaltung entgegenstehenden Bedenken beseitigt (s. Erl. zu den §§ 953 ff., Jacubezky S. 239 ff.). In der Vorschrift, daß Samen mit dem Aussäen, Pflanzen mit der Einpflanzung ohne Rücksicht darauf wesentliche Bestandtheile werden, ob der Same oder die Pflanzen Wurzeln geschlagen haben, liegt eine Abweichung von dem Prinzipe des § 93, die sich durch die Rücksicht auf die Praktikabilität des Rechtes rechtfertigt. Der E. I hatte für Pflanzen das Erforderniß des Wurzelschlagens festgehalten.

Aus diesen Grundsätzen ergiebt sich, daß die rechtsgeschäftliche Uebertragung des Eigenthums an Früchten auf dem Halme oder an einem stehenden Walde sowie die Begründung eines dinglichen Rechtes daran nicht möglich ist. Durch obligatorisches Rechtsgeschäft kann aber der Eigenthümer verpflichtet werden, die Trennung zu gestatten, und der Berechtigte erwirbt, wenn die Gestattung erfolgt ist, nach Maßgabe des § 956 das Eigenthum der Erzeugnisse mit der Besitzergreifung und, wenn der Besitz des Grundstücks ihm überlassen ist, mit der Trennung.

Die Vorschrift des § 810 der C.P.O. über die Pfändung der Früchte auf dem Halme wird durch die Vorschriften des § 94 nicht berührt.

Die im § 95 bestimmten Ausnahmen gelten auch für Erzeugnisse.

6. Wesentliche Bestandtheile eines Gebäudes sind nicht nur die Baumaterialien, sondern alle zur Herstellung des Gebäudes eingefügten Sachen. Bei der Frage, was zur Herstellung des Gebäudes eingefügt ist, kommt es darauf an, wie das Gebäude als ein wirthschaftlich Ganzes gedacht, insbesondere was sein Zweck ist. Sachen, die nicht zur Herstellung des Gebäudes in diesem Sinne, sondern für den persönlichen Gebrauch desjenigen eingefügt sind, der das Gebäude zeitweilig benutzt, gelten nicht als wesentliche Bestandtheile. Auf die Art der

§. 95.

Zu den Bestandtheilen eines Grundstücks gehören solche Sachen nicht, die nur zu einem vorübergehenden Zwecke mit dem Grund und Boden verbunden sind. Das Gleiche gilt von einem Gebäude oder anderen Werke, das in Ausübung eines Rechtes an einem fremden Grundstücke von dem Berechtigten mit dem Grundstücke verbunden worden ist.

Sachen, die nur zu einem vorübergehenden Zwecke in ein Gebäude eingefügt sind, gehören nicht zu den Bestandtheilen des Gebäudes.

Einfügung kommt es nicht an. Auch Fenster und Thüren, die ausgenommen werden können, sind in das Gebäude eingefügt und bleiben wesentliche Bestandtheile, wenn sie auch vorübergehend von dem Gebäude getrennt sind. In irgend welcher Art eingefügt müssen aber die Sachen sein; daher werden die Schlüssel zu den Thüren, weil sie überhaupt nicht eingefügt sind, nicht als wesentliche Bestandtheile zu betrachten sein, sie sind Zubehör (s. § 97. Anderer Ansicht Jacubezky S. 188). Ueber Modifikationen s. § 95 Abs. 2.

7. Das nach den Vorschriften des § 94 ausgeschlossene Eigenthum an einzelnen Theilen eines Gebäudes, das sog. Stockwerkseigenthum, bleibt nach Art. 182 des E.G., soweit es zur Zeit des Inkrafttretens des B.G.B. noch besteht, auch ferner in Kraft. Dasselbe gilt nach Art. 181 Abs. 2 des E.G. von dem Sondereigenthum an stehenden Erzeugnissen, insbesondere an Bäumen.

§ 95.

E. I § 783 Abs. 2, § 785; II § 77 f rev. § 91; III § 91. P. I S. 3323—3330, 4338, 4339, 5033, 5034; M. III S. 43, 44, 47, 48. P. II S. 3287, 3288, 3292—3298, 8351.

1. Der § 95 verneint für die in ihm bezeichneten Sachen nicht nur die Eigenschaft als wesentliche Bestandtheile, sondern überhaupt als Bestandtheile. Die Vorschriften erscheinen äußerlich als Ausnahmen von den Vorschriften der §§ 93, 94, sind aber, wenigstens zum Theil, Konsequenzen des den Vorschriften über wesentliche Bestandtheile zu Grunde liegenden Gedankens.

2. Bei den nur zu einem vorübergehenden Zwecke mit dem Grund und Boden verbundenen Sachen wird das in § 93 bestimmte Erforderniß eines wesentlichen Bestandtheils wohl niemals zutreffen, weil der vorübergehende Zweck eine Verbindung, wie sie in dem § 93 vorausgesetzt wird, ausschließt. Gegenüber der Vorschrift des § 94 Abs. 1 aber enthält der § 95 Satz 1 eine Ausnahme, durch welche der § 94 auf das richtige Maß zurückgeführt wird. Nach § 785 des E. I sollten nur solche Sachen nicht als Bestandtheile gelten, deren Verbindung mit dem Grundstücke von einem Anderen als dem Eigenthümer befugter Weise bewirkt ist. Von der zweiten Kommission wurde das Erforderniß, daß die Verbindung befugter Weise und daß sie von einem Anderen als dem Eigenthümer bewirkt sei, aufgegeben. Es kommt also lediglich darauf an, ob die Verbindung nur zu einem vorübergehenden Zwecke erfolgt ist. Die Sache wird nicht Bestandtheil, eben weil sie nur vorübergehend mit dem Grundstücke verbunden ist. In welchen Fällen ein nur vorübergehender Zweck anzunehmen ist, muß nach den Umständen des einzelnen Falles beurtheilt werden. Gebäude, die auf einem Grundstück errichtet sind, um provisorisch bis zur Fertigstellung des für das Grundstück bestimmten definitiven Gebäudes benutzt zu werden, Gebäude zu einer vorübergehenden Schaustellung u. dgl. gehören zu den nur zu einem vorübergehenden Zwecke mit dem Grundstücke verbundenen Sachen, mögen sie von dem Eigenthümer selbst oder einem Miether des Grundstücks oder von einem unberechtigten Dritten aufgeführt sein. Unter die Vorschrift des § 95 Abs. 1 fallen ferner die von einem Gärtner eingepflanzten, zum Verkaufe bestimmten Pflanzen sowie die zum Verkaufe bestimmten Bäume einer Baumschule. Das Einpflanzen erfolgt hier nur zu dem vorübergehenden Zwecke, die Pflanzen oder Bäume bis zu deren beabsichtigten Verkaufe zu konserviren. Nicht unter die Vorschrift des § 95 Satz 1 fällt dagegen die von dem Pächter eines Grundstücks gemachte Aussaat; sie soll überhaupt nicht wieder von dem Grund und Boden getrennt werden. Ob die von dem Miether oder Pächter eines Grundstücks mit dem Grund und Boden verbundenen Sachen nur für den persönlichen Gebrauch des Miethers oder Pächters, also nur zu dem vorübergehenden Zwecke, für die Dauer seiner Miethe oder Pacht von ihm benutzt zu werden, mit dem Grundstücke verbunden sind oder ob eine dauernde Verbindung beabsichtigt ist, für welche dann der Miether oder der Pächter unter Umständen Ersatz von dem Vermiether oder dem Verpächter fordern kann, ist eine Frage, deren Entscheidung von den Umständen des einzelnen Falles abhängt und für welche sich allgemeine Regeln nicht aufstellen lassen.

§. 96.

Rechte, die mit dem Eigenthum an einem Grundstücke verbunden sind, gelten als Bestandtheile des Grundstücks.

§. 97.

Zubehör sind bewegliche Sachen, die, ohne Bestandtheile der Hauptsache zu sein, dem wirthschaftlichen Zwecke der Hauptsache zu dienen bestimmt sind und zu

3. Dieselben Grundsätze, welche nach Nr. 2 für die Sachen gelten, welche nur zu einem vorübergehenden Zwecke mit dem Grund und Boden verbunden sind, gelten nach § 95 Abs. 2 auch für die nur zu einem vorübergehenden Zwecke in ein Gebäude eingefügten Sachen. Der § 783 Abs. 2 des E. I verneinte für solche Sachen nur die Eigenschaft als wesentliche Bestandtheile. Von der zweiten Kommission ist der zu Grunde liegende Gedanke konsequent durchgeführt.

4. In dem § 785 des E. I war allgemein bestimmt, daß Sachen, die in Ausübung eines Rechtes an einem Grundstücke von dem Berechtigten in seinem Interesse mit dem Grundstücke verbunden sind, nicht Bestandtheile des Grundstücks seien. In dem § 95 Abs. 1 Satz 2 wird dies beschränkt auf Gebäude oder andere Werke. Ausgeschlossen sind daher Pflanzen. Zu „anderen Werken" gehören z. B. Wasserleitungen und dgl. Voraussetzung ist, daß die Verbindung in Ausübung eines Rechtes an einem fremden Grundstück erfolgt ist. Als Rechte solcher Art kommen nach dem B.G.B. in Betracht das Erbbaurecht, die Grunddienstbarkeiten und der Nießbrauch. Da das B.G.B. unter dem Rechte an einem Grundstücke nur das dingliche Recht versteht, so kann unter dem fraglichen Ausdruck ein persönliches Nutzungsrecht wie das des Miethers oder des Pächters nicht mit verstanden werden. Für diese geschieht dem praktischen Bedürfnisse durch die Vorschrift des Abs. 1 Satz 1 Genüge. (Anderer Ansicht Fischer und Henle Anm. 5 zu § 95, und Eck in der Sammlung von Vorträgen Heft I S. 27.) Der Verbindung durch den Berechtigten steht selbstverständlich die Verbindung durch dessen Vertreter oder Beauftragten gleich.

5. Zu den Zwecken, die der § 94 verfolgt, gehört auch, daß derjenige, welcher ein Grundstück erwirbt und sich auf den Glauben des Grundbuchs verläßt (§ 892), sicher sein kann, daß alle fest mit dem Grund und Boden verbundenen Sachen als wesentliche Bestandtheile des Grundstücks von ihm mit erworben werden. In Folge der Vorschrift des § 95 wird dieser Zweck nicht mehr vollständig erreicht. Der Erwerber darf sich, wenn er sicher gehen will, nicht mehr auf die Prüfung beschränken, ob die fraglichen Sachen fest mit dem Grund und Boden verbunden sind; er muß sich vielmehr auch darüber vergewissern, ob nicht die Voraussetzungen der in dem § 95 bestimmten Ausnahmen vorliegen. Regelmäßig wird dies indessen keine großen Schwierigkeiten machen. Irrt er sich, so stellt das B.G.B. in den Fällen des § 95 das Interesse derjenigen, welche die Verbindung bewirkt haben, höher als das Interesse des Erwerbers.

6. Aus der Fassung und der Stellung des § 95 gegenüber den §§ 93, 94 ergiebt sich, daß derjenige, welcher sich darauf beruft, daß eine Sache wesentlicher Bestandtheil geworden sei, nur die in den §§ 93, 94 bestimmten Voraussetzungen zu beweisen hat, während demjenigen, welcher dies bestreitet, der Beweis der in dem § 95 als Voraussetzung der Ausnahme bestimmten Thatsachen obliegt.

§ 96.

E. I § 788; II § 77g rev. § 92; III § 92. P. I S. 3353, 3354; M. III S. 60, 61. P. II S. 3308, 3309.

Die Vorschrift des § 96 entspricht der Auffassung des Lebens. Zu den Rechten der im § 96 bezeichneten Art gehören nach dem B.G.B. Grunddienstbarkeiten (§ 1018); es kann dazu gehören das dingliche Vorkaufsrecht (§ 1094 Abs. 2) und das Recht auf eine Reallast (§ 1105 Abs. 2). Dazu können auch andere Rechte kommen, die den durch das E.G. den Landesgesetzen vorbehaltenen Rechtsgebieten oder dem öffentlichen Rechte angehören, z. B. das Patronatsrecht. Der § 96 bestimmt nur, daß die in ihm bezeichneten Rechte Bestandtheile des Grundstücks, nicht daß sie wesentliche Bestandtheile sind. Ob sie von dem Eigenthum an dem Grundstücke, mit welchem sie verbunden sind, getrennt werden können, bestimmt sich nach den für die fraglichen Rechte geltenden Vorschriften (s. §§ 1018, 1019, 1103, 1109, 1110).

§ 97.

E. I § 789; II § 77h rev. § 93; III § 93. P. I S. 3347—3353; M. III S. 61—65. P. II S. 3309—3314, 3320.

1. Die Sache ist eine natürliche Einheit, die alle Bestandtheile der Sache umfaßt.

ihr in einem dieser Bestimmung entsprechenden räumlichen Verhältnisse stehen. Eine Sache ist nicht Zubehör, wenn sie im Verkehre nicht als Zubehör angesehen wird.

Die vorübergehende Benutzung einer Sache für den wirthschaftlichen Zweck einer anderen begründet nicht die Zubehöreigenschaft. Die vorübergehende Trennung eines Zubehörstücks von der Hauptsache hebt die Zubehöreigenschaft nicht auf.

Das Zubehör einer Sache wird gebildet durch selbständige Sachen; die Eigenschaft derselben als Zubehör einer anderen Sache aber verbindet sie mit dieser zu einer wirthschaftlichen Einheit. Diese wirthschaftliche Einheit hat nicht dieselben, aber in mancher Beziehung ähnliche Folgen wie die natürliche Einheit der Sache mit ihren Bestandtheilen. Ueber die in der Wissenschaft bestehenden verschiedenen Ansichten s. Windscheid I § 143; Regelsberger § 102; Dernburg I § 77. Das B.G.B. stellt kein allgemeines Prinzip auf, aus dem die Folgen jener wirthschaftlichen Einheit abzuleiten wären; es beschränkt sich darauf, eine Reihe praktisch wichtiger Einzelvorschriften zu geben, und überläßt der Wissenschaft, aus ihnen ein allgemeines Prinzip abzuleiten. Die betreffenden Einzelvorschriften sind nicht in dem Allgemeinen Theile, sondern bei denjenigen Materien gegeben, auf welche sie sich beziehen. Die hauptsächlichsten sind folgende:

a) Nach § 314 erstreckt sich die rechtsgeschäftliche Verpflichtung zu der Veräußerung oder Belastung einer Sache im Zweifel auch auf das Zubehör. Es handelt sich hier also um eine Auslegungsvorschrift. Während eine Verpflichtung der fraglichen Art sich selbstverständlich auf alle Bestandtheile der Sache bezieht und die Ausnahme eines einzelnen Bestandtheils besonders bestimmt werden müßte, bezieht sich die Verpflichtung auf das Zubehör nicht, wenn sich aus den Umständen des Falles eine engere Auslegung rechtfertigt. Auf demselben Standpunkte steht die Auslegungsvorschrift des § 926, nach welcher im Zweifel anzunehmen ist, daß die Absicht der Parteien bei der Auflassung eines Grundstücks auch auf Uebertragung des Zubehörs gerichtet sei; ebenso die Vorschriften der §§ 1031, 1062 für den Nießbrauch und des § 1093 für beschränkte persönliche Dienstbarkeiten; ferner die Vorschrift des § 1096 über das Vorkaufsrecht und die Vorschrift des § 2164, nach welcher sich das Vermächtniß einer Sache im Zweifel auf das zur Zeit des Erbfalls vorhandene Zubehör erstreckt.

b) In einzelnen anderen Fällen wird das rechtliche Schicksal der Sache durch eine dispositive Vorschrift auf das Zubehör erstreckt, so bei dem Wiederverkauf nach § 498 und bei der Fahrnißgemeinschaft nach § 1551.

c) Ein andere Kategorie von Vorschriften erstreckt die für die Uebertragung und Belastung von Grundstücken geltenden Vorschriften unter gewissen Voraussetzungen auch auf das bewegliche Zubehör der Grundstücke. So erwirbt bei der Auflassung eines Grundstücks nach § 926 der Erwerber auch das Zubehör des Grundstücks mit der Auflassung, wenn die Absicht der Parteien hierauf gerichtet war und das Zubehör dem Veräußerer gehört (s. oben unter b). Gehört das Zubehör dem Veräußerer nicht, so finden die Vorschriften der §§ 932—936 über den Erwerb in gutem Glauben Anwendung, wenn der Erwerber den Besitz des Zubehörs erlangt. Diese Vorschriften finden nach den §§ 1031, 1093 auch bei dem Nießbrauch und bei beschränkten persönlichen Dienstbarkeiten Anwendung.

d) Am einschneidendsten sind die Vorschriften, welche die Erstreckung der Hypothek auf das Zubehör des Grundstücks, jedoch mit Ausnahme desjenigen, das nicht in das Eigenthum des Eigenthümers des Grundstücks gelangt ist, bestimmen (§ 1120) und die damit im Zusammenhange stehenden Vorschriften über die Befreiung des Zubehörs von der Hypothek (§§ 1121, 1122) sowie über die im Falle der Verschlechterung des Zubehörs dem Hypothekengläubiger zustehenden Rechte (§ 1135). Entsprechende Vorschriften gelten für die Verpfändung von Schiffen (§ 1265).

Das Nähere über den Sinn und die Bedeutung aller dieser Vorschriften bleibt der Erläuterung der betreffenden Paragraphen vorbehalten.

Besondere Vorschriften enthält das Zv. V.G. §§ 20, 21 über das Verhältniß des Zubehörs eines Grundstücks (E. des Zw.V.G. §§ 20, 21, 55). Auch die Landesgesetze können in den ihnen vorbehaltenen Materien, z. B. in Betreff der Fideikommisse, Bestimmungen über die Erstreckung des rechtlichen Schicksals der Sache auf das Zubehör treffen.

2. Nur bewegliche Sachen können Zubehör sein. Ein Grundstück kann mit einem anderen Grundstücke nur dadurch in rechtliche Verbindung gesetzt werden, daß es zum Bestandtheile desselben gemacht wird (s. Erl. zu § 94). Ist dies nicht geschehen, so ist es rechtlich ohne Bedeutung, daß ein Grundstück dazu bestimmt ist, dem wirthschaftlichen Zwecke eines anderen Grundstücks zu dienen.

3. Voraussetzungen der Zubehöreigenschaft sind, abgesehen von dem selbstverständlichen negativen Erfordernisse, daß die betreffende Sache kein Bestandtheil der Hauptsache ist, folgende:

---

a) Die Sache muß bestimmt sein, dem wirthschaftlichen Zwecke der Hauptsache zu dienen. Was der wirthschaftliche Zweck der Hauptsache ist, muß sich aus deren Beschaffenheit ergeben. Nicht die vorübergehende Art der Benutzung von Seiten des zeitigen Besitzers ist entscheidend, vielmehr muß die Sache dauernd einen bestimmten wirthschaftlichen Zweck haben und dieser objektiv hervortreten. Die in dem § 98 angeführten Beispiele eines dauernd zu einem gewerblichen Betrieb eingerichteten Gebäudes oder eines Landguts bestätigen dies. Ein Gebäude, in welchem ein Schneider oder Schuster sein Handwerk betreibt, hat dadurch nicht den wirthschaftlichen Zweck, für dieses Handwerk benutzt zu werden. Eine Sache kann sich für mehrere wirthschaftliche Zwecke eignen; ein Grundstück z. B. kann sich sowohl zu einem landwirthschaftlichen Betrieb als zu einem Bauplatz oder zu einem Steinbruch eignen. Für den Begriff des Zubehörs kommt es darauf an, zu welchem dieser Zwecke die Sache wirklich benutzt wird.

Zubehör wird eine Sache, wenn sie bestimmt ist, dem wirthschaftlichen Zwecke einer anderen Sache zu dienen. Die Bestimmung wird von demjenigen getroffen, welcher die Hauptsache benutzt. Dies braucht nicht der Eigenthümer oder Eigenbesitzer (§ 872) zu sein. Auch der Nießbraucher, der Miether oder der Pächter kann die Bestimmung treffen; nothwendig ist aber, daß die Sache wirklich dem wirthschaftlichen Zwecke der Hauptsache, nicht etwa nur dem persönlichen Gebrauche desjenigen zu dienen bestimmt ist, der die Hauptsache zur Zeit benutzt. Wird die Bestimmung von einem nur zeitweise zur Benutzung der Hauptsache Berechtigten getroffen, so wird häufig nur eine vorübergehende Benutzung beabsichtigt und aus diesem Gesichtspunkte die Zubehöreigenschaft zu verneinen sein.

Nicht nothwendig ist, daß der Eigenthümer der Hauptsache Eigenthümer des Zubehörs ist. Einzelne Vorschriften des B.G.B. setzen aber außer der Zubehöreigenschaft noch voraus, daß das Zubehör dem Eigenthümer der Hauptsache gehört (s. oben unter 1 c, d).

b) Die Bestimmung, dem wirthschaftlichen Zwecke der Hauptsache zu dienen, muß dadurch äußerlich hervortreten, daß die betreffende Sache in ein der Bestimmung entsprechendes räumliches Verhältniß zu der Hauptsache gebracht wird. Die Art dieses räumlichen Verhältnisses ist bei den verschiedenen Sachen verschieden; allgemeine Grundsätze lassen sich darüber nicht aufstellen. Das für einen Schmuck angefertigte Etui wird regelmäßig erst Zubehör des Schmuckes, wenn dieser in das Etui gelegt ist. Vieh, welches zur Bewirthschaftung eines Landguts angekauft ist, muß regelmäßig erst auf das Landgut gebracht sein, um als dessen Zubehör zu gelten.

c) Auch wenn die unter a und b bezeichneten Voraussetzungen vorliegen, ist die betreffende Sache nicht Zubehör, wenn sie im Verkehre nicht als solches angesehen wird. Die Auffassung des Lebens ist, wie sie überhaupt für die Vorschriften über Zubehör maßgebend ist, auch in dieser Beziehung entscheidend. Die Auffassung des Verkehrs wird zwar nur selten die Zubehöreigenschaft verneinen, wenn die unter a und b bezeichneten Voraussetzungen vorliegen. In einzelnen Fällen kann es jedoch vorkommen. So werden z. B. in einigen Gegenden die Oefen weder als Bestandtheile noch als Zubehör eines Wohnhauses betrachtet.

d) Die vorübergehende Benutzung einer Sache für den wirthschaftlichen Zweck einer anderen begründet, auch wenn die unter a bis c bezeichneten Voraussetzungen vorliegen, die Zubehöreigenschaft nicht. Eine Sache, welche nur zur Probe oder zum einstweiligen Ersatz einer anderen, reparaturbedürftigen benutzt wird, ist nicht Zubehör. Wann eine Benutzung als eine vorübergehende oder dauernde zu betrachten ist, läßt sich nur nach den Umständen des einzelnen Falles entscheiden. Von besonderer praktischer Bedeutung ist die Frage, ob das von dem Pächter eines Landguts zur Bewirthschaftung desselben mitgebrachte Inventar Zubehör des Landguts wird. Regelmäßig wird diese Frage zu verneinen sein, indem anzunehmen ist, daß dies Inventar nur während der Pachtzeit von dem Pächter für den wirthschaftlichen Zweck des Landguts benutzt werden soll und deshalb eine nur vorübergehende Benutzung anzunehmen ist.

e) Auf demselben Gesichtspunkte beruht die Vorschrift, daß eine vorübergehende Trennung die einmal begründete Zubehöreigenschaft nicht aufhebt. Auch hier ist nach den Umständen des Falles zu entscheiden, was als vorübergehend zu betrachten ist.

f) Aus der Stellung der Vorschriften des § 97 ergiebt sich, daß derjenige, welcher die Zubehöreigenschaft geltend macht, nur zu beweisen braucht, daß die betreffende Sache bestimmt ist, dem wirthschaftlichen Zwecke der Hauptsache zu dienen, und in einem dieser Bestimmung entsprechenden räumlichen Verhältnisse steht. Wer die Zubehöreigenschaft bestreitet, weil der Verkehr sie nicht anerkennt oder weil eine nur vorübergehende Benutzung vorliegt, hat diese Thatsache zu beweisen.

§. 98.

Dem wirthschaftlichen Zwecke der Hauptsache sind zu dienen bestimmt:

1. bei einem Gebäude, das für einen gewerblichen Betrieb dauernd eingerichtet ist, insbesondere bei einer Mühle, einer Schmiede, einem Brauhaus, einer Fabrik, die zu dem Betriebe bestimmten Maschinen und sonstigen Geräthschaften;
2. bei einem Landgute das zum Wirthschaftsbetriebe bestimmte Geräth und Vieh, die landwirthschaftlichen Erzeugnisse, soweit sie zur Fortführung der Wirthschaft bis zu der Zeit erforderlich sind, zu welcher gleiche oder ähnliche Erzeugnisse voraussichtlich gewonnen werden, sowie der vorhandene auf dem Gute gewonnene Dünger.

---

§ 98.

E. I § 791; II § 771 rev. § 94; III § 94. P. I S. 3354—3359, 6270; M. III S. 66, 67. P. II S. 3309—3311, 3319—3321.

1. Der § 98 giebt für zwei praktisch wichtige Fälle eine Erläuterung darüber, was unter der Bestimmung einer Sache für den wirthschaftlichen Zweck einer anderen zu verstehen ist. Daraus allein also, daß die in dem § 98 bestimmten Voraussetzungen bei einer Sache vorliegen, folgt noch nicht, daß sie Zubehör ist; dies hängt vielmehr weiter davon ab, ob die Sache in dem der Bestimmung entsprechenden räumlichen Verhältnisse zu der Hauptsache steht. Die Zubehöreigenschaft ist ferner nicht anzunehmen, wenn die Sache im Verkehre nicht als Zubehör angesehen wird oder die Benutzung für den wirthschaftlichen Zweck der Hauptsache nur eine vorübergehende ist. Der § 791 des E. I bestimmte ausdrücklich, daß die in Frage stehenden Sachen unter den Voraussetzungen des § 789, der dem jetzigen § 97 entsprach, Zubehör seien. Sachlich hat dies nicht geändert werden sollen.

2. In dem Falle unter Nr. 1 ergiebt sich der wirthschaftliche Zweck des Gebäudes aus dessen dauernder Einrichtung für den gewerblichen Betrieb. Von wem die Bestimmung der Maschinen und sonstigen Geräthschaften für den Betrieb erfolgt sein muß, entscheidet sich nach den in der Erl. zu § 97 unter Nr. 3a dargelegten Grundsätzen. Hat ein Miether des Gebäudes die Maschinen oder sonstigen Geräthschaften eingebracht, so hängt es von den Umständen des Falles ab, ob nur eine vorübergehende Benutzung, nämlich für die Dauer der Miethe, anzunehmen und deshalb die Zubehöreigenschaft zu verneinen ist oder ob die Regel Anwendung findet. Im Zweifel wird das Erstere anzunehmen sein.

3. Unter „Landgut" in Nr. 2 wird ein zum selbständigen Betriebe der Landwirthschaft eingerichtetes Grundstück verstanden. Nicht nothwendig ist, daß das Grundstück als ein einheitliches im Grundbuch eingetragen ist. Das Landgut kann und wird häufig aus einer Mehrzahl von Grundstücken bestehen. Erforderlich ist nur, daß die mehreren Grundstücke wirthschaftlich eine zum Betriebe der Landwirthschaft bestimmte Einheit bilden. Ein einzelnes landwirthschaftliches Grundstück ist kein Landgut. Der Unterschied zwischen einem solchen Grundstück und einem Landgute tritt scharf hervor in den §§ 591—593. In den §§ 591, 592 werden Vorschriften über die Pacht eines landwirthschaftlichen Grundstücks, in dem § 593 über die Pacht eines Landguts gegeben. Der Ausdruck „Landgut" wird hier in demselben Sinne gebraucht wie in dem § 98, ebenso in den §§ 1822 Nr. 4, 2049, 2312. Auf die Größe des Grundstücks kommt es nicht an. Im täglichen Leben wird unter „Landgut" häufig eine größere herrschaftliche Besitzung verstanden; in diesem Sinne wird aber im B.G.B. das Wort nicht gebraucht. Auch ein Bauernhof ist ein Landgut. Vorausgesetzt wird nur die Einrichtung zu einem selbständigen landwirthschaftlichen Betrieb; insbesondere also auch das Vorhandensein der dazu erforderlichen Baulichkeiten.

Zubehör eines Landguts ist zunächst das zum Wirthschaftsbetriebe bestimmte Geräth und Vieh. In Betreff der Bestimmung zu diesem Zwecke sowie in Betreff der Frage, ob das von einem Pächter eingebrachte Inventar Zubehör wird, gilt das oben unter Nr. 2 Gesagte. Ueber die Pacht eines Grundstücks mit Inventar s. §§ 586—589, über den Nießbrauch an einem Grundstücke mit Inventar s. § 1048.

Zubehör eines Landguts sind ferner die landwirthschaftlichen Erzeugnisse, soweit sie zur Fortführung der Wirthschaft bis zu der Zeit erforderlich sind, zu welcher gleiche oder ähnliche Erzeugnisse gewonnen werden. Diese Erzeugnisse gelten kraft des Gesetzes als zu dem Wirthschaftsbetriebe bestimmt; eine davon abweichende Bestimmung, die nur bei einer schlechten Wirthschaft vorkommen kann, wird nicht berücksichtigt. Hierbei wird auch die Aus-

§. 99.

Früchte einer Sache sind die Erzeugnisse der Sache und die sonstige Ausbeute, welche aus der Sache ihrer Bestimmung gemäß gewonnen wird.

Früchte eines Rechtes sind die Erträge, welche das Recht seiner Bestimmung gemäß gewährt, insbesondere bei einem Rechte auf Gewinnung von Bodenbestandtheilen die gewonnenen Bestandtheile.

Früchte sind auch die Erträge, welche eine Sache oder ein Recht vermöge eines Rechtsverhältnisses gewährt.

---

nahme, welche für den Fall einer nur vorübergehenden Benutzung gilt, nicht in Frage kommen können. Derselbe Gedanke liegt der Vorschrift des § 593 zu Grunde, nach welcher der Pächter eines Landguts die fraglichen Erzeugnisse bei der Beendigung der Pacht zurücklassen muß.

Dieselben Grundsätze wie für die landwirthschaftlichen Erzeugnisse gelten für den vorhandenen, auf dem Gute gewonnenen Dünger. Der § 791 Nr. 2 des E. I sprach statt dessen von dem „erforderlichen Dünger". Nach der Fassung des B.G.B. ist der Nachweis der Erforderlichkeit aufgegeben, andererseits aber der künstliche Dünger ausgeschlossen. Der vorhandene, auf dem Gute gewonnene Dünger gilt kraft des Gesetzes als zum Wirthschaftsbetriebe bestimmt. Eine entsprechende Vorschrift enthält der § 593. Ausgeschlossen ist übrigens nicht, daß auch künstlicher Dünger, wenn für ihn die Voraussetzungen des § 97 vorliegen, Zubehör eines Landguts wird.

Durch die Vorschriften über das Zubehör eines Landguts hat das B.G.B., im Gegensatze zu der römischrechtlichen Auffassung, sich der deutschrechtlichen, den jetzigen wirthschaftlichen Verhältnissen allein entsprechenden Anschauung angeschlossen.

§ 99.

E. I § 792; II § 77k rev. § 95; III § 95. P. I S. 3360—3370, 4763—4765; M. III S. 67—70. P. II S. 3324.

1. Durch den § 99 soll die Bedeutung festgestellt werden, welche der Ausdruck „Früchte" in dem B.G.B. hat. Der wirthschaftliche Begriff der Früchte ist ein engerer als der des B.G.B., indem bei jenem darauf Gewicht gelegt wird, daß es sich um Erträge handelt, welche bei ordnungsmäßiger Wirthschaft unbeschadet der Substanz einer Sache aus ihr gezogen werden. Auch das B.G.B. nimmt hierauf Rücksicht, aber nicht dadurch, daß es den Ausdruck „Früchte" in diesem engeren Sinne versteht, sondern dadurch, daß es in denjenigen Fällen, in welchen jene wirthschaftliche Beschränkung in Frage kommt, besondere darauf bezügliche Vorschriften giebt. So ist nach § 581 der Verpächter verpflichtet, dem Pächter den Genuß der Früchte zu gewähren „soweit sie nach den Regeln einer ordnungsmäßigen Wirthschaft als Ertrag anzusehen sind". In entsprechender Weise ist nach § 993 die Verpflichtung des Besitzers zur Herausgabe der Früchte an den Eigenthümer beschränkt. In anderer Art erfolgt die Berücksichtigung des wirthschaftlichen Gesichtspunkts bei dem Nießbrauche nach § 1039 und entsprechend bei dem Vorerben nach § 2133. Der Nießbraucher und der Vorerbe erwerben alle Früchte, aber das Interesse des Eigenthümers bezw. des Nacherben wird durch die besonderen in den gedachten Paragraphen getroffenen Vorschriften gesichert (s. Erl. zu diesen §§). Lebhaft angegriffen wird der Standpunkt des B.G.B. in der übrigens sehr beachtenswerthen Schrift von Petražycki, die Lehre vom Einkommen. 2 Bände. 1893, 1895.

2. Die Erzeugnisse einer Sache sind immer Früchte derselben, ohne Unterschied ob die Sache wirthschaftlich zur Fruchtziehung bestimmt ist. Was „Erzeugniß" ist, ergiebt sich aus den Naturgesetzen, jedoch nur nach Maßgabe der Auffassung, die darüber im Leben herrscht. Die Pflanzen, welche auf einem Grundstücke stehen, sind Erzeugnisse des Grundstücks, obwohl nicht das Grundstück allein sie hervorgebracht hat, sondern der Samen oder Keim, aus dem die Pflanze hervorgegangen, hinzukommen und in das Grundstück eingesenkt werden mußte.

Die sonstige Ausbeute, welche aus der Sache gewonnen wird, ist nur Frucht, wenn die Sache zur Gewinnung dieser Ausbeute bestimmt ist. Es handelt sich hierbei um Bestandtheile der Sache selbst, die aber wegen der wirthschaftlichen Bestimmung der Sache als Frucht angesehen werden. Dahin können z. B. gehören: Steine, Mergel, Thon, Mineralien, Kohlen, Mineralwasser ꝛc. Die Bestimmung des Grundstücks zur Gewinnung solcher Ausbeute ergiebt sich entweder aus der Natur des Grundstücks oder erfolgt, wenn eine verschiedene Benutzung möglich ist, durch den Eigenthümer. Der Nießbraucher ist nach § 1037 Abs. 2 zu neuen Anlagen behufs Gewinnung solcher Ausbeute nur berechtigt, sofern dadurch nicht die wirthschaftliche Bestimmung des Grundstücks wesentlich geändert wird. Die bestimmungsmäßige Ausbeute ist Frucht, auch wenn durch deren Gewinnung allmählich die in dem Grundstücke vorhandenen

§. 100.

Nutzungen sind die Früchte einer Sache oder eines Rechtes sowie die Vortheile, welche der Gebrauch der Sache oder des Rechtes gewährt.

Bestandteile der betreffenden Art vollständig aufgebraucht werden. Immer wird aber vorausgesetzt, daß es sich nur um eine Nutzung der Sache handelt, daß diese selbst also, wenn auch nur in verändertem Umfange, bestehen bleibt. Bei Grundstücken ist dies selbstverständlich, bei beweglichen Sachen aber folgt aus jener Voraussetzung, daß die einzelnen Bestandtheile einer verbrauchbaren Sache nicht Frucht derselben sind. Deshalb ist auch das Fleisch eines Mastochsen keine Frucht desselben. (Anderer Ansicht Fischer und Henle, Anm. 2 zu § 99.) Eine besondere Vorschrift über die Früchte eines Grundstücks enthält der § 911, nach welchem die auf ein Nachbargrundstück überfallenden Früchte als Früchte dieses Grundstücks gelten.

Weder bei den Erzeugnissen noch bei den Bestandtheilen kommt es nach dem unter Nr. 1 Gesagten, sofern nicht für den betreffenden Fall besondere Vorschriften gegeben sind, darauf an, ob sie zu den regelmäßigen Erträgen gehören und ob ihre Gewinnung den Grundsätzen einer ordnungsmäßigen Wirthschaft entspricht. Daher ist z. B., wenn ein Wald durch Naturereignisse umgestürzt ist oder wegen Raupenfraßes abgeholzt werden muß, der ganze dadurch von dem Grund und Boden getrennte Wald Frucht des Grundstücks; ebenso die Mineralien oder Kohlen, auch wenn sie durch Raubbau gewonnen sind.

3. Den natürlichen Früchten einer Sache entsprechen als natürliche Früchte eines Rechtes die Erträge, welche das Recht seiner Bestimmung gemäß gewährt. Die Früchte einer verzinslichen Forderung sind die Zinsen, die Früchte einer Reallast die Leistungen, welche auf Grund derselben an den Berechtigten zu entrichten sind. Bei Rechten auf Gewinnung von Erzeugnissen oder Bodenbestandtheilen, sind die gewonnenen Erzeugnisse oder Bestandtheile Früchte des Rechtes. Je nach Lage der Sache können Erzeugnisse oder Bodenbestandtheile also Früchte einer Sache oder eines Rechtes sein. Die Bestimmung des Rechtes zur Gewährung solcher Erträge ergiebt sich aus dem Inhalte des Rechtes. Es macht keinen Unterschied, ob das Recht ein zeitlich begrenztes ist oder nicht. Die gesammten Erträge, welche der Nießbrauch oder eine Leibrente gewährt, sind Früchte dieser Rechte; ebenso die Ausbeute, die eine Bergwerksberechtigung gewährt, obwohl das Bergwerk allmählich erschöpft wird. Den von anderen Rechten in dieser Beziehung eingenommenen Standpunkt, nach welchem in Fällen der fraglichen Art nur die Früchte, die aus der Ausbeute gezogen werden, Früchte des Rechtes sind, theilt also das B.G.B. nicht. Vorausgesetzt wird aber, daß es sich um Erträge handelt, die das Recht bestimmungsmäßig gewährt. Die zur Amortisation eines Kapitals dienenden, mit oder in den Zinsen zu entrichtenden Beträge sind daher keine Früchte des Kapitals.

4. Den unter Nr. 2 und 3 bezeichneten natürlichen Früchten stehen die sog. juristischen oder bürgerlichen Früchte gegenüber. Es sind dies die Erträge, welche eine Sache oder ein Recht vermöge eines sich darauf beziehenden Rechtsverhältnisses gewährt. Den praktisch wichtigsten Fall bilden die auf Grund eines Mieth- oder Pachtvertrags über die Sache oder das Recht zu entrichtenden Mieth- oder Pachtgelder. Ein Rechtsverhältniß der fraglichen Art kann aber auch vorkommen, ohne daß dasselbe auf Rechtsgeschäft beruht, z. B. bei der Enteignung. In allen Fällen dieser Art kann die Sache oder das Recht sowohl natürliche als bürgerliche Früchte gewähren; bezugsberechtigt für die einen oder die anderen Früchte sind aber verschiedene Personen.

5. Vorschriften über Früchte kommen z. B. vor in den §§ 581, 585, 743, 955, 993, 2020, 2184.

§ 100.

E. I § 793; II § 771 rev. § 96; III § 96. P. I S. 3359, 3360, 3374, 3375; M. III S. 70. P. II S. 3324.

1. Auch bei dem § 100 handelt es sich um eine terminologische Vorschrift, nämlich um die Bestimmung des Sinnes, welchen das B.G.B. mit dem Ausdrucke „Nutzungen“ verbindet. Die meisten beweglichen Sachen gewähren keine natürlichen Früchte; sie werden gebraucht zu denjenigen Zwecken, zu welchen sie bestimmt sind, so z. B. Möbel, Betten, Geräthschaften aller Art. Andere Sachen, von denen natürliche Früchte gezogen werden können, dienen daneben zum Gebrauche, z. B. Pferde zum Reiten oder zum Ziehen. Auch bei Grundstücken findet ein solcher Gebrauch statt; das Haus wird zum Wohnen, der Garten zum Spazierengehen benutzt. Die Nutzungen einer Sache umfassen nun nicht allein die Früchte, sondern auch alle Vortheile, welche der Gebrauch einer Sache gewährt. Der Gebrauch der Sache muß die Vortheile gewähren; die Hälfte des Schatzes, welche dem Eigenthümer des Grundstücks zufällt, in dem der Schatz gefunden wird, gehört weder zu den Früchten noch zu den Nutzungen des Grundstücks (§§ 984, 1040). Dagegen dürften, obwohl dies zweifelhaft ist, die Wurzeln und Zweige, welche der Eigenthümer eines Grundstücks nach § 910 sich anzueignen berechtigt ist, zu den Früchten

§. 101.

Ist Jemand berechtigt, die Früchte einer Sache oder eines Rechtes bis zu einer bestimmten Zeit oder von einer bestimmten Zeit an zu beziehen, so gebühren ihm, sofern nicht ein Anderes bestimmt ist:

1. die im §. 99 Abs. 1 bezeichneten Erzeugnisse und Bestandtheile, auch wenn er sie als Früchte eines Rechtes zu beziehen hat, insoweit, als sie während der Dauer der Berechtigung von der Sache getrennt werden;
2. andere Früchte insoweit, als sie während der Dauer der Berechtigung fällig werden; bestehen jedoch die Früchte in der Vergütung für die Ueberlassung des Gebrauchs oder des Fruchtgenusses, in Zinsen, Gewinnantheilen oder anderen regelmäßig wiederkehrenden Erträgen, so gebührt dem Berechtigten ein der Dauer seiner Berechtigung entsprechender Theil.

---

oder Nutzungen des Grundstücks zu rechnen sein. Der bestimmungsmäßige Gebrauch verbrauchbarer Sachen besteht in dem Verbrauch oder der Veräußerung. Nach dem Wortlaute des § 100 würden daher bei solchen Sachen zu den Nutzungen auch die Vortheile gehören, welche der Verbrauch oder die Veräußerung gewährt. Für Sachen dieser Art giebt das B.G.B. aber besondere Vorschriften (s. Erl. zu § 92).

2. Vorschriften über Nutzungen enthalten z. B. die §§ 292, 302, 346, 347, 379, 446, 487 Abs. 4, 745 Abs. 3, 818, 987 ff., 1030, 1213, 1383, 1525, 1656 Abs. 1, 1813 Nr. 4, 2020, 2023, 2184, 2379.

Nutzungen, die nicht zu den Früchten gehören, können wegen ihrer Beschaffenheit nicht in Natur herausgegeben werden. Wo das Gesetz allgemein die Verpflichtung zur Herausgabe der Nutzungen ausspricht, wird deshalb für Nutzungen dieser Art regelmäßig der Ersatz des Werthes eintreten müssen.

§ 101.

E. I § 794 Abs. 1; II § 77m rev. § 97; III § 97. P. I S. 3361—3363, 3370—3374, 4230, 4231, 4719, 4720, 4761, 11925, 12005, 12006; M. III S. 71—76. P. II S. 3324—3327, 3329.

1. Der § 101 enthält keine Vorschriften darüber, wer die Früchte einer Sache erwirbt und in welchem Zeitpunkte dies geschieht. Für die natürlichen Früchte ergiebt sich dies aus den Vorschriften der §§ 953 ff. Für die bürgerlichen Früchte ist die Entscheidung aus dem zu Grunde liegenden Rechtsverhältnisse zu entnehmen; der Anspruch auf Mieth- oder Pachtgelder z. B. steht dem Vermiether oder dem Verpächter zu, sofern er nicht bei vermietheten oder verpachteten Grundstücken im Falle der Veräußerung derselben nach §§ 571 ff. auf den Erwerber des Grundstücks übergeht. Die Vorschriften des § 101 betreffen nur das Verhältniß mehrerer aufeinander folgender Fruchtberechtigter untereinander. Fällt der Erwerb der Früchte nicht mit der durch § 101 bestimmten Bezugsberechtigung zusammen, so kann der nach § 101 Bezugsberechtigte die Herausgabe der von seinem Vorgänger oder seinem Nachfolger erworbenen Früchte verlangen. So ist z. B. der Pächter eines Grundstücks vom Beginne der Pacht an zur Beziehung der Früchte berechtigt. Nach den §§ 953, 956 erwirbt aber der Eigenthümer, solange er den Besitz des Grundstücks nicht dem Pächter des Grundstücks überlassen hat, die natürlichen Früchte mit der Trennung. Diese gebühren aber nach § 101 Nr. 1 dem Pächter und sind ihm also von dem Eigenthümer zu gewähren.

Die Vorschriften des § 101 finden Anwendung in allen Fällen, in welchen Jemand bis zu einer bestimmten Zeit oder von einer bestimmten Zeit an die Früchte einer Sache oder eines Rechtes zu beziehen berechtigt ist, mag sein Recht ein dingliches oder obligatorisches sein. Sie finden daher Anwendung sowohl in dem Verhältnisse mehrerer auf einander folgender Eigenthümer und in dem Verhältnisse zwischen Eigenthümer und Nießbraucher als auch in dem Verhältnisse zwischen Verkäufer und Käufer (§ 446), Verpächter und Pächter. Auch das Verhältniß zwischen dem Eigenthümer und dem gutgläubigen Besitzer einer Sache bestimmt sich nach den Vorschriften des § 101. Der gutgläubige Besitzer einer Sacher ist die Früchte derselben dem Eigenthümer erst von dem Zeitpunkte der Rechtshängigkeit des Eigenthumsanspruchs an herauszugeben verpflichtet. Da sich bezweifeln läßt, ob man hierin eine Berechtigung des gutgläubigen Besitzers zur Beziehung der Früchte im Sinne des § 101 finden kann, so war in dem § 794 des E. I ausdrücklich bestimmt, daß sich die Vorschrifen dieses dem § 101 des B.G.B. entsprechenden Paragraphen auch auf das Verhältniß zwischen Eigenthümer und gutgläubigen Besitzer beziehen. Das B.G.B. hat diese Vorschrift zwar in den § 101 nicht aufgenommen, eine entsprechende Vorschrift aber in dem § 993 Abs. 2 gegeben.

§. 102.

Wer zur Herausgabe von Früchten verpflichtet ist, kann Ersatz der auf die Gewinnung der Früchte verwendeten Kosten insoweit verlangen, als sie einer ordnungsmäßigen Wirthschaft entsprechen und den Werth der Früchte nicht übersteigen.

---

2. Die natürlichen Früchte (§ 99 Abs. 1) gebühren demjenigen, der zur Zeit der Trennung derselben von der Sache zur Beziehung der Früchte berechtigt ist. Es macht dabei keinen Unterschied, ob die Trennung nach wirthschaftlichen Grundsätzen zu dieser oder zu einer früheren oder späteren Zeit erfolgen mußte; die Thatsache der Trennnng allein ist entscheidend; jedoch können im einzelnen Falle wegen unwirthschaftlichen Verfahrens Ersatzansprüche begründet sein (s. z. B. § 591). Gegenüber dem sächs. Gesetzbuche, welches zwischen den sog. Industrialfrüchten und den natürlichen Früchten unterscheidet sowie gegenüber dem preuß. Landrechte, welches in dem Verhältnisse zwischen Eigenthümer und redlichem Besitzer sowie zwischen Eigenthümer und Nießbraucher die natürlichen Früchte nach dem Verhältnisse der Zeit theilen läßt, in welcher die Bezugsberechtigung des Einen und des Anderen während des betreffenden Wirthschaftsjahrs bestand, gegenüber diesen Vorschriften scheinen die dem gemeinen Rechte sich anschließenden Bestimmungen des B.G.B. dem Zufall einen ungebührlichen Spielraum einzuräumen. Ueberwiegende Zweckmäßigkeitsrücksichten sprechen indessen für den von dem B.G.B. eingeschlagenen Weg. Bei der Verschiedenheit der Verhältnisse in Deutschland ist die einheitliche Feststellung eines Wirthschaftsjahrs unmöglich. Die bei der Gestaltung des preuß. Landrechts unvermeidliche gegenseitige Abrechnungspflicht führt zu großen Mißständen. Die einfachen und klaren Vorschriften des B.G.B. schneiden Zweifel und Streitigkeiten ab, die Härten, die in einzelnen Fällen entstehen, sind nicht von großer Bedeutung und können häufig durch rechtsgeschäftliche Vereinbarungen vermieden werden.

3. Für andere als die in dem § 99 Abs. 1 bezeichneten Früchte ist die Fälligkeit entscheidend, d. h. derjenige Zeitpunkt, in welchem nach dem betreffenden Rechtsverhältnisse die Leistung, um die es sich handelt, gefordert werden kann. Eine Stundung der Leistung kommt nicht in Betracht. Ist also z. B. auf Grund einer Reallast eine Leistung mit dem Eintritt eines bestimmten Ereignisses an den Berechtigten zu bewirken, so entscheidet der Zeitpunkt, in welchem das Ereigniß eingetreten, ohne Rücksicht darauf, ob zwischen dem Berechtigten und Verpflichteten vereinbart wird, daß die Leistung zu einer andern Zeit erfolgen soll. Durch die in dem zweiten Halbsatze der Nr. 2 hinzugefügte Ausnahme wird indessen die in dem ersten Halbsatz aufgestellte Regel, daß die Fälligkeit entscheidet, im praktischen Erfolge zur Ausnahme. Nicht nur dann, wenn die Früchte in der Vergütung für die Ueberlassung des Gebrauchs oder Fruchtgenusses oder in Zinsen oder Gewinnantheilen bestehen, sondern in allen Fällen, in welchen es sich um regelmäßig wiederkehrende Erträge handelt, soll nicht die Fähigkeit entscheiden, sondern eine Vertheilung nach der Dauer der Berechtigung eintreten. Das B.G.B. weicht in dieser Beziehung von dem E. I § 794 Abs. 1 ab, indem nach diesem sich die Ausnahme auf andere als die besonders bezeichneten regelmäßig wiederkehrenden Erträge nicht bezog. Durch die Erweiterung werden insbesondere die alljährlich oder in bestimmten kürzeren oder längeren Zeiträumen zu entrichtenden Reallasten getroffen. Bei der Vertheilung wird ebenso wie bei den Mieth- oder Pachtgeldern regelmäßig anzunehmen sein, daß die Leistungen für die Vergangenheit erfolgen. Ist also z. B. auf Grund einer Reallast eine Leistung alljährlich am 1. Juli zu entrichten und tritt ein Wechsel in der Person des Bezugsberechtigten am 1. Oktober ein, so behält der frühere Berechtigte die am vorhergehenden 1. Juli fällig gewordenen Erträge ganz und kann von dem neuen Bezugsberechtigten die Herausgabe von ¼ der am 1. Juli des folgenden Jahres von dem Verpflichteten an den neuen Berechtigten zu leistenden Beträge fordern.

Von einer Vertheilung der Mieth- oder Pachtgelder kann selbstverständlich dann keine Rede sein, wenn der neue Bezugsberechtigte den Gebrauch oder Fruchtgenuß der vermietheten oder verpachteten Sache selbst hat.

§ 102.

E. II § 901 Abs. 1 Satz 2, § 2054 Abs. 2 rev. § 98; III § 98. P. II S. 4000, 4001, 6983, 6989, 8351.

Die Vorschrift des § 102 findet sowohl dann Anwendung, wenn die Verpflichtung zur Herausgabe der Früchte auf Rechtsgeschäft beruht, als auch dann, wenn sie durch Gesetz vorgeschrieben ist. Im Falle rechtsgeschäftlicher Verpflichtung wird indessen immer zu prüfen sein, ob sich nicht aus dem Inhalte des Rechtsgeschäfts eine Abweichung von der Regel des § 102 ergiebt. Eine gesetzliche Verpflichtung zur Herausgabe der Früchte findet z. B. statt in den Fällen der §§ 292, 347, 487 Abs. 4, 818, 987 ff., 1656 Abs. 1, 2020, 2023, 2184.

§. 103.

Wer verpflichtet ist, die Lasten einer Sache oder eines Rechtes bis zu einer bestimmten Zeit oder von einer bestimmten Zeit an zu tragen, hat, sofern nicht ein Anderes bestimmt ist, die regelmäßig wiederkehrenden Lasten nach dem Verhältnisse der Dauer seiner Verpflichtung, andere Lasten insoweit zu tragen, als sie während der Dauer seiner Verpflichtung zu entrichten sind.

Der § 102 kommt auch dann zur Anwendung, wenn von mehreren aufeinander folgenden Bezugsberechtigten derjenige die Früchte gezogen hat, welchem sie nach § 101 nicht gebühren und der deshalb verpflichtet ist, sie herauszugeben.

Besondere Vorschriften über den Ersatz von Kosten, welche auf die Erzielung von Früchten verwandt sind, enthalten die §§ 592, 998, 1055 Abs. 2, 1421.

§ 103.

E. I § 795; II § 77n rev. § 99; III § 99. P. I S. 3362, 3371—3374; M. III S. 7677. P. II S. 3325—3329.

Die Vorschrift des § 103 weicht von dem § 795 des E. I, nach welchem für die Verpflichtung zur Tragung der Lasten immer der Zeitpunkt der Fälligkeit entscheiden sollte, in derselben Richtung ab wie die für die Früchte geltende Vorschrift des § 101 Nr. 2. Wie bei regelmäßig wiederkehrenden Erträgen, so soll auch bei regelmäßig wiederkehrenden Lasten nicht der Zeitpunkt der Fälligkeit entscheiden, sondern eine Vertheilung, wie im ersteren Falle nach Verhältniß der Dauer der Berechtigung, so hier nach Verhältniß der Dauer der Verpflichtung eintreten. Zu den wiederkehrenden Lasten gehören insbesondere die Grundsteuer, die Feuerkassenbeiträge, die Hypotheken- und Grundschuldzinsen, die bei einer Rentenschuld zu entrichtenden Renten und alle regelmäßig wiederkehrenden Reallasten. Die Fälligkeit entscheidet bei Lasten, die entweder nur einmal zu entrichten sind oder doch nicht regelmäßig wiederkehren, die z. B. von dem Eintritt eines bestimmten Ereignisses abhängen.

Eine gleiche Harmonie wie zwischen der Vorschrift des § 103 und dem § 101 Nr. 2 besteht nicht zwischen dem § 103 und dem § 101 Nr. 1. Eine der Fruchtberechtigung vollständig entsprechende Vorschrift über die Tragung der Lasten ist aber praktisch undurchführbar.

Die Fälle, in denen der § 103 zur Anwendung kommt, sind im Wesentlichen dieselben wie bei dem § 101.

Dritter Abschnitt.
Rechtsgeschäfte.
Erster Titel.
Geschäftsfähigkeit.

Dritter Abschnitt.

Windscheid I §§ 69ff.; Regelsberger I §§ 129, 135ff.; Dernburg I §§ 91ff.

I. Das B.G.B. definirt den Begriff des Rechtsgeschäfts nicht. Auch im E. I ist dies nicht geschehen. Nach den M. I S. 126 ist Rechtsgeschäft eine Privatwillenserklärung, gerichtet auf die Hervorbringung eines rechtlichen Erfolges, welcher nach der Rechtsordnung deswegen eintritt, weil er gewollt ist. Dieser Begriff liegt, obwohl der Wissenschaft freier Spielraum gewährt wird, im Wesentlichen den Vorschriften des B.G.B. über Rechtsgeschäfte zu Grunde. Aber nur das wirksame Rechtsgeschäft entspricht dem aufgestellten Begriffe. Das B.G.B. gebraucht den Ausdruck „Rechtsgeschäft" auch in einem weiteren Sinne; es spricht von unwirksamen und nichtigen Rechtsgeschäften (s. z. B. in den §§ 134, 138) und versteht hier also unter „Rechtsgeschäft" die auf Herbeiführung eines rechtlichen Erfolges gerichtete Willenserklärung ohne Rücksicht darauf, ob die Rechtsordnung den gewollten rechtlichen Erfolg eintreten läßt oder nicht. Auch den Ausdruck „Willenserklärung" gebraucht das B.G.B. nicht nur dann, wenn ein wirklich vorhandener Wille erklärt ist, sondern auch in solchen Fällen, in welchen nur der Schein einer Willenserklärung vorliegt, das als gewollt Erklärte in Wirklichkeit aber nicht gewollt ist (s. z. B. die §§ 116—118). Ein Rechtsgeschäft, das aus irgend welchem Grunde den gewollten rechtlichen Erfolg nicht hat, bezeichnet das B.G.B. als unwirksam (s. die §§ 111, 161, 174, 344, 357, 359, 388, 410, 554 Abs. 2, 574, 779, 925 Abs. 2, 1160 Abs. 2, 1253 Abs. 1, 1398, 1831, 1950, 2085, 2101 Abs. 1, 2113 Abs. 1, 2115, 2160, 2169 Abs. 1, 2171, 2180 Abs. 2, 2201, 2202 Abs. 2, 2268 Abs. 1, 2289 Abs. 1, 2339 Abs. 2). Ueber die verschiedenen Arten der Unwirksamkeit, insbesondere über Nichtigkeit und Anfechtbarkeit s. unter VII.

II. Erfordernisse eines jeden Rechtsgeschäfts sind:

1. eine Willenserklärung.

a) Der Wille kommt rechtlich nicht in Betracht, solange er lediglich ein Vorgang im Innern des Menschen ist. Für das Recht erhält er Bedeutung erst, wenn er durch Handlungen in die Außenwelt tritt. Von solchen Handlungen kommt hier in Betracht die Erklärung des Willens. Der äußere Vorgang, der mit dem Ausdruck „Erklärung" bezeichnet wird, muß dem inneren Vorgange, dem Willen, entsprechen, muß ihn zum Ausdrucke bringen. Das Nähere hierüber, insbesondere über die Fälle, in welchen Wille und Erklärung nicht in Einklang stehen, s. in den Vorbm. zum zweiten Titel II und den Erl. zu §§ 116—122.

b) Der Wille muß frei sein d. h. er darf nicht durch arglistige Täuschung oder widerrechtlich durch Drohung bestimmt sein (§§ 123, 124).

c) Die Willenserklärung muß auf einen genügend bestimmten rechtlichen Erfolg gerichtet sein. Bei den Geschäften des täglichen Lebens haben die Menschen meistens nur einen bestimmten wirthschaftlichen Zweck vor Augen. Zu einer rechtsgeschäftlichen Willenserklärung ist aber erforderlich, daß sich das Rechtsverhältniß erkennen läßt, welches behufs Erreichung des wirthschaftlichen Zweckes gewollt wird; so muß z. B., wenn der wirthschaftliche Zweck dahin geht, eine Sache zu benutzen, erhellen, ob Kauf, Miethe oder Leihe der Sache beabsichtigt wird. Nicht erforderlich ist, daß sich der Erklärende aller rechtlichen Konsequenzen des betreffenden Rechtsverhältnisses bewußt ist, daß er also z. B. bei einem Verkaufe die dadurch begründete Verpflichtung zur Gewährleistung sich vergegenwärtigt. Nur aus den Umständen des einzelnen Falles kann entnommen werden, ob die Willenserklärung eine genügend bestimmte ist. (Regelsberger I § 135, III; Dernburg I § 91, 2.)

d) Die Willenserklärung kann eine ausdrückliche oder eine stillschweigende sein (s. Vorbm. zum zweiten Titel I, unten S. 162).

e) Der wirklichen Abgabe der Willenserklärung steht es gleich, wenn die Willenserklärung auf Grund des § 894 der C.P.O. als abgegeben gilt. Der E. I hatte bisweilen, so z. B. in dem § 107, als Voraussetzung einer Vorschrift neben dem Rechtsgeschäfte das Urtheil erwähnt (s. M. I S. 213), während dies an anderen Stellen, z. B. in den §§ 135, 837 des E. I, nicht geschehen war. In den den §§ 135, 837 des E. I entsprechenden §§ 131, 810 des E. II wurde ebenso wie in dem dem § 107 des E. I entsprechenden § 101 des E. II das Urtheil neben dem Rechtsgeschäft erwähnt. Bei der Revision ist die Erwähnung des Urtheils an allen Stellen gestrichen, weil man es für selbstverständlich hielt, daß, wenn das Gesetz eine Willenserklärung erfordere, diesem Erforderniß auch dann genügt sei, wenn die Willenserklärung nach gesetzlicher Vorschrift als abgegeben gelte.

f) Einen ähnlichen Charakter wie die unter e erwähnten Fälle haben diejenigen, in denen nach dem B.G.B. eine bestimmte Willenserklärung beim Eintritt eines bestimmten Ereignisses als erfolgt gilt. Dahin gehören z. B. die Fälle, in denen die Genehmigung eines Rechtsgeschäfts mit dem Ablauf einer bestimmten Frist als verweigert gilt (s. z. B. die §§ 108 Abs. 2, 177 Abs. 2, 1396 Abs. 2, 1448 Abs. 2). Es handelt sich hier um eine sog. Fiktion. Obwohl eine Willenserklärung nicht vorliegt, tritt kraft gesetzlicher Vorschrift dieselbe rechtliche Wirkung ein, wie wenn die Willenserklärung vorläge.

2. Fähigkeit des Erklärenden, eine wirksame Willenserklärung abzugeben. Diese Fähigkeit bezeichnet das B.G.B. als Geschäftsfähigkeit. Sie kann vollständig fehlen (Geschäftsunfähigkeit) oder nur in beschränktem Maße vorhanden sein (beschränkte Geschäftsfähigkeit). Von der ersteren handeln die §§ 104, 105 Abs. 1, von der letzteren die §§ 106—115. Ist die Geschäftsfähigkeit im Allgemeinen vorhanden, so ist weiter erforderlich, daß die Willenserklärung nicht im Zustande der Bewußtlosigkeit oder der vorübergehenden Störung der Geistesthätigkeit abgegeben wird. (§ 105 Abs. 2.)

3. Eine gesetzliche Vorschrift, welche die Verwirklichung des bezweckten rechtlichen Erfolges durch Rechtsgeschäft zuläßt. Allgemeine Vorschriften in dieser Beziehung enthalten die §§ 134, 138, nach welchen ein Rechtsgeschäft nichtig ist, welches gegen ein gesetzliches Verbot oder gegen die guten Sitten verstößt. Im Uebrigen ergeben die auf die einzelnen Rechtsverhältnisse sich beziehenden Vorschriften des B.G.B., ob und in welcher Art ein Rechtsverhältniß durch Rechtsgeschäft begründet oder geändert werden kann. Auf dem Gebiete des Sachen-, Familien- und Erbrechts sind die Rechtsverhältnisse speziell bestimmt, welche durch Rechtsgeschäft begründet oder geändert werden können. Der Vertragsfreiheit ist auf diesen Gebieten nur ein beschränkter Spielraum gewährt. Auf dem Gebiete des Rechtes der Schuldverhältnisse gilt im Allgemeinen der Grundsatz der Vertragsfreiheit. Hier sind daher nicht die rechtlich zulässigen, sondern die rechtlich unzulässigen Rechtsgeschäfte besonders bestimmt (s. z. B. die §§ 248, 310, 312, 443, 476, 540, 637, 723 Abs. 3, 749 Abs. 3, 795 Abs. 3, 1136, 1229).

III. Nur in verhältnißmäßig wenigen Fällen genügt die einseitige in beliebiger Art abgegebene Willenserklärung zur Herbeiführung der rechtlichen Wirkung. Es ist dies z. B. der Fall bei der Annahme der Erbschaft (§ 1943) und unter gewissen Voraussetzungen bei der Annahme eines Vertragsantrags (§ 151), bei der Auslobung; jedoch ist bei dieser öffentliche Bekanntmachung erforderlich (§ 657). In den meisten Fällen muß die Willenserklärung gegenüber einer bestimmten Person oder Behörde abgegeben werden. Willenserklärungen dieser Art sollen der Kürze halber als empfangsbedürftige bezeichnet werden. Näheres darüber in den Vorbm. zum zweiten Titel dieses Abschnitts I, 2 und in den Erl. zu §§ 130 ff.

IV. Von besonderer Bedeutung sind diejenigen Rechtsgeschäfte, bei welchen sich die Willenserklärungen mehrerer Personen in bestimmter Art zusammenschließen müssen, um den gewollten rechtlichen Erfolg hervorzubringen. Es sind dies die Verträge. Näheres darüber in den Vorbm. und Erl. zum dritten Titel dieses Abschnitts.

V. Für gewisse Rechtsgeschäfte schreibt das B.G.B. eine besondere Form vor. Der Mangel der vorgeschriebenen Form hat Nichtigkeit des Rechtsgeschäfts zur Folge (§ 125 Satz 1). Dasselbe gilt im Zweifel, wenn die Form durch Rechtsgeschäft bestimmt ist (§ 125 Satz 2). Nähere Vorschriften über die schriftliche Form, die gerichtliche oder notarielle Beurkundung und die öffentliche Beglaubigung enthalten die §§ 126—129.

VI. Die besonderen Erfordernisse der einzelnen Rechtsgeschäfte sind bei diesen zu erörtern. Hier ist nur hervorzuheben, daß die Wirksamkeit mancher Rechtsgeschäfte davon abhängt, daß zu der einseitigen Willenserklärung oder zu dem Vertrage noch ein anderer Thatumstand hinzutritt. Dahin gehört z. B. die Zustimmung eines Dritten (§§ 182—185), die Eintragung in das Grundbuch (§§ 873 ff.), die Uebergabe einer beweglichen Sache (§§ 929 ff.) rc. Der neben der Willenserklärung oder dem Vertrag erforderte Thatumstand muß entweder schon bei der Abgabe der Willenserklärung bezw. dem Abschlusse des Vertrags vorhanden sein oder kann später hinzutreten.

1. Muß der Thatumstand schon bei der Vornahme des Rechtsgeschäfts vorhanden sein, so hat der Mangel Unwirksamkeit des Rechtsgeschäfts zur Folge. So ist z. B. nach § 111 ein einseitiges Rechtsgeschäft, welches ein Minderjähriger ohne die erforderliche Einwilligung des gesetzlichen Vertreters vornimmt, unwirksam. Aehnliche Vorschriften enthalten z. B. die §§ 180, 1398, 1831.

2. Genügt es, daß der erforderte Thatumstand erst später hinzutritt, so wird das Rechtsgeschäft voll wirksam erst, wenn der Thatumstand eingetreten ist; es ist unwirksam, wenn gewiß ist, daß der Thatumstand nicht eintreten wird. Von allgemeiner Bedeutung sind die Fälle, in denen die Zustimmung eines Dritten erfordert wird. Die Zustimmung (§ 182) kann entweder vorher erfolgen (Einwilligung § 183) oder später hinzutreten (Genehmigung § 184). Fälle dieser Art enthalten z. B. die §§ 108 Abs. 1, 177 Abs. 1, 1396 Abs. 1, 1448 Abs. 1, 1829. Dahin gehören auch die Vorschriften, nach welchen die über einen Gegenstand von einem Nichtberechtigten getroffene Verfügung durch die Zustimmung des Berechtigten wirksam wird (§ 185). Der Zustimmung stehen hier die in dem § 185 Abs. 2 bezeichneten Thatumstände gleich. Ein ähnliches Verhältniß kann rechtsgeschäftlich dadurch herbeigeführt werden, daß das Rechtsgeschäft unter einer Bedingung vorgenommen wird (s. Erl. zu § 158 ff.).

3. In den unter Nr. 2 bezeichneten Fällen entsteht von der Vornahme des Rechtsgeschäfts an bis zu dem Zeitpunkt, in welchem der erforderte Thatumstand eintritt oder gewiß wird, daß er nicht eintreten wird, ein Schwebezustand. Handelt es sich um einen Vertrag, so bleiben die Vertragschließenden regelmäßig an denselben gebunden, bis die Entscheidung eingetreten ist; doch wird die Bindung in einzelnen Fällen ausgeschlossen oder von bestimmten Voraussetzungen abhängig gemacht (s. z. B. die §§ 109, 178, 873 Abs. 2). Auch bei den einseitigen empfangsbedürftigen Rechtsgeschäften ist der Erklärende regelmäßig gebunden; doch ist auch hier die Bindung bisweilen von bestimmten besonderen Voraussetzungen abhängig (s. z. B. § 875 Abs. 2). Das Stiftungsgeschäft dagegen ist bis zur Ertheilung der staatlichen Genehmigung regelmäßig widerruflich (s. Erl. zu § 81).

4. Wird das Rechtsgeschäft durch das Hinzutreten des erforderten Thatumstandes wirksam, so tritt die Wirksamkeit entweder erst mit dem Zeitpunkt ein, in welchem der Thatumstand eingetreten ist, oder sie wirkt auf den Zeitpunkt der Vornahme des Rechtsgeschäfts zurück, d. h. das Rechtsgeschäft gilt als von Anfang an wirksam. Das erstere findet z. B. statt bei dem Erfordernisse der Eintragung in das Grundbuch (§§ 873 ff.), das letztere findet regelmäßig, jedoch unter gewissen Beschränkungen, in denjenigen Fällen statt, in welchen die Wirksamkeit des Rechtsgeschäfts von der Genehmigung eines Dritten abhängt (§ 184).

5. In einer Reihe von Fällen enthält das B.G.B. die Vorschrift, daß eine Willenserklärung durch das spätere Hinzutreten eines Thatumstandes unwirksam werde. So wird z. B. nach § 108 Abs. 2 die dem Minderjährigen gegenüber von dem gesetzlichen Vertreter erklärte Ertheilung oder Verweigerung der Genehmigung eines von dem Minderjährigen geschlossenen Vertrags unwirksam, wenn der andere Vertragschließende den Vertreter zur Erklärung über die Genehmigung auffordert. Aehnlich in den Fällen der §§ 177 Abs. 2, 1396 Abs. 2, 1448 Abs. 2. Nach § 354 Satz 2 wird der Rücktritt von einem Vertrag unwirksam, wenn der Zurücktretende mit der Rückgewähr des empfangenen Gegenstandes in Verzug geräth, der andere Teil ihm eine angemessene Frist setzt und innerhalb dieser die Rückgewähr nicht erfolgt. In den Fällen dieser Art liegt ein allen Erfordernissen entsprechendes wirksames Rechtsgeschäft vor. Die Genehmigung ist wirksam ertheilt oder verweigert, der Rücktritt wirksam erfolgt; die dadurch begründeten rechtlichen Wirkungen können von Jedem geltend gemacht werden. Treten aber später die oben hervorgehobenen Umstände ein, so verwandelt sich die bisherige Wirksamkeit in Unwirksamkeit und fallen damit auch die in der Zwischenzeit etwa bereits eingetretenen Wirkungen weg.

6. Aehnlich liegen die Fälle, in denen das B.G.B. die Wirksamkeit einer Willenserklärung davon abhängig macht, daß ein bestimmter Thatumstand später nicht eintritt. So ist z. B. nach § 111 ein von dem Minderjährigen mit Einwilligung seines gesetzlichen Vertreters vorgenommenes einseitiges empfangsbedürftiges Rechtsgeschäft unwirksam, wenn der Minderjährige die Einwilligung nicht in schriftlicher Form vorlegt und der Andere das Rechtsgeschäft aus diesem Grunde unverzüglich zurückweist. Aehnliche Vorschriften enthalten z. B. die §§ 357, 359, 410, 554 Abs. 2, 1160. Auch in den Fällen dieser Art ist zwar das Rechtsgeschäft sofort mit der Vornahme bindend, aber die beabsichtigte rechtliche Wirkung tritt erst

ein, wenn feststeht, daß der betreffende Thatumstand nicht eingetreten ist, daß also in dem Falle des § 111 der andere Theil das Rechtsgeschäft nicht unverzüglich zurückgewiesen hat. Der Unterschied von den unter Nr. 5 bezeichneten Fällen wird dadurch ausgedrückt, daß in jenen gesagt wird: das Rechtsgeschäft „wird unwirksam", während es in den hier fraglichen Fällen heißt: das Rechtsgeschäft „ist unwirksam", wenn ꝛc. Im praktischen Ergebniß ist übrigens die Verschiedenheit nicht erheblich, da auch in den hier fraglichen Fällen derjenige, welcher die Unwirksamkeit des Rechtsgeschäfts geltend macht, beweisen muß, daß der Thatumstand, von dessen Nichteintritt die Wirksamkeit des Rechtsgeschäfts abhängt, eingetreten sei.

Ueber den ähnlich liegenden Fall der Verfügung über einen Gegenstand während des Schwebens der Bedingung, unter welcher der Verfügende schon früher bedingt verfügt hatte, s. Erl. zu § 161.

VII. Das B.G.B. unterscheidet folgende Arten der Unwirksamkeit eines Rechtsgeschäfts (s. Jacobi, Die fehlerhaften Rechtsgeschäfte, im Archiv f. ziv. Praxis Bd. 86 S. 51 ff. Hauptsächlich kritisch.):

1. Das Rechtsgeschäft ist nichtig. Nach E. I § 108 wird ein nichtiges Rechtsgeschäft, in Ansehung der gewollten rechtlichen Wirkung, so angesehen, wie wenn es nicht vorgenommen wäre. Das B.G.B. hat diese Definition nicht aufgenommen, geht aber von demselben Begriff aus. Ein nichtiges Rechtsgeschäft kann daher niemals wirksam werden. Die Bestätigung durch denjenigen, welcher es vorgenommen hat, ist als erneute Vornahme zu beurtheilen und begründet, wenn es sich um einen Vertrag handelt, im Zweifel die Verpflichtung für die Parteien, einander zu gewähren, was sie haben würden, wenn der Vertrag von Anfang an gültig gewesen wäre (§ 141). Das nichtige Rechtsgeschäft kann unter Umständen andere als die gewollten rechtlichen Wirkungen erzeugen, insbesondere die Verpflichtung zum Schadensersatze (s. z. B. die §§ 122, 307, 309).

Besondere, von den allgemeinen Grundsätzen über Nichtigkeit in mehrfacher Beziehung abweichende Vorschriften gelten für eine nichtige Ehe (§§ 1323 ff.).

Als nichtig bezeichnet das B.G.B.:

a. Rechtsgeschäfte, welche von einem Geschäftsunfähigen oder im Zustande der Bewußtlosigkeit oder der vorübergehenden Störung der Geistesthätigkeit vorgenommen sind (§§ 105, 1325).

b. Rechtsgeschäfte, bei denen es an dem erforderlichen Willen fehlt. Hier tritt die Nichtigkeit indessen nur ein in einzelnen Fällen (§§ 116—118), während der Willensmangel in anderen Fällen nur Anfechtbarkeit zur Folge hat.

c. Rechtsgeschäfte, bei denen die vorgeschriebene Form nicht beobachtet ist (§§ 125, 1324).

d. Rechtsgeschäfte, die wegen ihres Inhalts gemißbilligt und deshalb des rechtlichen Schutzes nicht für würdig erachtet werden. Allgemeine Vorschriften in dieser Beziehung enthalten die §§ 134, 138, nach denen ein Rechtsgeschäft nichtig ist, das gegen ein gesetzliches Verbot oder gegen die guten Sitten verstößt. Dazu kommt eine große Reihe einzelner, besonders bezeichneter Rechtsgeschäfte (s. die §§ 248, 310, 312, 443, 476, 540, 637, 723 Abs. 3, 749 Abs. 3, 795 Abs. 3, 1136, 1229, 1297 Abs. 2, 1326, 1327, 1328, 1714 Abs. 2, 2235 Abs. 2, 2263, 2302.

e. Verträge, die auf eine unmögliche Leistung gerichtet sind (§ 306).

Obwohl das B.G.B. den Ausdruck „nichtig" nur in den unter a bis e bezeichneten Fällen gebraucht, so sind doch, wenigstens im praktischen Ergebniß, ebenso zu beurtheilen alle Fälle, in denen ein Rechtsgeschäft in der Art unwirksam ist, daß es niemals wirksam werden kann. Die Rechtsgeschäfte dieser Art bezeichnet das B.G.B. entweder schlechthin als unwirksam (s. z. B. die §§ 111 Satz 1, 344, 388, 925, 1253, 1950, 2077, 2101, 2180, 2202, 2289), oder es wird gesagt, daß sie nicht vorgenommen werden können (s. Einl. IV 4b, oben S. 25).

2. Das Rechtsgeschäft ist anfechtbar. Das Rechtsgeschäft ist auch hier von Anfang an mit einem Mangel behaftet; aber dieser Mangel wird nur dann berücksichtigt, wenn er von demjenigen geltend gemacht wird, welchem das Gesetz das Recht dazu einräumt. Wird das Rechtsgeschäft von dem Anfechtungsberechtigten angefochten, so ist es von Anfang an als nichtig anzusehen (§ 142 Abs. 1). Solange die Anfechtung nicht erfolgt ist, besteht das Rechtsgeschäft und ist es wirksam; jedoch kann der dem Rechtsgeschäft anklebende Mangel in einzelnen Beziehungen auch schon, bevor die Anfechtung erfolgt ist, geltend gemacht werden (§ 770). Die Anfechtung ist ausgeschlossen, wenn der Anfechtungsberechtigte das Rechtsgeschäft bestätigt (§ 144). Dasselbe gilt, wenn die für die Anfechtung bestimmte Frist abgelaufen ist. Ist die Anfechtung ausgeschlossen, so ist das Rechtsgeschäft voll wirksam (s. jedoch für den Fall des Ablaufs der Frist § 2083).

Die Gründe, aus denen ein Rechtsgeschäft nach dem B.G.B. anfechtbar ist, sind Irrthum (§§ 119, 120, 1332, 1333, 1334, 1350, 2078, 2079), widerrechtliche Drohung, arglistige

Täuschung (§§ 123, 1334, 1335) und bei der Ehe Beschränkung der Geschäftsfähigkeit (§ 1332). Die Anfechtung der Ehelichkeit eines Kindes (§ 1593) gehört nicht hierher, weil es sich dabei nicht um die Anfechtung eines Rechtsgeschäfts handelt.

Besondere Vorschriften enthält das B.G.B. über die Anfechtung der Ehe (§§ 1330 ff.), der Anerkennung der Ehelichkeit eines Kindes (§ 1599), der Ehelichkeitserklärung (§ 1731), der Annahme an Kindesstatt (§ 1755), der letztwilligen Verfügung (§ 2078 ff.), des Erbvertrags (§§ 2281 ff.).

3. Das Rechtsgeschäft ist zur Zeit unwirksam, kann aber noch wirksam werden. Ueber die verschiedenen hier in Betracht kommenden Fälle s. oben unter VI 2—6. Wird gewiß, daß die Wirksamkeit nicht eintreten kann, so ist das Rechtsgeschäft im praktischen Ergebniß ebenso unwirksam wie ein nichtiges Rechtsgeschäft. Man kann diese Fälle als schwebende Unwirksamkeit bezeichnen.

4. In den unter Nr. 1—3 bezeichneten Fällen ist die Unwirksamkeit des Rechtsgeschäfts eine absolute. Das B.G.B. kennt aber auch einzelne Fälle einer relativen Unwirksamkeit. Das Rechtsgeschäft wird in solchen Fällen, obwohl es im Allgemeinen wirksam ist, doch bestimmten Personen gegenüber so behandelt, wie wenn es nicht bestände. Diese Behandlung tritt insbesondere ein bei Verfügungen, welche gegen ein gesetzliches Veräußerungsverbot verstoßen, das nur den Schutz bestimmter Personen bezweckt. Nur diesen Personen gegenüber ist die Verfügung unwirksam (§ 135). Ein ähnliches Verhältniß findet z. B. statt in den Fällen der §§ 506, 883, 888, 1124 Abs. 2, 1126, 1399. Die Fälle der §§ 161, 2113 gehören nicht hierher, s. Erl. zu diesen Paragraphen.

Ueber das im Falle der Anfechtung eines Rechtsgeschäfts nach Maßgabe des § 123 Abs. 2 oder des § 143 Abs. 4 eintretende Verhältniß s. Erl. zu §§ 123, 143.

VIII. Ein wirksames Rechtsgeschäft kann regelmäßig von demjenigen, welcher es vorgenommen hat, nicht widerrufen werden. Für den Vertrag ist dies selbstverständlich. (Ueber die besonderen Fälle, in welchen ein Rücktritt vom Vertrage zulässig ist, s. §§ 346 ff.). Auch das einseitige Rechtsgeschäft ist aber regelmäßig unwiderruflich, wenn es einmal wirksam geworden ist, d. h. also, wenn diejenigen Wirkungen eingetreten sind, welche dadurch erreicht werden sollten. Ueber diejenigen Fälle, in welchen die Wirksamkeit noch von dem Hinzutritt eines anderen Thatumstandes abhängt, s. VI. 2—6, oben S. 144. Zweifel können entstehen bei denjenigen einseitigen Rechtsgeschäften, die wie die Zustimmung eines Dritten keine selbständige Wirkung haben, sondern nur zu einem anderen Rechtsgeschäfte hinzutreten müssen, um dasselbe wirksam zu machen. Auch hier gilt indessen die Regel, daß ein Widerruf nicht zulässig ist. Der E. I hat an verschiedenen Stellen die Unwiderruflichkeit einseitiger Rechtsgeschäfte ausdrücklich bestimmt. In dem B.G.B. sind die betreffenden Sätze weggelassen. Nur für die Einwilligung zu einem Rechtsgeschäfte gilt nach § 183 die Regel, daß sie bis zur Vornahme des Rechtsgeschäfts widerruflich ist. Deshalb ist in denjenigen Fällen, in welchen ausnahmsweise die Einwilligung nicht widerruflich sein soll, dies ausdrücklich bestimmt s. z. B. § 876 Satz 3. Die Verweigerung der Einwilligung kann selbstverständlich immer widerrufen werden; es handelt sich hierbei in Wirklichkeit nicht um den Widerruf eines Rechtsgeschäfts, weil die Verweigerung der Einwilligung selbständige rechtliche Folgen nicht hat, sondern nur die Erklärung ist, das Rechtsgeschäft der Einwilligung nicht vornehmen zu wollen. Anders steht die Sache bei der Verweigerung der Genehmigung. Man kann zwar auch hier zweifeln, ob diese Verweigerung ein Rechtsgeschäft ist. An die Verweigerung knüpft sich indessen die Folge, daß das Rechtsgeschäft, dessen Wirksamkeit von der Genehmigung abhängt, nicht wirksam wird; es kann sich daran auch die Folge knüpfen, daß das Rechtsgeschäft völlig unwirksam wird. Die Frage, ob die Verweigerung der Genehmigung widerrufen werden und nachträglich noch die Genehmigung erfolgen kann, ist von dem B.G.B. wie von dem E. I nicht allgemein entschieden. Diese Frage läßt sich in der That auch nicht allgemein entscheiden, vielmehr wird es auf die einzelnen Fälle ankommen. Als leitenden Gesichtspunkt wird man dabei aufstellen können, daß eine einmal verweigerte Genehmigung nicht mehr wirksam ertheilt werden kann, wenn das Rechtsgeschäft, dessen Wirksamkeit von der Genehmigung abhängt, durch die Verweigerung völlig unwirksam geworden ist, daß aber, sofern dies nicht der Fall ist, die Genehmigung noch nachträglich ertheilt werden kann. In dem ersteren Falle wird die Verweigerung der Genehmigung als ein Rechtsgeschäft oder doch als eine nach denselben Grundsätzen zu beurtheilende Rechtshandlung anzusehen sein.

IX. Neben der unter III, IV, oben S. 143, bereits hervorgehobenen Unterscheidung zwischen einseitigen Rechtsgeschäften und Verträgen sind von allgemeiner Bedeutung folgende Unterscheidungen der Rechtsgeschäfte:

1. Rechtsgeschäfte unter Lebenden und von Todeswegen.

Die letzteren haben den Zweck, die Rechtsverhältnisse einer Person nach deren Tode zu regeln. Es gehören dazu die einseitige letztwillige Verfügung (Testament), der Erbvertrag und der Erbverzicht. Charakteristisch für sie ist, daß ihre Wirksamkeit erst mit dem Tode derjenigen Person eintritt, auf deren Verhältnisse nach ihrem Tode sich das Rechtsgeschäft bezieht. Eine Zuwendung von Todeswegen wird daher unwirksam, wenn derjenige, zu dessen Gunsten sie erfolgt, den Erblasser nicht überlebt (§§ 1923, 2160). Bis zum Tode des Erblassers ist die letztwillige Verfügung widerruflich, der Erbvertrag wie der Erbverzicht bindend. Die Rechtsgeschäfte unter Lebenden umfassen alle anderen Rechtsgeschäfte. Ihrem Inhalte nach betreffen sie entweder die persönlichen, die vermögensrechtlichen oder die familienrechtlichen Verhältnisse.

2. Die Unterscheidung zwischen abstrakten und kausalen Rechtsgeschäften hat praktische Bedeutung hauptsächlich für das Vermögensrecht (Windscheid II §§ 318, 319; Regelsberger I § 167; Dernburg I § 95; Jacubezky S. 14—17). Jede Vermögenszuwendung, mag sie in der Uebertragung, Begründung, Aenderung oder Aufhebung eines Rechtes oder einer Verpflichtung bestehen, hat einen bestimmten Zweck. Sie ist ohne einen solchen psychologisch nicht denkbar. Der Zweck kann ein verschiedener sein. Die bekannte Eintheilung der Zuwendungen in solche, die obligandi, credendi oder donandi causa erfolgen, bezeichnet nur die wichtigsten und häufigsten Zwecke; es sind auch noch manche andere Zwecke denkbar, z. B. der Zweck, eine Bedingung zu erfüllen. Der Zweck des Rechtsgeschäfts bildet zugleich den Grund, aus welchem es vorgenommen wird; er wird deshalb auch als Rechtsgrund oder causa des Rechtsgeschäfts bezeichnet. Hinter dem unmittelbaren rechtlichen Zwecke, um dessentwillen das Rechtsgeschäft vorgenommen wird, können noch andere Beweggründe stehen, aus welchen jener Zweck verfolgt wird. Die Schenkung kann aus Dankbarkeit, aus Wohlwollen oder, um auf die Gesinnung des Beschenkten gegen den Schenker einzuwirken, erfolgen rc. Diese zurückliegenden Beweggründe sind rechtlich regelmäßig ohne Bedeutung. Der unmittelbare Zweck des Rechtsgeschäfts hat dagegen immer rechtliche Bedeutung. Diese Bedeutung ist aber eine verschiedene, je nachdem der Zweck in das Rechtsgeschäft selbst mit aufgenommen ist und einen wesentlichen Bestandtheil desselben bildet oder dies nicht der Fall ist. Rechtsgeschäfte der ersteren Art werden als kausale, Rechtsgeschäfte der letzteren als abstrakte bezeichnet. Die Wirksamkeit des kausalen Rechtsgeschäfts hängt davon ab, daß der Zweck erreicht wird. Das abstrakte Rechtsgeschäft ist wirksam ohne Rücksicht darauf, worin der Zweck bestand und ob er erreicht wird, aber die rechtliche Wirkung kann wegen Mangels des rechtlichen Grundes nach den Vorschriften über die Herausgabe einer ungerechtfertigten Bereicherung rückgängig gemacht werden (§§ 812 ff.). Am schärfsten tritt der Unterschied zwischen abstrakten und kausalen Rechtsgeschäften hervor bei den sog. dinglichen Verträgen im Gegensatze zu den meisten obligatorischen Verträgen. Die dinglichen Verträge, d. h. diejenigen, durch welche das Eigenthum einer Sache oder das Recht an einer solchen übertragen oder belastet wird, sind nach dem B.G.B. immer abstrakte Rechtsgeschäfte. Im E. I (§§ 829, 874) war ausdrücklich bestimmt, daß zur Wirksamkeit eines dinglichen Vertrags die Angabe des Rechtsgrundes nicht erforderlich sei und daß die Wirksamkeit des Vertrags dadurch nicht ausgeschlossen werde, daß die Vertragschließenden verschiedene Rechtsgründe vorausgesetzt haben oder daß der von ihnen vorausgesetzte Rechtsgrund nicht vorhanden oder ungültig sei.

In das B.G.B. sind diese Vorschriften nicht aufgenommen, aber nur deshalb nicht, weil sie sich aus dem Zusammenhang als selbstverständlich ergeben. Wird bei einem dinglichen Vertrage der Rechtsgrund angegeben, so ist dies für die Wirksamkeit des Vertrags ohne Bedeutung, sofern der Rechtsgrund nicht etwa als Bedingung in den Vertrag aufgenommen ist. Auch die einseitigen dinglichen Rechtsgeschäfte, durch welche Rechte an Sachen aufgehoben werden, sind durchweg abstrakte Rechtsgeschäfte. Das abstrakte Rechtsgeschäft ist aber nicht auf das Gebiet des Sachenrechts beschränkt. Dieselben Grundsätze, die für die dinglichen Verträge über Sachen und Rechte an solchen gelten, finden auch auf die Verträge Anwendung, durch welche eine Forderung oder ein Recht der in dem § 413 bezeichneten Art übertragen oder belastet wird (§ 398). Dasselbe gilt von der Schuldübernahme (§ 414) sowie von dem Vertrag über Erlaß einer Schuld (§ 397). Im E. I §§ 290 Abs. 2, 294 Abs. 2 war dies ausdrücklich hervorgehoben und ist in dem B.G.B. nur aus denselben Gründen weggelassen, aus denen der § 829 gestrichen ist.

Die auf Begründung einer Forderung gerichteten Verträge sind ihrer Natur nach regelmäßig kausale Rechtsgeschäfte. Die Parteien können jedoch eine Forderung in der Art begründen, daß sie den Rechtsgrund aus dem Rechtsgeschäfte ausscheiden. Dies geschieht durch das Schuldversprechen und das Schuldanerkenntniß (§§ 780, 781); auch die Annahme der Anweisung (§ 784), die Schuldverschreibung auf den Inhaber (§ 793) gehören hierher. In den Motiven des E. I sowie in den Protokollen der ersten Kommission werden unter „dinglichen Verträgen" häufig alle abstrakten Verträge verstanden. Möglich ist, daß auch ein kausales Rechtsgeschäft einen außerhalb desselben liegenden Zweck hat; so kann z. B. ein Kaufvertrag abgeschlossen werden zum Zwecke der Erfüllung der durch einen Vorvertrag oder ein Vermächtniß begründeten Verpflichtung zum Abschlusse des Vertrags. In Fällen dieser Art bildet der in das Rechtsgeschäft aufgenommene Rechtsgrund (obligandi causa) einen Bestandtheil des Rechtsgeschäfts:

10*

der zurückliegende Rechtsgrund (solvendi causa) hat nur dieselbe Bedeutung wie der Rechtsgrund bei abstrakten Verträgen; es wird daher, wenn er fehlt, dadurch nicht die Wirksamkeit des Rechtsgeschäfts ausgeschlossen, sondern nur ein Anspruch auf Wiederaufhebung nach Maßgabe der Vorschriften über Herausgabe einer ungerechtfertigten Bereicherung (§§ 812 ff.) begründet. Ueber die weiteren Konsequenzen dieser Unterscheidung s. Erl. zu den betreffenden Rechtsgeschäften und zu der ungerechtfertigten Bereicherung (§§ 812 ff.).

3. Unter den vermögensrechtlichen Rechtsgeschäften wird zwischen entgeltlichen und unentgeltlichen unterschieden, je nachdem der durch das Rechtsgeschäft bezweckte Vermögenserwerb gegen Entgelt oder unentgeltlich erfolgt. Den Hauptfall der unentgeltlichen Rechtsgeschäfte bilden die Schenkungen (§§ 516 ff.). Eine unentgeltliche Zuwendung kann aber auch vorliegen, wo ein zum Thatbestande der Schenkung nach § 516 gehörendes Moment fehlt, so z. B. unter Umständen in dem Falle einer Sicherheitsleistung durch einen dazu nicht Verpflichteten. Von praktischer Bedeutung ist der Begriff der unentgeltlichen Verfügung oder Zuwendung hauptsächlich in den Fällen der §§ 816, 822.

4. Eine wichtige Kategorie der Rechtsgeschäfte bilden diejenigen, welche das B.G.B. als Verfügungen bezeichnet (§§ 135, 137, 161, 184 Abs. 2, 185, 353, 487 Abs. 2, 499, 573, 588, 719, 747, 793, 797, 816, 878, 883 Abs. 2, 892 Abs. 1, 893, 1048, 1074, 1124, 1126, 1165, 1189, 1282 Abs. 2, 1361 Abs. 1, 1375, 1376 Nr. 1, 1377 Abs. 1, 1380, 1392 Abs. 2, 1396, 1398, 1407 Nr. 3, 1442 Abs. 1, 1443, 1445, 1446, 1448 Abs. 1, 1449, 1644, 1812, 1815, 1816, 1819, 1820 Abs. 1, 1821 Nr. 1, 2, 1822 Nr. 1, 1824, 1984, 2033, 2040, 2112, 2113, 2114, 2115, 2116 Abs. 2, 2117, 2118, 2120, 2129 Abs. 1, 2137, 2138 Abs. 2, 2205, 2206, 2211, 2217 Abs. 1, 2286, 2363 Abs. 1, 2367, 2375 Abs. 1). Das B.G.B. giebt keine Definition der Verfügung. Es werden darunter verstanden diejenigen Rechtsgeschäfte, durch welche unmittelbar ein Recht übertragen, belastet, geändert oder aufgehoben wird. Der Begriff der Veräußerung sowie der Belastung ist ein engerer. Unter Veräußerung versteht das B.G.B. nur die Uebertragung des Eigenthums oder eines sonstigen Rechtes, unter Belastung die Begründung eines dinglichen Rechtes an einem Gegenstande (s. z. B. die §§ 92, 314, 445, 493, 753, 873—881, 918 Abs. 2, 925, 926, 932, 936, 1009, 1012, 1019, 1030, 1056, 1087 Abs. 2, 1090, 1094, 1105, 1113, 1121 Abs. 2, 1122, 1149, 1191, 1242, 1243, 1244, 1245, 1249, 1262, 1263 Abs. 2, 1644, 1822 Nr. 3, 1824 ꝛc.). Der Begriff der Verfügung umfaßt neben der Veräußerung und Belastung auch die Aenderung und Aufhebung eines Rechtes, insbesondere also auch die Annahme einer geschuldeten Leistung, indem dadurch die Forderung aufgehoben wird, und ebenso den Erlaß einer Forderung. Auch die Kündigung eines Rechtsverhältnisses durch den Berechtigten gehört dahin, weil sein Recht dadurch eine Aenderung erleidet. Nicht unter den Begriff der Verfügung fallen obligatorische Rechtsgeschäfte; vielmehr wird scharf unterschieden, ob ein Rechtsgeschäft nur die Verpflichtung zu einer Verfügung begründet oder selbst schon eine Verfügung enthält s. z. B. die §§ 1396, 1398, 1399, 1444, 1446 Abs. 1. Auch die Prozeßführung über ein Recht fällt nicht unter den Begriff der Verfügung im Sinne des B.G.B. Obwohl die Partei durch ihre Prozeßführung den Inhalt des ergehenden Urtheils zu beeinflussen im Stande ist und in Folge der Wirkungen des Urtheils eine Aenderung der Rechtslage eintreten kann, so handelt es sich hier doch nur um eine mittelbare Einwirkung auf bestehende Rechte. Man kann daher daraus, daß einer Person das Recht der Verfügung über einen Gegenstand nicht zusteht, nicht ohne Weiteres schließen, daß sie auch zur Prozeßführung darüber nicht legitimirt sei. So schließt z. B. ein Veräußerungsverbot der in dem § 135 bezeichneten Art das Recht nicht aus, einen Rechtsstreit über den Gegenstand zu führen, dessen Veräußerung verboten ist.

In einer Reihe von Fällen wird der rechtsgeschäftlichen Verfügung eine Verfügung gleichgestellt, die im Wege der Zwangsvollstreckung oder der Arrestvollziehung oder durch den Konkursverwalter erfolgt; so in den Fällen der §§ 161, 184 Abs. 2, 353 Abs. 2, 499, 833 Abs. 2, 2115. Diese Gleichstellung findet aber nicht in allen Fällen statt, insbesondere nicht in dem wichtigen Falle des rechtsgeschäftlichen Erwerbes auf Grund des Glaubens des Grundbuchs (§ 892). In einem Falle, nämlich dem des § 135, ist die Verfügung durch den Konkursverwalter nicht erwähnt, weil die Verfügungsbeschränkung zu Gunsten einer bestimmten Person, von welcher dieser Paragraph handelt, im Konkurse nach § 13 der K.O. ihre Wirksamkeit verliert.

Der Ausdruck „Verfügung“ wird im B.G.B. noch in zwei anderen Bedeutungen als der oben dargelegten gebraucht. Es wird einerseits von einer gerichtlichen Verfügung, einer einstweiligen Verfügung, einer Verfügung der Staatsgewalt gesprochen (§§ 186, 489, 802, 885, 899 Abs. 2, 1716, 1723 Abs. 1, 1875, 1990, 2016). Andererseits werden die Rechtsgeschäfte von Todeswegen als Verfügungen von Todeswegen oder letztwillige Verfügungen oder auch, wo der Zusammenhang über die Bedeutung keinen Zweifel läßt, ohne solchen Zusatz schlechthin als „Verfügung“ bezeichnet (s. z. B. die §§ 1937, 2085, 2087, 2208 Abs. 2, 2268 Abs. 2, 2270, 2271, 2278 Abs. 2,

2281 Abs. 2, 2297, 2332, 2337. Auch der Ausdruck „vertragsmäßige Verfügung" wird, wo der Zusammenhang keinen Zweifel läßt, im Sinne einer durch Erbvertrag erfolgenden Verfügung gebraucht, z. B. in dem § 2294.

X. Neben den Rechtsgeschäften in der oben S. 142 unter I bezeichneten Bedeutung kommen Handlungen vor, mit welchen die Rechtsordnung rechtliche Folgen ohne Rücksicht darauf verknüpft, ob diese gewollt sind. Dahin gehören die unerlaubten Handlungen (§§ 823 ff.). Außer diesen giebt es aber noch manche andere Handlungen, die rechtliche Wirkungen haben, ohne daß sie unter den Begriff der Rechtsgeschäfte fallen. Die Grenze zwischen ihnen und den Rechtsgeschäften ist nicht selten zweifelhaft. So ist z. B. bestritten, ob die Mahnung (§ 284), die Aufgabe des Eigenthums (§ 959), die Aneignung einer herrenlosen Sache (§ 958) Rechtsgeschäfte sind, während es bei anderen Handlungen, z. B. der Herstellung einer neuen Sache durch Verarbeitung (§ 950) unzweifelhaft ist, daß sie nicht zu den Rechtsgeschäften gehören. Die große Verschiedenheit dieser Handlungen, die man unter dem Namen Rechtshandlungen zusammenzufassen pflegt, erklärt es, daß das B.G.B. allgemeine Vorschriften darüber nicht giebt. Der Wissenschaft und Praxis wird die Entscheidung der Frage überlassen, ob und welche der für Rechtsgeschäfte geltenden Vorschriften sich zur entsprechenden Anwendung eignen. Die Erörterung dieser Frage muß für jede einzelne Rechtshandlung besonders erfolgen. Für einzelne Fälle giebt das B.G.B. besondere Vorschriften, so z. B. über den Einfluß der Geschäftsunfähigkeit und der Beschränkung der Geschäftsfähigkeit bei der Begründung oder dem Aufgeben des Wohnsitzes (§ 8) sowie bei der Geschäftsführung ohne Auftrag (§ 682).

Erster Titel.

1. Die Handlungsfähigkeit im Sinne der gemeinrechtlichen Theorie umfaßt sowohl die Fähigkeit zu rechtsgeschäftlichen Willenserklärungen wie die Verantwortlichkeit für unerlaubte Handlungen und für Verletzung obligatorischer Verpflichtungen. Das B.G.B. vermeidet eine solche Zusammenfassung und gebraucht daher den Ausdruck „Handlungsfähigkeit" überhaupt nicht. Die als Geschäftsfähigkeit bezeichnete Fähigkeit zu rechtsgeschäftlichen Willenserklärungen wird in dem ersten Titel des dritten Abschnitts geregelt, während die Vorschriften über die Verantwortlichkeit wegen unerlaubter Handlungen in den §§ 827—829 enthalten sind und auf die Verantwortlichkeit wegen Verletzung obligatorischer Verpflichtungen nach § 276 Abs. 1 Satz 3 Anwendung finden. Die wesentliche Verschiedenheit der für die Geschäftsfähigkeit und der für jene Verantwortlichkeit geltenden Vorschriften rechtfertigt die gesonderte Behandlung. Ueber die Geschäftsfähigkeit bei den nicht zu den Rechtsgeschäften gehörenden Rechtshandlungen s. Vorbm. zu diesem Abschnitt unter X.

2. Ueber die Geschäftsfähigkeit der Ausländer bestimmt das E.G. Art. 7 (s. auch Art. 27, 29). Soweit die Geschäftsfähigkeit der Ehefrauen nach dem bisherigen ehelichen Güterrechte beschränkt ist, bleibt die Beschränkung nach der Uebergangsvorschrift des E.G. Art. 200 Abs. 3 bestehen, solange der bisherige Güterstand fortdauert. Der im E.G. Art. 95 für die Landesgesetze in Betreff des Gesinderechts gemachte Vorbehalt bezieht sich nicht auf die Vorschriften der §§ 104—115.

3. Der § 104 bestimmt, wer geschäftsunfähig ist. Nach § 105 sind nichtig die Willenserklärungen, die von einem Geschäftsunfähigen oder im Zustande der Bewußtlosigkeit oder einer vorübergehenden Störung der Geistesthätigkeit abgegeben sind. Die §§ 106—113 enthalten Vorschriften über die beschränkte Geschäftsfähigkeit der Minderjährigen. Nach § 107 ist die Einwilligung des gesetzlichen Vertreters zu jeder Willenserklärung eines Minderjährigen erforderlich, durch die er nicht lediglich einen rechtlichen Vortheil erlangt. Die beim Mangel dieses Erfordernisses geltenden Vorschriften sind für Verträge in den §§ 108—110, für einseitige Rechtsgeschäfte in dem § 111 enthalten. Die §§ 112, 113 bestimmen die Ausnahmefälle, in denen der Minderjährige unbeschränkt geschäftsfähig ist. Durch den § 114 werden die für Minderjährige geltenden Vorschriften auf die wegen Geistesschwäche, Verschwendung oder Trunksucht Entmündigten sowie auf die nach § 1906 unter vorläufige Vormundschaft gestellten Personen ausgedehnt. Der § 115 enthält besondere Vorschriften über die Behandlung der von und gegenüber einem Entmündigten oder dessen Vertreter vorgenommenen Rechtsgeschäfte, wenn der die Entmündigung aussprechende Beschluß in Folge einer Anfechtungsklage aufgehoben wird sowie über die entsprechende Anwendung dieser Vorschriften im Falle einer vorläufigen Bevormundung.

§. 104.

Geschäftsunfähig ist:

1. wer nicht das siebende Lebensjahr vollendet hat;
2. wer sich in einem die freie Willensbestimmung ausschließenden Zustande krankhafter Störung der Geistesthätigkeit befindet, sofern nicht der Zustand seiner Natur nach ein vorübergehender ist;
3. wer wegen Geisteskrankheit entmündigt ist.

---

§. 104.

E. I § 64 Abs. 1, 2; II § 78 rev. § 100; III § 100. P. I S. 59—63, 91, 3227, 11701, 11702, 11707, 11708; M. I S. 129, 130. P. II S. 119—122, 152—154, 6478, 8352—8354 (Bd. I S. 55—57, 72, 73; Bd. IV S. 828). R.B. I S. 1952. St.B. S. 2749.

1. Der Zeitpunkt, in welchem das siebente Lebensjahr vollendet ist, wird nach Maßgabe des § 187 Abs. 2 berechnet. Die natürliche Willensfähigkeit fehlt bei Kindern unter sieben Jahren keineswegs immer; auch die Einsicht in die rechtliche Bedeutung eines Rechtsgeschäfts ist bisweilen vorhanden. Die Nothwendigkeit, in jedem einzelnen Falle zu untersuchen, ob der erforderliche Wille und die erforderliche Einsicht vorhanden sind, würde aber praktisch zu großen Uebelständen führen; das Gesetz schneidet deshalb durch, indem es alle Kinder unter sieben Jahren für geschäftsunfähig erklärt.

2. Eine zutreffende Bezeichnung derjenigen Personen, die das Gesetz wegen ihres anomalen geistigen Zustandes für geschäftsunfähig erklären muß, ist sehr schwierig, weil dabei sehr bestrittene Fragen der Psychologie und Psychiatrie mit in Betracht kommen. Der E. I § 64 sprach von den des Vernunftgebrauchs beraubten Personen. Die Kritik sprach sich überwiegend gegen diese Bezeichnung aus. In der zweiten Kommission hat man mit Rücksicht auf die geltend gemachten Bedenken beschlossen, sich an den § 51 des St.G.B. anzuschließen. Auch durch diese Fassung werden nicht alle Zweifel beseitigt, aber sie gewährt den Vortheil, daß auf der reichen strafrechtlichen Literatur über diesen Gegenstand fortgebaut werden kann. Unter einem „Zustande krankhafter Störung der Geistesthätigkeit" sind ebenso wie unter „Geisteskrankheit" in dem § 6 Nr. 1 auch die Zustände angeborener anomaler Störung der Geistesthätigkeit mit zu verstehen. Ob die freie Willensbestimmung durch einen solchen Zustand ausgeschlossen wird, ist eine medizinische, nur durch Untersuchung des einzelnen Falles zu entscheidende Frage.

3. Abweichend von dem § 51 des St.G.B. ist in dem § 104 Nr. 2 nicht erwähnt ein Zustand der Bewußtlosigkeit. Eine weitere Abweichung von dem § 51 besteht in dem Zusatze „sofern nicht der Zustand seiner Natur nach ein vorübergehender ist". Die in diesen beiden Abweichungen liegende Beschränkung hat ihren Grund nicht darin, daß die Willenserklärungen, welche in einem Zustande der Bewußtlosigkeit oder einer nur vorübergehenden Störung der Geistesthätigkeit abgegeben werden, als rechtlich wirksam betrachtet würden; sie sind vielmehr nach § 105 Abs. 2 ebenso nichtig, wie die Willenserklärung eines Geschäftsunfähigen. Die Beschränkung hat ihren Grund vielmehr in dem Bedürfnisse, den technischen Ausdruck „geschäftsunfähig" auf dauernde Zustände der in dem § 104 Nr. 2 bezeichneten Art zu beschränken. In verschiedenen Beziehungen werden rechtliche Folgen an die Geschäftsunfähigkeit geknüpft, die für einen Zustand der Bewußtlosigkeit und der ihrer Natur nach vorübergehenden Störung der Geistesthätigkeit nicht gelten. Dahin gehört insbesondere die Vorschrift des § 131 Abs. 1 über die einem Geschäftsunfähigen gegenüber abgegebene Willenserklärung (s. auch z. B. 206, 1780). Zustände der Bewußtlosigkeit oder ihrer Natur nach nur vorübergehender Störung der Geistesthätigkeit sind z. B. Schlaf, Hypnose, Fieber, die bis zur Bewußtlosigkeit gesteigerte Trunkenheit, zirkulärer Wahnsinn 2c.

4. Nur die Entmündigung wegen Geisteskrankheit hat die Geschäftsunfähigkeit zur Folge. Die Entmündigung aus anderen Gründen (§ 6 Nr. 2—4) begründet nur eine Beschränkung der Geschäftsfähigkeit (§ 114). Ist die Entmündigung erfolgt, so kommt es nicht darauf an, ob sie mit Recht erfolgt ist, und ebensowenig darauf, ob die Geisteskrankheit, wegen deren sie erfolgt ist, noch fortdauert oder ob lichte Zwischenräume eintreten. Die Geschäftsunfähigkeit bleibt, bis die Entmündigung wieder aufgehoben ist. Der Zeitpunkt, in welchem der die Entmündigung aussprechende Beschluß in Wirksamkeit tritt, bestimmt sich nach § 660 der C.P.O. der Zeitpunkt, in welchem die Aufhebung der Entmündigung in Kraft tritt, nach den §§ 672, 678, 679 der C.P.O. Für den Fall der Aufhebung des die Entmündigung aussprechenden Beschlusses in Folge einer Anfechtungsklage giebt der § 115 besondere Vorschriften.

§. 105.

Die Willenserklärung eines Geschäftsunfähigen ist nichtig.

Nichtig ist auch eine Willenserklärung, die im Zustande der Bewußtlosigkeit oder vorübergehender Störung der Geistesthätigkeit abgegeben wird.

---

§ 105.

E. I § 64 Abs. 2, 3 II § 79 rev. § 101; III § 101. P. I S. 59—63, 91—93, 3227, 11701, 11702, 11707, 11708; M. I S. 130, 131. P. II S. 119—121, 122, 152—154, 6478, 8352—8354 (Bd. I S. 55, 56, 72, 73. Bd. IV S. 828). K.B. I S. 1952. St.B. S. 2749.

1. Ueber den Begriff der Nichtigkeit s. Vorbm. VII. I, oben S. 145. Die Vorschriften des § 105 beziehen sich auf alle Willenserklärungen. Gegen die wiederholt auch noch in der R.K. gestellten Anträge, für die Annahme von Schenkungen eine Ausnahme eintreten zu lassen, wurde insbesondere geltend gemacht, daß man dann unter solchen Geschäftsunfähigen unterscheiden müsse, welche die erforderliche Einsicht in die Bedeutung von Willenserklärungen dieser Art haben, und solchen, denen die Einsicht fehlt, und daß damit der praktisch wichtige Vortheil einer festen, alle Zweifel abschneidenden Grenze verloren gehe. In der That wird, von seltenen Ausnahmefällen abgesehen, dem Bedürfnisse dadurch genügt werden, daß nicht nur der gesetzliche Vertreter des Geschäftsunfähigen die Schenkung annehmen kann, sondern daß auch jeder Dritte als Vertreter ohne Vertretungsmacht in der Lage ist, den Schenkungsvertrag in der Weise abzuschließen, daß dessen Wirksamkeit von der Genehmigung des gesetzlichen Vertreters abhängt (§§ 177 ff.).

Für die Eheschließung werden dieselben Vorschriften wie in dem § 105 in dem § 1325 getroffen, jedoch gelten für die Nichtigkeit der Ehe besondere Vorschriften (s. § 1325 Abs. 2 und §§ 1329 ff.).

Ueber den Einfluß der Geschäftsunfähigkeit und des in dem § 105 Abs. 2 bezeichneten Zustandes auf die nicht zu den Rechtsgeschäften gehörigen Rechtshandlungen s. Vorbm. X, oben S. 149.

2. Die Vorschriften des § 105 beziehen sich nur auf die Abgabe von Willenserklärungen, nicht auf deren Empfangnahme; die Vorschriften über diese enthält der § 131 (s. Erl. zu § 131).

3. Die Folgen, welche die Geschäftsunfähigkeit noch außer den in dem § 105 bezeichneten hat, werden bei den betreffenden Paragraphen des B.G.B. erörtert werden (s. z. B. die §§ 206, 1780).

4. Ueber den Zustand der Bewußtlosigkeit oder einer vorübergehenden Störung der Geistesthätigkeit s. Erl. zu § 104. In dem § 104 Nr. 2 wird ausdrücklich hervorgehoben, daß es sich um einen seiner Natur nach vorübergehenden Zustand handelt. Die Worte „seiner Natur nach" sind zwar in dem § 105 Abs. 2 weggelassen; gemeint ist aber dasselbe.

5. Für die Geschäftsunfähigen wird dadurch gesorgt, daß sie einen gesetzlichen Vertreter erhalten. Die im Namen des Vertretenen von dem Vertreter und ihm gegenüber abgegebenen Willenserklärungen wirken unmittelbar für und gegen den Vertretenen (§ 164). Dem gesetzlichen Vertreter eines Geschäftsunfähigen liegt die Sorge für dessen Person und Vermögen ob, soweit nicht in einzelnen Beziehungen Ausnahmen bestimmt sind. Ein volljähriger Entmündigter erhält den gesetzlichen Vertreter in dem für ihn zu bestellenden Vormunde (§ 1896). Für Kinder unter sieben Jahren steht die gesetzliche Vertretung entweder dem Vater oder der Mutter kraft elterlicher Gewalt (§§ 1627 ff., 1684 ff.) oder dem zu bestellenden Vormunde (§ 1773) zu. Die in dem § 104 Nr. 2 sowie die in dem § 105 Abs. 2 bezeichneten Personen haben, sofern sie nicht als Minderjährige unter elterlicher Gewalt oder unter Vormundschaft stehen oder entmündigt sind, keinen gesetzlichen Vertreter; doch kann für sie nach § 1906 unter den dort bezeichneten Voraussetzungen eine vorläufige Vormundschaft angeordnet und unter Umständen nach Maßgabe der §§ 1909 ff. ein Pfleger bestellt werden. In welchen Fällen der gesetzliche Vertreter der Genehmigung des Vormundschaftsgerichts oder eines Gegenvormundes bedarf, ist in den Abschnitten über die elterliche Gewalt und die Vormundschaft bestimmt.

Ob die von einem Geschäftsfähigen bestellte Vollmacht dadurch erlischt, daß er geschäftsunfähig wird,[1] bestimmt sich regelmäßig nach dem zu Grunde liegenden Rechtsverhältniß. In dem am häufigsten vorkommenden Falle, wenn die Vollmacht auf einem Auftrage beruht, ist der Eintritt der Geschäftsunfähigkeit regelmäßig ohne Einfluß (§§ 168, 672).

§. 106.

Ein Minderjähriger, der das siebente Lebensjahr vollendet hat, ist nach Maßgabe der §§. 107 bis 113 in der Geschäftsfähigkeit beschränkt.

§. 107.

Der Minderjährige bedarf zu einer Willenserklärung, durch die er nicht lediglich einen rechtlichen Vortheil erlangt, der Einwilligung seines gesetzlichen Vertreters.

---

§ 106.

E. I § 65 Abs. 1; II § 80 rev. § 102; III § 102. P. I S. 64—79; M. I S. 131 ff. P. II S. 128 (Bd. I S. 59, 60). K.B. S. 1952. St.B. S. 2749.

Der Minderjährige, welcher das siebente Lebensjahr vollendet hat (§§ 2—5), ist eines rechtlich in Betracht kommenden Willens fähig; es fehlt ihm aber regelmäßig die geistige Reife und die geschäftliche Erfahrung, welche das Gesetz für nothwendig erachtet. Das Gesetz giebt daher auch ihm wie dem Geschäftsunfähigen einen gesetzlichen Vertreter, dem die Sorge für die Person und das Vermögen des Minderjährigen obliegt. Die gesetzliche Vertretung steht, ebenso wie bei Personen unter sieben Jahren, entweder dem Vater oder der Mutter kraft elterlicher Gewalt oder dem zu bestellenden Vormunde zu. Der Minderjährige, welcher das siebente Lebensjahr vollendet hat, ist aber nicht darauf beschränkt, durch Vermittelung seines gesetzlichen Vertreters an dem Rechtsverkehre Theil zu nehmen, er kann vielmehr auch selbst durch eigene Handlungen eingreifen. Die von ihm vorgenommenen Rechtsgeschäfte sind indessen voll wirksam nur, soweit er dadurch lediglich einen rechtlichen Vortheil erlangt (§ 107), während die übrigen Rechtsgeschäfte, um den Minderjährigen gegen Nachtheile zu schützen, denjenigen Beschränkungen unterworfen werden, welche in den §§ 107—113 näher bestimmt sind. Ueber die dem Minderjährigen gegenüber abzugebenden Willenserklärungen wird das Erforderliche in dem § 131 Abs. 2 bestimmt. Besondere Vorschriften gelten für die Eheschließung (§§ 1304, 1331, 1336—1340), für den auf Eingehung oder Aufhebung der allgemeinen Gütergemeinschaft und der Fahrnißgemeinschaft gerichteten Vertrag (§ 1437), für Errichtung und Aufhebung eines Testaments (§§ 2229, 2230, 2247), für den Erbvertrag (§§ 1508, 1549, 2275), für den Erbverzicht (§§ 2347, 2351). Andere auf die Beschränkung der Geschäftsfähigkeit sich beziehende Vorschriften finden sich in den §§ 8, 206, 682.

Ueber die Fälle, in denen Rechtsgeschäfte des Minderjährigen außer der Genehmigung des gesetzlichen Vertreters noch der Genehmigung des Vormundschaftsgerichts oder des Gegenvormundes bedürfen, s. die §§ 1643, 1812 ff., 1821 ff.

§ 107.

E. I § 65 Abs. 2, 3 Satz 1; II § 81 rev. § 103; III § 103. P. I S. 64—79. M. S. 133. P. II S. 128 (Bd. I S. 59, 60).

1. Der E. I § 65 bestimmte, daß der Minderjährige der Einwilligung des gesetzlichen Vertreters nicht bedürfe zu solchen Rechtsgeschäften, durch welche er lediglich Rechte erwerbe oder lediglich von Verbindlichkeiten befreit werde. Beabsichtigt wurde damit dasselbe wie durch die jetzige, etwas weitere Fassung, nach welcher es darauf ankommt, ob der Minderjährige durch das Rechtsgeschäft lediglich einen rechtlichen Vortheil erlangt. Es fallen darunter neben den schon durch die Fassung den E. I getroffenen Rechtsgeschäften z. B auch Verträge, durch welche ein dem Minderjährigen gehörender Gegenstand von einem Rechte, mit welchem er belastet ist, befreit wird. Für die Beurtheilung der Frage, ob das Rechtsgeschäft den in dem § 107 bezeichneten Charakter hat, kommt es darauf an, ob das Rechtsgeschäft als solches dem Minderjährigen lediglich einen rechtlichen Vortheil bringt oder nicht. Die wirtschaftlichen Folgen kommen nicht in Betracht. Ein Kauf oder ein sonstiger gegenseitiger Vertrag fällt, auch wenn er für den Minderjährigen noch so günstig ist, niemals unter die Vorschrift des § 107, weil dadurch immer auch eine, wenn auch wirthschaftlich vielleicht unerhebliche Verpflichtung für den Minderjährigen begründet wird. Auch der Leihvertrag fällt, obwohl der Minderjährige dadurch die Benutzung der entliehenen Sache unentgeltlich erhält, nicht darunter, weil der Minderjährige dadurch zur demnächstigen Zurückgabe der entliehenen Sache verpflichtet wird; ebensowenig der von dem Minderjährigen ertheilte Auftrag, weil dadurch, obwohl der Beauftragte zur unentgeltlichen Ausführung des Auftrags verpflichtet ist, doch auch eine eventuelle Verpflichtung des Minderjährigen zum Ersatze von Verwendungen ꝛc. begründet wird. Ein dinglicher Vertrag, durch welchen dem Minderjährigen ein Recht übertragen wird, bedarf der Einwilligung des gesetzlichen Vertreters, wenn die Uebertragung zum Zwecke der Befriedigung eines Anspruchs erfolgt. Durch die Annahme der Leistung von Seiten des

§. 108.

Schließt der Minderjährige einen Vertrag ohne die erforderliche Einwilligung des gesetzlichen Vertreters, so hängt die Wirksamkeit des Vertrags von der Genehmigung des Vertreters ab.

Fordert der andere Theil den Vertreter zur Erklärung über die Genehmigung auf, so kann die Erklärung nur ihm gegenüber erfolgen; eine vor der Aufforderung dem Minderjährigen gegenüber erklärte Genehmigung oder Verweigerung der Genehmigung wird unwirksam. Die Genehmigung kann nur bis zum Ablaufe von zwei Wochen nach dem Empfange der Aufforderung erklärt werden; wird sie nicht erklärt, so gilt sie als verweigert.

Ist der Minderjährige unbeschränkt geschäftsfähig geworden, so tritt seine Genehmigung an die Stelle der Genehmigung des Vertreters.

Minderjährigen wird dessen Anspruch aufgehoben; der Minderjährige erlangt daher durch den Vertrag nicht lediglich einen rechtlichen Vortheil. Dieser Gesichtspunkt trifft nicht zu, wenn der Anspruch, behufs dessen Erfüllung die Leistung erfolgte, nicht bestand. Der Minderjährige ist zwar in solchem Falle regelmäßig zur Herausgabe des Empfangenen nach den für die Herausgabe einer ungerechtfertigten Bereicherung geltenden Vorschriften verpflichtet (§§ 812 ff.), aber diese Verpflichtung entspringt nicht aus der Willenserklärung des Minderjährigen und besteht überhaupt nicht, wenn der Leistende gewußt hat, daß er zu der Leistung nicht verpflichtet war, oder wenn die Leistung einer sittlichen Pflicht oder einer auf den Anstand zu nehmenden Rücksicht entsprach (§ 814). Praktisch in Betracht kommt hauptsächlich die Annahme reiner Schenkungen und einzelner sonstiger unentgeltlicher Zuwendungen. Für familienrechtliche und erbrechtliche Rechtsgeschäfte gelten in mehrfacher Beziehung besondere Vorschriften (s. Erl. zu § 106).

2. Unter Einwilligung zu einem Rechtsgeschäfte versteht das B.G.B. die vor der Vornahme des Rechtsgeschäfts erfolgende Zustimmung (§ 183). Sie ist ein einseitiges empfangsbedürftiges Rechtsgeschäft, kann aber sowohl dem einen wie dem anderen Theile, hier also sowohl dem Minderjährigen als auch demjenigen gegenüber erfolgen, mit welchem der Minderjährige das Rechtsgeschäft vornehmen will. Sie bedarf keiner Form und kann regelmäßig bis zur Vornahme des Rechtsgeschäfts, zu welchem sie erfolgt, widerrufen werden. Ueber das Nähere, insbesondere über die Frage, ob der Widerruf einer dem anderen Theile gegenüber erklärten Einwilligung auch dem Minderjährigen gegenüber erfolgen kann, s. Erl. zu den §§ 182, 183.

§ 108.

E. I § 65 Abs. 3 Satz 2, Abs. 5, 6; II § 82 rev. § 104; III § 104. P. I S. 64—79, 246, 247, 248, 3219, 3221, 3231, 6151, 6152, 6155, 6156, 6163, 6166, 6173, 6174, 11631—11633, 11661—11664, 11702; M. I S. 134 ff. P. II S. 129—133, 8360—8367, 8627—8629 (Bd. I S. 60—62). K.B. S. 1952, 1953. St.B. S. 2749.

1. Die Vorschriften des § 108 beziehen sich nur auf Verträge, nicht auf einseitige Rechtsgeschäfte; für diese gelten die Vorschriften des § 111. Von den Verträgen kommen aber nur diejenigen in Betracht, zu denen der Minderjährige der Einwilligung des gesetzlichen Vertreters bedarf, nicht also diejenigen, durch welche er lediglich einen rechtlichen Vortheil erlangt. Ob der Vertrag ein gegenseitiger ist oder ob dadurch lediglich ein Recht des Minderjährigen aufgegeben oder eine Verpflichtung für ihn begründet wird, ist gleichgültig; ebenso ob es sich um einen vermögensrechtlichen, familienrechtlichen oder erbrechtlichen Vertrag handelt; jedoch gelten für Verträge der beiden letztgedachten Arten manche besondere Vorschriften (s. Erl. zu § 106). Der Minderjährige wird gegen die nachtheiligen Folgen eines Vertrags der hier fraglichen Art dadurch geschützt, daß dessen Wirksamkeit von der Genehmigung des gesetzlichen Vertreters abhängig gemacht wird. Dem Interesse des anderen Theiles wird dadurch Rechnung getragen, daß der Vertrag immer nur ganz oder gar nicht wirksam werden kann und daß ihm die besonderen in dem § 108 Abs. 2 und dem § 109 bezeichneten Rechte beigelegt werden.

2. Die Vorschriften des § 108 kommen nur zur Anwendung, wenn der gesetzliche Vertreter nicht schon vor dem Abschlusse des Vertrags die Einwilligung dazu ertheilt hat. Ist diese ertheilt, so ist der Vertrag entweder voll wirksam oder, wenn dazu nach den Vorschriften über die elterliche Gewalt und das Vormundschaftsrecht (§§ 1643, 1812 ff., 1821 ff.) die Genehmigung des Vormundschaftsgerichts oder des Gegenvormundes erforderlich ist, von der nachträglichen Genehmigung des Vormundschaftsgerichts oder des Gegenvormundes abhängig. Ueber die für den letzteren Fall geltenden Vorschriften s. die §§ 1828—1832, 1643 Abs. 3.

3. Die Ertheilung sowie die Verweigerung der Genehmigung kann sowohl dem anderen Theile wie dem Minderjährigen gegenüber erklärt werden und bedarf nicht der für das Rechtsgeschäft, um dessen Genehmigung es sich handelt, etwa vorgeschriebenen Form. Kommt eine dem Minderjährigen gegenüber erfolgte Erklärung in Frage, so ist besonders zu beachten, ob wirklich eine rechtsgeschäftliche Erklärung gewollt ist. Die Besprechungen zwischen dem Vertreter und dem Minderjährigen sind zunächst deren innere Angelegenheiten, und es wird nicht selten vorkommen, daß der Vertreter dabei Aeußerungen macht, die ihrem Wortlaute nach als Ertheilung oder Verweigerung der Genehmigung aufgefaßt werden können, in denen aber in Wirklichkeit nur die Absicht, die Genehmigung zu ertheilen oder zu verweigern, ausgedrückt, nicht schon eine rechtsgeschäftliche Erklärung abgegeben werden sollte. Wesentlich mit Rücksicht hierauf war im E. I § 65 Abs. 3 vorgeschrieben, daß die Ertheilung wie die Verweigerung der Genehmigung nur dem anderen Theile gegenüber erfolgen könne. Von der zweiten Kommission ist diese Abweichung von den allgemeinen Grundsätzen des § 182 aufgegeben. Maßgebend war dabei die Erwägung, daß Fälle vorkommen können, in denen es gegen Treu und Glauben verstoßen würde, wenn der andere Theil sich auf die Erklärungen des Vertreters gegenüber dem Minderjährigen nicht berufen könnte. Dabei handelt es sich insbesondere um solche Fälle, in denen eine unzweifelhafte Willensbethätigung des Vertreters und damit eine sog. stillschweigende Willenserklärung vorliegt. Hat z. B. der Vertreter dem Minderjährigen gestattet, die von diesem gekaufte und ihm übergebene Sache zu benutzen oder zu verbrauchen, so würde es gegen Treu und Glauben verstoßen, wenn der Vertreter später die Genehmigung des Kaufes verweigerte und dies als berechtigt anerkannt werden müßte. Man wird darauf vertrauen dürfen, daß mündliche Aeußerungen des Vertreters gegenüber dem Minderjährigen, sofern nicht der Wille, eine rechtsgeschäftliche Erklärung abzugeben, klar vorliegt, in der Praxis nur als das aufgefaßt werden, was sie regelmäßig sind, nämlich als Aeußerungen der Ansichten und Absichten, nicht als rechtsgeschäftliche Erklärungen.

4. Wird die Genehmigung ertheilt, so gilt der Vertrag als von Anfang an wirksam, jedoch mit der Beschränkung, daß Verfügungen über den Gegenstand des Rechtsgeschäfts nicht unwirksam werden, die in der Zwischenzeit von dem Vertreter oder im Wege der Zwangsvollstreckung oder der Arrestvollziehung oder durch den Konkursverwalter erfolgt sind (§ 184). Bedarf der Vertrag der Genehmigung des Vormundschaftsgerichts oder des Gegenvormundes, so treten die unter Nr. 2 bezeichneten Folgen ein.

Wird die Genehmigung verweigert, so gilt der Vertrag als von Anfang an unwirksam. Die Ertheilung wie die Verweigerung der Genehmigung können nicht widerrufen werden. Für die Verweigerung (s. Vorbm. VIII, oben S. 146 und Erl. zu § 184 Nr. 3) ergiebt sich dies daraus, daß durch die Verweigerung die Unwirksamkeit des Vertrags eingetreten ist und daher nichts vorliegt, was genehmigt werden könnte.

5. Um dem anderen Theile die Möglichkeit zu gewähren, die Ungewißheit zu beseitigen, welche sich daraus ergiebt, daß die Wirksamkeit des Vertrags von der Genehmigung des Vertreters abhängt, wird ihm nach § 108 Abs. 2 das Recht eingeräumt, den Vertreter zur Erklärung aufzufordern. Diese Aufforderung hat folgende Wirkungen:

a) Die dem Minderjährigen gegenüber erfolgte Ertheilung oder Verweigerung der Genehmigung wird unwirksam. Der andere Theil kann sich, so lange er den Vertreter nicht zu der Erklärung aufgefordert hat, auf die von diesem dem Minderjährigen gegenüber erklärte Genehmigung und die dadurch eingetretene Wirksamkeit des Vertrags berufen. Richtet er aber die Aufforderung an den Vertreter, so erlischt die eingetretene Wirksamkeit. Es steht daher in der Wahl des anderen Theiles, ob er sich bei der dem Minderjährigen gegenüber erfolgten Erklärung beruhigen und damit das Risiko übernehmen will, diese möglicherweise nicht beweisen zu können, oder ob er die Aufforderung an den Vertreter richten und damit die bereits eingetretene Wirksamkeit des Vertrags preisgeben will. Nur die dem Minderjährigen, nicht die dem anderen Theile gegenüber erfolgte Ertheilung oder Verweigerung der Genehmigung wird durch die Aufforderung unwirksam. Unwirksam wird auch nicht die von dem Vertreter dem Minderjährigen gegenüber vor dem Abschlusse des Vertrags erklärte Einwilligung. Um dem anderen Theile die Möglichkeit zu gewähren, volle Sicherheit darüber zu erlangen, ob der Vertrag wirksam sei oder nicht, war in der zweiten Kommission beantragt, auch die dem Minderjährigen gegenüber erfolgte Einwilligung unwirksam werden zu lassen. Der Antrag ist aber abgelehnt, und bei der jetzigen Fassung des § 108 Abs. 2 wird man schwerlich dazu gelangen können, die Wirkung der Aufforderung auch auf die Einwilligung auszudehnen.

b) Die Ertheilung wie die Verweigerung der Genehmigung kann nach der Aufforderung nur noch dem anderen Theile gegenüber erfolgen.

c) Wird die Genehmigung nicht binnen zwei Wochen nach dem Empfange der Aufforderung ertheilt, so gilt sie als verweigert.

§. 109.

Bis zur Genehmigung des Vertrags ist der andere Theil zum Widerrufe berechtigt. Der Widerruf kann auch dem Minderjährigen gegenüber erklärt werden.

Hat der andere Theil die Minderjährigkeit gekannt, so kann er nur widerrufen, wenn der Minderjährige der Wahrheit zuwider die Einwilligung des Vertreters behauptet hat; er kann auch in diesem Falle nicht widerrufen, wenn ihm das Fehlen der Einwilligung bei dem Abschlusse des Vertrags bekannt war.

---

6. Die Aufforderung ist ein einseitiges, empfangsbedürftiges Rechtsgeschäft; es finden darauf also die Vorschriften der §§ 130, 131 Anwendung. Nach diesen Vorschriften bestimmt sich insbesondere auch der Zeitpunkt, in welchem die Aufforderung als empfangen gilt; ebenso entscheidet sich danach die Frage, in welchem Zeitpunkte die Genehmigung als ertheilt gilt. Für die Berechnung der Frist von zwei Wochen sind die §§ 187 Abs. 1, 188 maßgebend.

7. Ueber die Beweislast ergiebt sich aus der Fassung des § 108 Folgendes: Wer die Wirksamkeit des Vertrags geltend macht, hat zu beweisen, daß der Vertreter die Einwilligung oder die Genehmigung dem Minderjährigen oder dem anderen Theile erklärt hat. Soweit die Wirksamkeit auf die dem Minderjährigen gegenüber erklärte Genehmigung gegründet wird, steht dem Gegner der Beweis zu, daß der andere Theil den Vertreter zu der Erklärung aufgefordert habe und daß seit dem Empfange der Aufforderung zwei Wochen verstrichen seien. Diesem Beweise gegenüber kann die Wirksamkeit nur aufrecht erhalten werden durch den Beweis, daß der Vertreter dem anderen Theile gegenüber die Genehmigung vor dem Ablaufe der zwei Wochen erklärt habe.

8. Aus der Vorschrift des dritten Absatzes folgt, daß, wenn der Minderjährige unbeschränkt geschäftsfähig geworden ist, die im zweiten Absatze bestimmte Aufforderung an ihn persönlich gerichtet werden kann und daß, wenn diese Aufforderung erfolgt, eine dem Minderjährigen gegenüber vor Erlangung der unbeschränkten Geschäftsfähigkeit erfolgte Ertheilung oder Verweigerung der Genehmigung von Seiten des Vertreters unwirksam wird. Auch im Uebrigen tritt bei der Anwendung der Vorschriften des zweiten Absatzes an die Stelle der Erklärung wie der Nichterklärung des Vertreters die Erklärung oder Nichterklärung des unbeschränkt geschäftsfähig gewordenen Minderjährigen. Die unbeschränkte Geschäftsfähigkeit beginnt mit der Volljährigkeit (§ 2, 3), sofern nicht aus einem anderen Grunde Geschäftsunfähigkeit (§ 104 Nr. 2, 3) oder Beschränkung der Geschäftsfähigkeit (§ 114) eintritt. Wäre der Minderjährige, nachdem er die unbeschränkte Geschäftsfähigkeit erlangt hat, später wieder in der Geschäftsfähigkeit beschränkt oder geschäftsunfähig geworden und wäre in der Zwischenzeit die Wirksamkeit oder Unwirksamkeit des Vertrags nicht entschieden, so würde nun wieder der gesetzliche Vertreter an die Stelle des unbeschränkt geschäftsfähig gewordenen Minderjährigen treten.

§. 109.

E. I § 65 Abs. 4; II § 83 rev. § 105; III § 105. P. I S. 64—79; M. I S. 134. P. II S. 130, 131, 8355 (Bd. I S. 60, 61).

1. Nach dem E. I § 65 Abs. 4 sollte die Entscheidung über die Wirksamkeit des Vertrags lediglich in der Hand des gesetzlichen Vertreters des Minderjährigen liegen und deshalb der andere Theil bis zu dieser Entscheidung gebunden sein. Die zweite Kommission erachtete dies für unbillig, wenn die in dem § 109 bezeichneten Voraussetzungen vorliegen. Dem anderen Theile wurde deshalb das Rücktrittsrecht eingeräumt. Bei der Revision ist das Rücktrittsrecht durch das Recht des Widerrufs ersetzt, weil der Rücktritt von einem Vertrage nach der Ausdrucksweise des B.G.B. (§§ 346 ff.) einen wirksamen Vertrag voraussetzt und die in den §§ 346 ff. bezeichneten Wirkungen hat. Der Widerruf ist ein einseitiges empfangsbedürftiges Rechtsgeschäft. Mit Rücksicht auf das Bedürfniß und die Anschauung des Lebens ist aber in Abweichung von der Regel des § 131 Abs. 2 die Erklärung des Widerrufs auch gegenüber dem Minderjährigen selbst zugelassen. Selbstverständlich kann sie auch dem Vertreter gegenüber erfolgen. Der Widerruf hat die Wirkung, daß der Vertrag als nicht geschlossen gilt, wenn die für seine Zulässigkeit bestimmten Voraussetzungen vorliegen. Rechtliche Wirkungen des Vertrags waren in diesem Falle noch nicht eingetreten; eine Rückgängigmachung solcher Wirkungen kommt daher nicht in Frage.

2. Aus der Fassung des § 109 ergiebt sich für die Beweislast Folgendes: Wird die Wirksamkeit des Vertrags auf die von dem Vertreter ertheilte Genehmigung gegründet — im Falle der Einwilligung kommt der § 109 überhaupt nicht in Betracht, — so braucht der andere Theil, um die Unwirksamkeit des Vertrags darzuthun, zunächst nur zu beweisen, daß er vor Er-

§. 110.

Ein von dem Minderjährigen ohne Zustimmung des gesetzlichen Vertreters geschlossener Vertrag gilt als von Anfang an wirksam, wenn der Minderjährige die vertragsmäßige Leistung mit Mitteln bewirkt, die ihm zu diesem Zwecke oder zu freier Verfügung von dem Vertreter oder mit dessen Zustimmung von einem Dritten überlassen worden sind.

---

theilung der Genehmigung den Vertrag widerrufen hat. Der Zeitpunkt, in welchem Genehmigung und Widerruf als erfolgt gelten, bestimmt sich nach § 130. Der Minderjährige kann die Unzulässigkeit des Widerrufs durch den Beweis darthun, daß der andere Theil die Minderjährigkeit zur Zeit des Abschlusses des Vertrags gekannt hat. Hiergegen steht dem anderen Theile der Beweis zu, daß der Minderjährige bei dem Abschlusse die Einwilligung des gesetzlichen Vertreters behauptet hat. Die hinzugefügten Worte „der Wahrheit zuwider" haben nicht die Bedeutung, daß der andere Theil auch zu beweisen hätte, daß die Einwilligung nicht erfolgt sei, deuten vielmehr nur an, daß ein Fall, in welchem die Einwilligung erfolgt ist, hier überhaupt nicht in Frage steht. Gegenüber dem Beweise, daß der Minderjährige die Einwilligung des gesetzlichen Vertreters behauptet habe, steht dem Minderjährigen wieder der Beweis zu, daß der andere Theil das Fehlen der Einwilligung beim Abschlusse des Vertrags gekannt hat. Dem „Kennen" steht in den Fällen dieses Paragraphen das „Kennen müssen" nicht gleich.

§ 110.

E. I § 69; II § 84 rev. § 106; III § 106. P. I S. 88—91, 6139, 6140; M. I S. 147, 148. P. II S. 141, 142, 8355 (Bd. I S. 66, 67).

1. Hat der gesetzliche Vertreter dem Minderjährigen Geld oder sonstige Gegenstände zu bestimmten Zwecken oder zur freien Verfügung überlassen, so ist eine Verfügung, die der Minderjährige innerhalb der ihm bei der Ueberlassung gesetzten Grenzen über die Gegenstände trifft, auf Grund der in der Ueberlassung liegenden Einwilligung voll wirksam. Aber nur die Verfügung selbst ist wirksam; der ihr zu Grunde liegende obligatorische Vertrag würde in Ermangelung einer besonderen Vorschrift den Bestimmungen des § 108 unterliegen. Hätte z. B. der Minderjährige mit dem ihm zur freien Verfügung überlassenen Gelde eine Sache gekauft, so würde zwar das Eigenthum des Geldes sofort mit der Uebertragung auf den Verkäufer übergehen, die Wirksamkeit des Kaufvertrags aber nach § 108 von der Genehmigung des gesetzlichen Vertreters abhängen. Verweigerte dieser die Genehmigung, so könnten wegen mangelnden Rechtsgrundes sowohl der Minderjährige die Herausgabe des Geldes als der andere Theil die Herausgabe der verkauften Sache nach Maßgabe der Vorschriften über ungerechtfertigte Bereicherung verlangen (§§ 812 ff.) Diesem mit der Auffassung des Lebens im Widerspruche stehenden Ergebnisse tritt der § 110 entgegen. Der obligatorische Vertrag soll als von Anfang an wirksam gelten, wenn der Minderjährige die ihm nach dem Vertrag obliegende Leistung mit dem ihm zu diesem Zwecke oder zur freien Verfügung überlassenen Mitteln bewirkt. Der gegen Baarzahlung abgeschlossene Kauf ist also sofort wirksam, der auf Kredit abgeschlossene Kauf wird als von Anfang an wirksam angesehen, wenn der Minderjährige den Kaufpreis bezahlt. Die Erfüllung von Seiten des Minderjährigen mit den ihm überlassenen Mitteln hat dieselbe Wirkung wie die Genehmigung des gesetzlichen Vertreters nach § 108. Im Falle einer nur theilweisen Bewirkung der vertragsmäßigen Leistung wird der Vertrag weder ganz noch theilweise wirksam. So wenig eine theilweise Genehmigung des Vertrags durch den gesetzlichen Vertreter zulässig ist, ebensowenig kann eine theilweise Wirksamkeit durch Theilleistung eintreten.

2. Gegenstände, zu deren Veräußerung der gesetzliche Vertreter der Genehmigung des Gegenvormundes oder des Vormundschaftsgerichts bedarf (§§ 1643, 1812 ff., 1821 ff.), kann er dem Minderjährigen zur Erfüllung eines Vertrags oder zur freien Verfügung nur mit Genehmigung des Vormundschaftsgerichts überlassen. In Ermangelung dieser Genehmigung hat die Ueberlassung die in dem § 110 bestimmten Wirkungen nicht (§§ 1644, 1824).

3. Der Ueberlassung von Mitteln durch den gesetzlichen Vertreter steht die Zustimmung desselben zu der von Seiten eines Dritten erfolgten Ueberlassung gleich.

4. Die Ueberlassung sowie die Zustimmung zu der von einem Dritten erfolgenden Ueberlassung kann auch stillschweigend erfolgen. Als eine solche stillschweigende Ueberlassung wird es z. B. anzusehen sein, wenn der gesetzliche Vertreter dem Minderjährigen, der selbst für seinen Unterhalt sorgt, die Erhebung seines Arbeitsverdienstes oder der ihm von Dritten zugewandten Stipendien gestattet. Selbstverständlich gehören zu den nach Maßgabe

§. 111.

Ein einseitiges Rechtsgeschäft, das der Minderjährige ohne die erforderliche Einwilligung des gesetzlichen Vertreters vornimmt, ist unwirksam. Nimmt der Minderjährige mit dieser Einwilligung ein solches Rechtsgeschäft einem Anderen gegenüber vor, so ist das Rechtsgeschäft unwirksam, wenn der Minderjährige die Einwilligung nicht in schriftlicher Form vorlegt und der Andere das Rechtsgeschäft aus diesem Grunde unverzüglich zurückweist. Die Zurückweisung ist ausgeschlossen, wenn der Vertreter den Anderen von der Einwilligung in Kenntniß gesetzt hatte.

---

des § 110 zu beurtheilenden Mitteln das dem Minderjährigen gewährte Taschengeld sowie die ihm zur Bestreitung seines Unterhalts gewährten Beträge.

5. Das B.G.B. enthält keine Vorschriften über Minderjährige, die sich mit Zustimmung des gesetzlichen Vertreters in einer Stellung befinden, in der sie selbst für ihren Unterhalt und ihre Ausbildung zu sorgen haben. Ein Antrag, die von solchen Minderjährigen zu den gedachten Zwecken vorgenommenen Rechtsgeschäfte für wirksam zu erklären, ist von der zweiten Kommission abgelehnt. Die gedachten Rechtsgeschäfte unterliegen also, soweit sie von dem Minderjährigen nicht mit den ihm zu solchem Zwecke überlassenen Mitteln erfüllt sind, den Vorschriften der §§ 108, 109. Unter Umständen wird indessen derjenige, welcher einen Vertrag mit einem Minderjährigen abgeschlossen hat, wenn der gesetzliche Vertreter die Genehmigung dazu verweigert, doch aus dem Gesichtspunkte der ungerechtfertigten Bereicherung einen Anspruch gegen den Minderjährigen haben. Ist ein Dritter zum Unterhalte des Minderjährigen verpflichtet, so kann möglicherweise auch gegen diesen ein Anspruch aus dem Gesichtspunkte der Geschäftsführung ohne Auftrag begründet sein.

§ 111.

E. I § 65 Abs. 3 Satz 2; II § 85 rev. § 107; III § 107. P. I S. 67—69. M. I S. 133, 134. P. II S. 132, 133 (Bd. I S. 62).

1. Für die Vorschriften des § 111 ist hauptsächlich die Rücksicht auf das Interesse des Dritten, gegenüber dem der Minderjährige ein einseitiges Rechtsgeschäft vornimmt, bestimmend gewesen. Es würde unbillig sein, den Dritten für längere Zeit in Ungewißheit darüber zu lassen, ob das Rechtsgeschäft, z. B. eine Kündigung, wirksam ist oder nicht. Die Vorschrift beschränkt sich aber nicht auf empfangsbedürftige Rechtsgeschäfte, sondern umfaßt alle einseitigen Rechtsgeschäfte, durch die der Minderjährige nicht lediglich einen rechtlichen Vortheil erlangt. Ein Rechtsgeschäft, durch das der Minderjährige lediglich einen rechtlichen Vortheil erlangt, würde z. B. die Aneignung sein (§ 958), sofern man diese als ein Rechtsgeschäft ansieht. Die große Mehrzahl der einseitigen Rechtsgeschäfte gehört nicht zu dieser Kategorie.

2. Das ohne die erforderliche Einwilligung (§ 107) vorgenommene einseitige Rechtsgeschäft ist unwirksam und kann niemals wirksam werden; die Vorschriften über nichtige Rechtsgeschäfte finden also darauf Anwendung (s. Vorbm. VII. 1, oben S. 145).

3. Die dem bisherigen Rechte nicht bekannte Vorschrift des zweiten Satzes des § 111 bezieht sich nur auf empfangsbedürftige Rechtsgeschäfte. Auch sie bezweckt, dem Empfänger der Willenserklärung sofort bei der Vornahme des Rechtsgeschäfts Gewißheit zu gewähren, ob das Rechtsgeschäft wirksam ist oder nicht. Ueber schriftliche Form s. § 126. Unverzüglich erfolgt die Zurückweisung, wenn sie ohne schuldhaftes Zögern erklärt wird (§ 121). In der Zwischenzeit, bis sich entscheidet, ob die Zurückweisung erfolgt, liegt eine schwebende Unwirksamkeit vor (s. Vorbm. VI. 6, VII. 3, oben S. 145, 146). Erfolgt die Zurückweisung unverzüglich, so ist das Rechtsgeschäft als von Anfang an unwirksam, also als nichtig anzusehen; anderenfalls gilt es als von Anfang an wirksam. Ueber die Beweislast s. Bd. II S. 136, Erl. zu § 359 Nr. 2.

4. Das im dritten Satze vorausgesetzte „in Kenntniß setzen" kann sowohl schriftlich wie mündlich erfolgen. Man wird darin ein einseitiges empfangsbedürftiges Rechtsgeschäft zu erblicken haben. Auch wenn man aber annimmt, daß es kein Rechtsgeschäft ist, so muß doch anerkannt werden, daß es eine Rechtshandlung ist, auf welche die Grundsätze über Rechtsgeschäfte in jeder Beziehung entsprechende Anwendung finden.

§. 112.

Ermächtigt der gesetzliche Vertreter mit Genehmigung des Vormundschaftsgerichts den Minderjährigen zum selbständigen Betrieb eines Erwerbsgeschäfts, so ist der Minderjährige für solche Rechtsgeschäfte unbeschränkt geschäftsfähig, welche der Geschäftsbetrieb mit sich bringt. Ausgenommen sind Rechtsgeschäfte, zu denen der Vertreter der Genehmigung des Vormundschaftsgerichts bedarf.

Die Ermächtigung kann von dem Vertreter nur mit Genehmigung des Vormundschaftsgerichts zurückgenommen werden.

§. 113.

Ermächtigt der gesetzliche Vertreter den Minderjährigen, in Dienst oder in Arbeit zu treten, so ist der Minderjährige für solche Rechtsgeschäfte unbeschränkt geschäftsfähig, welche die Eingehung oder Aufhebung eines Dienst- oder Arbeits-

---

§ 112.

E. I § 67; II § 86 rev. § 108; III § 108. P. I S. 80—83, 6418, 8790, 8791, 11633; M. I S. 141—144. P. II S. 135—137 (Bd. I S. 63, 64). K.B. S. 1952, 1953. St.B. S. 2749.

1. Die in dem § 112 bestimmte Ermächtigung hat nicht die Bedeutung einer im Voraus ertheilten Einwilligung zu der Vornahme der Rechtsgeschäfte, die der Betrieb des Erwerbsgeschäfts mit sich bringt; sie hat vielmehr die Bedeutung einer zwar auf einen bestimmten Kreis von Geschäften beschränkten, für diesen Kreis aber voll wirksamen Volljährigkeitserklärung. Daraus ergiebt sich einerseits, daß der Vertreter, solange die Ermächtigung nicht nach Maßgabe des Abs. 2 zurückgenommen ist, nicht das Recht hat, die Einwilligung für einzelne Geschäfte zu widerrufen, und daß er innerhalb des bestimmten Geschäftskreises überhaupt nicht mehr zur Vertretung des Minderjährigen berechtigt ist. Andererseits folgt daraus, daß der Minderjährige nach § 52 der C.P.O. für den bestimmten Geschäftskreis prozeßfähig ist.

2. Unter Erwerbsgeschäft ist jede regelmäßige auf Erwerb gerichtete Thätigkeit zu verstehen, mag diese in dem Betrieb eines Handwerks, eines industriellen Unternehmens, des Handels, der Landwirthschaft oder eines künstlerischen oder wissenschaftlichen Berufs bestehen. Welche Geschäfte der Betrieb des Erwerbsgeschäfts mit sich bringt (vergl. § 1405, H.G.B. § 54), bestimmt sich nach den Anschauungen des Verkehrs unter Berücksichtigung der Umstände des einzelnen Falles.

3. Die unbeschränkte Geschäftsfähigkeit bezieht sich nicht auf solche Geschäfte, zu denen der gesetzliche Vertreter der Genehmigung des Vormundschaftsgerichts bedarf. Die Geschäfte dieser Art sind für denjenigen, welchem die Vertretung kraft elterlicher Gewalt zusteht, in dem § 1643, für den Vormund in den §§ 1821, 1822 bestimmt. Der erstere ist hiernach weniger beschränkt als der letztere; es ergiebt sich daraus, daß der Geschäftskreis, für welchen der Minderjährige als unbeschränkt geschäftsfähig gilt, enger oder weiter ist, je nachdem die Ermächtigung von dem Vormund oder von dem Vertreter kraft elterlicher Gewalt ertheilt ist. Im E. I § 67 war noch eine besondere Vorschrift für solche Geschäfte gegeben, zu deren Vornahme das Vormundschaftsgericht nach § 1675 des E. I (§ 1825 des B.G.B.) eine allgemeine Ermächtigung ertheilen kann. In dem B.G.B. ist diese Vorschrift weggelassen und daher die unbeschränkte Geschäftsfähigkeit des Minderjährigen auf Geschäfte der fraglichen Art (§ 1822 Nr. 8—10) nicht erstreckt worden. Erfordert der Betrieb des Erwerbsgeschäfts eine weitere Ausdehnung der unbeschränkten Geschäftsfähigkeit, so kann diese nur durch Volljährigkeitserklärung erreicht werden. Für kleinere Betriebe wird indessen regelmäßig eine nach Maßgabe des § 112 erfolgende Ermächtigung genügen.

4. Die Ermächtigung sowie deren Zurücknahme erfolgt durch Erklärung gegenüber dem Minderjährigen; § 131 Abs. 2 findet selbstverständlich keine Anwendung. Ist die Ermächtigung oder deren Zurücknahme ohne Genehmigung des Vormundschaftsgerichts ertheilt, so ist sie unwirksam.

§ 113.

E. I § 68; II § 87, § 1704 Abs. 2 rev. § 109; III § 109. P. I S. 83—86; M. I S. 144, 145. P. II S. 138—141, 6411—6413, 8356, 8393, 8394 (Bd. I S. 64—66; Bd. IV S. 792, 793). K.B. S. 1953. St.B. S. 2749, 2750.

1. Dem Bedürfnisse, die Eingehung von Dienst- und Arbeitsverhältnissen durch Minderjährige zu erleichtern, sollte nach dem E. I und dem E. II dadurch Rechnung getragen werden, daß der gesetzliche Vertreter für befugt erklärt wurde, dem Minderjährigen die allgemeine Einwilligung zu Rechtsgeschäften der in dem § 113 bezeichneten Art zu ertheilen. Bei dieser

verhältnisses der gestatteten Art oder die Erfüllung der sich aus einem solchen Verhältniß ergebenden Verpflichtungen betreffen. Ausgenommen sind Verträge, zu denen der Vertreter der Genehmigung des Vormundschaftsgerichts bedarf.

Die Ermächtigung kann von dem Vertreter zurückgenommen oder eingeschränkt werden.

Ist der gesetzliche Vertreter ein Vormund, so kann die Ermächtigung, wenn sie von ihm verweigert wird, auf Antrag des Minderjährigen durch das Vormundschaftsgericht ersetzt werden. Das Vormundschaftsgericht hat die Ermächtigung zu ersetzen, wenn sie im Interesse des Mündels liegt.

Die für einen einzelnen Fall ertheilte Ermächtigung gilt im Zweifel als allgemeine Ermächtigung zur Eingehung von Verhältnissen derselben Art.

Konstruktion würde der Vertreter berechtigt sein, jeden Augenblick in die betreffenden Rechtsverhältnisse selbst einzugreifen und die Einwilligung zu einzelnen an sich zu dem fraglichen Geschäftskreise gehörenden Rechtsgeschäften zurückzuziehen; dem Minderjährigen würde auch die Prozeßfähigkeit fehlen. Bei der Revision des E. II überwog die Ansicht, daß hierdurch dem Bedürfnisse nicht genügt werde, und wurde deshalb für die hier fraglichen Verhältnisse dieselbe Konstruktion wie in dem § 112 gewählt, also die unbeschränkte Geschäftsfähigkeit des Minderjährigen für den hier fraglichen Kreis von Rechtsgeschäften anerkannt (s. Erl. zu § 112 Nr. 1).

2. Die Ermächtigung ist zulässig für Dienst- und Arbeitsverhältnisse aller Art, nicht aber für einen Lehrvertrag. Sie kann allgemein oder nur für Dienst- und Arbeitsverhältnisse einer bestimmten Art ertheilt werden. Die Dienst- und Arbeitsverträge, die der Minderjährige innerhalb des ihm gestatteten Geschäftskreises abschließt, sind ihrem ganzen Inhalte nach wirksam, soweit nicht die Ausnahme des § 113 Satz 2 Platz greift (s. Erl. unter Nr. 3). Eine gegebene Draufgabe hat die in dem § 336 bestimmten Wirkungen. Auch die Vereinbarung eines Reugelds oder einer Vertragsstrafe ist als zulässig anzusehen, obwohl in M. I S. 145 das Gegentheil angenommen wird. Selbstverständlich aber können in der Form von Nebenabreden nicht Vereinbarungen über andere Rechtsverhältnisse getroffen werden, welche mit dem Dienst- oder Arbeitsvertrag in keinem unmittelbaren Zusammenhange stehen. Die Ermächtigung bezieht sich ferner auf Vereinbarungen über Aufhebung oder Aenderung des Dienst- oder Arbeitsvertrags sowie auf alle Rechtsgeschäfte, welche die Erfüllung der aus dem Dienst- oder Arbeitsverhältnisse sich ergebenden Verpflichtungen betreffen. Zu den Rechtsgeschäften der letzteren Art gehört nicht nur die Annahme, sondern auch die Stundung und der Erlaß des geschuldeten Lohnes; ferner die Anerkennung und Erfüllung eines auf Grund des Dienst- oder Arbeitsverhältnisses gegen den Minderjährigen geltend gemachten Schadensersatzanspruchs. Für alle aus diesen Verhältnissen entspringenden Prozesse ist der Minderjährige prozeßfähig (§ 52 der C.P.O.).

3. Die Vorschrift des § 113 Abs. 1 Satz 2, nach welcher die Ermächtigung sich nicht bezieht auf Rechtsgeschäfte, zu denen der Vertreter der Genehmigung des Vormundschaftsgerichts bedarf, hat eine verschiedene Wirkung, je nachdem die Ermächtigung von dem Vormund oder von dem Vater oder der Mutter, denen die Vertretung kraft elterlicher Gewalt zusteht, ertheilt wird. Die letzteren bedürfen nach § 1643 nicht der Genehmigung des Vormundschaftsgerichts zu verschiedenen Rechtsgeschäften, zu denen der Vormund nach den §§ 1821, 1822 dieser Genehmigung bedarf; die von den ersteren ertheilte Ermächtigung begründet also die unbeschränkte Geschäftsfähigkeit des Minderjährigen im weiteren Umfange wie die von dem Vormund ertheilte Ermächtigung. Von besonders praktischer Bedeutung ist die für den Vormund, nicht aber für den Vertreter kraft elterlicher Gewalt, geltende Vorschrift des § 1822 Nr. 7, nach welcher die Genehmigung des Vormundschaftsgerichts zu der Eingehung eines Dienst- oder Arbeitsverhältnisses erforderlich ist, wenn der Mündel auf länger als ein Jahr zu persönlichen Leistungen verpflichtet werden soll. Will der Vertreter kraft elterlicher Gewalt den Minderjährigen zu einem Dienst- oder Arbeitsverhältnisse dieser Art nicht ermächtigen, so muß er die Ermächtigung nur unter dieser Beschränkung ertheilen.

4. Die Ertheilung sowie die Zurücknahme der Ermächtigung bedarf, abweichend von dem Falle des § 112, nicht der Genehmigung des Vormundschaftsgerichts. Durch die jederzeit zulässige Zurücknahme wird dem Vertreter die Möglichkeit gewährt, den Minderjährigen gegen die Gefahren zu schützen, welche sich aus dessen Unerfahrenheit ergeben. Der Vertreter kann zwar, solange die Ermächtigung besteht, nicht in einzelne das Dienst- oder Arbeitsverhältniß betreffende Rechtsgeschäfte eingreifen, aber mit der Zurücknahme der Ermächtigung ist nicht nur der Minderjährige bei jedem Vertrage nach Maßgabe der §§ 107 ff. an die

§. 114.

Wer wegen Geistesschwäche, wegen Verschwendung oder wegen Trunksucht entmündigt oder wer nach §. 1906 unter vorläufige Vormundschaft gestellt ist, steht in Ansehung der Geschäftsfähigkeit einem Minderjährigen gleich, der das siebente Lebensjahr vollendet hat.

Zustimmung des Vertreters gebunden, sondern der Vertreter kann nun auch selbst an Stelle des Minderjährigen handeln. Er kann den Lohn einziehen und nöthigenfalls einklagen; er kann das Dienst- oder Arbeitsverhältniß, soweit dies nach Vertrag oder Gesetz zulässig ist, kündigen und ein anderes Dienst- oder Arbeitsverhältniß Namens des Minderjährigen eingehen. Von besonderer Wichtigkeit ist, daß der Vertreter, sobald die Ermächtigung zurückgezogen ist, das Dienst- oder Arbeitsverhältniß nach § 626 ohne Einhaltung einer Kündigungsfrist kündigen d. h. sofort aufheben kann, wenn ein wichtiger Grund vorliegt. Dadurch wird eine besondere Vorschrift, wie sie beantragt war, überflüssig, nach welcher der Vertreter berechtigt sein sollte, das Dienst- oder Arbeitsverhältniß zu kündigen, wenn dies durch die Rücksicht auf die Gesundheit, die Sittlichkeit oder den guten Ruf des Minderjährigen erforderlich wäre. Liegt diese Voraussetzung vor und will der Minderjährige nicht selbst kündigen, so kann der Vertreter die ertheilte Ermächtigung zurücknehmen und, da in den gedachten Umständen unzweifelhaft ein wichtiger Grund zu finden ist, den Vertrag sofort aufheben.

5. Nach den Grundsätzen des Vormundschaftsrechts ist das Vormundschaftsgericht nicht berechtigt, in die vormundschaftliche Verwaltung in der Art einzugreifen, daß es an Stelle des Vormundes handelt. Da das Interesse des Minderjährigen aber hier die Zulässigkeit eines solchen Eingreifens erfordert, so ist dem Vormundschaftsgerichte die Befugniß dazu durch Abs. 3 beigelegt. Sie steht ihm aber nur gegenüber dem Vormunde, nicht gegenüber dem Vertreter kraft elterlicher Gewalt zu.

6. Die besonderen Vorschriften der Gewerbeordnung §§ 107 ff. (E.G. Art. 36) für gewerbliche Arbeiter, insbesondere über das Erforderniß eines Arbeitsbuchs und die Ergänzung der zu der Ausstellung eines solchen erforderlichen Zustimmung des gesetzlichen Vertreters durch die Gemeindebehörde, werden durch den § 113 nicht berührt.

7. Um die Auslegungsregel des § 113 Abs. 4 auszuschließen, genügt ein bei der Ertheilung der Ermächtigung dem Minderjährigen gegenüber erklärter Vorbehalt. Auf die Erklärung dieses Vorbehalts sowie auf die Ertheilung und Zurücknahme der Ermächtigung selbst finden die Vorschriften des § 131 Abs. 2 selbstverständlich keine Anwendung.

§ 114.

E. I §§ 70, 71 Abs. 1; II § 88 rev. § 110; III § 110. P. I S. 91, 93—95, 6157, 8578—8589, 11034, 11635; M. I S. 149—152. P. II S. 142—144, 6499—6512 (Bd. I S. 67, 68, Bd. IV S. 839—848).

1. Ueber die Entmündigung wegen Geistesschwäche, Verschwendung oder Trunksucht s. § 6. Die Beschränkung der Geschäftsfähigkeit tritt ein in dem Zeitpunkt, in welchem der die Entmündigung aussprechende Beschluß in Wirksamkeit tritt (s. die §§ 661, 680, 683 der C.P.O. Die Beschränkung dauert, bis die Entmündigung wieder aufgehoben wird. Der Zeitpunkt, in dem das Urtheil oder der Beschluß, durch welche die Entmündigung aufgehoben wird, in Wirksamkeit tritt, bestimmt sich nach den §§ 672, 678—680, 685, 686 der C.P.O.

2. Ein Volljähriger kann unter vorläufige Vormundschaft gestellt werden, wenn seine Entmündigung beantragt ist und die Anordnung der Vormundschaft zur Abwendung einer erheblichen Gefährdung seiner Person oder seines Vermögens erforderlich ist (§ 1906). Die Anordnung erfolgt durch das Vormundschaftsgericht. Die Beschränkung der Geschäftsfähigkeit tritt in dem Zeitpunkt ein, in welchem der die Vormundschaft anordnende Beschluß in Wirksamkeit tritt. Dieser Zeitpunkt wird durch § 52 des freiw. G.G. bestimmt. Die Beschränkung der Geschäftsfähigkeit dauert so lange wie die vorläufige Vormundschaft. Wann diese endigt, wird im § 1908 bestimmt (s. auch § 52 der freiw. G.G.)

3. Die Gleichstellung der in dem § 114 bezeichneten Personen mit den Minderjährigen bezieht sich zunächst auf die in den §§ 107—113 über die Beschränkung der Geschäftsfähigkeit der Minderjährigen gegebenen Vorschriften. Auch sonst gelten regelmäßig für alle in der Geschäftsfähigkeit beschränkten Personen dieselben Vorschriften; in einzelnen Beziehungen werden aber für Minderjährige und für die nach § 114 in der Geschäftsfähigkeit beschränkten Personen verschiedene Vorschriften gegeben (s. z. B. § 2229). Ueber die Gleichstellung der Minderjährigen und der nach § 114 in der Geschäftsfähigkeit beschränkten Personen in Betreff der Zuschiebung und Zurückschiebung eines Eides s. § 473 der C.P.O.

§. 115.

Wird ein die Entmündigung aussprechender Beschluß in Folge einer Anfechtungsklage aufgehoben, so kann die Wirksamkeit der von oder gegenüber dem Entmündigten vorgenommenen Rechtsgeschäfte nicht auf Grund des Beschlusses in Frage gestellt werden. Auf die Wirksamkeit der von oder gegenüber dem gesetzlichen Vertreter vorgenommenen Rechtsgeschäfte hat die Aufhebung keinen Einfluß.

Diese Vorschriften finden entsprechende Anwendung, wenn im Falle einer vorläufigen Vormundschaft der Antrag auf Entmündigung zurückgenommen oder rechtskräftig abgewiesen oder der die Entmündigung aussprechende Beschluß in Folge einer Anfechtungsklage aufgehoben wird.

---

§ 115.

E. I § 71 Abs. 2; II § 89 rev. § 111; III § 111. P. I S. 8578—8589, 11634, 11635; M. I S. 150—152. P. II S. 142—144, 6525, 6526 (Bd. I S. 67, 68; IV S. 854, 855).

1. Durch den § 115 werden die Vorschriften des bisherigen jetzt aufgehobenen § 613 Abs. 2 der C.P.O. ersetzt und verallgemeinert. Die von dem Entmündigten oder ihm gegenüber vorgenommenen Rechtsgeschäfte werden, wenn der die Entmündigung aussprechende Beschluß im Wege der Anfechtungsklage aufgehoben wird (§§ 672, 684 der C.P.O.) so behandelt, wie wenn die Entmündigung nicht erfolgt wäre. Das der Anfechtungsklage stattgebende Urtheil wirkt also ex tunc. Die Vorschriften der §§ 104 Nr. 2 und 105 Abs 2 werden hierdurch nicht berührt. Befand sich der Entmündigte also zur Zeit der Vornahme des Rechtsgeschäfts in einem krankhaften Zustande der in dem § 104 Nr. 2 bezeichneten Art, so bleibt trotz der Vorschrift des § 115 sowohl das von ihm als ihm gegenüber vorgenommene Rechtsgeschäft nichtig. Befand er sich in einem Zustande der im § 105 Abs. 2 bezeichneten Art, so bleibt das von ihm vorgenommene Rechtsgeschäft nichtig. In Betreff der von dem gesetzlichen Vertreter und ihm gegenüber vorgenommenen Rechtsgeschäfte wirkt das der Anfechtungsklage stattgebende Urtheil nur ex nunc; die Rechtsgeschäfte bleiben also wirksam. Sind von dem Entmündigten und von dem Vertreter in Betreff desselben Gegenstandes Rechtsgeschäfte vorgenommen, so ist der dadurch möglicherweise entstehende Konflikt in derselben Weise zu lösen, wie wenn ein Generalbevollmächtigter und der Vollmachtgeber sich widerstreitende Rechtsgeschäfte vorgenommen hätten. Das Gleiche gilt bei sich widerstreitenden Rechtsgeschäften gegenüber dem Entmündigten und dem Vertreter. Regelmäßig wird die Priorität der Vornahme entscheiden. Bei gleichzeitiger Vornahme wird, wenn es wirklich unmöglich ist, daß beide Rechtsgeschäfte neben einander wirksam sind, Unwirksamkeit beider Rechtsgeschäfte eintreten.

2. Für die vorläufige Vormundschaft wird der Aufhebung im Wege der Anfechtungsklage gleichgestellt die Beendigung der vorläufigen Vormundschaft, wenn diese dadurch eintritt, daß der Antrag auf Entmündigung zurückgenommen oder rechtskräftig abgewiesen oder die erfolgte Entmündigung im Wege der Anfechtungsklage aufgehoben wird. In diesen Fällen wird ebenso wie bei dem einer Anfechtungsklage stattgebenden Urtheil als festgestellt angesehen, daß die Beschränkung der Geschäftsfähigkeit ungerechtfertigt gewesen ist, und wirkt deshalb die Beendigung in Betreff des unter vorläufige Vormundschaft Gestellten ex tunc. Endigt die vorläufige Vormundschaft dadurch, daß der Bevormundete stirbt, oder dadurch, daß das Vormundschaftsgericht die Vormundschaft aufhebt, weil der Bevormundete des vormundschaftlichen Schutzes nicht mehr bedürftig ist, so findet die Vorschrift des § 115 keine Anwendung.

Zweiter Titel.

Willenserklärung.

Zweiter Titel.

I. In dem E. I § 72 war bestimmt: „Die Willenserklärung kann ausdrücklich oder stillschweigend erfolgen." An verschiedenen Stellen (s. z. B. E. I §§ 81, 86 Abs. 3, 116 Abs. 1, 127 Abs. 2, 290 Abs. 4, 354, 667 Abs. 2, 684 Abs. 2, 742, 1781 Abs. 2, 2029) wird zwar ausdrücklich hervorgehoben, daß die Willenserklärung auch stillschweigend abgegeben werden könne. Es sollte dadurch aber nur für praktisch wichtige Fälle auf eine Konsequenz des § 72 hingewiesen werden. Die Regel des § 72 war indessen nicht ohne Ausnahme. An verschiedenen Stellen (s. z. B. E. I §§ 65 Abs. 5, 123 Abs. 3, 315 Abs. 2, 1288 Abs. 1, 1472, 1918, 1943 Abs. 2) wird eine ausdrückliche Erklärung verlangt. Im E. I § 74 wird die Wirksamkeit einer empfangsbedürftigen Willenserklärung davon abhängig gemacht, daß sie dem anderen Theile zukommt, die Wirksamkeit einer stillschweigenden Willenserklärung davon, daß sie zu seiner Kenntniß gelangt, und sind daher diejenigen Stellen, in welchen eine rechtliche Wirkung davon abhängig gemacht wird, daß die Willenserklärung dem anderen Theile zukommt, nur von einer ausdrücklichen Willenserklärung zu verstehen (s. z. B. E. I §§ 82, 84, 85). Von der zweiten Kommission ist der § 72 als entbehrlich gestrichen (P. II S. 144); ebenso ist die Unterscheidung zwischen ausdrücklichen und stillschweigenden Willenserklärungen in dem dem E. I § 74 entsprechenden § 130 des B.G.B. aufgegeben. Beseitigt ist auch an den meisten Stellen die Hinweisung auf die Zulässigkeit einer stillschweigenden Willenserklärung sowie andererseits das Erforderniß einer ausdrücklichen Willenserklärung. An einigen Stellen (s. z. B. §§ 244, 700) wird abweichend vom E. I (§§ 215, 618) eine ausdrückliche Willenserklärung erfordert.

In der Theorie herrscht lebhafter Streit darüber, was unter ausdrücklicher oder stillschweigender Willenserklärung zu verstehen ist und welche Folgen sich an die Unterscheidung knüpfen. Auch in der Kritik des E. I trat diese Verschiedenheit hervor (s. die in der Zstlg. Bd. I zu §§ 72, 74 angeführten Schriften). In der zweiten Kommission gingen die Ansichten ebenfalls auseinander und bei den von der Mehrheit gefaßten Beschlüssen sind die Mitglieder dieser Mehrheit von verschiedenen, zum Theil entgegengesetzten Gesichtspunkten ausgegangen (s. z. B. P. II S. 8360—8367). Es wird die Aufgabe der Wissenschaft und Praxis sein, diese schwierige und zweifelhafte Frage zu lösen. Hier soll nur auf folgende, für das Verständniß des B.G.B. wesentlichen Punkte hingewiesen werden.

1. Der Wille wird erkennbar und rechtlich bedeutsam nur dadurch, daß er sich in Handlungen offenbart. Diese Handlungen können den Zweck haben, den Willen zu offenbaren, oder sie haben einen anderen Zweck, lassen aber einen sicheren Schluß auf den Willen zu.

a) Die Handlungen, welche den Zweck haben, den Willen zu offenbaren, müssen geeignet sein, diesen Zweck zu erfüllen. Von solcher Art sind die Handlungen, deren man sich im Leben zu bedienen pflegt, um die Gedanken und den Willen kund zu thun; insbesondere also das Sprechen und Schreiben. Auch andere körperliche Bewegungen gehören unter Umständen hierher, z. B. das Nicken oder Schütteln mit dem Kopfe. Kommt es nun auf die Mittheilung des Willens an bestimmte Personen an, so genügt es, wenn diesen Personen die Bedeutung der vorgenommenen Handlung als Ausdruck des Willens bekannt ist. Hierher gehören z. B. die durch den optischen Telegraphen mitgetheilten Zeichen, das Aushängen von Fahnen, wenn vereinbart ist, was dieselben bedeuten ꝛc. Sind die Handlungen, welche zu dem Zwecke vorgenommen werden, den Willen zu offenbaren, weder nach der allgemeinen Auffassung des Lebens noch nach den besonderen unter den Betheiligten bestehenden Verhältnissen geeignet, den Willen kund zu thun, so liegt, obwohl der Handelnde den Willen erklären wollte, doch in Wirklichkeit keine Erklärung vor. Wo das B.G.B. von ausdrücklichen Willenserklärungen spricht, so z. B. in den §§ 164, 244, 700, sind darunter Willenserklärungen zu verstehen, die in der oben bezeichneten Weise erfolgt sind.

b) Liegt eine Handlung vor, die sich nach dem unter a Gesagten als Willenserklärung darstellt, so ist es möglich, daß trotzdem der Wille nicht vorhanden ist, als dessen Ausdruck die Handlung erscheint. Von diesem Widerspruche zwischen Wille und Erklärung wird unter II gesprochen werden. Hier wird vorausgesetzt, daß die Handlung zum Zwecke der Erklärung des Willens vorgenommen ist und diesen Zweck zu erfüllen im Allgemeinen auch geeignet war. Das gesprochene und das geschriebene Wort — um bei diesen Hauptfällen stehen zu bleiben — ist aber häufig einer verschiedenen Auslegung fähig. Zweifellos ist, daß ein Wille erklärt werden sollte und erklärt worden ist; welcher Wille aber erklärt werden sollte, läßt sich aus dem gesprochenen oder dem geschriebenen Worte für sich allein nicht feststellen. Um dies zu erkennen, müssen andere Umstände mit berücksichtigt werden, der geschäftliche Hintergrund der Erklärung, die Persönlichkeit des Erklärenden, die zwischen ihm und demjenigen, an den die Erklärung erfolgt, bestehenden Verhältnisse, kurz alle Momente, die zur Auslegung einer Willenserklärung geeignet sind. Ist eine Willenserklärung, bei welcher der Wille sich nicht unmittelbar aus dem Wortlaut ergiebt, sondern erst durch Auslegung gefunden werden muß, im Sinne des B.G.B. eine ausdrückliche? In dem § 164 Abs. 1 Satz 2 wird unterschieden, ob die von einem Vertreter abgegebene Willenserklärung **ausdrücklich** im Namen des Vertretenen erfolgt oder ob die Umstände ergeben, daß sie in dessen Namen erfolgen soll. Man kann zweifelhaft sein, ob es sich in dem zweiten Falle um einen durch Auslegung der Willenserklärung zu ermittelnden Willen oder um eine sog. stillschweigende Willenserklärung handelt (s. unter **c**). Auch wenn man das letztere annimmt, so giebt es doch ähnliche Fälle, in denen es sich unzweifelhaft nur um Auslegung handelt, die richtige Auslegung aber nur aus den Umständen des Falles entnommen werden kann. Die oben aufgeworfene Frage, ob die Erklärung in Fällen dieser Art als eine ausdrückliche anzusehen ist, läßt sich allgemein weder bejahen noch verneinen; sie kann vielmehr nur nach den Umständen des einzelnen Falles entschieden werden. Es kommt darauf an, ob unter Berücksichtigung der gebrauchten Auslegungsmittel die Erklärung nach der Auffassung des Lebens noch als eine ausdrückliche angesehen wird. So wird z. B. in dem Falle des § 244, nach welchem es darauf ankommt, ob die Zahlung in ausländischer Währung ausdrücklich bedungen ist, eine ausdrückliche Vereinbarung dieses Inhalts anzunehmen sein, wenn in dem betreffenden Vertrage das Wort „effektiv" gebraucht ist. (P. II S. 579—581.) Das Wort „effektiv" bedarf der Auslegung unter Berücksichtigung der im Verkehr üblichen Ausdrucksweise; trotzdem wird es als genügend anzusehen sein, um eine ausdrückliche Willenserklärung anzunehmen. Wo das Gesetz eine Auslegungsregel für eine Willenserklärung aufstellt, wird der dieser Regel entsprechende Wille als ausdrücklich erklärt anzusehen sein, während dies nicht gilt für den durch Auslegung ermittelten, von der Auslegungsregel abweichenden Willen.

c) Sehr nahe den unter **b** bezeichneten Fällen liegen solche, in denen aus den Umständen des Falles zu schließen ist, daß die Betheiligten die mit einer Willenserklärung kraft dispositiver Vorschrift verbundenen Wirkungen in der einen oder anderen Art abweichend von dieser Vorschrift haben bestimmen wollen oder daß sie neben demjenigen, was sie als gewollt ausdrücklich erklärt haben, noch etwas Anderes gewollt haben, wodurch das ausdrücklich Erklärte in der einen oder anderen Beziehung modifizirt oder ergänzt wird. Dahin gehört z. B. der schon unter **b** erwähnte Fall des § 164 Abs. 1 Satz 2, in welchem aus den Umständen geschlossen wird, daß eine Willenserklärung Namens eines Anderen hat abgegeben werden sollen, sofern man nicht annimmt, daß es sich hier lediglich um die Auslegung des Willens handelt. In P. II S. 2373 ist z. B. ferner ausdrücklich anerkannt, daß die Vereinbarung, nach welcher das Eigenthum hinterlegter vertretbarer Sachen auf den Verwahrer übergehen soll, auch stillschweigend getroffen werden kann. Fälle dieser Art kommen im praktischen Leben sehr häufig vor. Es handelt sich bei ihnen nicht um Handlungen, die zu dem Zwecke vorgenommen werden, den Willen kund zu thun, sondern um ein Verhalten, aus dem nach der Auffassung des Lebens geschlossen wird, daß der betreffende Wille vorhanden sei. Es liegt hier also nicht sowohl eine Erklärung als vielmehr eine **Bethätigung** des Willens vor. Der Auffassung des Lebens würde es entschieden widerstreiten, wenn man einem solchen Verhalten nicht dieselbe rechtliche Wirkung beilegen wollte wie einer zum Zwecke der Erklärung des Willens vorgenommenen und dazu geeigneten Handlung. Von dieser Auffassung geht auch das B.G.B. aus, obwohl es an einer ausdrücklichen allgemeinen Vorschrift darüber fehlt. Der in der Wissenschaft und Praxis für eine derartige, in ihrer rechtlichen Wirkung der Willenserklärung gleichstehende Willensbethätigung übliche Ausdruck „**stillschweigende Willenserklärung**" ist zwar nicht ganz korrekt, bezeichnet aber mit genügender Deutlichkeit, was gemeint ist.

d) Unter **c** war von solchen Fällen die Rede, in denen die Willensbethätigung zur Ergänzung oder Modifikation einer ausdrücklichen Willenserklärung dient. Eine Willensbethätigung kann aber auch in der Art vorkommen, daß ein Zusammenhang zwischen ihr und einer ausdrücklichen Willenserklärung nicht besteht und daß sie doch dieselbe rechtliche Wirkung hat wie eine ausdrückliche Willenserklärung. Zweifellose Fälle dieser Art sind z. B. folgende:

Der Erbe, welcher eine ihm angefallene Erbschaft noch nicht ausgeschlagen hat, erläßt einem Erbschaftsschuldner dessen Schuld. Dies ist eine Handlung, die der Erbe nur vornehmen konnte, wenn er Erbe sein wollte. Sie enthält eine Bethätigung seines Willens, Erbe zu sein, und hat daher die rechtliche Wirkung der Annahme der Erbschaft (§ 1943). Hat Jemand, dem verbrauchbare Sachen in solcher Art zum Kaufe angeboten und übersandt sind, daß nach der Verkehrssitte die Erklärung der Annahme gegenüber dem Antragenden nicht erwartet wurde, die Sachen verbraucht, so liegt darin eine Bethätigung seines Willens, den Antrag anzunehmen, und der Verbrauch hat deshalb die rechtliche Wirkung einer Annahme des Antrags (§ 151). Dasselbe muß gelten in allen Fällen, in denen es sich, wie in den angeführten Beispielsfällen, um Willenserklärungen handelt, die nicht gegenüber einer bestimmten Person abgegeben zu werden brauchen. Die Willensbethätigung hat die rechtliche Wirkung der Willenserklärung. Dies wird wie in den Fällen unter c dadurch ausgedrückt, daß man die Willensbethätigung als stillschweigende Willenserklärung bezeichnet.

2. Das B.G.B. erfordert in einer großen Zahl von Fällen ausdrücklich, daß eine Willenserklärung gegenüber einer bestimmten Person abgegeben werde. In anderen Fällen, z. B. bei der Kündigung, wird dieses Erforderniß als selbstverständlich vorausgesetzt. Der Grund, auf welchem diese Vorschriften beruhen, liegt darin, daß bei den fraglichen Willenserklärungen das rechtliche Interesse desjenigen, welchem gegenüber sie abzugeben sind, erfordert, daß er Kenntniß davon erhalte. Hieraus würde folgen, daß die Willenserklärung in den fraglichen Fällen erst dann wirksam wird, wenn derjenige, welchem gegenüber sie abzugeben ist, Kenntniß davon erlangt hat. Mit Rücksicht einerseits auf das Interesse desjenigen, welcher die Willenserklärung abgiebt, sowie andererseits auf das Bedürfniß des Verkehrs ist in dem § 130 Abs. 1 bestimmt, daß eine Willenserklärung der fraglichen Art, wenn sie in Abwesenheit desjenigen erfolgt, welchem gegenüber sie abzugeben ist, in dem Zeitpunkte wirksam wird, in welchem sie ihm zugeht. Wann eine Erklärung als zugegangen anzusehen ist, bestimmt sich nach der Auffassung des Verkehrs. Gedacht ist bei der fraglichen Vorschrift hauptsächlich an briefliche und telegraphische Mittheilungen. Als leitenden Gesichtspunkt wird man zu betrachten haben, daß Willenserklärungen der fraglichen Art dann als zugegangen anzusehen sind, wenn derjenige, für welchen sie bestimmt sind, in die Lage gesetzt worden ist, daß er unter regelmäßigen Verhältnissen von der Willenserklärung sich Kenntniß verschaffen konnte. Ueber Willenserklärungen, die unter Anwesenden abgegeben werden, enthält das B.G.B. keine Vorschriften. Ob hier wirkliche Erlangung der Kenntniß nöthig ist oder Möglichkeit der Kenntnißnahme genügt, darüber s. Erl. zu § 130. Die Frage, welche hier zu beantworten ist, besteht darin, ob eine stillschweigende Willenserklärung in dem oben unter Nr. 1 **c, d** angegebenen Sinne überhaupt einer bestimmten Person gegenüber abgegeben werden kann. In dem E. I war diese Frage, wie oben unter I hervorgehoben, dadurch ausdrücklich bejaht, daß in dem dem § 130 des B.G.B. entsprechenden § 74 des E. I Vorschriften darüber gegeben waren, in welchem Zeitpunkt eine stillschweigende empfangsbedürftige Willenserklärung wirksam werde. Bei der Streichung dieser Vorschriften in der zweiten Kommission (P. II S. 145) wurde die Frage unentschieden gelassen, ob und in welchen Fällen stillschweigende Willenserklärungen gegenüber einem Anderen abgegeben werden können. Entschieden sollte nur werden, daß, soweit stillschweigende Willenserklärungen zuläsig seien, auch für sie die Empfangstheorie maßgebend sei. Eine ausdrückliche Entscheidung der Frage, ob eine empfangsbedürftige Willenserklärung stillschweigend abgegeben werden kann, ist auch später nicht erfolgt; doch ist die Mehrheit der Kommission davon ausgegangen, daß sie zu bejahen sei. (P. II S. 8360—8367.) Mit dem Wesen der stillschweigenden Willenserklärung als einer Willensbethätigung, die nicht zu dem Zwecke erfolgt, den Willen zu erklären (s. oben unter Nr. 1, **c, d**), scheint dies kaum vereinbar zu sein. Zu der Abgabe einer Willenserklärung gegenüber einem Anderen ist begrifflich erforderlich die Absicht, die Erklärung zur Kenntniß des Anderen zu bringen; bei der Willensbethätigung fehlt aber überhaupt die Absicht, den Willen zu erklären, und kann also auch die Absicht, eine solche Erklärung zur Kenntniß des Anderen zu bringen, nicht vorliegen. Einzelne Fälle sind zwar denkbar, in welchen der Handelnde bei der Willensbethätigung zugleich die Absicht hat, daß die Bethätigung zur Kenntniß des Anderen gelange und dieser dadurch den vorhandenen Willen erkenne. Dies sind aber nur Ausnahmefälle, und wenn jene Absicht wirklich vorhanden ist, so liegt eben nicht allein eine Willensbethätigung vor, sondern zugleich eine Handlung, welche den Zweck hat, den Willen zu erklären. Wollte man allein in den Fällen dieser Art annehmen, daß eine stillschweigende Willenserklärung gegenüber einem Anderen erfolgt sei, so würde man damit dem praktischen Bedürfnisse nicht genügen. Faßt man zunächst die oben unter Nr. 1 c angeführten Fälle ins Auge, so fehlt in ihnen regelmäßig jene Absicht. Aus den Umständen wird in jenen Fällen geschlossen, daß der Wille in der abgegebenen ausdrücklichen Willenserklärung nicht vollständig zum Ausdrucke gelangt, daß vielmehr noch etwas Anderes gewollt sei. Der Vertreter giebt die Willenserklärung gegenüber einem Anderen ab, ohne zu sagen, daß er im Namen des Vertretenen handle; aus den Umständen wird geschlossen, daß er dies wollte. Das Geld wird hinterlegt, ohne daß dabei gesagt wird, daß es in das Eigenthum des Verwahrers übergehen soll; aus den Umständen wird auf diesen Willen geschlossen. In dem einen wie in dem anderen Falle fehlt es an einer Handlung, welche den Zweck hat, den fraglichen Willen dem Anderen zu erklären. Trotzdem muß, wenn dem unzweifelhaften Bedürfnisse des Lebens genügt werden soll, eine genügende, dem Anderen gegenüber abgegebene Erklärung des fraglichen Willens angenommen werden. Man muß also annehmen, daß das Gesetz in den Fällen dieser Art die Willensbethätigung als gleichwerthig mit der eigentlichen Willenserklärung an-

sieht, obwohl nicht alle Erfordernisse der letzteren vorliegen. Das hierfür entscheidende Moment wird in Fällen dieser Art darin zu finden sein, daß die Umstände, aus welchen auf den nicht ausdrücklich erklärten Willen geschlossen wird, beiden Theilen bei der Abgabe der Willenserklärung bekannt sind; der Erklärende konnte bei der Abgabe der Erklärung annehmen, daß der andere Theil aus ihr, in Verbindung mit den sonstigen Umständen, den nicht erklärten Willen entnehmen werde, und der andere Theil hat dies wirklich gethan. Handelt es sich um die nachträgliche Modifikation eines Rechtsgeschäfts, also z. B. darum, daß dem Verwahrer nachträglich gestattet werden soll, das hinterlegte Geld zu verbrauchen, so muß, um eine solche nachträgliche Modifikation annehmen zu können, das Verhalten der Parteien gegen einander den oben für die ursprüngliche Willenserklärung bezeichneten Erfordernissen entsprechen d. h. der eine Theil mußte annehmen können, daß aus seinem Verhalten nach den Umständen des Falles der betreffende Wille zu entnehmen sei, und der andere Theil muß ihn daraus entnommen haben.

Sehr viel zweifelhafter liegt die Frage in den oben unter d bezeichneten Fällen. Man wird hier nur unter Berücksichtigung der Umstände des einzelnen Falles entscheiden können, ob eine Willensbethätigung als gleichwerthig mit der einem Anderen gegenüber abgegebenen ausdrücklichen Willenserklärung zu betrachten ist. Zu bejahen wird die Frage regelmäßig dann sein, wenn die Willensbethätigung in solcher Art erfolgt, daß der andere Theil sofort davon Kenntniß erhält. So z. B. ist die Erlaubniß, welche der gesetzliche Vertreter dem Minderjährigen ertheilt, die von diesem gekaufte Sache zu verbrauchen, eine Bethätigung des Genehmigungswillens, von welcher der Minderjährige ihrer Natur nach Kenntniß erhalten mußte und erhielt; sie ist also der dem Minderjährigen gegenüber erklärten Genehmigung als gleichwerthig oder, nach der üblichen Ausdrucksweise, als eine dem Minderjährigen gegenüber stillschweigend erfolgte Genehmigung zu betrachten. Ebenso wird der Kauf verbrauchbarer Sachen, den ein Vertreter ohne Vertretungsmacht abgeschlossen hat, als von dem Vertretenen gegenüber dem Verkäufer genehmigt anzusehen sein, wenn der Vertretene in Gegenwart des Verkäufers die gekaufte Sache verbraucht. Die in der Kommission ausgesprochene Ansicht, daß die Genehmigung in den Fällen des § 108 Abs. 1, des § 177 Abs. 1 keine empfangsbedürftige Willenserklärung sei und aus diesem Gesichtspunkt immer die Willensbethätigung genüge, dürfte mit den Vorschriften des § 182 nicht vereinbar sein. Ob eine Willensbethätigung auch in solchen Fällen, in welchen sie nicht in Gegenwart des anderen Theiles oder doch nicht in solcher Art erfolgt, daß sie sofort zu dessen Kenntniß gelangen muß, als gleichwerthig mit einer dem anderen Theile gegenüber abgegebenen Willenserklärung zu betrachten ist, kann nur unter Berücksichtigung der Umstände des einzelnen Falles entschieden werden. Bei der Entscheidung wird in erster Linie die Natur der in Frage stehenden Willenserklärung und der Zweck, aus welchem die Empfangsbedürftigkeit gefordert wird, zu berücksichtigen sein. Bei einzelnen Rechtsgeschäften, z. B. bei der Kündigung, wird unter Berücksichtigung dieser Momente wohl niemals die Willensbethätigung der ausdrücklichen Willenserklärung gleichzustellen sein; in anderen Fällen wird die Auffassung des Verkehrs die Gleichstellung erfordern.

In dem Bisherigen ist davon ausgegangen, daß die Willensbethätigung, um als gleichwerthig mit der einem Anderen gegenüber abgegebenen Willenserklärung betrachtet werden zu können, zur Kenntniß des Anderen gelangt sein müsse. Nach § 130 wird indessen auch für die Willensbethätigung, soweit sie als stillschweigende Willenserklärung aufzufassen ist, nur das Zugehen an den Anderen, dem gegenüber sie abzugeben ist, erfordert. Bei dieser Vorschrift ist, wie oben hervorgehoben, zunächst an die gewöhnlichen Fälle der Uebermittlung durch Briefe und Telegramme oder Boten gedacht. Bei der Willensbethätigung wird, nach der Natur derselben, ein dem Zugehen der ausdrücklichen Willenserklärung entsprechendes Verhältniß regelmäßig nur dann anzunehmen sein, wenn die Willensbethätigung zur Kenntniß des Anderen gelangt. In einzelnen Fällen kann indessen auch hier ein früherer Zeitpunkt als der der Kenntniß entscheidend sein. So ist z. B. eine Willenserklärung, die ein Vertreter brieflich dem anderen Theile mittheilt, ohne darin ausdrücklich zu sagen, daß er im Namen des Vertretenen handle, als eine im Namen des Vertretenen abgegebene Willenserklärung dem Anderen zugegangen anzusehen, wenn dieser den Brief erhalten hat und die Umstände des Falles so liegen, daß aus ihnen der Wille des Absenders, im Namen des Vertretenen zu handeln, erhellt. Auch hier wird nur die Berücksichtigung aller Umstände des einzelnen Falles zu einer richtigen Entscheidung führen können.

II. Der Wille, welcher in einer Erklärung nach der gewöhnlichen Bedeutung der gebrauchten Worte ausgedrückt erscheint, kann in Wirklichkeit nicht vorhanden sein. Er kann fehlen, weil der Erklärende absichtlich eine seinem Willen nicht entsprechende Erklärung abgiebt; er kann auch fehlen in Folge eines Irrthums des Erklärenden, sei es daß der Erklärende in Folge dieses Irrthums nicht erkannte, daß er eine Erklärung des betreffenden Inhalts abgebe, oder daß er den Inhalt seiner Erklärung unrichtig auffaßte. Ueber die rechtliche Behandlung einer solchen Differenz zwischen Erklärung und Willen besteht in der Wissenschaft lebhafter Streit. Die sog. Willenstheorie und die sog. Erklärungstheorie stehen ein=

ander gegenüber; daneben bestehen verschiedene Zwischenmeinungen. Die Vertheidiger der Willenstheorie berufen sich darauf, daß die Rechtsordnung an die Willenserklärung nur deshalb rechtliche Wirkungen knüpfe, weil diese von dem Erklärenden gewollt seien. Fehle der Wille, so falle der Grund, auf welchem die rechtliche Wirkung der Willenserklärung beruhe, weg und müsse diese daher unwirksam sein. Die Vertheidiger der Erklärungstheorie berufen sich hauptsächlich darauf, daß die Sicherheit des Verkehrs die Anerkennung der Wirksamkeit jeder Erklärung erfordere, die sich nach der im Leben herrschenden Auffassung als Willenserklärung darstelle. Die Vorschriften des E. I §§ 95 ff. stehen im Wesentlichen auf dem Standpunkte des Willensdogmas und erklären daher alle Willenserklärungen, welche dem wirklichen Willen nicht entsprechen, mit Ausnahme des Falles der sog. Mentalreservation für nichtig. Das B.G.B. nimmt einen vermittelnden Standpunkt ein. Es unterscheidet zwischen den Fällen, in denen der Erklärende weiß, daß die Erklärung seinem wirklichen Willen nicht entspricht, und denjenigen, in welchen dies Bewußtsein fehlt. In den ersteren ist, mit Ausnahme des Falles der Mentalreservation, die Erklärung nichtig (§§ 116—118). In den letzteren ist die Erklärung niemals nichtig, aber unter gewissen näher bestimmten Voraussetzungen anfechtbar (§§ 119 ff.).

Von den Fällen, in denen Wille und Erklärung nicht übereinstimmen, zu unterscheiden sind diejenigen, in welchen das Erklärte zwar gewollt ist, der Erklärende es aber nicht gewollt haben würde, wenn er die Sachlage richtig erkannt und beurtheilt hätte (sog. Irrthum in den Beweggründen). Die psychologische Zergliederung der inneren Vorgänge, die zu einer Willenserklärung führen, ergiebt, daß die Grenze zwischen den Fällen dieser und den Fällen der ersteren Art unsicher ist. Der E. I § 102 bestimmte ausdrücklich, daß ein Irrthum in den Beweggründen, soweit nicht das Gesetz ein Anderes bestimme, auf die Gültigkeit eines Rechtsgeschäfts ohne Einfluß sei. Das B.G.B. hat diese Vorschrift weggelassen. Ob und inwieweit nach § 119 der Irrthum in den Beweggründen dem auf Irrthum beruhenden Willensmangel gleichgestellt ist und daher Anfechtbarkeit der Willenserklärung zur Folge hat, wird bei § 119 erörtert werden. Abgesehen von den Vorschriften des § 119 enthält das B.G.B. keine allgemeine Vorschrift, nach welcher ein Irrthum in den Beweggründen Einfluß auf die Wirksamkeit einer Willenserklärung hätte; nur für letztwillige Verfügungen gilt das Gegentheil (§ 2078 Abs. 2).

Die Vorschriften des B.G.B. über Willensmängel beziehen sich sowohl auf empfangsbedürftige wie auf nicht empfangsbedürftige, auf einseitige wie auf die behufs Abschlusses eines Vertrags abgegebenen Willenserklärungen. Ist eine Willenserklärung der letzteren Art nichtig, so fällt damit selbstverständlich der ganze Vertrag. Mit diesem Falle wird bisweilen gleichgestellt der Fall, daß die Parteien einen Vertrag als geschlossen ansehen, während in Wirklichkeit eine Uebereinstimmung ihres Willens nicht vorliegt. Jede der beiden Willenserklärungen ist für sich betrachtet gültig, der Irrthum der Parteien liegt nur darin, daß sie die Willenserklärungen für übereinstimmend halten, während sie dies nicht sind. Hier handelt es sich also nicht um die Folgen eines Willensmangels, sondern um die Folgen der mangelnden Uebereinstimmung des Willens (§ 155).

Besondere Vorschriften über Willensmängel gelten nach dem B.G.B. für die Eingehung der Ehe (§§ 1323 ff., 1332, 1333, 1345, 1346) und für letztwillige Verfügungen und Erbverträge (§§ 2078 ff., 2281 ff.).

III. Die Vorschriften des zweiten Titels unterscheiden nicht zwischen ausdrücklichen und stillschweigenden Willenserklärungen (s. oben unter I). Sie finden daher auch auf die letzteren insoweit Anwendung, als dies nach der Natur der stillschweigenden Willenserklärung möglich ist. Bei den Vorschriften über Willensmängel kann der Zweifel entstehen, ob hier nicht immer eine ausdrückliche Willenserklärung vorausgesetzt wird. Bei der stillschweigenden Willenserklärung wird der Wille nur aus der Handlung geschlossen, und man könnte deshalb annehmen, daß, wenn im einzelnen Falle nachgewiesen wird, daß der Wille nicht vorhanden, der Schluß also unbegründet ist, überhaupt eine Willenserklärung nicht vorliegt (P. I S. 173). Ein prinzipieller Unterschied zwischen ausdrücklicher und stillschweigender Willenerserklärung besteht indessen in dieser Beziehung nicht. Bei der ersteren wird aus den gebrauchten Worten oder Zeichen, bei der letzteren aus einer Handlung, die sich äußerlich als Bethätigung des Willens darstellt, auf den Willen geschlossen. In beiden Fällen muß, um überhaupt eine Willenserklärung annehmen zu können, die betreffende Handlung so beschaffen sein, daß aus ihr bei vernünftiger, den Anschauungen des Lebens entsprechender Auffassung auf den Willen geschlossen werden kann. Bei der sog. stillschweigenden Willenserklärung wird in dieser Beziehung öfter ein Zweifel begründet sein als bei der ausdrücklichen Erklärung. Wenn aber mit Recht angenommen wird, daß eine Handlung als Willensbethätigung aufzufassen ist, so liegt kein Grund vor, sie anders zu behandeln als die ausdrückliche Willenserklärung. Auch bei ihr, wie bei der ausdrücklichen Willenserklärung, ist es möglich, daß der berechtigte Schluß auf den Willen im einzelnen Falle unrichtig ist. Der Verbrauch einer zum Kaufe angebotenen Sache von Seiten desjenigen, an welchen das Angebot erfolgt ist, stellt sich als eine Handlung dar, in welcher sich der Wille,

§. 116.

Eine Willenserklärung ist nicht deshalb nichtig, weil sich der Erklärende insgeheim vorbehält, das Erklärte nicht zu wollen. Die Erklärung ist nichtig, wenn sie einem Anderen gegenüber abzugeben ist und dieser den Vorbehalt kennt.

§. 117.

Wird eine Willenserklärung, die einem Anderen gegenüber abzugeben ist, mit dessen Einverständnisse nur zum Schein abgegeben, so ist sie nichtig.

Wird durch ein Scheingeschäft ein anderes Rechtsgeschäft verdeckt, so finden die für das verdeckte Rechtsgeschäft geltenden Vorschriften Anwendung.

---

das Angebot anzunehmen, bethätigt. Hatte derjenige, welchem das Angebot gemacht war, die Sachen aber in der irrigen Annahme verbraucht, daß es nicht die angebotenen, sondern seine eigenen Sachen seien, so erscheint der Schluß aus dem Verbrauch auf den Willen als unbegründet und liegt daher kein Grund vor, die Vorschrift des § 119 nicht anzuwenden. Ebenso muß § 123 Anwendung finden, wenn die betreffende Person widerrechtlich durch Drohung zu dem Verbrauche bestimmt war.

IV. Wer sich auf eine Willenserklärung beruft, braucht nur darzuthun, daß eine Erklärung vorliegt, die sich äußerlich als Willenserklärung darstellt. Wer die Nichtigkeit oder Anfechtbarkeit der Willenserklärung geltend macht, hat die Voraussetzungen nachzuweisen, von welchen nach den §§ 116 ff. die Nichtigkeit oder Anfechtbarkeit abhängt. In gleicher Weise vertheilt sich die Beweislast, wenn eine stillschweigende Willenserklärung in Frage steht. Wer sich darauf beruft, braucht nur dazuthun, daß eine Handlung vorliegt, welche sich als Willensbethätigung in dem obigen Sinne darstellt. Dem anderen Theile liegt der Beweis der die Nichtigkeit oder die Anfechtbarkeit begründenden Thatsachen ob.

V. Die allgemeinen für Willenserklärungen geltenden Vorschriften werden in folgender Reihenfolge gegeben: Die §§ 116—122 handeln von dem Einflusse des Willensmangels, die §§ 123, 124 von arglistiger Täuschung und widerrechtlicher Drohung, die §§ 125—129 von der Form der Rechtsgeschäfte, die §§ 130—132 von empfangsbedürftigen Rechtsgeschäften, der § 133 von der Auslegung der Rechtsgeschäfte, die §§ 134—136 von Rechtsgeschäften, die gegen ein gesetzliches Verbot, insbesondere gegen ein Veräußerungsverbot verstoßen, der § 137 von vertragsmäßigen Veräußerungsverboten, der § 138 von Rechtsgeschäften, die gegen die guten Sitten verstoßen, der § 139 von theilweiser Nichtigkeit eines Rechtsgeschäfts, die §§ 140, 141 von der Konversion und Bestätigung nichtiger Rechtsgeschäfte, die §§ 142—144 von der Anfechtbarkeit der Rechtsgeschäfte.

§ 116.

E. I 95; II § 91 rev. § 112; III § 112. P. I S. 171, 172, 183, 6139, 6140, 6141, 6159, 6169; M. I S. 192. P. II S. 198 (Bd. I S. 94). D. S. 612, 613.

1. Der § 116 umfaßt alle Fälle der sog. Mentalreservation, insbesondere auch den Fall, in welchem Jemand zwar nur aus Scherz eine sich als Willenserklärung darstellende Erklärung abgiebt, aber dabei doch die Absicht hat, daß die Betheiligten die Erklärung als ernst gemeint betrachten. Der erste Satz des Paragraphen bezieht sich sowohl auf empfangsbedürftige wie auf nicht empfangsbedürftige Willenserklärungen; sie sind also trotz des Willensmangels gültig. Die Ausnahme des zweiten Satzes bezieht sich nur auf empfangsbedürftige Willenserklärungen, mögen es einseitige Erklärungen oder Vertragserklärungen sein. Sie gilt nur, wenn der Empfänger den Willensmangel kannte, nicht auch, wenn er ihn kennen mußte.

2. Die Vorschrift des § 116 Satz 1 gilt auch für letztwillige Verfügungen, die Vorschriften beider Sätze auch für Erbverträge. Für die Eingehung der Ehe gilt der § 116 Satz 2 nicht (§§ 1323—1328, 1330 ff.).

§ 117.

E. I § 96; II § 92 rev. § 113; III § 113. P. I 173, 174; M. I 192, 193. P. II S. 199—204 (Bd. I S. 95—97). D. S. 613.

1. Das Scheingeschäft ist eine Unterart der in dem § 116 Satz 2 bezeichneten Willenserklärungen. Das charakteristische des Scheingeschäfts besteht darin, daß eine Täuschung des anderen Theiles nicht beabsichtigt ist, daß vielmehr beide Theile darüber einverstanden sind, daß die Willenserklärung nicht gelten solle und nur deshalb abgegeben werde, um einen anderen Zweck zu erreichen, der regelmäßig darin besteht, Dritte zu täuschen. Im Begriffe der Nichtigkeit liegt es, daß sie auch Dritten gegenüber, die durch das Scheingeschäft getäuscht

§. 118.

Eine nicht ernstlich gemeinte Willenserklärung, die in der Erwartung abgegeben wird, der Mangel der Ernstlichkeit werde nicht verkannt werden, ist nichtig.

§. 119.

Wer bei der Abgabe einer Willenserklärung über deren Inhalt im Irrthume war oder eine Erklärung dieses Inhalts überhaupt nicht abgeben wollte, kann die Erklärung anfechten, wenn anzunehmen ist, daß er sie bei Kenntniß der Sachlage und bei verständiger Würdigung des Falles nicht abgegeben haben würde.

Als Irrthum über den Inhalt der Erklärung gilt auch der Irrthum über solche Eigenschaften der Person oder der Sache, die im Verkehr als wesentlich angesehen werden.

---

worden sind, geltend gemacht werden kann. Unter Umständen wird den Dritten ein Anspruch auf Schadensersatz nach Maßgabe der §§ 823, 826 zustehen. Mittelbar werden Dritte in verschiedenen Fällen durch besondere Vorschriften geschützt. In dieser Beziehung kommen insbesondere in Betracht die Vorschriften zu Gunsten derjenigen, welche sich auf das Grundbuch verlassen oder bewegliche Sachen oder Rechte an solchen von einem zur Verfügung darüber Berechtigten erworben haben (§§ 892, 893, 932 ff., 1032, 1207), ferner die Vorschriften über Vollmachtsurkunden (§ 172) und über die Abtretung einer nicht bestehenden Forderung, über die zum Schein eine Schuldurkunde ausgestellt ist. (§ 405.)

Die Vorschriften des § 117 gelten nicht für die Eingehung einer Ehe. (§§ 1323 ff.)

2. Ob das durch das Scheingeschäft verdeckte Rechtsgeschäft wirksam ist, hängt in erster Linie davon ab, ob der hierauf gerichtete Wille der Parteien einen genügenden Ausdruck gefunden hat. Der Grundsatz, daß ein nicht erklärter Wille keine rechtliche Wirkung hat, gilt auch hier. Man wird aber zu beachten haben, daß das verdeckte Rechtsgeschäft auch stillschweigend vorgenommen werden kann (s. Vorbm. I. 1, 2, oben S. 162—165). Auch im Uebrigen muß allen Erfordernissen, die für das verdeckte Rechtsgeschäft gelten, entsprochen sein und darf dasselbe insbesondere nicht gegen ein gesetzliches Verbot oder gegen die guten Sitten verstoßen.

§ 118.

E. I § 97 Abs. 1, 2, 4; II § 93 rev. § 114; III § 114. P. I S. 174—176, 3228, 3233; M. I S. 193—196. P. II S. 204—207 (Bd. I S. 98, 99). D. S. 613.

Unter die Vorschrift des § 118 fallen insbesondere die Fälle des Scherzes, der höflichen Redensart, der theatralischen Darstellung, des zum Zwecke der Belehrung gegebenen Beispiels. Es gehört dahin auch der Fall, daß Jemand eine Erklärung zum Scheine einem Anderen gegenüber abgiebt in der Meinung, der Andere sei damit einverstanden, während dies in Wirklichkeit nicht der Fall ist. Nach E. I § 97 Abs. 2, 4 sollte die Nichtigkeit nicht eintreten, wenn dem Erklärenden grobe Fahrlässigkeit zur Last falle, es sei denn, daß der andere Theil den Willensmangel gekannt habe oder habe kennen müssen. Im Falle einer nicht groben Fahrlässigkeit sollte die Erklärung zwar nichtig, der Erklärende aber zum Ersatze des negativen Interesses verpflichtet sein. Nach § 118 des B.G.B. tritt immer Nichtigkeit ein; der Erklärende ist aber ohne Rücksicht auf Verschulden nach Maßgabe des § 122 zum Ersatze des negativen Interesses verpflichtet.

§ 119.

E. I § 98, 99 Abs. 1, 3; II § 94 rev. §. 115; III § 115. P. I S. 176—189, 194, 195, 3228, 3229, 3233; M. I S. 196—201. P. II S. 214—227, 229—235, 238—240, 8356 (Bd. I S. 102—112, 114, 115). D. S. 613.

1. Die §§ 119, 120 betreffen diejenigen Fälle, in welchen sich der Erklärende des Mangels der Uebereinstimmung seines Willens mit der Erklärung nicht bewußt ist. Der E. I § 98 schrieb für diese Fälle Nichtigkeit der Willenserklärung vor. Nach den §§ 119, 120 tritt niemals Nichtigkeit, sondern, sofern der Willensmangel überhaupt berücksichtigt wird, Anfechtbarkeit der Willenserklärung ein. Will der Erklärende, obwohl er das Erklärte nicht gewollt hat, die Willenserklärung aufrecht erhalten, so ist sie wirksam. Erfolgt die Anfechtung nicht, so können sich weder der andere Theil noch Dritte auf den Willensmangel berufen. Ueber die Wirkungen der Anfechtung s. Vorbm. VII. 2, oben S. 145, 146, und Erl. zu § 142. Die Vorschriften beziehen sich sowohl auf empfangsbedürftige als auf nicht empfangsbedürftige Willenserklärungen.

Das Interesse des Empfängers und bei nicht empfangsbedürftigen Willenserklärungen das Interesse aller Betheiligten wird einerseits durch die dem Anfechtenden nach § 122 obliegende

Verpflichtung zum Schadensersatz, andererseits dadurch geschützt, daß die Anfechtung nach § 121 unverzüglich erfolgen muß, nachdem der Anfechtungsberechtigte von dem Anfechtungsgrunde Kenntniß erhalten hat.

2. Die Voraussetzungen, unter welchen nach § 119 die Willenserklärung anfechtbar ist, sind folgende:

a) Der Erklärende muß über den Inhalt seiner Erklärung im Irrthume gewesen sein oder eine Erklärung dieses Inhalts nicht haben abgeben wollen. Der E. I § 98 faßte beide Fälle unter der Voraussetzung zusammen, daß die Nichtübereinstimmung des wirklichen Willens mit dem erklärten Willen auf einem Irrthume beruhe. Bezweckt wurde durch die Aenderung hauptsächlich, die Anfechtbarkeit nicht von der Entscheidung der psychologischen Frage abhängig zu machen, ob in allen Fällen eines Irrthums über den Inhalt der Erklärung eine Nichtübereinstimmung des wirklichen mit dem erklärten Willen oder nur ein Irrthum in den Beweggründen vorliege. Diese Frage läßt sich insbesondere in solchen Fällen aufwerfen, in welchen mit einer dem Erklärenden gegenüberstehenden Person oder über eine ihm vorliegende Sache ein Vertrag abgeschlossen wird und der Erklärende die ihm gegenüberstehende Person für eine andere Person, die ihm vorliegende Sache für eine andere Sache gehalten hat, als sie wirklich ist. Man kann hier sagen, der Erklärende habe den Willen gehabt, mit der ihm gegenüberstehenden Person oder über die vorliegende Sache den Vertrag abzuschließen; er sei zu diesem Willen nur durch die irrthümliche Annahme der Identität der betreffenden Person oder Sache mit derjenigen, an welche er gedacht, bestimmt worden. Wie dieser Fall nach dem E. I zu beurtheilen ist, kann zweifelhaft sein. Auch die jetzige Fassung schließt, wenn man sich lediglich an den Wortlaut hält, nicht jeden Zweifel aus. Die Absicht ging indessen unzweifelhaft dahin, auch Fälle der obengedachten Art zu treffen. Es kommt lediglich darauf an, daß der Irrthum wirklich den Inhalt der Erklärung, nicht andere Umstände betrifft. Ein Irrthum über den Gegenstand oder die Art des Rechtsgeschäfts sowie über die Person, mit welcher das Rechtsgeschäft vorgenommen werden sollte, ist immer ein Irrthum über den Inhalt des Rechtsgeschäfts.

Der zweite Absatz enthält eine Erweiterung, nicht etwa eine Erläuterung des in dem ersten Absatz ausgesprochenen Prinzips. Ein Irrthum über die Eigenschaften der Person oder der Sache ist, wenn diese Eigenschaften nicht in das Rechtsgeschäft aufgenommen sind, kein Irrthum über den Inhalt des Rechtsgeschäfts. Wenn trotzdem der zweite Absatz bestimmt, daß der Irrthum über solche Eigenschaften als Irrthum über den Inhalt des Rechtsgeschäfts gelte, sofern diese Eigenschaften im Verkehr als wesentlich angesehen werden, so ist dies eine positive Vorschrift, die sich durch die Rücksicht auf das bestehende Recht und auf die Auffassung des Verkehrs rechtfertigt, die aber nicht benutzt werden darf, um die Vorschrift des ersten Absatzes in einem Sinne auszulegen, bei welchem die Grenze zwischen dem Irrthum über den Inhalt des Rechtsgeschäfts und dem Irrthum in den Beweggründen völlig verwischt würde. Ebenso wie der Irrthum über den Inhalt des Rechtsgeschäfts wird der Fall behandelt, daß der Erklärende eine Erklärung dieses Inhalts überhaupt nicht abgeben wollte. Damit ist gemeint, daß der Erklärende eine Erklärung in der Gestalt, wie er sie abgegeben, nicht abgeben wollte (s. Eck, Sammlung von Vorträgen S. 45). Dahin gehören die Fälle des Verschreibens, des Versprechens rc. Ob man den Fall, daß Jemand eine Urkunde unterschreibt, in welcher etwas Anderes steht, als er bei der Unterschrift geglaubt, zu den Fällen dieser Art zu rechnen oder als Irrthum über den Inhalt des Rechtsgeschäfts aufzufassen hat, kann zweifelhaft sein. Der Unterschreibende hat zwar die Unterschrift gewollt, aber er hat die in der Urkunde enthaltene Erklärung nicht abgeben wollen. Die Frage ist indessen sachlich gleichgültig, da bei der einen wie bei der anderen Beurtheilung die Anfechtbarkeit begründet ist.

b) Die zweite Voraussetzung besteht darin, daß der Erklärende bei Kenntniß der Sachlage und bei verständiger Würdigung des Falles die Erklärung nicht abgegeben haben würde. Es ist möglich, daß ein Irrthum der unter a gedachten Art vorliegt, daß der Erklärende aber auch bei Kenntniß der Sachlage doch die Willenserklärung abgegeben haben würde. Dann ist die Willenserklärung trotz des Willensmangels nicht anfechtbar. Um die Anfechtbarkeit zu begründen, muß das subjektive Moment hinzutreten, daß der Erklärende bei Kenntniß der Sachlage nicht gewollt haben würde. Auch dies allein genügt aber nicht. Abweichend von dem E. I § 98 muß noch das objektive Moment hinzutreten, daß sich das Nichtwollen des Erklärenden bei verständiger Würdigung des Falles als gerechtfertigt darstellt. Damit wird nicht gefordert, daß der Irrthum sich auf Punkte bezieht, die nach der allgemeinen Auffassung des Verkehrs als wesentlich erscheinen. Die verständige Würdigung des Falles schließt die Berücksichtigung aller Umstände, auch der persönlichen Verhältnisse des Erklärenden in sich. Nur die Berücksichtigung ungerechtfertigter Launen, unverständigen Eigensinns und solcher Anschauungen, die nicht nur unbegründet, sondern nach allgemeiner Auffassung unverständig sind, ist ausgeschlossen (Beispiele s. Eck, Sammlung von Vorträgen S. 45, 47). Auch in dem Falle des zweiten Absatzes genügt es nicht, daß die Eigenschaften, auf welche sich der Irrthum bezieht,

§. 120.

Eine Willenserklärung, welche durch die zur Uebermittelung verwendete Person oder Anstalt unrichtig übermittelt worden ist, kann unter der gleichen Voraussetzung angefochten werden wie nach §. 119 eine irrthümlich abgegebene Willenserklärung.

im Verkehr als wesentliche angesehen werden; vielmehr muß auch hier noch das subjektive Moment hinzutreten, daß der Erklärende bei Kenntniß der Sachlage und verständiger Würdigung des Falles die Erklärung nicht abgegeben haben würde.

Im E. I § 98 Satz 2 war bestimmt, daß im Zweifel anzunehmen sei, die Erklärung würde nicht abgegeben sein, wenn sich der Irrthum auf den Gegenstand oder die Art des Rechtsgeschäfts oder auf die Person des anderen Theiles beziehe. Von der zweiten Kommission ist dieser Satz gestrichen einerseits, um dem Mißverständnisse entgegenzutreten, daß durch jene Vorschrift alle Fälle des wesentlichen Irrthums getroffen werden sollten, und andererseits, weil der Irrthum über den Gegenstand und die Art des Rechtsgeschäfts immer ein wesentlicher sei, der Irrthum über die Person des anderen Theiles aber im Zweifel nicht wesentlich sei. Die Frage ist hiernach offen gelassen; daher wird auch bei einem Irrthum über den Gegenstand und die Art des Rechtsgeschäfts sowie über die Person des anderen Theiles in jedem einzelnen Falle zu prüfen sein, ob die oben bezeichnete Voraussetzung vorliegt.

3. Nicht erforderlich ist, daß den Erklärenden kein Verschulden trifft. Auch bei grober Verschuldung fehlt der Wille und ist deshalb die Erklärung anfechtbar. Auch darauf, ob der Irrthum ein thatsächlicher oder ein Rechtsirrthum ist, kommt es nicht an; ebensowenig darauf, ob der Irrthum dem anderen Theile erkennbar war oder nicht. Die Anfechtbarkeit wird andererseits auch dadurch nicht ausgeschlossen, daß der Empfänger der Willenserklärung den Irrthum kannte oder kennen mußte. Diese Umstände können nicht berücksichtigt werden, weil es von der Willkür des Erklärenden abhängt, ob er die Erklärung anfechten oder gelten lassen will, der andere Theil also, auch wenn er den Irrthum kannte, nicht weiß, ob die Erklärung wirksam sein wird oder nicht. Ueber die Bedeutung dieser Umstände für die Frage, ob die Anfechtung rechtzeitig erfolgt ist, s. die Erl. zu § 121.

4. Der Beweis der in dem § 119 bestimmten Voraussetzungen liegt dem Anfechtenden ob (s. Vorbm. IV, oben S. 167). Für die unter **b** bezeichnete Voraussetzung genügt die Darlegung der Umstände, welche die Annahme rechtfertigen, daß der Erklärende bei Kenntniß der Sachlage und verständiger Würdigung des Falles die Erklärung nicht abgegeben haben würde.

5. Der § 119 gilt für empfangsbedürftige wie für nicht empfangsbedürftige Willenserklärungen. Wegen der besonderen Vorschriften über Eingehung der Ehe, letztwillige Verfügungen und Erbverträge s. die Vorbm. II., oben S. 165, 166 Ueber Annahme der Erbschaft s. § 1949.

§ 120.

E. I § 101; II § 95 rev. § 116; III § 116. P. I S. 106, 107, 191, 192; M. I S. 202, 203. P. II S. 242—246 (Bd. I S. 116—118). D. S. 614.

Wer eine Willenserklärung einem Anderen durch einen Boten übermittelt oder dem Telegraphenbeamten ein Telegramm zur Uebermittlung einhändigt, giebt seine Erklärung unmittelbar nur gegenüber dem Boten oder dem Telegraphenbeamten ab. Wird die Erklärung aber durch die gewählte Person oder Anstalt demjenigen zugestellt, für welchen sie bestimmt ist, so gilt sie als ihm gegenüber von dem Auftraggeber abgegeben. Dies gilt nicht nur dann, wenn die Erklärung genau so dem Adressaten zugeht, wie sie abgegeben ist, sondern auch dann, wenn sie unrichtig übermittelt, dem Adressaten also eine andere Erklärung zugeht als abgegeben ist. Ausdrücklich ist dies im B.G.B. nicht ausgesprochen, ergiebt sich aber daraus, daß in dem vorausgesetzten Falle nach § 120 die Erklärung angefochten werden kann, was weder nöthig noch möglich wäre, wenn eine Erklärung gegenüber dem Adressaten nicht vorläge. Voraussetzung ist nur, daß der Bote oder die Telegraphenanstalt mit der Uebermittlung einer Willenserklärung wirklich beauftragt ist. Bestellt ein Bote, der beauftragt ist, eine Einladung zum Mittagessen zu bestellen, einen Verkaufsantrag zum Verkauf eines Landguts, so liegt jene Voraussetzung nicht vor; eine Willenserklärung ist überhaupt nicht abgegeben. Trifft aber jene Voraussetzung zu, so gilt die übermittelte Erklärung als von demjenigen abgegeben, welcher die Person oder die Anstalt mit der Uebermittlung betraut hat. Im Falle unrichtiger Uebermittlung ist Anfechtung zulässig, wenn der Erklärende bei Kenntniß der Sachlage, also der unrichtigen Uebermittlung, und bei verständiger Würdigung des Falles die übermittelte Erklärung nicht abgegeben haben würde. Gleichgültig ist, auf welchen Gründen die Unrichtigkeit der Uebermittlung beruht, ob die Erklärung absichtlich oder aus Versehen unrichtig übermittelt ist oder bei telegraphischer Uebermittlung etwa durch Naturereignisse die Unrichtigkeit herbeigeführt ist. Auch die sog. höhere Gewalt schließt die Anwendung des § 120 nicht aus.

Ueber Mittheilung durch das Telephon s. Erl. zu § 130 Nr. 2.

§. 121.

Die Anfechtung muß in den Fällen der §§. 119, 120 ohne schuldhaftes Zögern (unverzüglich) erfolgen, nachdem der Anfechtungsberechtigte von dem Anfechtungsgrunde Kenntniß erlangt hat. Die einem Abwesenden gegenüber erfolgte Anfechtung gilt als rechtzeitig erfolgt, wenn die Anfechtungserklärung unverzüglich abgesendet worden ist.

Die Anfechtung ist ausgeschlossen, wenn seit der Abgabe der Willenserklärung dreißig Jahre verstrichen sind.

---

§ 121.

E. II § 96 rev. § 117; III § 117. P. II S. 235—237, 8356, 8357, 8359, 8360, 8652 (Bd. I S. 112, 113). D. S. 614.

1. Ueber **Anfechtung** s. Vorbm. zu diesem Abschn. VII. 2, oben S. 145, 146 und Erl. zu §§ 142—144. Die Anfechtung muß **unverzüglich** erfolgen, nachdem der Berechtigte von dem Anfechtungsgrunde Kenntniß erhalten hat. Der Anfechtungsgrund ist in dem Falle des § 119 der dort bezeichnete Irrthum oder der Mangel des Willens, die Erklärung abzugeben, im Falle des § 120 die unrichtige Uebermittlung der Erklärung. Den Anfechtungsgrund des Irrthums oder Willensmangels kann der Berechtigte nicht kennen, so lange er nicht weiß, daß die von ihm abgegebene Erklärung ihrem Wortlaute nach etwas Anderes sagt, als er gewollt hat. Ist der Berechtigte darüber im Zweifel, was er gesagt oder geschrieben, so beginnt die für die Anfechtung bestimmte Frist erst in dem Zeitpunkt, in welchem er hierüber Gewißheit erlangt hat. Die Dauer der Frist ist durch die Vorschrift bestimmt, daß die Anfechtung unverzüglich erfolgen muß. Der Zeitabschnitt, innerhalb dessen die Anfechtung erfolgen muß, wird also danach bemessen, innerhalb welchen Zeitraums die Anfechtung erfolgen kann, ohne daß ein verschuldetes Zögern anzunehmen ist. Der § 121 ist benutzt, um diese Definition des Ausdrucks „unverzüglich" zu geben. „**Unverzüglich**" ist also nicht gleichbedeutend mit „**sofort**". Das „sofort" wird durch jedes Zögern, das „unverzüglich" nur durch schuldhaftes Zögern ausgeschlossen. Schuldhaft ist das Zögern, wenn es absichtlich erfolgt oder wenn den Zögernden der Vorwurf der Fahrlässigkeit trifft (s. Vorbm. III, oben S. 35 ff.). Ob Fahrlässigkeit, also Vernachlässigung der im Verkehr erforderlichen Sorgfalt vorliegt, läßt sich nur nach den Umständen des einzelnen Falles entscheiden. In dem einen Falle kann sie angenommen werden, wenn die Erklärung der Anfechtung nicht in derselben Stunde erfolgt, in welcher der Berechtigte von dem Anfechtungsgrunde Kenntniß erhalten hat; in anderen Fällen wird nach der Auffassung des Verkehrs eine Vernachlässigung der erforderlichen Sorgfalt nicht angenommen werden, wenn die Anfechtung auch erst nach mehreren Tagen erfolgt. In Betracht kommt hierbei insbesondere, ob der Berechtigte annehmen durfte, daß es dem Anfechtungsgegner gleichgültig sei, ob er die Anfechtung etwas früher oder später erfahre. Man wird indessen nicht so weit gehen dürfen, ein schuldhaftes Zögern in allen Fällen zu verneinen, in welchen der Anfechtungsgegner von dem Anfechtungsgrunde Kenntniß hatte oder haben mußte; auch wird dem Berechtigten in solchen Fällen eine exceptio doli gegen die Berufung des Anfechtungsgegners auf das schuldhafte Zögern nicht zu gewähren sein (s. Eck, in der Sammlung von Vorträgen Heft I S. 49). Der Anfechtungsgegner weiß, auch wenn er den Anfechtungsgrund kennt, nicht, ob der Berechtigte von dem Anfechtungsrechte Gebrauch machen will. Diese Ungewißheit soll nicht länger dauern, als unvermeidlich ist, und deshalb schreibt das B.G.B. vor, daß die Anfechtung unverzüglich erfolgen müsse. Der Berechtigte kann also sein Zögern dadurch nicht rechtfertigen, daß der Gegner den Anfechtungsgrund kannte; er war vielmehr verpflichtet, ihn so bald wie möglich aus der Ungewißheit zu befreien, ob die Willenserklärung wirksam oder in Folge der Anfechtung unwirksam ist. Ebensowenig aber wird man dem Gegner, der sich hierauf beruft, vorwerfen können, daß er gegen Treu und Glauben handelt.

2. Der Berechtigte, der die Willenserklärung anfechten will, braucht hier wie in anderen Fällen der Anfechtung nicht gerade dieses Wort zu gebrauchen. Es genügt, wenn **erhellt, daß er die Willenserklärung nicht als wirksam gelten lassen will**. Ob hierzu die Mittheilung des Irrthums bezw. der Unrichtigkeit der Uebermittlung an den Gegner genügt, hängt von den Umständen des Falles ab. Die Mittheilung des Irrthums kann möglicherweise auch nur zu dem Zwecke erfolgen, um eine vergleichsweise Erledigung der Streitfrage anzubahnen; dann ist sie noch nicht als Anfechtung zu betrachten, kann aber möglicherweise geeignet sein darzuthun, daß die später wirklich erfolgende Anfechtung ohne schuldhaftes Zögern erfolgt sei.

3. Die Anfechtung ist ein empfangsbedürftiges Rechtsgeschäft. Sie wird also, wenn sie unter Abwesenden erfolgt, nach § 130 erst wirksam, wenn sie dem Anfechtungsgegner zugeht. Um den Zweifel abzuschneiden, ob die Anfechtung als unverzüglich erfolgt zu betrachten ist,

§. 122.

Ist eine Willenserklärung nach §. 118 nichtig oder auf Grund der §§. 119, 120 angefochten, so hat der Erklärende, wenn die Erklärung einem Anderen gegenüber abzugeben war, diesem, anderenfalls jedem Dritten den Schaden zu ersetzen, den der Andere oder der Dritte dadurch erleidet, daß er auf die Gültigkeit der Erklärung vertraut, jedoch nicht über den Betrag des Interesses hinaus, welches der Andere oder der Dritte an der Gültigkeit der Erklärung hat.

Die Schadensersatzpflicht tritt nicht ein, wenn der Beschädigte den Grund der Nichtigkeit oder der Anfechtbarkeit kannte oder in Folge von Fahrlässigkeit nicht kannte (kennen mußte).

---

wenn sie dem Anfechtungsgegner erst verspätet oder gar nicht zugeht, bestimmt der § 121 Abs. 1 Satz 2, daß die unverzügliche Absendung genüge, um die Frist zu wahren. Damit ist aber nicht gemeint, daß die Anfechtung schon mit der Absendung als erfolgt gilt. Hierzu ist immer erforderlich, daß sie dem Anfechtungsgegner zugeht. Geht ein rechtzeitig abgesandter Brief verloren, so ist die Anfechtung nicht erfolgt. Erfolgt sie aber später, so ist die Frist dadurch gewahrt, daß der nicht angekommene Brief unverzüglich abgesandt ist.

4. Die für die Anfechtung bestimmte Frist beginnt erst, wenn der Berechtigte von dem Anfechtungsgrunde Kenntniß erhalten hat. Wer sich darauf beruft, daß die Anfechtung nicht rechtzeitig erfolgt sei, muß beweisen, daß und wann der Berechtigte von dem Anfechtungsgrunde Kenntniß erhalten hat. Dem Berechtigten liegt dann der Beweis ob, daß die Anfechtung ohne schuldhaftes Zögern erfolgt sei, und es genügt zu diesem Zwecke der Beweis, daß die Absendung unverzüglich erfolgt ist. Statt des Beweises, daß und wann der Berechtigte von dem Anfechtungsgrunde Kenntniß erhalten hat, genügt nach § 121 Abs. 2 auch der Beweis, daß seit der Abgabe der Willenserklärung dreißig Jahre verstrichen sind. Nach den für Präklusivfristen geltenden allgemeinen Grundsätzen müßte der Berechtigte beweisen, daß die Anfechtung innerhalb der dreißigjährigen Frist erfolgt sei. Die Fassung des zweiten Absatzes „die Anfechtung ist ausgeschlossen, wenn" 2c. ergiebt aber, daß die Beweislast hier abweichend hat bestimmt werden sollen.

§ 122.

E. I § 97 Abs. 3, 4, § 99 Abs. 2, 3, §§ 101 146; II § 97 rev. § 118; III § 118. P. I S. 106 107, 174—176, 185—189, 191, 192, 209—211, 11901—11903; M. I S. 194, 200, 202, 203, 281. P. II S. 204—207, 242—246 (Bd. I S. 98, 99, 116—118). D. S. 613, 614. K.B. S. 1953, 1954. St.B. S. 2750.

1. Die Verpflichtung zum Schadensersatz ist unabhängig davon, ob dem Erklärenden ein Verschulden zur Last fällt oder nicht. Es ist dies eine Ausnahme von dem sonst in dem B.G.B. festgehaltenen Grundsatze, daß eine Verpflichtung zum Schadensersatze nur im Falle der Verschuldung eintritt. Hier genügt, daß der Erklärende durch seine Handlung den Schaden veranlaßt hat. Voraussetzung der Verpflichtung ist also nur, daß eine Erklärung abgegeben ist, daß diese auf Grund des § 118 oder, weil sie nach Maßgabe der §§ 119—121 angefochten wird, nichtig ist und daß der andere Theil dadurch, daß er auf die Wirksamkeit der Erklärung vertraut, einen Schaden erlitten hat.

2. Nur das sog. negative Interesse ist zu ersetzen. Die Willenserklärung ist nichtig; der andere Theil kann daher nicht den Ersatz desjenigen fordern, was er gehabt haben würde, wenn die Erklärung gültig gewesen wäre, sondern nur den Ersatz dessen, was er dadurch eingebüßt, daß er auf die Wirksamkeit der Erklärung vertraut hat.

Ist z. B. bei einem Kaufe die Erklärung des Verkäufers auf Grund der §§ 118—121 nichtig oder anfechtbar und angefochten, so kann der Käufer nicht Ersatz des Werthes des Kaufgegenstandes nach Abzug des Preises und Ersatz des sonstigen Schadens, den er durch die Nichterfüllung des Kaufes gehabt, sondern nur Ersatz desjenigen Schadens verlangen, welchen er dadurch gehabt hat, daß er den ihm möglich gewesenen Kauf einer anderen Sache im Vertrauen auf den sich nun als nichtig herausstellenden Kaufvertrag unterlassen hat. Uebersteigt indessen — was unter Umständen möglich ist — der Betrag des negativen Interesses den des Erfüllungsinteresses, so kann nur der letztere Betrag gefordert werden. Der Beweis, daß das Erfüllungsinteresse niedriger ist, liegt dem Verpflichteten ob.

3. Handelt es sich um empfangsbedürftige Willenserklärungen, so ist nur der Empfänger Schadensersatz zu verlangen berechtigt. Ein Dritter, der dadurch, daß er die Willenserklärung als gültig betrachtet, einen Schaden erlitten hat, z. B. bei einem Vertrage zu Gunsten eines Dritten dieser Dritte, kann Ersatz nicht fordern. Bei nicht empfangsbedürftiger

§. 123.

Wer zur Abgabe einer Willenserklärung durch arglistige Täuschung oder widerrechtlich durch Drohung bestimmt worden ist, kann die Erklärung anfechten.

Hat ein Dritter die Täuschung verübt, so ist eine Erklärung, die einem Anderen gegenüber abzugeben war, nur dann anfechtbar, wenn dieser die Täuschung kannte oder kennen mußte. Soweit ein Anderer als derjenige, welchem gegenüber die Erklärung abzugeben war, aus der Erklärung unmittelbar ein Recht erworben hat, ist die Erklärung ihm gegenüber anfechtbar, wenn er die Täuschung kannte oder kennen mußte.

Willenserklärungen, z. B. bei einer Auslobung, ist Jeder Ersatz zu fordern berechtigt, der dadurch, daß er auf die Gültigkeit der Willenserklärung vertraut, einen Schaden erlitten hat. In dem Falle des § 151 jedoch, in welchem die Annahme des Vertragsantrags nicht dem anderen Theile gegenüber erklärt zu werden braucht, wird nach dem Sinne und Zwecke der fraglichen Vorschrift die Verpflichtung zum Schadensersatze, wenn die Annahme nach Maßgabe der §§ 119 bis 121 anfechtbar ist und angefochten wird, nur gegenüber dem Antragenden, nicht gegenüber Dritten, anzunehmen sein.

4. Nach dem E. II und III sollte die Verpflichtung zum Schadensersatz in dem Falle des § 120 wegfallen, wenn die Unrichtigkeit der Uebermittelung durch höhere Gewalt herbeigeführt worden ist. Auf Antrag der R.K. ist diese Beschränkung vom Reichstage beseitigt; die Verpflichtung zum Schadensersatze tritt daher in allen Fällen der §§ 118—120 ein.

5. Ueber die Bedeutung des „Kennen müssen" s. Vorbm. zu diesem Buche III, oben S. 35. Im Falle der Anfechtbarkeit ist es zwar noch ungewiß, ob die Willenserklärung gültig oder in Folge der wirklich erfolgenden Anfechtung nichtig ist. Das Kennen oder Kennenmüssen der Anfechtbarkeit genügt aber, um den Anspruch auf Schadensersatz auszuschließen.

§ 123.

E. I § 103; II § 98 rev. § 119; III § 119. P. I S. 197—205, 11644; M. I S. 204—208. P. II S. 247—250, 8367—8369 (Bd. I S. 118—120). R.B.S. 1953, 1954. St.B. S. 2750. D. S. 614.

1. Eine Willenserklärung soll rechtliche Wirkungen nur haben, wenn der Wille frei war. Dies ist nicht der Fall, wenn der Wille durch arglistige Täuschung oder widerrechtlich durch Drohung bestimmt worden ist. Die Unfreiheit des Willens hat aber ebenso wie der Willensmangel in Folge Irrthums oder unrichtiger Uebermittelung der Erklärung nicht sofort Nichtigkeit, sondern nur Anfechtbarkeit zur Folge. Wird angefochten, so tritt Nichtigkeit ein. (§ 142.)

2. Der E. I erforderte Betrug. Mit Rücksicht darauf, daß es hiernach zweifelhaft sein konnte, ob der strafgesetzliche Thatbestand des Betrugs (St.G.B. § 263) erfordert werde, ob also eine Vermögensbeschädigung vorliegen müsse, hat die zweite Kommission den Ausdruck „Betrug" durch „arglistige Täuschung" ersetzt. Eine solche genügt immer, um die Anfechtbarkeit zu begründen, mag eine Vermögensbeschädigung eingetreten oder bezweckt sein oder nicht. Die Arglist wird dadurch nicht ausgeschlossen, daß der Täuschende im Interesse des anderen Theiles zu handeln glaubte, indem er ihn durch die Täuschung zu der Willenserklärung bestimmte. Die Täuschung ist arglistig, weil der andere Theil durch die Täuschung bestimmt werden sollte, eine Willenserklärung abzugeben, die er ohne die Täuschung nicht abgegeben haben würde. Gleichgültig ist, ob sich die Täuschung auf wesentliche oder nicht wesentliche Theile der Willenserklärung oder auf beliebige andere Umstände bezieht. Erforderlich ist nur, daß der Erklärende wirklich durch die Täuschung zu der Willenserklärung bestimmt ist.

3. Der § 123 spricht nicht von Gewalt, sondern von Drohung. Die sog. vis absoluta kommt nicht in Betracht, weil bei ihr überhaupt eine Erklärung nicht vorliegt. Andere Fälle der Gewalt kommen nur insofern in Betracht, als derjenige, gegen welchen sie verübt wird, durch die Aussicht auf Fortsetzung der Gewalt zu der Willenserklärung bestimmt wird. Es liegt dann eine zwar nicht ausdrücklich ausgesprochene, aber aus den Umständen des Falles sich ergebende Drohung vor, und dies genügt zu dem Thatbestande des § 123. Nicht jede Drohung genügt aber. Der Erklärende muß widerrechtlich durch die Drohung zu der Willenserklärung bestimmt sein. Für die arglistige Täuschung gilt dies Erforderniß nicht, da bei ihr, im Sinne des § 123, immer Widerrechtlichkeit vorliegt. Die Drohung kann aber berechtigt sein; so z. B. im Falle der erlaubten Selbsthülfe nach § 229 oder wenn Jemand einen Anderen zur Bezahlung einer Schuld durch die Drohung bestimmt, ihn verklagen zu wollen. Die Berechtigung zu der Handlung, mit welcher gedroht wird, für sich allein schließt die Widerrechtlichkeit nicht aus. Es wird z. B., wenn Jemand, der ein Verbrechen begangen hat, durch die Drohung mit der Anzeige zu einer Schenkung bestimmt wird, anzunehmen sein,

§. 124.

Die Anfechtung einer nach §. 123 anfechtbaren Willenserklärung kann nur binnen Jahresfrist erfolgen.

Die Frist beginnt im Falle der arglistigen Täuschung mit dem Zeitpunkt, in welchem der Anfechtungsberechtigte die Täuschung entdeckt, im Falle der

---

daß er widerrechtlich durch Drohung dazu bestimmt sei. Auf die Art und Größe des Uebels, mit welchem gedroht wird, kommt es nicht an; feststehen muß nur, daß der Wille wirklich durch die Drohung bestimmt ist. Bei dem sog. metus reverentialis liegt eine widerrechtliche Bestimmung durch Drohung nicht vor.

4. Die Ausnahme des Abs. 2 Satz 1 gilt nur für empfangsbedürftige Willenserklärungen und nur für die arglistige Täuschung, nicht für die Drohung. Es sind hauptsächlich rechtspolitische Gründe, die dazu geführt haben, im Falle der Drohung die Anfechtbarkeit ohne Rücksicht darauf eintreten zu lassen, ob der Empfänger die Anfechtbarkeit kannte oder kennen mußte. Ueber den Begriff des Kennenmüssens s. Vorbm. zu diesem Buche III, oben S. 35.

5. Die Ausnahme des Abs. 2 Satz 2 findet insbesondere Anwendung bei Verträgen zu Gunsten Dritter (§§ 328 ff). Soweit der Dritte durch den Vertrag ein Recht erworben hat, ist ihm gegenüber der Vertrag anfechtbar, wenn er die Täuschung, durch welche der Versprechende zu dem Vertrage bestimmt worden ist, kannte oder kennen mußte. Erfolgt die Anfechtung, so tritt nicht etwa eine relative Nichtigkeit ein, vielmehr ist der Vertrag, soweit der Dritte dadurch ein Recht erworben hat, Jedem gegenüber nichtig. Das Rechtsverhältniß zwischen den Vertragschließenden wird dadurch unmittelbar nicht berührt. Der Vertrag bleibt für sie wirksam. Da aber derjenige Theil des Vertrags, nach welchem der Dritte unmittelbar aus dem Vertrag ein Recht erwerben sollte, nichtig ist, so kann es in Frage kommen, ob nicht auf Grund der Vorschriften des § 139 über theilweise Nichtigkeit eines Rechtsgeschäfts der ganze Vertrag hinfällig wird.

Ueber andere Fälle, in welchen die Anwendung des § 123 Abs. 2 Satz 2 in Frage kommt, s. Erl. zu § 167 Nr. 4 und zu § 182 Nr. 3.

6. Bezieht sich die arglistige Täuschung oder Drohung nur auf einen Theil des Rechtsgeschäfts (sog. dolus incidens), so ist nur dieser Theil anfechtbar. Tritt in Folge der Anfechtung Nichtigkeit dieses Theiles ein, so bestimmen sich die Folgen für das ganze Rechtsgeschäft nach § 139.

7. In der arglistigen Täuschung oder Drohung, welche die Anfechtbarkeit einer Willenserklärung begründet, liegt meistens zugleich der Thatbestand einer unerlaubten Handlung, auf Grund deren der Thäter zum Schadensersatze verpflichtet ist. (§§ 823, 826.) Auf Grund dieser Verpflichtung ist nach § 249 der Zustand wiederherzustellen, der vorhanden sein würde, wenn der Schaden nicht eingetreten wäre. Die Wiederherstellung dieses Zustandes erfolgt im vorliegenden Falle durch Aufhebung der betreffenden Willenserklärung. Soweit der Anspruch hierauf geht, ist er gegenstandslos, wenn die Willenserklärung in Folge der Anfechtung nichtig ist, und kann in solchem Falle auf Grund des Anspruchs aus der unerlaubten Handlung nur noch der Ersatz desjenigen Schadens in Geld verlangt werden, der durch den Wegfall der Willenserklärung nicht gedeckt wird. Von Bedeutung bleibt aber der Anspruch auf Wiederherstellung des früheren Zustandes, wenn die Anfechtung in Folge des Ablaufs der Anfechtungsfrist ausgeschlossen ist. Ist der Anspruch aus der unerlaubten Handlung verjährt, so bleibt noch der Anspruch aus der ungerechtfertigten Bereicherung (§ 852), und sofern durch die betreffende Willenserklärung eine Verpflichtung begründet war, eine von der Verjährung des Anspruchs auf Aufhebung derselben unabhängige Einrede. (§§ 821, 853.)

8. Besondere Vorschriften gelten für die Ehe nach den §§ 1334, 1335, für letztwillige Verfügungen und für Erbverträge nach den §§ 2078, 2281.

§ 124.

E. I § 104; II § 99 rev. § 120; III § 120. P. I S. 206, 207, 274, 11644—11649; M. I S. 204—210. P. II S. 250—256, 8368, 8369, 8652 (Bd. I S. 120—122). D. S. 614.

1. Die Anfechtung ist in zweifacher Art zeitlich beschränkt. Sie muß innerhalb eines Jahres erfolgen, nachdem die Täuschung entdeckt ist oder die Zwangslage aufgehört hat; sie muß aber ferner ohne Rücksicht auf die letztgedachten Umstände innerhalb dreißig Jahren nach der Angabe der Willenserklärung erfolgen. Die Beweislast in Betreff der einjährigen Frist bestimmt sich nach denselben Grundsätzen wie im Falle des § 121 (s. Erl. zu diesem Paragraphen Nr. 4). Wer den Ausschluß der Anfechtung geltend macht, hat zu beweisen, daß und wann die Täuschung entdeckt ist bez. die Zwangslage aufgehört hat. Dem Anfechtungsberechtigten liegt dann der Beweis ob, daß die Anfechtung innerhalb Jahresfrist seit jenem Zeitpunkt erfolgt sei. Erfolgt

Drohung mit dem Zeitpunkt, in welchem die Zwangslage aufhört. Auf den Lauf der Frist finden die für die Verjährung geltenden Vorschriften des §. 203 Abs. 2 und der §§. 206, 207 entsprechende Anwendung.

Die Anfechtung ist ausgeschlossen, wenn seit der Abgabe der Willenserklärung dreißig Jahre verstrichen sind.

§. 125.

Ein Rechtsgeschäft, welches der durch Gesetz vorgeschriebenen Form ermangelt, ist nichtig. Der Mangel der durch Rechtsgeschäft bestimmten Form hat im Zweifel gleichfalls Nichtigkeit zur Folge.

---

die Anfechtung in Abwesenheit des Gegners, so muß sie ihm nach § 130 innerhalb der Jahresfrist zugehen. Befindet sich der Anfechtungsberechtigte in Unkenntniß über die Person des Anfechtungsgegners oder ist dessen Aufenthalt unbekannt, so ist nach Maßgabe des § 132 Abs. 2 zu verfahren. Nach den M. I S. 209 ist die Frage, ob die einjährige Frist bei nicht empfangsbedürftigen Willenserklärungen, z. B. bei der Auslobung, überhaupt läuft, solange ein bestimmter Anfechtungsgegner nicht vorhanden ist, der Entscheidung durch die Wissenschaft überlassen. Ein durchschlagender Grund, den Lauf der Frist in solchem Falle zu verneinen, dürfte nicht vorliegen.

2. Die Vorschriften über Hemmung und Unterbrechung der Verjährung finden prinzipiell auf Präklusivfristen keine Anwendung. Aus Gründen der Billigkeit wird aber hier für die Berechnung der einjährigen (nicht der dreißigjährigen) Frist die entsprechende Anwendung der §§ 203 Abs. 2, 206, 207 vorgeschrieben (s. Vorbm. zum vierten Abschnitt). Hieraus ergiebt sich Folgendes: Die Frist läuft nicht, solange der Berechtigte durch höhere Gewalt an der Anfechtung behindert ist (§ 203 Abs. 2). Die Frist endigt, wenn der Berechtigte innerhalb derselben geschäftsunfähig oder in der Geschäftsfähigkeit beschränkt ist und einen gesetzlichen Vertreter nicht hat, nicht vor dem Ablaufe von sechs Monaten nach dem Zeitpunkt, in welchem er unbeschränkt geschäftsfähig geworden ist oder der Mangel der Vertretung aufgehört hat. Diese Vorschrift findet keine Anwendung, soweit der in der Geschäftsfähigkeit Beschränkte der Einwilligung des gesetzlichen Vertreters zu der Anfechtung nicht bedarf; er bedarf ihrer nicht in den Fällen der §§ 112, 113 (§ 206). Die Frist endigt, wenn das Anfechtungsrecht zu einem Nachlasse gehört oder wenn die Anfechtung gegenüber einem Nachlaß erfolgen muß, nicht vor dem Ablaufe von sechs Monaten nach dem Zeitpunkt, in welchem die Erbschaft von dem Erben angenommen oder der Konkurs über den Nachlaß eröffnet ist oder von welchem an die Anfechtung von einem Vertreter oder gegen einen Vertreter erfolgen kann (§ 207). In dem Falle des § 203 hat der Berechtigte zu beweisen, wie lange die Behinderung durch höhere Gewalt gedauert hat und daß die Anfechtung innerhalb der um diese Zeit verlängerten Frist erfolgt ist. In dem Falle des § 206 hat der Anfechtungsberechtigte zu beweisen, daß er geschäftsunfähig oder in der Geschäftsfähigkeit beschränkt gewesen ist und einen gesetzlichen Vertreter nicht gehabt hat; dem anderen Theile liegt dann der Beweis ob, wann die unbeschränkte Geschäftsfähigkeit eingetreten ist oder der Mangel der Vertretung aufgehört hat; demgegenüber hat der Anfechtungsberechtigte wieder zu beweisen, daß die Anfechtung innerhalb sechs Monaten von dem fraglichen Zeitpunkt an erfolgt ist. Entsprechend gestaltet sich die Beweislast im Falle des § 207.

3. Ueber die Berechnung der Fristen bestimmen die §§ 187 Abs. 1, 188 Abs. 2.

4. Ueber die Frist zur Anfechtung der Ehe s. § 1339, zur Anfechtung einer letztwilligen Verfügung s. § 2082.

§ 125.

E. I § 91, Abs 2; II § 104. Abs. 2 rev. § 121; III § 121. P. I S. 145, 146, 150–156; M. I S. 178–184. P. II S. 184–186, 8371 (Bd. I S. 87–89). D. S. 614, 615. K.B. S. 1954. St. S. 2750.

1. Regel ist, daß ein Rechtsgeschäft einer besonderen Form nicht bedarf. Dieser Grundsatz war in dem E. I § 91, II § 104 ausdrücklich ausgesprochen. Im E. III sowie in dem B.G.B ist die betreffende Vorschrift weggelassen, weil es sich von selbst versteht, daß eine Form nur soweit erforderlich ist, als das Gesetz sie vorschreibt. Der Mangel der gesetzlich vorgeschriebenen Form hat die Nichtigkeit zur Folge. Das B.G.B. kennt folgende Formen: Schriftliche Errichtung des Rechtsgeschäfts (§§ 126, 127), gerichtliche oder notarielle Beurkundung (§ 128), öffentliche Beglaubigung (§ 129), öffentliche Urkunden (§§ 1718, 1720); ferner für Verträge: Errichtung vor Gericht oder Notar oder vor einer sonstigen Behörde bei gleichzeitiger Anwesenheit beider Parteien (s. z. B. die §§ 925, 1317, 1750, 2231).

2. Die Bestimmung einer Form durch Rechtsgeschäft kann die Bedeutung haben, daß die Wirksamkeit des Rechtsgeschäfts, für welches die Form bestimmt ist, erst dann eintreten soll, wenn die Form beobachtet ist; die Form kann aber auch nur dazu bestimmt sein, den

§. 126.

Ist durch Gesetz schriftliche Form vorgeschrieben, so muß die Urkunde von dem Aussteller eigenhändig durch Namensunterschrift oder mittelst gerichtlich oder notariell beglaubigten Handzeichens unterzeichnet werden.

Bei einem Vertrage muß die Unterzeichnung der Parteien auf derselben Urkunde erfolgen. Werden über den Vertrag mehrere gleichlautende Urkunden aufgenommen, so genügt es, wenn jede Partei die für die andere Partei bestimmte Urkunde unterzeichnet.

Die schriftliche Form wird durch die gerichtliche oder notarielle Beurkundung ersetzt.

Beweis des Rechtsgeschäfts zu sichern. Der § 125 Satz 2 giebt eine Auslegungsregel zu Gunsten der ersten Alternative. Die Bestimmung der Form erfolgt regelmäßig durch Vertrag, kann aber auch durch letztwillige Verfügung erfolgen. Sie wird entweder durch einen Vorvertrag in der Art getroffen, daß ein anderer Vertrag, über welchen Verhandlungen schweben, erst mit der Beobachtung der Form wirksam werden soll; oder sie wird durch Vertrag oder letztwillige Verfügung dahin getroffen, daß gewisse von den Parteien oder einer derselben in Zukunft vorzunehmenden Rechtsgeschäfte, z. B. eine Aenderung des Vertrags, der Rücktritt von demselben, eine Kündigung, an die Beobachtung der Form gebunden sein soll. Für beide Arten gilt die Regel des § 125 Satz 2. Ist durch einen Vorvertrag eine Form für den beabsichtigten Hauptvertrag vorgeschrieben, so kann der Vorvertrag durch Vereinbarung der Parteien, ohne daß es der Beobachtung einer Form bedarf, wieder aufgehoben werden, sofern nicht auch für die Aufhebung die Form vereinbart ist. Daraus ergiebt sich, daß, wenn der beabsichtigtigte Hauptvertrag ohne die Beobachtung der durch den Vorvertrag vorgeschriebenen Form geschlossen und dessen Erfüllung erfolgt und angenommen ist, hierin unter Umständen eine stillschweigende Vereinbarung gefunden werden kann, durch welche der Vorvertrag aufgehoben und der in Folge davon der Form nicht mehr bedürfende Hauptvertrag geschlossen ist. Auch der Vertrag, durch welchen für gewisse einseitige Rechtsgeschäfte, z. B. Kündigung, eine Form vorgeschrieben ist, kann unter Umständen als stillschweigend aufgehoben anzusehen sein, wenn das betreffende Rechtsgeschäft mit Einwilligung beider Theile ohne die vorgeschriebene Form vorgenommen ist.

3. Ist gesetzlich oder rechtsgeschäftlich für einen Vertrag eine Form vorgeschrieben, so ist die schriftliche Aufzeichnung der Vertragsbestimmungen, eine sog. Punktation, rechtlich ohne Bedeutung, und kann insbesondere auf Grund derselben nicht die Vollziehung der Form verlangt werden. Auch die Erfüllung heilt den Formmangel nicht (s. jedoch für die rechtsgeschäftlich bestimmte Form oben Nr. 2). In einzelnen Fällen einer gesetzlich vorgeschriebenen Form macht das B.G.B. eine Ausnahme von dieser Regel (s. z. B. die §§ 313, 518, 566, 766, 1154 Abs. 2, 2301).

4. Nebenberedungen, die neben einem in der vorgeschriebenen Form geschlossenen Vertrag ohne die Beobachtung der Form getroffen werden, sind nichtig. Betrafen die Nebenberedungen Punkte, über die eine Vereinbarung getroffen werden sollte, so ist nach Maßgabe der §§ 154, 155 zu beurtheilen, ob nicht der ganze Vertrag überhaupt als noch nicht zu Stande gekommen anzusehen ist.

5. Ein Vorvertrag, durch den sich die Parteien verpflichten, einen gesetzlich an eine Form gebundenen Vertrag abzuschließen, ist, wenn er der vorgeschriebenen Form ermangelt, nichtig. Dies gilt aber nur, wenn es sich wirklich nur um einen Vorvertrag handelt. Anders liegt das Verhältniß, wenn es sich um zwei selbständige Verträge verschiedener Art handelt, insbesondere also, wenn durch den ersten Vertrag eine obligatorische Verpflichtung zum Abschluß eines dinglichen Vertrags, z. B. zur Uebertragung des Eigenthums, eingegangen wird. Die für den dinglichen Vertrag gegebene Formvorschrift bezieht sich nicht auf den obligatorischen Vertrag. In den Fällen der erstgedachten Art dagegen würde die Formvorschrift illusorisch werden, wenn sie nicht auch auf den Vorvertrag bezogen würde.

6. Der Art. 11 des E.G. schreibt vor, daß die Form eines Rechtsgeschäfts sich nach den Gesetzen bestimmt, welche für das den Gegenstand des Rechtsgeschäfts bildende Rechtsverhältniß maßgebend sind, daß aber unter einer näher bestimmten Ausnahme die Beobachtung der Gesetze des Ortes genügt, an dem das Rechtsgeschäft vorgenommen wird.

§ 126.

E. I § 92, Abs. 1, 3; § 94 Abs. 1; II § 105 rev. § 122; III § 122. P. I S. 146—148, 150, 151, 156—160, 11640, 11641; M. I S. 184, 185, 188, 189. P. II 186—189, 191—195, 209—214, 7369, 8371, 8372 (Bd. I S. 89—93, 99—102). D. S. 615. K.B. S. 1954. St.B. 2750, 2751.

1. Der § 126 bestimmt nur, was zur Beobachtung der gesetzlich vorgeschriebenen schrift-

§. 127.

Die Vorschriften des §. 126 gelten im Zweifel auch für die durch Rechtsgeschäft bestimmte schriftliche Form. Zur Wahrung der Form genügt jedoch, soweit nicht ein anderer Wille anzunehmen ist, telegraphische Uebermittelung und bei einem Vertrage Briefwechsel; wird eine solche Form gewählt, so kann nachträglich eine dem §. 126 entsprechende Beurkundung verlangt werden.

---

lichen Form erforderlich ist. Nicht berührt wird dadurch die Frage, ob, wenn die schriftliche Form nicht vorgeschrieben ist, eine schriftliche Erklärung, um als Erklärung zu gelten, der Unterschrift bedarf. Diese Frage läßt sich nur nach den Umständen des einzelnen Falles entscheiden. Die in dem § 126 über die schriftliche Form gegebenen Vorschriften stimmen mit denen des § 416 der C.P.O. überein; durch eine in der Form des § 126 abgefaßte Urkunde wird also der Beweis geliefert, daß der Unterzeichner die in der Urkunde enthaltene Erklärung abgegeben hat.

2. Nicht vorgeschrieben ist, daß die Unterzeichnung mit dem Familien- oder Geschäftsnamen erfolgt. Die Unterzeichnung mit dem thatsächlich geführten Namen genügt. Fürstliche Personen unterzeichnen bisweilen auch nur mit dem Vornamen. Nothwendig ist nur, daß die Person des Unterzeichners genügend bezeichnet wird. Nicht erforderlich zur Beobachtung der Form ist, daß die Erklärung, welche über der Unterschrift steht, von dem Unterzeichner selbst geschrieben ist; ebensowenig ist die Angabe des Ortes und des Datums nöthig. (Ueber die besonderen Vorschriften für das Testament s. § 2231.) Die Unterschrift muß durch den Unterzeichner selbst, und zwar in solcher Art erfolgen, daß sie die ganze Erklärung deckt; sie muß deshalb unter der Erklärung stehen. Unterzeichnung durch einen beauftragten Dritten ist nicht zulässig; ebensowenig Stempelung. (Ausnahme für Inhaberpapiere nach § 793.)

3. Die Unterzeichnung mittelst gerichtlich oder notariell beglaubigten Handzeichens steht der eigenhändigen Unterschrift gleich. Ihre Zulässigkeit hängt nicht davon ab, daß der Unterzeichner des Schreibens unkundig oder durch andere Umstände am Schreiben verhindert ist. Zur Wahrung der Form ist auch nicht erforderlich, daß dem Unterzeichner die unterzeichnete Erklärung vorgelesen oder, falls er der Sprache, in welcher sie abgefaßt, unkundig ist, verdolmetscht wird. Hat er unterzeichnet, ohne den Inhalt der Erklärung zu kennen, so kann er sie unter den in § 119 bezeichneten Voraussetzungen anfechten.

4. Die gesetzliche Vorschrift der schriftlichen Form für Verträge hat neben der Sicherung des Beweises den Zweck, eine Garantie dafür zu gewinnen, daß die Verhandlungen wirklich zum Abschlusse des Vertrags geführt haben, und diejenigen Punkte festzustellen, über welche eine Vereinbarung erreicht ist. Dieser Zweck wird durch Briefe zwischen den Parteien nicht vollständig erreicht; der § 126 Abs. 2 schreibt deshalb die Unterzeichnung derselben Urkunde durch beide Parteien vor. Die nach Satz 2 zugelassene Unterzeichnung mehrerer gleichlautender Urkunden trägt einem im Verkehr üblichen Verfahren Rechnung. Bei einseitigen Willenserklärungen wird der schriftlichen Form selbstverständlich durch einen nach Maßgabe des ersten Absatzes unterzeichneten Brief auch dann genügt, wenn der Brief daneben noch andere Mittheilungen enthält.

5. Das B.G.B. schreibt die schriftliche Form nur für einen Vertrag vor, nämlich für den Mieth- und Pachtvertrag über ein Grundstück, wenn er auf länger als ein Jahr geschlossen wird (§§ 566, 581). Für einseitige Willenserklärungen und für die Vertragserklärung des einen Theiles wird die schriftliche Form vorgeschrieben in den §§ 32 Abs. 2, 37 Abs. 1, 81, 111 Satz 2, 368, 410, 416 Abs. 2 Satz 2, 761, 766 Satz 1, 780, 782—784, 792, 793, 1154, 1192, 2231.

6. Ueber die die schriftliche Form ersetzende gerichtliche oder notarielle Beurkundung s. Erl. zu § 128.

§ 127.

E. I §§ 92, Abs. 2, 93, 94 Abs. 2; II § 106 rev. § 123; III § 123. P. I S. 148, 149, 150, 156—161, 3465, 3478, 11640, 11641; M. I S. 185, 187. P. II S. 189, 195, 196, 197, 209—214, 8371, 8372 (Bd. I S. 90, 92—94, 99—102). D. S. 615. K.B. S. 1955. St.B. S. 2751.

Ist die schriftliche Form durch Rechtsgeschäft bestimmt, so gilt zwar im Allgemeinen die Auslegungsregel, daß die Beobachtung der in dem § 126 bestimmten Form gewollt sei. Mit Rücksicht auf die Auffassung des Verkehrs erleidet diese Auslegungsregel aber zwei Modifikationen:

§. 128.

Ist durch Gesetz gerichtliche oder notarielle Beurkundung eines Vertrags vorgeschrieben, so genügt es, wenn zunächst der Antrag und sodann die Annahme des Antrags von einem Gericht oder einem Notar beurkundet wird.

---

1. Für die einseitigen wie für die Vertragserklärungen genügt im Zweifel die telegraphische Uebermittelung. In dem E. I § 92 Abs. 2 war erfordert, daß die Aufgabeschrift von dem Absender in der durch § 126 Abs. 1 vorgeschriebenen Weise unterzeichnet sei. In dem B.G.B. ist dieses Erforderniß aufgegeben. Es genügt also, wenn feststeht, daß die Absendung des Telegramms mit dem Willen desjenigen erfolgt ist, dessen Erklärung darin enthalten ist. Der Beweis, daß dies der Fall, wird durch das Telegramm nicht erbracht. Bei dem Abschluß eines Vertrags durch Telegramme läßt sich aus diesen auch nicht immer ersehen, ob die Annahme des Vertragsantrags dem Absender rechtzeitig zugegangen ist. Mit Rücksicht hierauf wird jeder Partei das Recht gewährt, nachträglich eine dem § 126 entsprechende Beurkundung zu verlangen. Der Vertrag ist aber, auch wenn diese Beurkundung nicht erfolgt, als in der vorgeschriebenen Form geschlossen anzusehen und daher wirksam.

2. Die zweite Modifikation ist erst auf Antrag der R.K. vom Reichstage beschlossen. Sie bezieht sich nur auf Verträge, für welche die schriftliche Form vereinbart ist. Einseitige Willenserklärungen können in schriftlicher Form schon nach § 126 durch Briefe erfolgen. Dem Abschluß eines Vertrags durch Briefwechsel steht § 126 Abs. 2 entgegen. Die Vorschrift dieses Absatzes soll im Zweifel keine Anwendung finden, wenn die schriftliche Form durch Rechtsgeschäft bestimmt ist. In diesem Falle soll Briefwechsel genügen. Zweifelhaft ist, ob die Briefe nach Maßgabe des § 126 Abs. 1 unterzeichnet sein müssen oder ob wie im Falle der telegraphischen Uebermittelung nur festzustehen braucht, daß die Briefe von dem Erklärenden herrühren. Die Frage dürfte im letzteren Sinne zu entscheiden sein, hat aber keine erhebliche praktische Bedeutung. Auch durch Briefe, die nach Maßgabe des § 126 Abs. 1 unterzeichnet sind, wird der Abschluß des Vertrags nicht immer vollständig bewiesen; insbesondere wird durch sie nicht das rechtzeitige Zugehen der Annahme des Vertragsantrags an den Antragenden dargethan. Der schriftlichen Form ist aber durch die Briefe genügt; um den Beweis zu sichern, wird jedem Theile das im Satz 2 Halbsatz 2 bezeichnete Recht eingeräumt.

§ 128.

E. II § 106 a rev. § 124; III § 124. P I S 7984, 7985, 8719, 9767, 9950; M. I S. 186, 187, III S. 314, IV S. 311, 312, 972, V S. 316 P. II S. 7354—7366. D. S. 615.

1. Zu der gerichtlichen oder notariellen Beurkundung ist begrifflich erforderlich, daß der Vorgang, welcher beurkundet werden soll, von dem Gerichte bez. Notar als von ihm wahrgenommen bezeugt wird. Zur Beurkundung einer Erklärung ist daher erforderlich, daß sie vor dem Gerichte bez. dem Notar abgegeben oder, falls sie bereits niedergeschrieben, von dem Erklärenden als von ihm abgegeben anerkannt wird. Soweit das B.G.B. für einseitige Willenserklärungen oder für die Vertragserklärungen des einen Theiles gerichtliche oder notarielle Beurkundung vorschreibt, wird, auch wenn es sich um empfangsbedürftige Erklärungen handelt, nur die Beurkundung der Erklärung verlangt. Daß sie dem anderen Theile mit dem Willen des Erklärenden zugegangen sei, braucht nicht beurkundet zu werden, sondern kann auf andere Weise bewiesen werden.

Der Abschluß eines Vertrags kann von dem Gerichte bez. dem Notare beurkundet werden, wenn die Parteien bei gleichzeitiger Anwesenheit vor dem Gerichte bez. Notar ihren Vertragswillen erklären. Wird der Vertrag nicht vor dem Gerichte bez. vor dem Notare geschlossen, so müßten, um eine Beurkundung des Abschlusses zu erhalten, die einzelnen Umstände beurkundet werden, die nach den §§ 145—149 vorhanden sein müssen, um den Vertrag zu Stande zu bringen. Es müßte also beurkundet werden die Erklärung des Vertragsantrags, sodann, daß dieser Antrag auf Betreiben des Antragenden dem anderen Theile zugegangen sei, daß dieser die Annahme des Antrags erklärt habe, daß diese Erklärung dem Antragenden auf Betreiben des anderen Theiles zugegangen sei, und endlich, daß das Zugehen der Annahme rechtzeitig erfolgt sei. Eine gesetzliche Vorschrift, welche die Beurkundung aller dieser Umstände verlangte, würde dem Bedürfnisse des Lebens nicht entsprechen und praktisch unausführbar sein. Das B.G.B. unterscheidet deshalb zwei Arten der gerichtlichen oder notariellen Form. Nach der ersten müssen die Parteien, wie oben angegeben, gleichzeitig vor dem Gerichte bez. Notar erscheinen und ihren Vertragswillen erklären; nach der zweiten genügt es, wenn zunächst der Antrag und sodann die Annahme desselben gerichtlich oder notariell beurkundet wird. Dieselbe Unterscheidung lag auch schon dem E. I zu Grunde; er sprach in den Fällen der erstgedachten Art von dem Abschlusse vor Gericht oder Notar, in den Fällen der zweiten Art von

§. 129.

Ist durch Gesetz für eine Erklärung öffentliche Beglaubigung vorgeschrieben, so muß die Erklärung schriftlich abgefaßt und die Unterschrift des Erklärenden von der zuständigen Behörde oder einem zuständigen Beamten oder Notar beglaubigt werden. Wird die Erklärung von dem Aussteller mittelst Handzeichens unterzeichnet, so ist die im §. 126 Abs. 1 vorgeschriebene Beglaubigung des Handzeichens erforderlich und genügend.

Die öffentliche Beglaubigung wird durch die gerichtliche oder notarielle Beurkundung der Erklärung ersetzt.

---

der Vornahme des Rechtsgeschäfts in gerichtlicher oder notarieller Form; eine Definition dieser Ausdrücke enthielt der E. I indessen nicht. Das B.G.B. spricht in den Fällen der zweiten Art von gerichtlicher oder notarieller Beurkundung, während es in den Fällen der ersteren Art vorschreibt, daß die Vertragserklärungen bei gleichzeitiger Anwesenheit beider Parteien vor dem Gericht oder Notar abgegeben werden müssen. Vollständig erreicht werden die Zwecke der gerichtlichen oder notariellen Form nur, wenn der Abschluß des Vertrags vor Gericht bez. Notar in der gedachten Art erfolgt. Beschränkt sich die Beurkundung auf den Vertragsantrag und dessen Annahme, so müssen, um den wirklichen Abschluß des Vertrags darzuthun, die dazu weiter erforderlichen, oben hervorgehobenen Umstände auf andere Weise bewiesen werden. Für den Umstand, daß der Antrag mit dem Willen des Antragenden dem anderen Theile zugegangen ist, ergiebt sich daraus, daß der Antrag angenommen ist, eine so starke Vermuthung, daß ein weiterer Beweis regelmäßig nicht erforderlich sein wird. Der Gegenbeweis bleibt aber zulässig; dabei handelt es sich nicht um den Gegenbeweis gegen eine öffentliche Urkunde — denn nur die Annahme, nicht das Zugehen des Antrags ist beurkundet — sondern nur um die Entkräftung eines aus den Umständen gezogenen Schlusses. Zulässig bleibt auch der Beweis, daß dem anderen Theile der Widerruf des Antrags vor dessen Annahme zugegangen ist. Immerhin handelt es sich hierbei um seltene Fälle und wird regelmäßig die Urkunde genügen, um das Erforderliche festzustellen. Wichtiger ist, daß, wenn nur der Antrag und die Annahme beurkundet sind, derjenige, welcher sich auf den Abschluß des Vertrags beruft, noch darthun muß, daß die Annahme mit dem Willen des Annehmenden an den Antragenden gelangt und diesem rechtzeitig zugegangen ist. In dieser Beziehung gewährt die Vorschrift des § 152 Abhülfe. Hiernach kommt der Vertrag im Falle gerichtlicher oder notarieller Beurkundung mit der nach Maßgabe des § 128 erfolgenden Beurkundung der Annahme zu Stande, wenn nicht ein Anderes bestimmt ist. Es wird also angenommen, daß die Parteien in dem gedachten Falle auf die Erklärung der Annahme gegenüber dem Antragenden verzichtet haben. Es handelt sich dabei aber nicht bloß um eine Auslegungsregel, sondern um eine dispositive Vorschrift; dies dürfte der Auffassung und dem Bedürfnisse des Verkehrs entsprechen.

2. Die gerichtliche oder notarielle Beurkundung einer einseitigen Willenserklärung bez. der Vertragserklärung eines Theiles wird in den §§ 81 Abs. 2, 518, 1516 Abs. 2, 1517, 1730, 1748 Abs. 3, 2231, 2238, 2271 Abs. 1, 2282 Abs. 3, 2291 Abs. 2, 2296 Abs. 2, die gerichtliche oder notarielle Beurkundung eines Vertrags in den §§ 311, 312 Abs. 2, 313, 873, 877, 1491 Abs. 2, 1501, 2033, 2037, 2348, 2351, 2352, 2371, 2385 vorgeschrieben.

Der Abschluß des Vertrags vor Gericht oder Notar bez. vor dem Grundbuchamte bei gleichzeitiger Anwesenheit beider Parteien wird erfordert in den Fällen der §§ 925, 1015, 1434, 1750 Abs. 2, 1770, 2276, 2290 Abs. 4. Eine entsprechende Vorschrift enthält der § 1317 für die Eingehung der Ehe vor dem Standesbeamten.

3. Die Vorschrift des § 128 bezieht sich nur auf solche Fälle, in denen die gerichtliche oder notarielle Beurkundung durch Gesetz vorgeschrieben ist. Sie ist indessen, wie sich aus den §§ 152, 154 ergiebt, auch auf solche Fälle anzuwenden, in denen die gerichtliche oder notarielle Beurkundung durch Vertrag vereinbart ist, sofern nicht ein anderer Wille der Parteien erhellt.

4. Ueber die Art und Weise, in welcher die gerichtliche oder notarielle Beurkundung zu erfolgen hat, enthält das B.G.B. keine allgemeinen Vorschriften. Nur für Testamente sind besondere Vorschriften gegeben (§§ 2232 ff.). Allgemeine Vorschriften für gerichtliche und notarielle Beurkundung eines Rechtsgeschäfts enthalten die §§ 168—182 der freiw. G.G. Zuständig für die gerichtliche sind nach § 167 d. freiw. G.G. die Amtsgerichte (vergl. auch § 184). Nach Art. 141 des E.G. können die Landesgesetze bestimmen, daß die Beurkundung von Rechtsgeschäften, für welche das B.G.B. gerichtliche oder notarielle Beurkundung vorschreibt, nur die Gerichte oder nur die Notare zuständig sind.

§ 129.

E. II rev. § 125; III § 125. P. II S. 8371, 8372, 8373. D. S. 615.

Die öffentliche Beglaubigung einer Erklärung unterscheidet sich von der öffentlichen Beurkundung dadurch, daß bei der letzteren beurkundet werden muß, daß die Erklärung von

§. 130.

Eine Willenserklärung, die einem Anderen gegenüber abzugeben ist, wird, wenn sie in dessen Abwesenheit abgegeben wird, in dem Zeitpunkte wirksam, in welchem sie ihm zugeht. Sie wird nicht wirksam, wenn dem Anderen vorher oder gleichzeitig ein Widerruf zugeht.

Auf die Wirksamkeit der Willenserklärung ist es ohne Einfluß, wenn der Erklärende nach der Abgabe stirbt oder geschäftsunfähig wird.

Diese Vorschriften finden auch dann Anwendung, wenn die Willenserklärung einer Behörde gegenüber abzugeben ist.

---

der betreffenden Person abgegeben ist, während für die öffentliche Beglaubigung nur erforderlich ist, daß die Erklärung schriftlich abgefaßt und die Unterschrift des Erklärenden öffentlich beglaubigt wird. Für die Beglaubigung sind außer den Notaren auch die Amtsgerichte zuständig (§ 167 des freiw. G.G.). Durch Landesgesetz kann die Zuständigkeit der Amtsgerichte ausgeschlossen und können andere Behörden oder Beamte für zuständig erklärt werden (§ 191 des freiw. G.G.). Das Verfahren bei der öffentlichen Beglaubigung bestimmt § 183 des freiw. G.G. Die öffentliche Beglaubigung einer Erklärung, einer Urkunde, einer Unterschrift (auf alle drei Fälle bezieht sich der § 129) wird vorgeschrieben in den §§ 77, 371, 403, 411, 1035, 1154, 1155, 1342, 1372, 1484, 1491, 1492, 1528, 1560, 1577, 1597, 1662, 1706, 1945, 2121 Abs. 1, 2198 Abs. 1, 2215.

Ueber die Anerkennung einer Erklärung in öffentlicher Urkunde (§§ 1718, 1720) vergl. die §§ 167, 191 des freiw. G.G.

§ 130.

E. I § 74: II § 107 Abs. 1, 2, § 109 rev. § 126; III § 126. P. I S. 99—106, 117, 118, 130, 2447, 2448, 2495—2500, 8968—8972, 11635—11638; M. I S. 156—160. P. II S. 144, 145, 147—151, 663, 664, 8373, 8374 (Bd. I S. 68—71, 330, 331). K.B. S. 1955. St. B. 2752.

1. Der § 130 giebt nur Vorschriften über empfangsbedürftige Willenserklärungen, die einem Abwesenden gegenüber abgegeben werden. Die Erklärung wird erst wirksam in dem Zeitpunkt, in welchem sie dem Abwesenden zugeht. Ueber die Frage, was unter dem „Zugehen" zu verstehen ist, s. Vorbm. I. 2, oben S. 164, 165.

Ueber empfangsbedürftige Willenserklärungen unter Anwesenden enthält das B.G.B. keine Vorschriften. Ueber die Voraussetzungen ihrer Wirksamkeit bestehen in der Wissenschaft verschiedene Ansichten. Die Gründe, welche das B.G.B. dazu geführt haben, für die Wirksamkeit einer Willenserklärung das Erforderniß aufzustellen, daß sie einer bestimmten Person gegenüber abgegeben werde, dürften dafür sprechen, die Wirksamkeit davon abhängig zu machen, daß die Erklärung von der betreffenden Person vernommen wird. Der Zweck der gedachten Vorschrift geht dahin, dem anderen Theile Kenntniß von der Erklärung zu verschaffen. Diese Kenntniß erhält er nicht, wenn er die Erklärung nicht vernimmt. Der Gedanke, welcher bei der einem Abwesenden gegenüber abgegebenen Erklärung dazu führt, das Zugehen derselben für genügend zu erklären, erfordert nicht, eine entsprechende Vorschrift auch für die einem Anwesenden gegenüber abgegebene Erklärung zu treffen. Wer eine Erklärung einem Abwesenden gegenüber abgiebt, ist nicht im Stande, sich darüber zu vergewissern, ob dieser von der ihm zugegangenen Erklärung Kenntniß erhält. Das Verkehrsbedürfniß erfordert hier, das Zugehen für genügend zu erklären. Ein gleiches Bedürfniß besteht für die einem Anwesenden gegenüber abgegebene Erklärung nicht. Wer eine solche abgiebt, kann sich davon überzeugen, ob der andere Theil die Erklärung vernimmt oder nicht. Ein dem „Zugehen" ähnliches Verhältniß besteht hier nicht. Eine Unterscheidung nach den Gründen zu machen, aus welchen die Erklärung nicht vernommen wird, ist weder prinzipiell gerechtfertigt noch praktisch durchführbar. Es ist gleichgültig, ob der andere Theil die ihm gegenüber gesprochenen Worte deshalb nicht versteht, weil er taub oder harthörig ist oder weil die Entfernung zwischen ihm und dem Sprechenden zu groß war oder weil er die Worte wegen eines starken Geräusches oder deshalb, weil seine Aufmerksamkeit auf einen anderen Gegenstand gerichtet war, nicht verstand. Ebenso ist es gleichgültig, ob er den Inhalt des ihm vorgehaltenen Schriftstücks deshalb nicht kennen lernte, weil er blind war oder weil er Geschriebenes oder doch diese Schrift nicht lesen konnte. Anzuerkennen wird nur sein, daß dem wirklichen Vernehmen der Erklärung gleichzustellen ist der Fall, daß der andere Theil die Erklärung vernehmen konnte, aber deshalb nicht vernahm, weil er sie nicht vernehmen wollte. Wer sich die Ohren zuhält, um eine ihm gegenüber abgegebene Erklärung nicht zu hören, oder sich weigert, eine ihm vorgehaltene Schrift, die er lesen kann, zu lesen, kann sich nicht darauf berufen, daß er in Folge seines bösen Willens die Erklärung nicht vernommen hat. Zu beachten ist ferner, daß, wenn das die Erklärung enthaltende Schriftstück dem anderen

Theile nicht nur vorgehalten, sondern belassen ist, das Verhältniß ebenso liegt, wie wenn ihm das Schriftstück zugegangen wäre. Er ist in der Lage, sich davon nöthigenfalls mit Hülfe Anderer Kenntniß zu verschaffen; die Erklärung ist deshalb als wirksam erfolgt anzusehen.

Ueber den Fall, in welchem der andere Theil die Erklärung zwar vernommen hat, aber geschäftsunfähig war oder sich in einem Zustande der in dem § 105 Abs. 2 bezeichneten Art befand, s. Erl. zu § 131 Nr. 4.

2. Die mittelst Fernsprechers von Person zu Person abgegebene Erklärung ist ebenso zu beurtheilen wie die einem Anwesenden gegenüber abgegebene Erklärung. Ausdrücklich bestimmt ist dies in dem § 147 Abs. 1 Satz 2 nur für den Vertragsantrag. Nach P. II S. 165, 166 hat man Bedenken getragen, die Vorschrift allgemein für empfangsbedürftige Willenserklärungen zu geben, weil sich eine passende Fassung dafür schwer finden lassen werde und es auch fraglich sei, ob eine solche Vorschrift unter allen Umständen zutreffe. Die entsprechende Anwendung der für Vertragsanträge gegebenen Vorschrift auf andere Willenserklärungen könne der Wissenschaft und Praxis überlassen werden. Die Gründe, welche zu der für Vertragsanträge gegebenen Vorschrift geführt haben, sprechen dafür, dieselbe Behandlung bei allen empfangsbedürftigen Willenserklärungen eintreten zu lassen. Bei einer Mittheilung durch den Fernsprecher stehen sich die Betheiligten zwar nicht von Angesicht zu Angesicht gegenüber, aber die Rede des einen wird unmittelbar von dem anderen vernommen. Ob die Mittheilung von Mund zu Ohr durch die Schallwellen der Luft oder durch den elektrischen Strom erfolgt, ist für die hier zu entscheidende Frage gleichgültig. Gegen die Anwendung der Vorschriften über die einem Abwesenden gegenüber abgegebenen Erklärungen spricht entscheidend, daß bei der Mittheilung durch den Fernsprecher eine Unterscheidung zwischen dem Zeitpunkt, in welchem die Erklärung zugeht, und dem Zeitpunkt, in welchem sie vernommen wird, nicht möglich ist. Aus dem zugegangenen Briefe oder Telegramme kann der Empfänger sich regelmäßig zu jeder beliebigen Zeit nachträglich Kenntniß von der darin enthaltenen Erklärung verschaffen. Das durch den Fernsprecher übermittelte Wort verhallt ebenso wie das einem Anwesenden gegenüber gesprochene Wort, und es bleibt von ihm nichts übrig, woraus derjenige, an welchen es gerichtet worden, sich nachträglich Kenntniß verschaffen könnte. Ein Mißverständniß der durch den Fernsprecher übermittelten Worte ist ebenso zu beurtheilen wie das Mißverständniß der einem Anwesenden gegenüber gesprochenen Worte. Nur wenn etwa die in den Fernsprecher gesprochenen Worte durch denselben anders übermittelt werden sollten, als sie gesprochen worden sind — ob dies z. B. bei Störungen des Betriebs durch Gewitter möglich ist, kann dahin gestellt bleiben — würde die Vorschrift des § 120 zur Anwendung kommen. Die aufgestellte Regel gilt selbstverständlich nur, wenn die Mittheilung durch den Fernsprecher unmittelbar von Person zu Person erfolgt, nicht wenn etwa die Vermittelung einer dritten Person erforderlich wird. Auch gilt die Gleichstellung nur für die Frage, mit welchem Zeitpunkte die Erklärung wirksam wird. Ob die Gleichstellung sich auch in anderen Beziehungen rechtfertigt, insbesondere auch da, wo die Verhandlung unter Anwesenden zugleich die Möglichkeit für die Betheiligten gewähren soll, sich von der Identität der ihr gegenüberstehenden Person zu überzeugen, läßt sich nicht allgemein bestimmen, sondern hängt von den Umständen des einzelnen Falles ab.

3. Die für die Wirksamkeit der einem Anwesenden gegenüber abgegebenen Erklärungen geltenden Grundsätze werden insofern auch für die durch einen Boten einem Abwesenden gegenüber abgegebene Erklärung gelten müssen, als eine solche Erklärung nur dann als dem anderen Theile zugegangen anzusehen ist, wenn dieser die ihm von dem Boten gemachte Mittheilung der Erklärung vernommen hat. Die durch einen Brief oder ein Telegramm gemachte Mittheilung bleibt regelmäßig in dem Machtbereiche des Empfängers; dieser kann von ihr zu jeder beliebigen Zeit Kenntniß nehmen. Die Worte des Boten verhallen, und es bleibt von ihnen nichts übrig, was die spätere Kenntnißnahme ermöglichte. Hier muß deshalb das wirkliche Vernehmen der Botschaft gefordert werden.

4. Das Zugehen des Widerrufs der Erklärung muß ebenso wie das Zugehen der Erklärung selbst mit dem Willen des Erklärenden erfolgen. Die ohne diesen Willen, etwa durch einen Dritten, erfolgte Mittheilung der Erklärung des Widerrufs ist ohne rechtliche Wirkung. Es kommt darauf an, daß der Widerruf dem anderen Theile vor oder gleichzeitig mit der Erklärung zugegangen ist. Ist der Widerruf später zugegangen, so ist er rechtlich wirkungslos, auch wenn der andere Theil davon früher wie von der Erklärung Kenntniß erhalten hat. Bei einer stillschweigenden Willenserklärung muß der Widerruf, sofern er nicht aus besonderen Gründen überhaupt unzulässig ist, erfolgen, bevor die Willenserklärung wirksam geworden ist (s. Vorbm. I. 2, oben S. 164, 165).

5. Mit der Abgabe der Erklärung ist die von dem Erklärenden vorzunehmende Handlung beendigt. Die Erklärung besteht rechtlich, wenn auch ihre Wirksamkeit davon abhängt, daß noch ein anderer Umstand — nämlich das Zugehen an den anderen Theil — hinzutritt. Deshalb ist es ohne Einfluß, wenn der Erklärende nach der Abgabe der Erklärung stirbt oder ge-

§. 131.

Wird die Willenserklärung einem Geschäftsunfähigen gegenüber abgegeben, so wird sie nicht wirksam, bevor sie dem gesetzlichen Vertreter zugeht.

Das Gleiche gilt, wenn die Willenserklärung einer in der Geschäftsfähigkeit beschränkten Person gegenüber abgegeben wird. Bringt die Erklärung jedoch der in der Geschäftsfähigkeit beschränkten Person lediglich einen rechtlichen Vortheil oder hat der gesetzliche Vertreter seine Einwilligung ertheilt, so wird die Erklärung in dem Zeitpunkte wirksam, in welchem sie ihr zugeht.

---

schäftsunfähig wird. Diese Ereignisse machen die Abgabe einer Erklärung unmöglich, sind aber hier gleichgültig, weil die Erklärung bereits abgegeben war. Was von der Geschäftsunfähigkeit gilt, gilt selbstverständlich auch von der Beschränkung der Geschäftsfähigkeit. Die Abgabe der Erklärung muß vollendet sein d. h. der Erklärende muß Alles gethan haben, was von seiner Seite zu dem Zwecke geschehen muß, daß die Erklärung dem anderen Theile zugeht. Es genügt nicht, daß der Brief oder das Telegramm geschrieben ist, es muß auch behufs der Absendung abgegeben sein. Ebenso muß die Erklärung nicht nur dem Boten mitgetheilt, sondern dieser auch behufs der Bestellung abgesandt sein. Im E. I § 74 war dies durch die Worte ausgedrückt, daß Tod oder Geschäftsunfähigkeit ohne Einfluß seien, wenn sie erfolgen, nachdem der Erklärende „die ausdrückliche Erklärung behufs der Absendung abgegeben oder bevor der Betheiligte von der stillschweigenden Erklärung Kenntniß erlangt hat." Die von der zweiten Kommission beschlossene Aenderung der Fassung hängt damit zusammen, daß die stillschweigende Willenserklärung in dem § 130 überhaupt nicht besonders erwähnt wird. Unter der „Abgabe" der Willenserklärung im § 130 des B.G.B. wird aber in Betreff der ausdrücklichen Willenserklärung dasselbe verstanden, was im E. I durch Abgabe behufs der Absendung bezeichnet ist. Bei der stillschweigenden Willenserklärung kommt es, soweit diese nach den Vorbm. zu diesem Titel I. 2, oben S. 164, 165, möglich ist, darauf an, ob diejenige Handlung vollendet ist, welche sich als Willensbethätigung darstellt.

Im § 153 ist der Vorschrift, daß das Zustandekommen des Vertrags dadurch nicht gehindert werde, daß der Antragende sterbe oder geschäftsunfähig werde, der Zusatz hinzugefügt: „es sei denn, daß ein anderer Wille des Antragenden anzunehmen ist." Hierbei handelt es sich aber um den Inhalt, nicht um die Wirksamkeit des Vertrags. Ein Vertragsantrag, der nur für den Fall gemacht ist, daß der Antragende nicht vor dem Abschlusse des Vertrags stirbt — wie dies z. B. bei dem Angebot persönlicher Dienstleistungen ohne Weiteres anzunehmen sein wird — fällt weg, wenn der Antragende vor der Annahme stirbt. Dies hat seinen Grund aber lediglich darin, daß der Antrag für den eingetretenen Fall nicht gestellt ist, nicht darin, daß er in Folge des Todes nicht wirksam geworden wäre. In dem § 130 Abs. 2 ist nur von der Wirksamkeit der Erklärung die Rede, und für diese gilt die fragliche Ausnahme nicht.

6. Die Vorschriften des § 130 finden sowohl auf **einseitige Willenserklärungen**, z. B. Kündigung, Mahnung, als auch auf **Vertragserklärungen** Anwendung. Voraussetzung in beiden Fällen ist nur, daß die Erklärungen empfangsbedürftig sind. Ueber die für die Annahme eines Vertragsantrags geltenden besonderen Vorschriften s. § 151 ff.

7. Die Vorschriften des § 130 finden nach Abs. 3 auch auf Willenserklärungen Anwendung, die **gegenüber einer Behörde** abzugeben sind. Eine stillschweigende Willenserklärung gegenüber einer Behörde wird nach dem Zwecke der Vorschrift, daß die Erklärung gegenüber der Behörde abzugeben ist, schwerlich jemals als zulässig erachtet werden können. (s. Vorbm. I. 2, S. 164, 165).

§ 131.

E. I § 66; II § 107 Abs. 3 rev. § 127; III § 127. P. I S. 60, 62, 63, 65, 66, 75, 76, 111, 113, 114, 139, 140; M. I S. 139, 140. P. II S. 133, 134, 151–154, 8373–8375 (Bd. I S. 62, 63, 71–73).

1. Der § 131 bezieht sich, wie sich aus dessen Stellung und Inhalt ergiebt, direkt nur auf die gegenüber einem **Abwesenden** abgegebenen Willenserklärungen. Ueber die entsprechende Anwendung auf Willenserklärungen unter Anwesenden s. Nr. 4.

2. In dem § 131 Abs. 1 sind zwei Vorschriften enthalten. Die eine geht dahin, daß die **gegenüber einem Geschäftsunfähigen abgegebene Willenserklärung** nicht dadurch wirksam wird, daß sie dem Geschäftsunfähigen zugeht. Durch die zweite Vorschrift wird bestimmt, daß eine solche Willenserklärung wirksam wird, wenn sie dem gesetzlichen Vertreter des Geschäftsunfähigen zugeht.

a. Der Zweck, um dessentwillen vorgeschrieben wird, daß eine Willenserklärung gegenüber einer bestimmten Person abgegeben werden muß, besteht darin, daß diese Person von der Erklärung Kenntniß erlangen und dadurch die Möglichkeit erhalten soll, die Einwirkung der Erklärung auf ihre Rechtsverhältnisse zu beurtheilen und diejenigen Maßregeln zu ergreifen, welche ihr in Folge davon erforderlich erscheinen. Kenntniß von der Erklärung kann auch der Geschäftsunfähige erlangen, aber ihm fehlt die Möglichkeit, die Einwirkung der Erklärung auf seine Verhältnisse richtig zu würdigen und die in Folge der Erklärung etwa nothwendig werdenden Rechtshandlungen vorzunehmen (§§ 104, 105 Abs. 1). Der obengedachte Zweck wird also dadurch, daß die Erklärung dem Geschäftsunfähigen zugeht, nicht erreicht; die Erklärung kann deshalb durch dieses Zugehen nicht wirksam werden. Anders liegt das Verhältniß bei denjenigen Personen, die nicht geschäftsunfähig sind, aber sich in einem Zustande der Bewußtlosigkeit oder einer vorübergehenden Störung der Geistesthätigkeit befinden. Nach dem E. I § 64 wurden auch diese Personen als geschäftsunfähig bezeichnet; der dem § 131 des B.G.B. entsprechende § 66 des E. I bezog sich daher auch auf sie. Von der zweiten Kommission ist dies geändert. Personen, die sich in einem Zustande der im § 105 Abs. 2 bezeichneten Art befinden, sind nicht geschäftsunfähig. Für sie gelten daher die Vorschriften des § 130 ohne die in dem § 131 bestimmte Modifikation. Der Verkehr würde es nicht ertragen, wenn die einem Anderen durch Briefe oder Telegramm zugegangene Erklärung deshalb unwirksam wäre, weil der Andere in dem Zeitpunkt, in welchem ihm der Brief oder das Telegramm zugeht, schläft, betrunken ist oder sich in einem sonstigen Zustande der im § 105 Abs. 2 bezeichneten Art befindet. Die Zustände, welche hier in Frage stehen, sind ihrer Natur nach vorübergehend. Es kann daher keinen Unterschied machen, ob der Empfänger des Briefes oder Telegramms von dessen Inhalte deshalb nicht sofort Kenntniß erlangt, weil er anderweit beschäftigt oder verreist ist, oder deshalb, weil er sich in einem Zustande der im § 105 bezeichneten Art befindet. In dem einen wie in dem anderen Falle kann er sich die Kenntniß regelmäßig nach dem Wegfalle der Behinderung verschaffen, und dies wird im Interesse der Sicherheit des Verkehrs für genügend erachtet. Ueber die durch einen Boten bestellte Mittheilung s. Nr. 4.

b. Der gesetzliche Vertreter eines Geschäftsunfähigen ist diesen auch in der Empfangnahme von Willenserklärungen zu vertreten berechtigt. Andererseits wird bei der Abgabe einer Willenserklärung gegenüber einem Geschäftsunfähigen regelmäßig die Absicht anzunehmen sein, die Erklärung mindestens eventuell auch dem gesetzlichen Vertreter gegenüber abzugeben. Denkbar ist zwar, daß dies nicht beabsichtigt wird. Sollte dies in einem einzelnen Falle anzunehmen sein, so wird die Willenserklärung weder dadurch, daß sie dem Geschäftsunfähigen, noch dadurch, daß sie dessen gesetzlichem Vertreter zugeht, wirksam. Der § 131 Abs. 1 bestimmt nicht, daß die Willenserklärung wirksam wird, wenn sie dem gesetzlichen Vertreter zugeht, sondern nur, daß sie nicht wirksam wird, bevor sie ihm zugeht. Sollte sie dem gesetzlichen Vertreter gegenüber nicht abgegeben werden, so kann sie dadurch, daß sie ihm zugeht, nicht wirksam werden. Regelmäßig wird indessen, wie gesagt, anzunehmen sein, daß die Erklärung, mindestens eventuell, auch für den gesetzlichen Vertreter bestimmt ist, und folgt für diesen Fall aus dem § 130, daß die Erklärung in dem Zeitpunkte wirksam wird, in welchem sie dem gesetzlichen Vertreter zugeht. Ein Zurückbeziehen der Wirkung auf den Zeitpunkt, in welchem die Erklärung dem Geschäftsunfähigen zugegangen ist, findet nicht statt. Die im P. II S. 8375 ausgesprochene Ansicht, daß, wenn es sich um eine innerhalb einer Frist abzugebende Erklärung handle, die Frist gewahrt sei, wenn die Erklärung innerhalb der Frist dem Geschäftsunfähigen zugegangen sei, dürfte keine Billigung verdienen und hat in dem Gesetze keinen Ausdruck gefunden.

Wer gesetzlicher Vertreter des Geschäftsunfähigen ist, ergiebt sich aus den Vorschriften über die elterliche Gewalt und die Vormundschaft.

3. Auch in Betreff der in der Geschäftsfähigkeit beschränkten Personen (§§ 106, 114) nimmt das Gesetz an, daß sie regelmäßig nicht im Stande sind, den Einfluß einer ihr zugehenden Willenserklärung auf ihre rechtlichen Verhältnisse genügend zu würdigen und die durch die Erklärung erforderlich werdenden Maßregeln zu ergreifen. Für solche Erklärungen sollen daher nach § 131 Abs. 2 dieselben Grundsätze gelten wie für die einem Geschäftsunfähigen gegenüber abgegebene Willenserklärung. Die in dem Abs. 2 Satz 2 bestimmten Ausnahmen schließen sich den in den §§ 107, 111 für die Willenserklärungen der in der Geschäftsfähigkeit beschränkten Personen gegebenen Vorschriften an. Die Vorschrift des zweiten Satzes ist indessen nicht dahin zu verstehen, daß die Willenserklärung immer erst in dem Zeitpunkte wirksam wird, in welchem sie der in der Geschäftsfähigkeit beschränkten Person zugeht. Ist sie wenigstens eventuell auch für den gesetzlichen Vertreter bestimmt und diesem eher zugegangen als der in der Geschäftsfähigkeit beschränkten Person, so wird sie schon in dem Zeitpunkte wirksam, in welchem sie dem Vertreter zugegangen ist.

Im E. I § 66 war noch bestimmt, daß Vertragsanträge, welche einem in der Geschäftsfähigkeit beschränkten Minderjährigen gemacht werden, bindend seien. Diese Vorschrift ist in dem B.G.B. weggelassen. Sie ergiebt sich als selbstverständlich aus dem Grundsatze, daß eine Willens-

§. 132.

Eine Willenserklärung gilt auch dann als zugegangen, wenn sie durch Vermittelung eines Gerichtsvollziehers zugestellt worden ist. Die Zustellung erfolgt nach den Vorschriften der Civilprozeßordnung.

Befindet sich der Erklärende über die Person desjenigen, welchem gegenüber die Erklärung abzugeben ist, in einer nicht auf Fahrlässigkeit beruhenden Unkenntniß oder ist der Aufenthalt dieser Person unbekannt, so kann die Zustellung nach den für die öffentliche Zustellung einer Ladung geltenden Vorschriften der Civilprozeßordnung erfolgen. Zuständig für die Bewilligung ist im ersteren Falle das Amtsgericht, in dessen Bezirke der Erklärende seinen Wohnsitz oder in Ermangelung eines inländischen Wohnsitzes seinen Aufenthalt hat, im letzteren Falle das Amtsgericht, in dessen Bezirke die Person, welcher zuzustellen ist, den letzten Wohnsitz oder in Ermangelung eines inländischen Wohnsitzes den letzten Aufenthalt hatte.

---

erklärung, die gegenüber einer in der Geschäftsfähigkeit beschränkten Person abgegeben wird, wirksam ist, wenn sie derselben lediglich einen rechtlichen Vortheil bringt.

4. Die Gründe, auf welchen die Vorschrift des § 131 beruht, führen dahin, auch die einem Anwesenden gegenüber abgegebene Willenserklärung nicht wirksam werden zu lassen, wenn derselbe geschäftsunfähig oder in der Geschäftsfähigkeit beschränkt ist. Daß dies in dem B.G.B. nicht ausdrücklich bestimmt ist, hat seinen Grund darin, daß das B.G.B. überhaupt keine allgemeinen Vorschriften über Willenserklärungen unter Anwesenden giebt. Die Vorschrift des § 131, nach welcher die einem abwesenden Geschäftsunfähigen abgegebene Willenserklärung dadurch wirksam werden kann, daß sie dessen gesetzlichem Vertreter zugeht, findet auf die einem Anwesenden gegenüber abgegebene Willenserklärung keine Anwendung. Nach der mündlichen oder durch Vorzeigung eines Schriftstücks erfolgten Abgabe der Willenserklärung gegenüber der geschäftsunfähigen oder in der Geschäftsfähigkeit beschränkten Person bleibt Nichts übrig, was dem gesetzlichen Vertreter zugehen könnte. Dieser kann später von der abgegebenen Erklärung hören; in einem solchen Hören liegt aber kein Zugehen im Sinne des § 130. Nur wenn der Vertreter bei der Abgabe der Willenserklärung gegenwärtig wäre oder wenn im einzelnen Falle die geschäftsunfähige oder in der Geschäftsfähigkeit beschränkte Person als Bote zu betrachten wäre, durch den die Erklärung dem Vertreter übermittelt werden sollte, würde die Erklärung durch das Anhören derselben von Seiten des Vertreters bez. die spätere Bestellung an ihn wirksam werden können.

Die einem Anderen in dessen Abwesenheit gegenüber abgegebene Erklärung ist nach dem unter Nr. 2 Gesagten auch dann wirksam, wenn sich derselbe in dem Zeitpunkt, in welchem ihm die Erklärung zugeht, in einem Zustande der in dem § 105 Abs. 2 bezeichneten Art befindet. Wird die Erklärung aber einem Anwesenden gegenüber, der sich in einem Zustande der gedachten Art befindet, abgegeben, so wird sie nicht wirksam. In der Erl. zu § 130 Nr. 1 ist ausgeführt, daß die einem Anwesenden gegenüber abgegebene Willenserklärung nur dann wirksam wird, wenn derselbe sie vernimmt oder doch nur deshalb nicht vernimmt, weil er sie nicht vernehmen will. Eine Person, die sich im Zustande der Bewußtlosigkeit befindet, vernimmt die ihr gegenüber abgegebene Erklärung nicht; eine Person die sich im Zustande vorübergehender Störung der Geistesthätigkeit befindet, kann zwar die Erklärung vernehmen, aber es fehlt ihr die Fähigkeit, sie richtig zu würdigen. Der Grund, aus welchem die einem Abwesenden gegenüber abgegebene Erklärung wirksam wird, auch wenn sich der Abwesende in einem Zustande der fraglichen Art befindet, liegt nach dem unter Nr. 2a Gesagten darin, daß der Empfänger in der Lage ist, nach Beseitigung des vorübergehenden Zustandes von der Erklärung Kenntniß zu nehmen. Diese Möglichkeit ist nicht vorhanden, wenn die Erklärung mündlich oder durch Vorzeigung eines Schriftstücks erfolgt; sie kann deshalb hierdurch Wirksamkeit nicht erlangen. Aus denselben Gründen ist die durch einen Boten überbrachte Erklärung nicht als zugegangen und deshalb nicht als wirksam geworden zu betrachten, wenn die Person, für welche die Erklärung bestimmt ist, sich in dem Zeitpunkt, in welchem der Bote ihr die Erklärung mittheilt, in einem Zustande der in dem § 105 Abs. 2 bezeichneten Art befindet.

§ 132.

E. I §§ 75, 76; II § 108 rev. § 128; III § 128. P. I S. 272, 273, 274; M. I S. 160, 161. P. II S. 154—156 (Bd. I S. 73, 74). R.B. S. 1955.

1. Nach E. I. § 75 sollte die Zustellung durch Vermittelung eines Gerichtsvollziehers nur zulässig sein, wenn die betreffende Person zur Entgegennahme der Erklärung

§. 133.

Bei der Auslegung einer Willenserklärung ist der wirkliche Wille zu erforschen und nicht an dem buchstäblichen Sinne des Ausdrucks zu haften.

§. 134.

Ein Rechtsgeschäft, das gegen ein gesetzliches Verbot verstößt, ist nichtig, wenn sich nicht aus dem Gesetz ein Anderes ergiebt.

---

verpflichtet ist. Diese Voraussetzung ist in dem B.G.B. aufgegeben, und die fragliche Vorschrift gilt daher für alle Willenserklärungen, die einem Anderen gegenüber abgegeben werden sollen.

2. Bei der durch Vermittelung eines Gerichtsvollziehers nach den Vorschriften der C.P.O. erfolgten Zustellung einer Erklärung wird meistens ein „Zugehen" der Erklärung im Sinne des § 130 vorliegen. Nicht immer ist dies jedoch der Fall; die Zustellung soll aber immer die Wirkung des Zugehens haben. Die Vorschrift des § 131 wird dadurch nicht berührt; die Wirksamkeit tritt also auch im Falle des § 132 Abs. 1 nicht ein, bevor die Zustellung an den gesetzlichen Vertreter erfolgt ist.

Die C.P.O. kennt den Ausdruck „Zustellung durch Vermittelung eines Gerichtsvollziehers" nicht. Das B.G.B. versteht darunter sowohl die unmittelbar durch den Gerichtsvollzieher als auch die von der C.P.O. als Zustellung durch die Post bezeichnete Art der Zustellung (§§. 193—195), indem auch diese durch Vermittelung des Gerichtsvollziehers erfolgt. Nicht mitbegriffen unter der Zustellung durch Vermittelung des Gerichtsvollziehers ist dagegen die Zustellung durch Aufgabe zur Post (§§ 175, 179 Abs. 2, 192), weil deren Zulässigkeit von besonderen, hier nicht zutreffenden Voraussetzungen abhängig ist. Ausgeschlossen ist auch die Mitwirkung des Gerichtsschreibers. Auch die Vorschriften über Zustellung im Auslande (§ 199) sowie über die Zustellung an Deutsche, welche das Recht der Exterritorialität genießen (§ 200) und an Personen, welche zu einem im Auslande befindlichen oder zu einem mobilen Truppentheil oder zur Besatzung eines in Dienst gestellten Kriegsfahrzeugs gehören (§ 201), kommen nicht in Betracht, weil die Zustellung in diesen Fällen nicht durch Vermittelung des Gerichtsvollziehers erfolgt. Anwendung finden daher nur die §§ 167, 169, 173, 180, 191, 193—196 der C.P.O.

Der Zeitpunkt, in welchem die Zustellung als erfolgt und damit die Erklärung als zugegangen gilt, bestimmt sich nach den Vorschriften der C.P.O.

3. Die Vorschriften des zweiten Absatzes sind für die darin bezeichneten nicht seltenen Fälle von großer praktischer Wichtigkeit. Ihre Anwendung kann freilich dazu führen, daß eine Willenserklärung einer Person gegenüber als zugegangen und damit wirksam geworden gilt, ohne daß diese Person etwas davon erfährt; aber das Interesse desjenigen, der die Erklärung abzugeben hat und dazu ohne jene Vorschrift nicht im Stande wäre, wird als überwiegend erachtet. Zur Anwendung kommen die Vorschriften der §§ 204—206 der C.P.O und zwar, da die Vorschriften über öffentliche Zustellung einer Ladung Anwendung finden sollen, in Betreff der Art der Bekanntmachung der § 204 Abs. 2, 3, in Betreff des Zeitpunkts, in welchem die Zustellung als erfolgt gilt, der § 206 Abs. 1 und der § 207.

Das Gericht hat die öffentliche Zustellung nur zu bewilligen, wenn es sich überzeugt, daß die Unkenntniß des Erklärenden über die Person desjenigen, gegenüber welchem die Erklärung abzugeben ist, nicht auf Fahrlässigkeit beruht oder daß der Aufenthalt der betreffenden Person unbekannt ist. Ueber den Begriff der Fahrlässigkeit s. Vorbm. zu diesem Buche III, oben S. 35—38. Ueber den nach Abs. 2 Satz 2 für die Zuständigkeit des Gerichts maßgebenden Wohnsitz s. die §§. 7—11.

§ 133.

E. I § 73; II § 90 rev. § 129; III § 129. P. I S. 312; M. I S. 154—156. P. II S. 144 (Bd. I S. 68).

Die Vorschrift des §. 133 ist, richtig verstanden, selbstverständlich, ihre Hervorhebung aber im Anschluß an den Art. 278 des früheren H.G.B. für zweckmäßig gehalten. Sie ist übrigens nicht etwa dahin zu verstehen, daß der ermittelte Wille gilt, auch wenn er mit den Worten im Widerspruche steht. Diese müssen so beschaffen sein, daß sie wenigstens möglicherweise als Erklärung des Willens angesehen werden können. Ist dies nicht der Fall, so liegt, sofern nicht nach den Umständen eine stillschweigende Willenserklärung anzunehmen ist, ein Irrthum über den Inhalt der abgegebenen Erklärung vor und findet daher die Vorschrift des § 119 Anwendung.

§ 134.

E. I § 105; II § 100 rev. § 130; III § 130. P. I S. 214, 215; M. I S. 210, 211. P. II S. 256, 257. K.B. S. 1956, 1957. St.B. S. 2757—2772 (Bd. I S. 122, 123).

S. Vorbm. zu diesem Abschnitte II. 3, VII. 1, oben S. 143, 145.

§. 135.

Verstößt die Verfügung über einen Gegenstand gegen ein gesetzliches Veräußerungsverbot, das nur den Schutz bestimmter Personen bezweckt, so ist sie nur diesen Personen gegenüber unwirksam. Der rechtsgeschäftlichen Verfügung steht eine Verfügung gleich, die im Wege der Zwangsvollstreckung oder der Arrestvollziehung erfolgt.

Die Vorschriften zu Gunsten derjenigen, welche Rechte von einem Nichtberechtigten herleiten, finden entsprechende Anwendung.

Im E. I § 105 lautete die Vorschrift dahin, daß nichtig ist ein Rechtsgeschäft, dessen Vornahme durch Gesetz verboten ist. Die Aenderung der Fassung hat den Zweck, klarzustellen, daß die Nichtigkeit auch solche Rechtsgeschäfte trifft, deren Inhalt gegen ein Gesetz verstößt. Darunter mitbegriffen sind auch solche Rechtsgeschäfte, die auf eine durch Gesetz verbotene Leistung gerichtet sind. Ausnahmen, in welchen ein Rechtsgeschäft, das gegen ein Gesetz verstößt, nicht nichtig ist, enthalten z. B. die §§ 135, 458, 762.

Auch das zur Umgehung des Verbotsgesetzes vorgenommene Rechtsgeschäft ist nichtig. Hierbei ist aber zu beachten, worauf das Verbot gerichtet ist. Bezweckt das Gesetz, dem durch ein Rechtsgeschäft erstrebten wirthschaftlichen Erfolg entgegenzutreten, so ist, auch wenn in dem Verbotsgesetze nur ein bestimmtes Rechtsgeschäft bezeichnet ist, jedes Rechtsgeschäft nichtig, das den durch das Verbotsgesetz bekämpften wirthschaftlichen Erfolg herbeizuführen bezweckt. Will das Gesetz aber nur ein bestimmtes Rechtsgeschäft verbieten, so kann man von einer Umgehung des Gesetzes nicht sprechen, wenn ein Rechtsgeschäft anderer Art vorgenommen ist, auch wenn durch dieses im praktischen Ergebnisse dasselbe erstrebt wird wie durch das verbotene Rechtsgeschäft. Ob das Verbotsgesetz die eine oder die andere Tendenz hat, muß im einzelnen Falle durch Auslegung gefunden werden.

§ 135.

E. I § 107 Abs. 1, 2; II § 101 rev. § 131; III § 131. P. I S. 217—220, 3725, 3785—3794, 4018, 4019, 6170, 6171, 11649, 11650, 11942; M. I S. 212—216. P. II S. 258—260, 8369—8371 (Bd. I S. 124, 125).

1. Der § 135 enthält eine Modifikation des im § 134 aufgestellten Grundsatzes. Das gesetzliche Verbot einer Verfügung soll nicht deren Nichtigkeit zur Folge haben, wenn das Verbot nur den Schutz bestimmter Personen bezweckt. Ist das Verbot im öffentlichen Interesse erlassen, so bleibt es bei der Regel des § 134. Ob das Eine oder das Andere der Fall ist, muß durch Auslegung des Verbotsgesetzes ermittelt werden. Ueber den Begriff der Verfügung s. Vorbm. zu diesem Abschnitte IX. 4, S. 148. Als rechtsgeschäftliche Verfügung gilt auch die durch Urtheil nach Maßgabe des § 894 der C.P.O. erfolgende Verfügung (s. Vorbm. I. 2e, oben S. 143). Ueber die Gleichstellung der im Wege der Zwangsvollstreckung oder Arrestvollziehung erfolgenden Verfügung mit der rechtsgeschäftlichen Verfügung s. Vorbm. IX. 4 Abs. 2, oben S. 148. Die Verfügung auf Grund eines dinglichen Rechtes, das an dem betreffenden Gegenstande schon besteht, bevor das Veräußerungsverbot wirksam wird, verstößt nicht gegen das Verbot. So ist z. B., wenn die Veräußerung eines bereits verpfändeten Gegenstandes zum Schutze bestimmter Personen verboten wird, die später auf Grund des Pfandrechts erfolgende Veräußerung voll wirksam. Das Gleiche gilt im Falle der auf Grund eines solchen Rechtes erfolgenden Zwangsvollstreckung. Der praktisch wichtigste Fall ist der des gerichtlichen Veräußerungsverbots, das nach § 136 einem gesetzlichen Veräußerungsverbote gleich steht. Das gerichtliche Veräußerungsverbot ist, soweit es auf Grund der Vorschriften der C.P.O. ergeht, immer nur zum Schutze bestimmter Personen erfolgt. Auf Grund der St.P.O. §§ 332—335, 480 ist auch ein richterliches absolutes Veräußerungsverbot im öffentlichen Interesse möglich.

2. Die gegen ein Verbotsgesetz der im § 135 bezeichneten Art verstoßende Verfügung ist wirksam für diejenigen, zwischen welchen sie vorgenommen ist sowie für jeden Dritten, der nicht zu denjenigen gehört, zu deren Schutze das Verbot bestimmt ist. Das übertragene Eigenthum oder sonstige Recht geht über, das an dem betreffenden Gegenstande bestellte Recht entsteht, die bezahlte Forderung erlischt ꝛc., aber alles dies gilt nicht gegenüber demjenigen, dessen Schutz das Verbot bezweckt. Ihm gegenüber gilt der Veräußerer noch als Eigenthümer, der betreffende Gegenstand als nicht belastet, die Forderung als noch bestehend, und er ist berechtigt, diese Rechtslage gegenüber Jedem geltend zu machen. Ist er also z. B. im Besitze der gegen das Verbot veräußerten Sache, so kann er den Eigenthumsanspruch desjenigen, welcher die Sache durch die Veräußerung erworben hat, durch die Hinweisung auf die Verbotswidrigkeit der Veräußerung zurückweisen. Ist es ein dingliches Recht, dessen Schutz das Verbot bezweckt, so kann selbstverständlich auf Grund dieses dinglichen Rechtes auch aktiv gegen Jeden vorgegangen werden, der sich damit in Widerspruch setzt. Für dingliche Rechte ist das Veräußerungs-

verbot aber überhaupt von geringer praktischer Bedeutung. Seine Hauptbedeutung liegt in dem Schutze obligatorischer Ansprüche. Aus der zu Gunsten des Gläubigers nach § 135 eintretenden Unwirksamkeit einer Verfügung über den Gegenstand, auf welchen der Anspruch gerichtet ist, läßt sich nicht ohne Weiteres folgern, daß der Gläubiger von demjenigen, welcher den Gegenstand durch die verbotene Verfügung erworben hat, eine positive Handlung zu dem Zwecke verlangen kann, um seinen Anspruch zu verwirklichen. Besteht z. B. das Verbot zu Gunsten des Käufers einer Sache, so kann er die Herausgabe der Sache nicht von dem verbotswidrigen Erwerber verlangen, denn er ist noch nicht Eigenthümer der Sache. Wie kann er aber das Eigenthum erlangen, wenn der Erwerber im Besitze der Sache und, sofern es sich um ein Grundstück handelt, im Grundbuch eingetragen ist? In dieser Beziehung ist für Grundstücke eine besondere Vorschrift durch § 888 Abs. 2 gegeben. Der Gläubiger, dessen Anspruch auf Einräumung oder Aufhebung eines Rechtes an einem Grundstück oder eines Rechtes an einem solchen Rechte durch ein Veräußerungsverbot geschützt ist, kann nach der gedachten Vorschrift von demjenigen, welcher das Grundstück oder das Recht dem Veräußerungsverbote zuwider erworben hat, die Zustimmung zu der Eintraguug oder Löschung im Grundbuche verlangen, die zur Verwirklichung des durch das Veräußerungsverbot gesicherten Anspruchs erforderlich ist. Da der Gläubiger in dem gedachten Falle auch von seinem Schuldner die zur Verwirklichung seines Anspruchs erforderlichen Handlungen verlangen kann und die erforderlichen Erklärungen sowohl des Schuldners wie des Dritten nöthigenfalls nach Maßgabe des § 894 der C.P.O. durch Urtheil ersetzt werden können, so ist dem Gläubiger auf diesem Wege die Möglichkeit gewährt, die Einräumung oder Aufhebung des Rechtes, auf die er einen Anspruch hat, zu erlangen.

Es fragt sich, ob eine entsprechende Anwendung dieser Vorschriften auf andere Fälle zulässig ist und ob man daraus das allgemeine Prinzip ableiten kann, daß, wenn das Veräußerungsverbot den Schutz eines Anspruchs auf Einräumung oder Aufhebung eines Rechtes an einem Gegenstande bezweckt, der Gläubiger von demjenigen, welcher den Gegenstand dem Veräußerungsverbote zuwider erworben hat, verlangen kann, daß er die zur Verwirklichung seines Anspruchs erforderlichen Handlungen vornehme. Ein Bedürfniß zu einer derartigen, unter allen Umständen bedenklichen Verallgemeinerung einer sich auf die besonderen Verhältnisse des Grundbuchsrechts beziehenden Bestimmung dürfte indessen nicht vorliegen. Die allgemeinen Vorschriften des B.G.B. und der C.P.O. gewähren für alle Fälle, in denen das Grundbuch nicht in Frage kommt, genügende Abhülfe. Ist der Gegenstand des Anspruchs ein Recht, zu dessen Uebertragung der Vertrag genügt, geht der Anspruch also z. B. auf Abtretung einer Forderung, so genügt zur Verwirklichung des Anspruchs die nöthigenfalls nach Maßgabe des § 894 der C.P.O. zu ersetzende Erklärung des Schuldners. Geht der Anspruch auf Uebertragung des Eigenthums an einer beweglichen Sache, so kann die zur Eigenthumsübertragung erforderliche Uebergabe der Sache, wenn der Eigenthümer nicht im Besitze ist, nach § 931 dadurch ersetzt werden, daß der Eigenthümer den ihm gegen den Besitzer zustehenden Anspruch auf Herausgabe der Sache abtritt. Dem Gläubiger gegenüber gilt der Verpflichtete trotz der Veräußerung der Sache noch als Eigenthümer, hat also noch den Eigenthumsanspruch auf Herausgabe der Sache gegen den Besitzer. Mit der Abtretung dieses Anspruchs, zu welcher der Vertrag genügt und die also nach Maßgabe des § 894 der C.P.O. durch Urtheil ersetzt werden kann, wird der Gläubiger Eigenthümer und kann dann auf Grund seines Eigenthums die Herausgabe der Sache von dem verbotswidrigen Erwerber verlangen. Geht der Anspruch auf Einräumung des Nießbrauchs an einer beweglichen Sache, so finden diese Grundsätze ebenfalls Anwendung. Anders liegt die Sache, wenn der Anspruch auf Einräumung eines Pfandrechts an einer beweglichen Sache geht. Nach § 1205 ist zur Begründung des Pfandrechts Uebergabe der Sache erforderlich; der § 931 findet keine entsprechende Anwendung, und nur, wenn der Eigenthümer mittelbarer Besitzer ist, kann die Uebergabe durch Uebertragung des mittelbaren Besitzes ersetzt werden. Der Schuldner, der die Sache veräußert hat, ist aber nicht mittelbarer Besitzer, und daraus, daß er dem Gläubiger gegenüber noch als Eigenthümer gilt, kann nicht gefolgert werden, daß er ihm gegenüber auch als mittelbarer Besitzer gilt. Hier versagt also die Abhülfe auf dem bisher bezeichneten Wege. Der Gläubiger kann aber, nachdem er die Verurtheilung des Schuldners zur Begründung des Pfandrechts und zu der zu diesem Zwecke erforderlichen Herausgabe der Sache erwirkt hat, sich im Wege der Zwangsvollstreckung nach Maßgabe des § 886 der C.P.O. die Ueberweisung des ihm gegenüber als bestehend geltenden Anspruchs des Schuldners gegen den Besitzer auf Herausgabe der Sache überweisen lassen. Erlangt er mittelst dieses Anspruchs den Besitz der Sache, so ist dadurch in Verbindung mit der nach § 894 der C.P.O. als erfolgt geltenden Verpfändungserklärung des noch als Eigenthümers geltenden Schuldners das Pfandrecht begründet.

3. Aus dem Zwecke eines Veräußerungsverbots der hier fraglichen Art ergiebt sich, daß eine damit in Widerspruch stehende Verfügung voll wirksam ist, wenn derjenige, dessen Schutz das Verbot bezweckt, seine Einwilligung zu der Verfügung ertheilt hat, und daß sie voll wirksam wird, wenn er sie genehmigt.

§. 136.

Ein Veräußerungsverbot, das von einem Gericht oder von einer anderen Behörde innerhalb ihrer Zuständigkeit erlassen wird, steht einem gesetzlichen Veräußerungsverbote der im §. 135 bezeichneten Art gleich.

---

4. Für das Grundbuchrecht enthalten besondere Vorschriften betreffs des Veräußerungsverbots neben dem unter Nr. 2 bereits erwähnten § 888 die §§ 878, 892, 893.

5. Vorschriften zu Gunsten derjenigen, welche Rechte von einem Nichtberechtigten herleiten, enthalten insbesondere die §§ 407, 892, 893, 932, 936, 1032, 1138, 1155, 1207, 1208, 1244. Die entsprechende Anwendung dieser Vorschriften führt dahin, daß, soweit der Erwerb eines Rechtes auf Grund der Verfügung eines zu derselben nicht Berechtigten erfolgt, auch ein Veräußerungsverbot der im § 135 bezeichneten Art dem Erwerbe des Rechtes auf Grund einer Verfügung des Berechtigten nicht entgegensteht. Hängt nach jenen Vorschriften der Erwerb des Rechtes davon ab, daß der Erwerber die Nichtberechtigung des Verfügenden nicht kennt oder daß seine Unkenntniß nicht auf grober Fahrlässigkeit beruht, so ist auch das Veräußerungsverbot nur dann ohne Einfluß auf den Erwerb, wenn der Erwerber dasselbe nicht kennt oder seine Unkenntniß nicht auf grober Fahrlässigkeit beruht.

Nach den M. I S. 214 wird der dem § 407 entsprechende § 304 des E. I nicht zu den Vorschriften zu Gunsten derjenigen gerechnet, welche Rechte von einem Nichtberechtigten herleiten, und wird deshalb angenommen, daß ein Schuldner, der in Unkenntniß eines sich auf die Forderung beziehenden Veräußerungsverbots zahle, durch die dem § 135 Abs. 2 entsprechende Vorschrift des E. I § 107 Abs. 1 Satz 2 nicht geschützt sei. Wenn indessen nach § 407 des B.G.B. der Schuldner berechtigt ist, eine Leistung, die er nach Abtretung der Forderung an den bisherigen Gläubiger bewirkt hat, auch dem neuen Gläubiger gegenüber geltend zu machen, sofern er nicht die Abtretung bei der Leistung kennt, so leitet er doch dieses Recht aus der in der Annahme der Leistung liegenden Verfügung des dazu nicht mehr berechtigten bisherigen Gläubigers ab. Das Wort „Recht" in der fraglichen Vorschrift in einem engeren Sinne zu verstehen, dürfte dem Zwecke der Vorschrift nicht entsprechen. Der Grund, aus welchem der Schuldner bei Unkenntniß der Abtretung geschützt wird, trifft auch bei Unkenntniß eines Veräußerungsverbots zu.

Für die oben angeführten, sich auf das Grundbuchrecht beziehenden §§ 892, 893, 1138, 1155 führt schon die Vorschrift des § 892 Abs. 1 Satz 2 zu demselben Ergebnisse wie die Vorschrift des § 135 Abs. 2.

6. Die Vorschrift des E. I § 107 Abs. 2, nach welcher die Vorschriften über das gesetzliche Veräußerungsverbot auch auf rechtsgeschäftliche Verfügungsbeschränkungen Anwendung finden, soweit diese nach gesetzlicher Vorschrift Wirksamkeit gegen Dritte haben, ist von der zweiten Kommission gestrichen, weil derartige Beschränkungen im B.G.B. nicht vorkommen und, soweit sie in besonderen Gesetzen vorkommen, doch in Wirklichkeit immer ein für den Fall, daß ein Rechtsgeschäft der fraglichen Art vorliegt, gegebenes gesetzliches Veräußerungsverbot anzunehmen ist.

7. Zur Ergänzung des § 135 dienen die an die Stelle des E. I § 107 Abs. 3, 4 tretenden, in die K.O und C.P.O. neu aufgenommenen Vorschriften.

Nach § 13 der K.O. ist ein Veräußerungsverbot der in den §§ 135, 136 gedachten Art den Konkursgläubigern gegenüber unwirksam. Werden die betreffenden Gegenstände im Konkurse veräußert, so ist die Veräußerung auch gegenüber denjenigen wirksam, deren Schutz das Verbot bezweckt. Wirksam jedoch bleibt eine bei der Zwangsvollstreckung in das unbewegliche Vermögen erfolgte Beschlagnahme.

Nach § 690a der C.P.O. (D. Anl. II S. 754) soll der Gegenstand, auf welchen sich ein Verbot der in dem § 135 bezeichneten Art bezieht, wegen eines persönlichen Anspruchs oder auf Grund eines in Folge des Verbots unwirksamen Rechtes nicht im Wege der Zwangsvollstreckung veräußert oder überwiesen werden. Nach § 772 kann derjenige, dessen Schutz das Verbot bezweckt, nach Maßgabe des § 771 der C.P.O. Widerspruch gegen die Zwangsvollstreckung in den betreffenden Gegenstand erheben. Im Uebrigen hat die Vorschrift des § 772 nur eine instruktionelle Bedeutung für den Gerichtsvollzieher und das Vollstreckungsgericht. Eine im Widerspruche damit erfolgende Veräußerung oder Ueberweisung des betreffenden Gegenstandes im Wege der Zwangsvollstreckung ist nicht nichtig, aber die Vorschriften des § 135 finden darauf Anwendung. Die Veräußerung oder Ueberweisung ist also gegenüber demjenigen, dessen Schutz das Verbot bezweckt, unwirksam, sofern nicht der Erwerber durch die Vorschriften zu Gunsten derjenigen, welche Rechte von einem Nichtberechtigten herleiten, geschützt wird.

§ 136.

E. I § 107 Abs. 1; II § 102 rev. § 132; III § 132. P. I S. 217—220, 3725, 3785—3794, 4018, 4019, 6170, 6171, 11649, 11650, 11942; M. I S. 212—216. P. II S. 258—260, 8369—8371 (Bd. I S. 124, 125).

Der § 136 ersetzt, soweit er sich auf Veräußerungsverbote bezieht, die von anderen Be-

§. 137.

Die Befugniß zur Verfügung über ein veräußerliches Recht kann nicht durch Rechtsgeschäfte ausgeschlossen oder beschränkt werden. Die Wirksamkeit einer Verpflichtung, über ein solches Recht nicht zu verfügen, wird durch diese Vorschrift nicht berührt.

§. 138.

Ein Rechtsgeschäft, das gegen die guten Sitten verstößt, ist nichtig.

Nichtig ist insbesondere ein Rechtsgeschäft, durch das Jemand unter Ausbeutung der Nothlage, des Leichtsinns oder der Unerfahrenheit eines Anderen sich oder einem Dritten für eine Leistung Vermögensvortheile versprechen oder gewähren läßt, welche den Werth der Leistung dergestalt übersteigen, daß den Umständen nach die Vermögensvortheile in auffälligem Mißverhältnisse zu der Leistung stehen.

---

hörden als von Gerichten erlassen sind, den Art. 7 des E. I des E.G. Welche Behörden zur Erlassung eines Verbots der fraglichen Art zuständig sind, bestimmen die Landesgesetze. Ueber gerichtliche Veräußerungsverbote s. insbesondere die §§ 935, 938, 940 der C.P.O. Ein nach Maßgabe dieser Vorschriften erlassenes Veräußerungsverbot wird, wenn es sich auf eine Forderung bezieht, erst mit der Zustellung an den Schuldner wirksam (§ 829 der C.P.O.).

§ 137.

E. I § 796; II § 102a rev. § 133; III § 133. P. I S. 3743, 3744, 11925, 11926; M. III S. 77. P. II S. 3432—3434, 3799—3800, 8434, 8435.

Die im E. I § 796 mit Rücksicht auf § 295 Abs. 2 und § 312 des E. I auf dingliche Rechte beschränkte Vorschrift ist in dem § 137 auf alle veräußerlichen Rechte ausgedehnt, gilt also insbesondere auch für Forderungen und diejenigen Rechte, auf deren Uebertragung nach § 413 die Vorschriften über Forderungen Anwendung finden. Für die Rechte der letztgedachten Art, z. B. das Urheberrecht, das Verlagsrecht, das Patentrecht, gilt der § 137 aber nur insoweit, als sich nicht aus den besonderen für diese Rechte geltenden und in Kraft bleibenden Gesetzen ein Anderes ergiebt. Mittelbar erleidet der § 137 eine Modifikation durch die Vorschrift des § 399, nach welcher die Uebertragbarkeit einer Forderung durch Vertrag zwischen den Parteien ausgeschlossen werden kann. Durch diese Vorschrift wird dem Bedürfnisse, die Uebertragbarkeit eines Rechtes in gewissen Fällen, z. B. bei dem Verlagsvertrage, vertragsmäßig ausschließen zu können, genügt.

Ein nach Maßgabe des § 137 Satz 2 zulässiger vertragsmäßiger Anspruch darauf, daß ein Recht nicht übertragen werde, kann unter Umständen durch ein gerichtliches Veräußerungsverbot geschützt werden. Die Verletzung der eingegangenen Verpflichtung begründet einen Anspruch auf Schadensersatz.

§ 138.

E. I § 106; II § 103 rev. § 134; III § 134. P. I S. 215, 216; M. I S. 211, 212. P. II S. 257, 258. K.B. S. 1956—1958. St.B. S. 2757—2772 (Bd. I S. 123, 124).

1. Im E. I § 106 wurde als nichtig bezeichnet ein Rechtsgeschäft, dessen Inhalt gegen die guten Sitten verstößt. Damit sollte ausgedrückt werden, daß es nicht auf die sittlichen oder unsittlichen Motive des Handelnden ankomme, sondern daß das Rechtsgeschäft seinem Inhalte nach unmittelbar in objektiver Hinsicht und unter Ausscheidung der subjektiven Seite gegen die guten Sitten verstoßen müsse. Von der zweiten Kommission wurde diese Auffassung nicht getheilt; sie ging davon aus, daß die Berücksichtigung der subjektiven Seite nothwendig sei, indem häufig nur hierdurch das Rechtsgeschäft in das richtige Licht gesetzt werde. Um diese Auffassung zum Ausdrucke zu bringen, wurde dem § 137 die jetzige Fassung gegeben. Eine sittenrichterliche Prüfung der Motive, welche für die Vornahme des Rechtsgeschäfts bestimmend gewesen sind, ist aber auch nach der jetzigen Fassung nicht zulässig. Die Motive allein machen, auch wenn sie unsittlicher Art sind, das Rechtsgeschäft nicht nichtig. Die objektiven Umstände, unter welchen das Rechtsgeschäft vorgenommen wird, und insbesondere sein Inhalt selbst müssen so beschaffen sein, daß sie in Verbindung mit den Motiven einen Verstoß gegen die guten Sitten enthalten. Wissenschaft und Praxis haben die Aufgabe, die richtigen Grenzen zu ziehen. Beachtenswerth in dieser Beziehung ist die Schrift „der unmoralische Vertrag" von Philipp Lotmar. 1896. Sie behandelt die Frage zunächst vom gemeinrechtlichen Standpunkt aus, ist aber auch für die richtige Auslegung des B.G.B. von Bedeutung.

Nicht ein Verstoß gegen die Sittlichkeit, sondern gegen die guten Sitten wird erfordert. Dadurch wird darauf hingewiesen, daß das jeweilige Volksbewußtsein, nicht diese oder jene theoretische Ansicht über die Anforderungen der Sittlichkeit entscheidend ist.

Unter den § 138 fällt auch ein bedingtes Rechtsgeschäft, wenn die Bedingung den Zweck verfolgt und geeignet ist, ein den guten Sitten widerstreitendes Verhalten zu veranlassen oder zu fördern. Wird der Erwerb eines Rechtes von der Bedingung abhängig gemacht, daß der Berechtigte heirathe oder nicht heirathe, daß er sich scheiden oder nicht scheiden lasse, daß er die Konfession wechsele oder nicht wechsele, so verstößt das als Bedingung gesetzte Verhalten an sich nicht gegen die guten Sitten. Trotzdem ist das Rechtsgeschäft nichtig, wenn erhellt, daß durch die Aussicht auf äußere Vortheile auf einen Entschluß eingewirkt werden soll, bei dem es gegen die guten Sitten verstößt, sich durch solche äußere Rücksichten bestimmen zu lassen. Nur unter Berücksichtigung aller Umstände des einzelnen Falles kann die richtige Entscheidung darüber gewonnen werden, ob Rechtsgeschäfte dieser oder ähnlicher Art gegen die guten Sitten verstoßen.

2. Im E. I § 106 war auch für nichtig erklärt ein Rechtsgeschäft, dessen Inhalt gegen die öffentliche Ordnung verstößt. Es sollten dadurch diejenigen Rechtsgeschäfte getroffen werden, die den allgemeinen Staatsinteressen, z. B. dem Prinzipe der Gewerbefreiheit, widerstreiten. Von der zweiten Kommission ist dieser Satz gestrichen, und ein in der Reichstagskommission gestellter Antrag auf Wiederherstellung wurde abgelehnt. Entscheidend war dabei, daß der Ausdruck „öffentliche Ordnung" zu unbestimmt und vieldeutig ist. Ein Rechtsgeschäft, das gegen die großen Prinzipien des modernen Rechtes, insbesondere gegen die Prinzipien der persönlichen Freiheit, der Gewissensfreiheit, der Koalitionsfreiheit, der Gewerbefreiheit, der Freiheit in Ausübung des Wahlrechts ꝛc. verstößt, ist immer auch als ein gegen die guten Sitten verstoßendes Rechtsgeschäft anzusehen. Dabei wird aber zu prüfen sein, ob wirklich ein Verstoß gegen jene Prinzipien in dem Sinne vorliegt, in welchem diese von dem bestehenden Rechte verstanden sind. Nicht jede vertragsmäßige Beschränkung in dem Betrieb eines Gewerbes z. B. widerstreitet dem Prinzipe der persönlichen Freiheit oder der Gewerbefreiheit, sondern nur dann, wenn sie dasjenige Maß übersteigt, das unter Berücksichtigung der berechtigten wirthschaftlichen Interessen für zulässig gehalten werden muß. In dem K.B. ist das Beispiel angeführt, daß ein Gasthofsbesitzer ein neben seinem Gasthofe belegenes Grundstück verkauft und sich dabei ausbedingt, daß der Käufer auf diesem Grundstücke nicht eine Gastwirthschaft betreibe. Nur unter Berücksichtigung aller Umstände des einzelnen Falles läßt sich entscheiden, ob eine Beschränkung das zulässige Maß übersteigt. So läßt sich auch z. B. die Frage, ob und inwieweit die sog. Konkurrenzklausel bei Verträgen mit Handlungs- oder Gewerbegehülfen zulässig ist oder gegen die guten Sitten verstößt, nicht allgemein, sondern nur unter Berücksichtigung aller Umstände des einzelnen Falles entscheiden. Besondere Vorschriften in dieser Beziehung geben die §§ 74—76 des H.G.B. für Handlungsgehülfen und Lehrlinge.

3. In dem § 138 Abs. 2 wird der dort bezeichnete wucherische Vertrag als ein solcher hervorgehoben, der immer als gegen die guten Sitten verstoßend anzusehen ist. Die Vorschrift dieses Absatzes kann daher zugleich dazu dienen, den Begriff des Verstoßes gegen die guten Sitten zu erläutern. Die objektiven Momente bei einem Vertrage dieser Art bestehen darin, daß die für eine Leistung versprochenen oder gewährten Vermögensvortheile den Werth der Leistung dergestalt übersteigen, daß den Umständen nach die Vermögensvortheile in auffälligem Mißverhältnisse zu der Leistung stehen und daß der Versprechende oder Gewährende sich in einer Nothlage befindet oder leichtsinnig oder unerfahren ist. Das subjektive Moment besteht darin, daß die Nothlage, der Leichtsinn oder die Unerfahrenheit ausgebeutet sind, um die Vermögensvortheile zu erlangen.

Die Aufnahme der Vorschrift des zweiten Absatzes ist deshalb für zweckmäßig erachtet, weil der sog. Sachwucher nach § 302e des St.G.B. in der Fassung des Ges. v. 19. Juni 1893 nur strafbar ist, wenn er gewerbs- oder gewohnheitsmäßig betrieben wird, ein wucherisches Geschäft dieser Art also nur unter dieser Voraussetzung gegen das Gesetz verstößt und aus diesem Gesichtspunkte nichtig ist. Sollte daher außer Zweifel gestellt werden, daß ein wucherisches Geschäft der fraglichen Art immer nichtig ist, so war eine allgemeine Vorschrift nöthig, wie sie der § 138 Abs. 2 enthält.

4 Der § 3 des Ges. über den Wucher v. 24. Mai 1880 in der Fassung des Art. II des Ges. betr. Ergänzung der Bestimmungen über den Wucher v. 19. Juni 1893, welcher die zivilrechtlichen Folgen eines wucherischen Geschäfts bestimmt, ist durch Art. 47 des E.G. aufgehoben. Ueber die zivilrechtlichen Folgen entscheidet daher lediglich das B.G.B. Das Geschäft ist nach § 138 nichtig. Das auf Grund desselben Geleistete kann nach den Vorschriften über die ungerechtfertigte Bereicherung (s. insbesondere die §§ 817, 819, 821, 822) zurückgefordert werden. Der Wucherer ist ferner nach den Grundsätzen über unerlaubte Handlungen zum Schadensersatze verpflichtet. Dies ergiebt sich, soweit das wucherische Geschäft strafrechtlich verboten ist, aus § 823 des B.G.B. Soweit es sich um einen Sachwucher handelt, der nicht ge-

§. 139.

Ist ein Theil eines Rechtsgeschäfts nichtig, so ist das ganze Rechtsgeschäft nichtig, wenn nicht anzunehmen ist, daß es auch ohne den nichtigen Theil vorgenommen sein würde.

§. 140.

Entspricht ein nichtiges Rechtsgeschäft den Erfordernissen eines anderen Rechtsgeschäfts, so gilt das letztere, wenn anzunehmen ist, daß dessen Geltung bei Kenntniß der Nichtigkeit gewollt sein würde.

---

werbs- oder gewohnheitsmäßig betrieben wird und deshalb nicht unter das Strafgesetz fällt (s. oben unter Nr. 3), wird immer anzunehmen sein, daß der Wucherer dem anderen Theile in einer wider die guten Sitten verstoßenden Weise vorsätzlich Schaden zugefügt habe, und findet daher der § 826 Anwendung. Die besondere Vorschrift des § 3 des Ges. v. 24. Mai 1880 über die Haftung eines Dritten, welcher in Kenntniß der Sachlage die aus dem wucherischen Geschäft erwachsenen Vortheile erwirbt und entweder weiter veräußert oder geltend macht, ist zwar aufgehoben. Ist der Dritte jedoch, wie dies regelmäßig der Fall sein wird, sich bewußt, daß er durch die gedachten Handlungen dem Bewucherten Schaden zufüge, so ist er nach § 826 zum Schadensersatze verpflichtet.

§ 139.

E. I § 114; II § 112 rev. § 135; III § 135. P. I S. 181, 182, 276, 11643, 11644; M. I S. 222. P. II S. 276, 277 (Bd. I S. 134).

Ueber Nichtigkeit der Rechtsgeschäfte s. Vorbm. zu diesem Abschnitt VII. 1, oben S. 145.

Vorausgesetzt ist bei der Vorschrift des § 139 ein einheitliches Rechtsgeschäft. Als solches gilt, was sich äußerlich als ein Rechtsgeschäft darstellt, auch wenn es eine Mehrzahl von Bestimmungen enthält. Aus der Einheitlichkeit folgt, daß das ganze Rechtsgeschäft hinfällig wird, wenn eine einzelne Bestimmung nichtig ist, sofern nicht erhellt, daß die Parteien einen so innigen Zusammenhang aller Bestimmungen nicht gewollt haben und das Rechtsgeschäft daher auch ohne die nichtige Bestimmnng geschlossen haben würden. Auf welchem Grunde die Nichtigkeit der einzelnen Bestimmung beruht, ist gleichgültig, insbesondere auch, ob sie von Anfang an nichtig oder anfechtbar und angefochten ist. Ist bei einem Vertrage die Willenserklärung auch nur eines Theiles über eine einzelne Vertragsbestimmung nichtig, so ist in Betreff dieser Bestimmung eine Einigung der Parteien nicht erfolgt und gilt deshalb nach § 155 der ganze Vertrag nicht, sofern nicht anzunehmen ist, daß der Vertrag auch ohne eine Bestimmung über den betreffenden Punkt geschlossen sein würde.

Die Vorschriften des § 139 finden auch dann Anwendung, wenn ein Vertrag zwischen mehr als zwei Personen geschlossen ist. Ist der Vertrag mit der einen derselben nichtig, so fällt der ganze Vertrag, sofern nicht anzunehmen ist, daß die übrigen Parteien ihn auch ohne die Theilnahme der weggefallenen Partei geschlossen haben würden. Eine Modifikation des in dem § 139 ausgesprochenen Grundsatzes gilt nach § 265 bei Rechtsgeschäften, die auf mehrere Leistungen in der Art gerichtet sind, daß nur die eine oder die andere zu bewirken ist sowie bei Testamenten nach § 2085.

§ 140.

E. I § 111; II § 111 rev. § 136; III § 136. P. I S. 275, 276; M. I S. 218. P. II S. 262, 263 (Bd. I S. 126, 127).

Statt des nichtigen Rechtsgeschäfts gilt das andere Rechtsgeschäft nicht nur dann, wenn derjenige, welcher das Rechtsgeschäft vorgenommen hat, dies eventuell gewollt, sondern auch dann, wenn er gar nicht daran gedacht hat, aber anzunehmen ist, daß er, wenn er daran gedacht hätte, das andere Rechtsgeschäft gewollt haben würde. Dies wird regelmäßig anzunehmen sein, wenn durch das andere Rechtsgeschäft derselbe wirthschaftliche Erfolg erreicht wird wie durch das nichtige Rechtsgeschäft. Das nichtige Rechtsgeschäft muß allen Erfordernissen des anderen Rechtsgeschäfts entsprechen, insbesondere auch in Betreff der Form; nur die besondere Richtung des Willens auf das andere Rechtsgeschäft kann fehlen und wird durch die Vorschrift des § 140 ersetzt. Auf Grund dieser Vorschrift wird z. B. ein Erbvertrag, der wegen Minderjährigkeit des Erblassers nach dem § 2275 nichtig ist, unter Umständen als Testament aufrecht erhalten werden können.

§. 141.

Wird ein nichtiges Rechtsgeschäft von demjenigen, welcher es vorgenommen hat, bestätigt, so ist die Bestätigung als erneute Varnahme zu beurtheilen.

Wird ein nichtiger Vertrag von den Parteien bestätigt, so sind diese im Zweifel verpflichtet, einander zu gewähren, was sie haben würden, wenn der Vertrag von Anfang an gültig gewesen wäre.

§. 141.

Wird ein anfechtbares Rechtsgeschäft angefochten, so ist es als von Anfang an nichtig anzusehen.

Wer die Anfechtbarkeit kannte oder kennen mußte, wird, wenn die Anfechtung erfolgt, so behandelt, wie wenn er die Nichtigkeit des Rechtsgeschäfts gekannt hätte oder hätte kennen müssen.

---

§ 141.

E. I § 110; II § 110 rev. § 137; III § 137. P. I S. 265, 266, 11651—11654; M. I S. 217, 218. P. II S. 261, 262 (Bd. I S. 126).

1. Ein nichtiges Rechtsgeschäft kann niemals wirksam werden. Eine Bestätigung des nichtigen Rechtsgeschäfts hat daher nicht die Wirkung, daß das nichtige Rechtsgeschäft gültig wird, sondern kann nur die Bedeutung haben, daß das Rechtsgeschäft als nunmehr vorgenommen gilt. Hieraus ergiebt sich, daß die Bestätigung nur wirksam ist, wenn sie allen Erfordernissen des bestätigten Rechtsgeschäfts entspricht. Insbesondere muß sie, wenn jenes Rechtsgeschäft eine Erklärung gegenüber einem Anderen erfordert, diesem Anderen gegenüber erfolgen und, wenn es an eine Form gebunden war, unter Beobachtung dieser Form vorgenommen werden. Ist das Rechtsgeschäft nicht an eine Form gebunden, so kann die Bestätigung auch stillschweigend erfolgen. So wird die Bestätigung eines nichtigen Vertrags regelmäßig darin zu finden sein, wenn die Vertragschließenden nach Wegfall des Nichtigkeitsgrundes die Erfüllung des Vertrags bewirken und annehmen. Die Bestätigung eines Rechtsgeschäfts durch denjenigen, welcher es vorgenommen, hat also einen wesentlich anderen Charakter als die zu der Wirksamkeit eines Rechtsgeschäfts erforderliche Genehmigung eines Dritten.

2. Die Auslegungsregel des zweiten Absatzes gilt nur für Verträge. Die in der Bestätigung liegende Bezugnahme auf den früheren nichtigen Vertrag rechtfertigt die Annahme, daß die Parteien die Wirksamkeit desselben insoweit wollen, als es in ihrer Macht steht. Sie können ihn nicht rückwärts gültig machen, aber sie können sich verpflichten, sich so zu behandeln, wie wenn der Vertrag von Anfang an gültig gewesen wäre. Ergeben die Umstände, daß die Absicht hierauf nicht allgemein, sondern nur in einzelnen Beziehungen gerichtet war, so ist diese Absicht maßgebend. Auch bei der Bestätigung einseitiger Rechtsgeschäfte kann die Absicht dahin gehen, eine ähnliche obligatorische Wirkung eintreten zu lassen. Bei empfangsbedürftigen Rechtsgeschäften ist dies aber nur mit Zustimmung des anderen Theiles erreichbar. Bei nicht empfangsbedürftigen Rechtsgeschäften kann unter Umständen die Absicht erreicht werden, ohne daß es der Zustimmung eines Anderen bedarf, so z. B. bei einer Auslobung. Eine gesetzliche Auslegungsregel gilt aber für diese Fälle nicht.

3. Die Bestätigung einer wegen Geschäftsunfähigkeit des einen Theiles nichtigen Ehe hat nach § 1325 objektiv rückwirkende Kraft.

§ 142.

E. I §§ 112, 837 Abs. 2, Satz 2, 877 Satz 2; II § 113 rev. § 138; III § 138. P. I S. 267—270, 274, 275, 6171, 12001—12004; M. I S. 218—220. P. II S. 263, 264, 334—336, 3714, 3715 (Bd. I S. 127, 164, 165).

1. Zu Abs. 1 s. Vorbm. zu diesem Abschnitte VII. 2, oben S. 145. Aus dem Begriffe der Nichtigkeit folgt, daß das nichtige Rechtsgeschäft für und gegen Jeden rechtlich nicht vorhanden ist. Dies gilt, da das anfechtbare und angefochtene Rechtsgeschäft als von Anfang an nichtig zu betrachten ist, auch von diesem. Es gilt insbesondere auch gegenüber dem Sondernachfolger desjenigen, der durch das anfechtbare Rechtsgeschäft ein Recht erwirbt. Er hat, wenn später die Anfechtung erfolgt, von einem Nichtberechtigten erworben, obwohl zur Zeit seines Erwerbes das anfechtbare Rechtsgeschäft noch bestand. Wird ein Vertrag zu Gunsten eines Dritten angefochten, so fällt damit auch das Recht des Dritten weg.

2. Der Anfechtungsgrund kann möglicherweise nur einen Theil des Rechtsgeschäfts treffen. Dann gilt, wenn die Anfechtung erfolgt, nur dieser Theil des Rechtsgeschäfts als von

§. 143.

Die Anfechtung erfolgt durch Erklärung gegenüber dem Anfechtungsgegner.
Anfechtungsgegner ist bei einem Vertrage der andere Theil, im Falle des §. 123 Abs. 2 Satz 2 derjenige, welcher aus dem Vertrag unmittelbar ein Recht erworben hat.

Anfang an nichtig. Die sich daraus für das ganze Rechtsgeschäft ergebenden Folgen bestimmen sich nach § 139. Ueber besondere Fälle einer in Folge der Anfechtung eintretenden theilweisen Nichtigkeit s. Erl. zu § 125 Nr. 5 und Erl. zu § 143 Nr. 4.

3. Die in E. I § 112 der Vorschrift des Abs. 1 hinzugefügte Hinweisung auf Ausnahmen ist in dem B.G.B. weggelassen, weil der einzige Fall, in welchem die Anfechtung nach dem E. I nicht die Nichtigkeit des Rechtsgeschäfts zur Folge hatte (E. I § 1277), durch die Aenderung, welche die betreffende Vorschrift in dem B.G.B. erfahren hat (s. § 1358), weggefallen ist. **Anfechtbarkeit** und **Anfechtung** sind also im B.G.B. technische Ausdrücke, welche immer die Bedeutung haben, daß das anfechtbare und angefochtene Rechtsgeschäft als von Anfang an nichtig gilt. Die Fälle, in denen der durch das Rechtsgeschäft Verletzte einen Anspruch auf Wiederaufhebung oder eine Einrede gegen den Anspruch aus dem Rechtsgeschäfte hat, werden nicht mit jenen Ausdrücken bezeichnet.

4. Das anfechtbare Rechtsgeschäft ist wirksam, solange die Anfechtung nicht erfolgt ist. Bis sich entschieden hat, ob die Anfechtung erfolgt, besteht also ein Zustand der Ungewißheit. Die für die Anfechtung bestimmten Fristen (§§ 121, 124) bezwecken, diese Ungewißheit nicht länger dauern zu lassen, als das Interesse des Anfechtungsberechtigten erfordert. Bis zur Hebung der Ungewißheit muß Jeder damit rechnen, daß das Rechtsgeschäft möglicherweise nichtig ist. Dritte, die von demjenigen, welcher durch das anfechtbare Rechtsgeschäft ein Recht erworben hat, dieses Recht in Unkenntniß der Anfechtbarkeit erwerben, werden regelmäßig durch die Vorschriften zu Gunsten derjenigen geschützt, welche Rechte von einem Nichtberechtigten herleiten. (s. Erl. unter Nr. 5). Kennen sie die Anfechtbarkeit, so handeln sie auf ihre Gefahr, wenn sie sich auf ein Rechtsgeschäft einlassen. Ist eine Forderung durch ein anfechtbares Rechtsgeschäft übertragen, so wird der Schuldner regelmäßig in den Vorschriften der §§ 409, 410 genügenden Schutz gegen die Gefahr doppelter Zahlung finden. Außerdem steht ihm nach § 372 das Recht der Hinterlegung und, wenn die geschuldete Sache sich zur Hinterlegung nicht eignet, das im § 383 bestimmte Recht zu Gebote.

5. Hängt eine rechtliche Wirkung davon ab, daß Jemand die Nichtigkeit eines Rechtsgeschäfts kennt oder kennen muß, so würde diese Voraussetzung bei einem anfechtbaren Rechtsgeschäfte nur vorliegen, wenn er sowohl die Anfechtbarkeit als auch die bereits erfolgte Anfechtung kennt oder kennen muß. Kennt er nur die Anfechtbarkeit, so kennt er nur einen Zustand der Ungewißheit. Das Kennen sowie das Kennenmüssen stellte schon der E. I in verschiedenen Fällen dem Kennen oder Kennenmüssen der Nichtigkeit gleich (s. E. I §§ 837 Abs. 2 Satz 2, 877 Satz 2, 881, 945, 1152, 1270). In der zweiten Kommission überzeugte man sich, daß auch noch andere Fälle zu berücksichtigen seien, in denen dasselbe gelten müsse, und wurde daher die allgemeine Regel des § 142 Abs. 2 aufgestellt. Selbstverständlich kommt das Kennen und Kennenmüssen der Anfechtbarkeit nur in Betracht, wenn die Anfechtung wirklich erfolgt. Die Fassung des zweiten Absatzes ist insofern nicht ganz vollständig, als das B.G.B. unter dem Kennenmüssen nur die auf Fahrlässigkeit beruhende Unkenntniß versteht, während sich die Vorschrift auch auf solche Fälle beziehen soll, in welchen nur eine auf grober Fahrlässigkeit beruhende Unkenntniß dem Kennen gleich steht. So hängt z. B. nach § 932 der Erwerb des Eigenthums einer beweglichen Sache durch die von Seiten eines Nichtberechtigten erfolgte Veräußerung davon ab, daß der Erwerber im guten Glauben ist. Der gute Glaube wird aber nicht durch jede auf Fahrlässigkeit beruhende Unkenntniß von dem Mangel des Rechtes auf Seiten des Veräußerers ausgeschlossen, sondern nur durch die auf grober Fahrlässigkeit beruhende Unkenntniß. Der § 142 Abs. 2 muß auch in diesem Falle zur Anwendung kommen. Der Erwerber ist also nicht in gutem Glauben, wenn ihm bekannt oder in Folge grober Fahrlässigkeit unbekannt ist, daß das Rechtsgeschäft, auf Grund dessen der Veräußerer die Sache erworben hat, anfechtbar ist.

Vorschriften, in denen der § 142 Abs. 2 zur Anwendung kommt, enthalten z. B. die §§ 178, 179, 892, 893, 932 Abs. 2, 936 Abs. 2, 937, 1007, 1032, 1138, 1155, 1207, 1208 1244, 1343, 1345.

§ 143.

E. I § 113 Abs. 1, 2; II § 114 rev. § 139; III § 139. P. I S. 270—272; M. I S. 220—222. P. II S. 264—275, 8397—8406, 8812 (Bd. I S. 127—133).

1. Die Anfechtung ist ein einseitiges empfangsbedürftiges Rechtsgeschäft

Bei einem einseitigen Rechtsgeschäfte, das einem Anderen gegenüber vorzunehmen war, ist der Andere der Anfechtungsgegner. Das Gleiche gilt bei einem Rechtsgeschäfte, das einem Anderen oder einer Behörde gegenüber vorzunehmen war, auch dann, wenn das Rechtsgeschäft der Behörde gegenüber vorgenommen worden ist.

Bei einem einseitigen Rechtsgeschäft anderer Art ist Anfechtungsgegner Jeder, der auf Grund des Rechtsgeschäfts unmittelbar einen rechtlichen Vortheil erlangt hat. Die Anfechtung kann jedoch, wenn die Willenserklärung einer Behörde gegenüber abzugeben war, durch Erklärung gegenüber der Behörde erfolgen; die Behörde soll die Anfechtung demjenigen mittheilen, welcher durch das Rechtsgeschäft unmittelbar betroffen worden ist.

(s. Erl. zu § 130). Nicht erforderlich ist die gerichtliche Geltendmachung der Anfechtung. Die in dem § 142 Abs. 1 bestimmte Wirkung der Anfechtung tritt in dem Zeitpunkt ein, in welchem die Erklärung der Anfechtung wirksam wird. (§ 130). Nicht nothwendig ist, daß der Ausdruck „Anfechtung" gebraucht wird; es genügt, wenn sich aus der Erklärung der Wille des Erklärenden ergiebt, daß das Rechtsgeschäft unwirksam sein solle.

2. Wer anfechtungsberechtigt ist, ergiebt sich aus den die Anfechtbarkeit bestimmenden Vorschriften. Regelmäßig ist es derjenige, welcher das anfechtbare Rechtsgeschäft vorgenommen hat; bei Verträgen derjenige, zu dessen Gunsten die Anfechtbarkeit bestimmt ist. In einzelnen Fällen ist ein Dritter zur Anfechtung berechtigt (s. z. B. die §§ 318, 2080, 2279). Ist bestritten, ob ein Rechtsgeschäft anfechtbar und wer anfechtungsberechtigt ist, so kann jeder Betheiligte, der ein rechtliches Interesse an der Feststellung dieser Frage hat, wenn er nicht die für die Anfechtung bestimmte Frist abwarten will, die Ungewißheit durch eine Feststellungsklage heben.

3. Unter Anfechtungsgegner versteht das B.G.B. denjenigen, gegenüber welchem die Anfechtung erklärt werden muß.

Bei einem Vertrage sowie bei einem empfangsbedürftigen Rechtsgeschäft ist Anfechtungsgegner der andere Theil auch dann, wenn das durch das Rechtsgeschäft begründete, übertragene oder von einer Belastung befreite Recht inzwischen auf einen Anderen übertragen ist. Nur die allgemeinen Rechtsnachfolger des anderen Theiles treten an dessen Stelle. Ueber die Wirkung der Anfechtung für die Sondernachfolger bez. bei Verträgen zu Gunsten Dritter für den Dritten s. Erl. zu § 142 Nr. 1. Ueber den Einfluß der nach § 123 Abs. 2 Satz 2 ausnahmsweise gegenüber einem Dritten zulässigen, nach § 143 Abs. 2 diesem gegenüber zu erklärenden Anfechtung auf das Rechtsverhältniß derjenigen, welche den Vertrag zu Gunsten des Dritten geschlossen haben, s. Erl. zu § 123 Nr. 5.

Konnte das einseitige Rechtsgeschäft verschiedenen Personen gegenüber vorgenommen werden, wie z. B. die Bevollmächtigung gegenüber dem zu Bevollmächtigenden oder dem Dritten, dem gegenüber die Vertretung stattfinden sollte (§ 167), oder die Zustimmung zu einem Vertrag oder einem einseitigen empfangsbedürftigen Rechtsgeschäfte sowohl gegenüber dem einen wie dem anderen Theile (§ 182), so ist Anfechtungsgegner derjenige, gegenüber welchem das Rechtsgeschäft wirklich vorgenommen ist.

Vorschriften der in dem § 143 Abs. 3 gedachten Art, nach welchen ein Rechtsgeschäft sowohl einem Anderen als einer Behörde gegenüber vorgenommen werden kann, enthalten z. B. die §§ 875, 876, 880, 1168, 1180, 1183, 1726 Abs. 2, 1748.

Bei einem nicht empfangsbedürftigen Rechtsgeschäft ist Anfechtungsgegner nur derjenige, welcher unmittelbar einen rechtlichen Vortheil aus dem Rechtsgeschäft erlangt hat, nicht also dessen Sondernachfolger oder wer in sonstiger Weise nur mittelbar einen Vortheil aus dem Rechtsgeschäft erlangt hat. Bei einer Auslobung z. B. ist Anfechtungsgegner derjenige, welcher auf Grund der Auslobung einen Anspruch gegen den Auslobenden erworben hat, auch dann, wenn er den Anspruch einem Anderen abgetreten hat. In einzelnen Fällen kann es zweifelhaft sein, wer einen rechtlichen Vortheil aus dem Rechtsgeschäft erlangt hat. Für die meisten Fälle dieser Art hilft dem Anfechtungsberechtigten die Vorschrift des § 143 Abs. 4 Satz 2, nach welcher die Anfechtung einer Erklärung, welche einer Behörde gegenüber abzugeben ist, dieser gegenüber erklärt werden kann. Vorschriften dieser Art enthalten z. B. die §§ 928, 1017, 1109, 1188, 1196, 1491, 1492, 1577 Abs. 2, 3, 1662, 1679, Abs. 2, 1945, 2198 Abs. 1, 2202 Abs. 2, 2226 Ebenso zu behandeln sind die Fälle, in denen ein an eine Behörde gerichteter Antrag angefochten werden soll (s. z. B. die §§ 1139, 1560, 1723). Die der Behörde gegenüber erklärte Anfechtung wirkt gegen Alle. Ihre Wirksamkeit hängt nicht davon ab, daß die Behörde der ihr nach Abs. 3 Satz 2 obliegenden Verpflichtung zur Mittheilung an die unmittelbar betroffenen Personen genügt. Wer unmittelbar betroffen wird, ist nach den Umständen des einzelnen Falles zu entscheiden. Unmittelbar betroffen können auch solche Personen sein, die nicht unmittelbar einen rechtlichen Vortheil erlangt haben (s. z. B.

§. 144.

Die Anfechtung ist ausgeschlossen, wenn das anfechtbare Rechtsgeschäft von dem Anfechtungsberechtigten bestätigt wird.

Die Bestätigung bedarf nicht der für das Rechtsgeschäft bestimmten Form.

---

§ 1577). Bisweilen sind die Personen, denen die Anfechtung mitzutheilen ist, besonders bestimmt (s. z. B. die §§ 1491, 1492, 1957).

Neben der Vorschrift des § 143 Abs. 4 steht dem Anfechtungsberechtigten die Vorschrift des § 132 Abs. 2 zur Seite. Nach dieser kann er in allen Fällen, in welchen der Anfechtungsgegner ihm ohne sein Verschulden unbekannt ist, die Anfechtung durch öffentliche Zustellung erklären.

4. Sind mehrere Anfechtungsgegner vorhanden, so entsteht die Frage, wie die Anfechtung wirkt, wenn sie nur einem derselben gegenüber erklärt wird. Nach den M. I wird angenommen, daß in solchem Falle immer das ganze Rechtsgeschäft nichtig wird. In der zweiten Kommission wurde die Richtigkeit dieser Auffassung von der Mehrheit bezweifelt; die Ansichten waren aber darüber getheilt, wie die Frage positiv zu entscheiden sei, ob insbesondere zwischen theilbaren und untheilbaren Rechtsgeschäften zu unterscheiden und ob bei letzteren die Anfechtung gegenüber allen Anfechtungsgegnern erforderlich sei oder die gegen Einen erklärte Anfechtung auch gegen Alle wirke. Die Entscheidung ist der Wissenschaft und Praxis überlassen. Aus dem Wesen der Anfechtung dürfte sich folgendes ergeben: Ist ein anfechtbarer Vertrag mit mehreren Personen geschlossen und wird die Anfechtung nur einer derselben gegenüber erklärt, so ist der Vertrag zwischen dieser Person und dem Anfechtenden nichtig, besteht aber zwischen den übrigen Vertragschließenden. Ob die Nichtigkeit des Vertrags gegenüber dem Einen mittelbar auch die Nichtigkeit des Vertrags mit den Anderen zur Folge hat, bestimmt sich nach der Vorschrift des § 139. Die Frage ist dieselbe, wie wenn der Vertrag mit dem einen Theile deshalb nichtig wäre, weil dieser zur Zeit des Abschlusses geschäftsunfähig war. Der ganze Vertrag ist also nichtig, sofern nicht anzunehmen ist, daß er auch ohne die Theilnahme desjenigen geschlossen sein würde, dem gegenüber die Anfechtung erfolgt ist. Wird eine einseitige empfangsbedürftige Willenserklärung gegenüber mehreren Personen abgegeben, z. B. eine Kündigung gegenüber mehreren Vermiethern erklärt, so liegen sachlich mehrere Willenserklärungen vor. Erfolgt die Anfechtung nur gegenüber einem der Empfänger, so ist die ihm gegenüber abgegebene Erklärung nichtig. Die Erklärung gegenüber den anderen Empfängern wird dadurch an sich nicht berührt, aber es kann sich fragen, ob die nur diesen Personen gegenüber erfolgte Erklärung genügt, um die beabsichtigte rechtliche Wirkung hervorzubringen. Der Fall ist ebenso zu beurtheilen, wie wenn die Erklärung überhaupt nur gegenüber denjenigen erfolgt wäre, gegenüber denen die Anfechtung nicht erklärt ist. Am zweifelhaftesten ist die Frage bei den einseitigen nicht empfangsbedürftigen Rechtsgeschäften. In den meisten Fällen dieser Art ist die Frage deshalb von geringer praktischer Bedeutung, weil die Anfechtung einer Behörde gegenüber erklärt werden muß (s. z. B. die §§ 1599, 1955, 1956, 2081, 2281 Abs. 2) oder doch nach § 143 Abs. 4 einer solchen gegenüber erklärt werden kann. Soweit es aber auf eine Entscheidung ankommt, wird das Prinzip des § 139 auch hier maßgebend sein. Es kommt also zunächst darauf an, ob das fragliche Rechtsgeschäft, wenn es einer Person gegenüber nichtig ist, überhaupt noch rechtlich bestehen kann. Ist diese Frage zu verneinen, so fällt durch die Anfechtung gegenüber einer Person, die aus dem Rechtsgeschäft unmittelbar einen rechtlichen Vortheil erlangt hat, das ganze Rechtsgeschäft. Erbe z. B. kann Jemand nur sein entweder Allen gegenüber oder überhaupt nicht. Die Antretung der Erbschaft kann daher nicht dem Einen gegenüber wirksam, dem Anderen gegenüber unwirksam sein. Wäre für die Anfechtung der Antretung nicht die Erklärung gegenüber dem Nachlaßgerichte vorgeschrieben, so würde die Anfechtung gegenüber einem Nachlaßgläubiger die Antretung überhaupt vernichten. In solchen Fällen, für welche die obige Frage zu bejahen ist, kommt es darauf an, ob derjenige, welcher das Rechtsgeschäft vorgenommen hat, wenn er die Nichtigkeit desselben gegenüber einer Person gekannt hätte, das Rechtsgeschäft überhaupt noch vorgenommen haben würde. Bei der Auslobung z. B. ist es denkbar, daß dieselbe gegenüber einer bestimmten Person nicht gelten soll. Sie ist daher, falls sie gegenüber *einer* Person angefochten wird, nur dann überhaupt nichtig, wenn nicht anzunehmen ist, daß der Auslobende die Auslobung, auch wenn er die Nichtigkeit gegenüber jener Person gekannt hätte, doch vorgenommen haben würde. Eine relative Nichtigkeit im Sinne des § 135 liegt übrigens in den Fällen dieser Art nicht vor. So weit das Rechtsgeschäft in Folge der Anfechtung nichtig ist, besteht die Nichtigkeit für und gegen Alle.

§ 144.

E. I § 113 Abs. 3; II § 115 rev. § 140; III § 140. P. I S. 270—274, 6171; M. I S. 222. P. II S. 275, 276 (Bd. I S. 133, 134).

Die *Bestätigung eines anfechtbaren Rechtsgeschäfts* hat eine andere Bedeutung wie die Bestätigung eines nichtigen Rechtsgeschäfts. Durch die letztere wird das nichtige Rechtsgeschäft nicht gültig; sie hat vielmehr nur die Wirkung, daß das bestätigte Rechtsgeschäft nun-

Dritter Titel.

Vertrag.

§. 145.

Wer einem Anderen die Schließung eines Vertrags anträgt, ist an den Antrag gebunden, es sei denn, daß er die Gebundenheit ausgeschlossen hat.

---

mehr als vorgenommen gilt. Die Bestätigung des anfechtbaren Rechtsgeschäfts hat dagegen die Wirkung, daß der dem Rechtsgeschäft anklebende Mangel gehoben wird und das Rechtsgeschäft daher als von Anfang an wirksam gilt; sie ist sachlich Verzicht auf das Anfechtungsrecht. Daraus ergiebt sich, daß, während die Bestätigung des nichtigen Rechtsgeschäfts allen Erfordernissen des bestätigten Rechtsgeschäfts entsprechen, insbesondere auch in der dafür vorgeschriebenen Form erfolgen muß, auf die Bestätigung des anfechtbaren Rechtsgeschäfts lediglich die allgemeinen Vorschriften über Rechtsgeschäfte Anwendung finden und die Beobachtung der für das bestätigte Rechtsgeschäft vorgeschriebenen Form nicht erforderlich ist. Zweifelhaft ist, ob die Bestätigung dem Anfechtungsgegner gegenüber erklärt werden muß. Dafür läßt sich geltend machen, daß sie sachlich Verzicht auf das Anfechtungsrecht ist. Nach P. II S. 276 ist indessen das Gegentheil angenommen, und dieser Auffassung entspricht die Fassung des § 144. Auch bei der entgegensetzten Auffassung würde hier aber ein Fall anzunehmen sein, in welchem die Willensbethätigung als gleichwerthig mit der dem Anfechtungsgegner gegenüber abgegebenen Erklärung zu betrachten ist (s. Vorbm. I. 2, oben S. 164).

Die Bestätigung ist selbstverständlich nur wirksam, wenn sie in Kenntniß des Anfechtungsgrundes erfolgt. Ohne diese Kenntniß liegt eine Bestätigung im Sinne des § 144 überhaupt nicht vor.

Besondere Vorschriften über die Bestätigung einer anfechtbaren Ehe enthält der § 1337.

Dritter Titel.

1. Das B.G.B. giebt keine Definition des Vertrags. In dem E. I § 77 waren die Erfordernisse der Vertragschließung dahin bestimmt, daß die Vertragschließenden ihren übereinstimmenden Willen sich gegenseitig erklären. Die Bestimmung ist in dem B.G.B. weggelassen, weil sie einerseits nicht ganz richtig erscheine, andererseits aber derartige Begriffsbestimmungen der Wissenschaft zu überlassen seien. Nicht ganz richtig ist die fragliche Vorschrift, weil die gegenseitige Erklärung des Vertragswillens zwar die Regel bildet, aber doch nicht in allen Fällen erforderlich ist. (§§ 151, 152.) Ueber den Begriff des Vertrags ist man in der Wissenschaft und Praxis im Wesentlichen einverstanden, wenn auch die Ausdrucksweise von einander abweicht. Der rechtsgeschäftliche Wille von mindestens zwei Personen muß sich zu einem auf Hervorbringung derselben rechtlichen Wirkung gerichteten Willen zusammenschließen und diese Zusammenschließung der beiden Willen zu einem Willen — dem Vertragswillen — einen genügenden Ausdruck erhalten. In letzterer Beziehung ist immer nothwendig, daß der eine Theil dem anderen Theile seinen Willen erklärt, ihm den Vertragsantrag macht und daß der andere Theil diesen Antrag annimmt. Regelmäßig muß, wie schon oben hervorgehoben, die Annahme dem Antragenden gegenüber erklärt werden, ausnahmsweise genügt in gewissen Fällen die Annahme, ohne daß es deren Erklärung gegenüber dem Antragenden bedarf.

2. Der Vertrag ist eine Rechtsform, die für alle Theile des Rechtes verwendbar und unentbehrlich ist. Er kann die Begründung oder Aufhebung eines Schuldverhältnisses betreffen, er kann dinglicher, familienrechtlicher oder erbrechtlicher Vertrag sein. Für den dinglichen Vertrag wird im Sachenrecht abweichend vom E. I nicht der Ausdruck „Vertrag" gebraucht, sondern statt dessen von der Einigung der Parteien gesprochen (s. z. B. die §§ 873, 880, 925, 929, 1015, 1032, 1205). Diese Aenderung der Fassung wurde von der Mehrheit der zweiten Kommission beschlossen, weil der Ausdruck „Vertrag" in den hier fraglichen Fällen der Auffassung des Lebens nicht entspreche und die juristische Konstruktion der Wissenschaft und Praxis überlassen bleiben könne. (P. II S. 3391—3398.) Eine sachliche Aenderung wurde nicht beabsichtigt. „Vertrag" und „Einigung" sind in der That nur zwei verschiedene Ausdrucksweisen für denselben Gedanken. Die allgemeinen Vorschriften über Verträge finden daher, soweit sich nicht aus besonderen Vorschriften eine Abweichung ergiebt, auch auf die im Sachenrecht erforderte Einigung Anwendung.

3. Die §§ 145—150 enthalten die allgemeinen Vorschriften über den Antrag zu einem Vertrag und dessen Annahme. Der § 151 handelt von den Ausnahmefällen, in denen es einer Erklärung der Annahme gegenüber dem Antragenden nicht bedarf, der § 152 von der gerichtlichen und notariellen Beurkundung der Verträge, der § 153 von dem Einflusse des Todes und der Geschäftsunfähigkeit auf den Antrag, die §§ 154, 155 von den Fällen, in welchen die Parteien nicht über alle Punkte des zu schließenden Vertrags einig geworden sind, der § 156 von der Versteigerung, der § 157 von der Auslegung der Verträge.

§. 146.

Der Antrag erlischt, wenn er dem Antragenden gegenüber abgelehnt oder wenn er nicht diesem gegenüber nach den §§. 147 bis 149 rechtzeitig angenommen wird.

---

§ 145.

E. I §§ 80, 81; II § 118 rev. § 141; III § 141. P. I S. 111—116, 6140, 6141; M. S. 164—168. P. II S. 160—163 (Bd. I S. 75—77). D. S. 615, 616.

1. Ein Antrag zur Schließung eines Vertrags liegt nur vor, wenn der Antrag allen Erfordernissen entspricht, welche zur Schließung des Vertrags auf Seiten des Antragenden erforderlich sind, und der Vertrag daher durch die Zustimmung des anderen Theiles zu Stande kommen kann. Der Antrag muß daher nicht nur die für den Vertrag wesentlichen Punkte, sondern auch diejenigen Punkte enthalten, über welche, nach der Erklärung des Antragenden, eine Vereinbarung getroffen werden soll (§ 154). Wird die Vereinbarung über solche Punkte vorbehalten, so liegt noch kein Vertragsantrag vor, sofern nicht erhellt, daß der Vertrag auch ohne eine Vereinbarung über diese Punkte zu Stande kommen soll. Ein Vertragsantrag liegt ferner nicht vor, wenn der Vertrag nicht sofort durch die Annahme zu Stande kommen soll, der Antragende vielmehr seinen Entschluß sich bis zur Erklärung des anderen Theiles vorbehält. In solchem Falle liegt sachlich nur eine Aufforderung zur Stellung eines Vertragsantrags vor. In diesem Sinne gemeint sind regelmäßig die erkennbar an mehrere Personen gerichteten Anerbietungen zur Schließung von Verträgen einer bestimmten Art (Art. 337 des früheren H.G.B.). Die Möglichkeit eines wirksamen Vertragsantrags an eine nicht individuell bestimmte Person wird dadurch nicht ausgeschlossen. Nicht unbedingt erforderlich ist, daß der Vertrag durch das einfache „Ja" des anderen Theiles zu Stande kommt. Der Antrag kann dem anderen Theile eine Wahl lassen. Nothwendig ist nur, daß der Antragende, wie auch die Wahl ausfallen möge, gebunden sein will. Ist der Vertrag, um dessen Schließung es sich handelt, an eine Form gebunden, so muß der Antrag der Form genügen. Bedarf es der schriftlichen Form, so genügt, wenn diese vereinbart ist, Brief oder Telegramm (§ 127). Ist die Schriftform durch das Gesetz vorgeschrieben, so muß der Antrag in einer nach Maßgabe des § 126 unterzeichneten Urkunde gemacht werden. Ist gerichtliche oder notarielle Beurkundung vorgeschrieben, so muß der Antrag gerichtlich oder notariell beurkundet sein.

Nach denselben Grundsätzen entscheidet sich im Falle des § 873 Abs. 2, in welcher Form der Antrag auf die Einigung (d. h. auf Schließung des dinglichen Vertrags) gestellt sein muß, um bindend zu sein.

2. Der Antrag ist eine empfangsbedürftige Willenserklärung. Es finden darauf einerseits die allgemeinen Vorschriften über Willenserklärungen, andererseits die besonderen Vorschriften über empfangsbedürftige Willenserklärungen Anwendung. Der einem Abwesenden gemachte Antrag wird daher erst in dem Zeitpunkte wirksam, in welchem er demselben zugeht (§ 130).

3. Entspricht der Antrag den unter Nr. 1, 2 dargelegten Erfordernissen, so ist er bindend, d. h. der Antragende kann den Antrag nicht widerrufen, und der Vertrag kommt daher durch die rechtzeitige Annahme zu Stande. Die Gebundenheit kann von dem Antragenden ausgeschlossen werden. Dies kann sowohl ausdrücklich wie stillschweigend geschehen; es kann auch noch nachträglich geschehen, sofern die betreffende Erklärung nur vor oder gleichzeitig mit dem Antrage wirksam wird. Der Beweis, daß die Gebundenheit ausgeschlossen sei, liegt dem Antragenden ob. Der Ausschluß der Gebundenheit schließt nicht die Annahmefähigkeit des Antrags aus; er hat nur die Wirkung, daß der Antrag so lange widerrufen werden kann, als nicht dessen Annahme erfolgt ist. Widerruf und Annahme sind empfangsbedürftige Willenserklärungen. Der Widerruf des Antrags wird daher nur wirksam, wenn er dem anderen Theile zugeht, bevor dem Antragenden die Annahmeerklärung zugegangen ist. Die Zulässigkeit des in dem Antrage vorbehaltenen Widerrufs kann indessen von dem Antragenden auch dahin beschränkt werden, daß der Widerruf nur wirksam sein soll, wenn er dem anderen Theile zugeht, ehe dieser die Annahmeerklärung abgesendet hat.

§ 146.

E. I §§ 82—85, 88 Abs. 2; II § 119 rev. § 142; III § 142. P. I S. 118—127, 3465, 3478, 11656, 11657; M. I S. 168—171, 175. P. II S. 163, 8361, 8367 (Bd. I S. 77). D. S. 615.

1. Die Ablehnung des Antrags ist eine empfangsbedürftige Willenserklärung. Sie wird daher einem Abwesenden gegenüber erst wirksam in dem Zeitpunkt, in dem sie ihm zugeht, und wird nicht wirksam, wenn vorher oder gleichzeitig ein Widerruf zugeht.

2. Die Annahme des Antrags ist nicht immer eine empfangsbedürftige Willenserklärung (§§ 151, 152); sie ist es aber, wie aus den in dem § 146 gebrauchten Worten „diesem gegenüber" hervorgeht, regelmäßig, d. h. sofern nicht die in den §§ 151, 152 bestimmten Ausnahmen Platz greifen.

§. 147.

Der einem Anwesenden gemachte Antrag kann nur sofort angenommen werden. Dies gilt auch von einem mittelst Fernsprechers von Person zu Person gemachten Antrage.

Der einem Abwesenden gemachte Antrag kann nur bis zu dem Zeitpunkt angenommen werden, in welchem der Antragende den Eingang der Antwort unter regelmäßigen Umständen erwarten darf.

§. 148.

Hat der Antragende für die Annahme des Antrags eine Frist bestimmt, so kann die Annahme nur innerhalb der Frist erfolgen.

---

3. Wird der Antrag abgelehnt oder nicht rechtzeitig angenommen, so hört nicht nur die Gebundenheit des Antragenden auf, sondern der Antrag selbst erlischt, d. h. er besteht rechtlich nicht mehr und kann daher auch nicht mehr angenommen werden. Diese Wirkung tritt ein, mag der Antragende gebunden gewesen sein oder nicht. Auch im letzteren Falle ist ein Widerruf des Antrags nicht mehr nöthig, um die Möglichkeit der Annahme auszuschließen.

§ 147.

E. I §§ 83, 84; II § 120 rev. § 143; III § 143. P. I S. 120—124; M. I S. 168—170. P. II S. 165—170 (Bd. I S. 78—80). D. S. 615, 616.

1. Bei dem einem Anwesenden gemachten Antrage genügt es nicht, wenn derselbe unverzüglich d. h. ohne schuldhaftes Zögern angenommen wird, vielmehr kommt es darauf an, ob objektiv die Annahme sofort auf den Antrag erfolgt. Geschieht dies nicht, so erlischt der Antrag. Ueber den durch den Fernsprecher gemachten Vertragsantrag s. Erl. zu § 130 Nr. 2.

2. Die Vorschrift des zweiten Absatzes des § 147 entspricht sachlich der bewährten Vorschrift des früheren H.G.B. Art. 319 Abs. 1. Im neuen H.G.B. ist diese Vorschrift als durch das B.G.B. § 147 überflüssig geworden weggelassen. Die Annahme des einem Abwesenden gemachten Antrags muß erfolgen, d. h. also: die Erklärung der Annahme muß, wenn sie in Anwesenheit des Antragenden erfolgt, von demselben vernommen werden, wenn sie in seiner Abwesenheit erfolgt, ihm zugehen (s. Erl. zu § 130) spätestens in dem Zeitpunkte, bis zu welchem der Antragende den Eingang der Antwort unter regelmäßigen Umständen erwarten darf. Dieser Zeitpunkt bestimmt sich durch die Zusammenrechnung der Zeiträume, welche zur Uebermittlung des Antrags an den anderen Theil, zur Erklärung der Annahme und zur Uebermittlung der Antwort an den Antragenden erforderlich sind. Bei der Berechnung aller drei Zeiträume sind die regelmäßigen Umstände zu Grunde zu legen. Der erste und dritte Zeitraum bestimmt sich also bei brieflicher Uebermittlung durch die Zeit, welche Briefe nach den bestehenden Posteinrichtungen regelmäßig gebrauchen, bei telegraphischer Uebermittlung durch die Zeit, welche regelmäßig zur Uebermittlung des Telegramms erforderlich ist. Ob briefliche oder telegraphische Antwort erwartet werden kann, hängt von der Bestimmung des Antrags ab. Bei einem telegraphisch gemachten Antrage wird regelmäßig telegraphische Antwort erwartet werden dürfen. Bei der Berechnung des zweiten der oben bezeichneten Zeiträume ist die Zeit zu Grunde zu legen, in welcher ein ordentlicher Mann sich über einen Antrag der fraglichen Art zu entscheiden und denselben zu beantworten pflegt. Der Inhalt des Antrags wird hierbei in Betracht kommen. Soweit eine Verkehrssitte besteht, was regelmäßig bei dem kaufmännischen, nicht immer aber bei dem gewöhnlichen bürgerlichen Verkehre der Fall zu sein pflegt, ist diese maßgebend. Ist die Annahme bis zu dem nach diesen Grundsätzen zu berechnenden Zeitpunkte nicht erfolgt, so ist der Antrag, vorbehältlich der Vorschrift des § 149 erloschen.

3. Die Vorschriften des § 147 finden keine Anwendung, wenn der Antragende für die Annahme des Antrags eine Frist bestimmt hat. In diesem Falle entscheidet der § 148.

§ 148.

E. I § 82; II § 121 rev. § 144; III § 144. P. I S. 118—120; M. I S. 168, 169. P. II S. 164, 165 (Bd. I S. 77, 78). D. S. 615, 616.

Die Vorschrift des § 148 bezieht sich sowohl auf den einem Anwesenden wie auf den einem Abwesenden gemachten Vertragsantrag. Die Bestimmung der Frist muß gleichzeitig mit dem Antrag oder schon vorher erfolgen. Bei dem einem Abwesenden gemachten Antrag ist sie als gleichzeitig oder vorher erfolgt anzusehen, wenn sie dem anderen Theile vor dem Antrag oder gleichzeitig mit ihm zugeht. Geht sie später zu, so ist sie ohne rechtliche Wirkung, wenn sie die durch § 147 Abs. 2 bestimmte gesetzliche Frist zur Annahme des Antrags verkürzt;

§. 149.

Ist eine dem Antragenden verspätet zugegangene Annahmeerklärung dergestalt abgesendet worden, daß sie bei regelmäßiger Beförderung ihm rechtzeitig zugegangen sein würde, und muß der Antragende dies erkennen, so hat er die Verspätung dem Annehmenden unverzüglich nach dem Empfange der Erklärung anzuzeigen, sofern es nicht schon vorher geschehen ist. Verzögert er die Absendung der Anzeige, so gilt die Annahme als nicht verspätet.

§. 150.

Die verspätete Annahme eines Antrags gilt als neuer Antrag.

Eine Annahme unter Erweiterungen, Einschränkungen oder sonstigen Aenderungen gilt als Ablehnung verbunden mit einem neuen Antrage.

---

eine Verlängerung der gesetzlichen Frist ist dagegen wirksam. Die Annahme muß innerhalb der Frist erfolgen, d. h. die Erklärung der Annahme muß, wenn sie in Anwesenheit des Antragenden erfolgt, von ihm innerhalb der Frist vernommen werden, wenn sie in seiner Abwesenheit erfolgt, ihm innerhalb der Frist zugehen (s. Erl. zu § 130). Die Berechnung der Frist bestimmt sich nach den §§ 186 ff.

§ 149.

E. I § 85; II § 122 rev. § 145; III § 145. P. I S. 124—127, 1156, 1157; M. I S. 170, 171. P. II S. 170, 171 (Bd. I S. 81). D. S. 616.

1. Die Vorschriften des § 149 beziehen sich nur auf den einem Abwesenden gemachten Vertragsantrag, gelten aber sowohl für die Fälle, in welchen die Annahme erst nach dem Ablaufe der gesetzlichen Fristen (§ 147), als für diejenigen, in welchen sie nach dem Ablaufe der von dem Antragenden bestimmten Frist erfolgt (§ 148).

2. Der § 149 stellt zwei Erfordernisse auf, ein objektives und ein subjektives. Objektiv muß feststehen, daß die Annahmeerklärung dergestalt abgesendet ist, daß sie bei regelmäßiger Beförderung dem Antragenden rechtzeitig zugegangen wäre. Diesem Erforderniß ist bei einem brieflich gestellten Antrag auch dann genügt, wenn ein die Annahme enthaltendes Telegramm dergestalt abgesendet ist, daß es bei regelmäßiger Beförderung dem Antragenden zu derselben Zeit wie ein rechtzeitig abgesandter Brief zugegangen sein würde. Subjektiv ist abweichend vom E. I § 85 ferner erforderlich, daß der Antragende die rechtzeitige Absendung kannte oder daß er sie nur in Folge von Fahrlässigkeit nicht kannte (§ 122 Abs. 2). Diese Voraussetzung wird bei Briefen oder Telegrammen regelmäßig zutreffen, wenn sich aus dem Poststempel des Briefes oder dem auf dem Telegramme befindlichen Vermerke die Zeit der Absendung ergiebt. Liegen diese beiden Voraussetzungen vor, so muß der Antragende, wenn er das Zustandekommen des Vertrags durch die verspätete Annahme hindern will, dem anderen Theile unverzüglich d. h. ohne schuldhaftes Zögern (§ 121) die Verspätung mittheilen, sofern er ihm nicht bereits früher mitgetheilt hat, daß bis zum Ablaufe der Frist eine Annahmeerklärung nicht eingegangen sei. In der Zeit von dem Eingange der Annahmeerklärung an bis dahin, daß der Antragende bei Anwendung der im Verkehr erforderlichen Sorgfalt die Anzeige abzusenden hatte, besteht ein Schwebezustand, während dessen es ungewiß ist, ob ein Vertrag zu Stande gekommen ist oder nicht. Wird die Anzeige rechtzeitig abgesandt, so ist der Vertrag nicht zu Stande gekommen und der Antrag erloschen; wird sie nicht rechtzeitig abgesandt, so gilt der Vertrag als in demjenigen Zeitpunkte zu Stande gekommen, in welchem die Annahmeerklärung dem Antragenden zugegangen ist. Nicht nothwendig ist, daß die Anzeige dem anderen Theile zugeht; dieser trägt, wenn die Anzeige rechtzeitig abgesandt wird, die Gefahr des Zugehens.

3. Wer sich auf das Zustandekommen des Vertrags beruft, hat zu beweisen, daß die beiden unter Nr. 2 bezeichneten Erfordernisse vorliegen. Dem anderen Theile liegt der Beweis ob, daß die Anzeige des verspäteten Eingangs der Annahmeerklärung rechtzeitig abgesandt sei

§ 150.

E. I § 88 Abs. 1, 3; II § 123 rev. § 146; III § 146. P. I S. 141, 142; M. I S. 175. P. II S. 181, 182 (Bd. I S. 86). D. S. 616.

Die Vorschrift des § 150 kommt nur zur Anwendung, wenn der Vertrag durch die verspätete Annahme nicht zu Stande gekommen ist. (§ 149). Auf den neuen Antrag, der nach § 150 als von dem anderen Theile dem Antragenden gemacht anzusehen ist, finden die Vorschriften der §§ 145—150 Anwendung.

§ 151.

Der Vertrag kommt durch die Annahme des Antrags zu Stande, ohne daß die Annahme dem Antragenden gegenüber erklärt zu werden braucht, wenn eine solche Erklärung nach der Verkehrssitte nicht zu erwarten ist oder der Antragende auf sie verzichtet hat. Der Zeitpunkt, in welchem der Antrag erlischt, bestimmt sich nach dem aus dem Antrag oder den Umständen zu entnehmenden Willen des Antragenden.'

---

§ 151.

E. I § 86; II § 124 rev. § 147; III § 147. P. I S. 128—130, 133—139, 2499, 2500, 11639, 11640; M. I S. 171—173. P. II S. 171—178 (Bd. I S. 81—85). D. S. 616.

1. Der E. I § 86 ging davon aus, daß der einem Abwesenden gemachte Vertragsantrag regelmäßig nur ausdrücklich, nicht stillschweigend angenommen werden könne. Hiervon wurde eine Ausnahme für den Fall gemacht, daß der Antragende die stillschweigende Annahme gestatte, und zugleich bestimmt, daß in diesem Falle die Wirksamkeit der Annahme nicht, wie im E. I § 74 vorgeschrieben, davon abhänge, daß die Annahme zur Kenntniß des Antragenden gelange. Die zweite Kommission war der Ansicht, daß die Frage, unter welchen Voraussetzungen eine stillschweigende Annahme des Antrags zulässig sei, einer Entscheidung im Gesetze nicht bedürfe, sondern besser der Wissenschaft und Praxis überlassen bleibe. Das Gesetz habe sich auf die Vorschrift zu beschränken, daß unter den in § 151 bestimmten Voraussetzungen der Vertrag durch die Annahme des Antrags zu Stande komme, ohne daß es einer Erklärung gegenüber dem Antragenden bedürfe. Gedacht ist hierbei im Wesentlichen an dieselben Fälle, für welche der E. I eine stillschweigende Annahme zuließ. Der Unterschied des B.G.B. § 151 von dem E. I § 86 besteht darin, daß der E. I eine gegenüber dem Antragenden abgegebene, wenn auch stillschweigende Willenserklärung erforderte, während das B.G.B. von dem Erforderniß einer Annahmeerklärung gegenüber dem Antragenden gänzlich absieht und nur die Annahme verlangt. Nach dem B.G.B. bleibt es eine offene Frage, ob und unter welchen Voraussetzungen daneben die stillschweigende Annahme eines Vertragsantrags zulässig ist. Sie dürfte für den einem Abwesenden gemachten Vertragsantrag, abgesehen von ganz besonderen, seltenen Ausnahmefällen, zu verneinen sein (s. Vorbm. zum zweiten Titel I. 2, oben S. 164) und ist praktisch von sehr geringer Bedeutung, weil bei den in Betracht kommenden Fällen die Vorschrift des § 151 zutreffen und genügen wird.

2. Die Verkehrssitte soll darüber entscheiden, ob die Erklärung der Annahme gegenüber dem Antragenden nicht erwartet wird. In den im E. I § 86 Abs. 2 hervorgehobenen Fällen wird eine solche Verkehrssitte häufig anzunehmen sein, insbesondere also, wenn der Antrag sofortige Leistung, z. B. die Uebersendung von Waaren, verlangt oder wenn die zum Verkauf angebotenen Waaren sofort mit dem Antrag übersandt werden oder wenn ein Gegenstand mit der Erklärung, ihn schenken zu wollen, übersandt wird. Die zweite Kommission hat indessen Bedenken getragen, diese und ähnliche Fälle auch nur beispielsweise anzuführen, weil auch bei ihnen unter Umständen eine andere Beurtheilung möglich ist und es deshalb für richtiger erachtet wurde, auf die Berücksichtigung aller Umstände des einzelnen Falles zu verweisen.

3. Der Verzicht des Antragenden auf die Erklärung ihm gegenüber kann sowohl ausdrücklich als stillschweigend erfolgen. Bei der Entscheidung der Frage, ob ein stillschweigender Verzicht anzunehmen ist, wird auch wieder auf die Verkehrssitte Rücksicht zu nehmen sein.

4. Die Annahme des Antrags wird in den hier fraglichen Fällen regelmäßig stillschweigend d. h. also durch Willensbethätigung (s. Vorbm. zum zweiten Titel I, oben S. 162 ff.) erfolgen. Möglich ist indessen auch eine Annahme durch ausdrückliche Erklärung. Zu beachten ist hierbei indessen, daß die von dem Antragsempfänger einem Dritten gegenüber gemachte Aeußerung, er werde oder er wolle den Antrag annehmen, nur die Erklärung der Absicht, annehmen zu wollen, nicht die Annahme selbst enthält. Erhellt aber der Wille, die Annahme zu erklären, z. B. dadurch, daß die Erklärung vor Notar oder vor Zeugen abgegeben wird, so genügt dies. In welchen Handlungen eine genügende Bethätigung des Annahmewillens zu finden ist, läßt sich nur unter Berücksichtigung der Umstände des einzelnen Falles entscheiden. In den unter Nr. 2 angeführten Beispielsfällen wird eine solche Bethätigung regelmäßig in der Absendung der bestellten Waaren bezw. in dem Verbrauche der übersandten Sachen oder in der Verfügung über die letzteren zu finden sein. Ist die Annahme erfolgt, so kann sie nicht mehr rückgängig gemacht werden, weil der Vertrag durch sie zu Stande gekommen ist. Eine andere Frage ist, ob die Annahme schon dann als erfolgt anzusehen ist, wenn Handlungen von dem Antragsempfänger vorgenommen werden, die zwar auf den Willen, den Antrag anzunehmen,

§. 152.

Wird ein Vertrag gerichtlich oder notariell beurkundet, ohne daß beide Theile gleichzeitig anwesend sind, so kommt der Vertrag mit der nach §. 128 erfolgten Beurkundung der Annahme zu Stande, wenn nicht ein Anderes bestimmt ist. Die Vorschrift des §. 151 Satz 2 findet Anwendung.

§. 153.

Das Zustandekommen des Vertrags wird nicht dadurch gehindert, daß der Antragende vor der Annahme stirbt oder geschäftsunfähig wird, es sei denn, daß ein anderer Wille des Antragenden anzunehmen ist.

---

schließen lassen, die aber ohne Benachtheiligung des Antragenden noch rückgängig gemacht werden können und wirklich rückgängig gemacht werden. Diese Frage läßt sich nur unter Berücksichtigung der Umstände des einzelnen Falles entscheiden. Ergeben diese, daß die betreffenden Handlungen den definitiven Annahmewillen bethätigen, so ist durch sie die Annahme erfolgt; lassen sich die Handlungen aber dahin auffassen, daß sie nur die Vorbereitung zu der beabsichtigten Bethätigung des Annahmewillens bilden, so sind sie nicht entscheidend. Die Absendung der bestellten Waaren mit der Post würde hiernach z. B. als Annahme aufzufassen sein, weil der Antragsempfänger Alles gethan hat, was von seiner Seite zur Erfüllung des Vertrags nothwendig war; das Einpacken und Adressiren der bestellten Waaren an den Antragenden würde nicht genügen. Gelingt es in dem ersten Falle dem Absender, die Waaren zurückzubekommen, ehe sie dem Antragenden überliefert sind, so kann er unter Umständen die Erfüllung des Vertrags verweigern, bis die Gegenleistung erfolgt; der Vertrag selbst ist aber geschlossen. Werden Zimmer in einem Gasthofe für einen bestimmten Tag bestellt, so ist die Annahme dadurch noch nicht definitiv erfolgt, daß der Wirth die Anweisung ertheilt, die Zimmer für den Besteller bereit zu halten; er kann sie daher, ohne sich verantwortich zu machen, noch immer Anderen geben. Hat er sie aber an dem bestimmten Tage leer stehen lassen, so ist dadurch der Wille, die Bestellung anzunehmen definitiv bethätigt und der Vertrag abgeschlossen. Der Verbrauch auch nur eines Theiles der zum Kaufe oder schenkweise übersandten Gegenstände enthält immer die definitive Annahme. Vom theoretischen Standpunkt aus ist eine andere Behandlung dieser Fälle möglich (s. Zus. der gutachtl. Aeußerungen I S. 148 ff.); die in dem B.G.B. § 151 gegebenen Vorschriften dürften aber zu der obigen Entscheidung führen.

5. Hat der Antragende eine Zeit bestimmt, in welcher der Antrag **erlöschen** soll, wenn bis dahin die Annahme nicht erfolgt ist, so ist diese Bestimmung maßgebend. Anderenfalls bleibt er gebunden, bis die Ablehnung des Antrags ihm gegenüber erklärt wird, sofern sich nicht aus den Umständen ein anderer Wille des Antragenden ergiebt. Zu den in Betracht kommenden Umständen gehört auch die Verkehrssitte. Die in dem E. I § 86 Abs. 4 für den Fall, daß sofortige Leistung verlangt ist, gegebene Vorschrift ist in dem B.G.B. weggelassen. Sie dürfte indessen regelmäßig als zutreffend zu erachten, also anzunehmen sein, daß in dem vorausgesetzten Falle der Antrag erlischt, wenn die Leistung nicht so bald erfolgt, als der Antragende nach den Umständen des Falles erwarten durfte. Ist aus den Umständen nicht zu entnehmen, in welchem Zeitpunkte der Antrag nach dem Willen des Antragenden erlöschen soll, so wird man als Regel annehmen dürfen, daß der Antragende berechtigt ist, auch noch nachträglich diesen Zeitpunkt durch Erklärung gegenüber dem anderen Theile zu bestimmen, indem nach der Verkehrssitte nicht angenommen werden kann, daß der Antragende sich ohne Beschränkung auf ewige Zeit hat binden wollen.

§ 152.

E. II § 124a rev. § 148; III § 148. P. II S. 7361—7367. **D. S. 616.**

Die Vorschrift des § 152 beruht auf demselben Gedanken, welcher dem § 151 zu Grunde liegt. Im Falle der **gerichtlichen** oder **notariellen Beurkundung** eines Vertrags wird angenommen, daß auf die Erklärung der Annahme gegenüber dem Antragenden verzichtet ist und die Beurkundung der Annahme genügen soll. Die Vorschrift des § 152 findet Anwendung sowohl, wenn die gerichtliche oder notarielle Beurkundung gesetzlich vorgeschrieben, wie wenn sie vertragsmäßig vereinbart ist. Im Uebrigen s. Erl. zu § 128 Nr. 1, Erl. zu § 151 Nr. 5.

§ 153.

E. I § 89; II § 125 rev. § 149; III § 149. P. I S. 141, 142; M. I S. 175, 176. P. II S. 182, 183 (Bd. I S. 86, 87). D. S. 616.

1. Ist der Antrag dem anderen Theile zugegangen, so ist er wirksam, also bindend geworden, auch wenn der Antragende nach der Absendung des Antrags gestorben oder geschäfts-

§. 154.

Solange nicht die Parteien sich über alle Punkte eines Vertrags geeinigt haben, über die nach der Erklärung auch nur einer Partei eine Vereinbarung getroffen werden soll, ist im Zweifel der Vertrag nicht geschlossen. Die Verständigung über einzelne Punkte ist auch dann nicht bindend, wenn eine Aufzeichnung stattgefunden hat.

Ist eine Beurkundung des beabsichtigten Vertrags verabredet worden, so ist im Zweifel der Vertrag nicht geschlossen, bis die Beurkundung erfolgt ist.

§. 155.

Haben sich die Parteien bei einem Vertrage, den sie als geschlossen ansehen, über einen Punkt, über den eine Vereinbarung getroffen werden sollte, in Wirklichkeit nicht geeinigt, so gilt das Vereinbarte, sofern anzunehmen ist, daß der Vertrag auch ohne eine Bestimmung über diesen Punkt geschlossen sein würde.

---

unfähig geworden ist. Dies ergiebt sich aus § 130 Abs. 2. Ob der Vertrag durch die Annahme des Antrags zu Stande kommt, hängt davon ab, ob der Antrag auch für den Fall gestellt war, daß der Antragende vor der Annahme sterbe oder geschäftsunfähig werde. Ist er für diesen Fall nicht gestellt, so ist seine Annahme ohne rechtliche Wirkung. Der § 153 stellt nun eine Auslegungsregel dahin auf, daß der Antrag als auch für den Fall des Todes oder des Eintritts der Geschäftsunfähigkeit gestellt gilt. Ein anderer Wille des Antragenden wird z. B. anzunehmen sein, wenn er sich zu persönlichen Dienstleistungen erbietet oder Waaren zu seinem persönlichen Gebrauche bestellt (s. Erl. zu § 130 Nr. 5).

2. In dem E. I § 89 war weiter bestimmt, daß es ohne Einfluß auf die Wirksamkeit des Antrags sei, wenn der andere Theil nach der Absendung des Antrags sterbe oder geschäftsunfähig werde. Der Antrag sollte im Zweifel also als eventuell an die Erben bez. den gesetzlichen Vertreter des anderen Theiles gestellt angesehen werden. Die zweite Kommission hielt eine solche Auslegungsregel für bedenklich und hat sie deshalb gestrichen. Es muß daher im einzelnen Falle unter Berücksichtigung aller Umstände geprüft werden, ob der Antrag in der gedachten Art aufzufassen ist oder nicht.

§ 154.

E. I § 78; II § 116 rev. § 150; III § 150. P. I S. 109, 110; M. I S. 162, 163. P II S. 156, 157, 184—186, 8375 (Bd. I S. 74, 75, 87—89). D. S. 616.

1. Die in Abs. 1 Satz 1 vorausgesetzte Erklärung einer Partei muß der anderen Partei gegenüber erfolgt sein.

2. Zu Abs. 2 s. Erl. zu § 125 Nr. 2. Die Verabredung der Beurkundung muß vor dem Abschlusse des Vertrags erfolgen. Dies ergiebt sich aus den Worten: „des beabsichtigten Vertrags". Eine bei oder nach dem mündlichen Abschlusse des Vertrags getroffene Verabredung der fraglichen Art kann die Bedeutung haben, daß der schon geschlossene Vertrag als noch nicht geschlossen gelten und erst mit der Beurkundung zu Stande kommen soll. Die Auslegungsregel des zweiten Absatzes trifft aber diesen Fall nicht. Der Wille der Parteien ist also aus den Umständen des einzelnen Falles zu ermitteln.

§ 155.

E. I § 100; II § 117 rev. § 151; E. III § 151. P. I S 192—195, 11643, 11644, 11791—11793; M. I S. 202. P. II S. 241, 242 (Bd. I S 115, 116).

Der § 155 trifft zwei Fälle. Die Vertragserklärungen beider Theile stimmen in einem Punkte nicht überein, oder sie stimmen zwar überein, aber in Betreff eines Punktes ist die Willenserklärung der einen oder der anderen Partei nichtig. Der letztere Fall liegt auch dann vor, wenn die Vereinbarung über einen Punkt, über welchen nach der Erklärung einer Partei eine Vereinbarung getroffen werden sollte, nicht getroffen ist. In allen Fällen dieser Art würde der Vertrag nach der Regel des § 154 Abs. 1 im Zweifel als nicht geschlossen anzusehen sein. Der § 155 enthält eine Modifikation dieser Regel für den Fall, daß die Parteien, obwohl sie die mangelnde Uebereinstimmung nicht erkannt haben, den Vertrag doch für geschlossen halten. Das Vereinbarte soll in diesem Falle gelten, wenn anzunehmen ist, daß die Parteien den Vertrag auch ohne eine Bestimmung über den betreffenden Punkt geschlossen haben würden. Was in solchem Falle in Betreff des Punktes, über welchen eine Vereinbarung nicht getroffen ist, gilt, bestimmt sich nach den gesetzlichen Vorschriften, welche für einen Vertrag der fraglichen Art in Ermangelung besonderer Vereinbarungen gelten, und nach dem aus den Umständen zu entnehmenden Willen der Parteien (s. § 157).

§. 156.

Bei einer Versteigerung kommt der Vertrag erst durch den Zuschlag zu Stande. Ein Gebot erlischt, wenn ein Uebergebot abgegeben oder die Versteigerung ohne Ertheilung des Zuschlags geschlossen wird.

§. 157.

Verträge sind so auszulegen, wie Treu und Glauben mit Rücksicht auf die Verkehrssitte es erfordern.

Vierter Titel.

Bedingung. Zeitbestimmung.

---

§ 156.

E. I § 90; II § 126 rev. § 152; III § 152. P. I S. 142; M. I S. 176—178. P. II S. 183 (Bd. I S. 87).

1. Der § 156 entscheidet die streitige Frage, ob bei einer Versteigerung das Ausgebot als Vertragsantrag und das Gebot als Annahme dieses Antrags anzusehen ist oder ob das Ausgebot nur die Aufforderung zur Stellung von Vertragsanträgen, das Gebot also den Vertragsantrag und der Zuschlag die Annahme desselben enthält, im Sinne der letzteren Auffassung. Der in dem Gebote liegende Antrag erlischt, abweichend von der Vorschrift des § 146, auch durch ein Uebergebot sowie dadurch, daß die Versteigerung ohne Ertheilung des Zuschlags geschlossen wird. Durch das Uebergebot erlischt der Antrag, auch wenn das Uebergebot nicht angenommen wird.

2. Der E. I § 90 spricht von der Versteigerung an den Meistbietenden oder Wenigstfordernden. Eine Aenderung in dieser Beziehung ist nicht beabsichtigt. Der Ausdruck „Versteigerung" im § 156 umfaßt beide Fälle.

3. Die Vorschrift des § 156 ist nicht wie die des E. I § 90 eine Auslegungsregel, sondern eine dispositive Vorschrift.

4. Die Vorschrift des § 156 gilt auch für den Pfandverkauf. Ueber die für diesen daneben geltenden besonderen Vorschriften s. § 1233 ff. Ueber den Verkauf im Wege der Zwangsvollstreckung und die demselben gleich gestellten Fälle s. die §§ 456—458 und § 817 der C.P.O.

§ 157.

E. I § 359; II § 127 rev. § 153; III 153. P. I S. 635, 636; M. II S. 197, 198. P. II S. 1249—1253 (Bd. I S. 623—625). D. S. 616.

Die Vorschrift des § 157 gilt, abweichend vom E. I § 359, nicht nur für obligatorische, sondern für alle Verträge, also auch für die dinglichen, familienrechtlichen und erbrechtlichen Verträge. Sie ist keine Auslegungsregel im gewöhnlichen Sinne; sie ist vielmehr eine absolute Vorschrift. Ein Parteiwille, der die Berücksichtigung von Treu und Glauben ausschlösse, würde gegen die guten Sitten verstoßen, eine darauf gerichtete Vereinbarung daher nichtig sein. Nicht dieselbe Bedeutung hat die Verkehrssitte. Sie kommt nur in Betracht, wenn nicht ein abweichender Wille der Parteien erhellt. So weit dies nicht der Fall ist, muß sie bei der Ermittelung desjenigen berücksichtigt werden, was Treu und Glauben erfordern. Der § 157 enthält eine Ergänzung des § 133. Auf demselben Gedanken wie der § 157 beruhen die Vorschriften der §§ 226, 242.

Die Vorschrift des § 157 bezieht sich nur auf Verträge; sie wird indessen in den dazu geeigneten Fällen auch auf einseitige Rechtsgeschäfte entsprechende Anwendung finden müssen.

Vierter Titel.

1. Die rechtliche Wirkung eines Rechtsgeschäfts kann durch eine aufschiebende oder eine auflösende Bedingung sowie durch die Bestimmung eines Anfangs- oder eines Endtermins beschränkt werden. Die hierfür geltenden Vorschriften sind in dem allgemeinen Theile gegeben, weil die Beschränkung regelmäßig in jedes Rechtsgeschäft aufgenommen werden kann. Nur bei einzelnen Rechtsgeschäften ist sowohl Bedingung wie Zeitbestimmung gesetzlich unzulässig (s. z. B. die §§ 388, 925, 1317, 1598, 1724, 1742, 1768, 1947, 2180, 2202). Bei einigen anderen Rechtsgeschäften ist die Unzulässigkeit aus der Natur des Rechtsgeschäfts zu folgern,

§. 158.

Wird ein Rechtsgeschäft unter einer aufschiebenden Bedingung vorgenommen, so tritt die von der Bedingung abhängig gemachte Wirkung mit dem Eintritte der Bedingung ein.

Wird ein Rechtsgeschäft unter einer auflösenden Bedingung vorgenommen, so endigt mit dem Eintritte der Bedingung die Wirkung des Rechtsgeschäfts; mit diesem Zeitpunkte tritt der frühere Rechtszustand wieder ein.

---

so z. B. bei der Kündigung und Mahnung. Das B.G.B. drückt die Unzulässigkeit entweder dadurch aus, daß das unter einer Bedingung oder Zeitbestimmung vorgenommene Rechtsgeschäft für unwirksam erklärt wird (s. z. B. § 2202) oder dadurch, daß gesagt wird, das Rechtsgeschäft könne nicht unter einer Bedingung oder Zeitbestimmung vorgenommen werden (s. z. B. § 1947). Auch bei der letzteren Ausdrucksweise ist das der Vorschrift zuwider unter einer Bedingung oder Zeitbestimmung vorgenommene Rechtsgeschäft unwirksam.

2. In der gemeinrechtlichen Theorie werden neben der Bedingung und Zeitbestimmung noch die Auflage (modus) und die Voraussetzung als Nebenbestimmungen der Rechtsgeschäfte von allgemeiner Bedeutung erwähnt, doch sind die Ansichten darüber verschieden. Das B.G.B. hat allgemeine Vorschriften hierüber nicht. Vorschriften über die Auflage finden sich bei der Schenkung (s. die §§ 525 ff.) und bei Verfügungen von Todeswegen (§§ 1940, 2192—2196, 2278). Die Kategorie der Voraussetzung kennt das B.G.B. nicht. Was dadurch nach der in der gemeinrechtlichen Theorie vertretenen, aber sehr bestrittenen Auffassung (s. Windscheid I §§ 97 ff.) und nach dem E. I §§ 742 ff. bezweckt wird, erreicht das B.G.B. in beschränkter Art durch die Vorschriften über ungerechtfertigte Bereicherung (§§ 812 ff.).

§ 158.

E. I §§ 128, 129; II § 128 rev. § 154; III § 154. P. I S. 277—279, 283—287, 293, 3226, 4034; M. I S. 250—254. P. II S. 361—363 (Bd. I S. 179, 180).

1. Ueber den Begriff und das Wesen der Bedingung herrscht in der Wissenschaft Streit (s. Windscheid I § 86 ff.; Dernburg §§ 105 ff.; Regelsberger §§ 151 ff.). Das B.G.B. versteht darunter, wie sich aus dem Zusammenhange seiner Vorschriften ergiebt, die in einem Rechtsgeschäft enthaltene Bestimmung, kraft welcher die Wirkung des Rechtsgeschäfts erst mit dem Eintritt eines zukünftigen ungewissen Ereignisses eintreten oder mit dem Eintritte des Ereignisses aufhören soll. Der Ausdruck „bedingtes Rechtsgeschäft" ist nicht ganz korrekt. Nicht das Rechtsgeschäft ist bedingt, sondern die dadurch bezweckte rechtliche Wirkung.

2. Bei der aufschiebenden Bedingung besteht vor dem Eintritte der Bedingung die durch das Rechtsgeschäft bezweckte rechtliche Wirkung nicht. Der bedingt begründete Anspruch ist nicht entstanden, das bedingt übertragene Eigenthum ist nicht übergegangen. Die bedingte Forderung auf Uebertragung eines Rechtes begründet, sofern nicht ein Anderes vereinbart ist, auch nicht einmal den Anspruch auf bedingte Uebertragung des Rechtes. Es ist daher nicht ganz genau, von einem bedingten Rechte zu sprechen. Auch schon vor dem Eintritte der Bedingung besteht freilich eine rechtliche Gebundenheit (s. die §§ 160, 161), aber nicht dasjenige Recht, welches von dem Eintritte der Bedingung abhängig gemacht ist. Der Gebrauch jenes Ausdrucks ist indessen üblich und, da er nicht leicht zu einem Mißverständnisse führen kann, unbedenklich. Mit dem Eintritte der Bedingung tritt die rechtliche Wirkung ein; die Forderung entsteht, das Eigenthum geht über, ohne daß es eines neuen Rechtsgeschäfts bedarf. Eine Rückwirkung tritt nicht ein. Das Eigenthum gilt nicht als schon zur Zeit der Vornahme des Rechtsgeschäfts übergegangen, sondern geht jetzt erst über. Der bisherige Eigenthümer behält daher auch die in der Zwischenzeit gezogenen Früchte. Verfügungen, die in der Zwischenzeit getroffen sind, werden zwar nach § 161 insoweit unwirksam, als sie neben dem Rechte des neuen Eigenthümers nicht bestehen können; aber dies ist nicht die Folge einer Rückwirkung, sondern der rechtlichen Gebundenheit, welche durch die bedingte Uebertragung des Eigenthums begründet war.

3. Streitig ist, ob das unter einer auflösenden Bedingung vorgenommene Rechtsgeschäft ein einheitliches Rechtsgeschäft ist, kraft dessen die rechtliche Wirkung nur als eine zeitlich beschränkte eintritt, oder ob in Wirklichkeit zwei Rechtsgeschäfte vorliegen, durch deren eines die betreffende rechtliche Wirkung unbedingt eintritt, während sie durch das zweite unter einer aufschiebenden Bedingung wieder rückgängig gemacht wird. Der Streit ist indessen ohne praktische Bedeutung, wenn man bei der letzteren Auffassung, wie dies von den Meisten geschieht, anerkennt, daß die beiden Rechtsgeschäfte untrennbar verbunden sind. Mit dem Eintritte der auflösenden Bedingung entsteht nicht eine Verpflichtung, die eingetretene rechtliche Wirkung wieder aufzuheben, sondern diese Aufhebung erfolgt von selbst, und zwar in der Art, daß der frühere

§. 159.

Sollen nach dem Inhalte des Rechtsgeschäfts die an den Eintritt der Bedingung geknüpften Folgen auf einen früheren Zeitpunkt zurückbezogen werden, so sind im Falle des Eintritts der Bedingung die Betheiligten verpflichtet, einander zu gewähren, was sie haben würden, wenn die Folgen in dem früheren Zeitpunkt eingetreten wären.

Rechtszustand wieder eintritt. Wer also z. B. unter einer auflösenden Bedingung Eigenthümer geworden ist, hört nicht nur auf, Eigenthümer zu sein, sondern das Eigenthum fällt an den früheren Eigenthümer zurück. Auch hier tritt aber keine Rückwirkung ein. Es bleibt dabei, daß derjenige, welchem das Eigenthum bedingt übertragen war, in der Zwischenzeit Eigenthümer war, daher z. B. auch die Früchte erworben hat. Nur findet auch hier dieselbe rechtliche Gebundenheit wie bei der aufschiebenden Bedingung statt und werden daher Verfügungen des Zwischeneigenthümers, die mit dem an den bisherigen Eigenthümer zurückgefallenen Eigenthume nicht vereinbar sind, hinfällig.

4. Fällt die aufschiebende Bedingung **aus**, so entsteht die von der Bedingung abhängige rechtliche Wirkung nicht; fällt die auflösende Bedingung aus, so hat das Rechtsgeschäft dieselbe Wirkung wie ein unbedingt vorgenommenes. Der E. I. § 131 sprach dies ausdrücklich aus: von der zweiten Kommission ist die Vorschrift als selbstverständlich gestrichen.

5. Ist ein **obligatorisches Rechtsgeschäft unter einer Bedingung vorgenommen**, so folgt daraus nicht mit Nothwendigkeit, daß das zur Erfüllung desselben vorgenommene dingliche Rechtsgeschäft unter derselben Bedingung vorgenommen werde. Möglich ist vielmehr, daß es unbedingt vorgenommen wird, und es kann nur in dieser Art vorgenommen werden, wenn die Hinzufügung einer Bedingung, wie z. B. bei der Uebertragung des Eigenthums an einem Grundstück (§ 925), unzulässig ist. Ist das dingliche Rechtsgeschäft unbedingt vorgenommen, so hat der Ausfall der aufschiebenden und der Eintritt der auflösenden Bedingung, unter der das obligatorische Rechtsgeschäft vorgenommen war, nur die Wirkung, daß eine Verpflichtung zur Rückgängigmachung der durch das dingliche Rechtsgeschäft eingetretenen Rechtsänderung begründet wird. Im Zweifel wird man indessen annehmen müssen, daß das behufs Erfüllung eines bedingten obligatorischen Rechtsgeschäfts vorgenommene dingliche Rechtsgeschäft, sofern eine Bedingung dabei zulässig ist, unter derselben Bedingung wie das obligatorische Rechtsgeschäft vorgenommen ist.

6. Die Rechtsposition desjenigen, welcher bei dem Eintritte der Bedingung gewinnt, wie desjenigen, welcher dabei verliert, **geht auf die Erben über**, soweit das beim Eintritte der Bedingung entstehende Rechtsverhältniß vererblich ist. Die Vorschrift des E. I § 132, welche diesen Satz aussprach, ist zwar gestrichen, aber nur weil sie einerseits selbstverständlich, andererseits die Fassung nicht ganz korrekt sei (P. II S. 364, 365). Ueber bedingte letztwillige Zuwendungen s. die §§ 2074, 2108 ff., 2162, 2163). Auch die **Uebertragbarkeit** jener Rechtsposition bestimmt sich nach denselben Grundsätzen wie die Uebertragbarkeit des beim Eintritte der Bedingung entstehenden Rechtsverhältnisses.

7. Ist die Bedingung zur Zeit der Vornahme des Rechtsgeschäft **bereits eingetreten oder ausgefallen**, so liegt ein bedingtes Rechtsgeschäft auch dann nicht vor, wenn die Parteien den Eintritt oder den Ausfall der Bedingung nicht gekannt haben. Soweit indessen die Vornahme eines Rechtsgeschäfts unter einer Bedingung unzulässig ist, wird regelmäßig auch ein Rechtsgeschäft der gedachten Art für unzulässig zu erachten sein (E. I § 137; P. II S. 372). In dem E. I § 137 Abs. 2 war bestimmt, daß eine Bedingung der hier fraglichen Art, solange die Erfüllung oder der Ausfall unbekannt sei, in Betreff des Rechtes auf Sicherheitsleistung sowie im Konkurs ebenso zu behandeln sei wie eine wirkliche Bedingung. Von der zweiten Kommission ist diese Vorschrift zwar gestrichen; eine entsprechende Vorschrift sollte aber in die C.P.O. und K.O. aufgenommen werden. Dies ist nun zwar nicht geschehen; man wird aber trotzdem die betreffenden Vorschriften der C.P.O. und der K.O. (s. Erl. zu § 160 Nr. 2) auch auf Bedingungen der hier fraglichen Art, solange deren Eintritt oder Ausfall unbekannt ist, anzuwenden haben.

8. Ueber **unmögliche** oder **nothwendige** sowie über **unverständliche** und **widersinnige** Bedingungen (E. I § 139; P. II S. 373), über Bedingungen, deren Erfüllung lediglich von dem **Willen des einen oder des anderen Theiles** abhängt (E. I § 138; P. II S. 372, 373), sowie über die sog. **conditiones juris** (E. I § 140; P. II S. 373, 374) enthält das B.G.B. keine Vorschriften. Die Beantwortung der sich hierauf beziehenden Fragen ergiebt sich aus den allgemeinen Grundsätzen ohne Schwierigkeit.

Ueber unsittliche Bedingungen s. Erl. zu §. 138 Nr. 1.

§ 159.

E. I 130; II § 129 rev. § 155; III § 155. P. I S. 284, 285, 293, 294; M. I S. 254, 255. P. II S. 363, 364 (Bd. I S. 180, 181).

Die Bedeutung des § 159 liegt darin, daß eine Vermuthung darüber, ob die Parteien die Zurückbeziehung gewollt haben, nicht besteht, daß aber, wenn eine solche Absicht sich aus den Umständen ergiebt, keine dingliche, sondern nur eine **obligatorische Zurückbeziehung** stattfindet.

§. 160.

Wer unter einer aufschiebenden Bedingung berechtigt ist, kann im Falle des Eintritts der Bedingung Schadensersatz von dem anderen Theile verlangen, wenn dieser während der Schwebezeit das von der Bedingung abhängige Recht durch sein Verschulden vereitelt oder beeinträchtigt.

Den gleichen Anspruch hat unter denselben Voraussetzungen bei einem unter einer auflösenden Bedingung vorgenommenen Rechtsgeschäfte derjenige, zu dessen Gunsten der frühere Rechtszustand wiedereintritt.

---

§ 160.

E. I § 134; II § 130 rev. § 156; III § 156. P. I S. 285—289, 294; M. I S. 258—262. P. II S. 369—371 (Bd. I S. 183, 184).

1. Die unter einer aufschiebenden Bedingung eingegangene Verpflichtung besteht solange die Bedingung schwebt, noch nicht; die unter einer aufschiebenden Bedingung über einen Gegenstand getroffene Verfügung ist, solange die Bedingung schwebt, noch nicht wirksam. In dem einen wie in dem anderen Falle ist derjenige, welcher unter der Bedingung sich verpflichtet oder verfügt hat, gebunden (s. Erl. zu § 158 Nr. 2). Diese Gebundenheit hat die in dem § 160 bestimmte Verpflichtung zur Folge. Der Gebundene wird im Falle des Eintritts der Bedingung so behandelt, wie wenn er von der Vornahme des bedingten Rechtsgeschäfts an dem bedingt Berechtigten gegenüber verpflichtet gewesen wäre, dafür zu sorgen, daß das von der Bedingung abhängige Recht nicht vereitelt oder beeinträchtigt werde. Es liegt nahe, hierin eine beschränkte Zurückbeziehung zu finden. Nur für die bedingte Verpflichtung, nicht aber für die bedingte Verfügung würde eine solche Konstruktion passen. In Betreff des Grades der Fahrlässigkeit, für welche der Gebundene einzustehen hat, schrieb der E. I § 134 Satz 2 vor, daß sich derselbe nach dem aus dem Rechtsgeschäfte sich ergebenden Rechtsverhältnisse bestimme. Diese Vorschrift ist von der zweiten Kommission gestrichen, weil sie nicht für alle Fälle zutreffe und auch, soweit sie richtig sei, entbehrt werden könne. Die Fassung jener Vorschrift paßt allerdings nicht für bedingte Verfügungen; denn aus der Verfügung, z. B. der Eigenthumsübertragung, ergiebt sich überhaupt kein Rechtsverhältniß, das, abgesehen von den allgemeinen Vorschriften über unerlaubte Handlungen, eine Verpflichtung des Verfügenden begründete. Der jener Vorschrift zu Grunde liegende Gedanke ist aber richtig. Bei bedingten Verpflichtungen hat der bedingt Verpflichtete Vorsatz und Fahrlässigkeit in demselben Maße zu vertreten, wie wenn die Verpflichtung unbedingt eingegangen wäre. Bei einem bedingten Verkaufe z. B. hat der Verkäufer jede Fahrlässigkeit zu vertreten (§ 276), während bei einem bedingten Schenkungsversprechen der Schenker nur grobe Fahrlässigkeit zu vertreten hat (§ 521). Bei einer bedingten Verfügung entscheidet das Rechtsverhältniß, auf Grund dessen die Verfügung erfolgte. Je nachdem also z. B. die bedingte Verfügung auf Grund eines bedingten Verkaufs oder auf Grund eines bedingten Schenkungsversprechens erfolgte, ist jede Fahrlässigkeit oder nur grobe Fahrlässigkeit zu vertreten. Die Haftung des Gebundenen findet sowohl wegen thatsächlicher wie wegen rechtlicher Einwirkung auf den Gegenstand des Rechtsgeschäfts statt. Er ist also auch im Falle des § 161 zum Schadensersatze verpflichtet, wenn der bedingt Berechtigte durch die während des Schwebens der Bedingung von dem Gebundenen getroffenen Verfügungen einen Schaden erlitten hat, der durch die Unwirksamkeit jener Verfügungen nicht vollständig ausgeglichen wird.

Dieselben Grundsätze finden Anwendung bei dem unter einer auflösenden Bedingung vorgenommenen Rechtsgeschäfte. Gebunden ist hier der unter der auflösenden Bedingung Berechtigte. Im Falle des Eintritts der Bedingung hat er demjenigen, zu dessen Gunsten der frühere Rechtszustand wieder eintritt, den Schaden zu ersetzen, welchen dieser dadurch erleidet, daß in Folge eines Verschuldens des Gebundenen der Eintritt des früheren Rechtszustandes vereitelt oder beeinträchtigt wird. Das Maß der Fahrlässigkeit, welches der Gebundene zu vertreten hat, bestimmt sich nach denselben Grundsätzen, welche für das unter einer aufschiebenden Bedingung vorgenommene Rechtsgeschäft gelten.

2. Da während des Schwebens der Bedingung eine Verpflichtung des Gebundenen noch nicht besteht, so hat der bedingt Berechtigte während dieser Zeit keinen Anspruch gegen den Gebundenen darauf, daß dieser das von der Bedingung abhängige Recht durch sein Verhalten nicht vereitele oder beeinträchtige. Um den Berechtigten gegen die hieraus entspringenden Gefahren zu schützen, gab der E. I § 133 dem bedingt Berechtigten unter denselben Voraussetzungen, unter welchen ein Arrest zulässig ist, einen zivilrechtlichen Anspruch auf Sicherheitsleistung und bestimmte, daß er im Konkurse des Gebundenen dieselbe Stellung habe, welche ein bedingt Berechtigter nach der K.O. in dem Falle hat, daß der Gemeinschuldner ihm zur Sicherheits-

§. 161.

Hat Jemand unter einer aufschiebenden Bedingung über einen Gegenstand verfügt, so ist jede weitere Verfügung, die er während der Schwebezeit über den Gegenstand trifft, im Falle des Eintritts der Bedingung insoweit unwirksam, als sie die von der Bedingung abhängige Wirkung vereiteln oder beeinträchtigen würde. Einer solchen Verfügung steht eine Verfügung gleich, die während der Schwebezeit im Wege der Zwangsvollstreckung oder der Arrestvollziehung oder durch den Konkursverwalter erfolgt.

Dasselbe gilt bei einer auflösenden Bedingung von den Verfügungen desjenigen, dessen Recht mit dem Eintritte der Bedingung endigt.

Die Vorschriften zu Gunsten derjenigen, welche Rechte von einem Nichtberechtigten herleiten, finden entsprechende Anwendung.

---

leistung verpflichtet ist. Diese Vorschriften sollten indessen dann keine Anwendung finden, wenn das bedingte Recht wegen der entfernten Möglichkeit der Erfüllung der Bedingung als ein gegenwärtiger Vermögensbestandtheil sich nicht betrachten lasse. Von der zweiten Kommission ist der § 133 gestrichen. Zum Ersatze desselben sind aber folgende, sachlich im Wesentlichen zu demselben Ergebnisse führenden Aenderungen der C.P.O. und der K.O. vorgenommen.

a) Der Absatz 2 des früheren § 796, jetzt § 916 Abs. 2 der C.P.O., wird durch folgende Vorschrift ersetzt:

„Die Zulässigkeit des Arrestes wird nicht dadurch ausgeschlossen, daß der Anspruch ein betagter oder ein *bedingter* ist, es sei denn, daß der bedingte Anspruch *wegen der entfernten Möglichkeit* des Eintritts der Bedingung einen *gegenwärtigen Vermögenswerth nicht hat.*"

Daß einstweilige Verfügungen auch zum Schutze bedingter Rechte zulässig sind (E. I § 133 Abs. 4), ergiebt sich schon aus den §§ 935—945 der C.P.O.

b) An die Stelle des früheren § 142 Abs. 2 der K.O., nach welcher bedingte Forderungen bei der Schlußvertheilung nur berücksichtigt werden, „sofern dem Verwalter bis zum Ablaufe der Ausschlußfrist der Eintritt der Bedingung nachgewiesen wird oder soweit der Gemeinschuldner zu einer Sicherheitsleistung verpflichtet war," tritt die Vorschrift des § 154 Abs. 2:

„Bei der Schlußvertheilung ist die Berücksichtigung ausgeschlossen, wenn die Möglichkeit des Eintritts der Bedingung eine so *entfernte* ist, daß die bedingte Forderung einen *gegenwärtigen Vermögenswerth* nicht hat."

Im Anschlusse hieran haben die früheren §§ 114, 158 der K.O. in den jetzigen §§ 156, 171 eine entsprechend geänderte Fassung erhalten.

Hiernach werden also alle bedingten Forderungen im Konkurse künftig so behandelt, wie bisher diejenigen bedingten Forderungen behandelt wurden, in Betreff deren der Gemeinschuldner zur Sicherheitsleistung verpflichtet war; sie werden also auch bei der Schlußvertheilung berücksichtigt. Ausgenommen sind nur diejenigen Forderungen, bei denen die Möglichkeit des Eintritts der Bedingung eine so entfernte ist, daß die Forderung einen gegenwärtigen Vermögenswerth nicht hat. Nur die für Forderungen dieser Art bei den Abschlagszahlungen hinterlegten Beträge werden für die Schlußvertheilung frei.

§ 161.

E. I § 135; II § 131 rev. § 157; III § 157. P. I S. 285—290, 291, 294, 295, 3886, 3887, 4034, 11665—11669; M. I S. 259 ff. P. II S. 371, 8369—8371, 8375, 8376 (Bd. I S. 184).

1. Ueber den Begriff der Verfügung s. Vorbm. zu diesem Abschnitte IX. 4, oben S. 148. Bei der aufschiebend bedingten Verfügung über einen Gegenstand tritt nicht nur obligatorische, sondern *dingliche Gebundenheit* ein. Bei dem bedingten obligatorischen Rechtsgeschäfte bleibt die Verfügung, welche der Gebundene während des Schwebens der Bedingung über den Gegenstand des Rechtsgeschäfts, z. B. den verkauften Gegenstand, getroffen hat, auch nach dem Eintritte der Bedingung wirksam. Der Gebundene ist nur zum Schadensersatze verpflichtet. Bei einer

§. 162.

Wird der Eintritt der Bedingung von der Partei, zu deren Nachtheil er gereichen würde, wider Treu und Glauben verhindert, so gilt die Bedingung als eingetreten.

Wird der Eintritt der Bedingung von der Partei, zu deren Vortheil er gereicht, wider Treu und Glauben herbeigeführt, so gilt der Eintritt als nicht erfolgt.

---

bedingten Verfügung, z. B. der bedingten Uebertragung des verkauften Gegenstandes, wird die von dem Gebundenen während des Schwebens der Bedingung über den Gegenstand getroffene Verfügung beim Eintritte der Bedingung insoweit unwirksam, als sie die von der Bedingung abhängige rechtliche Wirkung, z. B. den Uebergang des Eigenthums auf den Käufer, vereiteln oder beeinträchtigen würde. Eine Beeinträchtigung liegt z. B. dann vor, wenn der Gegenstand während des Schwebens der Bedingung mit Rechten Dritter belastet ist. Diese Unwirksamkeit ist nicht wie im Falle der gegen ein Veräußerungsverbot verstoßenden Verfügung (§ 135) eine nur relative. Sie kann nicht nur von dem bedingt Berechtigten, sondern von Jedem geltend gemacht werden. Die Gebundenheit fällt auch durch den Konkurs des Gebundenen nicht weg; es wird daher auch die von dem Konkursverwalter während des Schwebens der Bedingung über den Gegenstand getroffene Verfügung beim Eintritte der Bedingung unwirksam. Die Zwangsvollstreckung in den Gegenstand, über welchen bedingt verfügt worden, ist zulässig; beim Eintritte der Bedingung aber wird die erfolgte Veräußerung unwirksam.

2. Dieselben Grundsätze finden bei der auflösend bedingten Verfügung Anwendung. Die von dem Gebundenen während des Schwebens der Bedingung über den Gegenstand getroffenen Verfügungen werden insoweit unwirksam, als dadurch der Eintritt des früheren Rechtszustandes vereitelt oder beeinträchtigt werden würde.

3. Prozeßführung über den Gegenstand ist keine Verfügung (s. Vorbm. zu diesem Abschnitte IX. 4, oben S. 148). Im Falle einer aufschiebend bedingten Verfügung wirkt das rechtskräftige Urtheil, welches in einem von dem Gebundenen über den Gegenstand der Verfügung geführten Prozeß ergeht, auch für und gegen denjenigen, welcher mit dem Eintritte der Bedingung den Gegenstand erwirbt; denn er ist Rechtsnachfolger der Partei und die Rechtsnachfolge ist erst mit dem Eintritte der Bedingung, also nach der Rechtshängigkeit eingetreten. Anders bei der unter einer auflösenden Bedingung getroffenen Verfügung, weil derjenige, zu dessen Gunsten beim Eintritte der Bedingung der frühere Rechtszustand wieder eintritt, nicht Rechtsnachfolger des Gebundenen ist (s. Vorbm. zu diesem Buche IV. 5. b S. 41 ff.)

4. Ueber die Vorschriften zu Gunsten derjenigen, welche Rechte von einem Nichtberechtigten herleiten, s. Erl. zu § 135 Nr. 5. Die entsprechende Anwendung dieser Vorschriften führt dahin, daß die von dem Gebundenen über den Gegenstand getroffene Verfügung nicht unwirksam wird, wenn der Erwerber sich in Beziehung auf die Gebundenheit des Verfügenden in derselben Unkenntniß befindet, welche in Beziehung auf den Mangel des Rechtes des Verfügenden für den Erwerb von einem Nichtberechtigten gefordert wird. An die Stelle des „nicht kennen", des „nicht kennen müssen" und der „nicht auf grober Fahrlässigkeit" beruhenden Unkenntniß von dem Rechtsmangel auf Seiten des Verfügenden tritt hier die entsprechende Unkenntniß von der Gebundenheit.

§ 162.

E. I § 136; II § 132 rev. § 158; III § 158. P. I S. 297, 298, 3227; M. I S. 262—264. P. II S. 371, 372, 8376 (Bd. I S. 184).

1. Der § 162 hat solche Fälle im Auge, in denen die Absicht bei der Vornahme des bedingten Rechtsgeschäfts dahin geht, daß eine Einwirkung der einen oder der anderen Partei auf den Ausfall oder den Eintritt der Bedingung nicht stattfinden soll. Eine dieser Absicht zuwider und deshalb wider Treu und Glauben verstoßende Einwirkung würde schon nach allgemeinen Grundsätzen einen Anspruch des anderen Theiles auf Schadensersatz begründen. Positiv bestimmt aber der § 162, daß im Falle des ersten Absatzes die Bedingung als eingetreten, im Falle des zweiten Absatzes als ausgefallen gelten soll. Ob die Absicht bei der Vornahme des Rechtsgeschäfts dahin gegangen ist, die Einwirkung des einen oder des anderen Theiles auszuschließen, ist aus den Umständen des Falles zu entnehmen; nach diesen ist auch zu entscheiden, ob jede Einwirkung oder nur eine gewisse Art derselben als wider Treu und Glauben verstoßend anzusehen ist.

Eine besondere Vorschrift über Bedingungen, welche den Vortheil eines Dritten bezwecken, enthält für letztwillige Verfügungen der § 2076.

§. 163.

Ist für die Wirkung eines Rechtsgeschäfts bei dessen Vornahme ein Anfangs- oder ein Endtermin bestimmt worden, so finden im ersteren Falle die für die aufschiebende, im letzteren Falle die für die auflösende Bedingung geltenden Vorschriften der §§. 158, 160, 161 entsprechende Anwendung.

§ 163.

E. I § 141, 142; II § 133 rev. § 159; III § 159. P. I S. 309—311; M. I S. 269, 270. P. II S. 374, 2961, 2962 (Bd. I S. 186).

1. Die Bestimmung eines Anfangstermins in einem Rechtsgeschäfte kann in zweifacher Absicht erfolgen. Es kann dadurch entweder der Eintritt der durch das Rechtsgeschäft bezweckten rechtlichen Wirkung selbst oder nur deren Geltendmachung hinausgeschoben werden sollen. Im E. I § 141 wird als Regel vorgeschrieben, daß die Bestimmung eines Anfangstermins die letztgedachte Bedeutung habe, daneben aber eine Vorschrift für den Fall gegeben, daß der Eintritt der rechtlichen Wirkung selbst hat hinausgeschoben werden sollen. Nur auf den letztgedachten Fall bezieht sich der § 163. Ob die Parteien bei einem Rechtsgeschäfte die eine oder die andere Absicht gehabt haben, wird als eine Frage der Auslegung betrachtet und eine gesetzliche Auslegungsregel in dieser Beziehung nicht gegeben. Bei Verfügungen über einen Gegenstand wird die Bestimmung eines Anfangstermins regelmäßig den Sinn haben, daß die rechtliche Wirkung erst mit dem bestimmten Zeitpunkt eintreten soll. Das Eigenthum soll erst mit diesem Zeitpunkt übergehen, der Nießbrauch erst mit diesem Zeitpunkt entstehen. Wird in Fällen dieser Art etwas Anderes beabsichtigt, so wird regelmäßig eine andere Ausdrucksweise als die Bestimmung eines Anfangstermins gewählt. Anders liegt die Sache bei obligatorischen Rechtsgeschäften. Hier denken sich die Parteien das Rechtsverhältniß sehr häufig so, daß die Verpflichtungen sofort entstehen, dem Schuldner aber eine Frist für die Erfüllung gewährt werden soll. Verspricht Jemand ein Darlehen nach einem Jahre zurück zu bezahlen, so soll die Darlehnsschuld nicht erst nach einem Jahre, sondern sofort entstehen, dem Schuldner aber zur Rückzahlung des Darlehens eine Frist bis zum Ablaufe des Jahres gewährt sein. Auch bei obligatorischen Rechtsverhältnissen kann die Sache aber anders liegen. So wird z. B. ein Miethvertrag, durch welchen eine Wohnung auf den 1. April des nächsten Jahres gemiethet wird, dahin auszulegen sein, daß die rechtliche Wirkung, hier also der Anspruch des Miethers auf Ueberlassung der Wohnung, erst am 1. April entstehen soll. Für obligatorische Rechtsverhältnisse ist die Unterscheidung beider Fälle von geringer praktischer Bedeutung. Wo das B.G.B. von einer fälligen Forderung oder von einer betagten Verbindlichkeit spricht (s. z. B. die §§ 272, 813 Abs. 2), werden darunter beide Fälle zusammengefaßt. Auch die Vorschriften der K.O. § 65 unterscheiden zwischen beiden Fällen nicht (s. auch §§ 257, 258 der C.P.O.).

Wird nicht gleich bei der Vornahme eines Rechtsgeschäfts, sondern erst später ein Anfangstermin bestimmt, so kann dies regelmäßig nur die Bedeutung haben, daß die Geltendmachung der mit dem Rechtsgeschäfte bereits eingetretenen rechtlichen Wirkung hinausgeschoben werden soll.

2. Soll die rechtliche Wirkung erst mit dem bestimmten Zeitpunkt eintreten, so finden für die Zeit bis zu dem Eintritte dieses Zeitpunkts die Vorschriften der §§ 160, 161 entsprechende Anwendung. Es tritt also dieselbe Gebundenheit ein wie bei der aufschiebenden Bedingung. Der Gebundene ist zum Schadensersatze verpflichtet, wenn er durch sein Verschulden das betagte Recht vereitelt oder beeinträchtigt. Bei einer betagten Verfügung sind die von dem Gebundenen in der Zwischenzeit getroffenen Verfügungen insoweit unwirksam, als dadurch die Entstehung des betagten Rechtes vereitelt oder beeinträchtigt wird (s. Erl. zu den §§ 160, 161). Der Arrest findet auch zur Sicherung einer betagten Forderung statt (s. § 916 der C.P.O.).

Ein dies certus an incertus quando ist nicht Bedingung, sondern Anfangstermin.

3. Bei der Bestimmung eines Endtermins tritt mit dem Eintritte desselben der frühere Rechtszustand von selbst ein. Für die Zwischenzeit gelten auch hier die aus der Gebundenheit folgenden Grundsätze der §§ 160, 161.

Fünfter Titel.

Vertretung. Vollmacht.

Fünfter Titel.

1. Das Bedürfniß des Verkehrs hat zur Anerkennung der direkten Stellvertretung geführt. Das B.G.B. bringt die hierauf bezügliche Entwicklung zum Abschlusse. Die Zulassung der direkten Stellvertretung ermöglicht es, die Rechtshandlungen des Einen unmittelbar für den Anderen wirken zu lassen. Ueber die juristische Konstruktion dieses Verhältnisses s. Windscheid I §§ 73 ff., Regelsberger I §§ 159 ff., Dernburg I §§ 117 ff. Aus den Vorschriften des B.G.B. ergiebt sich als leitender Grundsatz, daß die Erfordernisse der Willenserklärung oder der Entgegennahme einer solchen aus der Person des Vertreters beurtheilt werden, die rechtliche Wirkung aber unmittelbar in der Person des Vertretenen eintritt; der Vertreter selbst wird durch das Rechtsgeschäft weder berechtigt noch verpflichtet. Voraussetzung ist, daß der Vertreter Vertretungsmacht hat und daß bei der Vornahme der Willenserklärung durch den Vertreter oder ihm gegenüber erkennbar gemacht wird, daß die Wirkung nicht für ihn, sondern für den Vertretenen eintreten solle. Das letztere geschieht dadurch, daß die Erklärung von dem Vertreter im Namen des Vertretenen bezw. daß sie ihm gegenüber in seiner Eigenschaft als Vertreter abgegeben wird.

Die Vertretungsmacht beruht entweder auf Gesetz, d. h. sie ist kraft des Gesetzes mit einer bestimmten Stellung verbunden (gesetzliche Vertretung), oder sie beruht auf einer Willenserklärung des Vertretenen (Vollmacht). Den wichtigsten Fall der gesetzlichen Vertretung bildet die Vertretung der Geschäftsunfähigen sowie der in der Geschäftsfähigkeit beschränkten Personen durch den Elterntheil, welchem die elterliche Gewalt zusteht (§§ 1630, 1686), oder durch den Vormund (§§ 1793, 1897). Daran schließen sich die verschiedenen Fälle der Pflegschaft (§ 1915; s. auch z. B. § 1357). Die rechtliche Stellung eines gesetzlichen Vertreters hat ferner der Vorstand einer juristischen Person (§§ 26 Abs. 2, 30, 86). Ueber die rechtliche Stellung des Ehemanns in Beziehung auf das eingebrachte Vermögen (§§ 1374 ff.) und das Gesammtgut (§§ 1443 ff.) sowie über die rechtliche Stellung des Nachlaßverwalters (§§ 1981 ff.), des Testamentsvollstreckers (§§ 2205 ff.) und des Konkursverwalters (§ 6 der K.O.) s. die Erl. zu den betreffenden Abschnitten.

Unter Vertreter versteht das B.G.B. regelmäßig nicht nur denjenigen, welcher Vertretungsmacht hat, sondern auch denjenigen, welcher, obwohl er diese Macht nicht hat, doch als Vertreter auftritt (§§ 177 ff.).

Die Vertretung ist bei allen Rechtsgeschäften zulässig, soweit nicht für einzelne eine Ausnahme bestimmt ist. Der E. I § 115 sprach diesen Grundsatz ausdrücklich aus. Von der zweiten Kommission ist der § 115 gestrichen, jedoch nur, weil der fragliche Grundsatz sich zur Genüge aus den §§ 116 ff. (in dem B.G.B. §§ 164 ff.) ergebe. (P. II S. 277—279.) Ausnahmen von dem Grundsatze finden sich z. B. in den §§ 1317, 1336, 1337 Abs. 3, 1437, 1595, 1598, 1728, 1748, 1750, 2064, 2274, 2290 Abs. 2, 2296, 2347 Abs. 2.

2. Unter Vertreter versteht das B.G.B. nur den Vertreter im Willen (s. Nr. 1), nicht denjenigen, dessen sich Jemand zur Uebermittelung seiner Erklärung bedient, den sog. Boten. Dieser ist nur Werkzeug des Erklärenden; die Uebermittelung der Erklärung durch ihn hat rechtlich keinen anderen Charakter als die Uebermittelung durch Brief oder Telegramm. Der Bote fungirt als Werkzeug unsicherer als jene mechanischen Werkzeuge, weil er absichtlich oder aus Versehen die Erklärung unrichtig übermitteln kann. Die Gefahr der unrichtigen Uebermittelung trägt derjenige, welcher diesen Weg der Uebermittelung wählt, doch hilft ihm die nach § 120 zulässige Anfechtung. Vertreter kann nur sein, wer nicht geschäftsunfähig ist; Bote kann auch der Geschäftsunfähige sein. Die Frage, ob Jemand Vertreter oder Bote ist, kann im einzelnen Falle thatsächlich zweifelhaft sein. Die rechtlichen Grundsätze, von denen die Entscheidung abhängt, sind unzweifelhaft. Es kommt darauf an, ob die betreffende Person das Rechtsgeschäft selbst vornimmt oder ob sie nur die Erklärung des Geschäftsherrn überbringt und dieser es also ist, welcher das Rechtsgeschäft vornimmt. Im ersteren Falle ist die betreffende Person Vertreter, im zweiten Falle Bote. Die Vertretung wird dadurch nicht ausgeschlossen, daß der Vertreter verpflichtet ist, nach bestimmten Weisungen des Geschäftsherrn zu handeln, andererseits hört ein Bote nicht dadurch auf Bote zu sein, daß ihm von dem Geschäftsherrn die Wahl überlassen ist, welche von mehreren Erklärungen er überbringen will. Möglich ist auch, daß dieselbe Person theils Vertreter, theils Bote ist; so kann z. B. Jemand als Bote die Erklärung der Annahme eines Vertragsantrags überbringen und zugleich ermächtigt sein, als Vertreter eine nach Maßgabe des abgeschlossenen Vertrags zulässige Willenserklärung abzugeben, z. B. eine Wahl zwischen mehreren alternativ geschuldeten Gegenständen zu treffen.

3. Neben der direkten Vertretung bietet die sog. indirekte oder mittelbare Vertretung die Möglichkeit, sich im rechtsgeschäftlichen Verkehre der Vermittelung eines Dritten

§. 164.

Eine Willenserklärung, die Jemand innerhalb der ihm zustehenden Vertretungsmacht im Namen des Vertretenen abgiebt, wirkt unmittelbar für und gegen den Vertretenen. Es macht keinen Unterschied, ob die Erklärung ausdrücklich im Namen des Vertretenen erfolgt oder ob die Umstände ergeben, daß sie in dessen Namen erfolgen soll.

Tritt der Wille, in fremdem Namen zu handeln, nicht erkennbar hervor, so kommt der Mangel des Willens, im eigenen Namen zu handeln, nicht in Betracht.

Die Vorschriften des Abs. 1 finden entsprechende Anwendung, wenn eine gegenüber einem Anderen abzugebende Willenserklärung dessen Vertreter gegenüber erfolgt.

---

zu bedienen. Der mittelbare Vertreter oder, wie er von Anderen genannt wird, der Ersatzmann schließt das Rechtsgeschäft, um das es sich handelt, im eigenen Namen; er allein wird dadurch berechtigt und verpflichtet; aber er ist berechtigt und verpflichtet, die in seiner Person eingetretenen rechtlichen Wirkungen auf denjenigen zu übertragen, für welchen er gehandelt hat. Nur durch ein obligatorisches Verhältniß zwischen dem Geschäftsherrn und dem mittelbaren Vertreter wird für Beide die Uebertragung der durch das Rechtsgeschäft begründeten rechtlichen Wirkung gesichert. Ueber diese mittelbare Vertretung enthält das B.G.B. keine besonderen Vorschriften. Die obligatorischen Verpflichtungen und Rechte des mittelbaren Vertreters bestimmen sich nach dem der Vertretung zu Grunde liegenden Verhältniß (Auftrag, Dienstvertrag ꝛc.); die Uebertragung der durch das Rechtsgeschäft begründeten Rechte und Verpflichtungen erfolgt, je nach der Art derselben, nach den dafür geltenden Vorschriften. Bei den Berathungen der zweiten Kommission ist wiederholt die Frage angeregt, ob nicht besondere Vorschriften in der Richtung zu geben seien, daß die von dem mittelbaren Vertreter erworbenen Rechte in dem Verhältnisse zwischen ihm und seinen Gläubigern einerseits und dem Geschäftsherrn andererseits, wenigstens unter gewissen Voraussetzungen, als dem letzteren zustehend zu behandeln seien. (Jacubezky S. 31, 146, 177, 178, 211, 224, 305, 318; P. II S. 2302—2312. Vergl. auch H.G.B. §§ 392, 399; K. O. § 46.) Der Anregung ist indessen keine Folge gegeben, daher bestimmt sich das in Frage stehende Verhältniß lediglich nach allgemeinen Grundsätzen.

4. Die §§ 164, 165, 166 Abs. 1 enthalten die allgemeinen, für alle Vertreter geltenden Grundsätze. Der § 166 Abs. 2 und die §§ 167—176 handeln von der Vollmacht, die §§ 177—180 von der Vertretung ohne Vertretungsmacht, der § 181 von der Vornahme eines Rechtsgeschäfts von Seiten des Vertreters im Namen des Vertretenen mit sich selbst.

§ 164.

E. I § 116; II § 134 rev. § 160; III § 160. P. I S. 221—223; M. I S. 225, 226. P. II S. 281—285 (Bd. I S. 136—138). D. S. 617.

1. Zu Abs. 1 und 3 s. Vorbm. zum zweiten Titel I, oben S. 162 ff., und zu diesem Titel 1, oben S. 210.

2. Der Abs. 2 enthält eine Abweichung von den Vorschriften des § 119. Wer eine Erklärung in fremdem Namen abgeben will, diesen Willen aber weder ausdrücklich noch stillschweigend bei der Erklärung kundgiebt, befindet sich über den Inhalt seiner Erklärung im Irrthum und kann diese daher nach § 119 anfechten. Dieses Anfechtungsrecht wird durch § 164 Abs. 2 ausgeschlossen. Die Erklärung gilt als von dem Erklärenden im eigenen Namen abgegeben, und ihre rechtlichen Wirkungen treten in seiner Person ein. Dies gilt nicht nur von den durch die Erklärung begründeten Verpflichtungen, sondern auch von den durch dieselbe begründeten Rechten. Der Erklärende erwirbt die Rechte, nicht derjenige, welchen er vertreten wollte; dieser erwirbt sie erst dadurch, daß sie ihm von jenem übertragen werden. Mit Unrecht will Eck (Sammlung von Vorträgen S. 66) den Abs. 2 einengend dahin auslegen, daß der Handelnde nur dem anderen Theile gegenüber sich auf den Mangel des Willens, im eigenen Namen zu handeln, nicht berufen könne. Eck führt folgendes Beispiel an: Wenn meine Hausdame mit einer Vollmacht, aber ohne diese zu erwähnen, ein Dutzend silberner Löffel für mich kauft und mit meinem Gelde bezahlt, dann aber die Löffel vor der Ablieferung an mich bei ihr gepfändet werden, kann ich dann keine Widerspruchsklage (nach § 690 jetzt 771 der C.P.O.) erheben? Die Frage ist zu verneinen, und wenn die Hausdame — wie aus einem anderen Beispiel Ecks hinzugefügt werden mag — auf dem Heimwege stirbt, so gehören die Löffel zu ihrem Nachlaß und bei dem Konkurse über diesen zur Konkursmasse. Die Hausdame hatte das Eigenthum der Löffel erworben. Sie ist verpflichtet, das Eigenthum dem Auftraggeber zu übertragen, und diese Uebertragung, kann nach § 181 auch durch ein von ihr, im Namen des Auftraggebers, mit sich selbst

§. 165.

Die Wirksamkeit einer von oder gegenüber einem Vertreter abgegebenen Willenserklärung wird nicht dadurch beeinträchtigt, daß der Vertreter in der Geschäftsfähigkeit beschränkt ist.

---

im eigenen Namen vorgenommenes Rechtsgeschäft erfolgen. Ein solches wird als stillschweigend vorgenommen z. B. dann anzusehen sein, wenn die Hausdame die Löffel in den Schrank des Auftraggebers legt. Solange eine solche Uebertragung aber nicht erfolgt ist, bleibt die Hausdame Eigenthümer. Wenn Eck dagegen geltend macht, daß der Verkäufer bei der Uebergabe der Sache nicht die Absicht gehabt habe, das Eigenthum dem Geschäftsgegner selbst und nur ihm zu übertragen, so kann dies nicht anerkannt werden. Der Verkäufer wollte mit der Hausdame kontrahiren; diese sollte ihm gegenüber verpflichtet, aber auch berechtigt werden. Daß er die Berechtigung nicht gewollt oder daß es ihm auch nur gleichgültig gewesen wäre, wer berechtigt werde, ergiebt sich aus den Umständen des Falles nicht, vielmehr ist sehr wohl möglich, daß er ein Interesse dabei hat, daß die Hausdame Eigenthümer wird. Ein solches Interesse würde vorliegen, wenn er aus dem Vertrage noch einen Anspruch gegen die Hausdame hat, wenn z. B. der Kaufpreis nicht vollständig bezahlt oder das gezahlte Geld falsch war. Aber auch wenn ein solcher Anspruch nicht besteht, ist ein Interesse des Verkäufers, die Hausdame und nur sie zum Eigenthümer der Löffel zu machen, denkbar. Durch die Vorschrift des § 164 Abs. 2 soll sowohl das Interesse des Dritten als auch das des Vertreters geschützt werden. Dieser Zweck verbietet, die aus dem Vertrage mit dem Dritten entstandenen Rechte und Verpflichtungen auseinander zu reißen. Die von Eck geltend gemachten Gesichtspunkte würden dahin führen, besondere Vorschriften über die sog. mittelbare Vertretung aufzunehmen. Die dafür und dagegen sprechenden Gründe sind in der Kommission eingehend erwogen (s. Vorbm. zu diesem Titel 3, oben S. 211); näher darauf einzugehen, ist hier nicht der Ort. Nur darauf mag hingewiesen werden, daß, wenn man diesen Weg einschlagen wollte, eine Vorschrift wie die von Eck vertheidigte nicht genügen würde, daß vielmehr noch eine Reihe anderer Vorschriften zum Schutze des Dritten, welcher sich mit dem Vertreter in dem Glauben eingelassen hat, daß derselbe im eigenen Namen handle, nothwendig sein würde (s. die Anträge P. II S. 2302—2312). Das B.G.B. hat solche Vorschriften nicht aufgenommen; gegen eine Auslegung wie die von Eck versuchte dürfte nicht nur die juristische Konsequenz, sondern auch die Berücksichtigung berechtigter materieller Interessen sprechen.

§ 165.

E. II § 135 rev. § 161; III § 161. P. II S. 285—287. D. S. 617 (Bd. I S. 138, 139).

1. Die Willenserklärung eines Geschäftsunfähigen ist nichtig (§ 105), die ihm gegenüber abgegebene empfangsbedürftige Willenserklärung ist unwirksam. (§ 131.) Dies gilt auch für die von einem geschäftsunfähigen Vertreter oder ihm gegenüber abgegebene Willenserklärung, weil die Erfordernisse einer solchen aus der Person des Vertreters beurtheilt werden. Die in der Geschäftsfähigkeit beschränkten Personen sind willensfähig, sie werden aber durch die Vorschriften über die von ihnen und ihnen gegenüber vorgenommenen Rechtsgeschäfte gegen Nachtheile geschützt. (§§ 106ff, 114, 131 Abs. 2.) Der Zweck dieser Vorschriften schließt ihre Anwendung auf solche Rechtsgeschäfte aus, welche von einem in der Geschäftsfähigkeit beschränkten Vertreter oder ihm gegenüber vorgenommen werden. Solche Rechtsgeschäfte haben nach § 164 nur für den Vertretenen, nicht für den Vertreter rechtliche Wirkung. Der letztere kann dadurch also einen rechtlichen Nachtheil nicht erleiden; sein Interesse steht mithin der Wirksamkeit der fraglichen Rechtsgeschäfte nicht im Wege. Um Zweifel abzuschneiden, ist dieser Satz in dem § 165 ausdrücklich ausgesprochen. Er bezieht sich sowohl auf gesetzliche Vertreter wie auf Bevollmächtigte. Nach § 1780 kann indessen nicht zum Vormunde bestellt werden, wer wegen Geistesschwäche, Verschwendung oder Trunksucht entmündigt ist. Die Bestellung einer solchen Person zum Vormund ist nichtig, der Bestellte ist nicht Vormund und zur Vertretung des Mündels nicht berechtigt. (Ebenso bei dem Testamentsvollstrecker nach § 2201.) Nach § 1781 Nr. 1 soll zwar zum Vormund auch nicht bestellt werden, wer minderjährig oder nach § 1906 unter vorläufige Vormundschaft gestellt ist. Eine dieser Vorschrift zuwider erfolgte Bestellung ist aber nicht nichtig; auf einen solchen Vormund findet daher die Vorschrift des § 165 Anwendung. Das Interesse des Mündels wird dadurch gewahrt, daß das Vormundschaftsgericht nach § 1886 den Vormund zu entlassen hat. Von einem Pfleger gilt dasselbe wie von einem Vormunde (§ 1915). Für die gesetzliche Vertretung kraft elterlicher Gewalt kommt der § 165 nicht in Betracht, weil die elterliche Gewalt ruht, wenn der Gewalthaber in der Geschäftsfähigkeit beschränkt ist. (§§ 1676, 1678, 1686, 1696.) Das der Ehefrau nach § 1357 Abs. 1 zustehende Recht, innerhalb ihres häuslichen Wirkungskreises den Ehemann zu vertreten, wird nicht dadurch berührt, daß sie in der Geschäftsfähigkeit beschränkt ist; e-

§. 166.

Soweit die rechtlichen Folgen einer Willenserklärung durch Willensmängel oder durch die Kenntniß oder das Kennenmüssen gewisser Umstände beeinflußt werden, kommt nicht die Person des Vertretenen, sondern die des Vertreters in Betracht.

Hat im Falle einer durch Rechtsgeschäft ertheilten Vertretungsmacht (Vollmacht) der Vertreter nach bestimmten Weisungen des Vollmachtgebers gehandelt, so kann sich dieser in Ansehung solcher Umstände, die er selbst kannte, nicht auf die Unkenntniß des Vertreters berufen. Dasselbe gilt von Umständen, die der Vollmachtgeber kennen mußte, sofern das Kennenmüssen der Kenntniß gleichsteht.

---

findet daher der § 165 auf sie Anwendung. Dem Ehemanne bleibt es überlassen, ob er sich gegen die hieraus ihm drohenden Nachtheile durch Beschränkung des Vertretungsrechts (§ 1357 Abs. 2) schützen zu müssen glaubt. Auch auf den Vorstand einer juristischen Person (§§ 26, 80) sowie auf den nach Maßgabe des § 30 bestellten besonderen Vertreter findet der § 165 Anwendung. Sache der juristischen Person ist es, ob sie eine in der Geschäftsfähigkeit beschränkte Person trotz dieser Beschränkung zum Vertreter bestellen will. Dasselbe gilt von allen Vertretern, deren Vertretungsmacht auf einer Bevollmächtigung beruht.

Die Vorschrift des § 165 findet auch auf Vertreter Anwendung, die keine Vertretungsmacht haben. Auf die von ihnen und ihnen gegenüber vorgenommenen Rechtsgeschäfte finden die §§ 177, 178, 180 auch dann Anwendung, wenn sie in der Geschäftsfähigkeit beschränkt sind. (Wegen des § 179 s. Nr. 2.)

2. Der § 165 betrifft nur die Wirksamkeit der von dem Vertreter oder ihm gegenüber vorgenommenen Rechtsgeschäfte, nicht das obligatorische Verhältniß zwischen dem Vertreter und dem Vertretenen bezw. dem Dritten, mit welchem das Rechtsgeschäft vorgenommen ist. Die Vertretung selbst begründet überhaupt kein obligatorisches Verhältniß zwischen dem Vertreter und dem Vertretenen; regelmäßig wird aber mit ihr ein obligatorisches Verhältniß verbunden sein. (S. Erl. zu § 167 Nr. 3.) Soweit dieses Verhältniß auf Rechtsgeschäft beruht, finden auf das letztere die Vorschriften der §§ 106ff. Anwendung. Der Auftrag z. B., welcher der Ertheilung der Vollmacht zu Grunde liegt, ist, wenn der Beauftragte bei dessen Annahme in der Geschäftsfähigkeit beschränkt war, nur wirksam, wenn der gesetzliche Vertreter des Beauftragten die Einwilligung oder Genehmigung dazu ertheilt hat. Fehlt diese, so entstehen aus der Uebernahme des Auftrags weder Verpflichtungen noch Rechte des Beauftragten gegen den Auftraggeber. Dasselbe gilt von allen anderen Rechtsgeschäften, welche der Ertheilung der Vertretungsmacht zu Grunde liegen; es gilt auch von der Annahme der Bestellung zum Vorstand einer juristischen Person. Ueber die Frage, welchen Einfluß die Unwirksamkeit des der Vollmacht zu Grunde liegenden Rechtsgeschäfts auf die Vollmacht selbst hat, s. Erl. zu § 167 Nr. 3. War das der Bevollmächtigung zu Grunde liegende obligatorische Rechtsgeschäft unwirksam, so wird, wenn der Bevollmächtigte trotzdem als Vertreter des Vollmachtgebers handelte, regelmäßig eine Geschäftsführung ohne Auftrag vorliegen. In solchem Falle ist der Vertreter, wenn er in der Geschäftsfähigkeit beschränkt war, nach § 682 nicht nach den Vorschriften über Geschäftsführung ohne Auftrag, sondern nur nach den Vorschriften über den Schadensersatz wegen unerlaubter Handlungen und über die Herausgabe einer ungerechtfertigten Bereicherung verantwortlich. Wer, ohne Vertretungsmacht zu haben, als Vertreter ein Rechtsgeschäft mit einem anderen vornimmt, haftet demselben nach Maßgabe der §§ 179, 180; diese Haftung tritt aber nicht ein, wenn er in der Geschäftsfähigkeit beschränkt war, es sei denn, daß er mit Zustimmung seines gesetzlichen Vertreters handelte. (§ 179 Abs. 3.)

§ 166.

E. I §§ 117, 118; II § 136 rev. § 162; III § 162. P. I S. 223—226, 227, 228; M. I S. 226—228. P. II S. 287—294 (Bd. I S. 139—143). D. S. 617.

1. Der § 166 Abs. 1 spricht die praktisch wichtigsten Konsequenzen des Grundsatzes aus, daß die Erfordernisse der Willenserklärung aus der Person des Vertreters beurtheilt werden.

Die Willensmängel, welche die rechtlichen Folgen einer Willenserklärung beeinflussen, sind in den §§ 116—123 bestimmt. Ob eine Willenserklärung nichtig ist, weil der Erklärende einen geheimen Vorbehalt gemacht oder die Erklärung nur zum Schein abgegeben oder nicht ernstlich gemeint hat (§§ 116—118), ob sie wegen eines Irrthums des Erklärenden (§ 119) oder wegen arglistiger Täuschung oder Drohung anfechtbar ist, bestimmt sich nach der Person des Vertreters. Nur wenn er den geheimen Vorbehalt gemacht, die Erklärung zum Schein abgegeben oder nicht ernstlich gemeint hat, ist die Erklärung nichtig; nur wenn er im Irrthume gewesen oder durch Drohung oder arglistige Täuschung zu der Erklärung bestimmt ist, findet die Anfechtung statt. Auf die Person des Vertretenen kommt es in allen diesen Beziehungen nicht an.

Dasselbe gilt regelmäßig, wenn das Kennen oder Kennenmüssen eines Umstandes auf die rechtlichen Folgen einer Willenserklärung von Einfluß ist. Hat z. B. Jemand gegenüber dem Vertreter eines Anderen eine Willenserklärung abgegeben, die nach § 118 nichtig oder nach § 119 angefochten ist, so ist er zum Schadensersatze nach Maßgabe des § 122 nicht verpflichtet, wenn der Vertreter den Grund der Anfechtbarkeit kannte oder kennen mußte. Der Erwerb des Eigenthums durch Veräußerung von Seiten eines Nichtberechtigten (§ 932) tritt nicht ein, wenn die Veräußerung an einen Vertreter erfolgt und dieser dabei nicht in gutem Glauben war. Aehnlich z. B. in den Fällen der §§ 123 Abs. 2, 142 Abs. 2, 169, 179 Abs. 3, 307 Abs. 1, 405, 694, 892, 1424 Abs. 1, 1682 Abs. 1.

2. Durch den zweiten Absatz wird die Regel des ersten Absatzes für den Fall modifizirt, daß die Vertretungsmacht auf einer Vollmacht beruht und der Bevollmächtigte nach bestimmten Weisungen des Vollmachtgebers gehandelt hat. Der E. I § 118 beschränkte die Ausnahme auf den Fall, daß sich die Vollmacht auf ein bestimmtes Rechtsgeschäft bezieht. Der § 166 Abs. 2 erweitert die Ausnahme in zweifacher Beziehung. Es kommt nicht darauf an, daß die Vollmacht selbst eine begrenzte ist, sondern nur darauf, daß der Bevollmächtigte nach bestimmten Weisungen des Vollmachtgebers gehandelt hat, mögen diese in der Vollmacht selbst enthalten oder dem Bevollmächtigten auf Grund des zwischen ihm und dem Vollmachtgeber bestehenden obligatorischen Verhältnisses, z. B. des Auftrags oder Dienstverhältnisses, ertheilt sein. Ferner ist nicht erforderlich, daß die Weisung des Vollmachtgebers auf Vornahme eines bestimmten Rechtsgeschäfts geht. Es genügt, daß in irgend welcher Beziehung eine bestimmte Weisung vorliegt und der Bevollmächtigte nach dieser gehandelt hat. So findet z. B. die Vorschrift des Abs. 2 Anwendung, wenn der Vollmachtgeber den Bevollmächtigten angewiesen hat, für ihn eine bestimmte Sache von einer bestimmten Person zu erwerben, und ist nicht erforderlich, daß durch die Weisung auch bestimmt ist, ob der Erwerb durch Kauf, Tausch oder Schenkung erfolgen soll. Vorausgesetzt wird indessen, daß die Weisung im Zusammenhange steht mit demjenigen Umstand, auf dessen Kennen oder Kennenmüssen es ankommt. Ein solcher Zusammenhang liegt in dem obigen Beispielsfalle vor, wenn der Erwerb nach § 932 davon abhängt, daß der Erwerber in gutem Glauben ist, oder nach § 892 davon, daß dem Erwerber die Unrichtigkeit des Grundbuchs nicht bekannt ist. Der Vollmachtgeber kann sich hier auf den guten Glauben bezw. die Unkenntniß des Bevollmächtigten nicht berufen, wenn er selbst nicht in gutem Glauben war bezw. die Unrichtigkeit des Grundbuchs kannte. War aber z. B. die Weisung nur insofern eine bestimmte, als sie dahin ging, eine Sache von einer bestimmten Art zu einem bestimmten Preise zu erwerben, ohne daß die Person bezeichnet war, von welcher der Erwerb erfolgen sollte, so findet die Vorschrift des Abs. 2 keine Anwendung.

Nicht genügend ist es, daß der Vollmachtgeber von dem durch den Bevollmächtigten vorgenommenen Rechtsgeschäfte Kenntniß hat. Erwirbt z. B. ein Generalbevollmächtigter Namens des Vollmachtgebers in gutem Glauben eine bewegliche Sache durch Veräußerung von Seiten des Nichteigenthümers, so wird der Vollmachtgeber Eigenthümer, auch wenn er wußte, daß die Sache dem Veräußerer nicht gehöre.

Der Abs. 2 geht nicht, wie in der gemeinrechtlichen Theorie bisweilen vertheidigt wird, so weit, daß in den fraglichen Fällen überhaupt nur auf das Kennen oder Kennenmüssen des Vertretenen abgestellt wird. Der Vertretene kann sich darauf, daß er einen Umstand nicht kannte bezw. nicht kennen mußte, niemals berufen, wenn der Vertreter den Umstand kannte bezw. kennen mußte. Auch wenn die Vollmacht z. B. dahin ging, eine bestimmte Sache von einer bestimmten Person zu einem bestimmten Preise zu erwerben, und der Vollmachtgeber sowohl bei der Ertheilung der Vollmacht als auch beim Abschlusse des Erwerbsgeschäfts in gutem Glauben war, so erwirbt er das Eigenthum nicht, wenn der Bevollmächtigte bei der Uebertragung des Eigenthums nicht in gutem Glauben war. Hierbei tritt wieder der Unterschied zwischen einem Vertreter und einem Boten scharf hervor. Wird durch einen Boten die Erklärung überbracht, daß sein Auftraggeber die fragliche Sache zu dem bestimmten Preise kaufen und sich übertragen lassen wolle, und wird der Bote mit der Ueberbringung der Annahmeerklärung und der Sache beauftragt, so kommt es nur auf den guten Glauben des Erwerbers, nicht auf den des Boten an.

Die Ausnahme des Abs. 2 bezieht sich **nicht auf Willensmängel**. Für diese gilt die Regel des Abs. 1 ausnahmslos. Ueber die Frage, wie das Verhältniß in den Fällen des § 123 Abs. 2 zu beurtheilen ist, s. Erl. zu § 167 Nr. 4.

3. Die Vorschriften des § 166 Abs. 1 enthalten, wie schon oben hervorgehoben ist, nur Konsequenzen des **allgemeinen Prinzips**, daß die Erfordernisse der Willenserklärung, weil sie Willenserklärung des Vertreters ist, aus dessen Person zu beurtheilen sind. Aus diesem Prinzipe sind alle Fragen zu entscheiden, für welche das B.G.B. eine ausdrückliche Bestimmung

§. 167.

Die Ertheilung der Vollmacht erfolgt durch Erklärung gegenüber dem zu Bevollmächtigenden oder dem Dritten, dem gegenüber die Vertretung stattfinden soll.

Die Erklärung bedarf nicht der Form, welche für das Rechtsgeschäft bestimmt ist, auf das sich die Vollmacht bezieht.

---

nicht giebt. So ist insbesondere die Frage, wie die Willenserklärung auszulegen und ob neben der ausdrücklichen noch eine stillschweigende Willenserklärung erfolgt ist, lediglich aus der Person des Vertreters zu entscheiden.

4. Die rechtlichen Wirkungen des Rechtsgeschäfts treten in der Person des Vertretenen ein. Aus diesem Prinzip ergiebt sich, welche **Erfordernisse aus der Person des Vertretenen** zu beurtheilen sind. Die Fähigkeit, die durch das Rechtsgeschäft begründeten Rechte zu erwerben, muß in der Person des Vertretenen vorhanden sein. Das Rechtsgeschäft ist unwirksam, wenn der Vertretene das dadurch für ihn begründete Recht nicht erwerben kann, mochte auch der Vertreter dazu im Stande sein (s. z. B. E.G. Art. 86—88). Soweit die Vorschriften über Form und Inhalt des Rechtsgeschäfts auf die Person Rücksicht nehmen, welche das Rechtsgeschäft vornimmt, entscheidet die Person des Vertretenen.

§ 167.

E. II § 137 rev. § 163; III § 163. M. I S. 228—233. P. II S. 295, 299—302, 8361, 8362, 8367, 8376, 8377. (Bd. I S. 143—146). D. D. 617.

1. In dem § 167 gelangt das Prinzip zum scharfen Ausdrucke, daß die Vollmacht ein **selbständiges Rechtsgeschäft** ist. In den bisherigen Gesetzgebungen sowie in der älteren gemeinrechtlichen Theorie werden häufig Auftrag und Vollmacht mit einander vermischt. Der § 167 schließt eine solche Vermischung aus. Der Auftrag ist ein Vertrag, durch den sich der Beauftragte verpflichtet, Geschäfte des Auftraggebers zu besorgen. Die zu besorgenden Geschäfte können in der Vornahme von Rechtsgeschäften für den Auftraggeber bestehen, und mit dem Auftrage kann die Vollmacht verbunden sein, diese Rechtsgeschäfte im Namen des Vollmachtgebers vorzunehmen. Die Bevollmächtigung ist jedoch auch in diesem Falle ein zwar durch den Auftrag veranlaßtes, aber selbständig neben demselben bestehendes Rechtsgeschäft. Der Bevollmächtigung liegt auch keineswegs immer ein Auftrag zu Grunde; sie kann durch mannigfache andere Rechtsverhältnisse veranlaßt sein; sie kann insbesondere auf einem Dienst- oder Werkvertrag oder auf einem Gesellschaftsvertrage beruhen (§§ 675, 714). Die Bevollmächtigung kann auch lediglich im Interesse des Bevollmächtigten oder im Interesse des Dritten, mit welchem das Rechtsgeschäft vorgenommen werden soll, erfolgen. Hierbei ist z. B. an solche Fälle zu denken, in welchen der Bevollmächtigte eine Forderung des Vollmachtgebers von einem Dritten zu erheben ermächtigt wird, den erhobenen Betrag aber für sich behalten soll, oder in welchem dem Dritten die Erfüllung einer Verbindlichkeit gegenüber dem Vollmachtgeber dadurch erleichtert werden soll, daß er an den Bevollmächtigten zahlen kann.

2. Die Bevollmächtigung ist ein **einseitiges empfangsbedürftiges Rechtsgeschäft**. Die Annahme oder die Zustimmung des Bevollmächtigten ist nicht erforderlich. Die Vollmachtsertheilung braucht nicht einmal ihm gegenüber zu erfolgen, vielmehr genügt die Erklärung gegenüber demjenigen, welchem gegenüber die Vertretung stattfinden soll. Hier tritt das Charakteristische der Vollmacht besonders scharf hervor; sie ist die Willenserklärung, nach welcher das von dem Bevollmächtigten oder ihm gegenüber vorgenommene Rechtsgeschäft unmittelbar für und gegen den Vollmachtgeber wirken soll. Im E. I war nicht ausdrücklich ausgesprochen, daß die Vollmacht auch durch Erklärung gegenüber dem Dritten ertheilt werden könne. Aus dem § 120 des E. I ergiebt sich aber, daß derselbe sachlich auf demselben Standpunkte steht.

Für den Zeitpunkt, mit welchem die Wirksamkeit der Bevollmächtigung eintritt, sind die Vorschriften über empfangsbedürftige Willenserklärungen maßgebend (§ 130). Die Bevollmächtigung kann dem zu Bevollmächtigenden gegenüber auch dann wirksam erklärt werden, wenn derselbe in der Geschäftsfähigkeit beschränkt ist; die Einwilligung des gesetzlichen Vertreters (§ 131 Abs. 2) ist nicht erforderlich, weil die Bevollmächtigung keine Verpflichtung für den Bevollmächtigten begründet, ihm vielmehr nur eine Macht verleiht und daher im Sinne des § 131 Abs. 2 als eine Erklärung zu betrachten ist, welche dem Bevollmächtigten lediglich einen rechtlichen Vortheil bringt (§ 165; P. II S. 8376, 8377). Auch wenn die Vollmacht durch Erklärung gegenüber dem Dritten ertheilt wird, mit welchem das Rechtsgeschäft vorgenommen werden soll, und dieser in der Geschäftsfähigkeit beschränkt ist, bedarf es der Einwilligung des gesetzlichen Vertreters desselben nicht, indem die rechtliche Lage des Dritten durch die Vollmacht in keiner Weise verschlechtert, sondern eher verbessert wird.

3. Der Bevollmächtigung liegt regelmäßig ein materielles Rechtsverhältniß zu Grunde. Ist dieses als Rechtsgrund in die Bevollmächtigung mit aufgenommen anzusehen, ist die Bevollmächtigung also ein kausales Rechtsgeschäft oder ist sie ein abstraktes Rechtsgeschäft, das zu dem zu Grunde liegenden Rechtsverhältnisse nur insofern in Beziehung steht, als sie das Mittel ist, um den durch jenes Rechtsverhältniß erstrebten Zweck zu erreichen? Beide Auffassungen sind möglich. Durch die zuletzt gedachte Auffassung wird nicht ausgeschlossen, daß die Vollmacht, obwohl abstrakt, doch nur für den Fall ertheilt wird, daß das Rechtsverhältniß, welchem sie dienen soll, wirklich besteht, und daß sie erlöschen soll, wenn dieses Rechtsverhältniß wegfällt. Eine solche Beschränkung der Bevollmächtigung, die auch stillschweigend erfolgen kann, würde nach den Vorschriften über Bedingungen zu beurtheilen sein, die Vollmacht würde daher nicht entstehen, wenn das betreffende Rechtsverhältniß nicht besteht, und sie würde erlöschen, wenn das Rechtsverhältniß wegfällt. Die abstrakte Natur der Bevollmächtigung würde aber durch die Möglichkeit, die Vollmacht in der gedachten Art zu beschränken, nicht berührt werden. Ist eine Beschränkung nicht hinzugefügt, so entsteht die Vollmacht, auch wenn das zu Grunde liegende Rechtsverhältniß nicht besteht, und bleibt bestehen, wenn dieses Rechtsverhältniß wegfällt. Ueber die Zulässigkeit des Widerrufs s. Erl. zu § 168 Nr. 3.

Bei der obengedachten ersten Auffassung folgt die Abhängigkeit der Vollmacht von dem zu Grunde liegenden Rechtsverhältnisse daraus, daß dieses als causa der Bevollmächtigung in dieselbe aufgenommen ist.

Eine Annäherung an die zweite Auffassung würde darin liegen, wenn man annähme, daß die kausale Natur der Bevollmächtigung nur die Regel bilde, daß es aber möglich sei, die Bevollmächtigung auch abstrakt zu ertheilen.

Die Vorschriften des E. I §§ 119, 120 scheinen auf der ersten Auffassung zu beruhen. In den M. I S. 229 wird gesagt, daß die Bevollmächtigung, die in Veranlassung eines Auftrags ertheilt werde, unter der Bedingung stehe, „daß der bezüglich des Auftrags gestellte Vertragsantrag angenommen werde.“ In den P. II S. 299 wird dagegen gesagt: „von der im Abs. 3 des § 119 des E. I hinsichtlich des Erlöschens der Vollmacht ausgesprochenen Verweisung auf die Vorschriften über das Erlöschen des Auftrags sei Abstand zu nehmen, weil die Vollmacht kein abstraktes Rechtsgeschäft sei, sondern sich stets an ein anderes Rechtsverhältniß anlehne und mit dessen Existenz stehe und falle, eine solche Verweisung auch geeignet sei, die sonst im Entwurfe durchgeführte Trennung von Vollmacht und Auftrag zu verdunkeln.“

Entscheidendes Gewicht ist auf diese Aeußerung nicht zu legen, vielmehr wird zu prüfen sein, welche Auffassung den gesetzlichen Vorschriften selbst am meisten entspricht. Die Fassung des § 167 deutet auf ein abstraktes Rechtsgeschäft. In dem § 168 Satz 1 wird aber bestimmt, daß das Erlöschen der Vollmacht sich nach dem ihr zu Grunde liegenden Rechtsverhältnisse bestimme. Diese Vorschrift ergiebt die Abhängigkeit der Vollmacht von dem zu Grunde liegenden Rechtsverhältnisse. Die Vorschrift spricht freilich nur von dem Erlöschen der Vollmacht. Bestimmt sich aber dieses nach dem zu Grunde liegenden Rechtsverhältnisse, so muß dasselbe auch von der Entstehung der Vollmacht gelten. Erlischt z. B. die Vollmacht, wenn der ihr zu Grunde liegende Auftrag erlischt, so kann sie auch nicht zur Entstehung gelangen, wenn der zu Grunde liegende Auftrag überhaupt nicht ertheilt oder nichtig war. In demselben Sinne auszulegen ist der § 173. Finden die besonderen Vorschriften der §§ 170, 171 Abs. 2, 172 Abs. 2 über das Fortbestehen der Vollmacht unter den dort bezeichneten Voraussetzungen keine Anwendung, wenn der Dritte, mit welchem auf Grund der Vollmacht ein Rechtsgeschäft vorgenommen wurde, bei der Vornahme das Erlöschen der Vertretungsmacht kannte oder kennen mußte, so können jene Vorschriften auch dann keine Anwendung finden, wenn der Dritte bei der Vornahme des Rechtsgeschäfts wußte oder wissen mußte, daß der angeblich Bevollmächtigte niemals Vertretungsmacht erlangt habe. Erlischt z. B. die auf einem Auftrage beruhende Vollmacht, auch wenn sie durch Erklärung gegenüber dem Dritten ertheilt oder diesem nach Maßgabe der §§ 171, 172 kundgegeben ist, mit dem Erlöschen des Auftrags, sofern der Dritte das Erlöschen kannte oder kennen mußte, so kann die Vollmacht ihm gegenüber auch nicht wirksam sein, wenn er wußte oder wissen mußte, daß ein Auftrag niemals bestanden habe. Dasselbe muß gelten, wenn ein anderes Rechtsverhältniß als der Auftrag der Vollmacht zu Grunde liegt. Auch die Vorschrift des § 170, daß die Vollmacht, wenn sie durch Erklärung gegenüber einem Dritten ertheilt wird, diesem gegenüber in Kraft bleibt, bis ihm das Erlöschen von dem Vollmachtgeber angezeigt wird, muß dahin ausgelegt werden, daß der Anzeige von dem Erlöschen der Vollmacht die Anzeige gleich steht, daß die Vollmacht nicht zur Entstehung gelangt sei.

Hieraus ergiebt sich für die Auffassung des B.G.B. folgendes: Das Bestehen wie das Erlöschen der Vollmacht ist abhängig von dem ihr zu Grunde liegenden Rechtsverhältnisse. Dies gilt, mag die Vollmacht durch Erklärung gegenüber dem Bevollmächtigten oder durch Erklärung gegenüber dem Dritten ertheilt sein. In dem letzteren Falle ist aber das Nichtbestehen oder das Erlöschen des zu Grunde liegenden Rechtsverhältnisses nur dann von Bedeutung, wenn es dem

Dritten von dem Vollmachtgeber angezeigt ist oder ihm bei der Vornahme des Rechtsgeschäfts bekannt war oder bekannt sein mußte. Diese Beschränkung gilt auch dann, wenn die Vollmacht dem Dritten nach Maßgabe der §§ 171, 172 kundgegeben ist.

Zu beantworten bleibt noch die Frage, ob die fraglichen Vorschriften des B.G.B. als absolute oder dispositive zu betrachten sind, ob also die Vollmacht nothwendig in der gedachten Abhängigkeit von dem ihr zu Grunde liegenden Rechtsverhältniß oder ob sie auch abstrakt ertheilt werden kann. Die Fassung der betreffenden Paragraphen giebt für die Beantwortung dieser Frage keinen sicheren Anhaltspunkt. Für die dispositive Natur dürfte der Inhalt und der Zweck der fraglichen Vorschriften sprechen. Es ist nicht abzusehen, weshalb dem Vollmachtgeber nicht gestattet sein sollte, die Vollmacht in der Art zu ertheilen, daß sie von dem Bestehen eines anderen Rechtsverhältnisses unabhängig ist. Eine unzulässige Unterwerfung unter fremden Willen kann darin nicht gefunden werden, weil dem Vollmachtgeber zu jeder Zeit der Widerruf zusteht. Für den Dritten aber, mit welchem ein Rechtsgeschäft vorgenommen werden soll, und mittelbar deshalb auch für den Vollmachtgeber selbst kann die abstrakte Bevollmächtigung von großem Interesse sein. Dieses Interesse wird durch die Vorschriften der §§ 170—172 anerkannt, nach denen selbst in dem gesetzlichen Regelfalle, daß die Vollmacht nicht abstrakt ertheilt ist, die Wirkungen ihrer Abhängigkeit von dem zu Grunde liegenden Rechtsverhältnisse zu Gunsten des Dritten wesentlich modifizirt werden. Für das Bedürfniß des Verkehrs genügt dies aber nicht. Es wird allgemein anerkannt, daß es zulässig sein müsse, die auf einem bedingten oder beschränkten Auftrage beruhende Vollmacht unbedingt und unbeschränkt zu ertheilen. Der Dritte soll, auch wenn er weiß, daß der Auftrag an gewisse Voraussetzungen gebunden ist, nicht genöthigt sein zu prüfen, ob diese Voraussetzungen vorliegen. Regelmäßig wird diesem Bedürfniß allerdings schon durch die Vorschriften der §§ 170—173 genügt, aber der Dritte läuft dabei doch immer Gefahr, daß ihm später eingewendet wird, er habe wissen müssen, daß die Voraussetzungen des der Vollmacht zu Grunde liegenden Auftrags nicht vorgelegen haben. Weshalb soll es dem Vollmachtgeber nicht möglich sein, den Dritten aus dieser Gefahr zu befreien, wenn derselbe auf eine solche Sicherung entscheidendes Gewicht legt? Ebenso ist z. B. nicht abzusehen, weshalb Jemand, der einem Minderjährigen einen Auftrag zur Vornahme eines Rechtsgeschäfts in seinem Namen ertheilt hat, die Vollmacht dazu nicht unabhängig davon sollte ertheilen können, ob der Auftrag von dem gesetzlichen Vertreter genehmigt und dadurch wirksam oder in Folge der Verweigerung unwirksam ist. Festzuhalten ist bei dieser Auffassung freilich immer, daß die abstrakte Natur der Vollmacht die Ausnahme bildet und deshalb nur angenommen werden darf, wenn die darauf gerichtete Absicht aus den Umständen erhellt.

4. Die Bevollmächtigung und das auf Grund derselben von dem Bevollmächtigten vorgenommene Rechtsgeschäft bilden nach der Auffassung des B.G.B. nicht ein zusammenhängendes Rechtsgeschäft, sondern sind zwei durchaus selbständige Rechtsgeschäfte. Die Wirksamkeit eines jeden von ihnen bestimmt sich daher nach den besonderen für Rechtsgeschäfte dieser Art geltenden Vorschriften, die Wirksamkeit der Bevollmächtigung nach den Vorschriften über einseitige empfangsbedürftige Willenserklärungen, die Wirksamkeit des zwischen dem Bevollmächtigten und dem Dritten vorgenommenen Rechtsgeschäfts, je nachdem es ein Vertrag oder eine von dem Bevollmächtigten oder eine ihm gegenüber vorgenommene einseitige Willenserklärung ist, nach den für Rechtsgeschäfte der einen oder der anderen Art geltenden Vorschriften. Ist die Bevollmächtigung unwirksam, so ist das von dem Bevollmächtigten vorgenommene Rechtsgeschäft von einem Vertreter ohne Vertretungsmacht vorgenommen und finden daher die §§ 177 ff. Anwendung. Ist die Bevollmächtigung wirksam, so treten die rechtlichen Wirkungen des von dem Bevollmächtigten oder ihm gegenüber vorgenommenen Rechtsgeschäfts, sofern dasselbe nach den dafür geltenden Bestimmungen unter Berücksichtigung der Vorschriften des § 166 wirksam ist, in der Person des Vollmachtgebers ein.

Die Anfechtbarkeit der Bevollmächtigung auf Grund des § 123 Abs. 2 Satz 1 hängt, je nachdem die Vollmacht durch Erklärung gegenüber dem zu Bevollmächtigenden oder dem Dritten ertheilt ist, davon ab, ob der zu Bevollmächtigende oder der Dritte die Täuschung kannte oder kennen mußte, durch welche der Vollmachtgeber zu der Ertheilung der Vollmacht bestimmt worden ist. Wenn in dem zuletztgedachten Falle der Dritte die Täuschung weder kannte noch kennen mußte, so ist es gleichgültig, ob der Bevollmächtigte die Täuschung kannte oder kennen mußte. Andererseits wird, wenn in dem erstgedachten Falle der Bevollmächtigte die Täuschung weder kannte noch kennen mußte, die Ertheilung der Vollmacht nach Maßgabe des § 123 Abs. 2 Satz 1 nicht dadurch anfechtbar, daß der Dritte die Täuschung kannte oder kennen mußte. Es fragt sich indessen, ob in diesem Falle nicht die Vorschrift des § 123 Abs. 2 Satz 2 Anwendung findet, nach welcher, wenn ein Anderer als derjenige, dem gegenüber die Erklärung abzugeben war, aus der Erklärung unmittelbar ein Recht erworben hat, die Erklärung ihm gegenüber anfechtbar ist, wenn er die Täuschung kannte oder kennen mußte. Durch die Ertheilung der Vollmacht für sich allein erwirbt der Dritte noch kein Recht gegen den Vollmachtgeber. Wird aber auf Grund der Vollmacht von dem Bevollmächtigten ein Rechtsgeschäft mit dem Dritten vorgenommen, durch welches für diesen ein Recht begründet wird, so erwirbt der Dritte dieses Recht unmittelbar gegen den Vertretenen, weil der Bevollmächtigte Vertretungsmacht hatte. Diese Vertretungsmacht beruhte auf der Bevollmächtigung, und diese ist es also, durch welche der Dritte das durch das Rechtsgeschäft begründete Recht unmittelbar gegen den Vertretenen erwirbt. Die Rechtslage tritt noch klarer hervor, wenn man den Fall ins Auge faßt, daß ein Vertreter ohne Vertretungsmacht ein Rechtsgeschäft im Namen des Vertretenen mit einem Dritten vorgenommen, diesem z. B. das Eigenthum einer Sache des Vertretenen übertragen hat. Das Eigenthum geht durch dieses Rechtsgeschäft noch nicht auf den Dritten über. Genehmigt aber der Vertretene später das Rechtsgeschäft — und diese Genehmigung kann nach § 182 auch dem Vertreter gegenüber erklärt werden — so erwirbt der Dritte durch diese Genehmigung das Eigenthum (§ 185 Abs. 2). In diesem Falle dürfte die Anwendbarkeit des § 123 Abs. 2 Satz 2 keinem Bedenken unterliegen. Die Vollmacht in dieser Beziehung aber anders zu behandeln als die Genehmigung, dürfte dem Wesen und Zwecke beider Rechtsgeschäfte nicht entsprechen. Dazu kommt, daß sich, wenn man die Anwendbarkeit des § 123 Abs. 2 Satz 2 verneint, ein praktisch wenig befriedigendes Resultat ergiebt. Man denke an den Fall, daß der Dritte selbst die arglistige Täuschung vorgenommen hat, durch welche der Vollmachtgeber zu der Ertheilung der Vollmacht bestimmt worden ist. Er würde zwar in solchem Falle dem Vollmachtgeber zum Schadensersatze verpflichtet sein; diese obligatorische Verpflichtung würde aber dem Vollmachtgeber nicht dieselbe Sicherheit gewähren wie die dinglich wirkende Anfechtbarkeit, würde ihm insbesondere, wenn der Dritte den durch das Rechtsgeschäft erworbenen Gegenstand weiter veräußert hat und selbst in Konkurs gerathen ist, nicht helfen. Ob der Dritte, wenn er die Täuschung zwar nicht selbst verübt hat, sie aber kannte, dem Vollmachtgeber auch nur obligatorisch haftet, etwa auf Grund des § 826, oder ob dem Vollmachtgeber doch eine exceptio doli zur Seite steht, ist, mindestens für manche Fälle, zweifelhaft. Sicher ist, daß der Vollmachtgeber auch nicht einmal einen obligatorischen Anspruch gegen den Dritten hat, wenn dieser die Täuschung nicht kannte, aber doch kennen mußte. Ueberwiegende Gründe sprechen hiernach dafür, das einem Dritten aus dem von ihm mit einem Bevollmächtigten vorgenommenen Rechtsgeschäfte gegen den Vollmachtgeber erworbene Recht als ein ihm unmittelbar aus der Bevollmächtigung erworbenes Recht im Sinne des § 123 Abs. 2 Satz 2 zu betrachten und daher die durch Erklärung gegenüber dem zu Bevollmächtigenden erfolgte Bevollmächtigung nach Maßgabe jener Vorschrift auch dem Dritten gegenüber für anfechtbar anzusehen. Wird die Bevollmächtigung gegenüber dem Dritten angefochten, so stellt sich das zwischen ihm und dem Bevollmächtigten vorgenommene Rechtsgeschäft als von einem Vertreter ohne Vertretungsmacht vorgenommen dar und finden daher die §§ 177ff Anwendung; eine Verpflichtung des Bevollmächtigten gegenüber dem Dritten nach Maßgabe des § 179 Abs. 1 findet aber, da der Dritte die Anfechtbarkeit der Vollmacht kannte oder kennen mußte und dies nach § 142 Abs. 2 dem Kennen oder Kennenmüssen der Nichtigkeit gleichsteht, nach § 179 Abs. 3 nicht statt. Der Bevollmächtigte erleidet also durch die Anfechtbarkeit der Bevollmächtigung gegenüber dem Dritten keinen Nachtheil.

Die Anfechtbarkeit des von dem Bevollmächtigten vorgenommenen Rechtsgeschäfts auf Grund des § 123 bestimmt sich, wie oben hervorgehoben ist, nach der Person des Bevollmächtigten und desjenigen, mit dem das Rechtsgeschäft vorgenommen ist. Wenn dieser durch arglistige Täuschung zu dem Rechtsgeschäfte bestimmt worden und die Täuschung von einem Dritten verübt ist, so kann er, nach § 123 Abs. 2 Satz 1, das Rechtsgeschäft nur anfechten, wenn der Bevollmächtigte die Täuschung kannte oder kennen mußte. Der Vollmachtgeber ist aber im Sinne dieser Vorschrift nicht als ein Dritter zu betrachten, weil die Wirkungen des Rechtsgeschäfts in seiner Person eintreten. Hat er also die Täuschung verübt, so ist das Rechtsgeschäft anfechtbar, auch wenn der Bevollmächtigte die Täuschung weder kannte noch kennen mußte.

5. Das B.G.B. enthält keine Vorschriften über **vermuthete** oder **stillschweigende** Vollmacht. Gesetzliche Vermuthungen für eine Vollmacht bestehen nicht. Auch der § 714 bestimmt eine solche nicht, sondern enthält nur eine Auslegungsregel über die unter den Gesellschaftern in Betreff der Geschäftsführung getroffenen Vereinbarungen. Daß die Ertheilung der Vollmacht stillschweigend erfolgen kann, ergiebt sich aus den allgemeinen Grundsätzen (s. Vorbm. zum zweiten Titel I S. 162ff.). Die stillschweigende Ertheilung ist ausgeschlossen, wo eine besondere Form für die Vollmacht vorgeschrieben ist (s. z. B. § 1945 Abs. 2).

6. Der **Umfang** der Vollmacht wird durch den Vollmachtgeber bestimmt. Das B.G.B. enthält keine Vorschriften über **General-** und **Spezialvollmachten**. Die §§ 2032, 2094 Abs. 2 des E. I, in welchen eine Spezialvollmacht gefordert wurde, sind gestrichen. Der Umfang der Vollmacht muß sich aus dem Inhalte der Bevollmächtigung ergeben. Bei der Auslegung derselben sind, wie bei der Auslegung anderer Rechtsgeschäfte, die Umstände des einzelnen Falles zu berücksichtigen und wird besonders der Zweck der Vollmacht und das ihr zu

§. 168.

Das Erlöschen der Vollmacht bestimmt sich nach dem ihrer Ertheilung zu Grunde liegenden Rechtsverhältnisse. Die Vollmacht ist auch bei dem Fortbestehen des Rechtsverhältnisses widerruflich, sofern sich nicht aus diesem ein Anderes ergiebt. Auf die Erklärung des Widerrufs findet die Vorschrift des §. 167 Abs. 1 entsprechende Anwendung.

Grunde liegende Rechtsverhältniß in Betracht zu ziehen sein. Die Vollmacht kann sowohl auf ein einzelnes Rechtsgeschäft als auch auf einen bestimmten Kreis von Rechtsgeschäften als auch auf alle von dem Vollmachtgeber oder ihm gegenüber vorzunehmenden Rechtsgeschäfte gerichtet sein. Nach dem Inhalte der Vollmacht entscheidet sich auch die Frage, ob der Bevollmächtigte die Befugniß hat, sich einen Anderen zu substituiren. Hat er diese Befugniß und bestellt er kraft derselben im Namen des Vollmachtgebers einen Anderen zum Bevollmächtigten, so ist dieser zufolge des Grundsatzes, daß die rechtliche Wirkung des von dem Vertreter vorgenommenen Rechtsgeschäfts in der Person des Vertretenen eintritt, unmittelbarer Vertreter des Vollmachtgebers. Im Zweifel wird indessen anzunehmen sein, daß eine solche Substitution nur für die Dauer der Vollmacht des substituirenden Bevollmächtigten erfolgt ist.

7. Sind mehrere Bevollmächtigte für dieselbe Angelegenheit bestellt, so kann dies die Bedeutung haben, daß nur Alle gemeinschaftlich zur Vertretung des Vollmachtgebers befugt sind oder, daß die Mehrheit oder Jeder für sich diese Befugniß hat. Eine allgemeine Auslegungsregel giebt das B.G.B. in dieser Beziehung nicht; der Wille des Vollmachtgebers ist also in jedem einzelnen Falle durch Auslegung zu ermitteln. Ueber mehrere geschäftsführende Gesellschafter s. § 710 Satz 2.

8. Der § 167 Abs. 2 spricht eine praktisch wichtige Konsequenz des Grundsatzes aus, daß die Vollmacht und das auf Grund derselben vorgenommene Rechtsgeschäft zwei selbständig nebeneinander bestehende Rechtsgeschäfte sind. Die für das eine derselben gegebene Formvorschrift gilt daher nicht ohne Weiteres für das andere.

§ 168.

E. I § 119; II § 138 Abs. 1 rev. § 164; III § 164. P. I S. 228—230, 249—252, 2449—2451; M. I S. 233, 234. P. II S. 295—299 (Bd. I S. 143—145).

1. Die Vollmacht erlischt, sofern sie nicht abstrakt ertheilt ist, mit dem Erlöschen des ihr zu Grunde liegenden Rechtsverhältnisses (s. Erl. zu § 167 Nr. 3). Aus diesem Verhältnisse kann sich auch ergeben, daß die Vollmacht mit dem Eintritte bestimmter Umstände erlischt, ohne daß das Verhältniß selbst im Uebrigen aufhört. Beruht die Vollmacht auf einem Auftrage, so bestimmt sich das Erlöschen nach den §§ 671—674, beruht sie auf einem Dienst- oder Werkvertrage, so findet der § 675, beruht sie auf einem Gesellschaftsverhältnisse, so finden die §§ 712, 715, 723—729, 736, 737 Anwendung. Die subsidiäre Vorschrift des E. I § 119 Abs. 3, nach welcher für das Erlöschen der Vollmacht die Vorschriften über das Erlöschen des Auftrags gelten, soweit sich nicht aus dem Verhältnisse des Vollmachtgebers zu dem Bevollmächtigten ein Anderes ergiebt, hat das B.G.B. nicht aufgenommen.

2. Der E. I § 119 Abs. 1, 2 stellte den Grundsatz auf, daß die Vollmacht immer widerrufen und auf die Widerruflichkeit nicht verzichtet werden könne. Der § 168 Satz 2 hält die Widerruflichkeit zwar als Regel fest, läßt aber Ausnahmen zu. Das Recht des Vollmachtgebers, die Vollmacht zu widerrufen, obwohl das zu Grunde liegende Rechtsverhältniß fortbesteht, ist von praktischer Bedeutung besonders bei dem Dienstvertrage. Das Dienstverhältniß kann von dem Dienstberechtigten einseitig nur aus den in den Gesetzen bestimmten Gründen (§§ 626, 627) aufgehoben werden; die auf Grund des Dienstverhältnisses dem Dienstverpflichteten ertheilte Vollmacht aber kann jederzeit widerrufen werden. Durch die der Regel der Widerruflichkeit hinzugefügte Ausnahme wird für solche Fälle gesorgt, in denen die Vollmacht nicht im Interesse des Vollmachtgebers, sondern im Interesse des Bevollmächtigten oder des Dritten ertheilt wird. Als Beispiel wird im P. II S. 298 und D. S. 617 der Fall angeführt, daß der Hypothekengläubiger bevollmächtigt wird, die Mieth- oder Pachtgelder des verpfändeten Grundstücks zu erheben und sich daraus wegen der ihm gebührenden Zinsen zu befriedigen. Auch der Fall des § 1189 gehört hierher. Aus der Zulassung einer Beschränkung des Widerrufs darf nicht gefolgert werden, daß jede Vollmacht durch Vereinbarung zwischen dem Vollmachtgeber und dem Bevollmächtigten oder dem Dritten, dem gegenüber die Vertretung stattfinden soll, für unwiderruflich erklärt werden könnte. Das zu Grunde liegende Rechtsverhältniß muß die Beschränkung des Widerrufs ergeben, und die allgemeinen Grundsätze über Rechtsgeschäfte entscheiden darüber, ob und inwieweit durch Rechtsgeschäft ein Rechtsverhältniß begründet werden kann, welches die Widerruflichkeit der

§. 169.

Soweit nach den §§. 674, 729 die erloschene Vollmacht eines Beauftragten oder eines geschäftsführenden Gesellschafters als fortbestehend gilt, wirkt sie nicht zu Gunsten eines Dritten, der bei der Vornahme eines Rechtsgeschäfts das Erlöschen kennt oder kennen muß.

---

auf Grund desselben ertheilten Vollmacht ausschließt. Ein Rechtsgeschäft z. B., durch welches Jemand einem Anderen die Verwaltung seines ganzen Vermögens und die Vertretung in allen vermögensrechtlichen Angelegenheiten unwiderruflich für immer überträgt, würde als gegen die guten Sitten verstoßend nichtig sein.

3. Der § 168 Satz 2 bezieht sich nicht direkt auf die abstrakt ertheilte Vollmacht; das diesem Satze zu Grunde liegende Prinzip ist aber auch auf sie anzuwenden. Nach allgemeinen Grundsätzen würde die Aufhebung der abstrakt ertheilten Vollmacht wegen Mangels des rechtlichen Grundes nach Maßgabe der Vorschriften der §§ 812ff. gefordert werden können. Dies genügt aber wegen der besonderen Natur der Vollmacht nicht. Der § 168 Satz 2 bestimmt die Widerruflichkeit für die kausal beschränkte Vollmacht, sofern sich nicht aus dem zu Grunde liegenden Rechtsverhältniß ein Anderes ergiebt. Für die abstrakt ertheilte Vollmacht ist hieraus das Prinzip der unbeschränkten Widerruflichkeit abzuleiten. Auch die abstrakte Vollmacht verfolgt zwar einen bestimmten Zweck, sie hat einen rechtlichen Grund im Sinne des § 812; dieser Rechtsgrund ist aber nicht in die Vollmacht aufgenommen, er ist nicht das ihr zu Grunde liegende Rechtsverhältniß im Sinne des § 168. Ein solches existirt, eben weil die Vollmacht abstrakt ertheilt ist, nicht; es kann daher auch nicht in Frage kommen, daß sich aus ihm die Unzulässigkeit des Widerrufs ergebe; folglich ist die abstrakt ertheilte Vollmacht immer widerruflich.

4. Der Widerruf der Vollmacht ist ein einseitiges empfangsbedürftiges Rechtsgeschäft. Er kann sowohl dem Bevollmächtigten als dem Dritten, gegenüber dem die Vertretung stattfinden soll, erklärt werden. Dabei ist es gleichgültig, ob die Ertheilung der Vollmacht gegenüber dem einen oder gegenüber dem anderen erfolgt ist. Soweit die rechtlichen Folgen einer Willenserklärung durch Willensmängel oder durch das Kennen oder Kennenmüssen gewisser Umstände beeinflußt werden, kommt es für den Widerruf der Vollmacht lediglich auf die Person des Vollmachtgebers und desjenigen an, dem gegenüber der Widerruf erfolgt.

§ 169.

E. I § 119 Abs. 3; II § 138 Abs. 2 rev. § 165; III § 165. P. I S. 228—230, 249—252, 2449—2451. M. I S. 234—237. P. II S. 2611, 2612. D. S. 617.

Nach § 674 gilt ein Auftrag, der auf andere Art als durch Widerruf erloschen ist, zu Gunsten des Beauftragten als fortbestehend, bis der Beauftragte von dem Erlöschen Kenntniß erhalten hat oder das Erlöschen kennen mußte. Ist mit dem Auftrag eine Vollmacht verbunden, so würde nach § 168 dasselbe für die Vollmacht gelten. Diese Konsequenz wird durch § 169 modifizirt. Die Vorschrift des § 674 ist im Interesse des Beauftragten gegeben; die von ihm auf Grund des Auftrags nach dem Erlöschen desselben vorgenommenen Handlungen sollen, wenn er das Erlöschen ohne sein Verschulden nicht kannte, dieselben Rechte gegen den Auftraggeber begründen, wie wenn der Auftrag noch fortbestanden hätte. Er kann also insbesondere Befreiung von den auf Grund des Auftrags von ihm übernommenen Verbindlichkeiten verlangen. Dieses Anspruchs bedarf er nicht, wenn er auf Grund der mit dem Auftrage verbundenen Vollmacht im Namen des Auftraggebers gehandelt hat, indem das von ihm in solcher Art vorgenommene Rechtsgeschäft rechtliche Wirkungen nur für den Vertretenen, nicht für ihn begründet. An der Aufrechterhaltung eines von ihm in solcher Weise vorgenommenen Rechtsgeschäfts hat er nur insofern ein Interesse, als er dem Dritten wegen Mangels der Vertretungsmacht nach § 179 haften würde. Nach § 179 Abs. 3 haftet er aber nicht, wenn der Dritte den Mangel der Vertretungsmacht kannte oder kennen mußte. Die Rücksicht auf das Interesse des Beauftragten erfordert also in diesem Falle die Aufrechterhaltung des von ihm vorgenommenen Rechtsgeschäfts nicht. Diese würde lediglich dem Dritten zu Statten kommen. Zu Gunsten des Dritten aber die erloschene Vollmacht noch als fortbestehend anzusehen, liegt kein Grund vor, weil der Dritte das Erlöschen kannte oder kennen mußte. Deshalb bestimmt der § 169, daß in dem vorausgesetzten Falle der § 674 auf die Vollmacht keine Anwendung zu Gunsten des Dritten findet, somit also der § 168 eine Modifikation erleidet. Das in Folge des Auftrags zwischen dem Auftraggeber und dem Beauftragten bestehende Verhältniß wird hierdurch nicht berührt, insbesondere verbleiben also dem Beauftragten, wenn er behufs Vornahme des betreffenden Rechtsgeschäfts etwa Verwendungen gemacht hat, die dadurch begründeten Ersatzansprüche gegen den Auftraggeber.

Dieselben Grundsätze finden Anwendung, wenn die Vollmacht auf einem Dienst- oder Werk-

§. 170.

Wird die Vollmacht durch Erklärung gegenüber einem Dritten ertheilt, so bleibt sie diesem gegenüber in Kraft, bis ihm das Erlöschen von dem Vollmachtgeber angezeigt wird.

§. 171.

Hat Jemand durch besondere Mittheilung an einen Dritten oder durch öffentliche Bekanntmachung kundgegeben, daß er einen Anderen bevollmächtigt habe, so ist dieser auf Grund der Kundgebung im ersteren Falle dem Dritten gegenüber, im letzteren Falle jedem Dritten gegenüber zur Vertretung befugt.

Die Vertretungsmacht bleibt bestehen, bis die Kundgebung in derselben Weise, wie sie erfolgt ist, widerrufen wird.

---

vertrage beruht, der eine Geschäftsbesorgung zum Gegenstande hat und auf den daher nach § 675 der § 674 Anwendung findet.

Eine dem § 675 entsprechende Bestimmung enthält für das Gesellschaftsverhältniß der § 729. Für die auf einem solchen Verhältnisse beruhende Vollmacht gilt dasselbe wie für die auf einem Auftrage beruhende Vollmacht.

§ 170.

E. II § 139 rev. § 166; III § 166. P. II S. 302—304 (Bd. I S. 147—149). D. S. 617.

1. Ueber den Standpunkt des E. I s. Erl. zu § 171 Nr. 1; über die Ausdehnung der Vorschriften des § 170 auf solche Fälle, in welchen die durch Erklärung gegenüber dem Dritten ertheilte Vollmacht von Anfang an nicht wirksam ist, weil das Rechtsverhältniß, auf Grund dessen die Ertheilung erfolgt, nicht besteht, s. Erl. zu § 167 Nr. 3.

2. Ob die Anzeige an den Dritten ein Rechtsgeschäft ist, kann bezweifelt werden; jedenfalls ist sie eine Rechtshandlung, auf welche die Vorschriften über Rechtsgeschäfte, insbesondere die Vorschriften über Geschäftsfähigkeit (§§ 104—115) und über Willensmängel (§§ 116—123) entsprechende Anwendung finden.

3. Nach § 173 findet die Vorschrift des § 170 keine Anwendung, wenn der Dritte das Erlöschen der Vertretungsmacht bei der Vornahme des Rechtsgeschäfts kennt oder kennen muß. Ueber die Ausdehnung auch dieser Vorschrift auf solche Fälle, in welchen der Dritte weiß oder wissen muß, daß die Vertretungsmacht überhaupt nicht begründet worden ist, s. Erl. zu § 167 Nr. 3.

4. Die Vorschriften der §§ 170, 173 finden auch Anwendung, wenn die Vollmacht abstrakt ertheilt ist (s. Erl. zu § 167 Nr. 3). Nur ist in diesem Falle das Bestehen oder Erlöschen des zu Grunde liegenden Verhältnisses ohne Einfluß auf die Vollmacht; die Wirksamkeit derselben hängt lediglich davon ab, ob das abstrakte Rechtsgeschäft der Vollmachtertheilung wirksam ist, und sie erlischt nur durch Widerruf des Vollmachtgebers.

5. Eine besondere Vorschrift für den Fall, daß die auf einem Auftrag, einem Dienst- oder Werkvertrage beruhende Vollmacht durch die Eröffnung des Konkurses über das Vermögen des Vollmachtgebers erlischt (§ 23 der K.O.), enthält das B.G.B. nicht; die Vorschriften der §§ 170—173 finden also auch in diesem Falle Anwendung. Zu beachten ist indessen, daß die von dem Bevollmächtigten nach der Eröffnung des Konkurses vorgenommenen Rechtshandlungen keine größeren Wirkungen haben können, als wenn sie von dem Vollmachtgeber selbst vorgenommen wären, daß sie also den Konkursgläubigern gegenüber nach § 7 der K.O. unwirksam sind.

§ 171.

E. I § 120; II § 140 rev. § 167; III § 167. P. I S. 230—232, 236—239; M. I S. 237—239. P. II S. 299—306 (Bd. I S. 145—149). D. S. 617, 618.

1. Der E. I § 120 behandelte die Kundgebung der Bevollmächtigung durch besondere Mittheilung an den Dritten oder durch öffentliche Bekanntmachung als selbständige Bevollmächtigung und hatte deshalb eine dem § 170 des B.G.B. entsprechende Vorschrift nicht aufgenommen. Die zweite Kommission hielt eine Unterscheidung der Fälle, in denen die Ertheilung der Vollmacht durch Erklärung gegenüber einem Dritten erfolgt, und derjenigen Fälle, in welchen nur von einer bereits ertheilten Vollmacht Mittheilung gemacht wird, für nothwendig. Auf die Fälle der ersteren Art bezieht sich der § 170, auf die der letzteren Art der § 171. Sachlich werden indessen beide Fälle gleich behandelt. Die Mitheilung der Bevollmächtigung an einen Dritten begründet diesem gegenüber, die öffentliche Bekanntmachung der Bevollmächtigung

§. 172.

Der besonderen Mittheilung einer Bevollmächtigung durch den Vollmachtgeber steht es gleich, wenn dieser dem Vertreter eine Vollmachtsurkunde ausgehändigt hat und der Vertreter sie dem Dritten vorlegt.

Die Vertretungsmacht bleibt bestehen, bis die Vollmachtsurkunde dem Vollmachtgeber zurückgegeben oder für kraftlos erklärt wird.

---

begründet Jedem gegenüber die Vertretungsmacht des in der Kundgebung als bevollmächtigt Bezeichneten. Der Umfang der Vertretungsmacht bestimmt sich nach dem Inhalte der Mittheilung. Ob die Kundgebung ein Rechtsgeschäft ist, läßt sich bezweifeln; sie ist aber jedenfalls eine Rechtshandlung, auf welche die Vorschriften über Rechtsgeschäfte, insbesondere die Vorschriften über Geschäftsfähigkeit (§§ 104—115) und über Willensmängel (§§ 116—123) entsprechende Anwendung finden.

2. Nach dem E. I § 120 Abs. 2 sollte das Erlöschen der durch die Kundgebung begründeten Vertretungsmacht nur dann von der Mittheilung an den Dritten bezw. von der öffentlichen Bekanntmachung abhängen, wenn das Erlöschen durch Widerruf oder durch Kündigung der Vollmacht erfolgt. Die zweite Kommission hat diese Vorschrift verallgemeinert. Die Vertretungsmacht bleibt im Falle des Erlöschens der Vollmacht ohne Rücksicht darauf, aus welchem Grunde das Erlöschen erfolgt, so lange bestehen, bis die Kundgebung der Vollmacht in derselben Weise, wie sie erfolgt ist, widerrufen wird. In Uebereinstimmung mit dem E. I § 120 Abs. 2 steht dem Widerrufe der Kundgebung nach § 173 gleich der Fall, daß der Dritte, mit welchem der in der Kundgebung als bevollmächtigt Bezeichnete ein Rechtsgeschäft vornimmt, bei der Vornahme das Erlöschen der Vertretungsmacht kennt oder kennen muß. Ueber die Ausdehnung der Vorschriften des § 173 auf solche Fälle, in denen der Dritte wußte oder wissen mußte, daß die Vollmacht überhaupt nicht bestanden hat, s. Erl. zu § 167 Nr. 3.

3. Ist die Kundgebung durch besondere Mittheilung an einen Dritten erfolgt, so muß der Widerruf gegenüber demselben Dritten erklärt werden. Bei öffentlicher Bekanntmachung der Bevollmächtigung muß der Widerruf in derselben Weise erfolgen, insbesondere auch in demselben Blatte, in welchem die Bevollmächtigung bekannt gemacht ist. Auf den Widerruf finden, ebenso wie auf die Mittheilung der Bevollmächtigung, die Vorschriften über Rechtsgeschäfte direkte oder entsprechende Anwendung. Der Zeitpunkt, in welchem der durch besondere Mittheilung an den Dritten erfolgende Widerruf wirksam wird, bestimmt sich nach den Vorschriften der §§ 130—132. Ueber den Zeitpunkt, in welchem der durch öffentliche Bekanntmachung erfolgende Widerruf wirksam wird, enthält das B.G.B. keine Vorschriften. Aus der Natur und dem Zwecke der öffentlichen Bekanntmachung wird also unter Berücksichtigung der Umstände des einzelnen Falles zu entscheiden sein, in welchem Zeitpunkte die öffentliche Bekanntmachung als erfolgt anzusehen ist. Mit diesem Zeitpunkte wird der Widerruf Jedem gegenüber wirksam. Eine dem § 15 Abs. 2 des H.G.B. entsprechende Vorschrift, nach welcher ein Dritter den Widerruf trotz der Bekanntmachung nicht gegen sich gelten zu lassen braucht, wenn er ihn weder kennt noch kennen muß, enthält das B.G.B. nicht. Daß auch im Falle der öffentlichen Bekanntmachung der Bevollmächtigung die Mittheilung des Widerrufs an einen Einzelnen genügt, um diesem gegenüber die Wirkung der Bekanntmachung aufzuheben, ergiebt sich aus § 173.

§ 172.

E. I § 121 Abs. 1, 4; II § 141 rev. § 168; III § 168. P. I S. 230—239, 11654—11656; M. I S. 238, 239. P.-II S. 302—306 (Bd. I S. 147—149). D. S. 617. K.B. S. 1958.

1. Dem § 172 liegt der Gedanke zu Grunde, daß die Aushändigung einer Vollmachtsurkunde an den Vertreter zu dem Zwecke erfolgt, daß der Vertreter seine Vertretungsmacht Dritten gegenüber durch die Vorlegung der Urkunde nachweisen könne. Die Urkunde soll also dem Dritten vorgelegt und ihm dadurch die Bevollmächtigung mitgetheilt werden. Geschieht dies, so liegt sachlich derselbe Thatbestand vor wie im Falle der Kundgebung der Bevollmächtigung durch Mittheilung an den Dritten. Nach diesem Gesichtspunkte bestimmen sich die Voraussetzungen, unter welchen die Aushändigung der Vollmachtsurkunde an den Vertreter und deren Vorlegung an den Dritten die im § 172 bestimmten Wirkungen hat. Die Aushändigung der Vollmachtsurkunde an den Vertreter ist die auf Mittheilung an den Dritten gerichtete Willenserklärung; sie geht dem Dritten zu durch die Vorlegung der Urkunde. Auf die Aushändigung der Vollmachtsurkunde finden daher, mag man sie als ein Rechtsgeschäft oder als eine analog zu behandelnde Rechtshandlung betrachten, die Vorschriften über Willenserklärungen, insbesondere die Vorschriften über Geschäfsfähigkeit (§§ 104—115) und über Willensmängel (§§ 116—123) Anwendung.

§. 173.

Die Vorschriften des §. 170, des §. 171 Abs. 2 und des §. 172 Abs. 2 finden keine Anwendung, wenn der Dritte das Erlöschen der Vertretungsmacht bei der Vornahme des Rechtsgeschäfts kennt oder kennen muß.

§. 174.

Ein einseitiges Rechtsgeschäft, das ein Bevollmächtigter einem Anderen gegenüber vornimmt, ist unwirksam, wenn der Bevollmächtigte eine Vollmachtsurkunde nicht vorlegt und der Andere das Rechtsgeschäft aus diesem Grunde unverzüglich zurückweist. Die Zurückweisung ist ausgeschlossen, wenn der Vollmachtgeber den Anderen von der Bevollmächtigung in Kenntniß gesetzt hatte.

Die Aushändigung der Vollmachtsurkunde an den Vertreter kann mit der Ertheilung der Vollmacht zusammenfallen; nothwendig ist dies aber nicht, vielmehr ist es möglich, daß die Vollmacht schon früher ertheilt war. Auch wenn beide Akte zusammenfallen, unterliegt doch jeder von ihnen einer besonderen rechtlichen Beurtheilung. Dieselben Gründe freilich, aus welchen die durch die Aushändigung der Vollmachtsurkunde erfolgende Ertheilung der Vollmacht nichtig oder anfechtbar ist, werden regelmäßig auch die darin liegende Mittheilung an den Dritten nichtig oder anfechtbar machen. Dies gilt insbesondere von dem Einflusse der Geschäftsunfähigkeit oder der Beschränkung der Geschäftsfähigkeit des Vollmachtgebers (§§ 104—115), von dem Einflusse des Irrthums (§ 119) und der Drohung (§ 123). Eine verschiedene Beurtheilung tritt aber ein, wenn die Nichtigkeit oder Anfechtbarkeit sich nicht lediglich nach der Person des Erklärenden, sondern auch nach der Person desjenigen bestimmt, dem gegenüber die Erklärung erfolgt. Die Ertheilung der Vollmacht erfolgt gegenüber dem Bevollmächtigten, die Mittheilung der Bevollmächtigung an den Dritten. Wird z. B. die Vollmachtsurkunde dem Vertreter mit dessen Einverständnisse nur zum Schein ausgehändigt, so ist die Ertheilung der Vollmacht nichtig, die darin liegende Mittheilung an den Dritten, welchem der Vertreter die Urkunde vorlegt, aber wirksam, wenn der Dritte den Willensmangel nicht kennt (§ 117). Ist der Vollmachtgeber durch arglistige Täuschung von Seiten eines Dritten zu der Aushändigung der Vollmachtsurkunde bestimmt worden, so ist die Ertheilung der Vollmacht anfechtbar, wenn der Bevollmächtigte die Täuschung kannte oder kennen mußte; die Mittheilung an den Dritten, welchem die Urkunde vorgelegt wird, ist aber nur dann anfechtbar, wenn der Dritte die Täuschung kannte oder kennen mußte (§ 123 Abs. 2). Der Vertreter, welchem die Vollmachtsurkunde ausgehändigt wird, ist in allen Fällen dieser Art nur das Mittel, durch welches die Mittheilung der Bevollmächtigung dem Dritten zugeht.

2. Ist die Vollmachtsurkunde dem Dritten vorgelegt, so bleibt die Vertretungsmacht des in der Urkunde als bevollmächtigt Bezeichneten so lange bestehen, bis die Urkunde dem Vollmachtgeber zurückgegeben oder für kraftlos erklärt ist. Nicht nothwendig ist also, daß der Vertreter bei jedem Rechtsgeschäfte, welches er mit dem Dritten vornimmt, die Vollmachtsurkunde von neuem vorlegt. Sicher geht der Dritte allerdings nur, wenn er sich die Urkunde jedesmal von neuem vorlegen läßt, denn die einmalige Vorlegung wirkt nur so lange, als der Vertreter die Vollmachtsurkunde dem Vollmachtgeber nicht zurückgegeben hat. Ist die Zurückgabe erfolgt, so ist die Vertretungsmacht erloschen und zwar auch dann, wenn der Dritte die Zurückgabe weder kennt noch kennen muß. Ob diese Auffassung auch dem E. I entspricht, ist nach der Fassung des § 121 und den Ausführungen der M. I S. 239 zweifelhaft; in der zweiten Kommission ist sie unter Ablehnung eines entgegenstehenden Antrags ausdrücklich als richtig anerkannt (P. II S. 305) und hat in der Fassung des § 172 einen genügenden Ausdruck gefunden. Ueber die Kraftloserklärung der Vollmachtsurkunde s. § 176.

3. Die Vorschriften des § 172 Abs. 2 finden nach § 173 keine Anwendung, wenn der Dritte bei der Vornahme des Rechtsgeschäfts das Erlöschen kannte oder kennen mußte. Ueber die Ausdehnung dieser Vorschrift auf solche Fälle, in welchen der Dritte wußte oder wissen mußte, daß die Vertretungsmacht überhaupt nicht zur Entstehung gelangt ist, s. Erl. zu § 167 Nr. 3.

§ 173.

E. I §§ 120 Abs. 2, 121, Abs. 4; II § 142 rev. § 161; III § 169. P. I S. 230—239, 11654—11656; M. I S. 239. P. II S. 303, 304, 5324, 5325, 8377 (Bd. I S. 147, 148).

s. Erl. zu §§ 170—172.

§ 174.

E I § 122; II § 143 rev. § 170; III § 170. P. I S. 239, 240; M. I S. 240. P. II S. 312—314 (Bd. I S. 152—154). D. S. 618.

Die Vorschrift des § 174 bezweckt den Schutz des Dritten und entspricht der Vorschrift

§. 175.

Nach dem Erlöschen der Vollmacht hat der Bevollmächtigte die Vollmachtsurkunde dem Vollmachtgeber zurückzugeben; ein Zurückbehaltungsrecht steht ihm nicht zu.

§. 176.

Der Vollmachtgeber kann die Vollmachtsurkunde durch eine öffentliche Bekanntmachung für kraftlos erklären; die Kraftloserklärung muß nach den für die öffentliche Zustellung einer Ladung geltenden Vorschriften der Civilprozeßordnung veröffentlicht werden. Mit dem Ablauf eines Monats nach der letzten Einrückung in die öffentlichen Blätter wird die Kraftloserklärung wirksam.

Zuständig für die Bewilligung der Veröffentlichung ist sowohl das Amtsgericht, in dessen Bezirke der Vollmachtgeber seinen allgemeinen Gerichtsstand hat, als das Amtsgericht, welches für die Klage auf Rückgabe der Urkunde, abgesehen von dem Werthe des Streitgegenstandes, zuständig sein würde.

Die Kraftloserklärung ist unwirksam, wenn der Vollmachtgeber die Vollmacht nicht widerrufen kann.

---

des § 111 (s. Erl. zu § 111 und Vorbm. zum dritten Abschnitt VI. 6 S. 144). Ueber den Begriff des „unverzüglich" s. § 121. Der zweite dem § 111 Satz 3 entsprechende Satz ist von der zweiten Kommission hinzugefügt. Es genügt nicht, daß der Dritte von der Vollmacht Kenntniß hat, vielmehr ist erforderlich, daß der Vollmachtgeber ihn davon in Kenntniß gesetzt hat. Ueber die Beweislast s. Bd. I S. 136 Erl. zu § 359 Nr. 2.

§ 175.

E. I § 121 Abs. 2; II § 144 Abs. 1 rev. § 171; III § 171. P. I S. 233—236, 11654—11656; M. I S. 239. P. II S. 302, 307, 308 (Bd. I S. 147, 149, 150). D. S. 618.

Die in dem § 175 bestimmte unbedingte Verpflichtung des Bevollmächtigten zur Zurückgabe der Vollmachtsurkunde und der Ausschluß des Zurückbehaltungsrechts (§ 273) rechtfertigt sich durch die besondere Natur der Vollmacht und die mit der Aushändigung der Vollmachtsurkunde nach § 172 verbundenen Wirkungen. Das Erlöschen der Vollmacht bestimmt sich nach § 168. Dem Erlöschen steht gleich der Fall, daß die Vollmacht überhaupt nicht ertheilt oder ihre Ertheilung unwirksam ist (s. Erl. zu § 167 Nr. 3).

§ 176.

E. I § 121 Abs. 3; II § 144 Abs. 2, 3 rev. § 172; III § 172. P. I S. 233—236; M. I S. 239, 240. P. II S. 308—312, 8379—8381 (Bd. I S. 150—152). D. S. 618.

1. Abweichend vom E. I und E. II erfolgt die Kraftloserklärung der Vollmachtsurkunde nach § 176 nicht durch Beschluß des Gerichts, sondern durch den Vollmachtgeber. Nach E. I und E. II hatte die Kraftloserklärung dieselbe Wirkung wie die Zurückgabe der Vollmachtsurkunde, ohne jede Beschränkung. Mit Rücksicht hierauf erfordert der E. II § 144 Abs. 2, daß das Erlöschen der Vollmacht dem Gerichte glaubhaft gemacht werde. Nach § 176 ist dies nicht erforderlich, aber dafür bestimmt der Abs. 3, daß die Kraftloserklärung unwirksam ist, wenn der Vollmachtgeber die Vollmacht nicht widerrufen kann. (§ 168 Satz 2.) Die Kraftloserklärung hat also die Wirkung des Widerrufs der Vollmacht und nur, soweit dieser zulässig ist, die Wirkung der Zurückgabe der Urkunde.

2. Die Vorschriften über die öffentliche Zustellung einer Ladung, nach welcher die Kraftloserklärung zu veröffentlichen ist, enthält der § 204 der C.P.O. Das Amtsgericht, in dessen Bezirke der Vollmachtgeber seinen allgemeinen Gerichtsstand hat, bestimmt sich nach den §§ 13, 15, 16—18 der C.P.O. Zuständig für die Klage auf Rückgabe der Urkunde ist das Gericht, bei welchem der Bevollmächtigte seinen allgemeinen Gerichtsstand hat; außerdem kann die Zuständigkeit begründet sein nach den Vorschriften der §§ 20, 23, 29—31 der C.P.O. Zuständig ist immer nur das Amtsgericht, nicht das Landgericht.

Die Frist von einem Monate seit dem letzten Einrücken in die öffentlichen Blätter, mit deren Ablaufe die Kraftloserklärung wirksam wird, ist nach den §§ 187 Abs. 1, 188 zu berechnen.

§. 177.

Schließt Jemand ohne Vertretungsmacht im Namen eines Anderen einen Vertrag, so hängt die Wirksamkeit des Vertrags für und gegen den Vertretenen von dessen Genehmigung ab.

Fordert der andere Theil den Vertretenen zur Erklärung über die Genehmigung auf, so kann die Erklärung nur ihm gegenüber erfolgen; eine vor der Aufforderung dem Vertreter gegenüber erklärte Genehmigung oder Verweigerung der Genehmigung wird unwirksam. Die Genehmigung kann nur bis zum Ablaufe von zwei Wochen nach dem Empfange der Aufforderung erklärt werden; wird sie nicht erklärt, so gilt sie als verweigert.

§. 178.

Bis zur Genehmigung des Vertrags ist der andere Theil zum Widerrufe berechtigt, es sei denn, daß er den Mangel der Vertretungsmacht bei dem Abschlusse des Vertrags gekannt hat. Der Widerruf kann auch dem Vertreter gegenüber erklärt werden.

---

§ 177.

E. I § 123 Abs. 1, 3, 4; II § 145 Abs. 1 rev. § 173; III § 173. P. I S. 242—248, 258, 3219, 3221, 3231, 11631—11633, 11661—11664; M. I S. 240—244. P. II S. 315—318, 8361—8367, 8627—8629 (Bd. I S. 154—156). D. S. 618.

Für den von einem Vertreter ohne Vertretungsmacht im Namen des Vertretenen abgeschlossenen Vertrag gelten dieselben Grundsätze wie für den von einem Minderjährigen ohne die erforderliche Einwilligung des gesetzlichen Vertreters geschlossenen Vertrag; an die Stelle des Minderjährigen tritt der Vertreter, an die Stelle des gesetzlichen Vertreters des Minderjährigen der Vertretene. Nach dem E. I §§ 65, 123 wurden die beiden Fälle in einzelnen Beziehungen verschieden behandelt. Das B.G.B. hat diese Verschiedenheit beseitigt; die in Erl. zu § 108 dargelegten Grundsätze finden daher vollständig auf den hier fraglichen Fall Anwendung. Die Vorschriften des § 177 gelten ohne Rücksicht darauf, ob der Vertreter bei dem Abschlusse des Vertrags den Mangel der Vertretungsmacht kundgegeben hat oder nicht und ob der andere Theil dies gewußt oder nicht gewußt hat; nur für die Vorschriften der §§ 178, 179 sind diese Umstände von Bedeutung.

Ueber die Frage, wie mehrere nacheinander von einem Vertreter ohne Vertretungsmacht abgeschlossenen Verträge zu beurtheilen sind, von denen die zuletzt abgeschlossenen eine Aenderung des zuerst abgeschlossenen enthalten oder sich doch auf denselben beziehen, s. Erl. zu § 180 Nr. 2.

§ 178.

E. I § 123 Abs. 2, § 124; II § 145 Abs. 2 rev. § 174; III § 174. P. I S. 242—248, 253, 254, 258, 3210, 3221, 3231, 11631—11633, 11661—11664; M. I S. 243. P. II S. 315—318 (Bd. I S. 154—156). D. S. 618.

Der § 178 entspricht dem § 109. Eine Verschiedenheit des in dem § 178 behandelten Falles von dem Falle des § 109 besteht darin, daß, wenn ein Vertreter einen Vertrag schließt, der andere Theil immer weiß, daß der Vertreter nur dazu berechtigt ist, wenn er Vertretungsmacht hat, während bei dem von einem Minderjährigen geschlossenen Vertrage der andere Theil nur dann weiß, daß der Minderjährige der Genehmigung des gesetzlichen Vertreters bedarf, wenn er die Minderjährigkeit kennt. Bei dem von einem Vertreter geschlossenen Vertrage steht also der andere Theil demjenigen gleich, der bei dem von dem Minderjährigen geschlossenen Vertrage die Minderjährigkeit kennt. Eine weitere Verschiedenheit besteht darin, daß aus dem Abschlusse des Vertrags durch einen Minderjährigen nicht gefolgert werden kann, daß der Minderjährige die Einwilligung seines gesetzlichen Vertreters zu dem Vertrage behauptet habe, während der Vertreter, welcher als solcher den Vertrag abschließt, eben hierdurch behauptet, daß er Vertretungsmacht habe. Der Vertreter steht also in der hier fraglichen Beziehung einem Minderjährigen gleich, der die Einwilligung seines gesetzlichen Vertreters behauptet. In Konsequenz der Gesichtspunkte, die zu der Vorschrift des § 109 geführt haben, muß also in dem Falle des § 178 dem anderen Theile der Widerruf immer zustehen, sofern er nicht den Mangel der Vertretungsmacht gekannt hat. Der Fall, daß der Vertreter bei dem Abschlusse des Vertrags den Mangel seiner Vertretungsmacht kundgegeben, braucht nicht besonders berücksichtigt

§. 179.

Wer als Vertreter einen Vertrag geschlossen hat, ist, sofern er nicht seine Vertretungsmacht nachweist, dem anderen Theile nach dessen Wahl zur Erfüllung oder zum Schadensersatze verpflichtet, wenn der Vertretene die Genehmigung des Vertrags verweigert.

Hat der Vertreter den Mangel der Vertretungsmacht nicht gekannt, so ist er nur zum Ersatze desjenigen Schadens verpflichtet, welchen der andere Theil dadurch erleidet, daß er auf die Vertretungsmacht vertraut, jedoch nicht über den Betrag des Interesses hinaus, welches der andere Theil an der Wirksamkeit des Vertrags hat.

Der Vertreter haftet nicht, wenn der andere Theil den Mangel der Vertretungsmacht kannte oder kennen mußte. Der Vertreter haftet auch dann nicht, wenn er in der Geschäftsfähigkeit beschränkt war, es sei denn, daß er mit Zustimmung seines gesetzlichen Vertreters gehandelt hat.

---

zu werden, weil in diesem Falle der andere Theil den Mangel der Vertretungsmacht kennt und somit die Vorschrift, daß unter dieser Voraussetzung der Widerruf unzulässig ist, Platz greift. Sachlich stehen die Vorschriften des E. I § 123 Abs. 2 und § 124 auf demselben Standpunkte wie der § 178, doch würde nach der Fassung des E. I die Beweislast wohl anders zu beurtheilen sein als nach § 178. Nach diesem braucht der andere Theil, um die Unwirksamkeit des mit dem Vertreter abgeschlossenen Vertrags geltend zu machen, nur zu beweisen, daß er den Widerruf gegenüber dem Vertreter oder dem Vertretenen erklärt habe. Demgegenüber hat der Vertretene zu beweisen, entweder daß er den Vertrag vor dem Widerrufe genehmigt oder daß der andere Theil den Mangel der Vertretungsmacht bei dem Abschlusse des Vertrags gekannt habe. Im Uebrigen s. die Erl. zu § 1[illegible]

§ [illegible]

E. I § 125; II § 146 rev. § 175; III § 175. P. I S. 243—245, 254—258, 11657, 11658; M. I S. 243, 244. P. II S. 319—333 (Bd. I S. 156—164). D. S. 618.

1. Die in der Theorie bestrittene und in den bisherigen Rechten verschieden beantwortete Frage, unter welchen Voraussetzungen und in welchem Umfange derjenige verantwortlich ist, welcher im Namen eines Anderen, ohne Vertretungsmacht zu haben, einen Vertrag schließt, entscheidet der § 179 im Anschluß an Art. 55, 298 des früheren H.G.B. dahin, daß die volle Verantwortlichkeit des Vertreters die Regel bildet. Wer im Namen eines Anderen einen Vertrag schließt, hat dafür einzustehen, daß er Vertretungsmacht hat. Diese Regel findet keine Anwendung, wenn der andere Vertragschließende beim Abschlusse des Vertrags den Mangel der Vertretungsmacht kannte. Im E. I § 125 ist als Voraussetzung der Haftung bezeichnet, daß der Vertreter den Mangel der Vertretungsmacht nicht kundgegeben habe. Sachlich wird diese Voraussetzung durch die Vorschrift gedeckt, daß die Haftung des Vertreters wegfällt, wenn der andere Theil den Mangel der Vertretungsmacht kennt; denn diese Kenntniß hat er, wenn der Vertreter den Mangel der Vertretungsmacht kundgegeben hat. Die abweichende Fassung des § 179 ist aber von Bedeutung für die Beweislast (s. Erl. Nr. 3). Abweichend von dem früheren H.G.B. und dem E. I schließt der § 179 die Haftung des Vertreters auch dann aus, wenn der andere Vertragschließende den Mangel der Vertretungsmacht kennen mußte. Daraus folgt nicht, daß der andere Theil sich in jedem Falle die Vertretungsmacht nachweisen lassen müßte. Das Vertrauen auf das Wort des Vertreters kann nicht ohne Weiteres als Fahrlässigkeit angesehen werden. Nur wenn die Umstände des einzelnen Falles nach der Auffassung des Verkehrs den anderen Theil veranlassen mußten, sich nach dem wirklichen Vorhandensein der Vertretungsmacht zu erkundigen, kann die Unterlassung einer solchen Erkundigung als ein Mangel der im Verkehr erforderlichen Sorgfalt betrachtet werden. Die weitere in dem § 179 Abs. 3 Satz 2 von der Regel für den Fall gemachte Ausnahme, daß der Vertreter in der Geschäftsfähigkeit beschränkt war und der gesetzliche Vertreter die Zustimmung nicht ertheilt hatte, rechtfertigt sich durch die Erwägung, daß es sich hier um eine durch die Vornahme eines Rechtsgeschäfts begründete Verpflichtung handelt und daher die Gründe zutreffen, auf welche die für solche Fälle zum Schutze der in der Geschäftsfähigkeit beschränkten Personen gegebenen Vorschriften der §§ 107 ff. beruhen. Der Fall, daß der Vertreter geschäftsunfähig war, brauchte nicht berücksichtigt zu werden, weil unter dieser Voraussetzung der Vertrag nichtig ist.

Eine weitere von dem früheren H.G.B. und dem E. I abweichende Modifikation der Regel bestimmt der § 179 Abs. 2. Hat der Vertreter den Mangel der Vertretungsmacht nicht gekannt, so haftet er nur für das negative Interesse, jedoch niemals über das Erfüllungsinteresse hinaus (s. Erl. zu § 122 Nr. 2). Ein Fall dieser Art liegt insbesondere dann vor, wenn dem Vertreter eine Vollmacht ertheilt war, diese aber nichtig oder anfechtbar ist und der Vertreter die Nichtigkeit oder die Anfechtbarkeit nicht kannte. Auf das Kennenmüssen kommt es nicht an.

Dem vollständigen Mangel der Vertretungsmacht steht die Ueberschreitung derselben gleich. Es kommt nur darauf an, daß der Vertrag in Folge des Mangels oder der Ueberschreitung für den Vertretenen unwirksam ist. Für einen Vertrag, welchen der Vormund ohne die erforderliche Genehmigung des Vormundschaftsgerichts oder des Gegenvormundes schließt, gelten die besonderen Vorschriften der §§ 1829, 1830, 1832. Dieselben Vorschriften gelten nach § 1643 Abs. 3 für einen von dem Inhaber der elterlichen Gewalt ohne die erforderliche Genehmigung des Vormundschaftsgerichts geschlossenen Vertrag.

2. Liegt keine der unter Nr. 1 gedachten Ausnahmen vor, so ist der Vertreter dem anderen Theile **nach dessen Wahl zur Erfüllung oder zum Schadensersatze** verpflichtet. Nach dem E. I § 125 Abs. 1 Satz 2 geht die Verpflichtung des Vertreters auf Erfüllung oder auf Schadensersatz wegen Nichterfüllung. Nach der jetzigen Fassung, in welcher die Worte „wegen Nichterfüllung" weggelassen sind, ist derjenige Schaden zu ersetzen, welchen der andere Theil dadurch gehabt hat, daß der Vertreter ohne Vertretungsmacht gehandelt und der Vertretene die Genehmigung verweigert hat. Nach § 249 ist der Ersatz dadurch zu leisten, daß derjenige Zustand hergestellt wird, welcher bestehen würde, wenn der zum Ersatze verpflichtende Umstand nicht eingetreten wäre. Der zum Ersatze verpflichtende Umstand ist im vorliegenden Falle der Mangel der Vertretungsmacht und die Verweigerung der Genehmigung. Wären diese Umstände nicht eingetreten, so würde der von dem Vertreter geschlossene Vertrag nach den §§ 164, 184 unmittelbar für und gegen den Vertretenen wirksam gewesen sein. Die Herstellung dieses Zustandes ist nicht möglich; der Vertreter würde daher nach § 251 verpflichtet sein, den anderen Theil in Geld zu entschädigen. Es fragt sich indessen, ob unter dem Zustande, welcher nach § 249 herzustellen ist, nicht derjenige Zustand verstanden werden muß, welcher durch den Vertrag bezweckt ist und dessen Folge gewesen sein würde, wenn der Vertrag für und gegen den Vertretenen wirksam gewesen wäre. Dieser Zustand besteht, wenn es sich um einen dinglichen Vertrag handelt, darin, daß der andere Theil das durch den Vertrag übertragene oder begründete Recht erwirbt bezw. das Recht, auf dessen Aufhebung der Vertrag gerichtet war, aufgehoben wird. Hergestellt wird dieser Zustand, wenn das betreffende Recht dem anderen Theile verschafft bezw. aufgehoben wird. Handelt es sich um einen obligatorischen Vertrag, so würde der fragliche Zustand durch Erfüllung des Vertrags hergestellt. Die Frage, ob der § 249 in diesem Sinne zu verstehen ist, erscheint zweifelhaft, dürfte aber nach dem Zwecke der fraglichen Vorschrift zu bejahen sein. Bei dieser Auffassung geht in vielen Fällen der Anspruch auf Schadensersatz doch zunächst auf Erfüllung. Er unterscheidet sich aber von dem prinzipalen Anspruch auf Erfüllung dadurch, daß einerseits der Gläubiger dem Ersatzpflichtigen nach § 250 eine Frist zur Herstellung bestimmen und nach deren fruchtlosem Ablauf Entschädigung in Geld verlangen kann sowie daß andererseits nach § 251 Abs. 2 der Ersatzpflichtige berechtigt ist, den Gläubiger in Geld zu entschädigen, wenn die Herstellung nur mit unverhältnißmäßigen Aufwendungen möglich ist. Bei dem prinzipalen Anspruch auf Erfüllung kann der Gläubiger Entschädigung in Geld nur nach Maßgabe der allgemeinen Vorschriften über Schadensersatz wegen Nichterfüllung (§§ 280—283, 286) verlangen und steht andererseits dem Schuldner das in dem § 252 Abs. 2 bestimmte Recht nicht zu. Bei einem dinglichen Vertrage findet ein prinzipaler Anspruch auf Erfüllung nicht statt, weil durch einen solchen Vertrag eine Verpflichtung nicht begründet wird; auch der Anspruch auf Gewährleistung entspringt nicht aus dem dinglichen, sondern aus dem zu Grunde liegenden obligatorischen Vertrage.

Nach § 179 Abs. 1 kann der andere Theil **nach seiner Wahl** Erfüllung oder Schadensersatz fordern. Nach dem Wortlaute handelt es sich also um ein alternatives Schuldverhältniß, auf welches die Vorschriften der §§ 262—265 Anwendung finden. Nach § 263 erfolgt die Wahl des Gläubigers durch Erklärung gegenüber dem Schuldner. Ist der Gläubiger im Verzuge, so kann der Schuldner ihm nach § 264 Abs. 2 eine angemessene Frist bestimmen, nach deren fruchtlosem Ablaufe das Wahlrecht auf den Schuldner übergeht. Es erscheint indessen zweifelhaft, ob durch die Worte „nach seiner Wahl" das Schuldverhältniß als ein alternatives im Sinne des § 262 hat bezeichnet werden sollen. Die Erfüllung ist im vorliegenden Falle sachlich nur eine besondere Art des Schadensersatzes. Der Ausdruck „Wahl" bezeichnet nicht nothwendig ein alternatives Schuldverhältniß im Sinne der §§ 262—264, sondern kann auch eine allgemeinere, nichttechnische Bedeutung haben. In diesem Sinne dürfte der Ausdruck in dem früheren H.G.B. Art. 354, 355, 357 gebraucht sein. In dem neuen H.G.B. sind die Art. 354, 355 weggefallen; in dem an die Stelle des Art. 357 getretenen § 376 ist der Ausdruck „Wahl" vermieden. In den verwandten Fällen der §§ 56, 102, 217 des veröffentlichten ersten Entwurfs des H.G.B. wurde noch der Ausdruck „Wahl" gebraucht; in den entsprechenden §§ 60 Abs. 1, 111 Abs. 1, 232 Abs. 2 der Reichstagsvorlage ist dieser Ausdruck vermieden, ebenso in den bezüglichen §§ 61, 113, 236 Abs. 2 des neuen H.G.B. Als möglich muß anerkannt werden, daß auch das B.G.B. in dem § 179 den Ausdruck nicht als einen technischen gebraucht. In dieser Beziehung ist indessen Folgendes zu bemerken:

Der Ausdruck „Wahl" kam im E. II auch in den §§ 292, 294, 1237 vor. In den erstgedachten beiden Paragraphen handelt es sich um das Recht des Gläubigers, statt der Erfüllung die versprochene Vertragsstrafe zu fordern. In dem § 1237 handelt es sich um die im Falle einer nichtigen Ehe dem unschuldigen Ehegatten zustehende Wahl, ob es bei den Folgen der Nichtigkeit verbleiben oder das Verhältniß so beurtheilt werden soll, wie wenn die Ehe geschieden wäre. Bei der Revision ist in allen drei Paragraphen das Wort „Wahl" beseitigt, um dem Mißverständniß entgegenzutreten, daß es sich in den Fällen dieser Paragraphen um ein alternatives Schuldverhältniß handele; die Fassung der an die Stelle jener Paragraphen getretenen §§ 340, 342, 1345, 1347 läßt keinen Zweifel darüber, daß es sich in ihnen um eine facultas alternativa handelt. Eine entsprechende Aenderung ist in dem § 179 nicht erfolgt. Möglich ist, daß dies auf einem Versehen beruht. Immerhin spricht die von den angeführten Paragraphen abweichende Fassung für ein alternatives Schuldverhältniß. Dazu kommt, daß es, wenn man den Ausdruck „Wahl" nicht in diesem Sinne versteht, an jeder Vorschrift darüber fehlt, ob und wann die getroffene Wahl bindend ist. Nach den §§ 340, 342 ist der Anspruch auf Erfüllung ausgeschlossen, wenn der Gläubiger dem Schuldner erklärt, daß er die Strafe verlange. Nach § 1347 Abs. 1 ist die Erklärung des Berechtigten, sowohl in der einen wie in der anderen Richtung, für ihn bindend, und nach Abs. 2 kann der andere Ehegatte dem Berechtigten eine Frist zur Erklärung setzen, nach deren fruchtlosem Ablaufe die facultas alternativa des Berechtigten wegfällt. Auch in den Fällen der §§ 280 Abs. 2, 286 ist in den gedachten Beziehungen durch die Verweisung auf die Vorschriften der §§ 346—356 Vorsorge getroffen, während der § 283 selbst das Erforderliche bestimmt. In den §§ 421, 1132, die von der Gesammtschuld und der Gesammthypothek handeln, ist gesagt, daß der Gläubiger „nach seinem Belieben" die Befriedigung von jedem der Schuldner bezw. aus jedem der Grundstücke suchen könne; in diesen Fällen wird der Gläubiger durch die Erklärung der Wahl nicht gebunden, sondern kann bis zur Befriedigung wechseln. Der § 179 würde, sofern man in den Worten „nach dessen Wahl" nicht die Hinweisung auf das alternative Schuldverhältniß erblickt, in Beziehung auf jene wichtige Frage eine Lücke enthalten. Diese müßte durch entsprechende Anwendung der einen oder der anderen der angeführten Vorschriften ausgefüllt werden. Das Ergebniß würde aber bei der Verschiedenheit jener Vorschriften immerhin ein unsicheres bleiben. Bei dieser Sachlage dürften überwiegende Gründe dafür sprechen, bei der dem Wortlaute des § 179 am meisten entsprechenden Auslegung stehen zu bleiben und ein alternatives Schuldverhältniß anzunehmen. Es ist dies um so unbedenklicher, als praktische Uebelstände sich daraus nicht ergeben.

3. In Betreff der Beweislast gilt Folgendes:

Der andere Theil hat, um den Anspruch auf Erfüllung oder Schadensersatz zu begründen, darzuthun, daß der Vertreter den Vertrag im Namen des Vertretenen abgeschlossen und daß der Vertretene die Genehmigung verweigert hat. Dem gegenüber hat der Vertreter, um den Anspruch zu widerlegen, einen der folgenden Beweise zu führen:

a) daß er Vertretungsmacht gehabt hat.

Daß der Vertreter auch positiv verpflichtet sei, dem anderen Theile seine Vertretungsmacht nachzuweisen, ist nicht bestimmt. (P. II S. 329, 330.) Ob sich eine solche Verpflichtung aus dem Verhältnisse des Vertreters zu dem anderen Theile und aus der Vorschrift über die Beweislast ableiten läßt, ist zweifelhaft.

Die Frage dürfte für den Fall zu bejahen sein, daß der Vertreter dem anderen Theile gegenüber bei dem Abschlusse des Vertrags behauptet hat, Vertretungsmacht zu haben. Mittelbar wird der Vertreter zur Erbringung des Nachweises regelmäßig übrigens schon dadurch genöthigt werden, daß ihm der Streit in dem Prozesse gegen den Vertretenen verkündet wird und er daher, wenn er in diesem Prozeß den Beweis seiner Vertretungsmacht nicht erbringt, später auch dem anderen Theile gegenüber nicht mehr mit der Behauptung gehört wird, daß er Vertretungsmacht gehabt habe.

b) daß der andere Theil bei dem Abschlusse des Vertrags den Mangel der Vertretungsmacht gekannt hat oder kennen mußte;

c) daß er bei dem Abschlusse des Vertrags in der Geschäftsfähigkeit beschränkt war. Dem gegenüber steht dem anderen Theile der Beweis offen, daß der Vertreter mit Zustimmung seines gesetzlichen Vertreters gehandelt hat;

d) daß er bei dem Abschlusse des Vertrags den Mangel der Vertretungsmacht nicht ge-

§. 180.

Bei einem einseitigen Rechtsgeschäft ist Vertretung ohne Vertretungsmacht unzulässig. Hat jedoch derjenige, welchem gegenüber ein solches Rechtsgeschäft vorzunehmen war, die von dem Vertreter behauptete Vertretungsmacht bei der Vornahme des Rechtsgeschäfts nicht beanstandet oder ist er damit einverstanden gewesen, daß der Vertreter ohne Vertretungsmacht handele, so finden die Vorschriften über Verträge entsprechende Anwendung. Das Gleiche gilt, wenn ein einseitiges Rechtsgeschäft gegenüber einem Vertreter ohne Vertretungsmacht mit dessen Einverständnisse vorgenommen wird.

---

kannt hat. In diesem Falle hat jedoch der andere Theil den in dem § 179 Abs. 2 bestimmten Anspruch auf Ersatz des negativen Interesses.

4. In dem neuen H.G.B. ist der Art. 55 des früheren H.G.B. gestrichen; in der Denkschrift (S. 53) ist ausgeführt, daß es unbedenklich sei, die Vorschriften des § 179 des B.G.B. auch in Handelssachen zur Anwendung kommen zu lassen.

§ 180.

E. I § 126; II § 148 rev. § 176; III 176. P. I S. 245, 246, 248; M. I S. 244, 245. P. II S. 339—351 (Bd. I S. 167—174). D. S. 618.

1. Die in dem § 180 Satz 1 ausgesprochene Regel entspricht den Vorschriften, welche in den §§ 111 Satz 1, 131 Abs. 2 für die von einem Minderjährigen bezw. ihm gegenüber ohne Einwilligung des gesetzlichen Vertreters vorgenommenen einseitigen Rechtsgeschäfte gegeben sind. Die Ausnahmen von dieser Regel sind aber mit Rücksicht auf das Bedürfniß des Verkehrs anders als in jenen Paragraphen bestimmt. Die Regel gilt ausnahmslos für nicht empfangsbedürftige Rechtsgeschäfte, z. B. die Auslobung oder die Annahme oder Ausschlagung einer Erbschaft. Für empfangsbedürftige Rechtsgeschäfte, welche von dem Vertreter vorgenommen werden, gelten folgende Ausnahmen:

a) Hat der Vertreter bei der Vornahme des Rechtsgeschäfts behauptet, daß er Vertretungsmacht habe, so genügt, abweichend vom E. I § 116, um die Regel des Satz 1 auszuschließen, daß der andere Theil den Mangel der Vertretungsmacht bei der Vornahme des Rechtsgeschäfts nicht beanstandet. Die Worte „bei der Vornahme" sind nicht in dem Sinne zu verstehen, daß die Beanstandung gleichzeitig mit der Vornahme erfolgen oder sich unmittelbar und sofort an dieselbe anschließen müsse. Dies würde, wenn das Rechtsgeschäft brieflich oder telegraphisch einem Abwesenden gegenüber vorgenommen wird, unmöglich sein. Die gedachten Worte sind in einem weiteren Sinne, nämlich dahin zu verstehen, daß die Ausnahme nicht Platz greift, wenn unverzüglich nach der Vornahme des Rechtsgeschäfts eine Beanstandung erfolgt ist. Genügt, wenn der Vertreter wirklich Vertretungsmacht hat, aber eine Vollmachtsurkunde nicht vorlegt, nach § 174 die unverzügliche Zurückweisung, um das Rechtsgeschäft unwirksam zu machen, so muß dasselbe gelten, wenn der Vertreter keine Vertretungsmacht hatte. Wenn in dem § 174 von der Zurückweisung, in dem § 180 aber von der Beanstandung gesprochen wird, so dürften im praktischen Ergebnisse beide Ausdrucksweisen auf dasselbe hinauskommen. Wird der Mangel der Vertretungsmacht beanstandet, so liegt darin sachlich eine Zurückweisung des Rechtsgeschäfts. Die verschiedene Ausdrucksweise der §§ 174, 180 hat ihren Grund darin, daß in dem § 174 die Voraussetzungen der ausnahmsweisen Unwirksamkeit des von einem wirklich Bevollmächtigten vorgenommenen Rechtsgeschäfts im § 180, aber die Voraussetzungen der ausnahmsweisen Wirksamkeit des von einem Vertreter ohne Vertretungsmacht vorgenommenen Rechtsgeschäfts bestimmt werden. Im Falle des § 174 liegt der Beweis der unverzüglichen Zurückweisung demjenigen ob, der die Unwirksamkeit des Rechtsgeschäfts behauptet, während im Falle des § 180 demjenigen, welcher die Wirksamkeit des Rechtsgeschäfts geltend macht, der Beweis obliegt, daß die Vertretungsmacht behauptet und nicht beanstandet sei. Wirksam ist das Rechtsgeschäft unter dieser Voraussetzung aber nur insofern, als es nach Maßgabe der §§ 177, 178 genehmigungsfähig wird. Wenn die Genehmigung ertheilt wird, so ist das Rechtsgeschäft nach Maßgabe des § 184 wirksam, wenn sie verweigert wird oder als verweigert gilt, so ist das Rechtsgeschäft unwirksam. An die Stelle des nach § 178 zulässigen Widerrufs tritt die Erklärung, das Rechtsgeschäft nicht gelten lassen zu wollen. Wird die Genehmigung verweigert, so bestimmt sich die Haftung des Vertreters nach § 179.

b) Die Regel des § 180 Satz 1 findet ferner keine Anwendung, wenn der andere Theil damit einverstanden gewesen ist, daß der Vertreter ohne Vertretungsmacht handele. Der E. I § 126 verlangte, daß der andere Theil sein Einverständniß erklärt habe. Aus der Aenderung der Fassung ergiebt sich, daß es genügen soll, wenn das Einverständniß aus der

Umständen erhellt. Die Zweifel über die Frage, ob eine wirksame stillschweigende Willenserklärung vorliegt, werden dadurch abgeschnitten. Auch in diesem Falle wird das Rechtsgeschäft nur insofern wirksam, als es nach Maßgabe des § 177 genehmigungsfähig wird. Ein Widerruf nach Maßgabe des § 178 findet nicht statt, weil der andere Theil, wenn er damit einverstanden war, daß der Vertreter ohne Vertretungsmacht handele, den Mangel der Vertretungsmacht gekannt hat. Wegen dieser Kenntniß findet auch nach § 179 Abs. 3 eine Haftung des Vertreters nicht statt. Ein Einverständniß des anderen Theiles kann nicht ohne Weiteres daraus geschlossen werden, daß derselbe den Mangel der Vertretungsmacht gekannt und nicht beanstandet hat. Hat der Vertreter die Vertretungsmacht behauptet, so greift die Ausnahme unter a Platz. Hatte der Vertreter aber eine solche Behauptung nicht aufgestellt, hat er z. B. in dem Briefe, durch welchen er das Rechtsgeschäft vornimmt, selbst angegeben, daß er keine Vertretungsmacht habe, so kann man von dem anderen Theile nicht verlangen, daß er die Vornahme beanstande, und darf man aus dem Stillschweigen nicht auf ein Einverständniß schließen. Ob in Verbindung mit anderen Umständen aus dem Stillschweigen das Einverständniß gefolgert werden kann, läßt sich nur nach Lage des einzelnen Falles entscheiden.

Kann ein einseitiges Rechtsgeschäft wirksam sowohl einem Betheiligten wie einer Behörde gegenüber vorgenommen werden (s. z. B. die §§ 875, 876, 880, 1168, 1180, 1183), so kommt es für die Anwendbarkeit des § 180 Satz 2 darauf an, ob das Rechtsgeschäft gegenüber dem Betheiligten oder gegenüber der Behörde vorgenommen ist. Im ersteren Falle findet die Vorschrift des Satz 2 Anwendung, im letzteren Falle nicht.

Abweichend vom E. I § 126 schreibt der § 180 Satz 3 die entsprechende Anwendung der Vorschriften über Verträge auch bei dem einem Vertreter ohne Vertretungsmacht gegenüber vorgenommenen Rechtsgeschäfte für den Fall vor, daß der Vertreter damit einverstanden ist. Vorausgesetzt wird nur das Einverständniß des Vertreters mit der Vornahme des Rechtsgeschäfts gegenüber ihm als Vertreter. Es kommt nicht darauf an, ob er oder der andere Theil den Mangel der Vertretungsmacht gekannt hat oder nicht; diese Frage ist nur von Bedeutung für die Anwendung der §§ 178, 179. Nicht erforderlich ist auch hier, daß der Vertreter sein Einverständniß erklärt hat; es genügt, daß dasselbe aus den Umständen erhellt.

2. Hat ein Vertreter ohne Vertretungsmacht einen Vertrag im Namen des Vertretenen geschlossen, so entsteht die Frage, ob er vor der Genehmigung des Vertrags solche einseitigen Rechtsgeschäfte gegenüber dem anderen Theile vornehmen kann, die sich auf den Vertrag beziehen, und ob die Genehmigung des Vertrags auch diese späteren Rechtsgeschäfte umfaßt oder ob die rechtliche Wirksamkeit jedes Rechtsgeschäfts selbständig zu beurtheilen ist. Hat z. B. der Vertreter einen Miethvertrag geschlossen und kündigt er denselben später, so fragt es sich, ob der andere Theil die Kündigung wegen Mangels der Vertretungsmacht zurückweisen kann und ob, wenn er dies nicht thut, die Kündigung also nach § 180 genehmigungsfähig ist, die später von dem Vertretenen erfolgende Genehmigung des Miethvertrags sich nothwendig auch auf die Kündigung bezieht oder ob der Vertretene die Genehmigung zu dem Miethvertrag ertheilen, zu der Kündigung aber verweigern kann. Die Frage beschränkt sich indessen nicht auf einseitige Rechtsgeschäfte des Vertreters; sie bezieht sich auch auf die von dem anderen Theile vorgenommenen Rechtsgeschäfte sowie auf Verträge, welche sich auf den früheren Vertrag beziehen. In dem obigen Beispielsfalle handelt es sich also auch darum, wie die von dem anderen Theile dem Vertreter gegenüber erfolgende Kündigung und wie der Vertrag zu beurtheilen ist, durch welchen der Vertreter die Zahlung des Miethzinses annimmt oder die Forderung erläßt oder den Miethvertrag wieder aufhebt. In der zweiten Kommission sind verschiedene sich auf diese Frage beziehenden Anträge gestellt, aber sämmtlich abgelehnt. Die Entscheidung muß daher aus den allgemeinen für die Vertretung geltenden Grundsätzen abgeleitet werden. Durch den von dem Vertreter im Namen des Vertretenen abgeschlossenen Vertrag wird für den Vertretenen eine Rechtsposition begründet, kraft deren es von seiner Genehmigung abhängt, ob der Vertrag wirksam ist oder nicht. Jedes später von dem Vertreter oder ihm gegenüber vorgenommene Rechtsgeschäft verliert nicht dadurch seinen selbständigen Charakter, daß es sich auf den früheren Vertrag bezieht. Dies ist zweifellos, wenn das Rechtsgeschäft erst nach der Genehmigung des ersten Vertrags vorgenommen wird. Weshalb es einer anderen Beurtheilung unterliegen sollte, wenn es vor der Genehmigung vorgenommen wird, ist nicht abzusehen. Nur dann liegt die Sache anders, wenn in dem ersten Vertrage vereinbart ist, daß der Vertreter zu der Vornahme von solchen Rechtsgeschäften befugt sein solle, welche sich auf den Vertrag beziehen. Durch eine solche Vereinbarung wird einerseits das Einverständniß des anderen Theiles darüber konstatirt, daß die einseitigen, sich auf den Vertrag beziehenden Rechtsgeschäfte von dem Vertreter oder ihm gegenüber vorgenommen werden können, daß also die Vorschriften des § 180 Satz 2, 3 Anwendung finden; andererseits werden dadurch alle späteren von dem Vertreter oder ihm gegenüber vorgenommenen Rechtsgeschäfte, welche sich auf den Vertrag beziehen, mit diesem in eine solche Verbindung gebracht, daß die Genehmigung des Vertretenen nur für den Vertrag

§. 181.

Ein Vertreter kann, soweit nicht ein Anderes ihm gestattet ist, im Namen des Vertretenen mit sich im eigenen Namen oder als Vertreter eines Dritten ein Rechtsgeschäft nicht vornehmen, es sei denn, daß das Rechtsgeschäft ausschließlich in der Erfüllung einer Verbindlichkeit besteht.

---

und die späteren Rechtsgeschäfte zusammen ertheilt oder verweigert werden kann. Eine Vereinbarung der fraglichen Art kann nicht nur ausdrücklich, sondern auch stillschweigend erfolgen (s. Vorbm. zum zweiten Titel I, oben S. 162 ff.). Die Umstände des einzelnen Falles müssen ergeben, ob eine stillschweigende Vereinbarung anzunehmen ist oder nicht. Dabei wird insbesondere in Betracht zu ziehen sein, ob der Vertreter Vertretungsmacht zu haben glaubte oder als Geschäftsführer ohne Auftrag handelte und ob die Geschäftsführung sich auf das ganze Vermögen des Vertretenen oder doch auf einen größeren Kreis von Angelegenheiten oder nur auf den einzelnen Vertrag bezog. In dem zuletzt gedachten Falle wird eine stillschweigende Vereinbarung nur unter besonderen Umständen anzunehmen sein, während sie, wenn die Geschäftsführung sich auf alle Angelegenheiten des Vertretenen bezieht und dies dem anderen Theile bekannt ist, hieraus in Ermangelung besonderer, dagegen sprechender Umstände entnommen werden kann.

§ 181.

E. II § 149 rev. § 177; III § 177. P. I S. 261, 262; M. I S. 224, 225. P. II S. 351—354, 1745—1748 (Bd. I S. 174, 175, Bd. II S. 73—75). D. S. 618, 619.

1. Die in den bisherigen Rechten wie in der gemeinrechtlichen Theorie bestrittene Frage, ob Jemand als Vertreter eines Anderen ein Rechtsgeschäft mit sich selbst im eigenen Namen oder als Vertreter eines Dritten vornehmen könne, bejahte der E. I dadurch, daß er nur in einzelnen Fällen einen gesetzlichen Vertreter bei der Vornahme von Rechtsgeschäften mit sich selbst von der gesetzlichen Vertretung ausschloß (§§ 45, 1651). Die zweite Kommission hielt die Gründe gegen die Zulässigkeit solcher Rechtsgeschäfte für überwiegend. Der § 181 stellt daher als Regel auf, daß ein Vertreter Rechtsgeschäfte der fraglichen Art nicht vornehmen kann. Ausgenommen von dieser Regel sind für alle Vertreter solche Rechtsgeschäfte, die ausschließlich in der Erfüllung einer Verbindlichkeit bestehen. Es ist gleichgültig, ob es sich um eine Verbindlichkeit des Vertretenen gegenüber dem Vertreter oder um eine Verbindlichkeit des Vertreters gegenüber dem Vertretenen oder um die Verbindlichkeit mehrerer von derselben Person Vertretenen gegen einander handelt. Der Vertreter kann sich also z. B. wegen seiner persönlichen Forderungen gegen den Vertretenen aus dem seiner Verwaltung unterliegenden Vermögen des Vertretenen befriedigen und seine Schuld an den Vertretenen durch Einzahlung in die von ihm verwaltete Kasse berichtigen. Das B.G.B. nimmt — was in der Theorie bestritten ist — in Fällen dieser Art einen auf Eigenthumsübertragung des geschuldeten Gegenstandes und Aufhebung der bestehenden Verbindlichkeit durch Erfüllung gerichteten Vertrag zwischen dem Vertreter im eigenen Namen und dem von ihm Vertretenen an. Erforderlich ist selbstverständlich daß der Vertrag in irgend welcher Art in die äußere Erscheinung tritt. Ob dies durch Erklärung vor Zeugen oder durch Eintragung in die Geschäftsbücher oder durch das Nehmen des Geldes aus der einen und Hineinlegen in die andere Kasse oder durch eine sonstige Willensbethätigung geschieht, ist gleichgültig. Voraussetzung der Wirksamkeit eines solchen Vertrags ist ferner, daß die Vertretungsmacht einen Vertrag dieser Art umfaßte (s. Nr. 2). Praktische Bedeutung hat daher die Ausnahme regelmäßig nur für gesetzliche Vertreter und Generalbevollmächtigte.

Eine zweite Ausnahme läßt der § 181 durch die Worte „soweit nicht ein Anderes ihm gestattet ist" zu. Bei einer durch Bevollmächtigung ertheilten Vertretungsmacht hängt es von dem Vollmachtgeber ab, ob er den Bevollmächtigten unbeschränkt oder doch in größerem Umfang, als das Gesetz es gestattet, zu der Vornahme von Rechtsgeschäften der fraglichen Art ermächtigen will. Für den gesetzlichen Vertreter würde eine solche Ermächtigung nur durch das Gesetz erfolgen können; das B.G.B. enthält eine derartige Vorschrift nicht.

2. Rechtsgeschäfte, welche ein Vertreter, der Vorschrift des § 181 zuwider, mit sich selbst im eigenen Namen oder in Vertretung eines Anderen vornimmt, sind nichtig. Der E. I ließ in denjenigen Fällen, in welchen er ein Rechtsgeschäft der fraglichen Art für unzulässig erklärte, nur die Vertretungsmacht wegfallen. Das der gesetzlichen Vorschrift zuwider vorgenommene Rechtsgeschäft war also nicht nichtig, sondern nur ein von einem Vertreter ohne Vertretungsmacht vorgenommenes Rechtsgeschäft; seine Wirksamkeit hing daher, nach Maßgabe des §§ 123—126 des E. I, von der Genehmigung des Vertretenen ab (M. I S. 101, IV S. 1088). In der zweiten Kommission wurden von einer Seite Zweifel erhoben, ob der § 181 nicht in demselben Sinne zu verstehen sei. Die Mehrheit aber ging davon aus, daß der § 181 die

Sechster Titel.
Einwilligung. Genehmigung.

Nichtigkeit bestimme, und der Gebrauch der Worte „kann nicht“ nöthigt nach der Terminologie des B.G.B. (s. Einl. IV. 4 S. 24) zu dieser Auslegung. Eine Modifikation enthalten die §§ 456—458, sofern man den mit der Vornahme des Verkaufs im Wege der öffentlichen Versteigerung Beauftragten als Vertreter des Verkäufers ansieht. Er darf den zum Verkauf gestellten Gegenstand weder für sich persönlich noch als Vertreter eines Anderen kaufen, aber der Kauf ist nicht nichtig, vielmehr hängt seine Wirksamkeit nach § 458 von der Zustimmung der dort bezeichneten Personen ab.

Hat ein Vertreter mit sich selbst im eigenen Namen oder als Vertreter eines Dritten ein Rechtsgeschäft vorgenommen, das ausschließlich in der Erfüllung einer Verbindlichkeit besteht, fehlte ihm aber zu diesem Rechtsgeschäfte die Vertretungsmacht, so ist das Rechtsgeschäft, da es nicht gegen die Vorschrift des § 181 verstößt, nicht nichtig, sondern nach Maßgabe der Vorschriften über die von einem Vertreter ohne Vertretungsmacht vorgenommenen Rechtsgeschäfte zu beurtheilen (§§ 177—180).

3. Ergänzt werden sollte die Vorschrift des § 181 nach den Beschlüssen der zweiten Kommission durch eine in die C.P.O. als § 53a aufzunehmende Vorschrift, nach welcher ein Vertreter nicht im Namen des Vertretenen einen Rechtsstreit mit sich selbst im eigenen Namen oder als Vertreter eines Dritten führen kann. Von dieser Vorschrift gilt keine Ausnahme. Diese Vorschrift ist zwar in die jetzige C.P.O. nicht aufgenommen worden; sie dürfte indessen als selbstverständlich zu betrachten sein.

Sechster Titel.

1. In einer großen Zahl von Fällen hängt nach dem B.G.B. die Wirksamkeit eines Vertrags oder eines einseitigen empfangsbedürftigen Rechtsgeschäfts von der vorherigen oder nachträglichen Zustimmung eines Dritten ab. Die vorherige Zustimmung wird als Einwilligung, die nachträgliche als Genehmigung bezeichnet (§§ 183, 184); der Ausdruck Zustimmung umfaßt Einwilligung und Genehmigung. Nicht besonders berücksichtigt ist die bei der Vornahme eines Rechtsgeschäfts erklärte Zustimmung eines Dritten; diese ist, je nach Lage der Sache, als Einwilligung oder Genehmigung zu beurtheilen. In der Mehrzahl der Fälle genügt sowohl die Einwilligung als auch die Genehmigung, um das Rechtsgeschäft wirksam zu machen; in einzelnen Fällen wird Einwilligung erfordert (s. z. B. § 111), in anderen Fällen kommt nur die Genehmigung in Frage (s. z. B. § 180). Nicht festgehalten wird die Unterscheidung von Einwilligung und Genehmigung in denjenigen Fällen, in welchen ein gesetzlicher Vertreter der Zustimmung des Vormundschaftsgerichts oder des Gegenvormundes bedarf. Diese Zustimmung wird, mag sie vor dem Rechtsgeschäft oder nachträglich erfolgen, als Genehmignng bezeichnet (§§ 1643, 1812—1816, 1819—1822, 1824). Die Vorschriften, durch welche die Zustimmung gefordert wird, beruhen auf verschiedenen Gründen. Folgende Kategorien lassen sich unterscheiden:

a. Die Person, welche das Rechtsgeschäft vornimmt, ist in der Geschäftsfähigkeit beschränkt. Um sie gegen Nachtheile zu schützen, wird die Wirksamkeit des Rechtsgeschäfts von der Zustimmung des gesetzlichen Vertreters und unter Umständen außerdem von der Zustimmung des Gegenvormundes oder des Vormundschaftsgerichts abhängig gemacht (§§ 107 ff., 114, 1643, 1812—1816, 1819—1822, 1824).

b. Durch das Rechtsgeschäft wird über das Recht eines Anderen verfügt. Aus dem Wesen des Rechtes folgt, daß das Rechtsgeschäft nicht ohne die Zustimmung des Berechtigten wirksam werden kann (§ 185). Derselbe Gesichtspunkt ist maßgebend bei den Vorschriften, nach welchen die Wirksamkeit des von einem Vertreter ohne Vertretungsmacht im Namen des Vertretenen vorgenommenen Rechtsgeschäfts von der Genehmigung des Vertretenen abhängt (§§ 177, 180).

c. Durch das Rechtsgeschäft wird zwar nicht direkt über das Recht eines Anderen verfügt, aber mittelbar wird ein solches Recht doch durch das Rechtsgeschäft beeinträchtigt und deshalb die Zustimmung des Berechtigten erfordert. Dahin gehören z. B. die Fälle der §§ 415, 458, 876, 1071, 1245, 1255, 1276, 1375, 1395, 1396, 1398, 1399, 1444, 1448, 2120. In einzelnen Fällen, in denen die Einwilligung eines Dritten erfordert wird, handelt es sich nicht um den Schutz eines Rechtes desselben, aber doch um den Schutz eines beachtenswerthen Interesses, so z. B. in den §§ 1517, 1746—1748.

2. Die Vorschriften des sechsten Titels finden nur Anwendung, soweit die Wirksamkeit eines Vertrags oder eines einseitigen empfangsbedürftigen Rechtsgeschäfts

§. 182.

Hängt die Wirksamkeit eines Vertrags oder eines einseitigen Rechtsgeschäfts, das einem Anderen gegenüber vorzunehmen ist, von der Zustimmung eines Dritten ab, so kann die Ertheilung sowie die Verweigerung der Zustimmung sowohl dem einen als dem anderen Theile gegenüber erklärt werden.

Die Zustimmung bedarf nicht der für das Rechtsgeschäft bestimmten Form.

Wird ein einseitiges Rechtsgeschäft, dessen Wirksamkeit von der Zustimmung eines Dritten abhängt, mit Einwilligung des Dritten vorgenommen, so finden die Vorschriften des §. 111 Satz 2, 3 entsprechende Anwendung.

---

von der Zustimmung eines Dritten abhängig ist. Sie finden z. B. keine Anwendung in den Fällen der §§ 549, 1305—1308, weil hier die Wirksamkeit des Rechtsgeschäfts, zu welchem die Einwilligung erfordert wird, nicht von dieser abhängt; sie finden auch keine Anwendung in dem Falle des § 1516, weil in diesem die Zustimmung nicht zu einem empfangsbedürftigen Rechtsgeschäfte, sondern zu einer letztwilligen Verfügung erfordert wird; ebenso finden sie auch keine Anwendung in dem Falle des § 1726, weil es sich in diesem nicht um die Zustimmung zu einem Rechtsgeschäfte, sondern um die Zustimmung zu einem Akte der Staatsgewalt handelt.

3. Der § 182 enthält die allgemeinen für die Zustimmung geltenden Vorschriften, der § 183 handelt von der Einwilligung, der § 184 von der Genehmigung; der § 185 endlich handelt von den unter Nr. 1b bezeichneten Fällen der Zustimmung.

§ 182.

E. I § 127 Abs. 1, 2; II § 150 rev. § 178; III § 178. P. I S. 3218, 3219, 3229, 3230, 4034, 4035, 6161, 6171, 11661—11664, 11942; M. I S. 245—247. P. II S. 355—359, 8361, 8367, 8384 (Bd. I S. 176—178).

1. S. Vorbm. zu diesem Titel.

Die Zustimmung ist ein einseitiges empfangsbedürftiges Rechtsgeschäft. Der § 182 bestimmt zwar nur, daß die Ertheilung wie die Verweigerung der Zustimmung sowohl dem einem wie dem anderen Theile gegenüber erklärt werden könne. Die Vorschrift ist aber dahin zu verstehen, daß die Ertheilung wie die Verweigerung der Zustimmung wirksam nur gegenüber dem einen oder dem anderen Theile erklärt werden kann. Daß die Zustimmung ein empfangsbedürftiges Rechtsgeschäft ist, wird wie bei der Kündigung und Mahnung als selbstverständlich vorausgesetzt. Dasselbe gilt von der Verweigerung, soweit diese überhaupt ein Rechtsgeschäft ist (s. Erl. zu den §§ 183 Nr. 3, 184 Nr. 3). Der § 182 beschränkt sich daher auf die Bestimmung, wem gegenüber die Erklärung abzugeben ist. Die einem Dritten gegenüber erfolgende Erklärung ist unwirksam. Nicht ausgeschlossen ist aber, daß die Ertheilung wie die Verweigerung dem einen oder dem anderen Theile gegenüber stillschweigend erfolgt. Der E. I § 127 Abs 2 sprach dies ausdrücklich aus. Die Bestimmung ist von der zweiten Kommission gestrichen, aber nur weil man sie für selbstverständlich erachtete. Ueber die Voraussetzungen, unter welchen eine Willensbethätigung als gleichwerthig mit der Willenserklärung und deshalb als stillschweigende Willenserklärung anzusehen ist, s. die Vorbm. zum zweiten Titel I. 2, oben S. 164, 165.

Von der Regel des § 182 Abs. 1 macht das B.G.B. in einer Reihe von Fällen Ausnahmen, so in den §§ 108, 177, 876, 1071, 1245, 1255, 1276, 1396, 1448, 1748. Besondere Vorschriften gelten auch für die Genehmigung des Gegenvormundes und des Vormundschaftsgerichts (§§ 1828—1832).

2. Die Vorschrift des § 182 Abs. 2 entspricht der für die Vollmacht geltenden Vorschrift des § 167 Abs. 2. Die Zustimmung ist wie die Vollmacht ein selbständiges Rechtsgeschäft; es gelten daher für sie die Vorschriften nicht, welche eine Form für dasjenige Rechtsgeschäft bestimmen, zu dem die Zustimmung erfordert wird. In einigen Fällen wird indessen die Zustimmung selbst an eine Form gebunden (s. z. B. § 1517; vergl. auch G.B.O. § 29).

3. Die Zustimmung kann sowohl dem einen wie dem anderen Theile gegenüber erklärt werden. In mehrfacher Beziehung kommt es indessen auf die Person desjenigen an, dem gegenüber die Zustimmung in Wirklichkeit erklärt wird. Dieser ist, wenn die Zustimmung anfecht-

bar ist, der Anfechtungsgegner. Im Falle des § 123 Abs. 2 Satz 1 hängt die Anfechtbarkeit der Zustimmung davon ab, ob derjenige die von dem Dritten verübte Täuschung kannte oder kennen mußte, dem gegenüber die Zustimmung erklärt ist. Ob der andere Theil, welchem gegenüber nach § 182 die Zustimmung auch hätte erklärt werden können, dem gegenüber sie aber in Wirklichkeit nicht erklärt ist, die Täuschung kannte oder kennen mußte, kommt für die Anwendung des § 123 Abs. 2 Satz 1 nicht in Betracht. Es fragt sich aber, ob diesem anderen Theile gegenüber die Zustimmung nicht auf Grund des § 123 Abs. 2 Satz 2 anfechtbar ist, wenn er die Täuschung kannte oder kennen mußte. Die Beantwortung dieser Frage hängt davon ab, ob der andere Theil aus der Zustimmung unmittelbar ein Recht erwirbt. Ein solcher unmittelbarer Erwerb dürfte in denjenigen Fällen anzunehmen sein, in welchen der andere Theil durch das Rechtsgeschäft, dessen Wirksamkeit von der Zustimmung abhängig ist, ein Recht erwerben sollte. Für diese Annahme sprechen im Wesentlichen dieselben Gründe, welche für die Anwendbarkeit der Vorschrift des § 123 Abs. 2 Satz 2 bei einer anfechtbaren Bevollmächtigung sprechen (s. Erl. zu § 167 Nr. 4). Genehmigt der Eigenthümer einer Sache die von einem Nichtberechtigten erfolgte Veräußerung der Sache an einen Dritten, so wird dieser durch die Genehmigung Eigenthümer. Der Erwerb des Eigenthums erfolgt freilich nicht durch die Genehmigung für sich allein, sondern dadurch, daß diese zu der früheren Veräußerung von Seiten des Nichtberechtigten hinzutritt; aber weder nach dem Wortlaute noch nach dem Zwecke des § 123 Abs. 2 Satz 2 dürfte es darauf ankommen, ob der Rechtserwerb ausschließlich auf der betreffenden Erklärung oder ob er auf der Erklärung in Verbindung mit anderen Umständen beruht; es genügt, daß der Erwerb ohne die betreffende Erklärung nicht eingetreten wäre, unmittelbar durch sie aber erfolgt ist. In dem angeführten Beispielsfall ist deshalb die Genehmigung, auch wenn sie dem Veräußerer gegenüber erklärt ist, dem Erwerber gegenüber anfechtbar, wenn dieser die Täuschung, durch welche der Genehmigende bestimmt ist, kannte oder kennen mußte. Die Anfechtung hat in diesem Falle, obwohl sie zunächst nur insoweit zulässig ist und erfolgt, als der Erwerber aus der Genehmigung unmittelbar ein Recht erworben hat, doch die Wirkung, daß die Genehmigung überhaupt nichtig ist, indem die Aufrechterhaltung gegenüber dem Veräußerer nicht möglich ist, wenn gegenüber dem Erwerber Nichtigkeit eintritt. In Folge der Unmöglichkeit, in Fällen dieser Art die Wirkung der Anfechtung auf den Erwerber zu beschränken, wird freilich der durch die Vorschrift des § 123 Abs. 2 Satz 1 verfolgte Zweck, denjenigen, welchem gegenüber eine Erklärung abgegeben wird, nicht unter der von einem Dritten verübten Täuschung leiden zu lassen, wenn er diese weder kannte noch kennen mußte, einigermaßen beeinträchtigt; aber diese Beeinträchtigung läßt sich nicht vermeiden, wenn der durch Abs. 2 Satz 2 erstrebte Zweck erreicht werden soll.

Die Einwilligung wird nicht anders behandelt werden können wie die Genehmigung. Durch die Einwilligung für sich allein erlangt freilich der Dritte noch kein Recht, sondern erst durch die nachfolgende Veräußerung; er erlangt aber auf Grund der Veräußerung das Recht nur deshalb, weil der Eigenthümer die Einwilligung zu der Veräußerung ertheilt hatte. Im Sinne des § 123 Abs. 2 Satz 2 wird man daher auch hier annehmen müssen, daß der Erwerber das Eigenthum unmittelbar aus der Einwilligung erwirbt.

In dem Bisherigen sind nur solche Fälle ins Auge gefaßt, in denen die Verfügung, welche ein Nichtberechtigter über einen Gegenstand trifft, durch die Zustimmung des Berechtigten Wirksamkeit erlangt (§ 185). Was für diese Fälle gilt, wird aber für alle Fälle gelten müssen, in denen die Wirksamkeit eines Rechtsgeschäfts von der Zustimmung eines Dritten abhängig ist. Genehmigt z. B. der gesetzliche Vertreter eines Minderjährigen den von diesem mit einem Dritten abgeschlossenen Vertrag, so erwirbt der Dritte erst auf Grund dieser Genehmigung die ihm durch den Vertrag zugesicherten Rechte. Hat ein Vertreter ohne Vertretungsmacht einen Vertrag mit einem Dritten geschlossen, so erwirbt dieser die ihm durch den Vertrag zugesicherten Rechte erst durch die Genehmigung des Vertrags von Seiten des Vertretenen. Genehmigt der Gläubiger eine Schuldübernahme, so wird der bisherige Schuldner erst durch diese Genehmigung von seiner Schuld befreit. In allen Fällen dieser Art findet daher die Vorschrift des § 123 Abs. 2 Satz 2 Anwendung. Die Zustimmung zu dem Rechtsgeschäfte, dessen Wirksamkeit von dieser Zustimmung abhängt, ist, wenn sie dem einen Theile gegenüber erklärt wurde, gegenüber dem anderen Theile, soweit dieser nach dem Inhalte des Rechtsgeschäfts ein Recht erwerben sollte, anfechtbar, wenn er die Täuschung, durch welche der Zustimmende zu seiner Erklärung bestimmt wurde, kannte oder kennen mußte.

4. Zu Abs. 3 s. Erl. zu § 111 Nr. 3, 4. Die Vorschrift findet z. B. Anwendung in dem Falle des § 1398. Eine entsprechende Vorschrift für einseitige Rechtsgeschäfte des Vormundes, zu denen derselbe der Genehmigung des Vormundschaftsgerichts bedarf, enthält der § 1831.

§. 183.

Die vorherige Zustimmung (Einwilligung) ist bis zur Vornahme des Rechtsgeschäfts widerruflich, soweit nicht aus dem ihrer Ertheilung zu Grunde liegenden Rechtsverhältnisse sich ein Anderes ergiebt. Der Widerruf kann sowohl dem einen als dem anderen Theile gegenüber erklärt werden.

---

§ 183.

E. I § 127 Abs. 3; II § 151 rev. § 179; III § 179. P. I S. 3218, 3219, 3229, 3230, 4034 4035, 6161, 6171, 11661—11664, 11942; M. I S. 245—247. P. II S. 355—357, 360, 8361, 8367 (Bd. I S. 176—178).

1. Die Einwilligung ist ein abstraktes Rechtsgeschäft. Durch die Vorschrift des § 183 Satz 1 ist sie aber mit dem zu Grunde liegenden Rechtsverhältniß in der Art verbunden, daß der regelmäßig zulässige Widerruf ausgeschlossen ist, wenn sich dessen Unzulässigkeit aus dem zu Grunde liegenden Rechtsverhältniß ergiebt. Nur für den Widerruf besteht aber diese Verbindung mit dem zu Grunde liegenden Rechtsverhältniß; im Uebrigen ist die Einwilligung von dem Bestehen oder Erlöschen jenes Rechtsverhältnisses unabhängig und gilt eine dem § 168 Satz 1 entsprechende Vorschrift nicht. Entbehrt die Einwilligung des rechtlichen Grundes, so kann nach Maßgabe der §§ 812 ff. ein Anspruch wegen ungerechtfertigter Bereicherung begründet sein. So lange das Rechtsgeschäft nicht vorgenommen ist, zu welchem die Einwilligung ertheilt wurde, ist jener Anspruch unnöthig, weil in solchem Falle die Einwilligung widerrufen werden kann. Ist das Rechtsgeschäft aber vorgenommen, so kann der Anspruch von Bedeutung sein. (Vergl. Erl. zu § 184 Nr. 2.)

Die Widerruflichkeit ist gesetzlich ausgeschlossen z. B. in den Fällen der §§ 876, 1071, 1245, 1255, 1276, 1517, 1748. Aus dem zu Grunde liegenden Rechtsverhältniß ergiebt sich die Unzulässigkeit des Widerrufs z. B. in solchen Fällen, in denen der Einwilligende zur Ertheilung der Einwilligung verpflichtet war (s. z. B. § 2120). Selbstverständlich ist, daß die Einwilligung nach der Vornahme des Rechtsgeschäfts, zu dem sie ertheilt wurde, nicht mehr widerrufen werden kann; in solchem Falle kann nur der obligatorische Anspruch wegen ungerechtfertigter Bereicherung in Frage kommen.

2. Der § 183 Satz 2 spricht die Regel, daß der Widerruf sowohl dem einen als dem anderen Theile gegenüber erklärt werden kann, ohne jede Beschränkung aus. Es fragt sich aber, ob nicht die §§ 170—173 entsprechende Anwendung finden müssen. Der E. I § 127 Abs. 3 bestimmte:

> „Auf das Erlöschen der Wirksamkeit der im Voraus ertheilten Einwilligung finden die Vorschriften über das Erlöschen der Vollmacht entsprechende Anwendung."

Durch diese Bestimmung wurden nicht nur die Vorschriften des § 119 über die unbeschränkt Widerruflichkeit der Vollmacht, sondern auch die Vorschriften der §§ 120, 121, soweit sie sich auf das Erlöschen der Vollmacht beziehen, für entsprechend anwendbar erklärt. Nach dem § 120 ist der Widerruf einer Vollmacht, welche dem Dritten, mit dem das Rechtsgeschäft vorgenommen werden soll, mitgetheilt oder öffentlich bekannt gemacht worden ist, im ersteren Falle gegenüber dem Dritten, im letzteren Falle gegenüber Jedem nur dann wirksam, wenn ihnen der Widerruf in entsprechender Weise kundgegeben oder bei der Vornahme des Rechtsgeschäfts bekannt war oder bekannt sein mußte. Nach E. I § 121 finden diese Vorschriften entsprechende Anwendung, wenn dem Bevollmächtigten eine Vollmachtsurkunde ausgehändigt und von diesem dem Dritten vorgelegt war. In Folge der Aenderung, welche der E. I § 119 in der zweiten Kommission durch die Vorschriften des § 168 erfahren hat, konnte die Vorschrift des E. I § 127 Abs. 3 nicht die bisherige Fassung behalten und wurde durch den § 183 ersetzt. Aus den P. II ist nicht ersichtlich, ob hierbei beabsichtigt ist, die entsprechende Anwendung der an die Stelle des E. I §§ 120, 121 getretenen Vorschriften der §§ 170—173 auszuschließen, oder ob man bei der Aenderung der Fassung die dadurch herbeigeführte sachliche Aenderung übersehen hat. Es kommt also darauf an, ob hier ein Fall vorliegt, in welchem die entsprechende Anwendung gerechtfertigt erscheint, obwohl sie nicht vorgeschrieben ist. Diese Frage dürfte für diejenigen Fälle zu bejahen sein, in welchen die Einwilligung in Gemäßheit der Regel des § 182 sowohl dem einen wie dem anderen Theile gegenüber erklärt werden kann. In den Fällen dieser Art sind die erheblichen Elemente des Thatbestandes für die hier vorliegende Frage bei der Einwilligung die gleichen wie bei der Vollmacht. Ob der Eigenthümer einer Sache den A. bevollmächtigt, das Eigenthum der Sache in seinem Namen an B. zu übertragen, oder ob er den A. ermächtigt, dies im eigenen Namen zu thun, ist für die Anwendung der Vorschrift des § 170 ohne Bedeutung. Ist der Widerruf der Vollmacht, wenn diese durch Erklärung gegenüber dem B. erfolgt ist, dem B. gegenüber unwirksam, wenn er ihm weder mitgetheilt noch sonst bekannt war oder bekannt sein mußte, so muß dasselbe von der Ermächtigung gelten, wenn diese dem B. gegenüber erfolgt war. Einwilligung und Ermächtigung ist sachlich gleichbedeutend. In beiden Fällen handelt es sich darum, daß A. durch die Willenserklärung des Eigenthümers die rechtliche Macht erhält, über dessen Eigenthum zu Gunsten des B. zu verfügen, und daß diese Willenserklärung, weil sie dem B. gegenüber erfolgt war, nicht hinter dessen Rücken durch eine dem A. gegenüber erfolgende Erklärung soll widerrufen werden können. Die Verschiedenheit der beiden Thatbestände besteht nur darin, daß die Eigenthumsübertragung in dem einen Falle im Namen des Eigenthümers, in dem anderen Falle im eigenen Namen des A. erfolgt, und diese Verschiedenheit ist für die hier vorliegende Frage ohne alle Bedeutung. Auf denselben Gründen wie die Vorschrift des § 170 beruhen die Vorschriften der §§ 171, 172. Das B.G.B. behandelt zwar die in Gemäßheit der letztgedachten Vorschriften erfolgende Kundgebung der Bevollmächtigung an den Dritten nicht, wie der E. I §§ 120, 121, als selbständige Ertheilung der Vollmacht. Aber diese Verschiedenheit der Konstruktion ist sachlich in der hier fraglichen Beziehung ohne Bedeutung. Auch nach den §§ 171, 172 des B.G.B. wird eine in der dort bezeichneten Art erfolgende Kundgebung der Bevollmächtigung an den Dritten deshalb ebenso wie die dem Dritten gegenüber erfolgende Bevollmächtigung behandelt, weil der Dritte in dem einen wie in dem anderen Falle darauf muß vertrauen können, daß die ihm gegenüber kundgegebene oder erfolgte Bevollmächtigung nicht hinter seinem Rücken widerrufen wird. Auch in dieser Hinsicht muß daher dasselbe von der Einwilligung gelten wie von der Bevollmächtigung. Etwas zweifelhafter liegt die Frage in denjenigen Fällen, in welchen die Einwilligung aus den in den Vorbm. zu diesem Titel Nr. 1, a. und c. bezeichneten Gründen erfordert wird. Die meisten der unter Nr. 1, c angeführten Fälle scheiden hier deshalb aus, weil in ihnen die Einwilligung nicht beiden Theilen gegenüber erklärt werden kann und überdem meistens unwiderruflich ist. Es bleiben aber noch einige praktisch nicht unwichtige Fälle übrig, in denen die Regel des § 182 Abs. 1 Anwendung findet und die Widerruflichkeit nicht beschränkt ist. Dahin gehören z. B. die Fälle der §§ 1395, 1399. Die Wirksamkeit einer Verfügung der Ehefrau über einen zu ihrem eingebrachten Vermögen gehörenden Gegenstand hängt von der Einwilligung bez. Genehmigung des Ehemanns ab. Der Ehemann hat einem Dritten gegenüber erklärt, daß er in die Uebertragung des Eigenthums einer zu dem eingebrachten Vermögen der Frau gehörenden Sache an ihn seine Einwilligung ertheile. Im Vertrauen hierauf schließt der Dritte einen Vertrag mit der Frau, durch welchen ihm diese das Eigenthum der betreffenden Sache gegen Entgelt überträgt Ist dieser Vertrag unwirksam, wenn der Mann inzwischen seine Einwilligung der Frau gegenüber widerrufen hat, obwohl dies dem Dritten weder mitgetheilt noch sonst bekannt war noch bekannt sein mußte? Aehnlich liegt die Sache in den in den Vorbm. zu diesem Titel 1. a (oben S. 232) angeführten Fällen. Der Vormund erklärt einem Dritten, daß er einwillige, daß sein Mündel eine bestimmte Sache zu einem bestimmten Preise ihm verkaufe und übertrage oder daß der Mündel ein Darlehen von einer bestimmten Höhe von ihm erhalte. Im Vertrauen auf diese Erklärung schließt der Dritte mit dem Mündel den Vertrag, durch welchen er gegen Zahlung des bestimmten Preises die Sache kauft und übertragen erhält, oder giebt dem Mündel das Darlehen. Sind diese Verträge unwirksam bezw. von der nachträglichen Genehmigung des Vormundes abhängig, wenn der Vormund dem Mündel gegenüber die Einwilligung widerruft, der Dritte aber Nichts davon erfährt? In allen Fällen dieser Art liegt insofern ein gleicher Thatbestand wie in den §§ 170—173 vor, als, ebenso wie der Bevollmächtigte durch die Vollmacht, hier derjenige, welchem die Einwilligung ertheilt wird, durch die Einwilligung die Macht erhält, einen wirksamen Vertrag mit einem Dritten abzuschließen, und daß der Dritte durch die ihm gegenüber erklärte Einwilligung ebenso wie durch die ihm gegenüber erklärte Vollmacht zu dem Vertrauen berechtigt war, daß er den Vertrag wirksam abschließen könne. Ebenso wie in den Fällen der §§ 170—173 würde es wider Treu und Glauben verstoßen, wenn der Einwilligende sich darauf berufen könnte, daß er die dem Dritten gegenüber erklärte Einwilligung hinter dessen Rücken, und ohne daß dieser etwas davon erfahren, widerrufen habe. Auch in den Fällen dieser Art dürfte daher die entsprechende Anwendung der §§ 170—173 auf den Widerruf der Einwilligung gerechtfertigt sein.

3. Die Verweigerung der Einwilligung ist kein Rechtsgeschäft; sie ist nur die Erklärung, das Rechtsgeschäft der Einwilligung nicht vornehmen zu wollen. Sie ist daher widerruflich d. h. die Einwilligung kann auch, wenn sie zuerst verweigert ist, nachträglich ertheilt werden (s. Vorbm. zum dritten Abschnitt VIII, oben S. 146).

§. 184.

Die nachträgliche Zustimmung (Genehmigung) wirkt auf den Zeitpunkt der Vornahme des Rechtsgeschäfts zurück, soweit nicht ein Anderes bestimmt ist.

Durch die Rückwirkung werden Verfügungen nicht unwirksam, die vor der Genehmigung über den Gegenstand des Rechtsgeschäfts von dem Genehmigenden getroffen worden oder im Wege der Zwangsvollstreckung oder der Arrestvollziehung oder durch den Konkursverwalter erfolgt sind.

---

§ 184.

E. I § 127 Abs. 4; II § 152 rev. § 180; III § 180. P. I S. 3218, 3219, 3229, 3230, 4034, 4035, 6161, 6171, 11661—11664, 11942; M. I S. 247. P. II S. 356, 357, 360, 8369—8371, 8375, 8376 (Bd. I S. 176—178).

1. Die in dem § 184 vorgeschriebene **Rückwirkung der Genehmigung** entspricht dem Begriffe der Genehmigung. Die Vorschrift ist nicht eine Auslegungsvorschrift, sondern dispositiver Natur. Die Rückwirkung begründet nicht nur eine obligatorische Verpflichtung des Genehmigenden, sondern hat die Folge, daß das genehmigte Rechtsgeschäft als von Anfang an wirksam gilt. Das von einem Anderen als dem Eigenthümer übertragene Eigenthum einer Sache gilt, wenn die Genehmigung des Eigenthümers erfolgt, als mit der Uebertragung übergegangen; der von einem Minderjährigen abgeschlossene Vertrag wird, wenn der gesetzliche Vertreter die Genehmigung dazu ertheilt, als von Anfang an wirksam angesehen. Die im § 184 Abs. 2 von der Rückwirkung gemachte Ausnahme beruht auf der Erwägung, daß der Genehmigende durch seine Genehmigung nicht die von ihm selbst vorgenommenen Verfügungen unwirksam machen kann. Ueber den Begriff der Verfügung s. Vorbm. zu diesem Abschn. IX. 3, oben S. 148. Die Folge dieser Ausnahme kann sein, daß das Rechtsgeschäft trotz der Genehmigung nicht wirksam wird. Hat der gesetzliche Vertreter eines Minderjährigen, welcher die von diesem vorgenommene Abtretung einer Forderung genehmigt, dieselbe Forderung in der Zwischenzeit zwischen der Abtretung und der Genehmigung an einen Anderen abgetreten, so wird die von dem Minderjährigen vorgenommene Abtretung trotz der Genehmigung nicht wirksam. In anderen Fällen wird das Rechtsgeschäft durch die Genehmigung zwar wirksam, aber seine Wirkungen werden insoweit beschränkt, als zur Aufrechterhaltung der von dem Genehmigenden in der Zwischenzeit getroffenen Verfügung erforderlich ist. Hat in dem obigen Beispielsfalle der gesetzliche Vertreter die Forderung in der Zwischenzeit verpfändet, so wird die Abtretung durch die Genehmigung wirksam, aber die Forderung geht nur als eine mit dem Pfandrechte belastete über. Die im Wege der Zwangsvollstreckung oder Arrestvollziehung gegen den Genehmigenden oder durch den Verwalter im Konkurs über sein Vermögen getroffenen Verfügungen werden den eigenen Verfügungen des Genehmigenden gleichgestellt, weil sie aus dessen Rechte erfolgen und deshalb ebenso wie die eigenen Verfügungen gegen spätere Beeinträchtigungen des Genehmigenden gesichert sein müssen.

2. Die Genehmigung ist ebenso wie die Einwilligung ein **abstraktes Rechtsgeschäft**; ihre Wirksamkeit ist daher unabhängig von dem ihr zu Grunde liegenden Rechtsverhältniß. Ist sie aber ohne rechtlichen Grund ertheilt, so kann ein Anspruch wegen ungerechtfertigter Bereicherung nach Maßgabe der §§ 812ff. (vergl. Erl. zu § 183 Nr. 1) auf Herausgabe desjenigen begründet sein, was der andere Theil durch die Genehmigung auf Kosten des Genehmigenden erlangt hat. Auf diesem Wege kann unter Umständen die Zurückübertragung des durch die Genehmigung einer Verfügung übergegangenen Rechtes verlangt werden. Widerruflich ist die Genehmigung nicht.

3. Die Verweigerung der Genehmigung ist an sich, ebenso wie die Verweigerung der Einwilligung, kein Rechtsgeschäft, sondern nur die Ablehnung des Gesuchs, ein Rechtsgeschäft vorzunehmen, und daher **widerruflich**. Wo das Gesetz aber an die Verweigerung der Genehmigung die Folge knüpft, daß das Rechtsgeschäft, zu dessen Wirksamkeit die Genehmigung erforderlich ist, unwirksam wird, muß die Verweigerung als ein Rechtsgeschäft oder doch als eine nach den Vorschriften über Rechtsgeschäfte zu beurtheilende Rechtshandlung angesehen werden. In Fällen dieser Art ist die Verweigerung der Genehmigung **unwiderruflich** oder, richtiger ausgedrückt, die Genehmigung ist, nachdem sie verweigert worden, nicht mehr möglich, weil das Rechtsgeschäft, dessen Wirksamkeit von der Genehmigung abhing, nicht mehr besteht. Ausdrücklich bestimmt ist in dem § 415, daß die Schuldübernahme als nicht erfolgt gilt, wenn der Gläubiger die Genehmigung dazu verweigert. Man darf indessen daraus, daß in anderen Fällen eine derartige Bestimmung fehlt, nicht schließen, daß in ihnen die Verweigerung der Genehmigung die Unwirksamkeit des der Genehmigung bedürfenden Rechtsgeschäfts nicht zur Folge habe, daß dieses also trotzdem bestehen bleibe und nachträglich noch jederzeit genehmigt werden

§. 185.

Eine Verfügung, die ein Nichtberechtigter über einen Gegenstand trifft, ist wirksam, wenn sie mit Einwilligung des Berechtigten erfolgt.

Die Verfügung wird wirksam, wenn der Berechtigte sie genehmigt oder wenn der Verfügende den Gegenstand erwirbt oder wenn er von dem Berechtigten beerbt wird und dieser für die Nachlaßverbindlichkeiten unbeschränkt haftet. In den beiden letzteren Fällen wird, wenn über den Gegenstand mehrere mit einander nicht in Einklang stehende Verfügungen getroffen worden sind, nur die frühere Verfügung wirksam.

---

könne. Aus dem Zwecke der betreffenden Vorschrift und ihrem Zusammenhange mit anderen Vorschriften muß vielmehr in jedem einzelnen Falle ermittelt werden, in welchem Sinne die Vorschrift gemeint ist. Hiernach ist z. B. in den Fällen der §§ 108, 177 anzunehmen, daß der von dem Minderjährigen bezw. dem Vertreter ohne Vertretungsmacht geschlossene Vertrag unwirksam wird, wenn der gesetzliche Vertreter bezw. der Vertretene die Genehmigung verweigert. Die in jenen Paragraphen getroffenen Bestimmungen ergeben, daß es als ein berechtigtes Interesse des anderen Theiles angesehen wird, Gewißheit darüber zu erlangen, ob er durch den Vertrag noch ferner gebunden ist oder nicht. Diesem Interesse würde aber nicht genügend Rechnung getragen werden, wenn der Vertrag nach der Verweigerung der Genehmigung noch nachträglich jederzeit genehmigt werden könnte und dadurch Wirksamkeit erlangte (s. auch Vorbm. zum dritten Abschnitt VIII, oben S. 146, und Erl. zu § 108 Nr. 4, 5).

§ 185.

E. II § 153 rev. § 181; III § 181. P. II S. 360, 361 (Bd. I S. 179).

1. Der E. I hatte eine dem § 185 entsprechende Vorschrift in den §§ 310, 830, 876 nur für die Fälle der Abtretung einer Forderung, der Bewilligung einer Eintragung in das Grundbuch und der Veräußerung einer beweglichen Sache gegeben. Nach den M. II S. 139 wurde indessen angenommen, daß das in diesen Vorschriften zum Ausdrucke gelangende Prinzip auch in anderen entsprechenden Fällen zur Anwendung kommen werde. Von der zweiten Kommission wurde es für zweckmäßiger gehalten, das Prinzip selbst auszusprechen. Streng genommen würden in diesen Titel nur die Vorschriften gehören, welche sich auf die Einwilligung oder Genehmigung des Berechtigten beziehen. Bei dem inneren Zusammenhang, in welchem mit der Konvaleszenz einer Verfügung durch Genehmigung die beiden anderen in dem zweiten Absatze bezeichneten Fälle der Konvaleszenz stehen, sind auch diese in dem § 185 geregelt.

2. Der § 185 bezieht sich nur auf Verfügungen (s. die Vorbm. zu dies. Abschn. IX. 3, oben S. 148) nicht auf obligatorische Rechtsgeschäfte; er bezieht sich auf Verfügungen jeder Art, mag die Verfügung sich auf das Eigenthum oder auf das Recht an einer Sache oder auf ein sonstiges Recht, z. B. eine Forderung beziehen, mag sie durch Vertrag oder einseitiges Rechtsgeschäft erfolgen.

3. Der Berechtigte kann durch seine Einwilligung einem Anderen die Macht verleihen, über sein Recht zu verfügen. Deshalb ist die mit solcher Einwilligung getroffene Verfügung von Anfang an wirksam. Einen mehr positiven Charakter hat die Vorschrift, daß die von dem Nichtberechtigten getroffene Verfügung durch den Eintritt der in dem § 185 Abs. 2 bezeichneten Umstände nachträglich wirksam wird. Rücksichten der Billigkeit und Zweckmäßigkeit haben schon in den meisten bisherigen Rechten dahin geführt, jenen Umständen einen gewissen Einfluß auf die Wirksamkeit des Rechtsgeschäfts einzuräumen; jedoch ist der in dem § 185 ausgesprochene Grundsatz keineswegs allgemein anerkannt; im gemeinen Rechte finden z. B. die in dem § 185 neben der Genehmigung bezeichneten Umstände nur in der Form der exceptio rei venditae et traditae Berücksichtigung. Muß aber anerkannt werden, daß das Unrecht, welches in der Verfügung über einen Gegenstand von Seiten eines Nichtberechtigten liegt, materiell durch die Genehmigung des Berechtigten sowie dadurch geheilt wird, daß der Verfügende den Gegenstand erwirbt oder daß er von dem Berechtigten beerbt wird, so erscheint es unbedenklich und im Interesse der Einfachheit des Rechtes geboten, jenen Gedanken durch die Vorschrift zum Ausdrucke zu bringen, daß die Verfügung unter den bezeichneten Voraussetzungen wirksam wird.

In dem Falle der Genehmignng von Seiten des Berechtigten tritt Rückwirkung nach Maßgabe des § 184 ein; in den anderen beiden im Abs. 2 bezeichneten Fällen findet keine Rückwirkung statt. Die Verfügung wird nicht nur dann wirksam, wenn derjenige, welcher zur Zeit der Verfügung der Berechtigte war, sie genehmigt, sondern auch dann, wenn der Genehmigende das Recht erst später erworben hat. Ebenso kommt es in den beiden anderen Fällen des zweiten Absatzes nicht darauf an, ob der Verfügende das Recht von demjenigen, welcher zur Zeit der

Verfügung der Berechtigte war, oder ob er es in anderer Weise erworben hat und ob der Verfügende von dem zur Zeit der Verfügung Berechtigten oder von einem später Berechtigten beerbt wird. Erforderlich ist nur, daß der wirklich Berechtigte die Verfügung genehmigt oder daß in derselben Person Verfügung und Recht zusammenfallen. Der Erbe des Verfügenden wird nach den Grundsätzen des Erbrechts wie der Verfügende selbst behandelt.

4. Die Frage, ob der Berechtigte, wenn er die Genehmigung verweigert hat, sie nachträglich noch ertheilen kann und ob die Parteien also auch noch nach der Verweigerung gebunden sind (s. Erl. zu § 184 Nr. 3), läßt sich allgemein weder bejahen noch verneinen. Das B.G.B. enthält in dieser Beziehung keine Vorschrift. Für die Entscheidung der Frage muß daher die Absicht der Parteien bei der Vornahme der Verfügung maßgebend sein. Ist die Verfügung unter der Bedingung getroffen, daß der Berechtigte die Genehmigung ertheile, so wird wenigstens im Zweifel die Bedingung als ausgefallen und die Verfügung daher als nicht erfolgt anzusehen sein, wenn die Genehmigung verweigert wird. Dasselbe gilt, wenn die Parteien zwar die Genehmigung nicht als Bedingung gesetzt haben, aber doch darüber einverstanden gewesen sind, daß die Genehmigung nachgesucht werden solle. Ein solches Einverständniß wird man regelmäßig dann annehmen können, wenn beide Theile gewußt haben, daß der Verfügende zu der Verfügung nicht berechtigt sei; auch unter dieser Voraussetzung kann aber nach den Umständen des einzelnen Falles die Annahme berechtigt sein, daß eine unbeschränkte Dauer der Bindung beabsichtigt ist. Immer wird dies anzunehmen sein, wenn die Parteien nicht gewußt haben, daß der Verfügende zu der Verfügung nicht berechtigt sei. In einem solchen Falle wollten die Parteien eine sofort und für immer wirksame Verfügung. Die sofortige Wirksamkeit tritt wegen des Mangels im Rechte des Verfügenden nicht ein; da die Verfügung aber nach § 185 noch wirksam werden kann, so entspricht die fortdauernde Bindung der Absicht der Parteien.

Ist die Verfügung durch die Verweigerung der Genehmigung definitiv unwirksam geworden, so kann sie auch nicht mehr dadurch wirksam werden, daß der Verfügende den Gegenstand erwirbt oder daß er von dem Berechtigten beerbt wird.

5. Die Fälle, in welchen der Erbe für die Nachlaßverbindlichkeiten unbeschränkt haftet, werden in den §§ 1994, 2005, 2006 bestimmt. Da die Haftung des Erben für die Nachlaßverbindlichkeiten sich unter den in den §§ 1975 ff. bestimmten Voraussetzungen auf den Nachlaß beschränkt und, wenn diese Beschränkung geltend gemacht wird, eine vollständige Vereinigung des Vermögens des Erblassers mit dem des Erben nicht stattfindet, so fällt, auch wenn der Berechtigte Erbe des Verfügenden geworden ist, Verfügung und Berechtigung nur dann vollständig in einer Person zusammen und trifft also nur dann der Grund, auf welchem die Vorschrift des § 185 beruht, zu, wenn die Möglichkeit jener Beschränkung der Haftung auf den Nachlaß weggefallen ist, der Erbe also unbeschränkt haftet. Ob der Erbe von der Beschränkung der Haftung Gebrauch macht oder nicht, ist gleichgültig; die Rücksicht auf die Praktikabilität des Rechtes nöthigte dazu, hierauf keine Rücksicht zu nehmen, sondern die Konvaleszenz nur eintreten zu lassen, wenn die unbeschränkte Haftung des Erben feststeht. Ist dies nicht der Fall, so können gegen den Erben des Verfügenden nur diejenigen obligatorischen Ansprüche geltend gemacht werden, welche gegen den Verfügenden begründet sind.

6. Sind mehrere Verfügungen über denselben Gegenstand getroffen, ist z. B. dieselbe Forderung nach einander an verschiedene Personen abgetreten, so würden nach dem Wortlaute des § 185 Abs. 2 Satz 1 alle diese Verfügungen wirksam werden, wenn der Verfügende die Forderung erwirbt oder wenn er von dem Berechtigten beerbt wird. Dies ist unmöglich, der Abs. 2 Satz 2 bestimmt deshalb, daß in dem gedachten Falle nur die frühere Verfügung wirksam wird.

Im Falle der Genehmigung kann ein solcher Konflikt nicht eintreten. Hier ist entscheidend, welche Verfügung der Berechtigte genehmigt. Mit der Genehmigung hört er auf, berechtigt zu sein; er kann daher später eine andere Verfügung nicht mehr genehmigen. Nur wenn der Berechtigte, was wohl nicht leicht vorkommen wird, die mehreren Verfügungen gleichzeitig genehmigte, würde ein ähnlicher Konflikt wie der oben bezeichnete eintreten und die Vorschrift des Abs. 2 Satz 2 entsprechend anzuwenden sein.

Vierter Abschnitt.

Fristen. Termine.

§. 186.

Für die in Gesetzen, gerichtlichen Verfügungen und Rechtsgeschäften enthaltenen Frist- und Terminsbestimmungen gelten die Auslegungsvorschriften der §§. 187 bis 193.

§. 187.

Ist für den Anfang einer Frist ein Ereigniß oder ein in den Lauf eines Tages fallender Zeitpunkt maßgebend, so wird bei der Berechnung der Frist der Tag nicht mitgerechnet, in welchen das Ereigniß oder der Zeitpunkt fällt.

Ist der Beginn eines Tages der für den Anfang einer Frist maßgebende Zeitpunkt, so wird dieser Tag bei der Berechnung der Frist mitgerechnet. Das Gleiche gilt von dem Tage der Geburt bei der Berechnung des Lebensalters.

Vierter Abschnitt.

§ 186.

E. I § 147; II § 154 rev. § 182; III § 182. P. I S. 315; M. I S. 282. P. II S. 378 (Bd. I S. 188).

1. Nur Auslegungsregeln enthalten die §§ 187—193. Soweit sich bei einer gesetzlichen Frist aus dem Gesetze, bei einer gerichtlichen Frist aus der gerichtlichen Verfügung, bei einer rechtsgeschäftlichen Frist aus dem Rechtsgeschäft eine abweichende Bestimmung als gewollt ergiebt, findet diese Anwendung. Die §§ 187—193 schließen sich zum Theil an die Art. 328 ff. des früheren H.G.B. an, weichen indessen in einzelnen Beziehungen davon ab. In dem neuen H.G.B. sind die Art. 328 ff. weggelassen; auch in Handelssachen sollen künftig die Vorschriften der §§ 187—193 Anwendung finden.

2. Die Fristen laufen regelmäßig ohne Rücksicht darauf, ob derjenige, welcher innerhalb der Frist eine Handlung vorzunehmen hatte, dazu im Stande war oder nicht. Für die Verjährungsfrist gelten indessen die besonderen Vorschriften der §§ 202—207 über Hemmung der Verjährung. Für Präklusivfristen gelten diese Vorschriften regelmäßig nicht. In einer Reihe von Fällen sind indessen aus Gründen der Billigkeit (s. P. II S. 8812, 8813) die §§ 203, 206, 207 auch auf Präklusivfristen für anwendbar erklärt; so in den §§ 210, 212 Abs. 2, 215 Abs. 2, 802, 1002 Abs. 2, 1954 Abs. 2 Satz 2, 2082 Abs. 2 Satz 2. Nur die §§ 203, 206 sind für anwendbar erklärt in den §§ 1339 Abs. 3, 1571 Abs. 4, 1594 Abs. 3, 1599, 1944 Abs. 2, 2283 Abs. 2. Der § 207 kann in den Fällen dieser Paragraphen nicht in Frage kommen. Nur die §§ 203 Abs. 2, 206, 207 sind in dem § 124 für anwendbar erklärt, indem der § 203 Abs. 1 hier nicht in Frage kommen kann. Nur die §§ 203 Abs. 1, 206 finden im Falle des § 1997 Anwendung.

§ 187.

E. I § 148 Abs. 1; II § 155 rev. § 183; III § 183. P. I S. 316; M. I S. 282—285. P. II S. 378, 379 (Bd. I S. 188, 189).

1. Der Tag ist die kürzeste Zeiteinheit, die bei der Berechnung einer Frist berücksichtigt wird. In Folge davon muß, wenn eine Frist mit einem Ereigniß oder einem in den Lauf eines Tages fallenden Zeitpunkte beginnt, der Tag, in welchen das Ereigniß oder der Zeitpunkt fällt, entweder ganz oder gar nicht gerechnet werden. Beide Berechnungsweisen kommen in den bisherigen Rechten vor. Das B.G.B. entscheidet sich im Anschluß an die C.P.O. § 199 für die letztere Art der Berechnung. Die Vorschrift des Abs. 1 gilt auch für eine eintägige Frist. Sie findet aber keine Anwendung bei Fristen, die nach kürzeren Zeitabschnitten wie Tagen bestimmt sind. Bei diesen, insbesondere bei den nach Stunden bestimmten Fristen, findet die Naturalkomputation statt.

§. 188.

Eine nach Tagen bestimmte Frist endigt mit dem Ablaufe des letzten Tages der Frist.

Eine Frist, die nach Wochen, nach Monaten oder nach einem mehrere Monate umfassenden Zeitraume — Jahr, halbes Jahr, Vierteljahr — bestimmt ist, endigt im Falle des §. 187 Abs. 1 mit dem Ablaufe desjenigen Tages der letzten Woche oder des letzten Monats, welcher durch seine Benennung oder seine Zahl dem Tage entspricht, in den das Ereigniß oder der Zeitpunkt fällt, im Falle des §. 187 Abs. 2 mit dem Ablaufe desjenigen Tages der letzten Woche oder des letzten Monats, welcher dem Tage vorhergeht, der durch seine Benennung oder seine Zahl dem Anfangstage der Frist entspricht.

Fehlt bei einer nach Monaten bestimmten Frist in dem letzten Monate der für ihren Ablauf maßgebende Tag, so endigt die Frist mit dem Ablaufe des letzten Tages dieses Monats.

§. 189.

Unter einem halben Jahre wird eine Frist von sechs Monaten, unter einem Vierteljahre eine Frist von drei Monaten, unter einem halben Monat eine Frist von fünfzehn Tagen verstanden.

Ist eine Frist auf einen oder mehrere ganze Monate und einen halben Monat gestellt, so sind die fünfzehn Tage zuletzt zu zählen.

---

2. Die Nothwendigkeit, einen Stücktag unberücksichtigt zu lassen, fällt weg, wenn die Frist mit dem Beginn eines Tages anfängt. Hier wird der betreffende Tag mitgerechnet. Bei Berechnung des Lebensalters würde, da die Geburt ein in den Lauf eines Tages fallendes Ereigniß ist, in Ermangelung besonderer Vorschriften der Abs. 1 zur Anwendung kommen. Der E. I blieb hierbei stehen. Die zweite Kommission hielt es der Auffassung des Lebens für mehr entsprechend, ein Lebensjahr schon mit dem Ablaufe des dem Geburtstage vorhergehenden Tages für vollendet anzusehen. Aus dem Abs. 2 Satz 2 in Verbindung mit dem § 188 ergiebt sich, daß die Volljährigkeit eines am ersten Januar 1900 geborenen Menschen mit dem Ablaufe des einunddreißigsten Dezember 1920 eintritt. Zu beachten ist indessen, daß es sich hier, wie bei allen Vorschriften dieses Titels, nur um Auslegungsvorschriften handelt. Ist durch Rechtsgeschäft bestimmt, daß ein Recht erworben werde, wenn eine bestimmte Handlung vor Vollendung des einundzwanzigsten Lebensjahrs vorgenommen werde, so wird nicht selten anzunehmen sein, daß es genügen soll, wenn die Handlung noch an dem Geburtstage selbst vorgenommen wird.

§ 188.

E. I § 148 Abs. 2, § 149; II § 156 rev. § 184; III § 184. P. I S. 316, 317; M. I S. 282—285. P. II S. 379, 380, 8385 (Bd. I S. 189).

Die Vorschrift des § 188 entspricht dem früheren § 200 der C.P.O. und ist nur durch Berücksichtigung der Fristen, welche mehrere Monate oder Jahre betragen, vervollständigt. In dem jetzigen § 222 der C.P.O., der an die Stelle des früheren § 200 getreten ist, wird für die Berechnung der Fristen auf das B.G.B. verwiesen. Modifikationen des § 188 ergeben sich aus den §§ 191, 193.

§ 189.

E. I § 150; II § 157 rev. § 185; III § 185. P. I S. 317, 318; M. I S. 285. P. II S. 380, 8385, 8386 (Bd. I S. 189).

Die Berechnung der nach Abs. 2 zuletzt zu zählenden fünfzehn Tage bestimmt sich nach § 187 Abs. 2.

Keine Vorschrift enthält das B.G.B. darüber, welche Bedeutung die Bestimmung einer Frist von acht oder vierzehn Tagen hat. Es ist eine Frage der Auslegung, ob hierunter eine Frist von einer Woche bezw. zwei Wochen oder, dem Wortlaut entsprechend, von acht bezw. vierzehn Tagen zu verstehen ist. Der Art. 328 Nr. 1 des H.G.B., welcher das letztere bestimmte, ist in dem früheren H.G.B. weggelassen.

§. 190.

Im Falle der Verlängerung einer Frist wird die neue Frist von dem Ablaufe der vorigen Frist an berechnet.

§. 191.

Ist ein Zeitraum nach Monaten oder nach Jahren in dem Sinne bestimmt, daß er nicht zusammenhängend zu verlaufen braucht, so wird der Monat zu dreißig, das Jahr zu dreihundertfünfundsechzig Tagen gerechnet.

§. 192.

Unter Anfang des Monats wird der erste, unter Mitte des Monats der fünfzehnte, unter Ende des Monats der letzte Tag des Monats verstanden.

§. 193.

Ist an einem bestimmten Tage oder innerhalb einer Frist eine Willenserklärung abzugeben oder eine Leistung zu bewirken und fällt der bestimmte Tag oder der letzte Tag der Frist auf einen Sonntag oder einen am Erklärungs- oder Leistungsorte staatlich anerkannten allgemeinen Feiertag, so tritt an die Stelle des Sonntags oder des Feiertags der nächstfolgende Werktag.

---

§ 190.

E. I § 152; II § 158 rev. § 186; III § 186. P. I S. 318; M. I S. 286. P. II S. 380 (Bd. I S. 189).

Die dem § 202 Abs. 3 der C.P.O. entsprechende Vorschrift des § 190 findet sowohl dann Anwendung, wenn die Verlängerung während des Laufes der Frist, als auch dann, wenn sie nach deren Ablauf erfolgt. Vorausgesetzt wird nur, daß es sich wirklich um eine Verlängerung, nicht um die Bestimmung einer neuen Frist handelt. Da die ursprüngliche Frist immer mit dem Ablauf eines Tages endet, so findet auf die Berechnung der Verlängerung der § 187 Abs. 2 Anwendung.

§ 191.

E. I § 151; II § 159 rev. § 187; III § 187. P. I S. 318, 319; M. I S. 286. P. II S. 380 (Bd. I S. 189).

Der E. I § 151 sprach die Regel des § 191 allgemein für den Fall aus, daß der § 149 (§ 188 des B.G.B.) keine Anwendung finde. Gedacht wurde dabei hauptsächlich auch an den in dem § 191 bezeichneten Fall. Durch die Beschränkung der Vorschrift auf diesen Fall wird eine entsprechende Anwendung des § 191 auf andere Fälle, in denen der § 188 keine Anwendung findet, nicht ausgeschlossen. Von praktischer Bedeutung dürften solche Fälle kaum sein. Anwendung findet der § 191 z. B. dann, wenn in dem Vertrage mit einem Geschäftsreisenden vereinbart ist, daß derselbe jedes Jahr neun Monate für den Geschäftsherrn reisen solle, oder wenn bei dem Vermächtniß eines Landguts dem Vermächtnißnehmer die Auflage gemacht ist, jährlich mindestens vier Monat auf dem Landgute zu wohnen.

Auf die Berechnung der Verjährungsfrist im Falle einer Hemmung der Verjährung findet der § 191 keine Anwendung (s. Erl. zu § 205 Nr. 2).

§ 192.

E. I § 153; II § 160 rev. § 188; III § 188. P. I S. 317, 318; M. I S. 286. P. II S. 380. (Bd. I S. 189).

Eine in Rechtsgeschäften nicht selten vorkommende Bestimmung der in dem § 192 bezeichneten Art ist also als Bestimmung eines dies certus auszulegen.

§ 193

E. II § 228 rev. § 265; III § 265; M. I S. 286, 287. P. II S. 381—389, 621 (Bd. I S. 190—194, 745, 747). K.B. S. 1958, 1959. St.B. S. 2751.

1. Der E. I enthielt eine dem § 193 entsprechende Bestimmung nicht. Der E. II § 228 sowie der E. III § 265 gaben zwar nicht in dem allgemeinen Theile, aber in dem Rechte der Schuldverhältnisse eine entsprechende Vorschrift; diese beschränkte sich auf den Fall, daß der Tag, an welchem, oder der letzte Tag einer Frist, innerhalb deren eine geschuldete L e i s t u n g zu bewirken ist, auf einen Sonntag oder einen staatlich anerkannten allgemeinen Feiertag fällt. Der

Fünfter Abschnitt.

Verjährung.

§ 193, dessen jetzige Fassung auf einem Beschlusse der R.K. beruht, dehnt die Vorschrift auch auf solche Fälle aus, in welchen eine Willenserklärung an einem bestimmten Tage oder innerhalb einer Frist abzugeben ist. Die Vorschrift bezieht sich nicht nur auf die durch Rechtsgeschäft, sondern auch auf die durch das Gesetz oder durch richterliche Verfügung bestimmten Termine und Fristen. Sie findet also z. B. Anwendung sowohl auf die durch ein Rechtsgeschäft bestimmte Kündigungsfrist als auch auf die durch das Gesetz bestimmte Anfechtungsfrist; sie findet auch Anwendung auf diejenigen Fristen, welche nach gesetzlicher Vorschrift eine Partei der anderen zu setzen berechtigt ist (s. z. B. die §§ 108, 177). Die Frist wird, wenn der letzte Tag derselben ein Sonntag oder ein staatlich anerkannter allgemeiner Feiertag ist, um einen Tag verlängert. Die Verlängerung der Frist kann, wenn ein Sonntag und ein oder mehrere Feiertage auf einander folgen, zwei bezw. drei Tage betragen. Erst an dem nächstfolgenden Werktage braucht die Leistung oder Willenserklärung zu erfolgen. Nicht bestimmt ist aber, daß die Leistung oder Willenserklärung überhaupt nicht an einem Sonntag oder Feiertag erfolgen könne oder an einem solchen nicht angenommen zu werden brauche. Nur dann, wenn die Leistung oder Willenserklärung an einem bestimmten Tage erfolgen muß, kann sie an diesem Tage, wenn dieser ein Sonntag oder Feiertag ist, nicht erfolgen oder braucht doch nicht angenommen zu werden. Muß die Leistung oder Willenserklärung nur innerhalb einer bestimmten Frist erfolgen, so kann sie wirksam auch an einem Sonntag oder Feiertag erfolgen, wenn dieser in die Frist fällt.

Auch die Vorschrift des § 193 ist nach § 186 nur eine Auslegungsregel. Daraus ergiebt sich, daß sie bei Fixgeschäften keine Anwendung findet, indem bei diesen die Natur und der Zweck des Geschäfts die Hinausschiebung des Leistungstags verbietet. Auch in anderen Fällen kann sich übrigens aus den Umständen ergeben, daß die Vorschriften des § 193 keine Anwendung finden sollen.

2. Welcher Ort der Erklärungs- oder Leistungsort ist, bestimmt sich nach dem zu Grunde liegenden Rechtsverhältniß. Ueber den Leistungsort s. § 269.

3. Welche Feiertage staatlich anerkannte allgemeine Feiertage sind, bestimmt sich in Ermangelung einer reichsgesetzlichen Vorschrift nach den Landesgesetzen.

4. In einem dem § 222 (früher § 200) der C.P.O. hinzugefügten Absatz ist noch bestimmt, daß bei der Berechnung einer nach Stunden bestimmten Frist Sonntage und allgemeine Feiertage nicht mitgerechnet werden.

Fünfter Abschnitt.

1. Das B.G.B. enthält keine allgemeinen Vorschriften über die Wirkungen, welche das Bestehen eines thatsächlichen Zustandes während längerer Zeit hat. Den Instituten der Ersitzung, der Klageverjährung, des Untergangs der Rechte durch non usus liegt zwar der gemeinschaftliche Gedanke zu Grunde, daß ein durch längere Zeit fortdauernder Zustand einen gewissen Schutz erhalten soll; aber die Art dieses Schutzes ist bei den verschiedenen Instituten eine zu verschiedene, als daß die Aufstellung gemeinsamer Rechtssätze möglich wäre. Das B.G.B. stellt deshalb allgemeine Vorschriften nur für die Verjährung der Ansprüche auf und behandelt im Uebrigen den Einfluß der Zeit bei denjenigen Instituten, bei welchen ein solcher Einfluß anerkannt wird (s. Nr. 2, 3). Ueber den Begriff des Anspruchs s. Vorbm. z. diesem B. VII, oben S. 47, 48. Die Anspruchsverjährung des B.G.B. schließt sich im Allgemeinen der sog. Klageverjährung des gemeinen Rechtes an, baut das Institut aber auf einer etwas verschiedenen Grundlage unter Berücksichtigung des praktischen Bedürfnisses auf. Den Vorschriften des B.G.B. liegt der Gedanke zu Grunde, daß, wenn ein Anspruch längere Zeit hindurch nicht geltend gemacht ist, eine gewisse Wahrscheinlichkeit dafür spricht, daß er entweder überhaupt nicht zur Entstehung gelangt oder daß er erloschen sei. Dem Verpflichteten soll in diesem Falle nicht zugemuthet werden, sich auf die Erörterung der Frage einzulassen, ob der Anspruch bestehe. Der Ablauf der Zeit hat nicht die Wirkung, daß der Anspruch erlischt; aber dem Verpflichteten wird das Recht eingeräumt, die Leistung zu verweigern (§ 222). Die Verjährung begründet daher nur eine zivilrechtliche Einrede (s. Vorbm. a. a. O. VIII, oben S. 48, 49). In einzelnen Fällen hat die Verjährung des auf einem dinglichen Rechte beruhenden Anspruchs auf Herstellung des dem Rechte entsprechenden Zustandes die Folge, daß das dingliche Recht selbst erlischt (§§ 901, 1028).

Bei der Verjährung kommt freilich auch das öffentliche Interesse an der Erhaltung des Rechtsfriedens in Betracht; dieses wird aber nach der Auffassung des B.G.B. durch das den Verpflichteten eingeräumte Recht genügend gesichert.

§. 194.

Das Recht, von einem Anderen ein Thun oder ein Unterlassen zu verlangen (Anspruch), unterliegt der Verjährung.

Der Anspruch aus einem familienrechtlichen Verhältniß unterliegt der Verjährung nicht, soweit er auf die Herstellung des dem Verhältniß entsprechenden Zustandes für die Zukunft gerichtet ist.

Die Kritik, welche **Hölder** im Archiv für bürgerliches Recht XI an den Vorschriften des B.G.B. über die Verjährung übt, beruht auf einer Auffassung der Verjährung, die dem B.G.B. fremd ist. Der Standpunkt des B.G.B. dürfte den Vorzug verdienen.

2. Von der Verjährung der Ansprüche zu unterscheiden ist das **Erlöschen der Rechte durch Ablauf einer Ausschlußfrist.** Ein solches Erlöschen findet in einzelnen Fällen auch bei Ansprüchen statt; **nur** auf diesem Wege wird dem Ablaufe der Zeit Einfluß eingeräumt auf den Bestand solcher Rechte, die keine Ansprüche sind. Vom gesetzgeberischen Standpunkt ist es in einzelnen Fällen eine Zweckmäßigkeitsfrage, ob das einer Person einzuräumende Recht als Anspruch konstruirt werden soll oder nicht. Von dem gewählten Wege hängt es ab, ob die Verjährung stattfindet oder nicht. So hat z. B. das B.G.B. das Recht des Käufers auf Wandelung als Anspruch auf Rückgängigmachung des Kaufes konstruirt (§§ 462, 465); daher unterliegt dieser Anspruch der Verjährung (§ 477). Das Rücktrittsrecht ist dagegen kein Anspruch (§§ 346, 349); es erlischt daher nur durch Ablauf der vereinbarten oder nach Maßgabe des § 355 von dem anderen Theile bestimmten Ausschlußfrist. Vorschriften über das Erlöschen von Rechten durch Ablauf einer Ausschlußfrist finden sich z. B. in den §§ 121, 124, 561 Abs. 2, 703, 801, 861, 862, 864, 927, 1123, 1170, 1171, 1188, 1289, 1339, 1594, 1944, 1954, 1974, 1995, 1996, 2060, 2061, 2081, 2283, 2340. Dahin gehören auch die zahlreichen Fälle, in denen die eine Partei der anderen zur Ausübung eines Rechtes eine Frist zu bestimmen befugt ist, nach deren fruchtlosem Ablaufe das Recht erlischt (s. z. B. die §§ 108 ff., 177, 283, 355).

3. Nur bei einzelnen Rechten ist der **Ablauf der Zeit für den Erwerb des Rechtes** von Bedeutung. Das B.G.B. läßt den Erwerb des Eigenthums und des Nießbrauchs an beweglichen Sachen und in beschränktem Maße auch den Erwerb von Rechten an Grundstücken durch Ersitzung zu (§§ 937, 1033, 900).

4. Die **unvordenkliche Verjährung** hat das B.G.B. nicht aufgenommen. Sie findet daher nur noch nach Maßgabe der Landesgesetze bei denjenigen Rechten statt, in Betreff deren nach dem E.G. die Landesgesetze unberührt bleiben.

5. Der § 194 spricht das Prinzip der Anspruchsverjährung aus; die §§ 195—197 bestimmen die Dauer der Verjährungsfrist, die §§ 198—201 den Beginn der Verjährung. Die §§ 202—207 handeln von der Hemmung der Verjährung, die §§ 208—217 von der Unterbrechung der Verjährung, die §§ 218, 219 von dem Einflusse, welchen die rechtskräftige Feststellung eines Anspruchs und die einer solchen gleichgestellten Fälle auf die Verjährung haben. Der § 220 handelt von der Verjährung der Ansprüche, welche vor einem Schiedsgericht oder einem besonderen Gerichte, vor einem Verwaltungsgericht oder einer Verwaltungsbehörde geltend zu machen sind, der § 221 von der für dingliche Ansprüche stattfindenden Anrechnung der während des Besitzes eines Rechtsvorgängers verstrichenen Verjährungszeit. Die §§ 222—224 bestimmen die Wirkungen der Verjährung. In dem § 225 wird der Ausschluß und die Erschwerung der Verjährung durch Rechtsgeschäft für unzulässig, die Erleichterung für zulässig erklärt. Uebergangsvorschriften enthält das E.G. Art. 169.

§ 194.

E. I § 154; II § 161 rev. § 189; III § 189. P. I S. 319, 320, 339, 340, 447, 3481, 6068—6072, 6174, 11670—11673; M. I S. 288—295. P. II S. 389—397, 399—403 (Bd. I S. 194—201). D. S. 619.

1. Zu **Abs. 1** s. Vorbm. z. diesem Buche VII, oben S. 47, 48, und z. diesem Abschnitt 1.

2. Die im **Abs. 2** von der Regel des ersten Absatzes gemachte Ausnahme beruht auf zwei verschiedenen Erwägungen. Das familienrechtliche Verhältniß selbst wird durch die Verjährung nicht berührt. Solange ein Zustand besteht, dessen Beseitigung kraft des familienrechtlichen Verhältnisses gefordert werden kann, entsteht aus diesem in jedem Augenblick ein neuer Anspruch auf Beseitigung jenes Zustandes. Die Verjährung des in dem einen Augenblick entstandenen Anspruchs würde also zwecklos sein, weil immer ein anderer nicht verjährter Anspruch desselben Inhalts besteht. Der zweite Grund für die Ausnahme des zweiten Absatzes beruht darin, daß die familienrechtlichen Verhältnisse in erster Linie sittliche Verhältnisse sind und daß die sittlichen Pflichten, welche die Kehrseite der aus dem familienrechtlichen Verhältniß entspringenden Ansprüche bilden, nicht verjähren können.

§. 195.

Die regelmäßige Verjährungsfrist beträgt dreißig Jahre.

Die Ausnahme bezieht sich nicht nur auf die aus dem familienrechtlichen Verhältniß entspringenden Ansprüche der Familienglieder unter einander, sondern auch auf die durch dieses Verhältniß begründeten Ansprüche gegen Dritte. Zu der ersteren Klasse gehören z. B. die Ansprüche der Ehegatten gegen einander auf Herstellung des ehelichen Lebens, auf Erfüllung der gesetzlichen Pflicht zur Gewährung des Unterhalts oder auf Herstellung des dem güterrechtlichen Verhältniß entsprechenden Zustandes, ferner die Ansprüche der Verwandten auf Erfüllung der gesetzlichen Unterhaltspflicht sowie die Ansprüche der Eltern und Kinder gegen einander auf Herstellung des Zustandes, welcher dem gesetzlich unter ihnen bestehenden Verhältniß, insbesondere der elterlichen Gewalt entspricht. Zu der zweiten Klasse gehört z. B. der Anspruch des Vaters, welchem die elterliche Gewalt zusteht, auf Herausgabe des Kindes gegen Jeden, der es dem Vater widerrechtlich vorenthält (§ 1632).

Die Ausnahme beschränkt sich auf diejenigen Ansprüche, welche auf Herstellung des dem familienrechtlichen Verhältniß entsprechenden Zustandes für die **Zukunft** gerichtet sind; sie bezieht sich nicht auf Ansprüche, deren Grund in der Vergangenheit liegt. Ein Anspruch z. B. auf Schadensersatz wegen Verletzung des familienrechtlichen Verhältnisses unterliegt der Verjährung; ebenso der Anspruch auf Gewährung des Unterhalts für die Vergangenheit, soweit ein solcher überhaupt zulässig ist (§ 1613).

3. Der unter Nr. 2 angeführte erste Grund für die Unverjährbarkeit der im § 194 Abs. 2 bezeichneten Ansprüche trifft auch für andere **Ansprüche zu, die aus einem absoluten Rechte entspringen** und lediglich auf Herstellung des dem Rechte entsprechenden Zustandes für die Zukunft gerichtet sind. Er trifft insbesondere zu für **die dinglichen Ansprüche**, soweit diese auf Herstellung des dem dinglichen Rechte entsprechenden Zustandes gerichtet sind. Aus dem Eigenthum entspringt der Anspruch des Eigenthümers auf Herausgabe der Sache gegen den Besitzer. So lange der Besitz des anderen dauert, besteht ein dem Eigenthume widerstreitender Zustand; aus dem Eigenthum entspringt daher in jedem Augenblicke von neuem der Anspruch auf Herstellung des dem Eigenthum entsprechenden Zustandes, d. h. auf Herausgabe der Sache. Ebenso verhält es sich mit anderen dinglichen Rechten, wenn ein denselben nicht entsprechender Zustand besteht. In der ersten wie in der zweiten Kommission sind wiederholt Anträge gestellt, die Ausnahme des zweiten Absatzes auf dingliche Ansprüche auszudehnen. Die Anträge sind abgelehnt einerseits mit Rücksicht auf das in dem größten Theile von Deutschland bisher geltende Recht, andererseits aus Zweckmäßigkeitsgründen. Um die Verjährbarkeit der dinglichen Ansprüche mit dem Wesen der dinglichen Rechte in Einklang zu bringen, wird man sich das juristische Verhältniß in folgender Weise zu denken haben. Wird durch das Verhalten eines Dritten ein dem dinglichen Rechte nicht entsprechender Zustand hergestellt, so entspringt aus dem dinglichen Rechte zwar ein Anspruch gegen den Dritten auf Herstellung des dem Rechte entsprechenden Zustandes; aber in der Erzeugung dieses Anspruchs erschöpft sich die Kraft des dinglichen Rechtes gegenüber dem Dritten. Ein neuer Anspruch auf Herstellung des dem Rechte entsprechenden Zustandes entsteht nicht, auch wenn der dem Rechte widerstreitende Zustand fortdauert. Mit der Verjährung jenes ersten und einzigen aus dem dinglichen Rechte entsprungenen Anspruchs wird daher das Recht gegenüber dem betreffenden Dritten schutzlos; es wird ihm gegenüber ein dominium sine re. Die Fortdauer des dinglichen Rechtes, also, um bei dem Hauptfall stehen zu bleiben, des Eigenthums, bewährt sich darin, daß, wenn der Eigenthümer den Besitz der Sache wiedererlangt, der normale Zustand wieder eintritt und der Eigenthümer nicht verpflichtet ist, die Sache dem bisherigen Besitzer herauszugeben. Die Fortdauer des Eigenthums bewährt sich auch darin, daß, wenn ein Anderer als der bisherige Besitzer, ohne dessen Rechtsnachfolger zu sein, den Besitz der Sache erlangt, gegen ihn durch das Eigenthum ein neuer Anspruch begründet wird, dessen Verjährung erst mit dem Zeitpunkte beginnt, in welchem er den Besitz erlangt hat.

4. Außer den im § 194 Abs. 2 bezeichneten Ansprüchen sind durch besondere Vorschriften noch einzelne **andere Ansprüche** für **unverjährbar** erklärt (§§ 758, 898, 902, 924, 1138).

§ 195.

E. I § 155; II § 162 rev. § 190; III § 190. P. I S. 320, 11676; M. I S. 295—297. P. II S. 389, 403 (Bd. I S. 194, 201). D. S. 619.

1. Von der Regel des § 195 bestehen zahlreiche **Ausnahmen**, in denen die Verjährungsfrist eine kürzere ist. Einen allgemeinen Charakter haben die in den §§ 196, 197 bestimmten Ausnahmen. Besondere Vorschriften für einzelne Ansprüche finden sich z. B in den §§ 477, 490, 558, 638, 786, 801 Abs. 1, 852, 1057, 1226, 1302, 1715, 2287, 2332. Eine längere als die dreißigjährige Verjährungsfrist gilt für keinen Anspruch.

§. 196.

In zwei Jahren verjähren die Ansprüche:

1. der Kaufleute, Fabrikanten, Handwerker und derjenigen, welche ein Kunstgewerbe betreiben, für Lieferung von Waaren, Ausführung von Arbeiten und Besorgung fremder Geschäfte, mit Einschluß der Auslagen, es sei denn, daß die Leistung für den Gewerbebetrieb des Schuldners erfolgt;
2. derjenigen, welche Land- oder Forstwirthschaft betreiben, für Lieferung von land- oder forstwirthschaftlichen Erzeugnissen, sofern die Lieferung zur Verwendung im Haushalte des Schuldners erfolgt;
3. der Eisenbahnunternehmungen, Frachtfuhrleute, Schiffer, Lohnkutscher und Boten wegen des Fahrgeldes, der Fracht, des Fuhr- und Botenlohns, mit Einschluß der Auslagen;
4. der Gastwirthe und derjenigen, welche Speisen oder Getränke gewerbsmäßig verabreichen, für Gewährung von Wohnung und Beköstigung sowie für andere den Gästen zur Befriedigung ihrer Bedürfnisse gewährte Leistungen, mit Einschluß der Auslagen;
5. derjenigen, welche Lotterieloose vertreiben, aus dem Vertriebe der Loose, es sei denn, daß die Loose zum Weitervertriebe geliefert werden;
6. derjenigen, welche bewegliche Sachen gewerbsmäßig vermiethen, wegen des Miethzinses;
7. derjenigen, welche, ohne zu den in Nr. 1 bezeichneten Personen zu gehören, die Besorgung fremder Geschäfte oder die Leistung von Diensten gewerbsmäßig betreiben, wegen der ihnen aus dem Gewerbebetriebe gebührenden Vergütungen, mit Einschluß der Auslagen;
8. derjenigen, welche im Privatdienste stehen, wegen des Gehalts, Lohnes oder anderer Dienstbezüge, mit Einschluß der Auslagen, sowie der Dienstberechtigten wegen der auf solche Ansprüche gewährten Vorschüsse;

---

2. Für die **Berechnung** der dreißigjährigen Frist gelten die Vorschriften des § 188 und, je nachdem die Verjährung im Laufe eines Tages oder mit dem Anfang eines solchen beginnt, die Vorschriften des § 187 Abs. 1 oder 2.

3. Nur auf den Ablauf der Verjährungsfrist kommt es an; **der gute oder böse Glaube** des Schuldners ist ohne rechtliche Bedeutung für die Verjährung.

§ 196.

E. I § 156; II § 163 rev. § 191; III § 191. P. I S. 320—334, 11689—11692, 11711, 11712; M. I S. 297—304. P. II S. 403—413, 415 (Bd. I S. 201—208). D. S. 619. R.B. S. 1959, 1960. St.B. S. 2751, 2753.

1. Die **Vorschriften** des § 196 beruhen auf der Erwägung, daß sowohl rechtspolizeiliche Rücksichten wie das Interesse des Gläubigers und des Schuldners für Ansprüche aus den Geschäften des täglichen Verkehrs und ähnliche Ansprüche eine kurze Verjährung erfordern.

2. Der Begriff der „Kaufleute" im § 196 Nr. 1 bestimmt sich nach dem H.G.B. §§ 4—7. Die Ansprüche der Künstler fallen unter Nr. 1 nur, wenn sie ein Kunstgewerbe betreiben. Die Worte „Leistung von Arbeiten" im E. I § 156 Nr. 1 sind in dem B.G.B. ersetzt durch die Worte „Ausführung von Arbeiten und Besorgung fremder Geschäfte". Die Aenderung ist hauptsächlich zu dem Zwecke erfolgt, um klar zu stellen, daß auch Ansprüche für geistige Arbeiten, für Provision und Aehnliches unter die Nr. 1 fallen (P. II S. 415). Auch der Zusatz „es sei denn" rc. ist von der zweiten Kommission hinzugefügt, weil man den Ausschluß der kurzen Verjährung für die in dem Zusatze bezeichneten Fälle im Interesse des Gläubigers wie des Schuldners aus denselben Gründen für geboten hielt, aus welchen der E. I in den unter Nr. 2 bezeichneten Fällen eine ähnliche Beschränkung bestimmt hatte. Der Beweis, daß die Leistung für den Gewerbebetrieb des Schuldners erfolgt, liegt demjenigen ob, welcher die Verjährung bestreitet. Ist die Leistung für den Gewerbebetrieb des Schuldners erfolgt, so verjährt der Anspruch nach § 196 Abs. 2 in vier Jahren. Der Abs. 2 ist vom Bundes-

9. der gewerblichen Arbeiter — Gesellen, Gehülfen, Lehrlinge, Fabrikarbeiter —, der Tagelöhner und Handarbeiter wegen des Lohnes und anderer an Stelle oder als Theil des Lohnes vereinbarter Leistungen, mit Einschluß der Auslagen, sowie der Arbeitgeber wegen der auf solche Ansprüche gewährten Vorschüsse;
10. der Lehrherren und Lehrmeister wegen des Lehrgeldes und anderer im Lehrvertrage vereinbarter Leistungen sowie wegen der für die Lehrlinge bestrittenen Auslagen;
11. der öffentlichen Anstalten, welche dem Unterrichte, der Erziehung, Verpflegung oder Heilung dienen, sowie der Inhaber von Privatanstalten solcher Art für Gewährung von Unterricht, Verpflegung oder Heilung und für die damit zusammenhängenden Aufwendungen;
12. derjenigen, welche Personen zur Verpflegung oder zur Erziehung aufnehmen; für Leistungen und Aufwendungen der in Nr. 11 bezeichneten Art;
13. der öffentlichen Lehrer und der Privatlehrer wegen ihrer Honorare, die Ansprüche der öffentlichen Lehrer jedoch nicht, wenn sie auf Grund besonderer Einrichtungen gestundet sind;
14. der Aerzte, insbesondere auch der Wundärzte, Geburtshelfer, Zahnärzte, und Thierärzte, sowie der Hebammen für ihre Dienstleistungen, mit Einschluß der Auslagen;
15. der Rechtsanwälte, Notare und Gerichtsvollzieher sowie aller Personen, die zur Besorgung gewisser Geschäfte öffentlich bestellt oder zugelassen sind, wegen ihrer Gebühren und Auslagen, soweit nicht diese zur Staatskasse fließen;
16. der Parteien wegen der ihren Rechtsanwälten geleisteten Vorschüsse;
17. der Zeugen und Sachverständigen wegen ihrer Gebühren und Auslagen.

Soweit die im Abs. 1 Nr. 1, 2, 5 bezeichneten Ansprüche nicht der Verjährung von zwei Jahren unterliegen, verjähren sie in vier Jahren.

---

rathe hinzugefügt; die in dem E. III auf fünf Jahre bestimmte Verjährungsfrist ist von dem Reichstage nach dem Antrage der R.K. auf vier Jahre herabgesetzt.

3. In der Nr. 2 ist in Ergänzung des E. I, um dessen Sinn klar zu stellen, neben der Landwirthschaft auch die Forstwirthschaft erwähnt. Der Beweis, daß die Lieferung zur Verwendung im Haushalte des Schuldners erfolgt ist, liegt hier, abweichend von den unter Nr. 1 bezeichneten Fällen, demjenigen ob, welcher sich auf die kurze Verjährung beruft. Ist die Lieferung nicht zu dem gedachten Zwecke erfolgt, so verjährt der Anspruch nach Abs. 2 in vier Jahren.

4. Die Nr. 5 ist von der zweiten Kommission hinzugefügt. In Betreff des Zusatzes „es sei denn, daß die Loose zum Weitervertriebe geliefert werden" gilt das oben unter Nr. 2 Gesagte.

5. Kommissionäre fallen nicht unter die Nr. 7, sondern unter Nr. 1 (P. II S. 412).

6. Nach Nr. 8 sind, abweichend vom E. I Nr. 12, auch die Ansprüche der Dienstberechtigten wegen der auf die Ansprüche der Dienstverpflichteten gewährten Vorschüsse der zweijährigen Verjährung unterworfen.

7. In der Nr. 9 werden die Vorschriften des E. I Nr. 13, 14 zusammengefaßt; die Vorschrift der Nr. 14, welche sich nur auf die von den Arbeitgebern an die gewerblichen Arbeiter gemachten Vorschüsse beschränkte, ist auf alle Ansprüche der Arbeitgeber wegen der an Arbeiter der unter Nr. 13 bezeichneten Art geleisteten Vorschüsse ausgedehnt. Ein in der R.K. gestellter Antrag, die Vorschrift auf alle Ansprüche der Arbeitgeber auszudehnen, ist abgelehnt; insbesondere unterliegen also Entschädigungsansprüche der Arbeitgeber aus dem Arbeitsverhältnisse der kurzen Verjährung nicht.

8. Die Vorschriften unter Nr. 11 und 12 entsprechen sachlich dem E. I § 156 Nr. 4; E. II § 163 Nr. 12. Auf Schulgeld, zu dessen Entrichtung das öffentliche Recht verpflichtet, bezieht sich die Nr. 11 nicht.

9. Die Nr. 13 entspricht dem E. I § 156 Nr. 5; Nr. 14 dem E. I § 156 Nr. 8. Weggelassen ist jedoch die Vorschrift, daß auch die Ansprüche derjenigen der zweijährigen Verjährung unterliegen, welche Dienste der Aerzte oder Hebammen, ohne approbirt zu sein, geleistet haben.

§. 197.

In vier Jahren verjähren die Ansprüche auf Rückstände von Zinsen, mit Einschluß der als Zuschlag zu den Zinsen zum Zwecke allmählicher Tilgung des Kapitals zu entrichtenden Beträge, die Ansprüche auf Rückstände von Mieth- und Pachtzinsen, soweit sie nicht unter die Vorschrift des §. 196 Abs. 1 Nr. 6 fallen, und die Ansprüche auf Rückstände von Renten, Auszugsleistungen, Besoldungen, Wartegeldern, Ruhegehalten, Unterhaltsbeiträgen und allen anderen regelmäßig wiederkehrenden Leistungen.

§. 198.

Die Verjährung beginnt mit der Entstehung des Anspruchs. Geht der Anspruch auf ein Unterlassen, so beginnt die Verjährung mit der Zuwiderhandlung.

Die Weglassung erfolgte insbesondere mit Rücksicht auf den Wunsch des siebzehnten deutschen Aerztetags. Die Ansprüche der nicht approbirten Aerzte und Hebammen fallen, soweit diese Personen die Leistung der fraglichen Dienste gewerbsmäßig betreiben, unter § 196 Nr. 7, anderenfalls unterliegen sie der Verjährung von dreißig Jahren.

10. Die Nr. 7 des E. I § 156 ist in die Nr. 15 und 17 zerlegt. Abweichend vom E. I sollen nach Nr. 15 die Ansprüche der dort bezeichneten Personen der zweijährigen Verjährung insoweit nicht unterliegen, als sie zur Staatskasse fließen. (Vergl. Geb.O. für Gerichtsvollzieher v. 24. Juni 1878 § 24 Abs. 1 Nr. 2, Abs. 2.) Welche Personen zur Besorgung gewisser Geschäfte öffentlich bestellt oder zugelassen sind, bestimmen die Landesgesetze (s. Gew.O. § 36).

11. Neben der Vorschrift unter Nr. 17 über die Verjährung der Ansprüche der Zeugen und Sachverständigen bleibt die in der Geb.O. für Zeugen und Sachverständige v. 30. Juni 1878 § 16 Satz 2 bestimmte Ausschlußfrist bestehen (E.G. Art. 32).

12. Zu Abs. 2 s. die Erl. zu § 196 Nr. 2, 3, 4.

§ 197.

E. I § 157; II § 164 rev. § 192; III § 192. P. I S. 320—324, 331—334, 2023, 11676, 11677; M. I S. 305—307. P. II S. 405, 406, 408—411, 415—418, 425—430 (Bd. I S. 202—206, 207—209, 212—215). D. S. 619. K.B. S. 1960.

1. Abweichend vom E. I § 157 sind der vierjährigen Verjährung unterworfen nicht nur die rechtsgeschäftlich bestimmten, sondern auch die gesetzlichen Zinsen. Auch der Anspruch auf Verzugszinsen unterliegt daher dieser Verjährung, während der nach § 288 Abs. 2 zulässige Anspruch auf Ersatz eines den Betrag der Verzugszinsen übersteigenden Schadens nicht unter die Vorschrift des § 197 fällt; Hypotheken- und Grundschuldzinsen werden durch diese Vorschrift getroffen, weil die Unverjährbarkeit der auf eingetragenen Rechten beruhenden Ansprüche nach § 902 Abs. 1 Satz 2 für Rückstände von wiederkehrenden Leistungen nicht gilt.

2. Die Gleichstellung der als Zuschlag zu den Zinsen zum Zwecke allmälicher Tilgung des Kapitals zu entrichtenden Beträge mit den Zinsen entspricht, obwohl derartige Beträge sowohl juristisch wie wirthschaftlich einen anderen Charakter als Zinsen haben, der Auffassung und dem Bedürfnisse des Verkehrs. Wesentlich ist, daß die Beträge als Zuschläge zu den Zinsen bestimmt sind. Ist die Rückzahlung eines Kapitals durch Theilzahlungen in anderer Weise vereinbart, so findet der § 197 keine Anwendung, auch wenn die Theilzahlungen in regelmäßig wiederkehrenden Fristen zu entrichten sind.

3. Mieth- und Pachtzinsen unterliegen der vierjährigen Verjährung auch dann, wenn sie nicht in wiederkehrenden Fristen, sondern in anderer Weise, z. B. auf einmal, zu entrichten sind.

4. Die besonderen Vorschriften einiger Reichsgesetze über die Verjährung von Wittwen- und Waisengeldern sind durch das E.G. Art. 48, 49, 51 aufgehoben. An ihre Stelle treten die Vorschriften des B.G.B.

§ 198.

E. I § 158 Abs. 1, 2; II § 165 Abs. 1 rev. § 193; III § 193. P. I S. 334, 335, 1181, 11992; M. I S. 307, 308. P. II S. 418—422 (Bd. I S. 209—211). D. S. 619—620.

1. Nur die Entstehung des Anspruchs, nicht dessen Verletzung ist zum Beginne der Verjährung erforderlich. Die Verjährung des Anspruchs aus einem Schuldverhältnisse beginnt daher mit der Entstehung des Schuldverhältnisses ohne Rücksicht darauf, ob ein Verzug ein-

getreten oder ob der Gläubiger auch nur die sofortige Leistung zu erwarten berechtigt war. So beginnt z. B. der Anspruch des Hinterlegers gegen den Verwahrer auf Rückgabe der hinterlegten Sache mit der Hinterlegung. Die Verjährung eines dinglichen Anspruchs beginnt, sobald in Folge des Verhaltens eines Dritten ein Zustand eintritt, der dem dinglichen Rechte nicht entspricht. Die Verjährung des Anspruchs des Eigenthümers auf Herausgabe der Sache beginnt, sobald ein Anderer als der Eigenthümer sich im Besitze der Sache befindet, ohne Rücksicht darauf, ob dieser den Besitz, wie z. B. im Falle der Hinterlegung der Sache, mit dem Willen des Eigenthümers hat. Das Gleiche gilt bei allen Ansprüchen, die aus absoluten Rechten entspringen. So beginnt die Verjährung des Anspruchs aus dem Namenrechte mit dem Zeitpunkt, in welchem dasselbe von einem Anderen beeinträchtigt ist (§ 12), die Verjährung des Erbschaftsanspruchs mit dem Zeitpunkt, in welchem ein Anderer als der Erbe Erbschaftsbesitzer geworden ist (§ 2018). Für Ansprüche aus familienrechtlichen Verhältnissen sowie aus eingetragenen Rechten kommt die Frage nach dem Beginne der Verjährung insoweit nicht in Betracht, als diese Ansprüche nach § 194 Abs. 2 und § 902 unverjährbar sind.

Im E. I § 158 Abs. 2 war bestimmt, daß die Verjährung eines bedingten oder betagten Anspruchs erst nach dem Eintritte der Bedingung oder des Termins beginne. Diese Vorschrift ist von der zweiten Kommission als selbstverständlich gestrichen, indem sich aus den Vorschriften über Bedingung und Befristung (§§ 158, 163) ergiebt, daß der von der Bedingung oder dem Eintritte des Termins abhängige Anspruch erst mit dem Eintritte der Bedingung oder dem Eintritte des Termins zur Entstehung gelangt. Anders liegt die Sache, wenn nur die Geltendmachung des entstandenen Anspruchs z. B. durch Gewährung einer Stundung hinausgeschoben ist; hierüber s. §§ 202, 205.

Der E. I § 158 Abs. 3 bestimmt eine Ausnahme von der Regel des Abs. 1 für den Fall, daß die Entstehung eines Anspruchs von dem „bloßen Wollen des Berechtigten" abhängig sei; die Verjährung sollte hier mit dem Zeitpunkte beginnen, in welchem der Anspruch zur Entstehung gebracht werden konnte. Von der zweiten Kommission ist diese Ausnahme als zu weitgehend gestrichen und nur für die besonderen Fälle der §§ 199, 200 beibehalten. Der Anspruch des Wiederkäufers (§ 498) verjährt also z. B., obwohl der Wiederkauf nach § 497 mit der Erklärung des Wiederkäufers, daß er das Wiederkaufsrecht ausübe, zu Stande kommt und hiermit sein Anspruch entstanden ist, nicht schon von dem Zeitpunkt an, in welchem der Wiederkauf vorbehalten, sondern erst von dem Zeitpunkt, in welchem die Erklärung, das Wiederkaufsrecht auszuüben, erfolgt ist. Die im Falle eines vertragsmäßigen oder gesetzlichen Rücktrittsrechts in Folge des Rücktritts begründeten Ansprüche (§ 346) entstehen mit der Erklärung des Rücktritts (§ 349). Der Rücktritt hängt lediglich von dem Willen des Berechtigten ab, aber trotzdem beginnt die Verjährung der durch den Rücktritt entstehenden Ansprüche erst mit der Erklärung des Rücktritts. Das Interesse des anderen Theiles wird durch die Vorschrift des § 355 geschützt.

2. Die Regel des ersten Satzes des § 198 erleidet nach Satz 2 eine Ausnahme, wenn der Anspruch auf ein Unterlassen geht. Die Verjährung beginnt hier nicht mit der Entstehung des Anspruchs, sondern erst mit der Zuwiderhandlung. Nicht zu denken ist hierbei an das durch das Wesen eines absoluten, insbesondere eines dinglichen Rechtes einem Jeden gegenüber begründete Recht auf Unterlassung der Beeinträchtigung. Ein Anspruch liegt nach der Auffassung des B.G.B. nur dann vor, wenn das Recht, ein Thun oder Unterlassen zu fordern, gegen eine bestimmte Person begründet ist, nicht, soweit es sich nur um die kraft absoluten Rechtes gegenüber Allen bestehende Berechtigung auf Unterlassung der Beeinträchtigung handelt (s. die Vorbm. z. diesem B. VII, oben S. 47, 48). In Frage kommt die Ausnahme des Satz 2 dagegen in allen Fällen, in welchen eine bestimmte Person auf Grund eines besonderen Rechtsverhältnisses zu einem Unterlassen verpflichtet ist; so also z. B. wenn der Eigenthümer eines Grundstücks sich obligatorisch verpflichtet hat, gewisse Handlungen, zu denen er an sich kraft des Eigenthums berechtigt ist, nicht vorzunehmen. Ob, wenn der Inhalt einer Grundgerechtigkeit dahin geht, daß auf dem belasteten Grundstücke gewisse Handlungen nicht vorgenommen werden dürfen (§ 1018), hierdurch im Sinne des B.G.B. ein Anspruch des Berechtigten gegen den Eigenthümer auf Unterlassung dieser Handlungen begründet wird oder ob es sich dabei nur um das aus der dinglichen Natur der Grundgerechtigkeit folgende Recht handelt, von dem Eigenthümer wie von jedem Anderen die Unterlassung der Beeinträchtigung der Grundgerechtigkeit zu fordern, ist zweifelhaft. Praktisch ist die Frage ohne Bedeutung, weil bei der einen wie bei der anderen Annahme die Verjährung erst mit der Zuwiderhandlung beginnt, bei der erstgedachten Annahme auf Grund des § 198 Satz 2, bei der letztgedachten Annahme, weil der Anspruch erst mit der Zuwiderhandlung entsteht. In Betracht kommt die Verjährung des aus der Grundgerechtigkeit entspringenden Anspruchs bei der regelmäßigen Unverjährbarkeit der Ansprüche aus eingetragenen Rechten (§ 902) nur in den Ausnahmefällen der §§ 901, 1028 und bei den vor dem Inkrafttreten des B.G.B. entstandenen nicht eingetragenen Grundgerechtigkeiten (E.G. Art. 184, 187).

3. Ausnahmen von der Regel des § 198 ergeben sich aus den Vorschriften der

§. 199.

Kann der Berechtigte die Leistung erst verlangen, wenn er dem Verpflichteten gekündigt hat, so beginnt die Verjährung mit dem Zeitpunkte, von welchem an die Kündigung zulässig ist. Hat der Verpflichtete die Leistung erst zu bewirken, wenn seit der Kündigung eine bestimmte Frist verstrichen ist, so wird der Beginn der Verjährung um die Dauer der Frist hinausgeschoben.

§. 200.

Hängt die Entstehung eines Anspruchs davon ab, daß der Berechtigte von einem ihm zustehenden Anfechtungsrechte Gebrauch macht, so beginnt die Verjährung mit dem Zeitpunkte, von welchem an die Anfechtung zulässig ist. Dies gilt jedoch nicht, wenn die Anfechtung sich auf ein familienrechtliches Verhältniß bezieht.

---

§§ 199—205. **Für eine Reihe von Ansprüchen sind außerdem besondere Vorschriften in Betreff des Beginns der Verjährung gegeben, so z. B. in den §§ 477, 480, 490, 558, 638, 801, 852, 1057, 1226, 1302, 1715, 2287, 2332.**

Wegen des Zeitpunkts, in welchem die Ansprüche der Rechtsanwälte gegen ihre Auftraggeber (§ 196 Nr. 15) fällig werden, s. Geb.O. für Rechtsanwälte v. 7. Juli 1879 § 85. Ein Antrag, die Verjährung der Ansprüche derjenigen, welche im Privatdienste stehen (§ 196 Nr. 8), erst von der Beendigung der Dienstzeit an verjähren zu lassen, ist in der Kommission wiederholt gestellt, aber abgelehnt.

§ 199

E. I § 158 Abs. 3, 4; II § 165 Abs. 2 rev. § 194; III § 194. P. I S. 334—336; M. I S. 308, 309. P. II S. 418—422 (Bd. I S. 209—211). D. S. 619, 620.

1. Die Fälle, in welchen Jemand eine Leistung erst nach vorheriger Kündigung zu verlangen befugt ist, können auf verschiedenen rechtlichen Gründen beruhen. Es ist möglich, daß der Anspruch erst mit der Kündigung entsteht; das Verhältniß kann aber auch so zu beurtheilen sein, daß der Anspruch schon früher entstanden, seine Geltendmachung aber bis zur Kündigung hinausgeschoben ist. In dem ersteren Falle würde die Verjährung nach § 198, in dem letzteren nach den §§ 202, 205 erst mit der Kündigung beginnen. Der Zweck der Verjährung erfordert für beide Fälle die im Satz 1 bestimmte Ausnahme.

2. In dem Falle des Satz 2 wird die Verjährungsfrist nicht, wie in dem Ges. betr. die privatrechtliche Stellung der Erwerbs- und Wirthschaftsgenossenschaften v. 4. Juli 1868 § 63 Abs. 2 bestimmt ist (vergl. jedoch das Ges. v. 1. Mai 1889, §§ 153, 161), um die Kündigungsfrist verlängert, vielmehr wird der Beginn der Verjährung um die Dauer der Frist hinausgeschoben. Die Verschiedenheit beider Vorschriften ist insofern von Bedeutung, als nach jenem Gesetze die Vorschriften über Hemmung und Unterbrechung der Verjährung auf die ganze verlängerte Verjährungsfrist Anwendung finden, während dies nach dem B.G.B. in Betreff der Zeit bis zum Beginne der Verjährung nicht der Fall ist.

§ 200.

Rev. E. § 195; III § 195. P. II S. 418, 421, 422, 8386—8388, 8406, 8812 (Bd. I S. 209, 211). D. S. 619, 620.

1. Ein anfechtbares Rechtsgeschäft ist, solange die Anfechtung nicht erfolgt ist, wirksam; die durch das Rechtsgeschäft begründete Verpflichtung besteht; das zur Erfüllung desselben Geleistete kann daher nicht wegen Mangels eines rechtlichen Grundes zurückgefordert werden. Erfolgt aber später die Anfechtung, so gilt das Rechtsgeschäft als von Anfang an nichtig (§ 142); eine Verpflichtung war durch das Rechtsgeschäft nicht begründet; das zur Erfüllung Geleistete kann daher nach den §§ 812 ff. zurückgefordert werden. Mit der Anfechtung entsteht hier also der Anspruch auf Herausgabe der ungerechtfertigten Bereicherung; die Verjährung dieses Anspruchs würde daher nach § 198 mit dem Zeitpunkte beginnen, in welchem die Anfechtung erfolgt ist. Nach dem E. I wurde dieses Ergebniß durch die Vorschrift vermieden, daß die Verjährung eines Anspruchs, dessen Entstehung von dem „bloßen Wollen" des Berechtigten abhängt, mit dem Zeitpunkte beginnt, in welchem der Anspruch zur Entstehung gebracht werden konnte (E. I § 158 Abs. 3). Von der zweiten Kommission ist diese Vorschrift als zu weitgehend gestrichen (s. Erl. zu § 198 Nr. 1); für den Fall der Anfechtung aber glaubte man einen Ersatz geben zu müssen, weil anderenfalls die Verjährung des durch die Anfechtung entstandenen Anspruchs unter Umständen erst in sechzig Jahren nach der Vornahme des anfechtbaren Rechtsgeschäfts vollendet werden würde. Es ergiebt sich dies daraus, daß z. B. nach § 124 Abs. 3 die Anfechtung wegen arglistiger Täuschung oder wegen Drohung noch bis zum Ablaufe von dreißig Jahren zulässig ist und daher, wenn sie erst kurz vor dem Ablaufe der dreißig Jahre erfolgt, der Anspruch auf Herausgabe der durch das anfechtbare Rechtsgeschäft erlangten ungerechtfertigten Bereicherung erst nach weiteren dreißig Jahren verjähren würde. Das bisher Gesagte gilt in allen Fällen, in welchen die Entstehung eines Anspruchs davon abhängt, daß der Berechtigte von einem ihm zustehenden Anfechtungsrechte Gebrauch macht; bei allen trifft das charakteristische Moment zu, daß ein vollwirksames Rechtsverhältniß in Folge einer lediglich von dem Willen des Berechtigten abhängigen Erklärung rechtlich als niemals entstanden angesehen wird.

Die Vorschrift, daß die Verjährung mit dem Zeitpunkte beginnt, von welchem an die Anfechtung zulässig ist, führt für Rechtsgeschäfte unter Lebenden dahin, daß die Verjährung mit dem Zeitpunkte beginnt, in welchem das anfechtbare Rechtsgeschäft vorgenommen ist. Dieses kann unter Umständen zu Härten führen. Hat z. B. derjenige, welcher durch arglistige Täuschung zu einem Rechtsgeschäfte bestimmt worden ist, die Täuschung erst kurz vor dem Ablaufe von dreißig Jahren erfahren und dann sofort, also nach § 124 Abs. 3 noch rechtzeitig, die Anfechtung erklärt, so ist sein dadurch entstandener Anspruch auf Herausgabe des von ihm zur Erfüllung des angefochtenen Rechtsgeschäfts Geleisteten in den vielleicht nur wenigen Tagen oder Stunden verjährt, welche zwischen der Anfechtung und dem Ablaufe der dreißig Jahre liegen. Man glaubte über dieses Bedenken hinweggehen zu sollen, weil derartige Fälle nur sehr selten vorkommen würden und die Nachtheile, welche ohne die fragliche Vorschrift aus der Hinausschiebung der Verjährung entständen, so erheblich seien, daß, um sie zu beseitigen, die in jenen seltenen Fällen eintretende Härte in den Kauf genommen werden müßte. Nicht richtig würde es sein, den § 200 dahin zu verstehen, daß die Verjährung nicht vor dem Beginne der regelmäßigen Anfechtungsfrist, also z. B. im Falle des § 124 Abs. 2 nicht vor dem Zeitpunkte beginne, in welchem der Berechtigte die Täuschung erfahren bezw. die Zwangslage aufgehört hat (so anscheinend Fischer und Henle Anm. 2). Daß dies nicht die Absicht der Kommission gewesen, ist nach P. II S. 8386—8388, 8406 unzweifelhaft. Aber auch die Fassung des § 200 spricht dagegen. Thatsächlich möglich ist die Anfechtung freilich erst, wenn der Berechtigte von der Täuschung Kenntniß erhalten bezw. die Zwangslage aufgehört hat. Rechtlich zulässig aber ist die Anfechtung von dem Augenblick an, in welchem das anfechtbare Rechtsgeschäft vorgenommen ist, und nur auf diese Zulässigkeit kommt es nach § 200 an.

2. Das von Strohal gegen die Fassung des § 200 erhobene Bedenken („das deutsche Erbrecht nach dem B.G.B." S. 162 Anm. 15) dürfte nicht begründet sein. Strohal führt folgendes Beispiel an: A. ist der nächste gesetzliche Erbe des Erblassers; B. ist in einem anfechtbaren Testamente des Erblassers als Alleinerbe eingesetzt. Nachdem der Nachlaß durch zehn Jahre von einem Testamentsvollstrecker verwaltet worden war, nimmt B. denselben in Besitz. Einige Zeit später ficht A. das Testament an. Strohal meint nun, daß die Verjährung des Erbschaftsanspruchs in diesem Falle nach § 200 schon mit dem Erbfalle beginne, weil die Anfechtung des Testaments in diesem Zeitpunkte bereits zulässig gewesen sei. Die Verjährung des Erbschaftsanspruchs könne aber doch unmöglich beginnen, solange die Hauptvoraussetzung dieses Anspruchs, nämlich der Erbschaftsbesitz des B., noch nicht verwirklicht sei. Hiergegen ist folgendes zu bemerken: Wäre der Erbschaftsanspruch des A. gegen den B. erst mit dem Zeitpunkt entstanden, in welchem B. die Erbschaft in Besitz genommen hat, so würde die Voraussetzung des § 200, daß die Entstehung des Anspruchs davon abhängt, daß der Berechtigte von einem ihm zustehenden Anfechtungsrechte Gebrauch macht, nicht vorliegen, weil die Entstehung des Anspruchs nicht allein von dem Gebrauche des Anfechtungsrechts, sondern außer von diesem auch noch von der Besitzergreifung abhängig gewesen wäre. Fälle dieser Art entscheidet der § 200 nicht direkt; die Konsequenz der in demselben gegebenen Vorschrift führt offenbar dahin, daß die Verjährung mit dem Zeitpunkte beginnt, in welchem die Anfechtung möglich war und außerdem der zur Entstehung des Anspruchs erforderliche Umstand eingetreten ist. In dem von Strohal angeführten Beispielsfalle dürfte übrigens der Erbschaftsanspruch nicht erst mit der Besitzergreifung des B. entstanden sein. B. war schon vorher durch den Testamentsvollstrecker mittelbarer Besitzer der Erbschaftssachen geworden (§ 868), hat also auf Grund eines ihm in Wirklichkeit nicht zustehenden Erbrechts etwas aus der Erbschaft erlangt; der Erbschaftsanspruch war daher nach § 2018 gegen ihn von dem Zeitpunkt an entstanden, in welchem er den mittelbaren Besitz erlangt hatte.

3. Die Vorschrift des Satz 2 rechtfertigt sich durch die besonderen, bei den familienrechtlichen Verhältnissen in Betracht kommenden Rücksichten. Den praktisch wichtigsten Fall bildet die Anfechtung der Ehe (§§ 1331—1335). Ist in Folge der Anfechtung die Ehe nichtig, so entstehen vermögensrechtliche Ansprüche der verschiedensten Art unter den Ehegatten (s. z. B. die §§ 1345—1347). Diese Ansprüche sollen nicht schon mit der Schließung der Ehe zu verjähren beginnen. Ihre Verjährung beginnt vielmehr erst mit dem Zeitpunkt, in welchem die Anfechtung erfolgt (§§ 1341, 1342), und, wenn die Ehe in diesem Zeitpunkte noch nicht aufgelöst war, nach § 1343 Abs. 2 in Verbindung mit § 202 erst mit dem Zeitpunkt, in welchem die Ehe für nichtig erklärt ist.

Die Vorschrift des § 200 Satz 2 findet auch im Falle der Anfechtung der Ehelichkeit eines Kindes Anwendung (§§ 1594, 1596, 1597), ist hier aber von geringer praktischer Bedeutung.

§. 201.

Die Verjährung der in den §§. 196, 197 bezeichneten Ansprüche beginnt mit dem Schlusse des Jahres, in welchem der nach den §§. 198 bis 200 maßgebende Zeitpunkt eintritt. Kann die Leistung erst nach dem Ablauf einer über diesen Zeitpunkt hinausreichenden Frist verlangt werden, so beginnt die Verjährung mit dem Schlusse des Jahres, in welchem die Frist abläuft.

§. 202.

Die Verjährung ist gehemmt, solange die Leistung gestundet oder der Verpflichtete aus einem anderen Grunde vorübergehend zur Verweigerung der Leistung berechtigt ist.

Diese Vorschrift findet keine Anwendung auf die Einrede des Zurückbehaltungsrechts, des nicht erfüllten Vertrags, der mangelnden Sicherheitsleistung, der Vorausklage sowie auf die nach §. 770 dem Bürgen und nach den §§. 2014, 2015 dem Erben zustehenden Einreden.

---

§ 201.

E. I § 159; II § 166 rev. § 196; III § 196. P. I S. 336; M. I S. 310. P. II S. 422, 432, 433, 8388, 8389 (Bd. I S. 211, 216, 217). D. S. 620.

1. Die Vorschrift des § 210 trägt dem praktischen Bedürfnisse Rechnung. Der hinzugefügte Satz, daß die Verjährung, wenn die Leistung erst nach dem Ablauf einer über diesen Zeitpunkt hinausreichenden Frist verlangt werden kann, erst mit dem Schlusse des Jahres beginnt, in welchem die Frist abläuft, beseitigt ein Bedenken, das sich aus dem Vergleiche des § 198 mit dem § 202 ergiebt. Ein befristeter Anspruch entsteht erst mit dem Eintritte des Termins. Fällt dieser Termin nach dem Schlusse des Jahres, so ergiebt sich schon aus § 198 und dem ersten Theile des § 201, daß die Verjährung erst mit dem Schlusse des folgenden Jahres beginnt. Anders, wenn der Anspruch entstanden, aber gestundet ist. Nach §§ 202, 205 wird dieser Zeitraum zwar in die Verjährungsfrist nicht eingerechnet, aber der nach den §§ 198—200 maßgebende Zeitpunkt, welcher nach § 201 Satz 1 maßgebend sein soll, ist schon mit der Entstehung des Anspruchs eingetreten. Das praktische Bedürfniß erfordert, die Befristung und Stundung, die sich oft schwer unterscheiden lassen, in der hier fraglichen Beziehung gleichzustellen. Durch den § 201 Satz 2 geschieht dies nicht nur in dem Falle, wenn die Stundung sofort bei der Entstehung des Anspruchs bewilligt ist, sondern auch dann, wenn sie später, jedoch vor dem 1. Januar des folgenden Jahres, erfolgt ist. Ist z. B. der am 1. Juli 1900 entstandene Anspruch am 1. November auf drei Monate gestundet, so würde ohne die Vorschrift des Abs. 2 die Verjährung zwar auf Grund der §§ 201, 205 nicht am 1. Januar, aber doch am 1. Februar 1901 beginnen. Nach der Vorschrift des § 201 Satz 2 beginnt sie erst am 1. Januar 1902. Nach der Fassung des Satz 2 gilt derselbe nicht nur, wenn der Anspruch gestundet ist, sondern auch, wenn aus anderen Gründen die Leistung erst nach dem Ablauf einer über den im Satz 1 bezeichneten Zeitpunkt hinausreichenden Frist verlangt werden kann. Von praktischer Bedeutung ist bei den hier fraglichen Ansprüchen wohl nur die Stundung.

2. Die Berechnung der Frist bestimmt sich hier nach den §§ 187 Abs. 2, 188.

§ 202.

E. I § 162; II § 168 rev. 197; III § 197. P. I S. 340—347, 1428, 2539, 2540, 8852, 8853, 11123—11125; M. I S. 312—315. P. II S. 430—435, 2608, 2609, 8389, 8812 (Bd. I S. 215—218). D. S. 620.

1. Die §§ 202—204 bestimmen die Fälle, in welchen die Verjährung gehemmt wird. Die Wirkung der Hemmung bestimmt der § 205 dahin, daß der Zeitraum, während dessen die Verjährung gehemmt ist, in die Verjährungsfrist nicht eingerechnet wird (s. das Nähere zu § 205). Gemeinsam liegt allen Hemmungsgründen der Gedanke zu Grunde, daß die Verjährungsfrist solange nicht laufen darf, als es dem Gläubiger aus Gründen, die nicht lediglich in seiner Person liegen, unmöglich oder doch billiger Weise nicht zuzumuthen ist, seinen Anspruch geltend zu machen.

2. Ist ein Anspruch überhaupt nicht entstanden, so kann er nicht verjähren. Trotzdem kann die Geltendmachung eines Anspruchs, dessen Entstehung bestritten wird, durch die Berufung darauf zurückgewiesen werden, daß der Anspruch, wenn er entstanden wäre, verjährt sein würde.

Das Gleiche gilt, wenn der Anspruch zwar entstanden, aber später z. B. durch Erfüllung erloschen ist. Die Einrede der Verjährung kann in dem einen wie in dem anderen Falle kraft der Eventualmaxime geltend gemacht werden. Für den Gläubiger erwächst daraus kein Nachtheil, indem die Einrede der Verjährung dem Schuldner keine größeren Rechte gewährt, als derselbe gehabt hätte, wenn der Anspruch überhaupt nicht entstanden oder wenn er erloschen wäre. Andererseits geht der Zweck der Verjährung gerade dahin, den Schuldner gegen Ansprüche zu schützen, die niemals entstanden oder später erloschen sind, bei denen aber durch den Zeitablauf der Nachweis der wirklichen Rechtslage nicht leicht möglich ist. Etwas anders liegt das Verhältniß, wenn der Anspruch nicht erloschen ist, ihm aber eine sog. peremtorische d. h. eine die Geltendmachung des Anspruchs dauernd ausschließende Einrede entgegensteht. So z. B. die Einrede aus einem Vertrage, welcher die Geltendmachung des Anspruchs dauernd ausschließt, aber doch nicht als Erlaß zu beurtheilen ist, s. z. B. ferner die §§ 222, 821, 853, 1166, 1973, 1989, 1990, 1992. In der Wissenschaft herrscht Streit darüber, ob die Verjährung durch solche Einreden gehemmt wird. Der E. I § 162 (M. I S. 313, 314) bejaht die Frage prinzipiell, das B.G.B. verneint sie. Praktisch ist die Frage von keiner großen Bedeutung, weil der in Anspruch Genommene nach der Eventualmaxime die Einrede der Verjährung neben der peremtorischen Einrede auch dann geltend machen kann, wenn rechtlich nur die eine oder die andere möglich ist, und weil der Kläger sich hüten wird, die Einrede der Verjährung dadurch zu bekämpfen, daß er das Bestehen einer peremtorischen Einrede gegen seinen Anspruch behauptet bezw. zugiebt. Immerhin kann die Frage unter Umständen Bedeutung erlangen. Das Bedenken, welches gegen die Zulassung der Verjährung während des Bestehens einer peremtorischen Einrede spricht, liegt darin, daß die peremtorische Einrede in Folge eines Verzichts oder aus anderen Gründen wegfallen kann, ohne daß damit auch die Einrede der Verjährung wegfällt. Der Verpflichtete erlangt also durch die Verjährung ein Mehreres wie durch die peremtorische Einrede; es könnte daher unbillig erscheinen, daß der Berechtigte dadurch, daß er seinen Anspruch während der Verjährungszeit nicht geltend gemacht hat, jenen Nachtheil erleiden soll, obwohl die Geltendmachung nur deshalb unterblieben ist, weil dem Anspruche die peremtorische Einrede entgegenstand. Praktisch ist dies indessen von so geringer Bedeutung, daß das B.G.B. kein Gewicht darauf legt und deshalb im Interesse der Einfachheit und Praktikabilität des Gesetzes die Verjährung durch das Bestehen einer peremtorischen Einrede nicht hemmen läßt.

Anders liegt die Sache, wenn dem Anspruch eine Einrede entgegensteht, kraft welcher der Verpflichtete nur vorübergehend zur Verweigerung der Leistung berechtigt ist. Als den praktisch wichtigsten Fall hebt der § 202 die Stundung der Leistung hervor. Noch manche andere Fälle sind nicht ohne Bedeutung, so z. B. die dem Miether auf Grund des Miethverhältnisses zustehende Einrede gegen den Anspruch des Eigenthümers auf Herausgabe der Sache. Liefe die Verjährung auch während des Bestehens einer solchen Einrede, so würde der Schuldner nach Vollendung der Verjährung in der Verjährungseinrede nicht nur einen Ersatz für die dilatorische Einrede, sondern erheblich mehr, nämlich eine peremtorische Einrede erhalten. Die hierin für den Gläubiger liegende Benachtheiligung ist so erheblich, daß das Gesetz sie nicht zulassen darf; der § 202 bestimmt deshalb, daß die Verjährung während des Bestehens einer dilatorischen Einrede gehemmt ist.

Durch die Fassung des § 162 des E. I sollten auch Sistirungsgesetze und Moratorien berücksichtigt werden. Ob sie durch den Wortlaut des § 202 getroffen werden, ist zweifelhaft. Bei der Erlassung derartiger Gesetze werden in ihnen auch regelmäßig Vorschriften über die Verjährung der durch das Gesetz betroffenen Ansprüche enthalten sein. Ist dies unterblieben, so wird die entsprechende Anwendung des § 202 keinem Bedenken unterliegen.

3. Die im zweiten Absatze von der Regel des ersten Absatzes gemachten Ausnahmen beruhen auf verschiedenen Gesichtspunkten. Allen gemeinsam ist, daß das Recht, die Leistung vorübergehend zu verweigern, nicht auf einer Vorschrift beruht, welche dem Schuldner einen Aufschub der Leistung zu gewähren bezweckt; im Uebrigen aber liegen die einzelnen Fälle verschieden. Bei der Einrede des Zurückbehaltungsrechts (§§ 273, 274, 1000) und bei der Einrede des nicht erfüllten Vertrags (§§ 320—322) ist der Gläubiger nicht nur im Stande, sondern auch verpflichtet, den Grund der Einrede zu beseitigen, und das Bestehen der Einrede schließt die Geltendmachung des Anspruchs nicht aus, sondern hat nur eine Beschränkung der Verurtheilung zur Folge (§§ 274, 322).

Bei der Einrede der mangelnden Sicherheitsleistung (s. z. B. die §§ 258, 867, 1005) und der Vorausklage (§§ 771—773) besteht zwar eine Verpflichtung des Gläubigers zur Beseitigung des Grundes der Einrede nicht; aber er ist dazu im Stande, und es erscheint deshalb als keine unbillige Härte, wenn das Gesetz, um die Zwecke der Verjährung zu erreichen, den Lauf derselben durch das Bestehen der Einrede nicht hemmen läßt. In Betreff der dem Erben nach den §§ 2014, 2015 zustehenden Einreden wird nach P II S. 8812 als entscheidend angesehen, daß die Geltendmachung dieser Einreden nur zur Folge habe, daß die Zwangsvoll-

§. 203.

Die Verjährung ist gehemmt, solange der Berechtigte durch Stillstand der Rechtspflege innerhalb der letzten sechs Monate der Verjährungsfrist an der Rechtsverfolgung verhindert ist.

Das Gleiche gilt, wenn eine solche Verhinderung in anderer Weise durch höhere Gewalt herbeigeführt wird.

---

streckung gegen den Erben unzulässig sei, während die Erhebung der Klage nicht gehindert werde. Daß auch die dem Bürgen nach § 770 zustehende Einrede die Verjährung nicht hemmt, hängt mit dem Grunde zusammen, auf welchem die Vorschrift des § 770 beruht, und wird als eine unbillige Härte gegen den Gläubiger nicht anzusehen sein.

Eine entsprechende Anwendung der in dem § 202 Abs. 2 gegebenen Vorschriften auf andere Einreden ist nicht ausgeschlossen; doch wird bei dem Ausnahmecharakter, welchen jene Vorschriften haben, nur mit großer Vorsicht davon Gebrauch zu machen sein. Eine besondere Vorschrift enthält noch der § 2332 Abs. 3.

Im E. I § 162 Abs. 2 war unter den die Verjährung nicht hemmenden Einreden auch die Abzugseinrede des Inventarerben angeführt. Diese Einrede ist, soweit sie nach dem B.G.B. noch in Frage kommt (§§ 1979, 1989—1992), eine peremtorische; sie braucht daher nicht berücksichtigt zu werden, da nach dem B.G.B. peremtorische Einreden die Verjährung überhaupt nicht hemmen.

4. Die Vorschrift des E. I § 162 Abs. 3, nach welcher die Verjährung dadurch nicht gehemmt wird, daß dem Anspruch eine zur Aufrechnung geeignete Forderung gegenübersteht oder daß der Anspruch der Anfechtung unterliegt, ist als selbstverständlich gestrichen. Die Geltendmachung eines Anspruchs wird dadurch nicht ausgeschlossen, daß ihm eine zur Aufrechnung geeignete Forderung gegenübersteht; erst durch die Erklärung der Aufrechnung wird der Anspruch aufgehoben (§ 388). Ebenso steht einem Anspruche nicht deshalb eine Einrede entgegen, weil das Rechtsgeschäft, auf welchem er beruht, anfechtbar ist; erst mit der wirklich erfolgten Anfechtung fällt das Rechtsgeschäft und damit der Anspruch.

§ 203.

E. I §§ 164, 165; II § 169 rev. § 198; III § 198. P. I S. 348; M. I S. 315—318. P. II S. 436, 437 (Bd. I S. 218, 219). D. S. 620.

1. Der § 203 bestimmt die Fälle, in welchen die Verjährung deshalb gehemmt wird, weil die Geltendmachung des Anspruchs in Folge eines derselben entgegenstehenden thatsächlichen Hindernisses unterblieben ist. Nicht jedes thatsächliche Hinderniß genügt, sondern nur Stillstand der Rechtspflege und sonstige höhere Gewalt. Auch diese Hindernisse werden nur berücksichtigt, wenn sie innerhalb der letzten sechs Monate der Verjährungsfrist vorhanden sind. Anders der E. I § 164, nach welchem der Stillstand der Rechtspflege während der ganzen Verjährungszeit berücksichtigt werden soll.

Den Begriff der höheren Gewalt definirt das B.G.B. nicht, sondern überläßt dies der Wissenschaft und Praxis. In den Reichsgesetzen wird der Begriff der höheren Gewalt mehrfach verwendet. Die Bezugnahme darauf in dem Art. 395 des früheren H.G.B. ist in dem neuen H.G.B. § 429 weggelassen, in dem § 456 aber beibehalten (s. ferner das Ges. betr. die Nationalität der Kauffahrteischiffe v. 25. Oktober 1867 § 16; das Ges. betr. die Verbindlichkeit zum Schadensersatze v. 7. Juni 1871 § 1; das Ges. über das Postwesen des Deutschen Reichs v. 28. Oktober 1871 § 11). Das B.G.B. wendet den Begriff der höheren Gewalt außer in dem § 203 auch in den §§ 701, 1996 an. In der Theorie wie in der Praxis herrscht lebhafter Streit sowohl darüber, was unter höherer Gewalt zu verstehen ist, als auch darüber, ob dieser Ausdruck an den verschiedenen Stellen der Gesetze, in welchen er vorkommt, in demselben Sinne gebraucht wird (s. Rümelin „Der Zufall im Recht“ Verlag von Mohr in Freiburg 1896 und die in den Anmerkungen zu dieser Schrift angeführte Literatur). Die von Rümelin a. a. O. S. 27, Anm. 40 aufgestellte Behauptung, daß in dem Gebrauche des Ausdruckes „höhere Gewalt“ in den §§ 203 und 1996 des B.G.B. ein zweifelloser legislatorischer Mißgriff liege, ist nicht begründet. Einen Anhaltspunkt für die Bedeutung, in welcher das B.G.B. § 203 den Ausdruck „höhere Gewalt“ gebraucht, giebt die Fassung des Abs. 2. Es erhellt daraus, daß der in dem ersten Absatz erwähnte Stillstand der Rechtspflege als ein Fall der höheren Gewalt betrachtet wird. Mögen im Einzelnen auch manche Zweifel übrig bleiben, so ist doch so viel klar, daß nicht jedes unverschuldete Hinderniß berücksichtigt werden soll, sondern nur ein solches, welches in äußeren unabwendbaren Ereignissen seinen Grund hat. Durch die Berücksichtigung solcher Ereignisse geschieht dem Interesse des Berechtigten Genüge, ohne daß doch der Zweck der Verjährung gefährdet

§. 204.

Die Verjährung von Ansprüchen zwischen Ehegatten ist gehemmt, solange die Ehe besteht. Das Gleiche gilt von Ansprüchen zwischen Eltern und Kindern während der Minderjährigkeit der Kinder und von Ansprüchen zwischen dem Vormund und dem Mündel während der Dauer des Vormundschaftsverhältnisses.

§. 205.

Der Zeitraum, während dessen die Verjährung gehemmt ist, wird in die Verjährungsfrist nicht eingerechnet.

---

wird. Eine ähnliche Bedeutung haben die Vorschriften der C.P.O. § 233 und der St.P.O. § 44, in welchen „von Naturereignissen oder anderen unabwendbaren Zufällen" gesprochen wird, durch welche eine Partei verhindert ist, eine Nothfrist einzuhalten. Nicht berücksichtigt werden daher Hindernisse, welche ihren Grund lediglich in der Person des Berechtigten haben; insbesondere kommt nicht in Betracht, daß der Berechtigte den Anspruch oder die Person des Verpflichteten ohne sein Verschulden nicht kennt oder daß er abwesend ist. In beschränkter Weise werden die persönlichen Verhältnisse des Berechtigten in den §§ 206, 207 berücksichtigt.

2. Ueber die entsprechende Anwendung des § 203 bei verschiedenen Ausschlußfristen s. Erl. zu § 186 Nr. 2.

§ 204.

E. I § 168; II § 170 rev. § 199; III § 199. P. I S. 352—355, 8628, 8634, 8635, 8640—8643, 12205, 12206; M. I S. 324—326. P. II S. 443, 444 (Bd. I S. 221, 222). D. S. 620. K.B. S. 1961. St.B. S. 2753.

1. Der Grund, auf welchem die Vorschriften des § 204 beruhen, liegt nicht wie in den Fällen der §§ 202, 203 darin, daß ein rechtliches oder thatsächliches Hinderniß der Geltendmachung des Anspruchs entgegensteht; er liegt vielmehr in der Rücksicht auf das Pietätsverhältniß, welches zwischen den in dem § 204 bezeichneten Personen stattfindet. Ein Ehegatte soll nicht durch die Besorgniß, daß ein ihm gegen den anderen Ehegatten zustehender Anspruch verjähre, zu der gerichtlichen Geltendmachung desselben gedrängt werden; in gleicher Weise sollen Eltern und Kinder, Vormund und Mündel vor der Besorgniß, daß die zwischen ihnen bestehenden Ansprüche verjähren, und vor dem darin liegenden Antriebe zur gerichtlichen Geltendmachung der Ansprüche geschützt werden.

2. Die Vorschrift des § 204 Satz 1 findet keine Anwendung, wenn die Ehe nichtig oder wenn sie anfechtbar und angefochten ist; denn rechtlich sind die betreffenden Personen in solchem Falle nicht Ehegatten. Dabei sind aber die Vorschriften der §§ 1329, 1343 zu beachten, nach welchen die Nichtigkeit bezw. die Anfechtbarkeit einer Ehe nur in der dort bestimmten Weise geltend gemacht werden kann. Solange die Ehe nicht für nichtig erklärt oder aufgelöst ist, kann sich der eine Theil dem anderen gegenüber darauf berufen, daß die Verjährung des von ihm geltend gemachten Anspruchs gehemmt gewesen sei (s. jedoch die §§ 151, 152 der C.P.O.). Erst, wenn die Ehe für nichtig erklärt oder aufgelöst ist, wird die Berufung auf eine durch die Ehe eingetretene Hemmung der Verjährung unzulässig.

3. Die Vorschrift des § 204 Satz 2 gilt für die Ansprüche zwischen Eltern und Kindern ohne Rücksicht darauf, ob den ersteren die elterliche Gewalt zusteht oder nicht. Die Vorschrift gilt für eheliche und solche Kinder, welche als eheliche Kinder gelten oder die rechtliche Stellung ehelicher Kinder haben (s. Erl. zu § 11 Nr. 23); sie gilt für leibliche Kinder, wenn dieselben von einem Anderen an Kindesstatt angenommen sind, sowohl gegenüber den leiblichen Eltern als gegenüber dem Annehmenden. Für uneheliche Kinder kommt nur die uneheliche Mutter in Betracht, da nach dem B.G.B. unter „Eltern" der uneheliche Vater nicht mit verstanden wird (s. Erl. zu § 11 Nr. 3).

4. Den Ansprüchen zwischen Vormund und Mündel stehen nach § 1915 gleich die Ansprüche zwischen dem Pfleger und dem Pflegebefohlenen. Es macht keinen Unterschied, ob dem Mündel oder Pflegebefohlenen noch ein zweiter Vormund oder Pfleger zur Seite steht, zu dessen Wirkungskreise die Geltendmachung der betreffenden Ansprüche gehört.

§ 205.

E. I § 161 Abs. 1; II § 167 rev. § 200; III § 200; M. I S. 311, 312. P. II S. 423 (Bd. I S. 212). D. S. 620.

1. Findet die Hemmung im Anfange der Verjährung statt, so beginnt die Verjährung erst mit dem Zeitpunkt, in welchem die Hemmung aufhört. Eine Verjährung z. B., die

§. 206.

Ist eine geschäftsunfähige oder in der Geschäftsfähigkeit beschränkte Person ohne gesetzlichen Vertreter, so wird die gegen sie laufende Verjährung nicht vor dem Ablaufe von sechs Monaten nach dem Zeitpunkte vollendet, in welchem die Person unbeschränkt geschäftsfähig wird oder der Mangel der Vertretung aufhört. Ist die Verjährungsfrist kürzer als sechs Monate, so tritt der für die Verjährung bestimmte Zeitraum an die Stelle der sechs Monate.

Diese Vorschriften finden keine Anwendung, soweit eine in der Geschäftsfähigkeit beschränkte Person prozeßfähig ist.

---

nach den Vorschriften der §§ 198—201 am 1. Januar 1900 beginnen würde, beginnt, wenn die Parteien verheirathet gewesen sind und die Ehe am 20. Januar 1900 aufgelöst ist, erst am 21. Januar 1900. Eine Ausnahme von dieser Regel tritt in den Fällen des § 201 Satz 1 nach § 201 Satz 2 dann ein, wenn die Hemmung auf einer dem Schuldner gewährten Stundung beruht. Ist die Leistung bis zum 20. Januar 1900 gestundet, so beginnt die Verjährung erst am 1. Januar 1901 (s. Erl. zu § 201 Nr. 1). Bei Verjährungsfristen von längerer Dauer als sechs Monaten wird durch die im § 203 bestimmten Umstände der Beginn der Verjährung nicht hinausgeschoben.

2. Tritt die Hemmung erst während des Laufes der Verjährungsfrist ein, so wird dadurch nicht die Anwendung des § 191 begründet, vielmehr erfolgt die Berechnung der Verjährungsfrist nach Maßgabe der §§ 187, 188 und wird auf Grund des § 205 nur der Zeitraum in die Verjährungsfrist nicht eingerechnet, während dessen die Verjährung gehemmt war. Dies führt zu dem Ergebnisse, daß die Verjährung um so viel Tage nach dem Zeitpunkt, in welchem die Verjährungsfrist ohne die Hemmung abgelaufen sein würde, endigt, als die Hemmung gedauert hat. Eine am 1. Januar 1900 beginnende zweijährige Verjährung endigt also z. B., wenn die Verjährung während der Jahre 1900 und 1901 zwanzig Tage lang gehemmt gewesen ist, erst mit dem Ablaufe des 20. Januar 1902.

§ 206.

E. I § 166; II § 171 rev. § 201; III § 201. P. I S. 348—352, 11678, 11679; M. I S. 318—322. P. II S. 439—442, 8389, 8390 (Bd. I S. 219—221). D. S. 620.

1. Die Verjährung beginnt und läuft auch gegen geschäftsunfähige oder in der Geschäftsfähigkeit beschränkte Personen. Die Rechtsordnung sorgt dafür, daß solche Personen einen gesetzlichen Vertreter haben; dieser ist berechtigt und, soweit das Interesse des von ihm Vertretenen es erfordert, auch verpflichtet, die Ansprüche desselben geltend zu machen. Nur wenn im einzelnen Falle ein gesetzlicher Vertreter nicht vorhanden, die geschäftsunfähige oder in der Geschäftsfähigkeit beschränkte Person also nicht im Stande ist, ihre Ansprüche geltend zu machen, würde es unbillig sein, die Verjährung dieser Ansprüche unbeschränkt laufen zu lassen. Auf diesem Gesichtspunkte beruht die Vorschrift des § 206. Die Verjährung soll zwar durch den Mangel der Vertretung nicht gehemmt werden, wenn aber der Mangel in den letzten sechs Monaten der Verjährungsfrist stattfindet, so wird die Vollendung der Verjährung bis zu dem in dem § 206 Abs. 1 bezeichneten Zeitpunkte hinausgeschoben.

Nach dem E. I § 166 sollten die Vorschriften des § 206 auch auf juristische Personen Anwendung finden. Von der zweiten Kommission ist diese Ausdehnung als durch das Bedürfniß nicht gerechtfertigt gestrichen.

2. Wer geschäftsunfähig oder in der Geschäftsfähigkeit beschränkt ist, bestimmt sich nach den §§ 104, 106, 114. Die gesetzliche Vertretung erfolgt entweder durch den Vater oder durch die Mutter kraft elterlicher Gewalt oder durch den von dem Vormundschaftsgerichte bestellten Vormund oder Pfleger (s. Erl. zu den §§ 105 Nr. 5, 106). Ist ein gesetzlicher Vertreter nicht vorhanden, so findet die Vorschrift des § 206 ohne Rücksicht darauf Anwendung, ob eine andere zur Vertretung berechtigte Person, z. B. ein von dem früheren gesetzlichen Vertreter bestellter Bevollmächtigter, vorhanden ist oder nicht. Andererseits kommt es, wenn ein gesetzlicher Vertreter vorhanden ist, nicht darauf an, ob dieser thatsächlich zur Vertretung im Stande war oder nicht. Zweifelhaft kann sein, wie das Verhältniß zu beurtheilen ist, wenn der bestellte Vormund geschäftsunfähig wird. War er schon bei der Bestellung geschäftsunfähig, so ist die Bestellung nichtig (§ 1780) und der Mündel daher ohne gesetzlichen Vertreter. Wird der Vormund aber erst nach der Bestellung geschäftsunfähig, so hört er zwar, wenn er entmündigt wird, nach § 1885 mit der Entmündigung auf, Vormund zu sein; solange er aber nicht entmündigt ist, bleibt er Vormund, bis er von dem Vormundschaftsgericht entlassen wird. Ein in der zweiten Kommission gestellter Antrag, daß ein Bevormundeter, dessen Vormund geschäftsunfähig werde,

§. 207.

Die Verjährung eines Anspruchs, der zu einem Nachlasse gehört oder sich gegen einen Nachlaß richtet, wird nicht vor dem Ablaufe von sechs Monaten nach dem Zeitpunkte vollendet, in welchem die Erbschaft von dem Erben angenommen oder der Konkurs über den Nachlaß eröffnet wird oder von welchem an der Anspruch von einem Vertreter oder gegen einen Vertreter geltend gemacht werden kann. Ist die Verjährnngsfrist kürzer als sechs Monate, so tritt der für die Verjährung bestimmte Zeitraum an die Stelle der sechs Monate.

---

während der Dauer der Geschäftsunfähigkeit als nicht vertreten gelte, wurde abgelehnt, weil ein so seltener Fall einer besonderen gesetzlichen Entscheidung nicht bedürfe (P. II S. 6481, 8389, 8390). Bei dieser Sachlage dürfte kein genügender Grund vorliegen, den § 206 in dem gedachten Falle für anwendbar zu erklären. Der Mündel hat einen gesetzlichen Vertreter; dieser ist zwar wegen seiner Geschäftsunfähigkeit außer Stande, den Mündel zu vertreten, aber in Ermangelung besonderer gesetzlicher Vorschriften liegt kein Grund vor, diese Verhinderung anders zu beurtheilen als jede andere thatsächliche Verhinderung. Bei der Vertretung kraft elterlicher Gewalt kommt dieser Zweifel nicht in Frage. Nach § 1676 ruht die elterliche Gewalt des Vaters, wenn er geschäftsunfähig wird; dasselbe gilt nach § 1686 von der elterlichen Gewalt der Mutter. Ruht die elterliche Gewalt des Vaters, so ist er zur gesetzlichen Vertretung des Kindes nicht mehr berechtigt (§ 1678). In solchem Falle steht entweder der Mutter die gesetzliche Vertretung zu (§ 1685) oder das Kind ist, bis zur Bestellung eines Vormundes, ohne gesetzlichen Vertreter.

3. Hat der Mangel der gesetzlichen Vertretung durch Bestellung eines gesetzlichen Vertreters aufgehört, **fällt aber der gesetzliche Vertreter vor dem Ablaufe der sechs Monate wieder weg**, z. B. dadurch, daß er stirbt, so ist nun die geschäftsunfähige oder in der Geschäftsfähigkeit beschränkte Person wieder ohne gesetzlichen Vertreter; die gegen sie noch laufende Verjährung wird daher nicht vor dem Ablaufe von sechs Monaten nach dem Zeitpunkte vollendet, in welchem sie einen neuen gesetzlichen Vertreter erhalten hat oder unbeschränkt geschäftsfähig geworden ist. Ebenso wird, wenn die geschäftsunfähige oder in der Geschäftsfähigkeit beschränkte Person unbeschränkt geschäftsfähig geworden ist, vor dem Ablaufe von sechs Monaten aber wieder geschäftsunfähig oder in der Geschäftsfähigkeit beschränkt wird, die gegen sie laufende Verjährung nicht vor dem Ablaufe von sechs Monaten nach dem in dem § 206 Abs. 1 Satz 1 bestimmten Zeitpunkte vollendet. Dies kann sich möglicherweise mehrere Male wiederholen und dadurch die Vollendung der Verjährung recht lange hinausgeschoben werden. Immerhin handelt es sich dabei aber um seltene Fälle, auf die besondere Rücksicht zu nehmen das Gesetz keine Veranlassung hat.

4. Die **Berechnung** der sechs Monate sowie des nach Satz 2 an die Stelle derselben tretenden kürzeren Zeitraums bestimmt sich nach dem § 187 Abs. 1 und dem § 188.

5. Die Fälle, in denen eine in der Geschäftsfähigkeit beschränkte Person **prozeßfähig** ist (§ 52 der C.P.O.), ergeben sich aus den §§ 112, 113.

§ 207.

E. I § 167; II § 172 rev. § 202; III § 202. P. I S. 355—361, 11452—11454, 11679—11684; M. I S. 322—324. P. II S. 442, 443 (Bd. I S. 221). D. S. 620.

1. Die **Erbschaft** geht auf den berufenen Erben zwar ipso jure über; aber dem Erben steht das Recht zu, die Erbschaft auszuschlagen. Erfolgt die Ausschlagung, so gilt der Anfall der Erbschaft als nicht erfolgt (§§ 1942, 1943). Der Erbe kann die Erbschaft nicht mehr ausschlagen, wenn er sie angenommen hat; die Erbschaft gilt als angenommen, wenn die für die Ausschlagung vorgeschriebene Frist verstrichen ist (§ 1943). Solange der Erbe die Erbschaft nicht angenommen hat, **besteht also ein Zustand der Ungewißheit**. Während der Dauer dieses Zustandes kann ein Anspruch, der sich gegen den Nachlaß richtet, nicht gegen den Erben gerichtlich geltend gemacht werden (§ 1958). Ansprüche dieser Art würden daher in Ermangelung einer besonderen Vorschrift verjähren können, obwohl der Gläubiger nicht im Stande war, sie gerichtlich geltend zu machen. Hiergegen gewährt der § 207 auf demselben Wege Abhülfe, auf welchem nach § 206 für die Ansprüche gesorgt ist, welche einer geschäftsunfähigen oder in der Geschäftsfähigkeit beschränkten Person zustehen. Die Verjährung der fraglichen Ansprüche wird nicht vor dem Ablaufe von sechs Monaten nach dem Zeitpunkte vollendet, in welchem der Gläubiger in Folge des Eintritts der im § 207 bezeichneten Umstände den Anspruch geltend machen konnte. An die Stelle der sechs Monate tritt, wenn die Verjährungsfrist kürzer als sechs Monate ist, auch hier wie im Falle des § 206 die kürzere Frist. Ein Anspruch richtet

sich gegen einen Nachlaß nicht nur dann, wenn er auf Berichtigung einer von dem Erblasser herrührenden Schuld gerichtet ist, sondern auch dann, wenn es sich um eine andere, den Erben als solchen treffende Verbindlichkeit, insbesondere aus Pflichttheilsrechten, Vermächtnissen und Auflagen handelt.

Erbschaftliche Geschäfte kann der Erbe zwar, bevor er die Erbschaft angenommen hat, besorgen und zu diesem Zwecke auch Ansprüche geltend machen, die zu dem Nachlasse gehören. Aber er ist zu einer solchen Besorgung nicht verpflichtet; er haftet, wenn er sich der Besorgung unterzieht, demjenigen gegenüber, welcher Erbe sein wird, wie ein Geschäftsführer ohne Auftrag (§ 1959) und er wird nicht selten Anstand nehmen, die zu dem Nachlasse gehörenden Ansprüche geltend zu machen, weil er sich dadurch der Gefahr aussetzt, daß in einer solchen Geltendmachung die Annahme der Erbschaft gefunden wird. Auch für die zu dem Nachlasse gehörenden Ansprüche besteht also die Gefahr, daß die Verjährung während des Zwischenzustandes bis zur Annahme der Erbschaft vollendet wird, obwohl während dieser Zeit eine zur Geltendmachung der Ansprüche berufene Person nicht vorhanden ist. Mit Rücksicht hierauf wird in dem § 207 bestimmt, daß auch die zu einem Nachlasse gehörenden Ansprüche nicht vor dem Ablaufe des in dem § 207 bezeichneten Zeitraums verjähren.

2. Die sechsmonatige bezw. die im Satz 2 bestimmte kürzere Frist läuft von dem Zeitpunkt an, in welchem der Geltendmachung des Anspruchs die unter Nr. 1 bezeichneten Hindernisse nicht mehr entgegenstehen. Dieser Zeitpunkt tritt, außer in dem Falle, daß der Erbe die Erbschaft angenommen hat (§ 1943), ein, wenn der Konkurs über den Nachlaß eröffnet wird; der Konkursverwalter ist berechtigt und verpflichtet, die zu dem Nachlasse gehörenden Ansprüche geltend zu machen, und die Nachlaßgläubiger können ihre Ansprüche durch Anmeldung im Konkurse bezw. dadurch, daß sie Absonderung oder Aussonderung fordern, geltend machen. Jener Zeitpunkt tritt ferner ein, wenn der Anspruch von einem Vertreter bezw. gegen einen Vertreter geltend gemacht werden kann. Dies ist der Fall, wenn ein Nachlaßpfleger bestellt ist (§§ 1960, 1961, 1981). Es ist regelmäßig auch dann der Fall, wenn ein Testamentsvollstrecker vorhanden ist (§ 2212). Die Vertretungsbefugniß des Testamentsvollstreckers kann aber beschränkt sein; es kommt daher darauf an, ob sich dieselbe auf den in Frage stehenden Anspruch bezieht (§§ 2212, 2213); ein Pflichttheilsanspruch kann niemals gegen den Testamentsvollstrecker geltend gemacht werden (§ 2213 Abs. 1 Satz 3).

Nach dem Wortlaute des § 207 ist es zweifelhaft, wie das Verhältniß zu beurtheilen ist, wenn der Nachlaßpfleger oder der Testamentsvollstrecker vor dem Ablaufe der sechs Monate wieder wegfällt. In den entsprechenden Fällen des § 206 ergiebt sich die Beantwortung dieser Frage aus dem Wortlaute des § 206 (s. Erl. zu § 206 Nr. 3). Der Wortlaut des § 207 läßt die Auslegung zu, daß, wenn der Zeitpunkt eingetreten ist, in welchem der Anspruch von einem Vertreter bezw. gegen einen solchen geltend gemacht werden kann, die Frist von sechs Monaten ohne Rücksicht darauf läuft, ob der Vertreter während der ganzen Frist vorhanden ist oder nicht. Gegen diese Auslegung spricht aber, daß dem § 207 ein gleicher Gedanke zu Grunde liegt wie dem § 206. Der Zweck, welcher durch die Vorschrift des § 207 erreicht werden soll, geht dahin, daß ebenso, wie im Falle des § 206 dem gesetzlichen Vertreter einer geschäftsunfähigen oder in der Geschäftsfähigkeit beschränkten Person, so hier dem Nachlaßgläubiger sowie dem Vertreter der Erbschaft eine Frist von sechs Monaten zur Geltendmachung der Ansprüche frei bleiben soll. Diese Frist bleibt aber nicht frei, wenn der Vertreter vor dem Ablaufe von sechs Monaten wegfällt und dadurch die Möglichkeit einer Geltendmachung der Ansprüche durch ihn wie gegen ihn ausgeschlossen wird. Das Verhältniß dürfte daher ebenso zu beurtheilen sein wie in den entsprechenden Fällen des § 206 (s. Erl. zu 206 Nr. 3). Dieselbe Frage kann übrigens auch entstehen, wenn der über den Nachlaß eröffnete Konkurs vor dem Ablaufe von sechs Monaten aufgehoben oder eingestellt wird (K.O. §§ 163, 190, 202, 204). Nicht in Betracht kommt die Frage, wenn der Erbe die Erbschaft angenommen hat, weil er nicht wieder aufhören kann, Erbe zu sein. Ist die Annahme anfechtbar und angefochten, so gilt sie als nicht erfolgt (§§ 1954—1957).

War für den Erblasser ein Abwesenheitspfleger bestellt (§ 1911), so endigt die Abwesenheitspflegschaft nach § 1921 nicht von selbst mit dem Tode des Abwesenden, sondern erst dann, wenn sie von dem Vormundschaftsgericht aufgehoben oder wenn der Abwesende für todt erklärt wird. Bis zu diesem Zeitpunkt ist also ein Vertreter vorhanden, von welchem und gegen welchen die in Frage stehenden Ansprüche geltend gemacht werden können. Es kann sich fragen, ob der § 207 auf einen Fall dieser Art überhaupt Anwendung findet. Durch den Tod des Abwesenden tritt eine Aenderung der Rechtslage in Betreff der der Fürsorge des Abwesenheitspflegers unterliegenden Vermögensangelegenheiten nicht ein. Die in Frage stehenden Ansprüche können in derselben Weise nach wie vor dem Tode des Abwesenden von dem Abwesenheitspfleger und gegen ihn geltend gemacht werden. Es ist nicht ersichtlich, weshalb die Verjährung eines Anspruchs, die wenige Tage nach dem Tode des Abwesenden vollendet sein würde, in

§. 208.

Die Verjährung wird unterbrochen, wenn der Verpflichtete dem Berechtigten gegenüber den Anspruch durch Abschlagzahlung, Zinszahlung, Sicherheitsleistung oder in anderer Weise anerkennt.

Folge des möglicherweise unbekannt gebliebenen Todes erst sechs Monate nach dem Tode vollendet werden soll. Trotz dieser Bedenken dürfte eine einschränkende Auslegung des § 207 nicht gerechtfertigt sein. Bei der Berathung in der ersten Kommission ist, wie sich aus P. I S. 11452—11454 ergiebt, an den Fall einer Abwesenheitspflegschaft gedacht. Durch den Tod des Abwesenden tritt insofern eine Aenderung der Rechtslage ein, als vor dem Tode Ansprüche auch von dem Abwesenden selbst und gegen ihn geltend gemacht werden konnten, während dies nach dem Tode nur von dem Abwesenheitspfleger und gegen ihn geschehen kann. Jene Möglichkeit ist von besonderer Bedeutung für diejenigen Ansprüche, welche an dem Aufenthaltsorte des Abwesenden entstanden sind und von denen der Abwesenheitspfleger regelmäßig keine Kenntniß haben wird. Eine Unterscheidung zwischen den Ansprüchen der einen und der anderen Art würde das Gesetz kompliziren. Es darf daher angenommen werden, daß durch den § 207 trotz der oben hervorgehobenen Bedenken auch der hier fragliche Fall getroffen werden sollte. Die Frist von sechs Monaten läuft hier dann aber für alle Ansprüche, auf welche sich die Fürsorge des Abwesenheitspflegers bezieht, von dem Zeitpunkte des Erbfalls an, weil schon in diesem Zeitpunkte der zur Vertretung berechtigte Abwesenheitspfleger vorhanden ist. Fällt dieser vor dem Ablaufe der sechs Monate weg, so gilt dasselbe, was oben für den Fall eines Wegfalls des Nachlaßpflegers oder des Testamentsvollstreckers dargelegt ist.

§ 208.

E. I § 169; II § 174 rev. § 203; III § 203. P. I S. 361—365; M. I S. 326, 327. P. II S. 444—446 (Bd. I S. 222, 223). D. S. 620.

1. Die §§ 208—216 bestimmen die Fälle, in denen eine Unterbrechung der Verjährung stattfindet sowie den Zeitraum, während dessen die Unterbrechung dauert. Die Wirkungen der Unterbrechung werden in dem § 217 bestimmt.

2. Der § 208 entscheidet die nach dem bisherigen Rechte bestrittene Frage, ob zur Unterbrechung der Verjährung ein rechtsgeschäftliches Anerkenntniß des Anspruchs erforderlich ist oder ob der Ausdruck der Ueberzeugung, schuldig zu sein, genügt, im letzteren Sinne. Es wird weder ein Schuldanerkenntniß gefordert (§ 781) noch überhaupt ein Rechtsgeschäft. Die Ansicht von Endemann (Einführung in das Studium des B.G.B., dritte Auflage S. 391), daß zur Unterbrechung der Verjährung ein einseitiges empfangsbedürftiges Rechtsgeschäft erforderlich sei, durch welches in verbindlicher Weise der Anerkennungswille zum Ausdrucke gebracht werde, dürfte mit der Entstehungsgeschichte des § 208 nicht vereinbar sein und wird durch die Fassung desselben nicht gerechtfertigt. Nach den Motiven wie nach den Protokollen sind beide Kommissionen davon ausgegangen, daß eine rechtsgeschäftliche Anerkennung nicht erforderlich sei, und ist die Fassung des § 208 „oder in anderer Weise anerkennt" gewählt, um auszudrücken, daß jede ernstlich gemeinte Anerkennung genüge. Maßgebend ist dabei der Gesichtspunkt gewesen, daß der Gläubiger, dem gegenüber der Schuldner in irgend welcher Art den Anspruch anerkennt, hierdurch zu dem Vertrauen veranlaßt wird, daß der Schuldner den Anspruch nicht bestreiten, sondern erfüllen werde, daß es daher wider Treu und Glauben verstoßen würde, wenn der Schuldner sich trotz seiner Anerkennung auf die Verjährung beriefe. Nicht erforderlich ist, wie sich hieraus ergiebt, daß der Schuldner den Willen hat, sich dem Gläubiger gegenüber zu binden; es ist nicht einmal erforderlich, daß der Schuldner das Bewußtsein hat, eine Handlung vorzunehmen, durch welche der Anspruch anerkannt wird; vielmehr genügt es, daß in der Handlung selbst die Ueberzeugung, schuldig zu sein, dem Gläubiger gegenüber zum Ausdrucke gelangt. Die in dem § 208 besonders hervorgehobenen Handlungen — Abschlagzahlung, Zinszahlung, Sicherheitsleistung — sind Rechtsgeschäfte, aber der Grund, aus welchem die Verjährung durch sie unterbrochen wird, liegt nicht darin, daß sie Rechtsgeschäfte sind, sondern darin, daß in diesen Rechtsgeschäften die Ueberzeugung des Schuldners, schuldig zu sein, dem Gläubiger gegenüber zum Ausdrucke gelangt. Deshalb wird, wie in den M. I S. 327 ausdrücklich hervorgehoben wird, die Verjährung durch die gedachten Rechtsgeschäfte auch dann unterbrochen, wenn die Zahlung oder Pfandbestellung nicht durch den Verpflichteten selbst, sondern durch einen Dritten erfolgt, sofern dies nur in solcher Art geschieht, daß dadurch die Anerkennung der Schuld von Seiten des Verpflichteten dem Berechtigten gegenüber bethätigt wird. Andererseits wird die Verjährung durch ein Rechtsgeschäft der gedachten Art nicht unterbrochen, wenn die Vornahme desselben in einem einzelnen Falle in Folge besonderer Umstände, z. B. weil der Schuldner sich ausdrücklich dagegen verwahrt hat, nicht zu der Annahme

§. 209.

Die Verjährung wird unterbrochen, wenn der Berechtigte auf Befriedigung oder auf Feststellung des Anspruchs, auf Ertheilung der Vollstreckungsklausel oder auf Erlassung des Vollstreckungsurtheils Klage erhebt.

Der Erhebung der Klage stehen gleich:

1. die Zustellung eines Zahlungsbefehls im Mahnverfahren;
2. die Anmeldung des Anspruchs im Konkurse;
3. die Geltendmachung der Aufrechnung des Anspruchs im Prozesse;
4. die Streitverkündung in dem Prozesse, von dessen Ausgange der Anspruch abhängt;
5. die Vornahme einer Vollstreckungshandlung und, soweit die Zwangsvollstreckung den Gerichten oder anderen Behörden zugewiesen ist, die Stellung des Antrags auf Zwangsvollstreckung.

---

berechtigt, daß dadurch die Ueberzeugung, schuldig zu sein, Ausdruck gefunden habe. Der § 208 bestimmt nicht schlechthin, daß die Verjährung durch die gedachten Rechtsgeschäfte unterbrochen werde, sondern er sagt nur, daß die Unterbrechung eintrete, wenn der Anspruch durch ein Rechtsgeschäft der gedachten Art von dem Schuldner dem Gläubiger gegenüber anerkannt werde. Die gedachten Rechtsgeschäfte sind in dem § 208 besonders hervorgehoben, weil sie die praktisch wichtigsten Fälle bilden, in denen durch Handlungen, welche nicht eine ausdrückliche Erklärung der Anerkennung enthalten, ein Anspruch im Verkehr anerkannt zu werden pflegt. Daß auch eine ausdrückliche Anerkennung des Schuldners dem Gläubiger gegenüber, möge sie schriftlich oder mündlich erfolgen, genügend ist, versteht sich von selbst. Eine Annahme der Anerkennung von Seiten des Gläubigers ist nicht erforderlich.

Aus dem Gesagten ergiebt sich, daß die Vorschriften über Rechtsgeschäfte auf die zur Unterbrechung der Verjährung erforderliche Anerkennung keine Anwendung finden. Eine entsprechende Anwendung ist nur insoweit zulässig, als sie durch die Natur und den Zweck der hier fraglichen Anerkennung gerechtfertigt wird. Dies wird z. B. insofern anzunehmen sein, als die Anerkennung von Seiten eines Geschäftsunfähigen unwirksam ist; ebenso die ohne Zustimmung des gesetzlichen Vertreters erfolgende Anerkennung von Seiten einer in der Geschäftsfähigkeit beschränkten Person.

3. Die Unterbrechung dauert nicht über den Zeitpunkt hinaus, in welchem die Anerkennung erfolgt; die neue Verjährung kann sofort wieder beginnen.

§ 209.

E. I § 170; II § 175 rev. § 204; III § 204. P. I S. 367—370; M. I S. 327—330. P. II S. 446—451 (Bd. I S. 223—226). D. S. 620.

1. Wird dem Berechtigten nicht durch die Anerkennung seines Anspruchs von Seiten des Verpflichteten nach Maßgabe des § 208 die Sicherheit gewährt, daß die bis dahin abgelaufene Zeit für die Verjährung nicht in Betracht kommt, so ist es seine Sache, sich selbst gegen die Gefahr der Verjährung zu sichern. Das Mittel, welches ihm das Gesetz zu diesem Zwecke bietet, besteht darin, daß er seinen Anspruch dem Verpflichteten gegenüber gerichtlich geltend macht. Der Zweck der Verjährung gestattet es nicht, eine gerichtliche oder außergerichtliche Verwahrung von Seiten des Berechtigten oder die Mahnung des Schuldners für genügend zu erklären. Die Art, in welcher die gerichtliche Geltendmachung erfolgen muß, wird in dem § 209 näher bestimmt. Leitend ist dabei der Gesichtspunkt gewesen, daß die gerichtliche Geltendmachung in solcher Art erfolgen müsse, daß dadurch die richterliche Feststellung des Anspruchs erreicht wird. Hierauf beruhen die Vorschriften des § 209 Abs. 1 und 2 Nr. 1, 2.

Die Geltendmachung des Anspruchs kann erfolgen:

a) Durch Erhebung der Klage (§ 209 Abs. 1, C.P.O. §§ 253, 499, 500, 510 Abs. 2, 696, 771, E.G. Art. 152). Die Verjährung wird unterbrochen, mag die Klage gerichtet sein auf Befriedigung oder auf Feststellung des Anspruchs (C.P.O. §§ 256, 281) oder auf Ertheilung der Vollstreckungsklausel (C.P.O. § 731) oder auf Erlassung des Vollstreckungsurtheils (C.P.O. §§ 722, 1042). Ueber die Dauer der Unterbrechung sowie über die Fälle, in welchen sie als nicht erfolgt gilt, s. §§ 211, 212.

b) Durch Zustellung eines Zahlungsbefehls im Mahnverfahren (§ 209 Abs. 2 Nr. 1, C.P.O. §§ 688, 693). Ueber die Fälle, in welchen die Unterbrechung als nicht erfolgt gilt, s. § 213.

c) Durch die Anmeldung des Anspruchs im Konkurse (§ 209 Abs. 2 Nr. 2, K.O. § 139). Ueber die Dauer der Unterbrechung sowie über die Fälle, in welchen sie als nicht erfolgt gilt, s. § 214.

Ist in den unter a—c angeführten Fällen der Anspruch nur zu einem bestimmten Theile geltend gemacht, so tritt die Unterbrechung nur insoweit ein, als die Geltendmachung reicht.

Die gerichtliche Geltendmachung eines Anspruchs im Wege der Einrede unterbricht die Verjährung nicht (s. Erl. Nr. 2 unter a).

2. Einen anderen Charakter wie die bisher angeführten Fälle einer gerichtlichen Geltendmachung des Anspruchs haben die in dem § 209 Abs. 2 Nr. 3—5 aufgeführten Unterbrechungsgründe. Es handelt sich zwar auch bei ihnen um eine gerichtliche Geltendmachung des Anspruchs, aber nicht um eine solche, welche die richterliche Feststellung des Anspruchs zur Folge haben muß. Auch in diesen Fällen aber thut der Berechtigte, was nach Lage der Sache zur Wahrung seines Anspruchs billiger Weise von ihm gefordert werden kann, und der Verpflichtete wird hierdurch darauf aufmerksam gemacht, daß er die zu seiner Vertheidigung erforderlichen Beweise sich sichere. Schon die erste Kommission hatte deshalb angenommen, daß überwiegende Zweckmäßigkeitsgründe die Anerkennung der in dem § 209 Abs. 2 Nr. 4, 5 aufgeführten Unterbrechungsgründe fordern; aus ähnlichen Rücksichten hat die zweite Kommission die unter Nr. 3 aufgeführte Bestimmung hinzugefügt. Im Einzelnen ist zu diesen Fällen Folgendes zu bemerken:

a) Die Aufrechnung einer Forderung gegen eine andere bewirkt nach § 389, daß die Forderungen, soweit sie sich decken, als in dem Zeitpunkt erloschen gelten, in welchem sie zur Aufrechnung geeignet einander gegenüber getreten sind. Die Aufrechnung erfolgt nach § 388 durch Erklärung gegenüber dem anderen Theile. Ist die Aufrechnung erfolgt, so besteht der zur Aufrechnung gebrachte Anspruch nicht mehr. Wird der Anspruch später trotzdem geltend gemacht, so kann sich der andere Theil sowohl auf die erfolgte Aufrechnung als auch, wenn die Verjährungsfrist abgelaufen ist, auf die Verjährung berufen. Die Unterbrechung der Verjährung durch die Aufrechnung kommt nicht in Frage, weil der Berechtigte, wenn er sie geltend machte, dadurch selbst das Erlöschen seines Anspruchs behaupten würde. Auf diesen Fall bezieht sich daher die Vorschrift des § 209 Nr. 3 nicht. Gedacht ist dabei vielmehr an diejenigen Fälle, in welchen die Aufrechnung im Prozesse zwar eventuell geltend gemacht, aber deshalb nicht wirklich erfolgt ist, weil der durch die Klage geltend gemachte Anspruch aus einem anderen Grunde abgewiesen wurde. Eine solche eventuelle Geltendmachung der Aufrechnung ist trotz der Vorschrift des § 388 Satz 2, nach welcher die Erklärung der Aufrechnung unwirksam ist, wenn sie unter einer Bedingung oder einer Zeitbestimmung abgegeben wird, zulässig, weil es sich dabei nicht um eine rechtsgeschäftliche Bedingung, sondern um die gesetzliche Voraussetzung handelt, unter welcher allein die Aufrechnung denkbar ist (s. Bd. II S. 170, 171, Erl. zu § 388 Nr. 2 und S. 174, Erl. zu § 390 Nr. 3). Durch diese eventuelle Geltendmachung der Aufrechnung wird die Verjährung des zur Aufrechnung gebrachten Anspruchs unterbrochen und beginnt die neue Verjährung vorbehältlich der Vorschrift des § 215 Abs. 2 erst mit der Beendigung der Unterbrechung (§§ 215 Abs. 1, 217). Die Geltendmachung der Aufrechnung muß regelmäßig in der mündlichen Verhandlung erfolgen (s. Bd. II S. 170 Erl. zu § 388 Nr. 1; C.P.O. §§ 278, 767). Die Unterbrechung der Verjährung bezieht sich, wenn nur ein Theil des Anspruchs zur Aufrechnung gebracht wird, ebenso wie in den Fällen unter Nr. 1 nur auf diesen Theil, also niemals auf einen höheren als den durch die Klage geltend gemachten Betrag.

b) Die Streitverkündung (C.P.O. § 72) hat die Unterbrechung der Verjährung nur zur Folge, wenn der Anspruch von dem Ausgange des Prozesses, in welchem der Streit verkündet wird, abhängt. Die Vorschrift ist von praktischer Bedeutung namentlich für Ansprüche des Käufers gegen den Verkäufer wegen Nichterfüllung der Verpflichtung, den verkauften Gegenstand frei von Rechten Dritter zu beschaffen (§§ 434, 440). Der zweite Fall, in welchem der § 72 der C.P.O. die Streitverkündung zuläßt, wenn nämlich der Anspruch eines Dritten besorgt wird, kommt hier nicht in Betracht. Die Art, in welcher die Streitverkündung erfolgt, bestimmt der § 73 der C.P.O. Ueber die Dauer der Unterbrechung sowie über die Fälle, in welchen sie als nicht erfolgt gilt, s. § 215.

c) Die Vornahme einer Vollstreckungshandlung unterbricht die Verjährung, mag es sich um einen Anspruch handeln, zu dessen Befriedigung der Verpflichtete verurtheilt ist, oder um einen Anspruch, behufs dessen Befriedigung die Zwangsvollstreckung aus einem anderen Grunde zulässig ist (C.P.O. §§ 794 ff.). Welche Handlungen als Vollstreckungshandlungen anzusehen sind, ergiebt sich aus der C.P.O. (s. z. B. die §§ 808, 814, 826, 829 ff., 844, 883, 885). Ueber die Fälle, in welchen die Zwangsvollstreckung den Gerichten oder anderen Behörden überwiesen ist und in welchen daher nach § 209 Nr. 5 schon der Antrag auf Zwangsvollstreckung zur Unterbrechung der Verjährung genügt, s. z. B. C.P.O. §§ 790, 791, 828, 887; Zw.V.G. § 1. Ueber die Fälle, in welchen die Unterbrechung als nicht erfolgt gilt, s. § 216.

§. 210.

Hängt die Zulässigkeit des Rechtswegs von der Vorentscheidung einer Behörde ab oder hat die Bestimmung des zuständigen Gerichts durch ein höheres Gericht zu erfolgen, so wird die Verjährung durch die Einreichung des Gesuchs an die Behörde oder das höhere Gericht in gleicher Weise wie durch Klagerhebung unterbrochen, wenn die Klage binnen drei Monaten nach der Erledigung des Gesuchs erhoben wird. Auf diese Frist finden die Vorschriften der §§. 203, 206, 207 entsprechende Anwendung.

---

d) Auf ähnlichen Zweckmäßigkeitsgründen wie die Vorschriften des § 209 Nr. 3, 4 beruht auch die *Vorschrift des* § 477 *Abs.* 2, nach welcher die Verjährung des Anspruchs auf Wandelung oder auf Minderung sowie des Anspruchs auf Schadensersatz wegen Mangels einer zugesicherten Eigenschaft durch den Antrag des Käufers auf gerichtliche Beweisaufnahme zur Sicherung des Beweises unterbrochen wird. Die Dauer der Unterbrechung sowie die Fälle, in welchen sie als nicht erfolgt gilt, werden im Satz 2 bestimmt.

§ 210.

E. I § 171, Abs. 3, 5, § 180; II § 176 rev. § 205; III § 205. P. I S. 370—373, 386, 11911, 11912; M. I S. 330, 331, 340. P. II S. 451—455, 461, 8812 (Bd. I S. 226—228, 231). D. S. 620.

1. Nach § 11 des E.G. zum G.V.G. bleiben die landesgesetzlichen Vorschriften unberührt, durch welche die gerichtliche Verfolgung von Beamten wegen der in Ausübung oder in Veranlassung der Ausübung ihres Amtes vorgenommenen Handlungen *an die Vorentscheidung einer Behörde* gebunden ist. Diesen und ähnlichen Bestimmungen, in Folge deren der Berechtigte rechtlich außer Stande ist, die Klage sofort zu erheben, wird durch die Vorschrift des § 210 Rechnung getragen.

2. Der § 36 der C.P.O. bestimmt die Fälle, in welchen die *Bestimmung des zuständigen Gerichts durch ein höheres Gericht* zu erfolgen hat. Auch in diesen Fällen ist eine erfolgreiche Erhebung der Klage erst möglich, wenn die Entscheidung des höheren Gerichts erfolgt ist; deshalb wird auch hier dem Berechtigten durch die Vorschrift des § 210 geholfen.

3. In den unter Nr. 1, 2 bezeichneten Fällen wird die Verjährung durch die Einreichung des Gesuchs an die Behörde oder an das höhere Gericht, abweichend vom E. I § 180, nicht unbedingt, sondern nur dann unterbrochen, *wenn binnen drei Monaten nach Erledigung des Gesuchs die Klage erhoben wird.* Erledigt ist das Gesuch, wenn eine sachliche Entscheidung darauf erfolgt ist. Wird das Gesuch zurückgewiesen, weil die Voraussetzungen nicht vorliegen, unter welchen die Behörde oder das höhere Gericht eine Entscheidung abzugeben hat, so findet der § 210 keine Anwendung, weil er die Unterbrechung der Verjährung durch das Gesuch nur für den Fall vorschreibt, daß jene Voraussetzungen vorliegen. Ergeht die Vorentscheidung der Behörde dahin, daß der Rechtsweg unzulässig sei, so kann die Klage mit Erfolg nicht erhoben werden und kommt deshalb die Unterbrechung der Verjährung nicht mehr in Frage. Praktisch kommt also nur in Betracht der Fall, in welchem die Behörde den Rechtsweg für zulässig erklärt oder das höhere Gericht das zuständige Gericht bestimmt.

Die in dem § 210 der Vorschrift, daß die Verjährung durch die Einreichung des Gesuchs unterbrochen werde, hinzugefügten Worte „in gleicher Weise wie durch Klagerhebung" haben eine besondere Bedeutung für den Fall, daß die Bestimmung des zuständigen Gerichts auf Grund der Vorschrift des § 36 Nr. 6 der C.P.O. erfolgen muß. Die Unterbrechung der Verjährung durch Klagerhebung gilt nach § 212 Abs. 1 als nicht erfolgt, wenn die Klage wegen Unzuständigkeit des Gerichts abgewiesen wird; diese Vorschrift findet aber nach § 212 Abs. 2 keine Anwendung, wenn der Berechtigte binnen sechs Monaten nach der Abweisung von neuem Klage erhebt. Da nun nach § 210 die Einreichung des Gesuchs an das höhere Gericht in gleicher Weise wie die Klagerhebung die Verjährung unterbrechen soll, so gilt die Verjährung als durch die Erhebung der ersten wegen Unzuständigkeit abgewiesenen Klage auch dann als unterbrochen, wenn der Berechtigte binnen sechs Monaten nach der Abweisung das Gesuch um Bestimmung des zuständigen Gerichts nach Maßgabe der C.P.O. § 36 Nr. 6 und § 37 bei dem höheren Gerichte einreicht.

4. Die in dem § 210 bestimmte dreimonatige Frist ist keine Verjährungs-, sondern eine *Ausschlußfrist.* Die Vorschriften über Hemmung der Verjährung finden darauf an sich also keine Anwendung. Nach § 210 Satz 2 sollen aber die §§ 203, 206, 207 entsprechende Anwendung finden.

§. 211.

Die Unterbrechung durch Klagerhebung dauert fort, bis der Prozeß rechtskräftig entschieden oder anderweit erledigt ist.

Geräth der Prozeß in Folge einer Vereinbarung oder dadurch, daß er nicht betrieben wird, in Stillstand, so endigt die Unterbrechung mit der letzten Prozeßhandlung der Parteien oder des Gerichts. Die nach der Beendigung der Unterbrechung beginnende neue Verjährung wird dadurch, daß eine der Parteien den Prozeß weiter betreibt, in gleicher Weise wie durch Klagerhebung unterbrochen.

§. 212.

Die Unterbrechung durch Klagerhebung gilt als nicht erfolgt, wenn die Klage zurückgenommen oder durch ein nicht in der Sache selbst entscheidendes Urtheil rechtskräftig abgewiesen wird.

Erhebt der Berechtigte binnen sechs Monaten von neuem Klage, so gilt die Verjährung als durch die Erhebung der ersten Klage unterbrochen. Auf diese Frist finden die Vorschriften der §§. 203 206, 207 entsprechende Anwendung.

---

§ 211.

E. I § 174; II § 177 rev. § 206; III § 206. P. I S. 374—377; M. I S. 331—333. P. II S. 456, 457, 1496, 1499, 8608, 8609 (Bd. I S. 228, 229, 745, 747). D. S. 620

1. Mit der Unterbrechung der Verjährung durch Klagerhebung (§ 209 Abs. 1) fängt nicht sofort eine neue Verjährung an; die Unterbrechung dauert vielmehr bis zu dem im § 211 bezeichneten Zeitpunkte fort. Die Unterbrechung endigt immer mit der rechtskräftigen Entscheidung des Prozesses. Als rechtskräftige Entscheidung im Sinne des § 211 gilt nach § 219 auch ein unter Vorbehalt ergangenes rechtskräftiges Urtheil. Wird der Anspruch durch das Urtheil festgestellt, so findet der § 218 Anwendung. Wird der Anspruch für unbegründet erkannt, so kommt die Verjährung praktisch nicht mehr in Frage. Wird die Klage durch ein nicht in der Sache selbst entscheidendes Urtheil rechtskräftig abgewiesen, so findet der § 212 Anwendung. Der rechtskräftigen Entscheidung steht in Ansehung der Endigung der Unterbrechung gleich die Erledigung des Prozesses durch gerichtlichen Vergleich (C.P.O. § 794 Nr. 1). Durch Verzicht des Klägers auf den geltend gemachten Anspruch (C.P.O. § 306) oder durch Anerkennung des Anspruchs von Seiten des Beklagten (C.P.O. § 307) wird der Prozeß noch nicht erledigt, da in solchen Fällen auf Antrag die Abweisung der Klage bezw. die Verurtheilung des Beklagten erfolgen muß. Wird der Antrag hierauf nicht gestellt, so geräth der Prozeß in Stillstand und findet der § 211 Abs. 2 Anwendung.

2. Die Vorschrift des § 211 Abs. 2 ersetzt die gemeinrechtliche Verjährung der Litispendenz. Dem Bedürfnisse wird dadurch genügt, daß die Unterbrechung der Verjährung endigt, wenn der Prozeß in Stillstand geräth. Die Verjährung beginnt dann von neuem; aber es ist keine besondere Verjährung der Litispendenz, sondern dieselbe Verjährung, welcher der Anspruch überhaupt unterliegt; daher ist auch die Verjährungsfrist je nach den für die Verjährung des Anspruchs geltenden Vorschriften verschieden.

3. Nach dem E. I § 174 Abs. 2 sollte die Unterbrechung der Verjährung, wenn der Prozeß in Folge einer Vereinbarung der Parteien (§ 251 der C.P.O.) oder in Folge der Unterlassung des Betreibens in Stillstand geräth, erst mit dem Zeitpunkt endigen, in welchem der Stillstand eintritt. Um einen festeren Zeitpunkt für die Beendigung der Unterbrechung zu gewinnen, ist von der zweiten Kommission die letzte Prozeßhandlung der Parteien oder des Gerichts als maßgebend für die Beendigung der Unterbrechung bestimmt. Durch den Stillstand des Prozesses wird die Unterbrechung nur beendigt, wenn der Stillstand in Folge einer Vereinbarung oder dadurch eintritt, daß der Prozeß von den Parteien nicht betrieben wird, nicht aber, wenn das Gericht, soweit dasselbe, wie z. B. im Beweisverfahren, von Amtswegen für den Fortgang des Prozesses zu sorgen hat, den Prozeß liegen läßt. Für den Fall der Unterbrechung oder der Aussetzung des Verfahrens (C.P.O. §§ 239 ff.) gelten keine besonderen Vorschriften; die Unterbrechung der Verjährung endigt also auch in diesen Fällen, wenn der Prozeß in Folge einer Vereinbarung oder, weil er nicht betrieben wird, in Stillstand geräth.

§ 212.

E. I § 171 Abs. 1, 2, 4, 5; II § 178 rev. § 207; III § 207. P. I S. 370—373, 386, 11011, 11912; M. I S. 330, 331. P. II S. 451—455, 8812 (Bd. I S. 226—228). D. S. 620.

1. Die Vorschrift, daß die Unterbrechung als nicht erfolgt gilt, wenn die Klage

§. 213.

Die Unterbrechung durch Zustellung eines Zahlungsbefehls im Mahnverfahren gilt als nicht erfolgt, wenn die Wirkungen der Rechtshängigkeit erlöschen.

§. 214.

Die Unterbrechung durch Anmeldung im Konkurse dauert fort, bis der Konkurs beendigt ist.

---

zurückgenommen wird, schließt sich an die Bestimmung der C.P.O. § 271 Abs. 3 an. Die Wirkung eines nicht in der Sache selbst entscheidenden Urtheils, durch welches die Klage abgewiesen wird, war im E. I § 171 verschieden bestimmt, je nachdem die Abweisung wegen Unzuständigkeit des Gerichts oder wegen Unzulässigkeit der gewählten Prozeßart oder wegen Mangels einer Prozeßvoraussetzung erfolgt. Der § 212 behandelt alle diese Fälle gleich; die Unterbrechung der Verjährung gilt als nicht erfolgt. Erhebt der Berechtigte aber binnen sechs Monaten nach dem Zeitpunkt, in welchem die Klage zurückgenommen oder die Abweisung rechtskräftig geworden ist, von neuem Klage, so tritt eine Unterbrechung der Verjährung mit rückwirkender Kraft in der Art ein, daß die Unterbrechung als schon mit der Erhebung der ersten Klage erfolgt gilt. Ein Urtheil, durch welches die Klage wegen Stundung der Leistung auf Grund einer anderen verzögerlichen Einrede zur Zeit abgewiesen wird, entscheidet in der Sache selbst und fällt daher nicht unter die Vorschrift des § 212; auf ein solches Urtheil findet daher der § 211 Anwendung.

Durch die Erhebung der neuen Klage tritt die im § 212 Abs. 2 bestimmte Wirkung auch dann ein, wenn die Klage bei einem unzuständigen Gericht oder in einer unzulässigen Prozeßart oder sonst in einer Art erhoben worden ist, daß die Abweisung erfolgt, ohne daß in der Sache selbst entschieden wird. Durch die Erhebung der neuen Klage ist die Unterbrechung mit rückwirkender Kraft eingetreten. Mit der Zurücknahme oder Abweisung der Klage durch ein nicht in der Sache selbst entscheidendes Urtheil gilt die Unterbrechung wieder als nicht erfolgt, aber die Möglichkeit bleibt, sie durch Erhebung einer neuen Klage innerhalb sechs Monaten wieder in Wirksamkeit zu setzen. Dies kann sich denkbarer Weise wiederholen. Die Erhebung einer neuen Klage hat immer die Wirkung, daß eine neue Frist gewonnen wird, um die Unterbrechung durch die erste Klage wirksam zu machen. Gegen den Mißbrauch dieser Möglichkeit schützt genügend die Verpflichtung zur Tragung der Kosten.

2. Zu Abs. 2 Satz 2 s. Erl. zu § 210 Nr. 4.

§ 213.

E. I § 172; II § 179 rev. § 208; III § 208. P. I S. 373; M. I S. 331. P. II S. 455 (Bd. I S. 228). D. S. 620.

1. Mit der Zustellung des Zahlungsbefehls treten nach § 693 der C.P.O. die Wirkungen der Rechtshängigkeit ein. Die Fälle, in welchen diese Wirkungen erlöschen und daher die Unterbrechung der Verjährung nach § 213 als nicht erfolgt gilt, werden in den §§ 697, 700, 701 der C.P.O. bestimmt.

2. In dem § 213 ist eine den §§ 211, 214, 215 entsprechende Bestimmung, nach welcher die Unterbrechung während der in diesen Paragraphen bestimmten Zeit fortdauert, nicht enthalten. Die neue Verjährung beginnt also sofort nach der Zustellung des Zahlungsbefehls. Dabei ist aber zu beachten, daß, wenn eine wegen des Anspruchs zu erhebende Klage vor die Amtsgerichte gehört, die Klage, falls rechtzeitig Widerspruch erhoben wird, nach § 696 der C.P.O. als mit der Zustellung des Zahlungsbefehls bei dem Amtsgericht erhoben angesehen wird. Das Gleiche wird zu gelten haben, wenn nach Maßgabe des § 700 der C.P.O. gegen den Vollstreckungsbefehl Einspruch erhoben wird. In diesen Fällen findet also in Betreff der Dauer der Unterbrechung die Vorschrift des § 211 Anwendung. Gehört eine wegen des Anspruchs zu erhebende Klage vor die Landgerichte, so wird entweder die Klage innerhalb der in den §§ 697, 700 der C.P.O. bestimmten Frist bei dem zuständigen Landgericht erhoben — dann findet auch hier der § 211 Anwendung — oder die Wirkungen der Rechtshängigkeit erlöschen, dann gilt nach § 213 die Unterbrechung der Verjährung als nicht erfolgt. Wird endlich der Vollstreckungsbefehl rechtskräftig, so verjährt der Anspruch nach § 218 erst in dreißig Jahren.

§ 214.

E. I § 176; II § 180 rev. § 209; III § 209. P. I S. 378—381; M. I S. 334—337. P. II S. 458—460, 463, 464 (Bd. I S. 230, 231). D. S. 620.

1. Die Beendigung des Konkurses tritt ein, wenn das Gericht die Aufhebung oder die Einstellung des Konkursverfahrens beschließt (§§ 163, 190, 202, 204 der K.O.). Mit

Die Unterbrechung gilt als nicht erfolgt, wenn die Anmeldung zurückgenommen wird.

Wird bei der Beendigung des Konkurses für eine Forderung, die in Folge eines bei der Prüfung erhobenen Widerspruchs in Prozeß befangen ist, ein Betrag zurückbehalten, so dauert die Unterbrechung auch nach der Beendigung des Konkurses fort; das Ende der Unterbrechung bestimmt sich nach den Vorschriften des §. 211.

§. 215.

Die Unterbrechung durch Geltendmachung der Aufrechnung im Prozeß oder durch Streitverkündung dauert fort, bis der Prozeß rechtskräftig entschieden oder anderweit erledigt ist; die Vorschriften des §. 211 Abs. 2 finden Anwendung.

Die Unterbrechung gilt als nicht erfolgt, wenn nicht binnen sechs Monaten nach der Beendigung des Prozesses Klage auf Befriedigung oder Feststellung des Anspruchs erhoben wird. Auf diese Frist finden die Vorschriften der §§. 203, 206, 207 entsprechende Anwendung.

---

welchem Zeitpunkt ein solcher Beschluß wirksam wird, ob mit dem Zeitpunkt, in welchem der Beschluß gefaßt, oder erst mit dem Zeitpunkt, in welchem er öffentlich bekannt gemacht wird, ist eine streitige konkursrechtliche Frage. Ein in der zweiten Kommission gestellter Antrag, die Frage durch das B.G.B. in Beziehung auf die Dauer der Unterbrechung der Verjährung in dem letztgedachten Sinne zu entscheiden, wurde abgelehnt, weil kein Bedürfniß bestehe, diese konkursrechtliche Frage in einer einzelnen Beziehung zu entscheiden.

Nicht entschieden ist auch die Frage, wie das Verhältniß zu beurtheilen ist, wenn das Konkursverfahren in Folge einer gegen den Eröffnungsbeschluß erhobenen Beschwerde wieder aufgehoben wird (§§ 109, 116 der K.O.). Die Frage sollte der Entscheidung durch die Wissenschaft und Praxis überlassen werden. Da es sich bei dieser Frage nicht um eine Wirkung des Beschlusses über die Eröffnung des Konkurses, sondern um eine Wirkung der Anmeldung handelt und der Gläubiger durch diese zur Verfolgung seines Anspruchs Alles gethan hat, was nach Lage der Sache von ihm erwartet werden konnte, so dürfte es den den Vorschriften über die Unterbrechung der Verjährung zu Grunde liegenden Gedanken entsprechen, die Unterbrechung der Verjährung trotz der Aufhebung des Eröffnungsbeschlusses als durch die Anmeldung erfolgt anzusehen und sie in Folge der Aufhebung des Eröffnungsbeschlusses nur endigen zu lassen, nicht aber als nicht erfolgt zu betrachten.

2. Die Vorschrift des **zweiten Absatzes** entspricht der Vorschrift des § 212 Abs. 1, nach welcher die Unterbrechung durch Klageerhebung als nicht erfolgt gilt, wenn die Klage zurückgenommen wird; eine dem § 212 Abs. 2 entsprechende Vorschrift besteht hier aber nicht. Ein in der Sache selbst nicht entscheidendes rechtskräftiges Urtheil (§ 212 Abs. 1) kommt hier nicht in Frage.

3. Die Unterbrechung **dauert immer bis zur Beendigung des Konkursverfahrens**. Eine dem § 211 entsprechende Vorschrift, nach welcher die Unterbrechung im Falle eines Stillstandes des Prozesses schon früher endigt, besteht hier nicht. Nicht in Betracht kommt auch, ob gegen den angemeldeten Anspruch von dem Gemeinschuldner oder von dem Konkursverwalter oder einem Konkursgläubiger Widerspruch erhoben und ob darüber vor Beendigung des Konkurses rechtskräftig erkannt wird (§§ 146, 152 der K.O.); die Unterbrechung dauert trotzdem bis zur Beendigung des Konkursverfahrens fort. Ueber diese hinaus dauert die Unterbrechung nur dann fort, wenn bei der Beendigung des Konkurses für eine Forderung, die in Folge eines bei der Prüfung erhobenen Widerspruchs im Prozesse befangen ist, nach Maßgabe des § 168 Nr. 1 der K.O. ein Betrag zurückbehalten wird. Die Beendigung des Prozesses über die Forderung bezw. der Stillstand dieses Prozesses ist dann nach Maßgabe des § 211 für die Dauer der Unterbrechung entscheidend.

§ 215.

E. I § 175; II § 181 rev. § 210; III § 210. P. I S. 377, 378; M. I S. 333, 334. P. II S. 457, 458, 8812 (Bd. I S. 229, 230). D. S. 620.

1. Die Vorschrift des Abs. 1 ist eine Konsequenz des Gedankens, daß durch die Geltendmachung der Aufrechnung im Prozesse sowie durch die Streitverkündung eine zur Unterbrechung der Verjährung genügende Geltendmachung des Anspruchs in dem betreffenden Prozeß erfolge. Das Schicksal dieses Prozesses muß daher für die Dauer der Unterbrechung ebenso maßgebend sein wie nach § 211 für die Dauer der Unterbrechung durch Erhebung der Klage.

§. 216.

Die Unterbrechung durch Vornahme einer Vollstreckungshandlung gilt als nicht erfolgt, wenn die Vollstreckungsmaßregel auf Antrag des Berechtigten oder wegen Mangels der gesetzlichen Voraussetzungen aufgehoben wird.

Die Unterbrechung durch Stellung des Antrags auf Zwangsvollstreckung gilt als nicht erfolgt, wenn dem Antrage nicht stattgegeben oder der Antrag vor der Vornahme der Vollstreckungshandlung zurückgenommen oder die erwirkte Vollstreckungsmaßregel nach Abs. 1 aufgehoben wird.

§. 217.

Wird die Verjährung unterbrochen, so kommt die bis zur Unterbrechung verstrichene Zeit nicht in Betracht; eine neue Verjährung kann erst nach der Beendigung der Unterbrechung beginnen.

---

2. Die Vorschrift des Abs. 2 entspricht sachlich dem § 212 Abs. 2. Diese Vorschrift fehlte im E. I; sie wurde von der zweiten Kommission zunächst für die Geltendmachung der Aufrechnung im Prozesse beschlossen, weil sie hier durch das praktische Bedürfniß dringend geboten sei; sie ist dann auch auf die Streitverkündung ausgedehnt. Die Fassung des E. II hat in dem E. III und in dem B.G.B. diejenige Aenderung erfahren, welche durch die Rücksicht auf eine richtige Bestimmung der Beweislast geboten war. Nach dem E. II hätte derjenige, welcher geltend macht, daß die Unterbrechung als nicht erfolgt gelte, beweisen müssen, daß der Berechtigte nicht binnen sechs Monaten nach Beendigung des Prozesses Klage erhoben habe. Nach der jetzigen Fassung hat umgekehrt der Berechtigte, um sich auf die Unterbrechung berufen zu können, nachzuweisen, daß er binnen der gedachten Frist Klage erhoben habe. Ganz korrekt ist freilich auch die jetzige Fassung nicht. Beabsichtigt ist doch wohl nur, daß die Unterbrechung nach dem Ablaufe von sechs Monaten nach der Beendigung des Prozesses als nicht erfolgt gilt, sofern nicht binnen dieser Zeit Klage erhoben ist, während vor dem Ablaufe dieser Zeit, insbesondere während der Dauer des Prozesses, die Unterbrechung nicht bestritten werden kann. Eine praktische Bedeutung hat diese Ungenauigkeit des Ausdrucks nicht.

3. Zu Abs. 2 Satz 2 s. Erl. zu § 210 Nr. 4.

§ 216.

E. I § 173; II § 182 rev. § 211; III § 211. P. I S. 374; M. I S. 331. P. II S. 455, 456 (Bd. I S. 228). D. S. 620, 755.

1. Die Unterbrechung der Verjährung durch Vornahme einer Vollstreckungshandlung sowie durch den Antrag auf Zwangsvollstreckung dauert nicht über die Vollstreckungshandlung bezw. den Antrag hinaus; die neue Verjährung beginnt vielmehr sofort wieder.

2. Nur wenn die Vollstreckungsmaßregel auf Antrag des Berechtigten oder wegen Mangels der gesetzlichen Voraussetzungen, nicht, wenn sie aus anderen Gründen aufgehoben wird (s. z. B. die §§ 771, 781, 786 der C.P.O.), gilt die Unterbrechung als nicht erfolgt.

§ 217.

E. I § 161 Abs. 2; II § 173 rev. § 212; III § 212. P. I S. 361; M. I S. 311, 312. P. II S. 423 (Bd. I S. 212). D. S. 620.

Ueber die Beendigung der Unterbrechung der Verjährung s. Erl. zu den §§ 208, 210—216.

Mit der Beendigung der Unterbrechung beginnt eine neue Verjährung, sofern nicht ein Hemmungsgrund (§§ 202 ff.) vorliegt. Die Verjährungsfrist ist, vorbehaltlich der Vorschrift des § 218, die bisherige. In den Fällen der §§ 196, 197 beginnt die neue Verjährung nicht mit dem Schlusse des Jahres, in welchem die Unterbrechung beendigt wurde (§ 201), sondern sofort mit der Beendigung.

§. 218.

Ein rechtskräftig festgestellter Anspruch verjährt in dreißig Jahren, auch wenn er an sich einer kürzeren Verjährung unterliegt. Das Gleiche gilt von dem Anspruch aus einem vollstreckbaren Vergleich oder einer vollstreckbaren Urkunde sowie von einem Anspruche, welcher durch die im Konkurs erfolgte Feststellung vollstreckbar geworden ist.

Soweit sich die Feststellung auf regelmäßig wiederkehrende, erst künftig fällig werdende Leistungen bezieht, bewendet es bei der kürzeren Verjährungsfrist.

§. 219.

Als rechtskräftige Entscheidung im Sinne des §. 211 Abs. 1 und des §. 218 Abs. 1 gilt auch ein unter Vorbehalt ergangenes rechtskräftiges Urtheil.

---

§ 218.

E. I § 177; II § 183 rev. § 213; III § 213. P. I S. 381, 382, 11685, 11686; M. I S. 337, 338. P. II S. 460 (Bd. I S. 230). D. S. 620.

1. Die Vorschrift des § 218 beruht auf dem Gesichtspunkte, daß die Gründe, welche für viele Ansprüche zu der Bestimmung einer kürzeren als der dreißigjährigen Verjährungsfrist geführt haben, regelmäßig nicht mehr zutreffen, wenn eine rechtskräftige Feststellung des Anspruchs stattgefunden hat. Eine Verdunkelung der Rechtslage ist in solchem Falle nicht mehr zu besorgen; das Bedürfniß einer raschen Abwickelung der Ansprüche, für welche kürzere Verjährungsfristen vorgeschrieben sind, besteht nicht mehr in gleichem Maße, und die Ausdehnung der Verjährungsfrist hat den Vortheil, daß der Berechtigte, wenn der Schuldner zur Zeit etwa außer Stande ist, den Anspruch zu befriedigen, nicht genöthigt ist, lediglich behufs Unterbrechung der kurzen Verjährung mit Vollstreckungshandlungen gegen den Schuldner vorzugehen. Wann ein Anspruch als rechtskräftig festgestellt anzusehen ist, bestimmt sich nach den Vorschriften der C.P.O. §§ 704, 705. Es ist gleichgültig, ob der Schuldner rechtskräftig zur Leistung verurtheilt oder ob die Feststellung des Anspruchs nur auf Grund einer Feststellungsklage (§ 256 der C.P.O.) erfolgt ist. Auch ein Vollstreckungsbefehl, gegen welchen der Einspruch nicht mehr zulässig ist, enthält eine rechtskräftige Feststellung des Anspruchs (C.P.O. §§ 700, 794 Nr. 4); ebenso eine Entscheidung der im § 794 Nr. 3 gedachten Art (s. z. B. § 105 der C.P.O.), wenn die Beschwerde nicht mehr zulässig ist.

2. Der rechtskräftigen Feststellung des Anspruchs sind im Abs. 1 Satz 2 gleichgestellt die Fälle, in welchen der Anspruch durch einen vollstreckbaren Vergleich (§ 794 Nr. 2 der C.P.O.) oder durch eine vollstreckbare Urkunde (§ 801 Nr. 5 der C.P.O.) festgestellt ist. Vollstreckbar im Sinne dieser Vorschrift sind auch die Urkunden, welche nach § 801 der C.P.O. auf Grund landesgesetzlicher Vorschriften für vollstreckbar erklärt sind; andere auf Grund des § 801 der C.P.O. landesgesetzlich für vollstreckbar erklärte Schuldtitel kommen nicht in Betracht. Gleichgestellt der rechtskräftigen Feststellung eines Anspruchs ist ferner die Feststellung im Konkurse, durch welche der Anspruch vollstreckbar geworden ist. K.O. §§ 164 Abs. 2, 193, 206 Abs. 2.

3. Nach dem § 258 der C.P.O. kann bei wiederkehrenden Leistungen auch wegen der erst nach Erlassung des Urtheils fällig werdenden Leistungen Klage auf künftige Zahlung erhoben werden. Erfolgt auf Grund einer solchen Klage die Verurtheilung, so sind dadurch die Ansprüche, auch soweit sie auf erst künftig fällig werdende Leistungen gehen, rechtskräftig festgestellt. In Betreff dieser Ansprüche aber findet die Vorschrift des § 219 Abs. 1 keine Anwendung, vielmehr verbleibt es bei der im § 197 bestimmten vierjährigen Verjährungsfrist. Das Gleiche gilt, wenn derartige Ansprüche in Folge einer Feststellungsklage (§ 256 der C.P.O.) rechtskräftig festgestellt sind.

§ 219.

E. I § 178; II § 184 rev. § 214; III § 214. P. I S. 382, 383, 11685, 11686, 12211; M. I S. 338, 339. P. II S. 460 (Bd. I S. 230). D. S. 620.

Ein im Urkundenprozeß oder im Wechselprozeß unter Vorbehalt der Rechte (§ 599 der C.P.O.) sowie ein in der Berufungsinstanz unter Vorbehalt der Vertheidigungsmittel (§ 540 der C.P.O.) ergehendes Urtheil ist nach der C.P.O. §§ 599 Abs. 3, 540 Abs. 3 in Ansehung der Rechtsmittel und der Zwangsvollstreckung als Endurtheil anzusehen; der Rechtsstreit aber

§. 220.

Ist der Anspruch vor einem Schiedsgericht oder einem besonderen Gerichte, vor einem Verwaltungsgericht oder einer Verwaltungsbehörde geltend zu machen, so finden die Vorschriften der §§. 209 bis 213, 215, 216, 218, 219 entsprechende Anwendung.

Sind in dem Schiedsvertrage die Schiedsrichter nicht ernannt oder ist die Ernennung eines Schiedsrichters aus einem anderen Grunde erforderlich oder kann das Schiedsgericht erst nach der Erfüllung einer sonstigen Voraussetzung angerufen werden, so wird die Verjährung schon dadurch unterbrochen, daß der Berechtigte das zur Erledigung der Sache seinerseits Erforderliche vornimmt.

---

bleibt nach den §§ 600 Abs. 1, 541 Abs. 1 der C.P.O. in Ansehung der vorbehaltenen Rechte und Vertheidigungsmittel anhängig. Den sich hieraus ergebenden möglichen Zweifel, ob eine derartige Entscheidung als eine rechtskräftige im Sinne der §§ 211 Abs. 1, 218 Abs. 1 anzusehen ist, entscheidet der § 219. Durch die allgemeine Fassung des § 219 werden nicht nur die nach der bisherigen Lage der Gesetzgebung in Frage kommenden Fälle, sondern auch solche Fälle gedeckt, in welchen nach den in die C.P.O. neu aufgenommenen Vorschriften ein Urtheil unter Vorbehalt ergehen kann. In Betracht kommen in dieser Beziehung die §§ 145, 302 der C.P.O., nach welchen, wenn von dem Beklagten die Aufrechnung geltend gemacht ist, unter den dort näher bestimmten Voraussetzungen die Entscheidung über die Forderung unter Vorbehalt der Entscheidung über die Aufrechnung erfolgen kann. Auch ein solches Urtheil ist nach § 302 Abs. 3 in Betreff der Rechtsmittel und der Zwangsvollstreckung als Endurtheil anzusehen; nach Abs. 4 bleibt der Rechtsstreit in Betreff der Aufrechnung anhängig. In Betracht kommt ferner die Vorschrift des § 529 der C.P.O., nach welcher, wenn in der Berufungsinstanz die Aufrechnung einer Gegenforderung geltend gemacht wird, die hierauf begründete Einwendung unter den dort näher bezeichneten Voraussetzungen zurückgewiesen werden kann, im Falle der Zurückweisung aber die Vorschriften der §§ 540, 541 der C.P.O. Anwendung finden.

§ 220.

E. I § 179; II § 185 rev. § 215; III § 215. P. I S. 385, 386, 11686; M. I S. 339, 340. P. II S. 460, 461 (Bd. I S. 231). D. S. 620.

1. Die Vorschriften über das Verfahren vor einem Schiedsgericht enthalten die §§ 851 ff. der C.P.O. Die reichsrechtlich zugelassenen besonderen Gerichte sind im § 14 der G.V.G. besonders bestimmt; für welche bürgerlichen Rechtsstreitigkeiten die Verwaltungsbehörden oder Verwaltungsgerichte zuständig sind, bestimmt sich nach den Landesgesetzen (G.V.G. § 13).

2. Bei der entsprechenden Anwendung der §§ 209—213, 215, 216, 218, 219 ist durch Vergleichung der für das betreffende Verfahren geltenden Vorschriften der C.P.O. zu ermitteln, welche nach jenen Vorschriften stattfindenden Rechtsakte unter Berücksichtigung ihres Zweckes und ihrer Folgen den in den allegirten Paragraphen der C.P.O. bezeichneten Rechtsakten gleichzustellen sind. Welcher Rechtsakt im schiedsrichterlichen Verfahren der Klageerhebung gleichzustellen ist, wird sich, da die C.P.O. eine Vorschrift hierüber nicht enthält und im § 1034 nur bestimmt ist, daß die Schiedsrichter die Parteien zu hören und das dem Streite zu Grunde liegende Sachverhältniß zu ermitteln haben, im Uebrigen aber das Verfahren nach freiem Ermessen bestimmen, nur unter Berücksichtigung des von dem Schiedsrichter thatsächlich beobachteten Verfahrens entscheiden lassen. Es kommt darauf an, in welchem Zeitpunkte thatsächlich das Verfahren soweit vorgeschritten ist, daß eine der Klageerhebung entsprechende Handlung als vorgenommen anzusehen ist. Nach Art. 152 des E.G. bleiben die landesgesetzlichen Vorschriften unberührt, welche für die nicht nach den Vorschriften der C.P.O. zu erledigenden Rechtsstreitigkeiten die Vorgänge bestimmen, mit denen die nach den Vorschriften des B.G.B. an die Klageerhebung und an die Rechtshängigkeit geknüpften Wirkungen eintreten.

3. Sind in dem Schiedsvertrage die Schiedsrichter nicht ernannt, so wird nach § 1028 der C.P.O. von jeder Partei ein Schiedsrichter bestellt. Die betreibende Partei hat nach § 1029 der C.P.O. dem Gegner den Schiedsrichter schriftlich mit der Aufforderung zu bezeichnen, binnen einer einwöchigen Frist seinerseits ein Gleiches zu thun. Nach fruchtlosem Ablaufe der Frist wird auf Antrag der betreibenden Partei der Schiedsrichter von dem zuständigen Gericht ernannt. Durch die Mittheilung des Schiedsrichters an den Gegner sowie durch den Antrag auf Bestellung eines Schiedsrichters durch das Gericht wird nach § 220 Abs. 2 die Verjährung unterbrochen.

§. 221.

Gelangt eine Sache, in Ansehung deren ein dinglicher Anspruch besteht, durch Rechtsnachfolge in den Besitz eines Dritten, so kommt die während des Besitzes des Rechtsvorgängers verstrichene Verjährungszeit dem Rechtsnachfolger zu Statten.

Fälle, in welchen die Ernennung eines Schiedsrichters aus einem anderen Grunde erforderlich oder das Schiedsgericht erst nach der Erfüllung einer sonstigen Voraussetzung angerufen werden kann, können vorkommen sowohl nach Maßgabe der Vorschriften der C.P.O. §§ 1031—1033 als auch in Folge besonderer Bestimmung des Schiedsvertrags. Was die Parteien bei dem Wegfall eines Schiedsrichters zu thun haben, um die Sache weiter zu betreiben, bestimmt § 1031 der C.P.O. Für andere Fälle ist aus den Umständen zu entnehmen, was zur Erledigung der Sache von den Parteien vorzunehmen ist.

Die Unterbrechung der Verjährung, welche durch die im § 220 bezeichneten Handlungen eintritt, dauert nicht über die Vornahme der Handlung hinaus; die Verjährung beginnt also sofort von neuem.

4. Die sich auf das Verfahren vor einem Schiedsgerichte beziehenden Vorschriften des § 220 setzen voraus, daß **ein Schiedsvertrag besteht.** Durch den Abschluß eines solchen Vertrags wird die Verjährung nicht unterbrochen; es liegt darin weder eine Anerkennung des Anspruchs (§ 208) noch eine den Vorschriften des § 209 entsprechende Geltendmachung des Anspruchs.

§ 221.

E. I § 181; II § 186 rev. § 216; III § 216. P. I S. 386, 387; M. I S. 340, 341. P. II S. 461, 462 (Bd. I S. 231).

1. Nach § 194 unterliegt der dingliche Anspruch der Verjährung auch insoweit, als er lediglich auf Herstellung des dem dinglichen Rechte entsprechenden Zustandes gerichtet ist; insbesondere unterliegt auch der Anspruch des Eigenthümers gegen den Besitzer auf Herausgabe der Sache der Verjährung. Das Verhältniß wird in Ansehung der Verjährung so angesehen wie wenn nicht in jedem Augenblicke durch das Eigenthum ein neuer Anspruch gegen den Besitzer begründet würde, sondern wie wenn nur **ein** Anspruch auf Herausgabe der Sache bestände (s. Erl. zu § 194 Nr. 3). Auf demselben Gedanken beruht die Vorschrift des § 221. Geht der Besitz der Sache durch Rechtsnachfolge auf einen Dritten über, so wird der gegen diesen begründete Anspruch auf Herausgabe der Sache in Ansehung der Verjährung so behandelt, wie wenn es derselbe Anspruch wäre, der schon gegen den früheren Besitzer begründet war; **dem Rechtsnachfolger kommt daher die während des Besitzes des Rechtsvorgängers verstrichene Verjährungszeit zu Statten.** Die Vorschrift des § 221 beschränkt sich nicht auf den Eigenthumsanspruch, sondern bezieht sich, dem ihr zu Grunde liegenden Gedanken entsprechend, auf alle dinglichen Ansprüche, die gegen den Besitzer der Sache als solchen gehen. Der E. I § 181 sprach von einem auf einem Rechte an der Sache beruhenden Anspruche; sachlich dasselbe bedeutet der von dem B.G.B. gebrauchte Ausdruck „dinglicher Anspruch". In Betracht kommt außer dem Anspruche des Eigenthümers der Anspruch des Nießbrauchers sowie des Pfandgläubigers auf Herausgabe der Sache. Für die Ansprüche aus dinglichen Rechten an Grundstücken ist der § 221 nur insofern von praktischer Bedeutung, als die Verjährung für sie nicht überhaupt ausgeschlossen ist (s. Erl. zu § 194 Nr. 4). Der Verjährung unterliegen aber nach § 902 die Ansprüche aus eingetragenen Rechten, soweit sie auf Rückstände wiederkehrender Leistungen gerichtet sind. Dahin gehören die Ansprüche auf Rückstände von Hypotheken- und Grundschuldzinsen, auf Rückstände von Renten aus einer Rentenschuld, sowie auf Rückstände von wiederkehrenden Leistungen, die auf Grund einer Reallast zu entrichten sind. Sind derartige Ansprüche verjährt, so kommt die Verjährung jedem Rechtsnachfolger im Besitze des Grundstücks zu Statten; ist die Verjährung bei dem Uebergange des Besitzes noch nicht vollendet, so kommt dem Rechtsnachfolger doch die während des Besitzes des Rechtsvorgängers verstrichene Verjährungszeit zu Statten.

2. Die Sache, in Ansehung deren ein dinglicher Anspruch besteht, muß durch **Rechtsnachfolge** in den Besitz des Dritten gelangt sein. Auf den Erben geht der Besitz nach § 857 kraft des Gesetzes über; der Erbe erlangt den Besitz also durch die Rechtsnachfolge. Bei einem Sondernachfolger liegt die Sache anders. Er erlangt durch die Rechtsnachfolge nicht von selbst den Besitz. Wer z. B. durch Auflassung das Eigenthum eines Grundstücks erwirbt, ist Rechtsnachfolger des früheren Eigenthümers, erlangt dadurch aber nicht den Besitz des Grundstücks. Der Besitz wird nach § 854 nur durch Erlangung der thatsächlichen Gewalt über die Sache erworben. Hierdurch entsteht ein Zweifel über die Bedeutung der in dem § 221 bestimmten Voraussetzung, daß die Sache durch Rechtsnachfolge in den Besitz eines Dritten gelangt sei. Zwei Auffassungen sind möglich. Nach der einen wird nur erfordert, daß der Besitz auf Grund einer Einigung des bisherigen Besitzers mit dem neuen Besitzer auf diesen übergeht. Diese Einigung der Parteien begründet die Rechtsnachfolge in den Besitz, und auf Grund derselben geht der Besitz über. Nach der zweiten Auffassung liegt eine Rechtsnachfolge nur vor, wenn der bisherige Besitzer dem neuen Besitzer sein Recht zum Besitze der Sache oder, falls er ein solches nicht hat, doch die Rechtsposition, die er in Ansehung der Sache hat, überträgt. Der neue Besitzer erlangt den Besitz zwar nicht durch die Rechtsnachfolge, aber doch auf Grund derselben. Die Verschiedenheit der beiden Auffassungen tritt besonders scharf hervor, wenn der dingliche Vertrag, durch welchen die Sache übertragen wird, nichtig, die Sache aber auf Grund desselben übergeben und der Besitz daher übergegangen ist. Nach der oben gedachten ersten Auffassung ist der Erwerber durch Rechtsnachfolge in den Besitz der Sache gelangt, während dies nach der zweiten Auffassung nicht der Fall ist. Ebenso ist, wenn in dem gedachten Beispielsfalle die Nichtigkeit festgestellt und in Folge davon die Sache zurückgegeben wird, der Besitzer, der den Besitz zurückerhalten hat, nach der ersten Auffassung Rechtsnachfolger des Zwischenbesitzers im Sinne des § 221, nicht aber nach der zweiten Auffassung.

Für die erste Auffassung läßt sich anführen, daß sie dem Wortlaute des § 221 mehr entspricht. Ganz genau würde freilich auch nach ihr die Fassung des § 221 nicht sein, denn der Besitz wird, abgesehen von dem Falle des § 854 Abs. 2, nicht durch die Einigung der Parteien für sich allein, sondern erst durch die Erlangung der thatsächlichen Gewalt über die Sache erworben. Für jene Auffassung läßt sich ferner anführen, daß der Besitz es ist, welcher zu Gunsten des Besitzers die Verjährungslage begründet und daß also mit dem Uebertragen des Besitzes auch diese Rechtsposition als übertragen gelten muß. Auch das Resultat, welches sich in dem obigen Beispielsfall aus der zweiten Auffassung ergiebt, erscheint auf den ersten Blick weniger befriedigend als das sich aus der ersten Auffassung ergebende. Nach dieser kommt dem Zwischenbesitzer die während des Besitzes des früheren Besitzers abgelaufene Verjährungszeit und dem früheren Besitzer, wenn er den Besitz wiedererlangt, sowohl die während seines früheren Besitzes als auch die während des Besitzes des Zwischenbesitzers abgelaufene Verjährungszeit zu Statten. Nach der zweiten Auffassung dagegen kann weder der Zwischenbesitzer noch der frühere Besitzer, welcher den Besitz wiedererlangt hat, sich auf die früher abgelaufene Verjährungszeit berufen. Entscheidend für die zweite Auffassung dürfte indessen sprechen, daß der Ausdruck „Rechtsnachfolge" an anderen Stellen des Gesetzes nur im Sinne dieser zweiten Auffassung gebraucht wird. In Betracht kommt hier insbesondere der § 192 des E. I, der jetzt zwar als § 325 in die C.P.O. verwiesen ist (s. auch § 727 der C.P.O.), dadurch aber den inneren Zusammenhang mit den Vorschriften des B.G.B. nicht verloren hat. Nach diesem Paragraphen begründet die Uebertragung des Besitzes für sich allein unzweifelhaft nicht eine Rechtsnachfolge. Ist in dem obigen Beispielsfalle der Zwischenbesitzer rechtskräftig verurtheilt, das Eigenthum eines Dritten anzuerkennen, so wirkt dies Urtheil nicht für und gegen den früheren Besitzer, welchem in Folge der Nichtigkeit der Veräußerung der Besitz zurückübertragen ist. Könnte sich in diesem Falle der Besitzer gegenüber dem Anspruche des Eigenthümers auf Herausgabe der Sache auf die während des Besitzes des Zwischenbesitzers vollendete Verjährung berufen, so würde sich daraus ein ungerechtes und innerlich widerspruchsvolles Resultat ergeben. Der Eigenthümer konnte, solange der Zwischenbesitzer besaß, nur gegen diesen, nicht gegen den früheren Besitzer klagen; er hat dies gethan und ein rechtskräftiges Urtheil erwirkt; trotzdem würde er nach jener Auffassung seines Anspruchs verlustig werden, wenn der Zwischenbesitzer die Sache dem früheren Besitzer zurückgiebt, indem diesem die Einrede der Verjährung gegen den Eigenthumsanspruch zustände.

In den M. I S. 341 wird unter Rechtsnachfolge dasselbe verstanden, was darunter nach der oben dargelegten zweiten Auffassung zu verstehen ist, und in Konsequenz dieser Auffassung angenommen, daß in dem angeführten Beispielsfalle der frühere Besitzer nicht Rechtsnachfolger des Zwischenbesitzers ist. Gleichwohl — heißt es in der angeführten Stelle der Motive weiter — „kann nicht zweifelhaft sein, daß die Zeit, innerhalb welcher die Sache bei dem Dritten sich befunden hat, in die Verjährungszeit einzurechnen ist; der Umstand, daß der Dritte die Sache hatte, begründet weder eine Hemmung noch eine Unterbrechung der Verjährung des gegen den Veräußerer bestehenden Anspruchs" (s. auch P. I S. 4042). Diese Auffassung setzt voraus, daß der gegen den Besitzer, welcher den Besitz wiedererlangt hat, begründete dingliche Anspruch derselbe Anspruch sei, welcher vor dem Verluste des Besitzes gegen ihn bestand. Diese Voraussetzung dürfte aber nicht richtig sein. Die Möglichkeit einer Verjährung des dinglichen Anspruchs beruht zwar auf der Annahme, daß das dingliche Recht nur einen Anspruch gegen den Besitzer begründe; aber diese Annahme kann doch nur aufrecht erhalten werden, solange es sich um denselben Besitzer oder einen Rechtsnachfolger desselben handelt. Gelangt die Sache ohne Rechtsnachfolge in den Besitz eines Anderen, so wird gegen diesen ein neuer dinglicher Anspruch begründet. Dasselbe muß gelten, wenn die Sache von dem Anderen ohne Rechtsnachfolge in den Besitz eines Dritten oder wieder in den Besitz des früheren Besitzers gelangt. Nur für den Fall der Rechtsnachfolge kommt nach § 221 die während des Besitzes des Rechtsvorgängers verstrichene Verjährungszeit dem Rechtsnachfolger zu Statten. Die Auffassung der M. I würde überdem zu dem oben dargelegten, innerlich widerspruchsvollen Ergebnisse führen, daß der Eigen-

§. 222.

Nach der Vollendung der Verjährung ist der Verpflichtete berechtigt, die Leistung zu verweigern.

Das zur Befriedigung eines verjährten Anspruchs Geleistete kann nicht zurück-

---

thümer, welcher gegen den Zwischenbesitzer ein rechtskräftiges Urtheil erwirkt hat, doch, wenn der frühere Besitzer den Besitz wiedererlangt, in Folge der diesem zustehenden Einrede der Verjährung seinen Anspruch verloren haben würde.

Nach den in dem Bisherigen dargelegten Grundsätzen ist auch der Fall zu beurtheilen, daß der Besitzer die Sache einem Anderen unter einer auflösenden Bedingung übertragen hat, beim Eintritte der auflösenden Bedingung aber die Sache zurückerhält. Der Zwischenbesitzer war Rechtsnachfolger des früheren Besitzers. Dieser ist aber nicht Rechtsnachfolger des Zwischenbesitzers; die während des Besitzes des Zwischenbesitzers verstrichene Verjährungszeit kommt ihm daher nicht zu Statten. In den P. I S. 4042 wird hiergegen auf die dem § 158 entsprechende Vorschrift des E. I § 129 verwiesen, nach welcher mit dem Eintritte der auflösenden Bedingung der frühere Rechtszustand wieder eintritt. Aus dieser Vorschrift könnte aber doch höchstens gefolgert werden, daß für den früheren Besitzer mit dem Eintritte der auflösenden Bedingung auch in Betreff der Verjährung die frühere Rechtslage wieder eintritt, daß ihm also die während seines früheren Besitzes abgelaufene Verjährungszeit zu Statten kommt. Daß ihm auch die während des Besitzes des Zwischenbesitzers abgelaufene Verjährungszeit zu Statten kommt, läßt sich aus jener Vorschrift nicht folgern. Es erscheint aber überhaupt zweifelhaft, ob die fragliche Vorschrift sich auch auf die Verjährungslage bezieht. Die Wiederherstellung des früheren Rechtszustandes hat nicht die Wiederherstellung des früheren Besitzes zur Folge. Den Besitz erlangt der frühere Besitzer vielmehr erst dadurch wieder, daß ihm derselbe von dem Zwischenbesitzer wieder eingeräumt wird oder daß er auf sonstige Weise die thatsächliche Gewalt über die Sache erlangt. Nur durch eine nach Lage der Sache recht bedenkliche ausdehnende Auslegung des § 158 würde man also dahin gelangen können, zu Gunsten des früheren Besitzers auch in Betreff der Verjährungslage den früheren Zustand wieder eintreten zu lassen.

Wer den Besitz einer Sache durch verbotene Eigenmacht erlangt hat, ist nicht Rechtsnachfolger des früheren Besitzers. Erlangt der frühere Besitzer den Besitz wieder, so ist er nicht Rechtsnachfolger des Zwischenbesitzers. Der § 221 findet also auf diesen Fall keine Anwendung. Dem Zwischenbesitzer kommt die während des Besitzes des früheren Besitzers verstrichene Verjährungszeit, dem Besitzer, welcher den Besitz wiedererlangt hat, die während des Besitzes des Zwischenbesitzers und während seines eigenen früheren Besitzes verstrichene Verjährungszeit nicht zu Statten. Auch in diesem Falle ist es nicht derselbe, sondern ein neuer dinglicher Anspruch, welcher gegen den früheren Besitzer mit der Wiedererlangung des Besitzes begründet wird. In dem § 940 Abs. 2 ist bestimmt, daß die Unterbrechung der Ersitzung durch Verlust des Besitzes als nicht erfolgt gilt, wenn der Eigenbesitzer den Eigenbesitz gegen seinen Willen verloren und ihn binnen Jahresfrist oder mittelst einer innerhalb dieser Frist erhobenen Klage wiedererlangt hat. Für die Verjährung des dinglichen Anspruchs besteht eine derartige Vorschrift nicht, und eine entsprechende Anwendung des § 940 dürfte sich nicht rechtfertigen.

3. In den §§ 325, 727 der C.P.O. wird unter dem Rechtsnachfolger einer Partei derjenige nicht mitverstanden, welcher den Besitz der in Streit befangenen Sache in solcher Art erlangt hat, daß die Partei mittelbarer Besitzer (§ 868) geblieben ist, insbesondere also nicht derjenige, welcher die Sache von der Partei gemiethet, entliehen oder für sie in Verwahrung hat. Derartige Besitzer der Sache werden in den gedachten Paragraphen vielmehr ausdrücklich neben den Rechtsnachfolgern aufgeführt. In dem § 221 sind sie nicht erwähnt. Es entsteht dadurch aber keine Lücke. Der Miether, Entleiher oder Verwahrer braucht zwar, wenn der Eigenthumsanspruch gegen ihn geltend gemacht wird, nicht von dem ihm nach § 76 der C.P.O. zustehenden Rechte der Benennung seines Autors Gebrauch zu machen, er kann sich, wenn er sich auf den Prozeß einläßt, zur Begründung der Einrede der Verjährung nicht auf den § 221 berufen. Gegen den mittelbaren Besitzer aber läuft die Verjährung fort, solange er den mittelbaren Besitz hat, und wenn die Verjährung gegen den mittelbaren Besitzer vollendet ist, kann sich auch der unmittelbare Besitzer nach § 986 Abs. 1 Satz 1 auf das dem mittelbaren Besitzer durch die Einrede der Verjährung dem Eigenthümer gegenüber erworbene Recht zum Besitze der Sache berufen.

§ 222.

E. I § 182; II § 187 rev. § 217; III § 217. P. I S. 387—391, 1500, 6171, 6172, 11686, 11687; M. I S. 341—344. P. II S. 464—471 (Bd. I S. 232—236). D. S. 620, 621.

1. Durch die Fassung des § 222 Abs. 1 wird nach der Terminologie des B.G.B. klar ausgesprochen, daß durch die Verjährung der Anspruch nicht aufgehoben, daß dadurch vielmehr

gefordert werden, auch wenn die Leistung in Unkenntniß der Verjährung bewirkt worden ist. Das Gleiche gilt von einem vertragsmäßigen Anerkenntnisse sowie einer Sicherheitsleistung des Verpflichteten.

---

nur eine zivilrechtliche Einrede gegen den Anspruch begründet wird (s. Vorbm. zu diesem Buche VIII. S. 48 und Vorbm. zu diesem Abschnitte S. 243). Mittelbar wird durch das dem Verpflichteten gegebene Recht auch dem öffentlichen Interesse an der Erhaltung des Rechtsfriedens gedient; in erster Linie bezweckt aber die Verjährung, das Interesse des Schuldners zu sichern. Er ist berechtigt, die Leistung zu verweigern, möge sie in einem Thun oder in einem Unterlassen bestehen. Im letzteren Falle liegt in dem Rechte, die Unterlassung zu verweigern, das Recht, diejenige Handlung vorzunehmen, auf deren Unterlassung der Anspruch geht. Im Prozesse kann der Schuldner sein Einrederecht geltend machen, sowohl wenn der Anspruch im Wege der Klage, als wenn er im Wege der Einrede geltend gemacht wird; im letzteren Falle wird die Verjährung prozessualisch als Replik geltend gemacht.

Aus dem Begriffe der Einrede ergiebt sich, daß der Schuldner darauf verzichten kann. Im Falle eines solchen Verzichts erlangt der Anspruch, ohne daß es einer Wiederherstellung bedarf, seine volle Kraft wieder. Für den Prozeß ergiebt sich aus dem Begriffe der Einrede, daß das Gericht die Verjährung nicht von Amtswegen, sondern nur dann berücksichtigen darf, wenn der Schuldner sich darauf beruft. Dadurch wird zugleich dem Berechtigten die Möglichkeit gesichert, die Einwendungen geltend zu machen, welche er auf Grund von Thatsachen, durch welche die Verjährung gehemmt oder unterbrochen wird, gegen die Vollendung der Verjährung hat.

2. In den Fällen der §§ 901, 1028 begründet die Verjährung des dinglichen Anspruchs nicht nur eine Einrede, vielmehr wird dadurch das dingliche Recht selbst aufgehoben.

3. In verschiedenen Beziehungen hat die Einrede der Verjährung eine schwächere Wirkung als andere Einreden.

a) Nach § 390 Satz 1 kann eine Forderung, welcher eine Einrede entgegensteht, nicht aufgerechnet werden. Die Verjährung schließt aber nach § 390 Satz 2 die Aufrechnung nicht aus, wenn die verjährte Forderung zu der Zeit, zu welcher sie gegen die andere Forderung aufgerechnet werden konnte, noch nicht verjährt war. (Vergl. auch die §§ 479, 490.) Der Grund für diese Vorschrift liegt in der besonderen Natur, insbesondere in der wirthschaftlichen Bedeutung der Aufrechnung. (S. Erl. zu § 390.)

b) Das zum Zwecke der Erfüllung einer Verbindlichkeit Geleistete kann nach den §§ 813, 814 zurückgefordert werden, wenn dem Anspruch eine peremtorische Einrede entgegenstand. Ausgeschlossen ist die Zurückforderung, wenn der Verpflichtete bei der Leistung die Einrede kannte. Auf die Einrede der Verjährung findet diese Vorschrift nach § 222 Abs. 2 keine Anwendung; die Zurückforderung des Geleisteten ist ausgeschlossen, auch wenn der Verpflichtete nicht wußte, daß der Anspruch verjährt sei. Der Grund dieser Vorschrift liegt in dem Zwecke der Verjährung. Der Schuldner soll nicht genöthigt werden, sich auf die Erörterung darüber einzulassen, ob ein Anspruch, der während der Verjährungszeit nicht geltend gemacht ist, bestanden hat und noch besteht. Hat aber der Schuldner durch die Befriedigung der Verbindlichkeit den Anspruch anerkannt und hat dadurch das Rechtsverhältniß seine definitive Erledigung gefunden, so soll nun der Schuldner nicht seinerseits die Berufung auf die Verjährung dazu benutzen dürfen, um den Rechtsfrieden zu stören und den anderen Theil und die Gerichte zu der Erörterung der früheren durch den Zeitablauf unklar gewordenen Verhältnisse zu nöthigen. Auf demselben Gesichtspunkte beruht die Vorschrift, daß der Verpflichtete, wenn er in Unkenntniß der Verjährung den Anspruch vertragsmäßig anerkannt oder Sicherheit dafür geleistet hat, die Aufhebung dieser Rechtsakte auf Grund des § 812 nicht fordern kann. Erforderlich ist, daß das Anerkenntniß vertragsmäßig erfolgt. Durch die einseitige Anerkennung von Seiten des Verpflichteten, wie solche nach § 208 zur Unterbrechung der Verjährung genügt, wird die durch die Vollendung der Verjährung begründete Einrede nicht aufgehoben. Eine solche Anerkennung würde nur dann rechtliche Bedeutung haben, wenn sie in Kenntniß der bereits eingetretenen Vollendung der Verjährung erfolgt wäre und aus diesem Grunde darin ein Verzicht auf die Einrede der Verjährung gefunden werden könnte.

c) Nach § 821 kann, wer ohne rechtlichen Grund eine Verbindlichkeit eingeht, die Erfüllung auch dann verweigern, wenn der Anspruch auf Befreiung von der Verbindlichkeit verjährt ist. Derselbe Gedanke liegt den Vorschriften der §§ 478, 490, 853 zu Grunde. Nach § 478 kann der Käufer, welcher Wandelung oder Minderung zu verlangen befugt ist, auch wenn der Anspruch hierauf verjährt ist, die Zahlung des Kaufpreises insoweit verweigern, als er auf Grund der Wandelung oder Minderung dazu berechtigt sein würde. Eine entsprechende Bestimmung enthält der § 490 Abs. 3 bei den Vorschriften über

§. 223.

Die Verjährung eines Anspruchs, für den eine Hypothek oder ein Pfandrecht besteht, hindert den Berechtigten nicht, seine Befriedigung aus dem verhafteten Gegenstande zu suchen.

Ist zur Sicherung eines Anspruchs ein Recht übertragen worden, so kann die Rückübertragung nicht auf Grund der Verjährung des Anspruchs gefordert werden.

Diese Vorschriften finden keine Anwendung bei der Verjährung von Ansprüchen auf Rückstände von Zinsen oder anderen wiederkehrenden Leistungen.

Gewährleistung wegen Viehmängel. Ist ein Anspruch durch eine unerlaubte Handlung entstanden, ist z. B. Jemand durch Betrug zu der Eingehung einer Verbindlichkeit bestimmt, so kann nach § 853 der Verletzte die Erfüllung der Verbindlichkeit auch dann verweigern, wenn der durch die unerlaubte Handlung begründete Anspruch auf Befreiung von der Verbindlichkeit verjährt ist. In allen diesen Fällen begründet der dem Verpflichteten zustehende Anspruch auf Befreiung von seiner Verbindlichkeit eine Einrede gegen den Anspruch, von welchem befreit zu werden der Verpflichtete verlangen kann. Dieser Einrede würde aber, da sie auf dem Anspruch auf Befreiung beruht, in Ermangelung besonderer Vorschriften die Replik der Verjährung des Anspruchs entgegenstehen. Einem solchen unbilligen Ergebnisse treten die gedachten Vorschriften entgegen. Man kann bei diesen Vorschriften von einer zweifachen juristischen Konstruktion ausgehen. Man kann entweder annehmen, daß die Einrede der Verjährung gegen den Anspruch auf Befreiung wegfällt, wenn der Anspruch im Wege einer Einrede geltend gemacht wird, oder man geht davon aus, daß durch dieselben Thatsachen, auf welchen jener Anspruch beruht, zugleich eine selbständige Einrede gegen denjenigen Anspruch begründet wird, von welchem befreit zu werden der Verpflichtete verlangen kann. Bei der letztgedachten Auffassung kommt die Verjährung nicht in Betracht, weil nur Ansprüche, nicht Einreden derselben unterliegen. Diese Auffassung dürfte den Vorzug verdienen, weil sie die einfachere ist und der Fassung der gedachten Paragraphen am meisten entspricht. Formell handelt es sich dann bei den fraglichen Vorschriften nicht um eine Ausnahme von dem Grundsatze des § 222; sachlich aber enthalten sie insofern eine Modifikation dieses Grundsatzes, als das Gesetz, um die Konsequenzen desselben zu vermeiden, sich genöthigt gesehen hat, ausnahmsweise aus denselben Thatsachen neben dem Anspruch auf Befreiung von einer Verbindlichkeit eine selbständige Einrede gegen den dieser Verbindlichkeit entsprechenden Anspruch entstehen zu lassen.

d) Ueber eine weitere Ausnahme s. § 223.

§ 223.

E. I § 183; II § 188 rev. § 218; III § 218. P. I S. 391, 5455, 5456; M. I S. 344, 345. P. II (Bd. I S. 236). S. 471, 472, 4795, 4796. D. S. 620.

1. Die Hypothek (§ 1113) sowie das Pfandrecht (§§ 1204, 1273) dienen begrifflich zur Sicherung einer Forderung. Daraus ergiebt sich, daß, wenn der Forderung, für welche die Hypothek oder das Pfandrecht bestellt ist, eine Einrede entgegensteht, diese Einrede auch dem Anspruch aus der Hypothek und dem Pfandrecht entgegensteht. Für die Hypothek erleidet dieser Grundsatz zwar durch die Vorschriften des § 1138 insofern eine Modifikation, als danach die Vorschriften über den Glauben des Grundbuchs in Ansehung der Hypothek auch für die Forderung gelten. Soweit diese Modifikation aber nicht in Frage kommt, insbesondere also für die Sicherungshypothek, gilt jener Grundsatz auch für die Hypothek. Daraus würde in Ermangelung besonderer Vorschriften folgen, daß, soweit die Forderung verjährt ist, auch der Anspruch aus der Hypothek und aus dem Pfandrechte verjährt wären. Dies würde dem Bedürfnisse, welchem die Sicherung durch Hypothek und Pfandrecht dienen soll, nicht entsprechen. Ob man die hierauf beruhende Vorschrift des § 223 dahin aufzufassen hat, daß die Einrede der Verjährung der Forderung insoweit nicht entgegensteht, als diese nur zur Begründung des Anspruchs aus der Hypothek bezw. aus dem Pfandrechte dient, oder dahin, daß der Anspruch aus der Hypothek bezw. aus dem Pfandrecht ausnahmsweise auch dann geltend gemacht werden kann, wenn die zu Grunde liegende Forderung durch eine Einrede entkräftet ist, soll hier nicht näher erörtert werden, weil es sich dabei lediglich um eine Frage der juristischen Konstruktion handelt, die für das praktische Ergebniß ohne Bedeutung ist. Auch bei der letztgedachten Auffassung würde übrigens anzunehmen sein, daß, soweit der Berechtigte aus der Hypothek oder aus dem Pfandrechte Befriedigung erlangt, die zu Grunde liegende Forderung getilgt wird.

§. 224.

Mit dem Hauptanspruche verjährt der Anspruch auf die von ihm abhängenden Nebenleistungen, auch wenn die für diesen Anspruch geltende besondere Verjährung noch nicht vollendet ist.

Auf Grundschulden und Rentenschulden bezieht sich der § 223 nicht, weil diese von einer Forderung nicht abhängen.

2. Nach § 1169 kann der Eigenthümer, wenn dem Anspruch aus der Hypothek eine peremtorische Einrede entgegensteht, verlangen, daß der Gläubiger auf die Hypothek verzichtet. Aus dem § 223 ergiebt sich, daß diese Vorschrift keine Anwendung findet, soweit es sich um die der Forderung entgegenstehende Einrede der Verjährung handelt. Ebenso kann der Verpfänder wie der Eigenthümer das ihm nach § 1254 zustehende Recht, das Pfand zurück zu fordern, wenn ihm gegen den Anspruch aus dem Pfandrecht eine peremtorische Einrede entgegensteht, nach § 223 nicht auf Grund der der Forderung, für welche das Pfand haftet, entgegenstehenden Einrede der Verjährung geltend machen. Nicht berührt durch den § 223 wird dagegen die Vorschrift des § 886, nach welcher derjenige, dessen Grundstück oder Recht von einer Vormerkung betroffen wird, die Aufhebung der Vormerkung verlangen kann, wenn ihm gegen den durch die Vormerkung gesicherten Anspruch eine peremtorische Einrede entgegensteht. Die Aufhebung der Vormerkung kann also verlangt werden, wenn der betreffende Anspruch verjährt ist.

3. Der § 223 Abs. 2 bezieht sich auf die sog. **fiducia** und beruht auf denselben Gründen wie der Abs. 1. Auf die Sicherheitsleistung durch Bürgen bezieht sich die Vorschrift nicht.

4. Die in dem § 223 Abs. 3 bestimmte Ausnahme bezieht sich, abweichend vom E. I § 183, der sie auf den ersten Absatz beschränkte, sowohl auf den Abs. 1 als auch auf den Abs. 2.

Ist für eine Forderung, welche auf Zinsen oder auf andere wiederkehrende Leistungen gerichtet ist, eine Hypothek oder ein Pfandrecht bestellt, so steht, wenn die Forderung verjährt ist, die Einrede der Verjährung auch dem Anspruch aus der Hypothek bezw. dem Pfandrecht entgegen. Ist zur Sicherung einer Forderung der gedachten Art ein Recht übertragen, so kann die Rückübertragung gefordert werden, wenn die Forderung verjährt ist.

Die Vorschrift des Abs. 3 bezieht sich nicht wie die Vorschrift des § 197 nur auf regelmäßig wiederkehrende Leistungen, sondern auf alle wiederkehrenden Leistungen.

§ 224.

E. I § 184; II § 189 rev. § 219; III § 219. P. I S. 393; M. I S. 345. P. II S. 472 (Bd. I S. 236).

1. Welche Ansprüche auf Nebenleistungen **von dem Hauptanspruch abhängig** sind, ergiebt sich aus dem betreffenden Rechtsverhältniß. Es gehören dahin die Ansprüche auf Zinsen, Früchte, Kosten, unter Umständen auch auf Schadensersatz. In Betreff der Zinsen ist es gleichgültig, ob es sich um vertragsmäßige oder um gesetzliche Zinsen handelt. Ist eine verzinsliche Schuld am 1. Januar 1930 verjährt, so ist damit auch der Anspruch auf alle bis dahin für die Schuld zu entrichtenden Zinsen verjährt, obwohl die Verjährung auf die Zinsen für die vorhergehenden letzten Jahre nach § 197 erst nach dem 1. Januar 1930 vollendet sein würde. Sind für eine nach § 196 der zweijährigen Verjährung unterliegende Schuld Zinsen zu entrichten, so würden diese nach § 197 erst in vier Jahren verjähren; auf Grund der Vorschrift des § 224 verjähren sie mit der Hauptschuld in zwei Jahren.

2. Der E. I § 184 enthielt im zweiten Absatze die Vorschrift, daß bei **selbständigen wiederkehrenden Leistungen** mit der Verjährung des Anspruchs im Ganzen auch der Anspruch auf die bis dahin verfallenen Leistungen verjährt sei. Diese Vorschrift hing mit dem § 160 des E. I zusammen, durch welchen bestimmt war, daß, wenn wiederkehrende Leistungen von einem Hauptrechte nicht abhängen, die Verjährung des Anspruchs im Ganzen mit dem Zeitpunkte beginne, in welchem die Verjährung des Anspruchs auf eine Leistung begonnen habe. Die zweite Kommission hat sowohl den § 160 als den § 184 Abs. 2 gestrichen, indem sie annahm, daß in den gedachten Fällen ein Gesammtanspruch überhaupt nicht bestehe und daß keinenfalls ein Bedürfniß vorliege, in dieser Beziehung eine besondere Vorschrift für die Verjährung zu geben. Unter die fragliche Vorschrift würde z. B. der Anspruch auf eine jährlich zu entrichtende Rente fallen; man könnte dahin auch den Anspruch aus einem Zinsversprechen auf die Entrichtung von Zinsen rechnen. Durch die Streichung der fraglichen Vorschriften des E. I ist eine positive Entscheidung darüber, ob in den Fällen der gedachten Art

§. 225.

Die Verjährung kann durch Rechtsgeschäft weder ausgeschlossen noch erschwert werden. Erleichterung der Verjährung, insbesondere Abkürzung der Verjährungsfrist, ist zulässig.

---

ein Gesammtanspruch besteht, nicht erfolgt, die rechtliche Beurtheilung des in Frage kommenden Verhältnisses vielmehr offen gelassen. Nimmt man einen Gesammtanspruch an, so kann derselbe auch verjähren und würde der Beginn der Verjährung dann wohl nach Maßgabe der in dem § 160 des E. I aufgestellten Grundsätzen zu beurtheilen sein. Aus der juristischen Natur eines Verhältnisses der fraglichen Art dürfte sich indessen, sofern nicht besondere Umstände eine abweichende Beurtheilung rechtfertigen, ein Gesammtanspruch nicht ableiten lassen; es erscheint vielmehr natürlicher, so viele Ansprüche anzunehmen, als wiederkehrende Leistungen zu entrichten sind. Der Rechtsgrund für alle diese Ansprüche kann derselbe sein, z. B. ein Rechtsgeschäft; aber aus diesem Rechtsgrund entspringt eine Mehrzahl von Ansprüchen, und da jeder dieser Ansprüche ein befristeter ist (§ 163), so entsteht er erst in dem Zeitpunkt, in welchem die Leistung zu entrichten ist.

§ 225.

E. I § 185; II § 190 rev. § 220; III § 220. P. I S. 393, 394; M. I S. 345, 346. P. II S. 475 (Bd. I S. 238). D. S. 621.

1. In der Vorschrift des § 225 Satz 1 tritt das öffentliche Interesse hervor, das bei der Verjährung in Frage steht. Diesem Interesse wird zwar nach dem Standpunkte des B.G.B. dadurch genügend Rechnung getragen, daß dem Verpflichteten auf Grund der Verjährung das Recht eingeräumt wird, die Leistung zu verweigern. Aber dieses Recht wird dem Verpflichteten doch nicht ausschließlich in seinem Interesse, sondern zugleich im öffentlichen Interesse eingeräumt, und deshalb kann er nicht im voraus darauf verzichten. Unwirksam ist daher jedes Rechtsgeschäft, durch welches die Verjährung ausgeschlossen oder erschwert wird, mag dies dadurch geschehen, daß die Verjährungsfrist verlängert wird, oder dadurch, daß Abweichungen von den gesetzlichen Vorschriften über den Beginn, über die Hemmung oder über die Unterbrechung der Verjährung vereinbart werden.

2. Die Regel des Satz 1 erleidet in verschiedenen Fällen eine Ausnahme, so in den §§ 477 Abs. 1 Satz 2, 480 Abs. 1 Satz 2, 490 Abs. 1, 638 Abs. 2 (vergl. auch § 801).

3. Der zweite Satz des § 225, nach welchem eine Erleichterung der Verjährung, insbesondere eine Abkürzung der Verjährungsfrist, zulässig ist, darf nicht dahin verstanden werden, daß auch gesetzlich unverjährbare Ansprüche durch Rechtsgeschäft für verjährbar erklärt werden könnten. Die Parteien können bei Ansprüchen, die ihrer freien Verfügung unterliegen, durch Rechtsgeschäft ein im praktischen Erfolge der Wirkung der Verjährung ähnliches Ergebniß erreichen, indem sie eine auflösende Bedingung oder einen Endtermin vereinbaren; die gesetzliche Regel der Unverjährbarkeit aber können sie nicht ändern.

Sechster Abschnitt.

Ausübung der Rechte. Selbstvertheidigung. Selbsthülfe.

§. 226.

Die Ausübung eines Rechtes ist unzulässig, wenn sie nur den Zweck haben kann, einem Anderen Schaden zuzufügen.

Sechster Abschnitt.

Im E. I hatte der dem sechsten Abschnitt entsprechende achte Abschnitt die Ueberschrift „Selbstvertheidigung; Selbsthülfe." Ebenso lautete die Ueberschrift des achten Abschnitts im E. II und im E. III. Nur die Vorschriften über Nothwehr (§ 227), über Abwehr der von fremden Sachen drohenden Gefahr (§ 228) und über Selbsthülfe (§§ 229—231) waren in diesem Abschnitt enthalten. Erst auf Antrag der R.K. ist von dem Reichstage der § 226 neu hinzugefügt, welcher die Ausübung eines Rechtes für unzulässig erklärt, wenn sie nur den Zweck haben kann, einem Anderen Schaden zuzufügen. In Folge der Aufnahme dieses Paragraphen hat die Ueberschrift des Abschnitts den Zusatz „Ausübung der Rechte" erhalten.

Die §§ 227—231 enthalten Ausnahmen von einem Grundsatze, der nicht ausdrücklich ausgesprochen ist, der aber eine Grundlage der ganzen Rechtsordnung bildet und sich aus dem Gesammtinhalte des bürgerlichen und des Prozeßrechts ergiebt. Es ist dies der Grundsatz, daß die Ausübung eines subjektiven Rechtes, der sich ein Anderer widersetzt, von dem Berechtigten nicht eigenmächtig dem Anderen gegenüber erzwungen werden darf, daß es vielmehr Sache des Staates ist, den Berechtigten auf dessen Anrufen in der Ausübung seines Rechtes zu schützen und die Verwirklichung des dem Rechte entsprechenden thatsächlichen Zustandes herbeizuführen. Von diesem Grundsatze werden für einzelne Rechte in den dafür geltenden besonderen Vorschriften Abweichungen zugelassen (s. z. B. § 859). Die Ausnahmen von jenem Grundsatze, welche eine allgemeinere Bedeutung haben, werden in den §§ 227—231 bestimmt.

§ 226.

R.B. S. 1960, 1961. St.B. S. 2753.

Das Wesen des subjektiven Rechtes besteht darin, daß innerhalb der durch den Inhalt des Rechtes bestimmten Grenzen der Wille des Berechtigten maßgebend sein soll. Die Rechtsordnung erkennt ein subjektives Recht nur an, wenn und soweit sie es mit dem allgemeinen Interesse und mit dem besonderen Interesse derjenigen, welche durch das Recht berührt werden, für vereinbar hält. Das allgemeine öffentliche Interesse gestattet die Anerkennung nur solcher Rechte, welche den Grundsätzen der Sittlichkeit nicht widersprechen. Die Anerkennung wird nicht in weiterem Umfange gewährt, als jene Grundsätze es gestatten. Hierbei muß freilich anerkannt werden, daß die Rechtsordnung außer Stande ist, die subjektiven Rechte in solcher Art zu begrenzen, daß ihre Ausübung unter keinen Umständen den Anforderungen der Sittlichkeit widerstreitet. Für das sittliche Gebiet ist in letzter Instanz maßgebend das Gebot der Liebe. Dieses Gebot zu verwirklichen, ist der Rechtsordnung nicht möglich und nicht ihre Aufgabe. Im einzelnen Falle kann die rechte Liebe fordern, die Ausübung auch des zweifellosesten subjektiven Rechtes zu unterlassen. Ob der Einzelne dieser Forderung genügen will, muß die Rechtsordnung seinem Gewissen überlassen. Die Rechtsordnung kann und soll keine Sittlichkeitsordnung sein. Sie muß sich darauf beschränken, daß sie bei der Anerkennung der subjektiven Rechte und der Bestimmung ihres Inhalts die Gebote der Sittlichkeit insoweit berücksichtigt, als dies bei der Aufstellung von Rechtssätzen möglich ist.

Diese Grundsätze sind bei der Aufstellung des E. I und des E. II maßgebend gewesen (M. I S. 274, 277; P. II S. 475—478. Vergl. auch Zusst. der Gutachten VI S. 208, 209). Eine allgemeine Vorschrift wie die des § 226 war in ihnen nicht enthalten. Dagegen waren die Entwürfe bestrebt, der Gefahr des Mißbrauchs der von ihnen anerkannten subjektiven Rechte in den dazu geeigneten Fällen durch besondere Vorschriften bei den einzelnen Rechten entgegenzutreten. Der E. II ging in diesem Bestreben in mehrfacher Beziehung noch weiter als der E. I.

Aus der großen Zahl der einzelnen Vorschriften, welche diesen Zweck verfolgen und die im Anschluß an den E. II in das B.G.B. aufgenommen sind, mögen folgende hervorgehoben werden (s. Jacubezky in Gruchots Beiträgen zur Erl. des deutschen Rechtes, fünfte Folge, fünfter Jahrgang S. 591 ff.).

Das ganze Obligationenrecht sowie das Vertragsrecht im Allgemeinen werden durch das Prinzip von Treu und Glauben beherrscht. Nach § 157 sind Verträge so auszulegen, wie Treu und Glauben mit Rücksicht auf die Verkehrssitte es erfordern. Derselbe Grundsatz ist für die Erfüllung von Verbindlichkeiten maßgebend (§ 242). Eine Bedingung wird als eingetreten bezw. als nicht eingetreten angesehen, wenn ihr Eintritt wider Treu und Glauben verhindert bezw. bewirkt ist (§ 162). Die Rückforderung wegen Nichteintritts des mit einer Leistung bezweckten Erfolges ist ausgeschlossen, wenn der Leistende den Eintritt des Erfolges wider Treu und Glauben verhindert hat (§ 815). Auf einem ähnlichen Gesichtspunkte beruht auch die Vorschrift des § 506. In einer großen Zahl von Fällen wird ein Recht oder dessen Ausübung dann ausgeschlossen, wenn das Interesse des Berechtigten nur ein unerhebliches ist (s. z. B. die §§ 320 Abs. 2, 459 Abs. 1, 468, 498 Abs. 2 Satz 2, 542 Abs. 2, 634 Abs. 3, vergl. auch § 299). Auf demselben Gesichtspunkte beruht die Vorschrift des § 616, nach welcher der zur Dienstleistung Verpflichtete des Anspruchs auf die Vergütung nicht dadurch verlustig wird, daß er für eine verhältnißmäßig nicht erhebliche Zeit durch einen in seiner Person liegenden Grund ohne sein Verschulden an der Dienstleistung verhindert wird; ebenso die Vorschrift, daß in Angelegenheiten von geringer Bedeutung eine Verpflichtung zur Leistung des Offenbarungseides nicht besteht (§§ 259 Abs. 3, 260 Abs. 3, 2028 Abs. 3). Der unbilligen Geltendmachung des Anspruchs auf Schadensersatz tritt die Vorschrift des § 251 Satz 2 entgegen, nach welcher der Verpflichtete den Gläubiger in Geld entschädigen kann, wenn die Herstellung des früheren Zustandes nur mit unverhältnißmäßigen Aufwendungen möglich ist. Eine ähnliche Vorschrift enthält für den Werkvertrag der § 633 Abs. 2. Bei den gegenseitigen Verträgen, bei den Dienst- und Werkverträgen muß sich der Berechtigte unter gewissen Voraussetzungen anrechnen lassen, was er durch anderweitige Verwendung seiner Arbeitskraft erworben hat; dem wird gleichgestellt, was er zu erwerben böswillig unterlassen hat (§§ 324 Abs. 1 Satz 2, 615 Satz 2, 649 Satz 2). Die Kündigung des Dienstvertrags, des Auftrags und des Gesellschaftsvertrags wird, auch wenn sie sonst unzulässig wäre, zugelassen, wenn wichtige Gründe vorliegen (§§ 627 Abs. 2, 671 Abs. 2, 723 Abs. 2); in ähnlicher Weise wird bei den Vorschriften über die Verweigerung der Erlaubniß zur Untermiethe auf wichtige Gründe abgestellt (§ 549 Abs. 1). Der unbilligen Geltendmachung des Pfandrechts des Vermiethers an den eingebrachten Sachen tritt die Vorschrift des § 560 Satz 2 entgegen, nach welcher der Vermiether der Entfernung solcher Sachen nicht widersprechen kann, wenn die zurückbleibenden Sachen zu seiner Sicherung offenbar ausreichen. Endlich gehört hierher auch der § 343, nach welchem das Gericht eine unverhältnißmäßige Vertragsstrafe herabzusetzen befugt ist.

Aus dem Gebiete des Sachenrechts kommen folgende Vorschriften in Betracht. Der Eigenthümer eines Grundstücks kann Einwirkungen auf sein Grundstück nicht verbieten, die in solcher Höhe oder in solcher Tiefe vorgenommen werden, daß er an der Ausschließung kein Interesse hat (§ 905 Satz 2). Das Eigenthum an Grundstücken ist ferner den mannigfachsten Beschränkungen unterworfen in Folge des Nachbarrechts (§§ 906—924). Hierbei wird mehrfach eine Befugniß, ein Recht oder eine Verpflichtung davon abhängig gemacht, daß ein ausreichendes Interesse des Berechtigten vorliegt. So kann der Eigenthümer eines Grundstücks nach § 906 die Zuführung von Gasen, Dämpfen ꝛc. nicht verbieten, wenn die Einwirkung die Benutzung seines Grundstücks nicht oder nur unwesentlich beeinträchtigt. Das Recht des Eigenthümers, die in sein Grundstück eingedrungenen Wurzeln oder überhängende Zweige zu beseitigen, ist nach § 910 Abs. 2 ausgeschlossen, wenn die Wurzeln oder die Zweige die Benutzung des Grundstücks nicht beeinträchtigen. Das Recht des Besitzers einer Sache, die von ihm mit der Sache verbundenen Sachen abzutrennen, fällt weg, wenn die Abtrennung für ihn keinen Nutzen hat oder ihm der Werth erstattet wird (§ 997 Abs. 2). Der Eigenthümer kann die Verlegung der Ausübung einer Grunddienstbarkeit verlangen, wenn die Ausübung an der bisherigen Stelle für ihn besonders beschwerlich ist (§ 1023 Abs. 2). Eine von den gesetzlichen Vorschriften abweichende Art des Pfandverkaufs kann nach § 1246 verlangt werden, wenn diese nach billigem Ermessen dem Interesse der Betheiligten entspricht. Vergl. ferner auch die §§ 867, 962. Von allgemeinerer Bedeutung ist die Vorschrift des § 228, nach welcher das Recht, eine fremde Sache zu zerstören oder zu beschädigen, um eine von ihr drohende Gefahr abzuwenden, davon abhängt, daß der Schaden nicht außer Verhältniß zu der Gefahr steht; ebenso die Vorschrift des § 904, nach welcher der Eigenthümer einer Sache nicht berechtigt ist, die Einwirkung eines Anderen auf die Sache zu verbieten, wenn die Einwirkung zur Abwendung einer gegenwärtigen Gefahr nothwendig und der drohende Schaden gegenüber dem aus der

Einwirkung dem Eigenthümer entstehenden Schaden unverhältnißmäßig groß ist. Zu den Vorschriften, welche den Mißbrauch eines Rechtes zu hindern bezwecken, gehört auch die Vorschrift des E.G. Art. 120, nach welchem die landesgesetzlichen Vorschriften unberührt bleiben, auf Grund deren unter näher bestimmten Voraussetzungen die Befreiung eines Grundstücks von einer Belastung sowie die sonstigen im Art. 120 bezeichneten Rechtsänderungen verlangt werden können, wenn von der zuständigen Behörde festgestellt wird, daß die Rechtsänderung für die Berechtigten unschädlich ist.

Für das Familienrecht ist zunächst darauf hinzuweisen, daß für die Ausübung der persönlichen Rechte der Ehegatten gegen einander ganz allgemein die Beschränkung gilt, daß ein Ehegatte dem auf jene Rechte gegründeten Verlangen des anderen Ehegatten nicht Folge zu leisten braucht, wenn sich dies Verlangen als Mißbrauch seines Rechtes darstellt (§§ 1353 Abs. 2, 1354 Abs. 2). Eine Beschränkung des Schlüsselrechts der Ehefrau durch den Ehemann kann auf Antrag der Frau von dem Vormundschaftsgericht aufgehoben, die nach § 1358 erforderliche Zustimmung des Ehemanns zu den dort bezeichneten Rechtsgeschäften im Falle der Verweigerung von Seiten des Mannes durch das Vormundschaftsgericht ersetzt werden, wenn sich die Beschränkung bezw. die Verweigerung als ein Mißbrauch des Rechtes des Mannes darstellt (§§ 1357 Abs. 2 Satz 2, 1358 Abs. 2). Die nach den Vorschriften des ehelichen Güterrechts erforderliche Zustimmung der Ehefrau zu gewissen Verfügungen des Ehemanns kann von dem Vormundschaftgericht ersetzt werden, wenn sie ohne zureichenden Grund verweigert wird (§§ 1379, 1447); ebenso die nach § 1402 zu den dort bezeichneten Rechtsgeschäften der Frau erforderliche Zustimmung des Mannes, wenn diese ohne ausreichenden Grund verweigert wird. Das an sich unbeschränkte Recht des Mannes, über das Gesammtgut der allgemeinen Gütergemeinschaft zu verfügen, wird beschränkt durch die Vorschrift, daß der Mann für eine Verminderung des Gesammtguts Ersatz zu leisten verpflichtet ist, wenn er sie in der Absicht herbeigeführt hat, die Frau zu benachtheiligen (§ 1456). Die einem volljährigen Kinde von den Eltern verweigerte Einwilligung zur Eingehung einer Ehe kann von dem Vormundschaftsgericht ersetzt werden, wenn sie ohne wichtigen Grund verweigert ist (§ 1308 Abs. 1); ebenso die Einwilligung der unehelichen Mutter zu der Ehelichkeitserklärung des Kindes, wenn das Unterbleiben der Ehelichkeitserklärung dem Kinde zu unverhältnißmäßigem Nachtheile gereichen würde (§ 1727).

Aus dem Gebiete des Erbrechts mag außer auf die schon oben erwähnte Vorschrift des § 2028 auf folgende Vorschriften hingewiesen werden: Die Verpflichtung des Erben, dem Vermächtnißnehmer den vermachten Gegenstand zu verschaffen, wird dadurch beschränkt, daß der Beschwerte sich, wenn die Beschaffung nur mit unverhältnißmäßigen Aufwendungen möglich ist, durch Entrichtung des Werthes befreien kann (§ 2170 Abs. 2 Satz 2). Um einem Mißbrauche des Rechtes des Testamentsvollstreckers vorzubeugen, schreibt der § 2217 vor, daß der Testamentsvollstrecker Nachlaßgegenstände, deren er zur Erfüllung seiner Obliegenheiten offenbar nicht bedarf, dem Erben auf Verlangen zur freien Verfügung zu überlassen hat. Wer vertragsmäßig einen Erben ernannt oder ein Vermächtniß angeordnet hat, bleibt trotzdem berechtigt, über sein Vermögen bezw. über den vermachten Gegenstand unter Lebenden frei zu verfügen. Dieses Recht erleidet aber die in den §§ 2287, 2288 bestimmten Modifikationen, wenn der Erblasser in der Absicht, den Vertragserben bezw. den Bedachten zu beeinträchtigen, eine Schenkung vornimmt bezw. eine Verfügung der in dem § 2288 bezeichneten Art trifft.

Im Wesentlichen auf demselben Standpunkte wie die E. I und E. II steht der E. III, jedoch wurde durch Beschluß des Bundesraths der Begriffsbestimmung des Eigenthums folgender Satz hinzugefügt: „Eine Ausübung des Eigenthums, die nur den Zweck haben kann, einem Anderen Schaden zuzufügen, ist unzulässig“ (E. III § 887 Abs. 2). Dabei wurde davon ausgegangen, daß dieser Grundsatz auf alle dinglichen Rechte sowie auf den Besitz anzuwenden sei.

Die R.K. hielt die Beschränkung der Vorschrift auf dingliche Rechte nicht für gerechtfertigt und beschloß, den darin ausgesprochenen Grundsatz für alle Rechte allgemein auszusprechen. Mit diesem Beschlusse hängt ein anderer Beschluß zusammen, durch welchen der § 810 des E. III geändert wurde. Dieser Paragraph lautete:

> „Wer durch eine Handlung, die er nicht in Ausübung eines ihm zustehenden Rechtes vornimmt, in einer gegen die guten Sitten verstoßenden Weise einem Anderen vorsätzlich Schaden zufügt, ist dem Anderen zum Ersatze des Schadens verpflichtet.“

Von der R.K. wurden die Worte „durch eine Handlung, die er nicht in Ausübung eines ihm zustehenden Rechtes vornimmt“ gestrichen. Dadurch hat der § 826 des B.G.B. seine jetzige Fassung erhalten. Während nach dem E. III in Uebereinstimmung mit dem E. I und E. II eine Handlung niemals unerlaubt ist, wenn sie in Ausübung eines dem Handelnden zustehenden Rechtes vorgenommen wird, ist auch unter dieser Voraussetzung nach § 826 die Handlung unerlaubt, wenn dadurch in einer wider die guten Sitten verstoßenden Weise einem Anderen vorsätzlich Schaden zugefügt wird.

§. 227.

Eine durch Nothwehr gebotene Handlung ist nicht widerrechtlich.

Nothwehr ist diejenige Vertheidigung, welche erforderlich ist, um einen gegenwärtigen rechtswidrigen Angriff von sich oder einem Anderen abzuwenden.

Es kann zweifelhaft erscheinen, in welchem Verhältnisse der § 826 zu dem § 226 steht. Ist eine Handlung, durch welche in einer gegen die guten Sitten verstoßenden Weise einem Anderen Schaden zugefügt wird, auch dann unerlaubt, wenn sie in Ausübung eines dem Handelnden zustehenden Rechtes erfolgt, so ist der Schluß unabweislich, daß die Ausübung des Rechtes unter der gedachten Voraussetzung unzulässig ist. Die rechtlich zulässige Ausübung eines Rechtes kann nicht zugleich unerlaubt, d. h. rechtlich unzulässig sein. Nun bestimmt aber der § 226 nicht, daß die Ausübung eines Rechtes unzulässig ist, wenn dadurch in einer gegen die guten Sitten verstoßenden Weise einem Anderen vorsätzlich Schaden zugefügt wird, sondern nur, daß die Ausübung unzulässig ist, wenn sie nur den Zweck haben kann, einem Anderen Schaden zuzufügen. Es kann nicht angenommen werden, daß das B.G.B. neben einander zwei verschiedene allgemeine Vorschriften über die Voraussetzungen hat geben wollen, unter welchen die Ausübung eines Rechtes unzulässig ist, und daß es die eine dieser Vorschriften in prinzipieller Form in dem allgemeinen Theile, die andere nur indirekt in dem Abschnitt über unerlaubte Handlungen gegeben habe. Die Vorschrift des § 826 wird vielmehr, soweit sie sich auf Handlungen bezieht, die in Ausübung eines Rechtes erfolgen, in solcher Art auszulegen sein, daß sie mit dem § 226 übereinstimmt. Eine solche Auslegung ist möglich. Man muß annehmen, daß der § 826 davon ausgehe, daß eine Handlung, welche in Ausübung eines Rechtes vorgenommen wird, nur dann gegen die guten Sitten verstößt, wenn die Ausübung des Rechtes unzulässig ist. Wann dies der Fall ist, wird in dem § 226 bestimmt.

Um die Bedeutung und Tragweite des § 226 richtig zu würdigen, ist Folgendes zu beachten:

Der § 226 bestimmt nicht, daß die Ausübung eines Rechtes unzulässig ist, wenn sittliche Rücksichten die Ausübung verbieten. Die Zulässigkeit eines hierauf gegründeten Einwandes würde zu einer unerträglichen Rechtsunsicherheit führen. Der § 226 bestimmt auch nicht, daß die Ausübung eines Rechtes unzulässig ist, wenn sie in der Absicht erfolgt, einem Anderen Schaden zuzufügen. Die Ausübung eines Rechtes bringt regelmäßig demjenigen, gegen welchen das Recht gerichtet ist, Schaden, und der Berechtigte weiß dies. Dieses Bewußtsein und die deshalb mit der Ausübung des Rechtes immer verbundene Absicht, dem Verpflichteten einen Schaden zuzufügen, darf und soll die Ausübung des Rechtes nicht unzulässig machen. Zum Thatbestande des § 226 genügt nicht einmal, daß die Ausübung des Rechtes lediglich zu dem Zwecke erfolgt, um einem Anderen Schaden zuzufügen; es ist vielmehr erforderlich, daß die Ausübung nur den Zweck haben kann, einem Anderen Schaden zuzufügen. Das Gesetz will nicht, daß, wenn die Ausübung verschiedene Zwecke haben kann, eine psychologische Untersuchung darüber stattfinde, welchen Zweck der Berechtigte in Wirklichkeit verfolgt hat. Aus den Umständen des Falles muß sich vielmehr objektiv ergeben, daß die Ausübung **nur** den Zweck haben **kann**, einem Anderen Schaden zuzufügen. Die hierauf gerichtete Fassung des § 226 ist besonders deshalb von großer praktischer Bedeutung, weil dadurch die Möglichkeit ausgeschlossen wird, daß der Verpflichtete dem Berechtigten einen Eid darüber zuschiebt, daß dieser bei der Ausübung seines Rechtes nicht lediglich den Zweck habe, ihm Schaden zuzufügen. Die Zuschiebung des Eides darüber, daß die Ausübung nur den fraglichen Zweck haben könne, ist nach § 445 der C.P.O. unzulässig.

Der § 226 wird trotzdem von einem böswilligen Schuldner leicht gemißbraucht werden können, und es erscheint zweifelhaft, ob die Chikane dadurch nicht mehr gefördert als gehindert wird. Sachlich aber stehen der Vorschrift des § 226, wenn man an der oben gegebenen Auslegung festhält, entscheidende Bedenken wohl kaum entgegen. Das Gesetz erklärt sich für unfähig, die Ausübung der einzelnen subjektiven Rechte durchgehends so zu begrenzen, daß ein mit dem berechtigten Interesse Anderer unvereinbarer Mißbrauch ausgeschlossen wird; durch eine clausula generalis wird es deshalb in die Hand des Richters gelegt, die in dem einzelnen Falle nothwendige Begrenzung zu bestimmen. Den Gerichten wird dadurch eine schwere und verantwortliche Aufgabe auferlegt, und es wird der größten Vorsicht bedürfen, wenn die Vorschrift des § 226 nicht schädlich anstatt nützlich wirken soll. Von praktischer Bedeutung wird der § 226 voraussichtlich im Wesentlichen nur für die Ausübung der dinglichen Rechte sein, die wegen ihres allgemeinen Inhalts einer mißbräuchlichen Ausübung im Sinne des § 226 besonders ausgesetzt sind.

§ 227.

E. I § 186; II § 191 rev. § 221; III § 221. P. I S. 395—397, 410, 411; M. I S. 348, 349. P. II S. 479—481, 501 (Bd. I S. 240, 241, 251). D. S. 621.

1. Der Begriff der Nothwehr ist für das Zivilrecht derselbe wie für das Strafrecht;

der § 227 Abs. 2 stimmt wörtlich überein mit dem St.G.B. § 53 Abs. 2. Die strafrechtlichen Erörterungen über die Nothwehr sind daher auch für das B.G.B. von Bedeutung. Voraussetzungen der Nothwehr sind:

a) ein Angriff. Gleichgültig ist, ob derselbe gegen das Leben, den Körper, die Freiheit, die Ehre, das Eigenthum oder gegen ein sonstiges Recht gerichtet ist; auch der Angriff auf den Besitz genügt, mag man diesen als ein Recht betrachten oder nicht;

b) ein gegenwärtiger Angriff. Der Angriff darf weder bereits vorübergegangen sein noch erst in der Zukunft in Aussicht stehen. Der Angriff braucht aber nicht bereits zu einer Verletzung geführt zu haben; es genügt, daß der Angriff wirklich begonnen hat;

c) ein rechtswidriger Angriff. Rechtswidrig ist nach § 858 auch der auf Entziehung oder Störung des Besitzes durch verbotene Eigenmacht gerichtete Angriff (s. auch §§ 865, 1029, 1090 Abs. 2). Nicht rechtswidrig sind dagegen die auf Wiedererlangung des entzogenen Besitzes gerichteten Handlungen, wenn sie sich innerhalb der durch § 859 Abs. 2, 3 bestimmten Grenzen halten. Nicht rechtswidrig ist auch die Einwirkung auf fremde Sachen in den durch § 904 bestimmten Fällen. Ausgeschlossen ist ferner die Rechtswidrigkeit, wenn die Handlung zum Zwecke der Abwendung der von einer Sache drohenden Gefahr nach § 228 oder zum Zwecke der Selbsthülfe nach den §§ 229, 230 zulässig ist oder wenn sie in gerechter Nothwehr vorgenommen wird. In allen diesen Fällen ist derjenige, gegen welchen die fraglichen Handlungen gerichtet sind, nicht zur Vertheidigung dagegen berechtigt und kann sich zur Rechtfertigung einer von ihm zu diesem Zwecke verübten Rechtsverletzung nicht auf die Nothwehrlage berufen.

Voraussetzung der Nothwehr ist, daß der Angriff objektiv rechtswidrig ist. Nicht erforderlich ist es, daß den Angreifer ein Verschulden trifft; auch gegen den Angriff eines Wahnsinnigen oder eines Kindes ist die Vertheidigung zulässig. Ob auch der Angriff von Seiten eines Thieres als ein rechtswidriger angesehen werden kann, ist bestritten; richtiger dürfte dieser Fall nach dem § 228 zu beurtheilen sein.

d) Vertheidigung gegen den Angriff. Nur die Abwehr des Angriffs ist gestattet, nicht eine Vergeltung des durch den Angriff bereits zugefügten Nachtheils. Zum Zwecke der Vertheidigung können unter Umständen aber auch Angriffshandlungen geeignet sein.

e) Die Vertheidigung muß erforderlich sein, um den Angriff von sich oder einem Anderen abzuwenden. Es ist gleichgültig, ob das durch die Vertheidigung dem Angreifer zugefügte Uebel größer oder anderer Art ist als der durch den Angriff drohende Nachtheil. Behufs Abwehr eines Angriffs auf das Eigenthum oder auf den Besitz ist auch die Tödtung des Angreifers zulässig. Nothwendig ist nur, daß die zur Vertheidigung angewandten Mittel wirklich erforderlich sind, um den Angriff abzuwenden. Hierbei kommt in Betracht, ob der Bedrohte dem Angriffe nicht ausweichen konnte; ein feiges Verhalten aber kann von ihm nicht verlangt werden.

2. Der im Abs. 1 aufgestellte Grundsatz, daß die durch Nothwehr gebotene Handlung nicht widerrechtlich ist, gilt ganz allgemein. Die Nothwehr macht eine sonst widerrechtliche Handlung zu einer nicht widerrechtlichen, mag die Widerrechtlichkeit darauf beruhen, daß die Handlung unmittelbar durch das Gesetz verboten ist oder daß sie gegen eine rechtsgeschäftliche Verpflichtung verstößt. Der Verkäufer einer Sache, welcher dieselbe gegen den Versuch des Käufers, sich den Besitz eigenmächtig zu verschaffen, vertheidigt, handelt, wenn hierdurch die Sache zerstört oder beschädigt wird, ohne daß die Grenzen der Nothwehr überschritten werden, nicht widerrechtlich und ist daher dem Käufer nicht verantwortlich. Bestritten ist, ob durch die Nothwehr nur die Widerrechtlichkeit gegenüber dem Angreifer oder überhaupt ausgeschlossen wird. Der Wortlaut des Abs. 1 spricht für die letztere Annahme, schließt indessen die erstere, für welche erhebliche innere Gründe sprechen, nicht aus. Es dürfte nicht anzunehmen sein, daß das Gesetz dem von einem Anderen rechtswidrig Angegriffenen habe gestatten wollen, zum Zwecke der Vertheidigung einen Dritten zu tödten. Die Benutzung fremder Sachen zur Vertheidigung gegen einen Angriff ist nach § 904 zulässig, wenn sie zur Abwendung einer gegenwärtigen Gefahr nothwendig und der drohende Schaden gegenüber dem aus der Benutzung dem Eigenthümer entstehenden Schaden unverhältnißmäßig groß ist. Die Beschränkung dieser Vorschrift auf Sachen spricht für die engere Auslegung des § 227.

3. Daraus, daß die durch Nothwehr gebotene Handlung nicht widerrechtlich ist, ergiebt sich, daß durch die Handlung eine Verpflichtung zum Schadensersatze nicht begründet wird. Nur die widerrechtliche Verletzung eines Anderen begründet nach § 823 die Verpflichtung zum Schadensersatze (s. auch die §§ 831, 832). Die Vorschrift des § 826 kann im Falle der Nothwehr selbstverständlich nicht in Frage kommen. In dem Falle des § 904 schreibt das Gesetz die Verpflichtung zum Schadensersatze vor, obwohl die Widerrechtlichkeit der betreffenden Handlung verneint wird. Eine entsprechende Vorschrift besteht aber für die Nothwehr nicht.

4. Eine dem § 53 Abs. 3 des St.G.B. entsprechende Vorschrift besteht nach dem B.G.B. nicht. Die Ueberschreitung der Nothwehr ist also auch dann widerrechtlich, wenn der Thäter in Bestürzung, Furcht oder Schrecken über die Grenzen der Vertheidigung hinaus-

§. 228.

Wer eine fremde Sache beschädigt oder zerstört, um eine durch sie drohende Gefahr von sich oder einem Anderen abzuwenden, handelt nicht widerrechtlich, wenn die Beschädigung oder die Zerstörung zur Abwendung der Gefahr erforderlich ist und der Schaden nicht außer Verhältniß zu der Gefahr steht. Hat der Handelnde die Gefahr verschuldet, so ist er zum Schadensersatze verpflichtet.

---

gegangen ist. Ob der Thäter in solchem Falle zum Schadensersatze verpflichtet ist, hängt davon ab, ob ihm bei der Ueberschreitung der Nothwehr eine Fahrlässigkeit zur Last fällt (§ 823). Derselbe Gesichtspunkt entscheidet über die Verpflichtung zum Schadensersatze, wenn Jemand irrthümlich geglaubt hat, in der Nothwehrlage zu sein. Es kommt darauf an, ob der Irrthum ein entschuldbarer ist oder nicht. Im ersteren Falle findet eine Verpflichtung zum Schadensersatze nicht statt.

§ 228.

E. I § 187; II § 192 rev. § 222; III § 222. P. I S. 409—411, 11693—11695, 11948; M. I S. 349—352. P. II S. 501—504, 8515—8526 (Bd. I S. 251—253). D. S. 621.

1. Der § 228 bestimmt wie der § 227 einen Fall, in welchem eine an sich widerrechtliche Handlung wegen der besonderen Umstände, unter denen sie vorgenommen wird, nicht widerrechtlich ist. In Frage kommt aber nicht wie im Falle des § 227 jede Rechtsverletzung, sondern nur die Zerstörung oder Beschädigung fremder Sachen. Diese ist unter folgenden Voraussetzungen nicht widerrechtlich.

a) Von der Sache muß dem Thäter oder einem Anderen eine Gefahr drohen. Wie bei der Nothwehr, so kommt es auch hier nicht darauf an, ob die Gefahr der Person oder dem Vermögen droht. Nicht ausdrücklich verlangt wird, daß die Gefahr eine gegenwärtige ist; doch ergiebt sich dieses Erforderniß mittelbar daraus, daß die zur Abwendung der Gefahr vorgenommene Handlung erforderlich sein muß, um die Gefahr abzuwenden. Welcher Art die Sachen sind, von denen die Gefahr droht, ist gleichgültig; die Vorschrift gilt sowohl für Thiere wie für leblose Sachen.

b) Die Zerstörung oder Beschädigung der fremden Sache muß zur Abwendung der von ihr drohenden Gefahr erfolgen und zu diesem Zwecke erforderlich sein. Kann die Gefahr durch andere Mittel, z. B. durch Ausweichen vor dem durchgehenden Pferde, abgewandt werden, so ist die Zerstörung oder Beschädigung der Sache nicht zulässig. Die Anwendung anderer Mittel kann aber von dem Bedrohten nur verlangt werden, wenn er dadurch nicht eigene Güter aufzuopfern genöthigt wird.

c) Der durch die Zerstörung oder Beschädigung entstehende Schaden darf nicht außer Verhältniß zu der Gefahr stehen. In diesem Erfordernisse liegt ein wesentlicher Unterschied von den Voraussetzungen der Nothwehr. Bei dieser ist es zulässig, zur Vertheidigung eines geringen Gutes ein weit werthvolleres Gut des Angreifers zu zerstören, ja diesen selbst zu tödten, wenn es zur Abwehr des Angriffs nothwendig ist. Hier ist das bedrohte Gut mit der Sache zu vergleichen, von welcher die Gefahr droht. Der Schaden, der durch die Zerstörung oder Beschädigung der Sache entsteht, darf nicht unverhältnißmäßig größer sein als der drohende Schaden. Ein solches Mißverhältniß wird nie anzunehmen sein, wenn die Person selbst bedroht ist. Keine Sache ist so werthvoll, daß der durch ihre Zerstörung entstehende Schaden außer Verhältniß zu einer das Leben oder die Gesundheit bedrohenden Gefahr stände. Die Ehre kann nicht wohl in Frage kommen. Auch die Freiheit wird durch Sachen nur in seltenen Ausnahmsfällen bedroht werden; droht die Entziehung der Freiheit nur auf ganz kurze Zeit, so kann unter Umständen die Befreiung von dieser Gefahr als durch die Zerstörung einer sehr werthvollen Sache zu theuer erkauft anzusehen sein. Sind es Sachen, welchen die Gefahr droht, so kommt es auf die Vergleichung der Gefahr drohenden und der bedrohten Sache an. Der Werth der letzteren braucht nicht höher oder ebenso hoch zu sein wie der der ersteren, aber er darf nicht ganz unverhältnißmäßig geringer sein. Ein kostbares Pferd darf nicht getödtet werden, um die von ihm einer Blume drohenden Gefahr abzuwenden. Ist die bedrohte Sache nicht unverhältnißmäßig weniger werth, so braucht sich der Bedrohte von der Beschädigung oder Zerstörung der Gefahr drohenden Sache nicht dadurch abhalten zu lassen, daß er im Falle der Beschädigung seiner Sache Anspruch auf Schadensersatz hat (s. unten Nr. 5). Niemand ist verpflichtet, seine Sache gegen Ersatz des Werthes zu opfern. Unter Umständen kann indessen die Frage, ob der Bedrohte eventuell einen Anspruch auf Schadensersatz hat und ob er darauf rechnen kann, den Ersatz wirklich zu erhalten, insofern in Betracht kommen, als die Unverhältnißmäßigkeit des durch die Beschädigung der Gefahr drohenden Sache entstehenden Schadens eher zu verneinen sein wird, wenn der Bedrohte keinen Schadensersatz zu erwarten hat, als wenn er auf diesen rechnen kann.

Nicht allein der gemeine Werth der beiden Sachen kommt übrigens in Betracht. Der Bedrohte darf auch den Affektionswerth in Anschlag bringen, den die bedrohte Sache für ihn hat. Nur aus der Berücksichtigung aller Umstände des einzelnen Falles läßt sich die richtige Entscheidung gewinnen.

Der E. I enthielt das unter c bezeichnete Erforderniß nicht; er verlangte aber, daß die Gefahr nicht vorsätzlich oder fahrlässig verursacht sei. Dieses Erforderniß ist von der zweiten Kommission aufgegeben worden. Die vorsätzliche oder fahrlässige Veranlassung der Gefahr kommt nach § 228 Satz 2 nur für die Verpflichtung zum Schadensersatz in Betracht. Der Ausschluß der Widerrechtlichkeit hängt von dem Fehlen eines solchen Verschuldens nicht ab.

Liegen die unter a—c bezeichneten Voraussetzungen vor, so ist nicht nur der Bedrohte, sondern jeder Dritte zur Zerstörung oder Beschädigung der Gefahr drohenden Sache berechtigt.

2. Daraus, daß die Zerstörung oder Beschädigung einer Sache, wenn die unter Nr. 1 bezeichneten Voraussetzungen vorliegen, nicht widerrechtlich ist, ergiebt sich, daß der Handelnde, vorbehältlich der Vorschrift des § 228 Satz 2, zum Schadensersatze nicht verpflichtet ist. Aber auch in jeder anderen Beziehung, in welcher es darauf ankommt, ob eine Handlung widerrechtlich ist oder nicht, findet die Vorschrift des § 228 Anwendung. So ist insbesondere Nothwehr gegen die auf Grund des § 228 erfolgende Zerstörung oder Beschädigung von Sachen nicht zulässig. Die Bedeutung der Vorschrift macht sich auch für das Strafrecht geltend. Soweit nach dem St.G.B. die Widerrechtlichkeit zum Thatbestand eines Verbrechens oder Vergehens gehört, ist diese ausgeschlossen, wenn die Voraussetzungen des § 228 vorliegen (s. z. B. die §§ 303—305 des St.G.B.).

3. Wer sich darauf beruft, daß die Zerstörung oder Beschädigung einer fremden Sache auf Grund des § 228 nicht widerrechtlich sei, hat zu beweisen, daß die unter Nr. 1 bezeichneten Voraussetzungen vorliegen. Ob er, wenn eine dieser Voraussetzungen fehlt, dem Beschädigten zum Schadensersatze verpflichtet ist, hängt nach § 823 davon ab, ob ihm ein Verschulden zur Last fällt. Ein solches ist ausgeschlossen, wenn er aus einem entschuldbaren Irrthum annahm, daß die unter Nr. 1 bezeichneten Voraussetzungen vorliegen. Die Frage ist in dieser Beziehung dieselbe wie bei der Nothwehr (s. Erl. zu § 227 Nr. 4). Insbesondere können auch hier Schrecken und Bestürzung die Annahme einer Fahrlässigkeit bei der unrichtigen Beurtheilung der Frage ausschließen, ob wirklich eine Gefahr gedroht, ob das angewendete Mittel zur Abwendung derselben erforderlich war und ob der durch die Zerstörung oder Beschädigung der Sache entstehende Schaden außer Verhältniß zur drohenden Gefahr stand.

4. Auch wenn die unter Nr. 1 bezeichneten Voraussetzungen vorliegen und deshalb die Widerrechtlichkeit ausgeschlossen ist, tritt nach § 228 Satz 2 eine Verpflichtung zum Schadensersatz ein, wenn der Handelnde die Gefahr verschuldet hat. Es handelt sich nicht um eine Verschuldung bei der Zerstörung oder Beschädigung der Gefahr drohenden Sache; diese ist nicht widerrechtlich und kommt daher die Frage, ob dem Handelnden dabei ein Verschulden zur Last fällt, nicht in Betracht. Es handelt sich darum, ob dem Handelnden in Betreff der Herbeiführung der Gefahr ein Verschulden zur Last fällt. Ein Verschulden liegt vor, wenn die betreffende Person voraussah oder bei Anwendung der im Verkehr erforderlichen Sorgfalt voraussehen mußte, daß durch ihr Verhalten die Gefahr eintreten werde. Das Verschulden muß dem Handelnden d. h. demjenigen zur Last fallen, welcher die Sache zerstört oder beschädigt. Hat der Bedrohte die Sache zerstört oder beschädigt, so ist er nicht zum Schadensersatze verpflichtet, wenn ein Anderer die Gefahr verschuldet hat. Hat ein Anderer als der Bedrohte, um die Gefahr von diesem abzuwenden, die Sache zerstört oder beschädigt, so ist er nur zum Schadensersatze verpflichtet, wenn er, nicht aber, wenn der Bedrohte die Gefahr verschuldet hat. Durch ein Verschulden des Handelnden wird dessen Handlung nicht widerrechtlich; er bleibt berechtigt, die Gefahr drohende Sache zu zerstören oder zu beschädigen, aber er thut dies wie im Falle des § 904 auf seine Kosten und ist daher dem Beschädigten zum Ersatze verpflichtet.

Ob, wenn ein Anderer als der Handelnde die Gefahr verschuldet hat, dieser Andere dem Beschädigten zum Schadensersatze verpflichtet ist, hängt davon ab, ob anzunehmen ist, daß er die von dem Handelnden vorgenommene Zerstörung oder Beschädigung der Sache vorsätzlich oder fahrlässig verursacht hat, und ob er deshalb nach Maßgabe des § 823 haftet. Die Entscheidung dieser Frage hängt von den Umständen des einzelnen Falles ab; sie wird regelmäßig zu bejahen sein.

5. Ob der Bedrohte, wenn er, obwohl die in dem § 228 Satz 1 bestimmten Voraussetzungen vorliegen, die ihm drohende Gefahr durch Zerstörung oder Beschädigung der fremden Sache abzuwenden unterlassen und in Folge davon einen Schaden durch die fremde Sache erlitten hat, Ersatz desselben von dem Eigenthümer der Sache oder von einem Anderen verlangen kann, hängt von den Umständen des Falles ab. Ist der Schaden durch ein Thier verübt, so kommen die §§ 833—835 zur Anwendung. Ist der Schaden durch den Einsturz eines Gebäudes oder eines anderen mit einem Grundstücke verbundenen Werkes

§. 229.

Wer zum Zwecke der Selbsthülfe eine Sache wegnimmt, zerstört oder beschädigt oder wer zum Zwecke der Selbsthülfe einen Verpflichteten, welcher der Flucht verdächtig ist, festnimmt oder den Widerstand des Verpflichteten gegen eine Handlung, die dieser zu dulden verpflichtet ist, beseitigt, handelt nicht widerrechtlich, wenn obrigkeitliche Hülfe nicht rechtzeitig zu erlangen ist und ohne sofortiges Eingreifen die Gefahr besteht, daß die Verwirklichung des Anspruchs vereitelt oder wesentlich erschwert werde.

---

oder durch die Ablösung von Theilen des Gebäudes oder Werkes herbeigeführt, so bestimmt sich die Ersatzpflicht nach den Vorschriften der §§ 836—838. In anderen Fällen, in denen ein Schaden durch eine Sache zugefügt wird, besteht eine Ersatzpflicht des Eigenthümers nur nach Maßgabe der allgemeinen Vorschriften über unerlaubte Handlungen (§§ 823 ff.), also nur, wenn ihm dabei ein Verschulden zur Last fällt.

6. Eine dem § 54 des St.G.B. entsprechende allgemeine Vorschrift, nach welcher eine unter den dort bezeichneten Voraussetzungen im Nothstande begangene Handlung nicht widerrechtlich wäre, enthält das B.G.B. nicht. Nur in Betreff der Einwirkung auf fremde Sachen schließt der Nothstand nach dem B.G.B. unter gewissen Voraussetzungen die Widerrechtlichkeit aus. Neben dem § 228 kommt in dieser Beziehung der § 904 in Betracht. Der § 228 gestattet nur die Einwirkung auf eine Sache, von welcher eine Gefahr droht; der § 904 gestattet die Einwirkung auf jede fremde Sache. Die Voraussetzungen aber, unter welchen der § 904 die Einwirkung gestattet, sind enger als nach § 228. Nach § 904 muß der Eigenthümer die Einwirkung dulden, wenn sie zur Abwendung einer gegenwärtigen Gefahr nothwendig und der drohende Schaden gegenüber dem aus der Einwirkung dem Eigenthümer entstehenden Schaden unverhältnißmäßig groß ist. Nach § 228 ist die zur Abwendung der von einer Sache drohenden Gefahr erforderliche Zerstörung oder Beschädigung der Sache schon zulässig, wenn der durch die Zerstörung oder Beschädigung entstehende Schaden nicht außer Verhältniß zu der Gefahr steht. Andererseits kann nach § 904 der Eigenthümer immer Ersatz des ihm entstehenden Schadens verlangen, während er nach § 228 hierzu nur berechtigt ist, wenn derjenige, welcher die Zerstörung oder Beschädigung vornimmt, die Gefahr verschuldet hat. Der § 904 hat daher mehr den Charakter der Enteignung, während der § 228 sich mehr den Vorschriften über Nothwehr anschließt (s. Endemann, Einführung in das Studium des B.G.B., dritte Auflage, erster Theil S. 369 ff. Vergl. auch Erl. zu § 904).

§ 229.

E. I § 189 Abs. 1; II § 193 rev. § 223; III § 223. P. I S. 399—408; M. I S. 354—356. P. II S. 481—485 (Bd. I S. 241—243). D. S. 621, 622. R.B. S. 1961. St.B. S. 2753.

1. Eine erlaubte Handlung wird nicht dadurch unerlaubt, eine unerlaubte Handlung nicht dadurch erlaubt, daß sie zum Zwecke der Selbsthülfe erfolgt. Der § 229 bestimmt die Fälle, in welchen ausnahmsweise eine an sich widerrechtliche Handlung dadurch zu einer erlaubten wird, daß sie zum Zwecke der Selbsthülfe erfolgt. Während es sich bei der Selbstvertheidigung (§§ 227, 228) um die Abwendung einer drohenden Beschädigung handelt, geht bei der Selbsthülfe derjenige, welchem ein Anspruch zusteht, angriffsweise vor, um die Verwirklichung seines Anspruchs zu sichern.

2. Nach der Natur des prozessualischen Verfahrens dauert es immer längere Zeit, bis die Befriedigung eines Anspruchs durch gerichtliche Zwangsvollstreckung erwirkt werden kann. Gegen die daraus entstehende Gefahr bietet die C.P.O. das Mittel des Arrestes (§§ 916 ff. der C.P.O.) und der einstweiligen Verfügung (§§ 935 ff. der C.P.O.). Aber auch die Anwendung dieser Mittel nimmt häufig so lange Zeit in Anspruch, daß dadurch die Verwirklichung eines Anspruchs nicht immer genügend gesichert wird. Für solche Fälle gestattet der § 229 die Selbsthülfe von Seiten des Berechtigten. Voraussetzungen der Zulässigkeit sind:

a) daß obrigkeitliche Hülfe, d. h. also die Hülfe des Gerichts oder eines anderen zuständigen staatlichen Organs, nicht rechtzeitig zu erlangen ist und

b) daß ohne sofortiges Eingreifen die Gefahr besteht, daß die Verwirklichung des Anspruchs vereitelt oder wesentlich erschwert werde. Nicht erforderlich ist, wie nach dem bisherigen Rechte bisweilen angenommen wird, daß der Anspruch ohne das sofortige Eingreifen unwiederbringlich verloren sein würde. Es genügt, daß die Verwirklichung des Anspruchs wesentlich erschwert wird. Nicht ausgeschlossen ist die Selbsthülfe dadurch, daß der Berechtigte für den Fall, daß die Verwirklichung des Anspruchs vereitelt wird, Aussicht hat, Schadensersatz zu erlangen. Der Berechtigte kann die Erfüllung seines Anspruchs fordern und braucht sich, solange diese möglich ist, nicht mit Schadensersatz wegen Nichterfüllung zu begnügen.

3. Die Selbsthülfe ist bei jedem Anspruche zulässig, mag derselbe auf die Leistung von Geld oder auf ein sonstiges Thun oder auf ein Unterlassen gerichtet sein. Eine Beschränkung ergiebt sich mittelbar daraus, daß die Mittel der Selbsthülfe, welche der § 229 gestattet, geeignet sein müssen, die Verwirklichung des Anspruchs zu sichern. Die zulässigen Mittel der Selbsthülfe sind folgende:

a) Wegnahme, Zerstörung oder Beschädigung einer Sache. Da nach § 230 im Falle der Wegnahme einer Sache, sofern nicht Zwangsvollstreckung erwirkt wird, der dingliche Arrest zu beantragen ist und, wenn dieser abgelehnt wird, die Zurückgabe der weggenommenen Sache erfolgen muß, so wird die Wegnahme einer Sache zum Zwecke der Selbsthülfe nur dann als zulässig betrachtet werden können, wenn entweder die Zwangsvollstreckung in die Sache oder der dingliche Arrest zulässig ist. Nach § 916 der C.P.O. findet der Arrest nur statt zur Sicherung der Zwangsvollstreckung in das bewegliche oder unbewegliche Vermögen wegen einer Geldforderung oder wegen eines Anspruchs, der in eine Geldforderung übergehen kann. Die Wegnahme einer Sache im Wege der Selbsthülfe ist daher unzulässig zur Sicherung eines Anspruchs, der nicht auf die Sache selbst geht und auch nicht in eine Geldforderung übergehen kann oder wegen dessen die Zwangsvollstreckung überhaupt unzulässig ist, so z. B. nicht zur Sicherung des Anspruchs auf Herstellung des ehelichen Lebens (§ 888 Abs. 2 der C.P.O.). Unzulässig ist daher auch die Wegnahme von Sachen, welche der Pfändung nicht unterworfen sind (§ 811 der C.P.O.), sofern der Anspruch nicht auf diese Sachen selbst geht. Die Zerstörung oder Beschädigung von Sachen unterliegt der oben gedachten Beschränkung nicht; sie ist aber nur unter den allgemeinen Voraussetzungen, welche unter Nr. 2 aufgeführt sind, also nur dann zulässig, wenn sie geeignet ist, einer Vereitelung oder wesentlichen Erschwerung der Verwirklichung des Anspruchs vorzubeugen; dies ist z. B. dann der Fall, wenn die Zerstörung oder Beschädigung der Sache nothwendig ist, um die Verwirklichung des Anspruchs auf Duldung einer Handlung zu sichern.

b) Festnahme des Verpflichteten. Der E. I § 189 Abs. 1 ging in dieser Beziehung weiter. Er gestattete allgemein die Nöthigung des Verpflichteten zur Erfüllung seiner Verpflichtung. Die zweite Kommission ging davon aus, daß die Selbsthülfe nicht weiter gehen dürfe als die im regelmäßigen Verfahren von den obrigkeitlichen Organen zu gewährende Hülfe. Deshalb könne nicht allgemein die Nöthigung des Verpflichteten zur Erfüllung seiner Verpflichtung, sondern nur dessen Festnahme, wie solche auch im Wege des Sicherheitsarrestes erfolgen könne, zugelassen werden. Dieser Auffassung entspricht die Vorschrift des § 230, nach welcher der persönliche Sicherheitsarrest gegen den Festgenommenen zu beantragen ist und, wenn dieser abgelehnt wird, die sofortige Freilassung erfolgen muß. Die Festnahme kann also als zulässig nur betrachtet werden, wenn der persönliche Sicherheitsarrest zulässig ist. Dieser findet nach § 918 der C.P.O. nur statt, wenn er erforderlich ist, um die gefährdete Zwangsvollstreckung in das Vermögen des Schuldners zu sichern. Daraus folgt insbesondere, daß die Festnahme nicht zulässig ist, um den Verpflichteten zu einer Handlung oder Unterlassung zu zwingen. Von der R.K. ist noch eine zweite Beschränkung hinzugefügt. Die Festnahme des Verpflichteten soll nur zulässig sein, wenn er der Flucht verdächtig ist. Sie darf also, wenn diese Voraussetzung fehlt, nicht zu dem Zwecke erfolgen, um den Verpflichteten daran zu hindern, Vermögensstücke zu verbergen oder sonst über die Seite zu schaffen. Als der Flucht verdächtig wird übrigens auch derjenige anzusehen sein, der verdächtig ist, sich dem gegen ihn in Aussicht stehenden persönlichen Sicherheitsarrest in irgend welcher Weise entziehen zu wollen.

c) Beseitigung des von dem Verpflichteten gegen eine Handlung, die er zu dulden verpflichtet ist, geleisteten Widerstandes. Dem Berechtigten steht, wenn die Voraussetzungen der Selbsthülfe vorliegen, diejenige Befugniß zu, welche im Falle der Zwangsvollstreckung nach § 892 der C.P.O. dem von ihm zuzuziehenden Gerichtsvollzieher zusteht. Er ist also z. B. den Widerstand, welchen der Verpflichtete der von ihm zu duldenden Ableitung des Wassers auf sein Grundstück oder der Erfüllung der Verpflichtung zur Gewährung eines Nothwegs entgegensetzt, mit Gewalt zu beseitigen befugt. Zum Schutze der Ausübung einer im Grundbuch eingetragenen Grunddienstbarkeit stehen dem Besitzer des berechtigten Grundstücks die hier fraglichen Befugnisse im Wesentlichen schon auf Grund der Vorschriften des § 1029 zu (vergl. auch Art. 191 des E.G.).

4. Ueber die Folgen, welche sich daraus ergeben, daß die zum Zwecke der Selbsthülfe vorgenommenen Handlungen unter den im § 229 bestimmten Voraussetzungen nicht widerrechtlich sind, s. Erl. zu § 228 Nr. 2.

5. Ueber andere Fälle, in welchen die Selbsthülfe in beschränktem Maße zulässig ist, vergl. die §§ 561, 859, 860, 910, 962. Nach Art. 89 des E.G. bleiben die landesgesetzlichen Vorschriften über die zum Schutze der Grundstücke und der Erzeugnisse von Grundstücken gestattete Pfändung von Sachen mit Einschluß der Vorschriften über die Entrichtung von Pfandgeld oder Ersatzgeld unberührt.

§. 230.

Die Selbsthülfe darf nicht weiter gehen, als zur Abwendung der Gefahr erforderlich ist.

Im Falle der Wegnahme von Sachen ist, sofern nicht Zwangsvollstreckung erwirkt wird, der dingliche Arrest zu beantragen.

Im Falle der Festnahme des Verpflichteten ist, sofern er nicht wieder in Freiheit gesetzt wird, der persönliche Sicherheitsarrest bei dem Amtsgerichte zu beantragen, in dessen Bezirke die Festnahme erfolgt ist; der Verpflichtete ist unverzüglich dem Gerichte vorzuführen.

Wird der Arrestantrag verzögert oder abgelehnt, so hat die Rückgabe der weggenommenen Sachen und die Freilassung des Festgenommenen unverzüglich zu erfolgen.

§. 231.

Wer eine der im §. 229 bezeichneten Handlungen in der irrigen Annahme vornimmt, daß die für den Ausschluß der Widerrechtlichkeit erforderlichen Voraussetzungen vorhanden seien, ist dem anderen Theile zum Schadensersatze verpflichtet, auch wenn der Irrthum nicht auf Fahrlässigkeit beruht.

---

§ 230.

E. I § 189 Abs. 2—4; II § 194 rev. § 224; III § 224. P. I S. 399—408; M. I S. 354—356. P. II S. 486 (Bd. I S. 243, 244). D. S. 621, 622.

1. Die Vorschrift des Abs. 1 enthält eine ihrer praktischen Wichtigkeit wegen besonders hervorgehobene Konsequenz des im § 229 ausgesprochenen Prinzips Soweit die zum Zwecke der Selbsthülfe vorgenommenen Handlungen weitergehen, als zur Abwendung der Gefahr erforderlich ist, sind sie widerrechtlich.

2. Ueber den dinglichen Sicherheitsarrest s. die §§ 916, 917 der C.P.O. und die Erl. zu § 229 Nr. 3a; über den persönlichen Sicherheitsarrest s. C.P.O. §§ 916, 918 und Erl. zu § 229 Nr. 3b.

Durch die Wegnahme einer Sache auf Grund des § 229 erlangt der Berechtigte an derselben weder ein Pfandrecht noch ein Zurückbehaltungsrecht. Um sich die Sache zu sichern, muß er die Zwangsvollstreckung oder den dinglichen Arrest bewirken. Die Vorschrift, daß der Festgenommene dem Gericht unverzüglich (§ 121) vorzuführen ist, schließt sich dem § 128 der St.P.O. an.

3. Erfüllt der Berechtigte, welcher zum Zwecke der Selbsthülfe eine Sache weggenommen oder eine Person festgenommen hat, die nach § 230 Abs. 2, 3 ihm obliegende Verpflichtung, den dinglichen bezw. den persönlichen Sicherheitsarrest zu beantragen und den Festgenommenen dem Gericht unverzüglich vorzuführen, nicht, so handelt er widerrechtlich und ist daher, wenn ihm ein Verschulden zur Last fällt, zum Schadensersatze verpflichtet. Ohne Rücksicht auf sein Verschulden hat, wenn der Antrag auf den Arrest verzögert wird, die Rückgabe der weggenommenen Sachen bezw. die Freilassung des Festgenommenen unverzüglich (§ 121) zu erfolgen. Auch bei Nichterfüllung dieser Verpflichtung ist der Beschädigte Schadensersatz zu fordern berechtigt. Er kann aber auch die gerichtliche Hülfe anrufen, um den anderen Theil zur Erfüllung seiner Verpflichtung anzuhalten, und ist, wenn die Voraussetzungen des § 229 vorliegen, zur Selbsthülfe berechtigt. Wird der Arrestantrag von dem Gericht abgelehnt, so hat dieses zugleich die Rückgabe der weggenommenen Sache bezw. die Freilassung des Festgenommenen anzuordnen.

§ 231.

E. II § 195 rev. § 225; III § 225. P. II S. 486, 487 (Bd. I S. 244). D. S. 621, 622.

Liegen die Voraussetzungen nicht vor, unter welchen nach § 229 die Selbsthülfe zulässig ist, so wird eine Handlung, die an sich widerrechtlich ist, nicht dadurch eine erlaubte, daß der Handelnde sie zum Zwecke der Selbsthülfe vorgenommen und geglaubt hat, daß er dazu berechtigt sei. Zum Schadensersatz ist er wegen einer solchen widerrechtlichen Handlung nach § 823 aber nur verpflichtet, wenn ihm eine Fahrlässigkeit zur Last fällt, wenn also der Irrthum über das Vorhandensein der für die Zulässigkeit der Selbsthülfe bestimmten Voraussetzungen kein entschuldbarer ist. Durch die erst von der zweiten Kommission beschlossene Vorschrift des § 231 wird die Verpflichtung desjenigen, welcher Handlungen, die an sich widerrechtlich sind, zum Zwecke der Selbsthülfe vornimmt, über die sich aus dem § 823 ergebenden Grenzen hinaus ausgedehnt. Wer zur Selbsthülfe schreitet, thut dies auf seine Gefahr. Er ist, wenn die von ihm vorgenommenen Handlungen widerrechtlich sind, ohne Rücksicht darauf, ob ihn ein Verschulden trifft, zum Schadensersatze verpflichtet. Der Inhalt dieser Verpflichtung bestimmt sich nach den §§ 249 ff.

Siebenter Abschnitt.

Sicherheitsleistung.

§. 232.

Wer Sicherheit zu leisten hat, kann dies bewirken
durch Hinterlegung von Geld oder Werthpapieren,
durch Verpfändung von Forderungen, die in das Reichsschuldbuch oder in das Staatsschuldbuch eines Bundesstaats eingetragen sind,
durch Verpfändung beweglicher Sachen,
durch Bestellung von Hypotheken an inländischen Grundstücken,
durch Verpfändung von Forderungen, für die eine Hypothek an einem inländischen Grundstücke besteht, oder durch Verpfändung von Grundschulden oder Rentenschulden an inländischen Grundstücken.

Kann die Sicherheit nicht in dieser Weise geleistet werden, so ist die Stellung eines tauglichen Bürgen zulässig.

Siebenter Abschnitt.

Das B.G.B. enthält eine Reihe von Vorschriften, durch welche Jemand zur Sicherheitsleistung verpflichtet oder eine Befugniß bezw. die Abwendung eines Rechtsnachtheils von einer Sicherheitsleistung abhängig gemacht wird. Vorschriften der ersteren Art enthalten z. B. die §§ 843 Abs. 2, 1039, 1051, 1067, 1391, 1580, 1668, 1844, 2128, Art. 91 des E.G. Vorschriften der letzteren Art enthalten die §§ 52, 257, 273 Abs. 3, 509, 562, 775 Abs. 2, 867, 1218, 1220, 1986, 2217. Auch durch Rechtsgeschäft sowie durch gerichtliche Verfügung kann eine Verpflichtung zur Sicherheitsleistung begründet oder eine Befugniß von der Sicherheitsleistung abhängig gemacht werden. Für alle diese Fälle gelten die Vorschriften der §§ 232—240, soweit nicht durch das Gesetz, durch das Rechtsgeschäft oder durch die richterliche Verfügung ein Anderes bestimmt ist (s. z. B. die §§ 843, 1218, 1580. 1844, Art. 91 des E.G.; § 108 der C.P.O.; §§ 118, 174 Abs. 1, 419 Abs. 2 der St.P.O.).

Der Betrag, in welchem Sicherheit zu leisten ist, bestimmt sich nach dem Zwecke, zu welchem die Sicherheitsleistung erfolgt. Im E. I § 199 war bestimmt, daß die Sicherheit in einem dem Werthe des zu sichernden Rechtes entsprechenden Betrage zu bewirken sei. Von der zweiten Kommission ist dies als selbstverständlich gestrichen.

§ 232.

E. I § 199; II § 196 rev. § 226; III § 226. P. I S. 449—453, 3483, 5455, 5456; M. I S. 387—390. P. II S. 527—529, 8813 (Bd. I S. 264, 265).

1. Besteht eine Verpflichtung zur Sicherheitsleistung oder hängt eine Befugniß von der Sicherheitsleistung ab, so wird die Verpflichtung nur erfüllt und die Befugniß nur begründet, wenn die Sicherheit in einer der nach § 232 zulässigen Arten bestellt ist. Im E. I § 199 und E. II § 196 war bestimmt, daß derjenige, welcher die Sicherheit zu bestellen habe, dies „nach seiner Wahl“ in einer der in dem betreffenden Paragraphen bestimmten Arten bewirken könne. Nach P. I S. 451 ist ein Antrag, nach welchem die Worte „nach seiner Wahl“ zu dem Zwecke gestrichen werden sollten, um die Anwendung der Vorschriften über Alternativobligationen auszuschließen, abgelehnt (s. auch M. I S. 389). Auch nach P. II S. 536 ist davon ausgegangen, daß die dem § 263 entsprechenden §§ 208, 209 des E. I zur Anwendung kommen. Bei der Revision des E. II sind die fraglichen Worte gestrichen. Die P. II ergeben nicht, in welcher Absicht dies geschehen ist. Es wird indessen anzunehmen sein, daß die §§ 262 ff. über alternative Schuldverhältnisse keine Anwendung finden sollen. Für diejenigen Fälle, in welchen die Sicherheit zu bestellen ist, um eine Befugniß zu begründen, ergiebt sich dies schon aus dem Inhalte der fraglichen Paragraphen. Aber auch in denjenigen Fällen, in welchen eine Verpflichtung zur Sicherheitsleistung besteht, wird man nicht annehmen können, daß „mehrere Leistungen in der Art geschuldet werden, daß nur die eine oder die andere zu bewirken ist“

§. 233.

Mit der Hinterlegung erwirbt der Berechtigte ein Pfandrecht an dem hinterlegten Gelde oder an den hinterlegten Werthpapieren und, wenn das Geld oder die Werthpapiere nach landesgesetzlicher Vorschrift in das Eigenthum des Fiskus oder der als Hinterlegungsstelle bestimmten Anstalt übergehen, ein Pfandrecht an der Forderung auf Rückerstattung.

(§ 262). Insbesondere wird daher die Vorschrift des § 263, nach welcher die Wahl durch Erklärung gegenüber dem anderen Theile erfolgt, keine Anwendung zu finden haben. Die Wahl bleibt dem Verpflichteten, bis er die Sicherheit in der einen oder anderen Art bestellt hat. Ist dies geschehen, so hat es dabei sein Bewenden und kann nur im Falle des § 235 später eine Aenderung vorgenommen werden. Vergl. indessen auch die Erl. zu § 240. Erfüllt der zur Sicherheitsleistung Verpflichtete seine Verpflichtung nicht, so wird die Vorschrift des § 264 Abs. 1 in der Art entsprechend anzuwenden sein, daß der Gläubiger die Zwangsvollstreckung nach seiner Wahl auf die eine oder andere Art der Sicherheitsleistung richten kann, der Schuldner sich aber, solange die Sicherheit nicht geleistet ist, durch jede zulässige Art der Sicherheitsleistung befreien kann.

2. Auf die Hinterlegung von Geld und Werthpapieren zum Zwecke der Sicherheitsleistung finden die Vorschriften der §§ 372 ff. über die Hinterlegung von geschuldetem Gelde und geschuldeten Werthpapieren keine Anwendung. Die Landesgesetze bestimmen die sachliche und örtliche Zuständigkeit der Hinterlegungsstellen und können über die Hinterlegung selbst nähere Bestimmung treffen (Art. 144, 145 des E.G., vergl. auch Art. 90). Die Wirkung der Hinterlegung von Geld und Werthpapieren zum Zwecke der Sicherheitsleistung bestimmt der § 233; über die zur Sicherheitsleistung geeigneten Werthpapiere s. § 234.

3. Die Vorschrift, daß die Sicherheit durch Verpfändung von Forderungen bewirkt werden kann, die in das Reichsschuldbuch oder in das Staatsschuldbuch eines Bundesstaats eingetragen sind, ist von der zweiten Kommission mit Rücksicht auf die Wichtigkeit, welche Forderungen dieser Art in neuerer Zeit erlangt haben, und auf die Sicherheit, welche sie gewähren, hinzugefügt (s. das Ges. v. 31. Mai 1891 betr. das Reichsschuldbuch, insbesondere die §§ 7, 8, 13, 15 und Art. 97 des E.G.). Näheres über diese Art der Sicherheitsleistung bestimmt der § 236. Durch Verpfändung anderer Forderungen als der gedachten Buchforderungen kann Sicherheit nicht geleistet werden.

4. Die Verpfändung beweglicher Sachen erfolgt nach den Vorschriften des §§ 1205 ff.; s. auch § 237.

Sachen sind nach § 90 nur körperliche Gegenstände. Durch Verpfändung von Rechten kann Sicherheit nur geleistet werden, wenn sie zu den unter Nr. 2, 3, 6 bezeichneten Rechten gehören.

5. Die Bestellung einer Hypothek erfolgt nach den Vorschriften der §§ 1113 ff. (s. auch Erl. zu § 238 Nr. 2).

6. Die Verpfändung einer Forderung, für welche eine Hypothek besteht (§ 1113) sowie die Verpfändung einer Grundschuld (§ 1191) oder einer Rentenschuld (§ 1199) erfolgt nach den Vorschriften der §§ 1273 ff. (s. insbesondere die §§ 1274, 1291). Nähere Vorschriften über diese Art der Sicherheitsleistung enthält der § 238.

7. Die Vorschrift des § 232 Abs. 2, daß, wenn die Sicherheit nicht nach Maßgabe des Abs. 1 geleistet werden kann, die Stellung eines tauglichen Bürgen zulässig ist, hat praktische Bedeutung nur für den Fall, daß die Sicherheitsleistung die Voraussetzung einer Berechtigung bildet. Wer eine solche Berechtigung durch Stellung eines tauglichen Bürgen begründen will, hat zu beweisen, daß er auf andere Weise nicht Sicherheit leisten kann. Ueber die Bürgschaft bestimmen die §§ 765 ff.; s. auch § 239.

In einigen Fällen ist die Sicherheitsleistung **durch Bürgen ausgeschlossen, s. z. B. die §§** 273 Abs. 3, 1218 Abs. 1.

§ 233.

E. I § 200; II § 197 rev. § 227; III § 227. P. I S. 452—454, 3227, 3228, 11700, 11701; M. I S. 390. P. II S. 529, 8392 (Bd. I S. 266).

1. Auf das nach § 233 durch die Hinterlegung (s. Erl. zu § 232 Nr. 2) entstehende gesetzliche Pfandrecht finden nach den § 1257, 1273 Abs. 2 die Vorschriften über das durch Vertrag entstandene Pfandrecht entsprechende Anwendung (§§ 1209 ff.; 1273 ff.; s. insbesondere auch die §§ 1279—1290). Ueber die dem Pfandgläubiger zustehenden Rechte, wenn Geld der Gegenstand des Pfandrechts ist, enthielt der E. I § 1168 besondere Vorschriften. Diese sind von der zweiten Kommission gestrichen, indem angenommen wurde, daß die Frage einer Entscheidung durch das

§. 234.

Werthpapiere sind zur Sicherheitsleistung nur geeignet, wenn sie auf den Inhaber lauten, einen Kurswerth haben und einer Gattung angehören, in der Mündelgeld angelegt werden darf. Den Inhaberpapieren stehen Orderpapiere gleich, die mit Blankoindossament versehen sind.

Mit den Werthpapieren sind die Zins=, Renten=, Gewinnantheil= und Erneuerungsscheine zu hinterlegen.

Mit Werthpapieren kann Sicherheit nur in Höhe von drei Viertheilen des Kurswerths geleistet werden.

§. 235.

Wer durch Hinterlegung von Geld oder von Werthpapieren Sicherheit geleistet hat, ist berechtigt, das hinterlegte Geld gegen geeignete Werthpapiere, die hinterlegten Werthpapiere gegen andere geeignete Werthpapiere oder gegen Geld umzutauschen.

Gesetz nicht bedürfe, sondern der Entscheidung durch die Wissenschaft und Praxis zu überlassen sei (s. Erl. zu § 1228). Ueber das Pfandrecht an Werthpapieren der hier in Frage kommenden Art s. die §§ 1293—1296.

2. Nach den M. I S. 390 wird angenommen, daß, wenn das hinterlegte Geld von der Hinterlegungsstelle nur in Verwahrung genommen werde, dasselbe in solchen Münzen zu entrichten sei, welche der Berechtigte gesetzlich in Zahlung nehmen müsse (s. Münzgesetz v. 9. Juli 1873; Ges. v. 20. April 1874 und v. 6. Januar 1876), daß aber, wenn das Geld in das Eigenthum des Fiskus oder der Anstalt übergehe (E.G. Art. 145), es darauf ankomme, welche Geldsorten die Hinterlegungsstelle annehme. Ausdrücklich bestimmt wird dies im B.G.B. nicht, doch dürfte die Auffassung der Motive der Natur des in Frage stehenden Verhältnisses entsprechen.

§ 234.

E. I § 201; II § 198 rev. § 228; III § 228. P. I S. 454, 455; M. I S. 390. P. II S. 529—532, 6009, 6068, 8392 (Bd. I S. 266, 267).

1. Den Begriff der Werthpapiere definirt das B.G.B. nicht. Die in dieser Beziehung bestehenden Streitfragen kommen hier indessen nicht in Betracht, weil nach § 234 nur Inhaberpapiere und solche Ordrepapiere hinterlegt werden können, die mit Blankoindossement versehen sind. Unter Inhaberpapieren sind sowohl Schuldverschreibungen auf den Inhaber (§§ 793 ff.), als auch Aktien auf den Inhaber zu verstehen, nicht aber die sog. Legitimationspapiere (§ 808). Nicht erforderlich ist, daß durch die fraglichen Papiere die Zahlung von Geld versprochen wird; doch wird regelmäßig nur bei Papieren dieser Art das Erforderniß vorliegen, daß sie einen Kurswerth haben.

2. Die Gattung der Werthpapiere, in welcher Mündelgelder angelegt werden dürfen, ist in dem § 1807 Abs. 1 Nr. 2—4 bestimmt.

3. Die mithinterlegten Zins=, Renten=, Gewinnantheil= und Erneuerungsscheine unterliegen dem Pfandrechte. Der Verpfänder kann aber, sofern nicht ein Anderes bestimmt ist, die Herausgabe der Scheine verlangen, soweit sie vor dem Eintritte der Voraussetzungen des § 1228 Abs. 2 fällig werden (§ 1296 Satz 2). Die in dem § 1228 Abs. 2 bestimmten Voraussetzungen bestehen darin, daß der Anspruch, für welchen das Pfand haftet, ganz oder theilweise fällig und, soweit der geschuldete Gegenstand nicht in Geld besteht, in eine Geldforderung übergegangen ist.

§ 235.

E. II § 199 rev. § 229; III § 229. P. II S. 535—537. (Bd. I S. 268, 269).

Die Vorschrift des § 235 ist von der zweiten Kommission hinzugefügt. War die Sicherheit in anderer Weise als durch Hinterlegung von Geld oder Werthpapieren geleistet, so ist die Ersetzung durch eine andere Art der Sicherheitsleistung nur mit Zustimmung des Berechtigten zulässig. Dieser Zustimmung bedarf es ebenfalls, wenn an die Stelle der Sicherheitsleistung durch Geld oder Werthpapiere eine andere Art der Sicherheitsleistung treten soll (vergl. jedoch die Erl. zu § 240).

§. 236.

Mit einer Buchforderung gegen das Reich oder gegen einen Bundesstaat kann Sicherheit nur in Höhe von drei Viertheilen des Kurswerths der Werthpapiere geleistet werden, deren Aushändigung der Gläubiger gegen Löschung seiner Forderung verlangen kann.

§. 237.

Mit einer beweglichen Sache kann Sicherheit nur in Höhe von zwei Drittheilen des Schätzungswerths geleistet werden. Sachen, deren Verderb zu besorgen oder deren Aufbewahrung mit besonderen Schwierigkeiten verbunden ist, können zurückgewiesen werden.

§. 238.

Eine Hypothekenforderung, eine Grundschuld oder eine Rentenschuld ist zur Sicherheitsleistung nur geeignet, wenn sie den Voraussetzungen entspricht, unter denen am Orte der Sicherheitsleistung Mündelgeld in Hypothekenforderungen, Grundschulden oder Rentenschulden angelegt werden darf.

Eine Forderung, für die eine Sicherungshypothek besteht, ist zur Sicherheitsleistung nicht geeignet.

---

§ 236.

E. II § 200 rev. § 230; III § 230. P. II S 532, 533 (Bd. I S. 267).

S. Erl. zu § 232 Nr. 3.

§ 237.

E I § 202; II § 201 rev. § 231; III § 231. P. I S. 457; M. I S. 390. P. II S. 533 (Bd. I S. 268).

S. Erl. zu § 232 Nr. 4.

Der zweite Satz des § 237 ist mit Rücksicht auf das Interesse des Berechtigten von der zweiten Kommission hinzugefügt.

§ 238.

E. I § 203; II § 202 rev. § 232; III § 232. P. I S. 457, 458, 5455, 5456; M. I S. 390. P. II S. 535, 8392 (Bd. I S. 268).

1. S. Erl. zu § 232 Nr. 6.

Nach § 1807 Abs. 1 Nr. 1 können Mündelgelder angelegt werden in Forderungen, für die eine sichere Hypothek an einem inländischen Grundstücke besteht, oder in sicheren Grundschulden oder Rentenschulden an inländischen Grundstücken. Nähere Vorschriften über die Voraussetzungen, unter welchen eine Hypothek, eine Grundschuld oder eine Rentenschuld als sicher anzusehen ist, enthält das B.G.B. nicht. Nach § 1807 Abs. 2 können indessen die Landesgesetze für die innerhalb ihres Geltungsbereichs belegenen Grundstücke die Grundsätze bestimmen, nach denen die Sicherheit einer Hypothek, einer Grundschuld oder einer Rentenschuld festzustellen ist. Mit Rücksicht auf diese Vorschrift bestimmt der § 238, daß der Ort der Sicherheitsleistung für die Entscheidung der Frage maßgebend ist, ob die Voraussetzungen der mündelmäßigen Sicherheit vorliegen. Die Vorschrift des Abs. 2, nach welcher eine Forderung zur Sicherheitsleistung nicht geeignet ist, für welche nur eine Sicherungshypothek besteht (§ 1184), beruht auf der Erwägung, daß für derartige Forderungen der Glaube des Grundbuchs nicht gilt, daß gegen ihre Zulassung daher dieselben Gründe sprechen, welche das B.G.B. bestimmt haben, die Sicherheitsleistung durch Verpfändung von anderen Forderungen als Buchforderungen auszuschließen.

2. Die Vorschriften des § 238 beziehen sich nur auf die Sicherheitsleistung durch die Verpfändung von Hypothekenforderungen, Grundschulden und Rentenschulden, nicht auf die Sicherheitsleistung durch Bestellung von Hypotheken an inländischen Grundstücken. Ueber die Voraussetzungen, unter welchen eine solche Hypothek zur Sicherheitsleistung geeignet ist, enthält das B.G.B. keine ausdrückliche Vorschrift. Es wird indessen keinem Zweifel unterliegen, daß der § 238 Abs. 1 in der Art entsprechende Anwendung zu finden hat, daß die Hypothek den Voraussetzungen entsprechen muß, unter welchen Mündelgeld hypothekarisch ausgeliehen werden darf (§ 1807 Abs. 1 Nr. 1, Abs. 2). Der § 238 Abs. 2 findet dagegen keine Anwendung, indem der Grund, auf welchem er beruht (s. oben unter Nr. 1), hier nicht zutrifft.

§. 239.

Ein Bürge ist tauglich, wenn er ein der Höhe der zu leistenden Sicherheit angemessenes Vermögen besitzt und seinen allgemeinen Gerichtsstand im Inlande hat.

Die Bürgschaftserklärung muß den Verzicht auf die Einrede der Vorausklage enthalten.

§. 240.

Wird die geleistete Sicherheit ohne Verschulden des Berechtigten unzureichend so ist sie zu ergänzen oder anderweitige Sicherheit zu leisten.

---

§ 239.

E. I § 204; II § 203 rev. § 233; III § 233. P. I S. 458, 459; M. I S. 391. P. II S. 537—539 (Bd. I S. 269, 270). K.B. S. 1962. St.B. S. 2753.

1. Ein der Höhe der zu leistenden Sicherheit angemessenes Vermögen hat ein Bürge auch dann, wenn er durch seinen Beruf, z. B. als Beamter, regelmäßige sichere Einnahmen hat.

2. Der allgemeine Gerichtsstand einer Person bestimmt sich nach den §§ 13—18 der C.P.O. Der Wohnsitz ist hiernach zwar regelmäßig, aber nicht ausschließlich entscheidend, vielmehr wird nach § 16 der C.P.O. der allgemeine Gerichtsstand einer Person, welche keinen Wohnsitz hat, durch den Aufenthaltsort im Deutschen Reich und, wenn ein solcher nicht bekannt ist, durch den letzten Wohnsitz bestimmt. Der nach diesen Grundsätzen zu bestimmende Gerichtsstand des Bürgen muß im Inlande sein. Treten nach der Bestellung der Bürgschaft Umstände ein, in Folge deren der Bürge den allgemeinen Gerichtsstand nicht mehr im Inlande hat, verlegt er z. B. seinen Wohnsitz oder im Falle des § 16 der C.P.O. seinen Aufenthalt in das Ausland, so findet der § 240 Anwendung.

3. In den E. II und III war bestimmt, daß die Bürgschaftserklärung schriftlich abgefaßt sein und daß sie den Verzicht auf die Einrede der Vorausklage (§§ 770, 773 Nr. 1) enthalten müsse. Im B.G.B. ist die Bestimmung, daß die Bürgschaftserklärung schriftlich abgefaßt sein müsse, weggelassen, weil nach der von dem Reichstage beschlossenen Aenderung des E. III allgemein vorgeschrieben ist, daß zur Gültigkeit des Bürgschaftsvertrags schriftliche Ertheilung der Bürgschaftserklärung erforderlich ist (§ 766). Die Aenderung der Fassung des § 239 Abs. 2 könnte zu dem Zweifel Anlaß geben, ob der Verzicht auf die Einrede der Vorausklage schriftlich erklärt werden müsse. Ein solcher Verzicht ist an sich gültig, auch wenn er nicht schriftlich erklärt ist. Eine Aenderung des E. III ist indessen in dieser Beziehung nicht beabsichtigt, und die Fassung des § 239 Abs. 2 nöthigt nicht dazu, eine solche Aenderung anzunehmen. Die Bürgschaftserklärung muß nach dem zweiten Absatze den Verzicht auf die Einrede der Vorausklage enthalten; der Verzicht muß also in der Bürgschaftserklärung enthalten sein und, da diese schriftlich zu erklären ist, ebenfalls schriftlich erklärt werden.

§ 240.

E. I § 205; II § 204 rev. § 234; III § 234. P. I S. 459; M. I S. 459. P. II S. 539, 540, 8392, 8393 (Bd. I S. 270).

1. Ist Sicherheit nach Maßgabe der §§ 232ff. geleistet, so ist die Verpflichtung zur Sicherheitsleistung erfüllt bezw. die Voraussetzung der Berechtigung, welche von der Sicherheitsleistung abhängt, eingetreten. Der Zweck der Sicherheitsleistung erfordert indessen, daß die Sicherheit nicht nur im Augenblicke der Bestellung, sondern so lange, als das zu der Sicherheitsleistung verpflichtende Verhältniß dauert, den Anforderungen der §§ 234, 236—239 entspricht. Der Berechtigte soll deshalb die in dem § 240 bestimmte Befugniß haben. Will er sie geltend machen, so hat er zu beweisen, daß die geleistete Sicherheit ohne sein Verschulden unzureichend geworden ist. Ein Verschulden des Berechtigten kann wohl nur in Frage kommen, wenn die Sicherheit durch Verpfändung beweglicher Sachen geleistet ist. Ist das Pfand in Folge eines von dem Berechtigten zu vertretenden Umstandes verschlechtert oder verloren gegangen, so hat der Besteller einen Anspruch auf Schadensersatz gegen den Berechtigten. Dieser Anspruch würde in Ermangelung einer besonderen Vorschrift das Recht des anderen Theiles, Ergänzung der Sicherheit zu verlangen, nicht ausschließen. Die Billigkeit erfordert aber offenbar den Ausschluß dieses Rechtes. Abweichend von den in ähnlichen Fällen beobachteten Grundsätzen hat nicht der Verpflichtete das Verschulden des Berechtigten zu beweisen, sondern der Berechtigte seine Schuldlosigkeit.

2. Im E. I § 205 lautete die Vorschrift des § 240 dahin, daß anderweitige Sicherheit zu leisten sei. Durch die von der zweiten Kommission vorgenommene Aenderung der Fassung entsteht der Zweifel, in welchem Verhältnisse die beiden alternativ auferlegten Verpflichtungen, die Sicherheit zu ergänzen oder anderweitige Sicherheit zu leisten, zu einander stehen. In der zweiten Kommission selbst waren die Ansichten darüber getheilt (P. II S. 8392, 8393). Nach der einen Ansicht hat der Verpflichtete die Wahl, ob er unter Belassung der bisherigen Sicherheit diese dadurch ergänzen will, daß er für den Betrag, zu welchem die Sicherheit nicht mehr ausreicht, Sicherheit durch Mittel der bisherigen oder einer anderen Art leistet, oder ob er unter Aufhebung der bisher geleisteten Sicherheit für den ganzen Betrag in anderer Art Sicherheit leisten will. Nach der anderen Ansicht soll der Verpflichtete die bisher geleistete Sicherheit gegen eine andere nur in dem Falle des § 235 umzutauschen berechtigt, in allen anderen Fällen aber verpflichtet sein, die bisherige Sicherheit bestehen zu lassen und für den Betrag, in welchem sie unzureichend geworden ist, anderweitige Sicherheit zu leisten. Eine Wahl soll er in dem letzteren Falle nur insofern haben, als er die Sicherheit sowohl durch Mittel derselben Art, wie der bisherigen, als auch durch andere Mittel ergänzen kann. Für die letztere Auffassung wurde insbesondere geltend gemacht, daß die Sicherheit durch das eigene Verschulden des Verpflichteten unzureichend geworden sein könne und daß der Verpflichtete doch durch ein solches Verschulden nicht ein Recht erwerben dürfe, das ihm sonst nicht zustehe. Die jetzige Fassung des § 240 spricht für die erstgedachte Auffassung. Die Worte „oder anderweitige Sicherheit zu leisten" würden überflüssig sein, wenn sie nicht die Bedeutung haben sollten, daß der Verpflichtete berechtigt sein solle, statt der bisherigen Sicherheit anderweitige Sicherheit zu leisten; denn daß eine Ergänzung der bisherigen Sicherheit nicht nur durch Mittel derselben wie der bisherigen Art, sondern auch durch Mittel anderer Art zulässig ist, ergiebt sich in Ermangelung einer entgegengesetzten Vorschrift aus dem Begriffe der Ergänzung. Auch innere Gründe dürften für jene erstere Auffassung sprechen. Dem Verpflichteten steht an sich die Wahl zu, in welcher Art er Sicherheit leisten will. Hat er einmal Sicherheit geleistet, so ist er zwar, abgesehen von den Fällen des § 235, daran gebunden. Wird die geleistete Sicherheit aber unzureichend, so führen die Gründe, aus welchen ihm die Wahl zugestanden ist, dahin, ihm diese nun wieder einzuräumen. Hat er z. B. mit einer beweglichen Sache Sicherheit geleistet, so erscheint es unbillig ihn zu nöthigen, für den Betrag, zu welchem die Sicherheit unzureichend geworden ist, eine Hypothek zu bestellen und ihm nicht zu gestatten, statt dessen unter Aufhebung des Pfandrechts für den ganzen Betrag eine Hypothek zu bestellen. Der für die obengedachte zweite Auffassung angeführte Grund, daß die Sicherheit durch das eigene Verschulden des Verpflichteten unzureichend geworden sein könne, dürfte deshalb nicht durchschlagend sein, weil es immer von dem Berechtigten abhängt, ob er überhaupt eine anderweitige Sicherheitsleistung verlangen oder es bei der bisherigen bewenden lassen will.

3. Die Vorschriften des § 240 finden keine Anwendung, wenn die Sicherheitsleistung auf einer Vereinbarung der Parteien beruht und sich aus dem Inhalte dieser Vereinbarung ergiebt, daß nicht im Allgemeinen Sicherheitsleistung, sondern nur die durch die Vereinbarung bestimmte Art der Sicherheitsleistung gewollt ist.

Erklärung der wichtigeren Abkürzungen.

E. — Entwurf.
*E. I — Der von der ersten Kommission ausgearbeitete Entwurf eines Bürgerlichen Gesetzbuchs.
*E. II — Der von der zweiten Kommission in erster Berathung beschlossene und auf amtliche Veranlassung 1894/95 veröffentlichte Entwurf eines Bürgerlichen Gesetzbuchs.
*E. II rev. — Der revidirte und von der zweiten Kommission dem Bundesrathe vorgelegte E. II.
*E. III — Der dem Reichstage 1896 vorgelegte Entwurf eines Bürgerlichen Gesetzbuchs.
P. I — Die metallographirten Protokolle der ersten Kommission.
*P. II — Die Protokolle der zweiten Kommission. Die ersten Zahlen bezeichnen die Seiten der metallographirten, die zweiten in Klammern stehenden Zahlen den Band und die Seiten der gedruckten Protokolle.
*M. — Motive zu dem von der ersten Kommission ausgearbeiteten Entwurfe. (Fünf Bände.)
*D. — Denkschrift und zwar, wenn einem nähere Bezeichnung nicht hinzugefügt ist, die Denkschrift zu dem, dem Reichstage vorgelegten Entwurf eines Bürgerlichen Gesetzbuchs nebst Anlagen I—III. Anlage zu den stenographischen Berichten Band I S. 602—790.
K.B. — Bericht der Reichstagskommission und zwar, wenn eine nähere Bezeichnung nicht hinzugefügt ist, der Bericht über den Entwurf des Bürgerlichen Gesetzbuchs und des Einführungsgesetzes, Anlagen zu den stenographischen Berichten, Band 3. Nr. 440, S. 1935—2192. 9. Legislaturperiode, IV. Session.
*St.B. — Stenographische Berichte über die Verhandlungen des Reichstags und zwar, wenn eine nähere Bezeichnung nicht hinzugefügt ist, die St.B. der 9ten Legislaturperiode, IV. Session.
B.G.B. — Bürgerliches Gesetzbuch.
E.G. — Einführungsgesetz und zwar, wenn eine nähere Bezeichnung nicht hinzugefügt ist, das Einführungsgesetz zum Bürgerlichen Gesetzbuche.
*E. I d. E.G. — Der von der ersten Kommission ausgearbeitete Entwurf des Einführungsgesetzes.
*E. II d. E.G. — Der dem Reichstage vorgelegte Entwurf des Einführungsgesetzes.
G.V.G. — Gerichtsverfassungsgesetz, in der Fassung der Bekanntmachung v. 20. Mai 1898.
C.P.O. — Civilprozeßordnung, in der Fassung der Bekanntmachung v. 20. Mai 1898.
St.P.O. — Strafprozeßordnung.
H.G.B. — Handelsgesetzbuch, in der Fassung v. 10. Mai 1897.
St.G.B. — Strafgesetzbuch.
K.O. — Konkursordnung, in der Fassung der Bekanntmachung v. 20. Mai 1898.
W.O. — Wechselordnung.
Gew.O. — Gewerbeordnung.
R.A.O. — Rechtsanwaltsordnung.
A.G. — Ausführungsgesetz.
G.B.O. — Grundbuchordnung, v. 24. März 1897 in der Fassung der Bekanntmachung v. 20. Mai 1898.
Zw.V.G. — Gesetz über die Zwangsversteigerung und die Zwangsverwaltung, v. 24. März 1897 in der Fassung der Bekanntmachung v. 20. Mai 1898.
Freiw. G.G. — Gesetz über die Angelegenheiten der freiwilligen Gerichtsbarkeit, v. 17. Mai 1898 in der Fassung der Bekanntmachung v. 20. Mai 1898.
R.G. — Entscheidungen des Reichsgerichts in Civilsachen.
R.G.i.St. — Entscheidungen des Reichsgerichts in Strafsachen.
R.O.H.G. — Entscheidungen des Reichsoberhandelsgerichts.
Preuß.A.L.R. — Allgemeines Landrecht für die preußischen Staaten.
A.G.O. — Allgemeine Gerichtsordnung für die preußischen Staaten.
Zstlg. — Zusammenstellung der gutachtlichen Aeußerungen zu dem Entwurfe eines Bürgerlichen Gesetzbuchs, gefertigt im Reichs-Justizamte. 6 Bände.
Zstlg. d. B.R. — Zusammenstellung der Aeußerungen der Bundesregierungen zu dem Entwurf eines Bürgerlichen Gesetzbuchs.
Windscheid — Lehrbuch des Pandektenrechts von Dr. Windscheid. 7. Auflage. 3 Bände.
Dernburg — Pandekten von H. Dernburg. 5. Auflage. 3 Bände.
Regelsberger — Pandekten von Ferdinand Regelsberger. Erster Band.
Jacubezky — Bemerkungen zu dem Entwurfe eines Bürgerlichen Gesetzbuchs für das Deutsche Reich. Von Karl Jacubezky.

Die Materialien zu dem B.G.B. sind nach den amtlichen Ausgaben, die Materialien zu den übrigen Gesetzen sind nach den im Verlage von J. Guttentag erschienenen Ausgaben zitirt.

Die mit einem Stern bezeichneten Materialien zu dem B.G.B. sind in Buchform im Verlage von J. Guttentag in Berlin erschienen.

FSC
www.fsc.org
MIX
Papier | Fördert
gute Waldnutzung
FSC® C083411

Kolibri 360 GmbH
Ferdinand-Jühlke-Straße 7
99095 Erfurt, Deutschland
produktsicherheit@kolibri360.de